商法学研究著作系列

Zum Handelsgeschäft

商行为论

范 健 丁凤玲 著

法律出版社 LAW PRESS·CHINA
北京

图书在版编目(CIP)数据

商行为论 / 范健，丁凤玲著. -- 北京：法律出版社，2023
(商法学研究著作系列)
ISBN 978 - 7 - 5197 - 7365 - 6

Ⅰ. ①商… Ⅱ. ①范… ②丁… Ⅲ. ①民商法－研究－中国 Ⅳ. ①D923.04

中国版本图书馆 CIP 数据核字（2022）第 229741 号

商行为论
SHANGXINGWEI LUN

范 健 丁凤玲 著

责任编辑 王 珊
装帧设计 李 瞻

出版发行 法律出版社
编辑统筹 学术·对外出版分社
责任校对 王 丰 郭艳萍
责任印制 陶 松
经　　销 新华书店

开本 710 毫米×1000 毫米 1/16
印张 32.75 **字数** 502 千
版本 2023 年 5 月第 1 版
印次 2023 年 5 月第 1 次印刷
印刷 三河市兴达印务有限公司

地址:北京市丰台区莲花池西里 7 号(100073)
网址:www.lawpress.com.cn
投稿邮箱:info@lawpress.com.cn
举报盗版邮箱:jbwq@lawpress.com.cn

销售电话:010 - 83938349
客服电话:010 - 83938350
咨询电话:010 - 63939796

书号:ISBN 978 - 7 - 5197 - 7365 - 6
定价:128.00 元
凡购买本社图书,如有印装错误,我社负责退换。电话:010 - 83938349

序　言

在人类社会漫长的历史中,经商是一种古老的生存方式,是一项经久不衰的创新历程,更是一部绵延不断的文明记载史。当社会的经商活动由一种赖以生存的本能进化到一整套有意识的规范行为,人类社会便在通往文明殿堂的历史阶梯上到达了崭新的高度。

人类社会的所有进步都是通过行为表现出来的,行为承载着历史的演进,展现了文明的步伐。行为的进步是社会进步的标志,行为的文明是社会文明的展示,行为的成熟是社会成熟的体现。对行为的理性认知和改造,更成为衡量社会文明程度的标尺。

近代社会的成功转型是以商行为的诞生和发展为标志的。商行为是人类生存本能的理性化结果,是人类对经商活动理性反思的成就;人类对商业活动的自我意识过程是商行为的创设过程,是从不自觉向自觉转化的过程。可以说,近代工业革命最伟大的成就之一就是经商活动的理性化,其典型表现是各国商法典的相继编纂,创造了商行为的理论和制度体系,使几千年来自然形成的逐利活动转变成社会崇尚的充满活力的创新行为,使历朝历代皆被诟病的唯利是图的经商伦理转变为商人在营利事业中自觉遵守的社会责任。

商行为是一种社会创新,更是一种创造、竞争、博弈、进取的精神。公司、票据、保险、证券、期货、电子商务等只是这种精神的具体制度落实,是商的精神的外在形式。社会从农产品贸易发展到工业产品贸易和投资，再发展到金融、资本、股权交易，所有这些都与创新密切相关，而创新的本质就是商的精神体现，各类商行为具体制度只是这种精神的外在形式和规范表达。

商行为是社会价值观的导向。社会价值观维系于利益与行为的关系，取得利益和分配利益与行为方式密切相关。历史上绝大多数的冲突都与利益的取得和分配有直接的联系，而控制利益的取得与分配的关键是控制人、团体或组织的行为方式。商行为就是社会对利益的取得与分配实现最有效控制的行为模式，只不过很长时期以来，对这一理论的重大价值，我们一直疏于认同。商行为是以制度的方式从根本上确立了社会利益的分配和实现模式。正如法律行为构成了法治状态下民众生活的基本规则一样，商行为构成了法治状态下经商活动的基本规则。

商行为通过经商活动的标准化实现了社会经济活动的体系化和规模化。正如要约与承诺意思一致构成交易成立已成为基本行为习惯，人们在商业活动中形成了大量的标准性行为，如票据行为、证券行为、信托行为、基金行为、信用证行为、提单行为等，其意义就在于行为的标准化、格式化。一旦实施了商行为，就不再按照行为人的意识去随意改变行为模式本身，行为人只有是否采取商行为的自由，没有改变商行为本身行为规则的自由，没有对商行为作出任意理解的自由，除非双方达成修改规则的合意；商行为的标准化、外观化特征具有绝对效力，这是维护商行为稳定性乃至交易稳定性、提升交易效率的基础。这种活动方式的体系化与标准化大大促进了活动的规模化，创造了空前的社会生产力。

商行为是人类行为自我反思的成就，成功地将现代商事规则自觉融入了商人的活动之中。商行为作为一种营利性行为，其主体实施行为的动机、方法、目的、手段、后果以及对行为结果的承受力等都与普通行为主体不一样。商是一种营利活动，人类社会的历史是对营利性行为的放纵与抑制的博弈和平衡的历史，是对经商活动的认同与否定不断博弈的历史。人类法治最伟大的成就之一是找到了对营利性行为约束、调整与限制的规则和制度，建立了商法制度的理念。

商行为是对社会经济风险建立有效抑制和预防机制的基础。经商永远是对现行社会经济存在的一种制度性破坏或突破。创造性是商的本质,对经商活动消极作用的容忍与抑制始终是商行为的社会需求。同时,有些商人的贪婪与商人在经营困境之下的无奈挣扎或无底线的挣扎常常难以区分。一种是求富的贪婪,另一种是求生的贪婪,但我们很难用人性、用一般的社会伦理对其予以评判。用社会伦理的价值标准去评判商业领域伦理,所导致的结果常常只能是伤害更多的主体。商业不是同情的产物,商业的正义也不建立在人性的同情基础之上,反而建立在责任有限的预先安排、有序的破产重组之上,建立在分裂、重组、消灭原有商主体人格或权属基础和规则之上。我们常常会同情因为极端贫困铤而走险实施犯罪的贫困者,进而会由此批判社会的不公正,但是我们不能对因为经营的失败而实施的违法和犯罪予以怜悯。因为商主体的结束与自然人主体的结束不是一个同等的概念,自然人的人权保护和人性保护与商主体的人格维护更不是同等概念。商行为制度设计已经为经商失败者留下了生存的路径,正是这种制度设计潜移默化地改造了传统经商活动的贪婪本性。

商行为是人类社会商业活动从野蛮竞争向文明发展转变的桥梁,商行为制度更是现代市场经济成功的关键性制度。只有政府监管,没有商人自觉守法行为,不能建立真正的市场经济。商行为制度避免了政府干预营利活动的随意性和商人对行为结果的不可预见性。现代商行为以风险性、社会性、平衡性、程序性、行为资产化、行为网状化、内容丰富化为特征,与民事行为、行政行为具有鲜明的区别。随着人工智能时代的来临,层出不穷的新型商行为正在全方位重塑商法。商行为的研究,不仅对于我国《民法典》的实施、我国民商经济案件的审判与仲裁,而且对于我国当下的工商登记法、反不正当竞争法、反垄断法、消费者权益保护法、财税法、会计法、国有企业法、国家公务员法、行政法、行政处罚法等一系列重要法律的制定和确定法律实施的边界和原则,都具有重要的理论和实践意义。

在当代法律体系中如何建构具有时代意义的商行为理论是本书所要重点解决的问题。本书立足于历史,结合经济、社会等多个学科,以人工智能时代与《民法典》的颁布为背景对商行为展开全面的研究,力求建构体系化的现代商行为理论。

本书共分为八章,第一章导论是《民法典》编纂后商行为规范化与体系化的时代意义。以分析商行为在人类历史上发挥的积极作用和消极作用为基础,结合近现代民法典时代局限的讨论,重点介绍确立民商分立理念的现代意义与中国商行为制度的现实困境与时代需求,提出中国商行为理论的历史使命与现实难题。在肯定了商行为理论的时代意义后,第二章系统阐述商行为的概念,从法律概念与法学概念的区别入手,探讨中国商行为概念的内涵与外延。第三章揭示商行为与法律行为的联系与差异,尤其是商行为与民事法律行为、行政法律行为的区分,从而强化论证研究并建构商行为理论与制度的意义。第四章阐释商行为的特征与分类,从商行为的传统特征与现代特征的探讨入手,进一步揭示现代商行为区别于民事行为、行政行为与经济行为的本质特征,并分析商行为的各种类型。围绕商行为的三大类型,第五、六、七章分别讨论了营业及其附属商行为、金融商行为与数字商行为的概念、特征及其法律制度的建构。结合前文的分析,第八章系统总结商行为的立法问题,包括商行为的立法模式选择、立法路径分析、立法技术探讨及具体的立法方案等。

与目前有关商行为的理论研究相比,本书有五大创新点。第一,系统论证了《民法典》编纂后,商行为理论与制度的时代价值与意义。第二,创新性地将商行为分为营业及其附属商行为、金融商行为与数字商行为,并对三大商行为的本质、特征等法律理论与法律制度进行了详细剖析。第三,结合人工智能的时代背景,系统性地对数字商行为进行了概括、总结与提炼,开创性地建构了数字商行为理论。第四,探讨了不同类型的商行为所具有的共性与个性,并就商行为的立法方式和具体条文提出了建设性意见。第五,主张构建弹性化的商行为立法体系,并用动态体系立法论和解释论构造商行为法律体系。

对商行为的启蒙与思考源于 30 年前我在德国哥廷根大学的学习生涯。从德国回来之后,我撰写了《德国商法》《德国商法:传统框架与新规则》等几本书。在这些书中,我系统介绍了德国和大陆法系国家的商法制度,尤其是商行为制度,这或许是清末以来国人首次将近代西方大陆法系国家创建的商行为制度较为体系化地介绍到中国。20 世纪末,商法学被国家列为法学专业核心课程,我受教育部委托,主持起草

《中国商法学教学大纲》和主编商法学教材，首次将商行为制度作为商法的基本制度之一引入商法教学体系和研究体系。同时我发表了几篇关于商行为的论文，并与我的学生王建文教授一起先后撰写出版了《商法的价值、源流及本体》《商法论》《商法基础理论专题研究》等著作，对商行为理论和制度予以更多的关注。30 年来，思考从未间断，困扰和疑惑也与日俱增，系统研究的渴望更加强烈。7 年前，南京大学法学院当届本科毕业生中最优秀的学生之一丁凤玲免试攻读硕士和博士学位，有兴趣随我研究商法。她在商行为理论研究中倾注了大量的精力，在较好地完成了《商用人工智能的法律性质与法律规制研究》博士学位论文的同时，与我共同思考研究完成了这本专著。

中国商行为理论与实践的研究仍处于起步阶段，商行为的不断变化与发展产生了诸多新问题，商行为的完善与丰富还有待商行为理论和商法学研究的不断深化。商法理论是一个庞大的体系，与商行为制度同样具有基础性理论意义的还有商主体制度、商事权利制度、商事财产制度、商事责任制度。这些制度都具有区别于一般民事制度和行政制度的特殊性，都需要展开系统的思考与探索。本书是这种系统思考与探索的初步成果。希望这种探索有利于助推当代中国市场经济体制的健全和完善。

范　健

2022 年国庆节于南京

目　录

第一章　导论:《民法典》编纂后商行为规范化与体系化的时代意义

《中华人民共和国民法典》(以下简称《民法典》)于2020年5月28日在十三届全国人大三次会议审议通过,于2021年1月1日生效。《民法典》的编纂受到社会各界的普遍关注,各界人士积极建言献策,学术界也不例外。自2014年10月,党的十八届四中全会明确提出编纂民法典之后,与民法典有关的研究呈指数增长,在中国知网以“民法典”为关键词搜索可以找到13,444个结果,篇名中出现“民法典”的文献共有10,661篇。[①] 这些学术研究成果,除了有民法学者的贡献,还有商法、刑法、行政法、诉讼法、法理学等学者的参与。曾经争论不休又一直未有定论的诸多问题,纷纷再次成为研究热点,成为理论争鸣的对象。其中,商法学者最为关心的是民商关系问题,是《民法典》与商事立法、司法问题。[②]

---

① 最后检索时间为2021年8月24日。

② 相关讨论可集中参见刘凯湘:《剪不断,理还乱:民法典制定中民法与商法关系的再思考》,载《环球法律评论》2016年第6期;赵旭东:《民法典的编纂与商事立法》,载《中国法学》2016年第4期;崔建远:《编纂民法典必须摆正几对关系》,载《清华法学》2014年第6期;赵万一:《中国究竟需要一部什么样的民法典——兼谈民法典中如何处理与商法的关系》,载《现代法学》2015年第6期;周林彬:《商法入典标准与民法典的立法选择——以三类商法规范如何配置为视角》,载《现代法学》2019年第6期;范健:《走向〈民法典〉时代的民商分立体制探索》,载《法学》2016年第12期;等等。

虽然中国《民法典》编纂采取了民商合一体例，但是，纵观已经生效的《民法典》，民商合一只偶尔散见于个别条款，并未贯穿于《民法典》的始终。这样的结果是可以预见的。因为民商合一的民法典是私法典，具有“私法宪法”的地位，若要编纂这么一部私法典，除非有商法学者与商主体的广泛参与，并完全打破现有民法理论与制度体系的局限，否则在一向缺乏商法传统的中国，基于传统的民法思维完成民法典的民商合一任务几乎不可能。已经出台的《民法典》证明了该事实。以商行为为例，《民法典》总则编第六章专章规定了“民事法律行为”，其中也对商行为中的“决议行为”作了特别规定。但该章对民事法律行为的构造除了抛弃了一直被传统民法理论诟病的“合法性”要件，其余并无太大创新，更毋提抽象商行为与民事法律行为的共同规则。① 尤其将决议行为简单归入民事法律行为，造成了规范逻辑的不自洽，形成了权利救济被滥用的规则风险。不过，如果《民法典》真的抽象了商行为与民事法律行为的共同规则，那么最终呈现的《民法典》将“面目全非”。因为商行为与民事法律行为不论是内涵还是外延都存在差异，甚至完全对立和冲突，所以该抽象结果是否具有实践意义，以及能否抽象都存在疑问。除了商行为，商事权利、商主体、营业、商事财产、商事责任等作为商法的另外几大支柱，在立法技术层面也都难以被《民法典》抽象出体现其规范价值的条款。因此，以中国当前的立法思路和立法路径，所谓的民商合一式的《民法典》最终呈现为一部只考虑了个别商事规则的《民法典》，《民法典》应当具有的“私法宪法”地位已无法实现。

由于《民法典》已经生效，继续呼吁使《民法典》成为真正的“私法宪法”已不具有意义，与此同时，系统修订《民法典》的观点目前也不具有可操作性。然而，在严重缺乏商事基本法的当下，如果民商不分，将民事权利泛化于商事权利，将商事权利滥用于民事权利，则可能将社会引入全民皆商、全民逐利的境地，会导致社会政治、经济、伦理、文化等领域产生较大的制度性风险。商可提升人类的创新动力，亦可激发人

---

① 参见夏小雄：《商行为的体系定位和结构转换——历史维度的再考察》，载《环球法律评论》2017 年第 1 期。

们的贪婪欲望;商是社会繁荣的基石,亦是社会动荡的本源。① 因此,在《民法典》已经生效之际,研究《民法典》的制度性缺陷和制度性风险,研究中国商事立法的走向,探索完善中国民商法体系的路径,将是商法学者的重要任务。不过商事立法是一个宏观问题,该问题的解决需要以微观问题的分析为前提,如商主体立法、商行为立法、营业立法、商事财产立法、商事权利与责任立法等。本书仅选择商行为为研究对象,分析《民法典》编纂后构建商行为理论、完善商行为立法的必要性,并构建当代社会的商行为法理论体系。

第一节　历史镜鉴:商行为的诞生与功过褒贬

商行为不是局限于商业领域的活动,而是牵动整个社会神经的存在。在人类历史发展的长河里,商业的交易及其逐利活动增强了人们追求财富、消费财富、享受财富、创造财富的欲望,促进了人类社会的物质文明的增长;与此同时,其也激发了人类的贪婪欲望,扭曲了社会伦理道德标准,模糊了人类社会的精神和物质文明方向。因此,商业活动对社会的发展和人类的进步具有双面作用:它可以增加社会财富,推动社会的繁荣;也可以掠夺他人的财富,造成全社会的灾难。整个社会历史对商业活动的评价毁誉参半、荣辱共存。《民法典》之后,清晰民法规范的功能与缺失,探寻对商行为予以规范化与体系化的路径,首先需要端视商行为的历史镜鉴。

一、商行为与社会文明建构史

广义的"商行为",又称为"交易行为""贸易行为"。"商法的历史是一部以特别方式创造法律的历史。"②商行为的历史则是一部以特别方式影响社会发展进程的历史。"特别主义"是商法的色彩,也是商行为的底色。商行为自其诞生伊始就一直在经历双向发展运动:一面建

---

① 参见范健:《编纂〈中国商法典〉前瞻性思考》,载《广东社会科学》2018 年第 3 期。

② [意]F. 卡尔卡诺:《商法史》,贾婉婷译,商务印书馆 2017 年版,第 1 页。

构和促进社会文明,另一面破坏和摧毁社会文明。商行为对社会演进的巨大作用根植于商行为顽强的生命力,源于商行为持续的创造力。远古时代原始状态的商行为,即交易行为促使人类超越了动物本能,走出原始生活;古代社会的贸易行为根本性地推动了人类社会分工的形成;中世纪早期的商行为使商人走出道德藩篱,摆脱宗教教义的束缚;近代民族国家形成前的商行为使人们走出封建压迫,获得了独立的地位;资产阶级民族国家的商行为使人们突破特权限制,以"平等经营权"理念从根本上创造了人们的经济平等权;现代国家的商行为构建了市场经济的根基。了解商行为的演进和形成的历史是理解当下中国在《民法典》编纂之后需要对商行为进行规范化与体系化的前提。

(一)引导人类改变生活状态:以交换替代抢夺

一般认为,现代商法的直接历史渊源可以追溯到中世纪,而它的间接历史渊源可以追溯到古希腊、古罗马时期。商法是商行为存在的基础,更是商行为构成的依据。商行为的法定概念直至《法国商法典》才被系统提出,①但商行为的习惯和理念却源远流长。虽然通说认为古代不存在近现代意义上的商法,也没有形成商行为的抽象概念,制定法意义上的商行为并不存在,②但是在实践意义上,古代社会就已经存在商行为,也已经形成调整商行为的习惯和习惯法。③ 如果以商人为标准考察商法历史,理论研究只能更多地集中于商人阶级诞生的中世纪之后。然而,如果以商行为为标准梳理商法发展脉络,那么古代社会是非常重要的一段历史时期。现代商法中的行为诚实原则、外观原则、鼓励交易原则等商行为基本原则都直接或间接渊源于古代社会,④现代商法中的信用买卖、债权买卖等商行为制度同样发端于古代社会。⑤

古代社会的商行为尚未发展为商人的行为,因为这个时期尚未形成商人阶层,此时的商行为只是农民、手工业者、牧民闲时的由以物易物为主导的交易活动,并且以零售为主,主要是在住处周围地区逢集赶

---

① 参见郭晓霞:《商行为概念研究》,载《山东社会科学》2010 年第 5 期。

② 参见叶林:《商行为的性质》,载《清华法学》2008 年第 4 期。

③ 参见《商法学》编写组编:《商法学》,高等教育出版社 2019 年版,第 22 页。

④ 参见王建文:《中国商法立法体系:批判与建构》,法律出版社 2009 年版,第 52 页。

⑤ 参见[日]田中耕太郎:《商法总则概论》,有斐阁 1940 年版,第 99 页。

场进行交易。[①] 这个时期的商行为对社会最大的影响就是在人类出现剩余产品或物品时,交换替代了抢夺,使人类从野蛮走向文明。早期的商行为就是交换行为,主要是对剩余农牧产品的交换。虽然这只是人类把自己的产品或剩余物品跟他人进行简单的互换,但它却是人类走出原始状态的标志。当人类只能用自己的劳动来生存的时候,人类尚未摆脱原始状态,尤其是当人类强占他人财产为己享用时,人类还没有走出动物的本能。只有当人类懂得将自己剩余的粮食以及物品拿去与他人交换时,只有当人类对物的占有基于这样一种方式:自己的所有与存在依赖于他人的所有与存在时,人类才摆脱了原始的状态,形成了与土地、原始森林脱钩的社会关系。这是人类最伟大的一次蜕变,也是社会形成的基础。虽然人类有父母关系、家族关系和宗族关系,并且存在部落群居,但是父母、家族、宗族所形成的群居并没有让人类完全区别于动物。因为动物也存在血缘关系,也有群居生活。直到交易出现,即在长时期的日积月累的交易活动中,人们形成了交易的专门术语、行为习惯、行为标准、行为争议的解决方式等,也就是商行为的诞生才使人类区别于其他动物。商行为让人类不再需要像其他动物一样通过你争我夺的方式获得食物,而是通过彼此共同接受的交易方式重新分配财物,以满足自身和交易对方的需求。以共同享有取代了独占,以共同存在取代了独一无二。因此,以交换剩余产品为内容的商行为开启了人类文明史,是人本身的一种历史性变革,也是商行为对社会文明进程的第一次伟大推动。

尽管人类社会很早就出现了商行为,社会也产生了调整各种商行为的规范需求,但是古代社会并没有独立的商行为法。与商行为有关的规则被零散地规定在人们的习惯、习惯法及各个法律之中。这也与古代诸法合一的立法传统有关。在古代社会,西方国家的《汉穆拉比法典》《赫梯法典》《摩奴法典》[②]和中国的《程典》《周礼》都有关于商行为的调整规范。[③] 由于当时的商行为只是小规模的社会活动,加上古代社

---

① 参见任先行:《商法原论》(上),知识产权出版社 2015 年版,第 282 页。

② 王建文:《中国商法立法体系:批判与建构》,法律出版社 2009 年版,第 52 页。

③ 参见任先行:《商法原论》(上),知识产权出版社 2015 年版,第 403 ~405 页。

会采取的是诸法合一的法律体系，所以法典对商行为的调整十分零散，法律层面尚未形成关于商行为的专门调整机制，有关商行为的规则均被认为是民事行为，实质意义上的商行为规则被民法所全盘吸收。[①] 这就是即便古代法律中有关于商行为的规则，学者通常也不认为古代法律中存在商法的原因。

古代社会对商行为的调整，主要并不是根据成文法，而是商事习惯法。在古代社会，对商行为起支配作用的主要是主体间长期交往所形成的大量的商事习惯。这些商事习惯最早产生于氏族、部落内部成员之间或熟人之间，是人们长期生活在同一地域或环境，在长期、反复的实践中靠经验积累起来的约定俗成的行为习惯。这些习惯具有强烈的认同感，是得到人们自觉遵守的原生态的"游戏规则"。中国《史记》的《平淮书·正义》所记载的"因井而市"，《易·系辞下》所称的"日中为市"，《诗·卫风·氓》所说的"氓之蚩蚩，抱布贸丝"等都是对商事习惯规则的描述。[②] 这些商事习惯基本上都是有关商行为的习惯规则，其在商法尚未成型而商事交易已经存在并相对繁荣的古代社会，[③]发挥着繁荣商事交易、稳定社会经济活动秩序的重要作用，同时也为其后，尤其是中世纪之后近现代商法的萌芽奠定了重要的基础。古代社会乃至中世纪的诸多商法规则都源于商事习惯，早期的商事成文法许多都是对商事习惯的汇编与总结。

因此，在人类社会的历史上，商行为早于商行为法出现，理解这一点，对于更深刻地理解人类进化的规律具有重要意义。我们尤其可以确信，在人类社会早期尚未形成商法意识的情形下，统治者就已经不得不在立法上为商行为提供调整规则以维护统治，只不过该规则尚未形成专门的调整机制而已。

（二）促使商人打破宗教禁锢：以营利修正教义

从中世纪初到16世纪宗教改革之间的这段时期，商行为对社会最伟大的贡献就在于推动了宗教教义的更新，使人们走出了道德藩篱，在

① 参见施天涛：《商法学》，法律出版社2010年版，第28页。

② 参见任先行：《商法原论》（上），知识产权出版社2015年版，第291页。

③ 参见施天涛：《商法学》，法律出版社2010年版，第28页。

社会上形成了商人阶级。有观点认为,在中世纪早期至16世纪宗教改革之前,基督教的教义基本上都是反对获利动机的,都是反商禁商的。法国社会经济史学家亨利·皮雷纳是该观点的代表,他认为"12世纪的教会对商业的态度不只是消极的,而且是积极的敌视"。他指出教会有各种不许投机和按利息出借(高利贷)的禁令,其教义也要求公平的价格,禁止商人囤积居奇。"商人很少能使上帝高兴,甚至永远都不能使上帝愉悦。"最后他得出的结论是"任何基督教徒都不应该是商人,如果他希望成为商人,那么他应该被逐出教会"。①

然而,该历史观因不能解释为什么商业能够在与主流意识形态严重冲突的情况下繁荣昌盛而受到质疑。反对派认为,在11世纪晚期至12世纪,罗马天主教就已经放弃了禁欲主义精神,放弃了反对交易获利的顽固政策,不再将商行为视为拯救人类的威胁。教会强调"入世"聚财致富对救赎的意义和作用,认为只要商行为按照教会制定的原则进行,那么商行为也是获得拯救的途径之一。② 不仅如此,天主教还鼓励商人组成行会,通过行会发挥宗教功能,监督商人在商行为中维持道德标准。"建立在高尚信念基础上的合法贸易有别于建立在贪婪基础上的非法贸易;建立在满足合法需求基础上的贸易有别于建立在纯粹自私自利或欺诈基础上的贸易;合法地收取利息有别于高利贷;公平价格有别于不公平价格。"③最终,商行为获得了与基督教徒生活相一致的地位,而中世纪之所以能够出现商业的繁荣,主要就是因为商行为已经被主流意识形态接受。④

从历史的资料来看,11~12世纪的天主教的确已经放宽了对商业活动的禁锢,商行为在宗教教义中已经被视为是世俗生活的一部分而不再受到仇视。这是商行为在中世纪最伟大的功绩,它使教会逐渐打破禁欲主义,增加了封建国家的财富创造方式。这与商行为的传染性、

① [美]哈罗德·J.伯尔曼:《法律与革命(第一卷)西方法律传统的形成》,张志铭等译,法律出版社2008年版,第330、640页。

② 参见王建文:《中国商法立法体系:批判与建构》,法律出版社2009年版,第63页。

③ [美]哈罗德·J.伯尔曼:《法律与革命(第一卷)西方法律传统的形成》,张志铭等译,法律出版社2008年版,第331~332页。

④ 参见朱慈蕴、毛健铭:《商法探源——论中世纪的商人法》,载《法制与社会发展》2003年第4期。

扩张力有关,也与商行为所具有的聚财致富本性有关。在 11 世纪以前,商行为就是被宗教严厉打击的存在。西罗马帝国灭亡后,商业只在非常有限的范围内存在。11 世纪以前,教会的道德标准与营利精神完全不相容,教会自始至终认为"商业利润是获得救赎的障碍"。教会一直禁止利息,认为商行为与宗教教规无法调和。[①] 因为主流意识形态对商业的打压,所以在中世纪早期,只有在教会和国王干预不到的地方,才有商行为。然而,商行为具有渗透的本能,能够强加于参与商行为的人,包括受到它剥削的人身上。此外,商行为符合人类追求冒险和喜爱谋利的本性,所以商行为在本质上具有传染性、[②]渗透性和扩张力,这种传染性、渗透性和扩张力很快使社会上的一群人获得财富,从而与另一批坚守"禁欲苦行"教义的人形成鲜明对比。"禁欲苦行"的宗教教义虽然稳定了社会关系,巩固了封建国王、教皇的统治,但却不鼓励创造,无法增加社会财富。于是,教会开始垂涎商人的财富,羡慕商行为的利润,进而逐渐肯定营利精神。教会对营利精神的肯定使西方打破了通过战争获得财富,以及过分依赖土地的生活方式,拉开了资本主义的帷幕。同时也让商行为走出了道德禁锢。不过,虽然天主教 11 ~ 12 世纪因为肯定营利精神而修正了教义,但是宗教信条与商业精神在本质上仍然存在冲突。因为宗教教义要求奉献,认为"贪财是万恶之根","富人在好事上应当富足,甘心施舍,乐意供给人"。[③] 幸运的是,这并没有阻止商行为的发展,商行为能够依靠自身的传染性、渗透性和扩张力,使坚持禁欲主义的宗教修改教义,同样也不会甘于受到新宗教教义的束缚,哪怕该教义肯定了商行为的存在。13 ~ 15 世纪,商行为就进入了飞速发展时期,人们不再处心积虑地掩饰自己的行为,而是直接公开要求获取利息,走上"以钱生钱"的致富道路。[④] 商行为新一轮的发展,最终爆发了全面的宗教改革,排除了宗教的禁欲主义,更为全面地修正了

① 参见[比]亨利·皮朗:《中世纪欧洲经济社会史》,乐文译,上海人民出版社 2014 年版,第 20 页。

② 参见[比]亨利·皮朗:《中世纪欧洲经济社会史》,乐文译,上海人民出版社 2014 年版,第 18 页。

③ [美]哈罗德·J. 伯尔曼:《法律与革命(第一卷)西方法律传统的形成》,张志铭等译,法律出版社 2008 年版,第 332 页。

④ 参见王建文:《中国商法立法体系:批判与建构》,法律出版社 2009 年版,第 64 页。

宗教的教义,使人们彻底打破了宗教要求来世享乐的禁锢,匡扶了营利正义。

商行为在宗教改革方面的作用,与推动人类走出原始生活相比,在人类发展史上具有不相上下的重要地位。这一时期的商行为直接为近现代国家的出现奠定了坚实的基础。商行为被宗教所接纳,这是社会发展史上的一个重大事件,也是社会变革的重要契机和基础,更预示着中世纪向近现代社会的转变和历史转折。这一接受的过程与其说是宗教改革的让步,不如说是商行为自身规则改革和调整的结果或成就。商人开始意识到商行为贪婪的本性和唯利是图的欲望与社会的容忍存在着巨大的冲突,如果不改造商行为自身,就没有商行为存在的社会环境。由此,对商业行为的标准化、规范化、公开化、透明化的规则改造过程中容纳了创新与约束、特权与限权的基本理念和原则。这一时期,商人们开始重新研究从古希腊雅典至罗马法时代法的精神,从古代法律的原则吸取有助于商行为改造的原理和理念,将公平正义价值观融入商行为规则之中,将宗教提倡的社会公益理念融入商人的精神之中,并以成文法的方式展现出来,从而使商行为摘下商人的神秘面纱,成为社会可以预见的行为方式。这一时期的主要成就是一批商事成文法,包括海商法和商业城市法的诞生。应该说,商行为的自身改造与完善,是其获得社会存在空间的根本原因。

(三)唤醒人们走出封建压迫:以独立代替奴役

在推动近代民族国家出现上,中世纪的商行为除了助力宗教改革,还通过催生资产阶级的方式,使人们走出了封建压迫。罗马帝国的灭亡使商业陷入冷冻期,但是商行为并没有消失殆尽,农产品、手工艺品的买卖依然存在,并在近代民族国家形成前期助力了新兴资产阶级的形成,使人们从奴役思想中解放,推动了封建统治的瓦解。从罗马帝国灭亡到近代民族国家形成前,整个欧洲大陆没有出现过大的统一帝国,到处都是封建君主国,呈现出小国林立且各自为政的状态。小国林立的直接结果就是战争不断,而战争需要资金支持,这一现实需求直接导致了商人获得发展空间并逐步壮大,形成了独立的阶级,并使人们摆脱了封建时代被奴役的状态,获得了人格的独立。这个时期的商行为对社会变革的促进作用体现在商人阶级的形成上,商行为长期且持续不断的发展使商行为的主体逐渐壮大，并最终成为独立的群体。中世纪到近代民族国家形成前期形成了商人阶级，而商人阶级所衍生的新兴资产阶级最后又推翻了封建王朝，有两条并行不悖的历史发展脉络。

第一条脉络是商人在封建国家之外构建城堡的发展历史。10世纪下半叶开始，西欧显示出商业复兴的迹象。为了避免被贵族、流寇骚扰和劫掠，商人们不得不寻求城堡的庇护，然而城堡规模有限，商人却越来越多，部分商人被迫滞留在城堡外定居，形成了“外堡”，这一居住地又被称为“商埠”，商人因此被称为商埠人。① 商人在城堡的聚集很快推动了城市的复兴。大量在饥荒或战争时期离开故土谋生而不再返回乡井的人们，以及脱离庄园的流浪汉都聚集到城市之中从事商业贸易。② 此外，11～12世纪农业的改造也为商人阶级的壮大创造了机会。③ 由于农业工具的使用导致农业生产方式获得了历史性突破，农业领域的剩余劳动力大量增加，这一部分人口涌入城市后，许多人都加入了商人的队伍之中。④ 伴随商人队伍的逐渐壮大，商人逐渐获得了独立的地位，形成了商人阶级。这一时期商人所适用的法律不是以整个国家共同体的名义制定的，而是以商人阶级的名义制定的，该法并未受到政治社会的干预。⑤ 同时，在城市中壮大的商人阶级成为新兴资产阶级，他们基于共同利益而密切联系，逐渐组成了商人基尔特等团体用以反对封建法制的束缚。商人基尔特不仅建立了自己的行为规则，使原先的商人习惯法名正言顺，抛弃了封建法律和教会法的规制，还在城市建立了专门服务于商人的法院，形成了体系化的商人自治机制。在这套机制下，商人享有营利的自由，而非附属于国王或领主的工具。在商业贸易自由精神的影响下，中世纪城市掀起了文艺复兴思想解放运动，并最终在城市率先推翻封建宗教伦理的统治。应该说，商人阶级能够

---

① 参见[比]亨利·皮朗：《中世纪欧洲经济社会史》，乐文译，上海人民出版社2014年版，第30页。

② 参见[比]亨利·皮朗：《中世纪欧洲经济社会史》，乐文译，上海人民出版社2014年版，第32页。

③ 参见[美]哈罗德·J.伯尔曼：《法律与革命(第一卷)西方法律传统的形成》，张志铭等译，法律出版社2008年版，第329页。

④ 参见王建文：《中国商法立法体系：批判与建构》，法律出版社2009年版，第65页。

⑤ 参见[意]F.卡尔卡诺：《商法史》，贾婉婷译，商务印书馆2017年版，第28页。

在城市形成与商行为的发展密切相关。首先,因为商行为在任何时代都不会被消灭殆尽,从而有了早期在城市从事商行为的人。其次,因为商行为具有创造财富的本能,吸引了从农业、庄园解脱出来的人选择进入商业领域,而商业城市为他们提供了最好的栖息环境。最后,商行为的普遍化使从事商行为的主体逐渐聚集,他们基于共同的利益诉求形成了团体。这些团体逐渐成为新兴城市的主导力量,最终一起推翻了抑制该团体发展的封建统治。

第二条脉络是商人在社会政治统治方式变革中的发展历史。中世纪商行为使人们摆脱封建桎梏、从奴役走向独立的发展脉络,除了可以从中世纪城市商人阶级的形成中得到解读,还可以从国王或领主统治的历史中得到论证。虽然一般认为中世纪的商人阶级主要活跃在城市之中,但是在封建国王、教皇统治的领土内,商行为也得到了发展。在中世纪的欧洲国家,自然人都是国王的工具,没有商业自主性和商业创造的资格。在农业经济、领主经济中,人只是统治者的工具,城市能够发展商业也是因为城市没有统治者。[①] 但是小国林立的局势,使国王不得不发展商业。罗马帝国以后,直到近代欧洲法国建立以前,整个欧洲因为没有出现过统一的大帝国,导致小国间的战争不断,许多新兴小国面对不断战争的财富消耗,需要借助商人来获得新的财富救济和补充。这一时期,尽管封建国王强调集权统治,但为资金短缺所迫,他们需要借助通过商行为创造了财富的商人的力量,这也是欧洲中世纪国王、领主或教皇颁发特许状给商人,允许商人经营的缘由。[②] 然而,国王对商人的拉拢并没有维持其长远的统治,反而加速了其灭亡。在整个欧洲中世纪的国家发展史中,国王、领主、教皇逐渐和商人勾结,从而使原先只是国王工具的商人,依靠自己的商业力量逐渐获得了与国王讨价还价的能力,为自己争取到了权利。虽然国王是为了巩固自己的统治利益才发展商业,但是随着商业的逐渐扩大,国王非但不再能够限制商业的发展,反而在利用商人的过程中逐渐失去主导地位,最终使商人背离

---

① 参见[比]亨利·皮朗:《中世纪欧洲经济社会史》,乐文译,上海人民出版社2014年版,第36页。

② 参见任先行:《商法原论》(上),知识产权出版社2015年版,第523页。

国王的意愿,反过来与社会其他阶层一同推翻了国王的统治。中世纪封建国家最终走向灭亡,究其根本,是因为中世纪的商人所从事的商行为需要的是自由,追求的是安全,而国王统治下的封建社会既不能让市民拥有自由,也不能给市民带来安全,更不承认市民具有独立的人格。

归结而言,中世纪商行为的历史贡献体现在,商行为的不断发展使商人阶层逐渐形成,最终推翻了封建国王的统治。而文艺复兴运动,以及之后近代民族国家的建立,与商人阶级的形成有关,更是商行为以星星之火燎原的结果。如果没有一直不曾间断且持续发展的商行为,商人阶级将失去其成长的土壤,更不会在中世纪应运而生。所以中世纪是商人阶级的成长史,更是商行为又一次为人类社会的进步作出贡献的见证史。

(四)推动社会走出阶级不公:以限权代替特权

中世纪的商行为虽然使商人从一个特殊的群体上升为一个阶层或形成一个阶级,使追求自由和平等的观念深入人心,最终逐步推翻了封建王朝的统治,但中世纪的商人阶级是一个特殊群体,本质上也是特权阶级,商人法只是商人这一特权阶级利益保护的法律。这与以法国为代表的近代民族国家所宣扬的平等观相背离,该现实使得商人法饱受质疑和诟病。于是在这一时期,商人在自我反省和觉醒的基础上开启了具有重大进步意义的改革。商行为摘下了商人的神秘面纱,成为人人可为的行为,又一次对社会的变革发挥了重要的作用。近代民族国家建立时期也是商行为理论系统化的时期,是商行为概念第一次立法化的时期。

商行为对近代民族国家而言,最重要的是打破了商人的经商特权,使人人皆可经商[①]的理念成为一个社会共识,并且逐渐建立起了商人加重责任、经营权与所有权分离等限权性制度。商行为在近代民族国家时期对社会的建构性,在法国有最直接的体现。法国大革命后,自由平等的精神深入人心,一方面社会公众要求打破商法的特权法性质,破除

① 参见张志坡:《日本法上的绝对商行为及其启示》,载《安徽大学学报(哲学社会科学版)》2012 年第 3 期。

商人的商业特权,平等对待交易主体;另一方面商人也要求打破传统贵族所享有的特权,打破行会对商人营业的管制和垄断,保障私有财产与营业自由、自由竞争。[①] 在这样的背景下,《法国商法典》虽然承袭了1673年的《陆上商事敕令》,但还作出了革命性调整:将商行为作为商法调整的基础,重新建构了商法立法体系。以商行为作为确定商法调整范畴的标准,使商法打破了身份法的局限,开创了以行为划分商法界限的历史先河。该法律建构方面的革命既保有商法这一历史存在,使商业得以在新时代存续;又使商法得以改头换面,以新面貌开创商事交易的新时代。《法国商法典》影响了许多国家,因为以商行为为中心,《法国商法典》确立了客观主义的立法例。在这一部打破身份禁锢的法典中,经营行为除了不再是商人阶级的特权,还被设置了许多加重责任,如增加商事领域的刑事规定、加大破产欺诈责任等。1805～1806年,法国商业领域的投机之风盛行,为了抑制投机,拿破仑就特意主持《法国商法典》的制定,加重了破产欺诈的处罚力度。[②]

在资产阶级革命席卷整个欧洲的时代,法国的做法在欧洲引起了很大的反响。虽然之后的《德国商法典》放弃了法国所采用的客观主义立法例,但是在法国的影响下,以及在德国资产阶级革命的作用下,《德国商法典》不但没有赋予商人特权,反而使适用了商法的商人被科以更为严格的要求和标准。[③] 并且《德国商法典》也有依据商行为来判断商法调整范围的部分,如第五编海商法规定只要存在海商行为就适用商法典,而无需商人身份。

总的来说,商行为在近代民族国家时期,不但被立法化,还逐渐在理论上系统化。最为重要的是,这个时期的商行为打开了新时期商业发展的大门,重新定义了商法在法律体系中的地位,为现代商业的快速发展以及近代民族国家的兴盛奠定了坚实的基础。尤其这一时期的商法为人类社会的历史转型,即从传统的商品经济走向近现代市场经济的转型,奠定了观念基础、思想基础和制度基础。《法国商法典》至今

---

① 参见夏小雄:《商法“法典化”:历史考察和体系分析——以十九世纪西欧国家商法典立法为核心》,载《东南大学学报(哲学社会科学版)》2018年第6期。

② 参见《法国商法典》(上册),罗结珍译,北京大学出版社2015年版,“序”。

③ 参见[德]C. W. 卡纳里斯:《德国商法》,杨继译,法律出版社2006年版,第3页。

200 多年的历史表明，以不断完善的商法制度调整商人行为和社会的经济活动可以促进社会的创新、繁荣和稳定。相反，抑制或排斥商行为，只能使一个国家重新陷入贫困和动荡。而放纵和滥用商行为，更会加剧社会贫富差距和社会矛盾。可以说，社会的文明取决于商行为的文明程度，社会的进步取决于商行为的制度完善。例如，对于当下中国社会广受诟病的营利性教育、营利性医疗等，我们至今仍缺乏认知；对这一类行为的规范调整在法律观念与法律制度上至今依然是一个盲区。而早在《法国商法典》编撰时期及其后 200 年多里，成熟的市场经济国家始终在观念和制度上都将其排除在商行为之外，列为商法上禁止性的行为，不受商法的调整和保护。

（五）引领商业走向良性循环：以法律建构市场

“规制良好的商法是有生命力的，特别是建立于市场和竞争之上的经济有效运行的重要前提条件之一。因为经济活动的参加者既有赖于其交易的快速和顺利，亦希望业务的安全和稳定，清晰而可信赖的法律规范的存在对它们都具有重大意义。”①进入现代社会后，商行为对社会而言最大的贡献就是成为强大的发动机和通向未来之门。

由于许多国家的商法都规定了商主体严格法定原则，一般都制定了大量的强行法规范对商主体的资格予以严格控制，具体包括商主体类型法定、商主体内容法定和商主体公示法定三方面的内容。② 所以，在商法领域，商业的创新主要是商行为的创新，而商行为对于制定清晰、可信的基础规范有着强烈的需求，商行为的规范使商事交易更加简便，并由此促进了经济生活和福利质量的提升，率先为商事立法开路。许多经过商事交易考验的规范通常都可以移植于一般的法律交易，甚至被统一的民法典吸收。当前中国《民法典》的许多规定都有商行为规范的影子，如有关决议行为的规定等。因此，不论是实践中的商行为还是立法化的商行为规则，乃至理论中的商行为，在现代商法奉行商主体严格法定原则的背景下，商行为已经成为商法领域真正的“引路人”。我们可以很轻易地发现与商业领域有关的最新立法，通常都是行为立

---

① ［德］C. W. 卡纳里斯：《德国商法》，杨继译，法律出版社 2006 年版，“序”。

② 参见范健、王建文：《商法基础理论专题研究》，高等教育出版社 2005 年版，第 72 页。

法,商人也基本形成了将现代性规则融入自己行为的习惯。商行为及其立法已然成为市场经济重要的基石,具有重大的功用。

总的来说,在人类社会几次关键的转折时期,商行为都在建构新社会,联结新旧时代,这是商行为不应该被抹去的历史光辉,也是当代社会重新发现商行为价值的关键。不过,任何事物都有双面性,商行为有对历史的创新,同样也存在对历史的破坏。

二、商行为对规则的突破乃至对先前文明的破坏

在人类社会发展史上,商行为对文明的破坏与追逐营利的本质特征密切相关,更与商行为本身追求风险的行为特点有关。追逐营利可以激发人们的创新激情,更能唤醒人们的贪婪本能,引导社会道德走向唯利是图。同时创新与冒险本质相同,只是在不同语境下的两种表达,冒险建立在风险基础之上。“风险”是商行为实现创造财富目的的主要媒介或工具。一方面,所谓的风险主要指的是一种不确定性,这种不确定性或者说风险使投机获利,尤其是获取超额利益成为可能。另一方面,风险也指“一切对人及人所关心的事物带来损害的事件与行为的可能性”。[①] 对社会而言,风险更多的是具有破坏性;对经济活动而言,风险既具有破坏性,又蕴含更大的成长机会。商行为是创造社会财富的源泉,但从商行为诞生伊始,它就一直在历史的长河中发挥双重的发展作用,包括积极作用和消极作用。商行为制造具有破坏性的商业风险就是其消极作用,也是它对人类社会文明的损害与破坏。

(一)对外扩张,引发战争

商行为的消极作用是其对社会的健康发展形成极大阻碍,最直接的体现是商行为的对外扩张本能常常成为对外战争的导火线。商行为是具有扩张性的,无论是民族国家还是个人,一旦商业获利的狂热被激发起来,便会形成不可抑制的角逐利益的驱动。国内市场往往是有限的,当商行为发展到一定程度,国内市场必将无法满足其扩张的需求,必然需要寻找海外市场,于此情形要么合作要么战争。合作往往伴随

---

① [英]尼克·皮金、[美]罗杰·E. 卡斯帕森、[美]保罗·斯洛维奇编:《风险的社会放大》,谭宏凯译,中国劳动社会保障出版社2010年版,第5页。

让利,强实力的一方通过战争能够降服竞争对手并获取绝对的利益。因此,早期以商兴国的西方国家在海外市场的扩张上都采取了武力打开他国大门的方式。战争意味着死亡与毁灭,尽管出征的指令来自政权最高领导人,但是商行为日益增长的需求促成了战争的爆发。1600 ~ 1763 年西北欧强国的扩张轨迹清晰地揭露了该事实。早期英国在发展美洲市场时,也选择过合作的方式,但是合作没能打开西班牙在美洲的殖民地市场,巨大的市场诱惑又使商人不愿意放弃,于是他们一直以海盗的身份前往西属印度群岛。然而,这始终无法满足英国贸易扩张的需求,最终英国发起了针对北美洲的殖民战争。① 第一次世界大战同样有商行为的助力。第一次世界大战爆发前,欧洲列强都卷入了关税战以及对外市场的竞争中,为了对外输出剩余资本和剩余产品是战争爆发的根本原因。② 这方面的实例不胜枚举。在推动国家对外扩张市场这点上,商行为的扩张特性对世界经济秩序、对商业发展较为缓慢的国家而言具有毁灭性的破坏力。

(二)操奇计赢,为富不仁

商行为作为一种逐利行为,对人们的生活、健康、安全甚至生命产生着直接或间接的影响。尤其是当商人道德水平下降,在追逐利益的欲望下丧失社会伦理时,其所实施的商行为极易招致一系列社会问题。从中世纪的人肉交易到盛行于美洲大陆的黑奴贸易,从黑死病的传播到 20 世纪 50 年代震惊世界的英国伦敦雾霾事件,此类现象在西方资本主义发展过程中层出不穷。改革开放后,中国商行为快速发展所伴随的负面作用也屡见不鲜。此外,商行为对社会还有较为隐蔽的破坏性,那就是有些商人在其行为过程中,以干预政治或捆绑国家的方式追逐利益。因为商业的兴起起步较晚,所以相比于皇权、教权,商的力量在历史的长河中基本被忽视。然而,虽然欧洲中世纪的商自诞生之日起就被教权所排挤,皇权也不予重视,但商非但顽强地发展了起来,还

① 参见[美]斯塔夫里阿诺斯:《全球通史:从史前史到 21 世纪》(下),吴象婴等译,北京大学出版社 2006 年版,第 430 ~ 432 页。

② 参见[美]斯塔夫里阿诺斯:《全球通史:从史前史到 21 世纪》(下),吴象婴等译,北京大学出版社 2006 年版,第 644 ~ 645 页。

在欧洲中世纪的城市复兴上起了重要作用,并发展成为独立的新兴阶级。[1] 因此,无论商是否被注意到,商的力量都真实存在。并且,该力量如果过于强大就可能会对政治力量有所企图,以实现商利益的最大化。整个西方社会,近代和当代政治经济的历史充分地证明了这一特点。美国民主党与共和党长期以来的分歧很大程度上是背后所代表的商业利益集团的对立,在某种程度上民主党和共和党的执政与在野就是资本力量在政治场上的力量角逐。美国的政商角逐只是西方各国社会体制的一个缩影。当商人利益集团将目光投向政治时,在微观层面其破坏的可能只是某个公平的竞争机会、某个具体决策,但是,受利益主导的商人集团一旦左右了宏观方面的政策导向,那么其对社会平衡的破坏力所辐射的将是整个社会、整个民族甚至整个世界。

(三)唯利至上,主体物化

虽然战争使人们流离失所,劣质产品会危害人体健康,官商勾结会损害公平与自由的竞争,但这些还都不是商行为最具破坏力之处。商行为的破坏力对人类造成的最深刻影响应当是使人物化。马克思在《1844 年经济学哲学手稿》中提出了"异化"的概念,他指出在资本主义私有制下,劳动发生了异化,"由于劳动异化的产生,使得劳动者与劳动产品、劳动活动发生分离,人与自己的类本质相脱离,就丧失了人作为万物之灵的地位"。劳动异化的结果就是人在全部社会生活中出现人与人的异化,资本家成为相对主体,而大部分的工人客体化。[2] 早在马克思提出异化理论之前,格奥尔格·卢卡奇作为西方马克思主义学派的创始人和奠基者,就在其《历史与阶级意识》一书中提出了物化理论。对于物化,卢卡奇犀利地指出,"关键问题在于,由于这种情况,人自己的活动,自己的劳动成为某种客观的、独立于人的东西,成为凭借某种与人相异化的自发活动而支配人的东西。从客观方面看,物化指一个充满客体与商品的世界作为异己的力量同人对立;从主观方面看,物化

---

① 参见[比]亨利·皮朗:《中世纪欧洲经济社会史》,乐文译,上海人民出版社 2014 年版,第 28～29 页。

② 参见杨萍、苏朋:《卢卡奇物化理论与马克思异化思想的比较研究》,载《哈尔滨学院学报》2019 年第 12 期。

指一个人的活动变成了与他自己相疏远的东西,变成附属于社会自然规律的人类以外的客观物品”。他还认为,“人们对自己所创造的商品顶礼膜拜,使自己受制于物”。物化的具体表现形式就是人的符号化或抽象化、主体的客体化。

马克思的异化理论以及卢卡奇的物化理论更多的是刻画资本家对劳动工人的剥削,这是商行为扩张使人物化的第一层面。正是因为商行为的扩张使资本家的财富不断积累,也是因为商行为的扩张使资本家产生了奴役工人的需求,就这个角度而言,工人的物化与商行为不无关系。从另一层面来说,在人们的日常生活中,随着商行为的扩张,人们的生活逐渐依赖于大量的交易,通过交换的方式获得生活必需品已经是人们维持基本生活的必要方式。这一过程中的物化就体现为卢卡奇所说的人们对商品的顶礼膜拜,该膜拜既可以表现为对奢侈品的追求,也可以表现为对其他物质的追捧。物化使人受制于物,使人失去主宰地位成为附属品。物化非但会压抑社会的创造力,加大社会贫富差距,使作为相对主体的资本家控制社会,更加会对人的生命力产生重大危害,影响人类进步。因此,物化摧毁的是整个社会的根基,其作为商行为破坏力的具体表现之一,最值得被警惕与关注。

近现代以来,社会演变与商行为的作用日益密切,商业行为不仅仅是经济博弈的手段,更已成为权力较量的工具。几乎每一个重大的历史和社会事件的背后,都有商行为积极的或消极的推波助澜作用。以2008 年由美国引发的世界金融危机为例。美国第四大投资银行雷曼兄弟作为一家老牌的金融公司,为获取金融暴利,此前不断创新金融商行为,创造了一系列金融产品,次级债便是当时风靡金融圈的一项商行为创新。但这一创新最终引发了雷曼兄弟公司巨大的债务危机。危机爆发后,雷曼兄弟公司寄希望于美国政府动用联邦储备资金出手援助,化解债务危机。但是,当时执掌美联储的政客亨利·保尔森是雷曼兄弟公司竞争对手美国高盛集团的前任总裁。在雷曼兄弟公司陷入债务危机过程中,保尔森的前东家高盛集团交易员操控股价做空雷曼股票。在雷曼兄弟公司的生死关头,保尔森拒绝推动政府救市,与其说是基于国家利益,不如说是为商人竞争站台,公器私用嫌疑难以掩饰。保尔森任由雷曼兄弟公司次级债引发的债务危机风险蔓延成国际金融危机,在雷曼兄弟公司被迫破产之后,保尔森才推动了美联储救市。可见,在现代社会,商行为引发的经济利益的博弈,最终都将不同程度转化为政治权力的恶斗。

综上所述,商行为在人类历史上既具有建构性,也具有破坏性,两者的历史共同说明了现代人类社会重视商行为,并将之立法化与体系化的必要性。只有制定清晰、可信的商行为基础规范,才能引导商行为朝着有利于国家、有利于社会的方向发展;只有将商行为立法化与体系化,才能最大限度地发挥商行为推动社会发展的作用;只有重视商行为理论,才能充分地发挥商行为在私法领域乃至整个法律体系中充当法律规范试验场的作用,丰富和完善一国的法律制度。将商行为规范化与体系化的必要性从近现代民法典的时代定位中也能得到论证。

第二节　近现代民法典的时代局限性与民商分立的历史源流及现代意义

商行为是商法的重要组成部分。现代商法尤其大陆法系商法的存在、演变和发展与近现代民法的演变和发展密切相关。200 多年来,商法法典化与民法法典化的关系一直是私法争议的焦点和重心。如果不了解现代民法,尤其是现代民法典的演变,就很难真正理解商法的历史走向和现代商法及其法典编纂的时代价值,进而更难理解商行为的时代意义和历史归宿。

民法是什么?民法从哪里来?19 世纪的欧洲大陆国家为什么会走向民法法典化?从 1804 年《法国民法典》诞生至今,民法典只有 200 多年的历史,在此之前,欧洲社会的民事关系主要由宗教教义和民事习惯法调整。与此同时,在宗教教义和民事习惯法之外,存在一种商人规则,它已有几千年历史,独立于罗马法体系而由商事习惯发展而来。了解民法典诞生前的这一历史背景,有助于我们了解民法典的历史定位,更清晰地从历史源流上把握民法和商法的关系,客观认识民法典的历史价值与时代局限,理性认识民法与商法在促进社会经济变革中的不同制度价值与功能,理解当下中国为什么在编纂民法典之后需要同步完成商行为的规范化与体系化建构。

一、近现代民法典的时代局限性

(一)法典编纂的局限性

法典编纂技术本身所存在的问题相对容易理解。法典编纂的问题在欧洲19世纪掀起了法典编纂热潮后就成为法学家思辨的战场。反对法典编纂的学者可以分为两派,一派是绝对的非法典编纂论,另一派是相对的非法典编纂论。前者主张无论在任何时候,编纂法典只会对国家不利;后者主张是否编纂法典应当依据时代和场所分析,如若国势民情有需要则可以编纂法典。① 虽然二者存在一定的分歧,但是反对法典编纂的学者都认为法典存在四大局限性。其一,法典具有滞后性,不能伴随社会的进步及时更新。法典一经编纂其形体就固化了,无法顺应社会的变迁,而习惯法和单行的成文法则能够随着社会的需要不断进化。其二,法典具有漏洞性,无法包含法律的全部。若将过于细致的条款全部编入法典之中,法典将显累赘,法典本身无法包含法律的全部。而且法典一旦编纂完成就难以修改,若是将依据时势变迁需要修订的条文不断地加入法典之中,可能会破坏整部法典的秩序,徒增人们识别法典有效条文和无效条文的负累,所以法典的编纂具有较难克服的漏洞性。其三,法典的体系化仍然需要单行法的配合,甚至可能出现单行法掏空法典的局面。由于法典一经编成就不容易变更,所以为了应对社会层出不穷的新生事物,国家只能通过颁布多部单行成文法来应对法典调整的不足。长此以往,法典不得不面临大量实体内容被单行成文法取代的局面。其四,法典的编纂增加了法律解释的问题。不论是否存在法典,裁判都能对人们的行为作出指引。有了法典之后,虽然法典使法律简约,使法律知识简易并且有效化,人们不再需要埋首在案前苦读裁判例以了解行为的合法性;但是,法典却也带来了法律解释的问题,每次法典颁布后,数百种注释书便会如雨后春笋般涌现。自古以来,立法者最担心的就是法学家以注释之名,对法律进行牵强附会的解释,从而曲解了法律原本的真意。为此,历史上曾有国王对法律注释

① 参见[日]穗积陈重:《法典论》,李求轶译,商务印书馆2014年版,第17页。

严加禁止,如查士丁尼帝、普鲁士弗里德里希大王、奥地利约瑟芬二世等,就连拿破仑对于法学家对《法国民法典》的注释也表示,“我的法典已经逝去”。[①] 上述法典编纂本身所存在的问题就是近现代民法典无法克服的历史局限性之一。

(二)人文主义的《法国民法典》是一部农业社会的法律

《法国民法典》具有伟大的历史贡献,也存在相对的历史局限,应当辩证看待。《法国民法典》的历史贡献在于肯定了人的主体性地位,强调了人的作用,是一部人文主义的民法典。“法典的背后有强大的思想运动”,[②]法典表达着社会的共同价值观。在君主时代,法律就是君主的命令,人民只能服从,所以当时的法典皆以义务为本位。到近代民族国家兴起后,法典才走向权利本位。[③] 开创了近代法典编纂先河的《法国民法典》作为近代第一部民法典,之所以能够在德国(某些地区)、奥地利、卢森堡、意大利(某些地区)、瑞士、巴西、智利、阿根廷、加拿大的魁北克地区等获得广泛的施行,[④]就在于《法国民法典》以权利为本位,建立了新时代的伦理规则,使这些国家和地区逾越野蛮,走向文明。[⑤]《法国民法典》是法国大革命的产物,该法典贯彻了大革命的精神,继承了革命精神所确立的权利平等、私人所有权绝对性和契约自由,体现了自由主义和个人主义的价值取向。[⑥]《法国民法典》作为具有人类历史里程碑意义的一部法典,最伟大的历史贡献就在于其重构了人类社会的秩序。

《法国民法典》是近代民法的代表,其是近代历史的第一部民法典,但不是世界历史上的第一部民法典,在《法国民法典》之前人类社会也有民法典。早在 17 世纪末,北欧的丹麦、芬兰、挪威等国家就相继制定

---

① [日]穗积陈重:《法典论》,李求轶译,商务印书馆 2014 年版,第 22 页。

② [美]劳伦斯·M. 弗里德曼:《法律制度——从社会科学角度观察》,李琼英、林欣译,中国政法大学出版社 2004 年版,第 241 页。

③ 参见[日]穗积陈重:《法典论》,李求轶译,商务印书馆 2014 年版,第 91 ~ 92 页。

④ 参见张民安:《法国民法》,清华大学出版社 2015 年版,第 14 页。

⑤ 参见封丽霞:《法典编纂论——一个比较法的视角》,清华大学出版社 2002 年版,第 38 页。

⑥ 参见何勤华主编:《法律文明史(第 9 卷):大陆法系》(上卷),商务印书馆 2015 年版,第 317 ~ 320 页。

了民法典。[1] 然而上述民法典并未受到世人的关注,究其原因无非是上述民法典未能突破旧社会的秩序,未能满足随着社会变迁而变化的人们的价值诉求。而《法国民法典》则“决定性地克服了以往一切封建制度的羁绊和限制,并实现了法国大革命最重要的、孕育着未来的需求:市民的权利平等,家庭法的世俗化,土地所有权的自由,经济活动自由和家庭结合体的保护等”。[2]《法国民法典》成功地以制度的方式实现了民族政治教育,在渴望突破封建专制束缚的欧洲开创了改变旧思想、旧文化的新道路,重构了人类社会的基本理念和构造,开启了权利本位的时代。

由于民法在一国法律体系中具有基础性地位,所以民法具有重构社会秩序的功能。民法是一国文明程度的表征,正如学者所言,“人们在衡量一国法律是否成熟或达到某种文明程度时,主要关注的就是民法是否体系化和发展成熟”。[3] 民法也是一国人民幸福程度的评价指标,《法国民法典》编纂委员会在《法国民法典草案》的立法说明书中指出,“好的民法是人们能够给予和接受的最宝贵的财富”。[4] 以《法国民法典》为代表的近现代民法典构建起了权利本位的社会秩序,使自由、平等的社会理念深入人心,民法典的教化作用在巩固了资产阶级民主革命成果的同时,拉开了人类文明社会的序幕。作为私法的母法,以《法国民法典》为代表的近现代民法典不仅为当时市民社会的生活提供了行为规范,同时构成了人权保障、有限政府、分权制衡、依法治国等法治原则的文化源泉。[5] 因此,《法国民法典》对人类社会具有无法磨灭的历史贡献。

---

① 参见吴治繁:《民法法典化的历史追究——侧重于民族统一与复兴的视角展开》,法律出版社2015年版,第68页。

② [德]K. 茨威格特、H. 克茨:《比较法总论》,潘汉典等译,法律出版社2003年版,第118页。

③ 易继明:《私法精神与制度选择——大陆法私法古典模式的历史含义》,中国政法大学出版社2003年版,“序”。

④ 何勤华主编:《法律文明史(第9卷):大陆法系》(上卷),商务印书馆2015年版,第313页。

⑤ 参见申卫星:《被误读的中国民法和梦想中的中国民法典》,载《光明日报》2006年7月25日,第11版。

总的来说,《法国民法典》是一部人权法典,落实了人的物质权利,从物质角度强调人生而享有的对财产的平等权利神圣不可侵犯,非经法律程序不可剥夺。正是政治权利与物质权利的结合,即宪法(公权)与民法(私权)的结合才真正实现了人权的法律保障。《法国民法典》也是一部伦理法典,它用契约(合意)、自由、平等、公正、等价有偿等新时代的伦理观取代了禁欲主义的宗教伦理和唯利是图的商业伦理。《法国民法典》还是一部内国的世俗法典,以世俗社会国家为基础,取代宗教教义普遍地适用于教徒,取代商事习惯跨国界地适用于商人。此外,《法国民法典》同时也是一部平权法典,它以经济行为中私权主体的权利平等为核心,以平权规则对抗既已存在的封建特权和商人特权。[①]

只有肯定《法国民法典》的历史价值与现实意义,才能对民商关系作出准确的判断。然而,所有事物都有两面性,《法国民法典》具有重要的历史意义的同时,也存在无法避免的历史局限性。

《法国民法典》的历史局限性主要体现在它是一部农业社会市民法。《法国民法典》虽然是资产阶级革命的产物,但它诞生于封建社会向近代资本主义社会转型时期,更多地受制于传统社会的社会存在,本质上其依然是一部农业社会的法律,主要保护的是农业社会语境下土地所有人的权益,更多强调静态的财产归属安全,民法典中的法律规则也基本上围绕这一理念逻辑加以展开。[②]《法国民法典》具有深刻的时代烙印,该部法典的制定是基于统一主义,是为了法律的统一也是为了维护国家的统一而制定的。[③] 在该部法典制定之前,法国存在非常严重的法律分裂主义。[④] 由于法典制定的主要目的是统一,所以虽然《法国民法典》巩固了资产阶级革命的成果,但是从根本上来说,《法国民法典》并未能对未来社会有一定的预见,更多的只是对旧时代的总结。《法国民法典》虽然是封建社会向资本主义社会过渡后的成就,但是其

---

① 参见范健:《走向〈民法典〉时代的民商分立体制探索》,载《法学》2016 年第 12 期。

② 参见夏小雄:《商法“法典化”:历史考察和体系分析——以十九世纪西欧国家商法典立法为核心》,载《东南大学学报(哲学社会科学版)》2018 年第 6 期。

③ 参见[日]穗积陈重:《法典论》,李求轶译,商务印书馆 2014 年版,第 35 ~ 39 页。

④ 参见何勤华主编:《法律文明史(第 9 卷):大陆法系》(上卷),商务印书馆 2015 年版,第 550 页。

仍然以农业社会为立法的根基。该结果是可以预见的,因为《法国民法典》的立法哲学就是理性和谨慎,立法者认为自己只是规则的总结人,他们只想改革民法以达到国家和谐的目的,而不是对民法进行彻底的革命。①

(三)物文主义的《德国民法典》是资产阶级的财产保护法

与人文主义的《法国民法典》不同,《德国民法典》是一部切切实实的物文主义法典。《德国民法典》也是基于统一主义,为了法律的统一也为了维护国家的统一而制定的,②该法典的制定背景也是国家存在非常严重的法律分裂主义。③ 不过,《德国民法典》并未能对未来社会有一定的预见,更多的只是对旧时代的总结。有学者作出如下评价,"《德国民法典》是光辉的潘德克顿法学所完成的19世纪之子,但却未能成为20世纪之父。一般而言,伟大的法典都是过去灿烂的法律文化的结晶,但是却很难成为孕育应然的未来社会的种子,法典编纂的这种历史命运,在《德国民法典》中得到了印证"。④ 因此,《德国民法典》更多地只是一个旧时代的总结,是自由资本主义走向垄断资本主义时代的立法,依然立足于自由资本主义,该法典刻上了来自时代的烙印,同时留下了历史局限性。这与《德国民法典》的立法哲学以保守、守旧为核心不无关系。⑤ 然而,这样的历史事实却时常被世人忽视,尤其是民法学家。当代各国的民法学家们都热衷于歌颂《法国民法典》的时代意义,沉迷于研究《德国民法典》的潘德克顿体系,其结果就是当代以《法国民法典》和《德国民法典》为蓝本制定民法典的国家虽有后发优势,但都只在两部法典的基本框架内修修补补,未能扭转民法典难以孕育未来社会种子的历史困境,致使人类社会几百年来的民法典都未能克服19世纪《法国民法典》和20世纪《德国民法典》因为时代限制而产生的历史

---

① 参见何勤华主编:《法律文明史(第9卷):大陆法系》(上卷),商务印书馆2015年版,第318页。

② 参见[日]穗积陈重:《法典论》,李求轶译,商务印书馆2014年版,第35~39页。

③ 参见何勤华主编:《法律文明史(第9卷):大陆法系》(上卷),商务印书馆2015年版,第550页。

④ [日]大木雅夫:《比较法》,范愉译,法律出版社1999年版,第205页。

⑤ 参见[德]K.茨威格特、H.克茨:《比较法总论》,潘汉典等译,法律出版社2003年版,第134页。

局限性。

如果只是未能预见未来,那么《德国民法典》只是犯了几乎所有法典都无法避免的“错误”。然而,对于《德国民法典》而言,其真正的局限性应当表现在另外两个方面:一方面该法典是物文主义法典,另一方面该法典是资产阶级的财产保护法。首先是物文主义法典。这类法典的时代局限性体现为其忽视了人作为主体的第一性,反而强调作为客体的财产的重要性,主张“无财产即无人格”。[①] 同样是将民法理解为市民社会的基本法,物文主义的民法观,也可以说是商品经济的民法观将市民社会理解为“处在家庭和国家之间的差别的阶段”,[②]是人类的私人物质交往关系,“包括各个个人在生产力发展的一定阶段上的一种物质交往”。[③] 在物文主义民法观之下,市民社会就是经济人社会,民法调整的是财产关系,民法是一部关于财产关系的基本法。这就使人作为主体被财产所奴役,主体被客体所取代。[④] 将人与财产完全捆绑,甚至沦为财产的工具,与天赋人权等价值观背道而驰。从这个角度出发,《德国民法典》所采用的物文主义具有较大的时代局限性。《德国民法典》之所以会成为一部物文主义的民法典,与黑格尔的理论、德国历史学派的主张以及资本主义原始积累时代有关,然而,这样一部法典在制定后就被德国国内的学者所批判,甚至有学者主张废除《德国民法典》,而以强调人的主体性的《瑞士民法典》取而代之。[⑤] 人文主义的民法观主张的是人的第一性,认为民法调整的是所有世俗社会关系,包括人格关系和经济关系,其中人格关系具有前置性地位。人文主义的民法观与物文主义的民法观是民法中的两大学派,仅从学术研究的自由来看,两大学派只是立场不同,但是如果以社会价值观和是非观进行评判,我们不难发现两者的高下,我们采取支持人文主义民法观的立场。民法

---

① 尹田:《无财产即无人格——法国民法上广义财产理论的现代启示》,载《法学家》2004 年第 2 期。

② [德]黑格尔:《法哲学原理》,范扬、张企泰译,商务印书馆 1961 年版,第 197 页。

③ 《马克思恩格斯全集》(第 3 卷),人民出版社 1960 年版,第 41 页。

④ 参见徐国栋:《两种民法典起草思路:新人文主义对物文主义》,载徐国栋:《民法典与民法哲学》,中国人民大学出版社 2007 年版。

⑤ 参见徐国栋:《两种民法典起草思路:新人文主义对物文主义》,载徐国栋:《民法典与民法哲学》,中国人民大学出版社 2007 年版。

典是与每个公民的生活最为接近的法律,该法典指引公民的日常行为规范,这样一部法典应当彰显民族精神与民族文化。如果一部民法典基于物文主义,那么所谓的以人为核心将沦为空谈。仅从物文主义强调财产第一性的立场出发,物文主义就不具有说服力,无论其裹着多华美的外在包装,都不应当让物文主义超越人文主义而成为指导民法典的立法哲学。物文主义是以《德国民法典》为代表的近现代民法典最应当被重视且必须被克服的历史局限性。

除了物文主义这一历史局限性,《德国民法典》的另一历史局限性是这是一部资产阶级财产保护法。与法国的革命不同,德国所进行的是典型的资产阶级革命。当时的新兴资产阶级和国王勾结在一起。因此,在共和制建立后,国王和资产阶级最关心的就是如何保护大家的财产,如何保护资产阶级的利益,这是德国工业革命所奉行的基本思想。在该思想的指导下,德国所制定的民法典最强调的就是财产私权的保护,其结果就是《德国民法典》的物化,整部法典以财产的调整与保护为基本逻辑,人的地位被忽视。

当然,作为开创了潘德克顿体系的法典,《德国民法典》对人类社会的积极意义也是非同凡响的。只不过,过去我们的理论研究都过于凸显该法典的积极意义,而忽视了其历史局限性,致使《德国民法典》在各国得到广泛借鉴的同时未能在被借鉴的国家纠正其历史局限性。这点值得深思。

(四)民商合一的《意大利民法典》是民法与经济法的合一

当今实行民商合一的国家并非真正的民商合一,更多的是经济法与民法的合一,《意大利民法典》就是最为典型的代表。[①] 1942 年意大利重新制定民法典和商法典的初衷是民商分立,然而在草案的编撰之前及过程中,意大利掀起了劳工运动,盛行职团主义,彼时墨索里尼是意大利的总理。墨索里尼以职团主义为指导思想对意大利进行了彻底的社会改造,1927 年颁布了《劳动宪章》。在当时盛行的极左思潮之下,为了消除劳资对立和冲突,促进雇主和工人之间的团结,国家推出

---

① 参见徐国栋:《民商合一的多重内涵与理论反思——以 1942 年〈意大利民法典〉民商合一模式的解读为中心》,载《中外法学》2019 年第 4 期。

了工人带薪休假、工伤赔偿、工亡赔偿等福利政策,催生了经济法这一新的法律部门,也可以称为是职团法。《劳动宪章》对意大利的法学理论产生了深远的影响,改变了传统的商法理论,商法的内容逐渐发生了扩张。莫萨作为一名在意大利有重要影响的学者,当时主持起草的《奥地利-德国商法典草案》就旨在把商法典经济法化。[①] 与民商分立国家明确区分商法与经济法,并将商法视为调整平等主体之间商事活动关系的法律理念不一样,《意大利民法典》所主张的民商合一并非真正的民商合一,而是经济法与民法的合一。换言之,《意大利民法典》已经突破了私法主导的范畴,更多纳入了公法规范,是一部公私混合法典,是劳工运动的结果。只有知晓《意大利民法典》的诞生历史,才能对其所谓的民商合一有清晰的认知。

总的来说,不论是《法国民法典》还是《德国民法典》都存在历史局限性,立足于农业社会的《法国民法典》未能关注到商业社会的特殊性,重在保护财产的《德国民法典》极易进一步增加商行为的消极作用,毕竟在人类历史上商行为自身就具有将人物化的破坏性。因此,《德国民法典》范式下的物文主义,商法的内容没有被民法完全包容,民法所规定的仅仅是具有普遍性的规则,商法保留着特殊性规则,这一点在民商分立国家不论民法典采取何种主义都不会被改变。所以物文主义虽然使民法成为以商品为中心的存在,但是所谓的商品经济民法典所设计的规则依然是静态财产流转规则,商法的大部分内容依然在民法典之外。[②] 也就是说,物文主义下的民法典依然需要在民法典编纂之后将商行为规范化与体系化。目前中国颁布的《民法典》虽然规定了人格权编,且《民法典》总则编采取了"人前物后"的人文主义立场,但是在分则诸编的安排上,有关物的内容又被放在了人法之前,又回到了物文主义上。[③] 所以,《民法典》之后的商行为立法问题将成为中国下一步立法的核心问题。至于为什么必须采取民商分立的方式完成商行为的规

① 参见徐国栋:《民商合一的多重内涵与理论反思——以 1942 年〈意大利民法典〉民商合一模式的解读为中心》,载《中外法学》2019 年第 4 期。

② 参见夏小雄:《私法商法化:体系重构及制度调整》,载《法商研究》2019 年第 4 期。

③ 参见徐国栋:《中国民法典分则诸编的排序问题——民法典贯彻"人前物后"逻辑的最后一里路》,载《法学杂志》2019 年第 2 期。

范化与体系化,是因为无论从民法与商法的发展历史,还是从民法与商法不同的特性考察,选择在民商分立的基础上完成商行为的规范化与体系化都是最佳方案。

二、民商分立的历史源流

民法源远流长,在罗马法时期获得成文法地位。商法同样具有悠长的历史,然而,通说认为近代意义上的商法直到欧洲中世纪才出现。因此,从渊源来看,近现代民法和商法的分化昭然若揭。民法和商法的不同历史走向,以欧洲中世纪为研究对象,可以得到深刻的解读。

欧洲中世纪主要指西罗马帝国灭亡到英国资产阶级革命时期,彼时,民法经历了从古罗马时期处于官方成文法地位到被日耳曼人的习惯法取代,再到中世纪末期复兴的两个阶段。而商法则经历了从商人习惯法到成文法的飞跃,并在中世纪晚期以法国 1673 年的《陆上商事敕令》为标志进入了近代商法时期。中世纪早期是民法某种程度上“没落”的时期,却是商法不断兴起的时期;中世纪晚期古罗马法的复兴更是源于商业伦理与宗教伦理冲突,社会需要构建新的伦理秩序的需求。可以说,先有商法的发展,才有民法的复兴。

民法在中世纪的“没落”,以宗教伦理成为社会行为准则为表现。日耳曼人征服西罗马帝国后,统治了西欧社会,并将自己的法律用于领土范围内的所有地区,至此,日耳曼人的习惯法取代古罗马成文法成为统治阶级的法律。统治阶级为了推广法律的适用,将习惯成文法化,从而形成了所谓的“蛮族法典”。[①] 该类法典具有迷信色彩,古罗马法所创作的“人格”在该法中荡然无存,一时间社会的文明急剧倒退,古罗马私法在推崇人格尊严方面的成果消失殆尽。不过,民法早在古代西亚地区就已经以习惯法的形式发端,苏美尔人、巴比伦人、亚述人、赫梯人以及希伯来人所共同缔造的古代西亚民事规范,对基督教的《圣经》产生了深刻的影响,人本性等伦理价值被《圣经》所传承,以宗教信仰的形

① 任先行:《商法原论》(上),知识产权出版社 2015 年版,第 496 页。

式成为信徒的行为守则。[①] 而日耳曼人在前基督教时期信仰多神教,征服罗马帝国后,为了解决宗教纷争,维护国家统一,日耳曼人通过渐进的方式也逐步实现了基督教化,《圣经》所倡导的宗教伦理成为日耳曼人的行为准则。因此,虽然该时期国家的官方法律是"蛮族法典",但宗教伦理所塑造的行为标准也成为人们自觉遵守的信条,从而在一定程度上维系了社会的文明。不过,该时期的伦理标准采用的是宗教伦理,古罗马法所确定的社会伦理价值观,只在有限的范围内反映于宗教当中,宗教伦理成为中世纪的道德伦理标杆,民法只存于宗教法的个别规则当中。

与民法的"夕阳"处境相反的是,在欧洲中世纪时期,商法犹如黎明前的破晓,从零散、杂乱的习惯法,发展成为具有系统性、体系化的成文法。中世纪中后期,商业逐渐复兴,城市逐渐兴起,商人根据自己的规则进行贸易活动,在商事交往中逐渐发展出商事习惯法。[②] 商业扩张为城市的发展提供了经济基础,统治者纷纷采取重商主义政策,进一步推动商业贸易的发展,15 世纪新航线的开通就是统治者对商人进行商业贸易扩张需求的回应。重商主义政策改变了商人在市民阶层中的低贱地位,英国的苏格兰就曾经规定只有商人才能当市长。[③] 商事习惯成为中世纪城市法的重要组成部分,随着商业贸易的繁荣而逐步获得成文法地位。法国 1673 年的《陆上商事敕令》就是对商事习惯法规则的总结,是商法规则走向体系化的里程碑,同时也是中世纪商事贸易高度发展的标志,拉开了近代商法的历史序幕。

在民商的互动关系上,整个欧洲中世纪,民法从没落走向复兴,商法是重要的推动因素。中世纪商业的繁荣,不仅使商法成文法化,还推动了宗教改革和民法的复兴。商法推崇以营利为核心的商业伦理,追求现世生活,而中世纪的宗教伦理则奉行禁欲、安贫、出世苦行,反对经商致富。因此,随着商业的扩张,商业伦理和宗教伦理的冲突逐渐加

---

① 参见魏琼:《民法的起源——对古代西亚地区民事规范的解读》,华东政法大学 2006 年博士学位论文,第Ⅰ~Ⅲ页。

② 参见杨柱平、杨静:《商法与民法的历史及差异分析》,载《重庆科技学院学报(社会科学版)》2013 年第 12 期。

③ 参见任先行:《商法原论》(上),知识产权出版社 2015 年版,第 534 页。

剧，宗教伦理成为限制生产力发展的桎梏，进而引发了寻找替代宗教伦理、维护社会伦理价值、平衡商业伦理冲击的需求，并由此催生了古罗马法的复兴运动，意图实现农业社会宗教伦理向工业社会市民伦理的转变。[①] 因此，民法的复兴就是商业发展推动的结果，但不论如何，从历史发展来看，民法和商法相互关联又各自独立，民商分立的价值理念具有深厚的历史基础。

此外，在时代定位上，民法和商法也有所差异。民法具有民族性，往往产生于一国统一安定后，作为构建文明社会的手段，调整社会生活的伦理秩序，是一国文明程度的标尺，也是国家实现统治的工具。而商法则可以超越国家的疆域，成为促进国家统一的中坚力量。德国的商法典更是直接推进了德国领土统一的进程。

德国在统一之前，邦国林立，法律混乱，极大地阻碍了商事交易的发展。为了改变该格局，普鲁士积极推动商事成文法的制定，出台了1727年《普鲁士海商法》、1751年《普鲁士票据法》、1776年《普鲁士保险法》等商事法律，致力于为商事贸易扫清法律障碍，满足商业发展的需求。1794年出台的《普鲁士普通邦法》更是几乎包含了所有商事领域的基本规则，被认为是统一商事立法的先锋模范。以上法律的出台，尤其是《普鲁士普通邦法》对于改善法律的混乱局面起了重要的作用。此后，普鲁士在推动商事法律统一的事业上更加积极，1819年普鲁士推行关税同盟，在其倡导下，德意志国民大会于1847年通过了帝国法律《德意志统一汇票和本票》，使德意志各邦国商事法律的统一取得了实质性进展，并于1848年设立了专门制定《德意志普通商法典》的专业委员会，该委员会根据普鲁士邦和奥地利邦的建议稿出台了有关草案，最终通过了1861年的统一法典，实现了全国商事法律的统一，真正清除了商事交往的障碍。《德意志普通商法典》施行后，商事交易的发展，使商人超越邦国迅速团结，在政治统一之前率先实现了经济统一，为德意志邦国政治统一奠定了坚实的经济基础。

因此，我们可以看到，商法不仅在一国安定后具有保障本国经济秩

---

① 参见范健：《中国需要一部什么样的民法典》，载《南京大学学报（哲学·人文科学·社会科学）》2016年第1期。

序稳定的功能,还能成为国家政治统一的基石。究其原因,正在于商事规范的共通性和商人营利的同质性,商业伦理有别于民事伦理,具有超越国家意识形态的抽象统一性。而该商法所具有的特性,正是体现民族性的民法所无法具备的,民商分立的价值理念不仅是民法和商法具有不同的历史走向所决定的,也是发挥商法独特作用的前提。

三、民商分立理念的现代意义

民商分立理念不仅来源于历史经验的总结,更是现代社会客观需求的结果。因为民法和商法从立法方式再到立法逻辑以及诸多涉及价值判断的具体问题上都存在根本性差异。

(一)创造性立法与总结式立法

民法和商法在立法方式上存在根本区别:民法是总结式立法,商法是创造性立法。民法最重要的特点是对规范进行解释。解释学是思辨哲学的结果,其起源可以追溯到古希腊。17～19 世纪德国产生了很多伟大的思辨哲学家,他们继承和发展了古希腊、古罗马、中世纪时期的哲学思想,具有很强的思辨性。思辨理论的建立与科学的引进是息息相关的。欧洲早期的科学来自古希腊雅典。在古希腊雅典时期,人们就懂得如何通过计算构建建筑,他们有很强的点线面思维。这种逻辑思维强调结论的得出需要正反论证。由此形成的基本原理被运用于社会生产、经济与政治生活,甚至用于战争,如生产武器,并且对法律的进步也产生了重要的影响。在成文法之前,人们裁判案件依靠心理、巫术、神明、抓阄等。有了成文法之后,人们裁判案件依靠解释。罗马法的各项规则就是遵循逻辑思维制定的条文,法律的制定之所以进化到可以基于思辨逻辑,首先是因为社会已经形成了稳固的基础关系。比如,世界上不是男人就是女人,所以结婚是男人和女人结婚等。这些都是已经存在的客观事实,法律尤其是民法就是在这一系列客观事实的基础上形成逻辑推理,然后通过逻辑推理形成法律规范。要约、承诺、权利、义务、责任都是由逻辑推理所形成的概念。这就是民法的基本思维。

然而,商法却不是这样的,商行为具有创造性,其并非来源于稳固的社会关系。在商法领域我们可以看到很多社会上不存在的新兴权利，而且这些权利不像民法上的权利可以适用于所有人，商法上的权利不能被所有人适用。注释法学派所强调的解释很难在商法领域推广，尤其是对于未来的事物，注释法学派几乎无能为力。最为典型的代表就是有限责任制度建立后，商法出现了股权，而民法学者至今都解释不了股权到底属于什么性质的权利，因为在民法领域权利就是物权和债权，股权作为商行为所创造的新兴权利，在过去是没有的。这就是民法典所具有的局限性。民法所构建的逻辑体系只能基于社会上现有的素材，于是当社会出现问题后，民法往往无法去处理。因此，基于商行为是一种创新性行为这一本质特性，商行为只能由商法自己调整。

（二）“拜物”论与人本论

在应然的立法哲学层面上，商法作为调整商品关系的法律不可避免地会强调物的地位，关注财产流转等财产关系。然而，民法作为市民生活的基本法，作为人们日常生活的行为准则，应当采取人文主义的立场，避免使人物化，强调人的主体地位。民法所调整的是所有世俗社会关系，包括人身关系和财产关系，民法不应当成为以商品为核心的存在，民法的世界观应当以人为核心。[①] 在此背景下，民法除了在关注与商品无关的婚姻、家庭等方面和商法存在区别，民法所关注的财产关系也是以人为核心的，这里的财产关系强调的是静态的归属关系，而商法关注的是财产的动态流转关系。此外，需要注意的是，虽然民法典应当坚持人本论，但是在过去各国民法关注更多的都是个人，其背后是个人主义的立法逻辑，这与强调团体主义、关注团体人格且有企业导向抬头趋势[②]的商法不相吻合。因此，对于商法而言，或者说对于调整商事关系而言，必须坚持民商分立的立法理念。

由于民法典具有基本法的地位，所以其应当规定具有基本性、人本性、普遍性、典型性、重大性、稳定性和代表性的内容。[③] 在民法中凸显

---

① 参见徐国栋：《中国民法典分则诸编的排序问题——民法典贯彻“人前物后”逻辑的最后一里路》，载《法学杂志》2019 年第 2 期。

② 参见徐国栋：《民商合一的多重内涵与理论反思——以 1942 年〈意大利民法典〉民商合一模式的解读为中心》，载《中外法学》2019 年第 4 期。

③ 参见赵万一：《中国究竟需要一部什么样的民法典——兼谈民法典中如何处理与商法的关系》，载《现代法学》2015 年第 6 期。

商事内容只会将民法典推向物文主义,使人沦为客体;人本性不论在任何时代,都应当是民法典的立法哲学,如果民法典缺失人本性,社会将失去对人性和人的价值的基本法律尊重。所以,从保持民法人本性角度出发,应当坚持民商分立的立法理念。

(三)竞争观与生存观

民法适用于社会所有人,但是商法只适用于特定的人,如果允许所有人都可以实施商行为,那么社会就会出现严重的失控。商行为泛化的结果就是商业上具有优势地位的人会掠夺所有的资源和财富,出现"大鱼吃小鱼,小鱼吃虾米"的局面,从而社会将变得不公平。这是因为商法所遵循的观念是物竞天择,适者生存。优胜劣汰是商业领域的自然规律,竞争是商事交易的灵魂。但民法所遵循的观念则是人人平等,每个人的生存权都应当得到保障,尊严应当得到保护。在该背景下,如果同质化商法与民法,其结果要么是商业领域应当遵循的竞争观被民法所侵蚀而遏制了商业发展的命脉,要么是民事领域应当强调的生存观被商法的竞争观所替代,使社会陷入资源掠夺,多数人被少数人控制的局面。因此,为了保护民法所奉行的生存观,民商分立理念势在必行。

(四)相对的自治与绝对的自治

民法和商法除了在立法方式、人与物的地位、遵循的观念等方面存在差异而要求民商分立之外,最为重要的是民法和商法在对待自治上也存在差别。意思至上是私法保护的核心,所以民法尤其强调绝对的自治,对于当事人的自治事项法律不应当也不能干涉。意思自治是民法核心之核心。然而,随着商行为的扩张以及现代商行为的不断发展,早在近代民族国家时期,对自治进行一定程度的限制已经成为商法的基本理念,这也是商行为能够走出传统社会被鄙视、被否定、被排斥的窘境,逐渐融入近代社会,成为真正推动社会发展和社会变革的一股中坚力量的根本原因。虽然当时的商法制度还不成熟,商法规范还未被系统提出,但是商法的强制性规范已经得到了商人和社会的广泛关注。商法自治与民法自治在内容方面存在实质性的差异。民法自治以法律尤其是宪法赋予自然人的基本权利为基础,以民法为代表的私法权利为依据和权力范围。商法自治是以商人按照社会已经形成的商人人格创设规律建立起来的商主体在其权利和行为能力范围以内的自主行为,这一自治行为的基础既有宪法的赋权,更有商事特别法的授权与限权,是自治与限制的有机统一。商主体严格法定原则就是对自治的一种限制,不允许商人随意创造商主体的类型。商法奉行相对的自治是商人自发的选择,也是社会要求的结果。从商法诞生开始,商法所坚守的就一直是一种相对的自治。即便是中世纪早期的行会自治以及商人法院,也都是商人为了更好地发展商业而在一定范围内以自治为外观,以自我限制为内容的表现。由于自治是民法的根本,所以民法和商法在自治方面的差异,构成了奉行民商分立理念的重要论据。

(五)对外扩张法与对内管理法

确立民商分立理念更为重要的一点是,商法是一部对外扩张法,而民法则是一部对内管理法。商法是自由的,正如同商法的立法方式是创造式立法一样,商法虽然是国内法,但是商业并没有国界,商业交易所跨范围越大,获得巨额利润的可能性就越高,并且商业交易所创新的程度越高,获得超额收益的可能性也越高。所以商法是一部对外扩张法,其本质特征就是具有一定的开放性。只有具有开放性,商法才能对变化万千的社会做出及时的反应。民法则是一部对内管理法,自治虽然是民法的核心,但是民法的本质是安排每个人的生活,对人们的日常生活做出指引,所以民法规范了每个人的行为,稳定是民法的根本。这也是人们普遍认为民法具有民族性,商法具有国际性的缘由。

综上,由于近现代民法典具有历史局限性,或者无法纳入商行为,或者无法完全调整商行为,所谓的民商合一法典也是民法与经济法的合一,并且是特定历史背景的产物;由于民法和商法在历史发展脉络上就有不同的发展轨迹,两者的分立具有坚实历史基础;由于民法是总结式立法,应当坚持人本论、生存观、绝对的自治,是一部对内管理法,而商法是创造式立法,遵循的是“拜物”论、竞争观、相对的自治,是一部对外扩张法,所以,坚持民商分立的理念,尽快实现《民法典》之后商行为的规范化与体系化具有重要的现实意义,它是中国商行为制度发展历程所总结的经验,也是摆脱中国商行为现实困境的重要保障。

第三节　中国商行为制度的发展历程、现实困境与时代需求

改革开放40多年来,中国商法逐渐打破了否定私权、否定竞争、否定资本、否定营利活动、否定营利主体的禁锢,在商行为方面创造了一系列符合中国国情与发展需求的制度。

一、中国商行为的发展历程

(一)特许经营与连锁经营的创新发展

20世纪90年代初期,特许经营、连锁经营等经营模式进入我国并迅速推广普及,为企业拓展提供了新的途径。2001年中国加入WTO时,作出了3年内全面开放特许经营市场的承诺,中国特许经营迎来了高速发展时期。中国开展特许经营企业的数量短时间内急剧增长,但是,当时中国还没有制定相应的行为规范,导致行业发展鱼龙混杂,行业管理缺乏规范,加盟陷阱时有发生。2004年年底,商务部正式颁布了《商业特许经营管理办法》(已被2011年发布的《商业特许经营备案管理办法》废止)。这一方面是为了履行我国加入WTO的承诺,规范外商投资企业进入中国特许经营市场;另一方面是为了规范国内商业特许经营行为,促进商业特许经营稳健发展。以该办法的正式执行为标志,我国特许经营开始步入法制化、国际化的轨道。经历了多年的发展,我国特许经营市场规模不断扩大,特许经营向多业态发展,行业领域不断拓展。作为对外资全面开放的国际化市场,中国特许经营市场对中国特许经营发展及国内品牌走出国门起到了良好的助推作用。

特许经营是连锁经营的一种高级形态。在我国,连锁经营最初出现在大中城市和沿海发达地区,后逐渐扩张至全国范围,至今已有30多年的发展历程。其大致经历了初始期和成长期两个阶段。初始期发展动因在于国内市场饱和,销售不畅,企业为了生存,开始探索营销方式改革,借鉴国外经验,引入了连锁商业的模式。但由于缺乏经验,没有范例可循,这一阶段我国连锁经营的发展较为缓慢。1995年3月,国务院在上海召开了全国部分省市连锁商业座谈会,明确提出连锁经营

是我国流通领域的一场革命，发展连锁经营在我国社会主义市场经济体制下具有重要意义和广阔前景。同年6月，原国内贸易部颁布全国连锁经营发展规划，加大政府扶持力度，加强宏观指导。这些国家层面的政策性表态，标志着我国连锁经营的发展进入了一个新的阶段（成长期）。[①] 这一阶段连锁业态规模扩大，连锁业种类增多。连锁经营本身也向多样化方向发展，出现了直营连锁、特许连锁和自由连锁的形式。

连锁经营，尤其特许连锁经营是商行为在现代社会的发展模式创新，是传统商行为与现代知识产权、现代商事特许权、商事代理权、现代资本制度、现代企业治理制度等相融合的产物，是一种新型的商行为。这一商行为的引入标志着中国商行为从起步伊始就快速步入了现代商行为的行列。

（二）电子商务、互联网支付等商事交易手段的变革

20世纪90年代以来，随着计算机技术的发展和互联网的普及，电子商务作为一种新生商业模式，逐渐产生并得到迅速发展，成为中国经济发展的一个重要推动力。相较于传统商行为，电子商务依托互联网进行各种交易活动，以电子合同作为电子商务的基础与核心，并以独特的订立方式和表现形式为传统商业模式带来了挑战。[②] 从交易的程序与环节分析，电子商务仍然在传统商法所规制的要约与承诺、给付、交互计算等行为之内。但是，电子商务依赖于信息技术和网络交易的虚拟性、电子性、无纸化，在电子合同的成立与生效、电子支付以及电子合同的履行等方面都显示出一些新的特征，为传统商行为理论带来了亟待研究的新课题。

第三方支付是21世纪重要的技术性产物，是互联网支付的重要内容。在2015年由中国人民银行等十部门联合发布的《关于促进互联网金融健康发展的指导意见》中，互联网支付被界定为“通过计算机、手机等设备，依托互联网发起支付指令、转移货币资金的服务”。在2010年中国人民银行发布的《非金融机构支付服务管理办法》第2条第2款

---

① 参见李品媛：《我国连锁经营发展过程的实证分析》，载《财贸经济》2001年第4期。

② 参见贺大伟、杨国志：《我国电子商务立法定位的审思与重构》，载《广西社会主义学院学报》2017年第4期。

中,网络支付被界定为“依托公共网络或专用网络在收付款人之间转移货币资金的行为”。第三方支付是具有信誉的机构,通过与银联或网联对接而促成交易双方进行交易的网络支付模式。第三方支付的发展推动了货币无纸化进程,随着第三方支付平台服务商自身创新步伐的不断迈进,第三方支付正在人们的生活中发挥至关重要的作用。但是,如何系统规范第三方支付的商行为,防范商业风险尤其是金融风险,依然是我国商事金融法制,尤其是规范金融商行为的一项重要课题。

(三)运输行纪、商事担保等中介行为的创新与发展

运输行纪和商事担保等中介行为是中国商事法律改革开放后的重要制度。运输行纪是传统物流的现代化发展,又被称为第三方物流,我国 2021 年版《物流术语》将之界定为“由独立于物流服务供需双方之外且以物流服务为主营业务的组织提供物流服务的模式”。在电子商务和第三方支付等新兴商事行为的助力下,运输行纪在我国快速发展。运输行纪商利用专门的知识减少了传统商事运输中的制度成本、时间成本等,[①]通过多重法律关系的集合实现了商事效率的提升。不过,我国目前并没有专门规制商事运输行纪,即第三方物流的法律,如何定位第三方物流的法律关系,如何为具有身份上的复合性的第三方物流经营者提供法律保护都是中国商法需要解决的问题。

商事担保是担保领域的一项重要制度。浮动抵押、最高额抵押等特殊的担保制度,是商法特有的制度。商事担保注重财产的价值及其变现性,有交换价值就可成为商事担保物。在商业高度繁荣和世界竞争白热化的当下,商事担保为中国商业经济发展提供了推动力。但是,如果对商事担保与普通的民事担保没有清晰的划分,将商事担保滥用于民事生活,将会导致大量的经济纠纷产生,使大量的没有偿债能力的普通民事主体沦为商事债务的承担者,从而大大增加社会稳定的风险。

二、中国商行为的现实困境

(一)非物质劳动的垄断性地位加剧了贫富差距和资本集中化

从中国当前的发展来看,一方面,经济的强势发展带动了中国经济

---

① 参见范健、王建文:《商法基础理论专题研究》,高等教育出版社 2005 年版,第 466 页。

影响力的不断上升；但另一方面，随着经济的发展，中国的贫富差距也不断拉大。

引起中国贫富差距扩大的原因是多方面的，但是除剩余价值剥夺、行业发展不均等问题外，生产力进步所推动的非物质劳动发展是不容忽视的重大因素。非物质劳动最早由哈特和奈格里提出，强调的是经济转型的一般趋势，指的是智力劳动、情感劳动、技术—科学劳动、靠机械装置维持生命的人的劳动等新的劳动范式。[①] 在非物质劳动霸权下，知识、信息生产逐渐成为社会劳动过程的本质，资本也从获取物质劳动的剩余价值转向获取非物质劳动的剩余价值。而在商品交换关系中，非物质劳动成果的价格往往又成倍地高于物质劳动产品。因此，在非物质劳动霸权下通过资本掌握了知识与信息生产的资本家愈加富裕，其结果就是“马太效应”加剧，社会贫富差距加大。近年来雄踞中国公司榜前列的万达、阿里巴巴、腾讯无一不是尤其关注对非物质劳动的超常利益获取，知识的创造与创新以及对大数据信息的应用是其财富不断增加的法宝。

由此产生的问题是，非物质劳动财富获取的过程具有营利性行为的特点，其本质属于商行为。它不是民事权利中的自然权行为，而是商法上的特权行为。但是，长期以来我国缺乏商法理念，更缺乏商法基本制度，导致这一类商行为无序膨胀，受到商法调整的空间极弱。

（二）商行为规范的滞后与空白使信用危机频发

非物质劳动的支配地位在给中国带来新经济增长点的同时，也给中国社会带来了诸多挑战，其中商法权威性冲击和社会稳定性危机最为显著。

非物质劳动给商法权威性带来冲击主要是源于商法的发展性或者说是滞后性。拉德布鲁赫从正面深刻地阐释了商法的发展性：“商法总是在不断地扮演一般私法的开拓者和急先锋的角色。”[②]然而，商法是一部随着市场交易方式与内容发展需要不断自我更新的法律，因此，商法

---

① 参见唐正东：《非物质劳动与资本主义劳动范式的转型——基于对哈特、奈格里观点的解读》，载《南京社会科学》2013 年第 5 期。

② ［德］拉德布鲁赫：《法学导论》，米健译，法律出版社 2012 年版，第 86 页。

的发展性还存在负面解读,那便是滞后性。作为制定法,商法总是落后于商事实践的发展需求,纵观商业发展历史我们不难发现该事实。不论是商事主体从商自然人发展到商事组织,还是商事行为从买卖行为发展到买卖行为与金融商行为并重,商法的调整总是姗姗来迟。当下电商迅速发展所带来的市场交易方式变化,商法也同样应接不暇,这给商法的法律权威性带来了极大的挑战,尤其在非物质劳动发展的带动下,商法的滞后性还引发了社会稳定性的危机。

P2P、共享单车、比特币、区块链等新概念、新产品的背后都是非物质劳动的产物,因为改变了市场交易方式,上述新概念、新产品大量游离于法律之外,在给商事主体带来利用制度利益刺激经济增长的同时,也给社会稳定埋下了"炸弹"。2011 年以来 P2P 爆发式增长,实现了商业银行的类似功能,却逃离了金融监管的控制。① 2015 年年底,累计成交 703 亿元,总投资人数达 90.95 万的 e 租宝一夜倒塌;②2017 年年底,拥有 2 亿名用户的钱宝网一朝崩盘,大量投资者血本无归。

庞氏骗局被商主体以花式包装的形式引入市场蒙骗投资者,引爆了社会的信用危机,其背后彰显了商人形象的历史演变。依然是投机倒把,但曾经的中世纪"泥腿子"商人③改变了风尘仆仆四处售卖的形象,先是演变为工业革命后推崇工具理性的商业帝国,再成为科技革命后利用知识与信息席卷社会财富的金融炒手。不过,以投机为土壤,以利润为营养的商人队伍并没有因为形象的改变遭到削减,反而日渐壮大,并且在一次次推动经济变革的同时,潜移默化地改变了人类生活交往的方式,全方位地渗透了社会。

(三)商行为过度重塑市民行为,导致民法严重商化,引发全民争利

从商人诞生伊始,人们就一直对其有负面的刻板印象。在西方国家,古希腊先有柏拉图指出"如果有公民在任何情况下从事卑贱的商

---

① 参见沈庆劼、叶蜀君、吴超:《我国 P2P 借贷平台监管套利的路径、危害及治理措施》,载《河北经贸大学学报》2017 年第 1 期。

② 参见韩丹:《互联网金融理财法律监管问题探析——以 e 租宝为例》,载《武汉金融》2016 年第 6 期。

③ 参见[美]迈克尔·E. 泰格:《法律与资本主义兴起》,纪琨译,上海辞书出版社 2014 年版,第 4 页。

业,那么他要为玷污高贵的血统而受到审判”;[①]后有亚里士多德认为“(商人)在交易中损害他人的财货以谋取自己的利益,这是不合自然而是应该受到指责的”。[②] 即便中世纪出现了商人阶层,商人也依然是被“嘲笑、侮弄,甚至憎恨的对象”,许多流行歌曲以如何掳掠商人为颂。

于是,对商人进行道德救赎,成为人们的美好愿想。西方国家发动了文艺复兴运动,最终以各近代民族国家民法的颁布作为平衡商业伦理冲击,对市民进行“救赎”的方式。[③] 中国虽然没有与文艺复兴类似的运动出现,但也制定了《民法通则》(已废止);并且,与批判商人原罪同时期,以儒家的仁、义、信、德约束商人而营造的儒商形象在中国文学作品中也频繁出现,[④]彰显了人们以中国传统文化救赎商人的希冀。

然而,商人并没有因为自身的负面形象而退却,反而一步步侵占市民社会,先是使商业成为社会发展的支柱,后是以商业伦理重塑市民行为。这在人人皆可为商的国家表现得最为典型。因为人人皆可经商,商业伦理与道德伦理的界限被模糊化。利益的驱动使本身就倾向于关心个人利益的市民释放了追逐欲望的天性,重利轻义的价值观悄然盛行。

在中国,商业伦理渗透甚至取代了市民道德伦理的例子不胜枚举,以最直观也最具有说服力的立法为样本进行考察,我们不难发现该事实。首先,原《民法通则》规定了大量的商事活动。其次,我国的原《婚姻法》司法解释,尤以最高人民法院《关于适用〈中华人民共和国婚姻法〉若干问题的解释(三)》(已废止)为最,该司法解释以商业伦理观分配夫妻财产,背离了传统的家庭伦理情感。[⑤] 2018 年 1 月 16 日最高人民法院发布的《关于审理涉及夫妻债务纠纷案件适用法律有关问题的解释》(已失效)在对夫妻共同债务的处理上更是将“有限责任”引入婚姻关系,表面上可能使夫妻一方免于陷入巨额负债的不利益,实际上进

---

① 《柏拉图全集》(第 3 卷),王晓朝译,人民出版社 2003 年版,第 31 页。

② [古希腊]亚里士多德:《政治学》,吴寿彭译,商务印书馆 2017 年版。

③ 参见范健:《民法典编纂背景下商事立法体系与商法通则立法研究》,载《中国法律评论》2017 年第 1 期。

④ 参见彭文忠:《传统话语与当代文学的商人形象建构》,载《文艺争鸣》2013 年第 9 期。

⑤ 参见童列春:《民商分立:民法典总则制定体例的理性选择》,中国法学会商法学研究会 2016 年年会论文。

一步毁损了已经淡化的家庭伦理。最后,新颁布的《民法典》作为市民生活的行为指南,未加限定地规定民事主体可以享有股权和其他投资性权利,同样是民法对商法规则的过度吸收。《民法典》总则编第125条规定,“民事主体依法享有股权和其他投资性权利”,基于该条款,似乎民事主体普遍享有该权利。其实,一个社会并非所有民事主体都可以享有股权和其他投资性权利。股权和其他投资性权利是一种风险性权利,只能限于特定商事主体行使。从各国经验来看,民事主体如果要获得股权或其他投资性权利,需要对其身份或行为性质予以法律调整,或者成为商主体,或者成为商行为,履行其相应义务的前提下才能成为相应的权利主体。公法人、公益组织、公务员等等不得成为股东或营利性投资主体已经成为一种社会共识。在我国缺乏商法的一般规则、缺乏自然人向商人身份转变的法律规定的状态下,这一条的规定容易导致全民投资、全民金融、全民风险。

民事立法的过度商化是中国当下商业文化过重的直观表现。商业伦理对市民行为的重塑具有双面性,在合理的范围内的重塑是引发社会生活方式变革,推动社会进步的原动力;超出范围则可能会对市民生活造成破坏,使社会伦理道德水平下降,出现全民争利的局面,最终使社会文明走向倒退。而要合理限制商业伦理影响市民生活的程度,传承本国文明中的优良道德是唯一的钥匙,这不仅要在生活中对市民进行教化,更要在立法时将其作为立法基本理念。然而,当下的中国并没有很好地注意到该问题。

(四)商行为立法保守的态度使大量企业投资转移

虽然中国出现了商业伦理过度重塑市民行为,导致民法严重商化的现象,但中国商事立法还存在创新力不足的问题。

以《公司法》为例,在科技创业公司需要技术又无法离开资本的背景下,为了稳定公司结构而创设的双重股权,在中国至今未被立法允许。在第二十二届中国资本市场论坛上就有学者指出,中国的《公司法》《证券法》修改太慢。因此,如何以商法的创新维持商业活动的健康发展将成为中国下一步发展无法回避的重要问题。

党的十九大报告指出:“我国发展仍处于重要战略机遇期,前景十分光明,挑战也十分严峻。”“中国特色社会主义进入新时代,我国社会主要矛盾已经转化为人民日益增长的美好生活需要和不平衡不充分的发展之间的矛盾。”该主要矛盾的新阐释根植于中国现阶段生产力发展的总体水平,向引起中国发展不充分的商业活动提出了新任务。结合中国社会矛盾的集中表现与诱因,将该任务具体化,积极应对非物质劳动的霸权性地位、缓解商事立法滞后的弊端、解决民法的商法化以及商事立法的过度保守等问题,已是当下中国商法须承担的历史使命。

三、中国商行为制度的时代需求

虽然改革开放以来中国商行为制度取得了诸多瞩目的成就,但是在客观层面,中国商行为也面临着诸多现实困境。因此,明确了中国需要完成商行为的规范化与体系化后,下一步需要思考的就是当代中国所需要的究竟是什么样的商行为制度。

(一)创制一个保障社会主义市场经济的制度

中国首先需要的是一个保障社会主义市场经济良性发展的商行为法律制度。当前世界上可供借鉴的商法典以及较为先进的商事立法都是传统资本主义国家的法律,从基本经济制度到具体的商行为制度,中国都与这些国家存在一定差异。尤其是在中国也形成了一系列独具特色的商行为制度的背景下,中国的商行为立法首先需要考虑的就是如何在中国特色社会主义市场经济制度的基础上继续完善商行为立法,以实现商行为的规范化与体系化。只有以保障社会主义市场经济制度为本的商行为制度,才能在中国发挥最大的经济促进功效。

(二)创制一个划定营利范围的制度

中国的商行为制度必须是一部清晰界定营利与非营利范畴的制度。新中国成立至今,中国一直未能明确地划定营利与非营利的界限,虽然《法官法》《公务员法》等对法官、公务员经商作出了一定的限制,但是上述限制并没有引起足够的重视,仍有一些不适宜经商的群体参与到了商行为之中,产生了一定危害。尤其是在涉及社会公共利益的场合,如教育事业、医疗事业等,营利界限的模糊性使教育、医疗都存在较为严重的不公平现象,这是中国商行为制度应当重视的部分。营利界限的划分是确定商行为范畴的重要内容,更是维护社会公共利益和社会稳定的重要保障。

(三)创制一个鼓励商业创新的制度

中国建立的商行为制度应当是一个鼓励商业创新的制度。创新是商行为创造财富的源泉,也是商行为持续发展的生命力。为了鼓励创新,商行为制度必须明确监管的界限。与此同时,商行为制度还必须保持一个开放的体系,主要是商行为定义的开放性,以使层出不穷的商行为创新能够在法律的框架下得到指引,保证商行为朝着符合社会公共利益的方向创新,朝着有利于社会的方向发展。

(四)创制一个引导商业伦理的制度

中国的商行为制度必须对商业伦理作出一定的指引。适者生存、营利至上是目前商业伦理的基本内容,在该伦理观下,商人只关注利润,任何能够击败竞争者的手段都会被推崇,任何能够降低成本的方法都会被适用。在当前的高科技社会,最被推崇的科技产品就是法律责任尚不明确的那一类,这也是未能成功引导商业伦理的结果。为了避免商业在创造社会财富的同时,走向破坏社会文明的反面,中国的商行为制度应当对商业伦理作出一定的指引。

(五)创制一个控制风险的制度

中国的商行为制度还必须是控制风险的制度。商行为是风险行为,商行为制度的建构本质上是法律对风险容忍范围的确认,将风险控制在一定范围内是法律的任务。完全遏制风险,商行为将失去创新力;过度放任风险,商行为则会侵害社会,所以如何准确控制风险,将风险控制在社会能够容忍的范围内,是新时期中国商行为立法必须考虑的问题。

只有准确认识中国改革开放以来所形成的商行为制度,总结经验与不足,认清且坦诚面对当前中国商行为的现实困境,提炼出中国商行为制度的时代需求,中国商行为的规范化与体系化才能取得成功。总而言之,《民法典》编纂后研究商行为具有理论上的重要意义,也有实践上的重要价值,建构体系化与规范化的商行为制度势在必行。

第二章　商行为的概念

马克思曾经说过，“除行为之外，法律别无客体”。[①] 中国也有商法学者认为，“法律科学严格来说属行为科学。人类对法律的研究是行为主义和经验主义的认识和总结”。[②] 行为使行为主体的内在意志得以外化，是人和物的联结点，因此，对行为的研究一直以来都是各国各地区商法的重点。毕竟，商法的规则或者为商人而设，或者为商行为而设，其他规则都是辅助性的。[③]

商行为是导致商法从民法中独立出来，形成商法独立性的根本原因。商法学界一贯都对商行为高度重视，在构建商法理论体系时，无不将商行为作为一项与商主体并列甚至更为重要的核心制度予以研究。在商法概念中，中国商法学者也都把商行为作为与商主体并列的甚至唯一的中心加以界定，商事立法与商法理论都明显地将商行为作为一项核心制度予以规制或研究。[④] 然而，尽管中国商法学界不乏对商行为制度作出精辟论述者，但在概念上，中国学者对商行为的界定依然大相径

---

① 《马克思恩格斯全集》(第 1 卷)，人民出版社 1972 年版，第 16 页。

② 任先行：《商法原论》(下)，知识产权出版社 2015 年版，第 838 页。

③ 参见董安生等编著：《中国商法总论》，吉林人民出版社 1994 年版，第 124 页。

④ 参见范健、王建文：《商法论》，高等教育出版社 2003 年版，第 633 页。

庭。此外,不同国家与地区的商法对商行为概念的界定有所不同。因此,要在《民法典》编纂之后构建现代商行为理论和立法体系,当务之急是确定商行为的统一概念。综合各国各地区相关规定以及中国商法学界的研究成果,有关商行为概念的分歧主要表现在五个方面。第一,商行为是商主体所从事的行为,还是一般主体所从事的行为?第二,商行为是商法上的行为,还是商法总则的行为?第三,商行为是法学概念还是法律概念?第四,商行为与法律行为是种属关系,还是交叉关系?第五,商行为应当采用何种表达更为妥当?本章将围绕上述五个问题展开讨论,并最终确定本书所采用的商行为概念。

第一节　概　　念

在讨论商行为的概念之前,我们有必要对概念本身展开论述,以此明晰商行为概念的研究思路和内容。

一、概念的含义及其产生机制

概念由内涵和外延组成。根据《现代汉语词典》的解释,概念是一个名词,是“思维的基本形式之一,反映客观事物的一般的、本质的特征。人类在认识过程中,把所感觉到的事物的共同特点抽出来,加以概括,就成为概念”。[①]《现代汉语大词典》指出,思维指“客观存在反映在人的意识中经过主观活动而产生的结果”。[②] 因此,从过程来看,概念是具体到抽象的成就,是人类主观活动产生的结果。概念反映的是事物的本质属性,属于人类的理性认识。

一个完整的概念通常由内涵和外延两个部分构成,根据《现代汉语词典》的解释,内涵指的是“一个概念所反映的事物的本质属性的总和,也就是概念的内容”;外延指的是“一个概念所确指的对象的范围。例

① 中国社会科学院语言研究所词典编辑室编:《现代汉语词典》(第7版),商务印书馆2016年版,第419页。

② 范健:《试论商事思维及其价值》,载王保树主编:《中国商法年刊:法治国家建设中的商法思维与商法实践(2013)》,法律出版社2013年版。

如‘人’这个概念的外延是指古今中外一切的人”。[①] 概言之,概念的内涵是指概念所反映的事物本质属性的总和;概念的外延是指在概念抽象范围内反映概念本质属性的一切事物。深入探究,我们应该认识到,每一个概念都基于特定的需求而产生,其出现和形成并非毫无目的更不是缺乏逻辑的凑合;概念并非被设计用于描写事实,而是用来揭示事物的本质。确定一个概念有利于帮助社会形成对一个事物的正确认识,构建人类共同的话语体系。确定一个概念应当同时确定概念的内涵和外延。因此,为了保证逻辑的连贯性与周延性,商行为概念的确定应当同时考虑内涵和外延两个方面的要素。

二、概念的功能

概念在不同的学科体系中有不同的功能。对多数学科而言,概念是学科的基石,作用在于建构学科体系;但是在金融学领域,概念除了是学科的基石,还可以在一些场合下直接成为融资客体,具有融资功能,许多天使融资所投资的项目就是基于一些项目构思或者说概念。在法学领域,概念的功能主要体现在三大方面:一是基础功能即建构法学体系;二是规范功能即规范社会行为;三是特别功能即承载特定的价值与精神。

建构体系是概念本身所具有的基本功能。离开概念,任何学科体系的建构都会失去可能,学者将无法对话,理论研究也将无从谈起;离开概念,人类的生活将回归到原始状态,部落与群体之间的交流将变得艰难。于法学而言,如果将学习法律比作“练功”,则法律概念,犹如练功的基本动作,必须按部就班,稳扎稳打,确实掌握。此外,于法律人而言,“不患其不能自由,惟恐其不知科学;不患其拘泥逻辑,惟恐其没有概念”。[②] 因此,概念是法学学科的基石。就商法学学科来说,如果没有概念,商法体系将无从建构,商法理论的研究以及商法规则的适用都会失去根基。概念是商法制度不可或缺的基本单位。

---

① 中国社会科学院语言研究所词典编辑室:《现代汉语词典》(第7版),商务印书馆2016年版,第944、1345页。

② 王泽鉴:《法律思维与民法实例》,中国政法大学出版社2001年版,第9、10页。

规范功能是法律概念的另一基本功能。概念有法律概念和法学概念,两者不可混同之,详细差异将在下文展开。法律概念所反映的是特定政治、经济、社会背景下的客观事物一般的、本质的特征,所以同一法律概念,在不同国家往往有不同的内涵和外延。作为思维抽象的结果,法律概念具有规范价值。“法律概念之本来功能就在于规范其所存在之社会的行为。”[①]法律概念可以成为三段论逻辑推演中的大前提,对人们的日常行为作出指引。相应地,作为基础功能,商法概念也具有规范功能。商法概念常常本身构成商行为。一个概念就是一个行为模式。

承载特定的价值与精神则是法学概念所特有的功能。承载特定的价值与精神是由法学概念所具有的规范功能引申出来的。由于法学概念具有规范功能,所以法学概念除了与一国的政治、经济、社会文化背景相关联,还体现了特定的价值与精神,具有价值取向。法律概念是特定法律价值的载体,不同的法律部门所确定的法律概念具有不同的价值取向。例如,民法的价值取向是公平与正义,商法的价值取向就主要是效率和利益。这是不同部门法的性质和特征所决定的,也是法律概念的规范功能得以彰显的基础。此外,不同的国家所确定的法律概念也有不同的价值取向。从国家的角度而言,概念本身也是从历史演化而来,不同的国家有不同的历史沉淀,在历史的演变中不同国家所发展出的民族精神也各不相同,这些不同的民族精神被浓缩为各国立法者的意志,[②]最终所形成的就是不同国家因价值取向差异而不同的法律概念。各国法律概念的差异,在一定程度上就是因为法律概念承载着特定的价值与精神。

法律概念的功能相辅相成,该三大功能使法律体系得以建构,使法律适用成为可能,使法学研究能够存续。因此,确定一个准确的概念,是建构科学的学科体系的基本前提,商法亦复如是。

三、法学概念与法律概念

对于法学而言,概念的研究除了应当厘清概念的含义、产生机制与

---

① 黄茂荣:《法学方法与现代民法》,中国政法大学出版社 2001 年版,第 48 页。

② 参见吴丙新:《法律概念与法治——兼为概念法学辩护》,载《山东大学学报(哲学社会科学版)》2004 年第 4 期。

概念的功能，还应当注意区分法学概念与法律概念的问题。不过，法学概念与法律概念的区分问题并没有引起理论界的重视，法学概念与法律概念通常被混合使用。学者多习惯使用"法律概念"一词，认为"法律概念是有法律意义的概念，即对各种有关法律的事物、状态、行为进行概况而形成的术语"。①

本书指称的法律概念指的是法律条文中确定的概念以及法律实务中使用的法律专业术语。法学概念则是法学理论使用的概念。② 同一名词，法律概念与法学概念有时候完全一致，有时候并不相同，更多的时候，相比法律概念，法学概念更具有抽象性。法律概念指向的是立法现实与司法实务，以实用性和可操作性为第一要义。法学概念指向的是理论研究，以逻辑理性为至高追求，强调理性认识。诸如自然人、法人、公民、占有、使用、所有权等就都是法律规定的概念，属于法律概念的范畴。法律主体、权利、义务等就主要是法学理论中的概念。区分法学概念与法律概念的意义就在于，明确概念的适用范围。

本章所研究的商行为概念尤其需要明确法学概念与法律概念的区别。由于中国没有商行为的法定概念，所以中国商法学者对商行为概念的研究本质上是法学概念的研究，但是在中国商法学者积极推动商法通则制定的当下，要使商法通则的出台成为可能，中国的商法学者急需提炼出以实践为导向的法律概念，而不能仅拘泥于法学概念的争论。此外，明确法学概念与法律概念的区别，也能在很大程度上解决中国商法学者对于商行为概念众说纷纭的问题，详细论述将在下文展开。

四、法学概念与概念法学

除了法律概念与法学概念的区分问题，关于概念的研究还有一组名词需要辨析，那就是法学概念与概念法学。法学概念与概念法学都是理论研究的产物。概念法学指的是对概念进行数学式推演的法学方法。③

---

① 张文显：《法理学》，高等教育出版社 1999 年版，第 76 页。

② 参见李旭东：《论法律概念与法学概念的区别》，载《哈尔滨工业大学学报（社会科学版）》2015 年第 3 期。

③ 参见［德］汉斯－彼得·哈佛坎普：《概念法学》，纪海龙译，载《比较法研究》2012 年第 5 期。

“概念法学起源于19世纪的普通法法学理论,强调概念的隶属关系及所形成的逻辑体系对法律发现和法律解释的意义。概念法学的基本理念就是要创制出一个由法学概念组成的封闭系统。”[①]《德国民法典》是概念法学派的杰出学术成就。不过,概念法学也饱受争议,其被认为是与现实生活相隔绝的称呼。[②] 概念法学受到的最猛烈的攻击来自自由法学,鲁道夫·冯·耶林是批判概念法学的先行者,也是自由法学的奠基人。耶林并不批判概念本身,只是抨击概念法学仅关注逻辑推演的片面性。不过,本章无意争论概念法学的科学性问题,仅关注概念法学与法学概念、法律概念的区别,因此不再展开概念法学的讨论。

法学概念与概念法学的区别在于,法学概念与法律概念都是在下定义,揭示事物一般的、本质的特征;概念法学本质上则是一种法学方法,其核心是强调演绎法,认为只有将法律概念进行逻辑演绎才能保证判决结果的科学性。[③] 有鉴于此,概念法学也是一种法律解释方法。从这个角度出发,在时间序列上,法学概念与法律概念先于概念法学存在,只有创造了法学概念与法律概念,以对概念进行逻辑推演的概念法学才有用武之地,两者不可混淆用之。当然,广义上的概念法学还包括创造法学概念,如果采取广义的概念法学说,则法学概念与法律概念都属于概念法学的范畴。但无论如何,概念法学与法学概念都是应当被区分开来的两个名词。

当前有商法学者主张从法学方法论的角度理解商行为,[④]姑且不论该观点的合理性,仅就其在反对争论或者说反对确立商行为概念的理由陈述上,就出现了混淆法学概念与概念法学的问题。其所列举的确立商行为概念的弊端基本上都不是在讨论法学概念的弊端,而是罗列概念法学的弊端。因此,有必要对法学概念与概念法学作出一定的区分,防止在商行为概念的讨论中,将两者混淆。

---

① 程淑娟:《商行为:一种类型化方法的诠释》,载《法制与社会发展》2013年第3期。

② 参见[德]汉斯-彼得·哈佛坎普:《概念法学》,纪海龙译,载《比较法研究》2012年第5期。

③ 参见吴丙新:《法律概念与法治——兼为概念法学辩护》,载《山东大学学报(哲学社会科学版)》2004年第4期。

④ 参见程淑娟:《商行为:一种类型化方法的诠释》,载《法制与社会发展》2013年第3期。

明确了概念的基本含义、产生机制与特征之后,下文将以此为基础,分析并得出商行为的概念。归结而言,概念是抽象理性的结果,一个合格的概念应当揭示事物一般的、本质的特征,并且在确定一个概念前应当划定概念所抽象的范围。法学概念是构建法学体系的基石,同时也具有规范功能,而且还承载特定的价值与精神。法学领域有法学概念还有法律概念,不同的定位可能导致同一概念在表达与诠释上存在差异,在表述时应当明确予以区分。

第二节　商行为的法律概念

由于法学领域的概念有法学概念与法律概念之分,所以对商行为概念的研究应当在此区分上进行。中国商法学者对商行为概念的研究也都在此区分上展开,只不过大多数学者将法律概念表达为法定概念,①或者称之为立法上的概念;将法学概念表达为学理概念。② 本书采用法律概念与法学概念的表达。

由于概念承载特定的价值与精神,而不同国家或地区所奉行的价值与精神并不相同,所以各国各地区有关商行为的法律概念并不完全相同,但又存在一定程度上的共识,该共识与其所采取的民商事立法体例有关。总的来说,各国各地区关于商行为法律概念的界定可以分为三大阵营,一个是民商分立国家或地区,另一个是民商合一国家或地区,还有一个是民商不分国家或地区。中国没有商法典和商行为的专门立法,所以本部分将主要考察其他国家或地区对商行为概念的界定。为了使比较研究更具有针对性,下文对不同阵营商行为法律概念的介绍将围绕本节所提出的、确定商行为概念所存在的四大分歧展开,也就是商行为的主体问题、外延问题、与法律行为的关系问题、表达问题。

---

① 参见顾功耘、吴弘主编:《商法学概论》,上海人民出版社 2013 年版,第 57 页。

② 参见范健、王建文:《商法基础理论专题研究》,高等教育出版社 2005 年版,第 346 页。

一、民商分立国家或地区的商行为概念

(一)德国

1. 法律规定

《德国商法典》第4编第1章

第343条 商行为是指一个商人所实施的、属于其商事营利事业经营的一切行为。

第344条 由一个商人所实施的法律行为,在有疑义时,视为属于其商事营利事业经营。由一个商人所签署的债据,视为在其商事营利事业经营中所签署,但以文书中无相反的规定为限。[①]

2. 商主体与商行为的关系

1861年的《德意志普通商法典》以法国商法为范例,采用客观主义原则。商人在商行为概念中不具主导地位,商行为的范围由法典规定,任何人均可为之,并且任何行为主体皆可称为商人。1861年的《德意志普通商法典》中的商行为注重行为本身的性质,商主体依附于商行为,商主体与商行为形成充分非必要关系,也就是商主体所为的行为是商行为,但是商行为并非都是商主体所为。[②] 然而,1900年的现行《德国商法典》创立了商人本位原则,确立了主观主义立法例。现行《德国商法典》关注行为主体的性质,只有商主体的行为才是商行为,如果行为主体不具有商人性质,则行为不被视为商行为,无法适用商法。当然,德国商法设定了推定条款,即创立了表见商人的概念,如果行为人从事了以营利为目的的行为,即便他没有履行登记获得商人资格,但只要他具有商人的表象,或者他以商人的名义或方式从事该行为,则可以推定其为商人,其行为同样被视为商人所从事的商行为,同样适用商法。另外,根据现行《德国商法典》第344条的规定,只有商人的法律行为属于商行为。由此我们可以推断出,商人的事实行为、准事实行为并不属于商行为。如

---

① 《德国商法典》,杜景林、卢谌译,法律出版社2010年版,第211页。

② 参见范健:《德国商行为法探微》,载《现代法学》1994年第1期。

此一来，在现行德国法中，商主体与商行为所形成的是必要非充分关系，即商行为一定是商主体的行为，但商主体所为的行为并非都是商行为。值得注意的是，在实践中，德国允许商行为的条款对特定人群考虑比照适用，这些人通常需要满足两个标准，一是对有关的人是否可以预期并熟悉商人习惯和行为方式，二是他的行为必须针对某相关的经营组织（企业）而作出处分。[①]

3. 商行为的外延

1900 年的现行《德国商法典》抛弃了 1861 年《德意志普通商法典》列举商行为类型的做法，采取了《德国民法典》抽象式的立法技术抽象了商行为的概念。因此，我们无法从现行《德国商法典》中找到直接的法条确定商行为的外延。但是就整部《德国商法典》而言，其所调整的商行为，在外延上，既包括生产者和消费者之间的商品流转行为，还包括工业、手工业和采掘工业的行为。[②]

4. 商行为与法律行为的关系

仅根据《德国商法典》第 343 条的定义，“商人”、“营业”和“行为”是商行为的基本构成要素，即只要是商人经营营业的一切行为都是商行为。如此一来，商行为的定义依赖于“商人”与“营业”概念的界定。《德国商法典》第 1 条规定，“本法典所称的商人是指经营商事营利事业的人。商事营利事业指任何营利事业经营，但企业依照性质或者规模不需要以商人方式所设置的营业经营的，不在此限”。[③] 将该规定运用于商行为的概念之中，则《德国商法典》的商行为可以表述为经营营利事业的人所经营营利事业的一切行为都是商行为。因此，确定商行为概念的关键变为如何理解“经营营利事业”。对此，《德国商法典》第 344 条给出了答案，即经营营利事业的人所为的法律行为是经营营利事业。依据该逻辑，在《德国商法典》中，商行为应当属于法律行为的属概念，商行为是经营营利事业的人所为的法律行为。

---

① 参见［德］C. W. 卡纳里斯：《德国商法》，杨继译，法律出版社 2006 年版，第 538 页。

② 参见《德国商法典》，杜景林、卢谌译，中国政法大学出版社 2000 年版，“前言”第 2 页。

③ 《德国商法典》，杜景林、卢谌译，中国政法大学出版社 2000 年版，第 3 页。

（二）法国

1. 法律规定

（新）《法国商法典》

第1卷第1编第1条　法律视以下所列为商事行为：

任何为再卖出而买进动产，不论是按实物原状卖出还是经制作与加工之后再卖出；任何为再卖出而买进不动产，但买受人是为了建造一幢或者多幢建筑物并将其整体或区分卖出而实施的行为，不在此限；为买进、认购或卖出不动产、营业资产、不动产公司的股票或股份而进行的任何中介活动；各种动产租赁业；各种制造业、行纪业、陆路或水路运输业；各种供货、代理、商业事务所、拍卖机构、公众演出业务；各种汇兑、银行与（2009年7月15日第2009－866号法令第17条）“居间业务”，（2013年1月28日第2013－100号法律第22条）“电子货币发行与管理活动”以及所有的支付服务活动；公立银行的各种业务；批发商、零售商和银行业者之间的各种债权债务关系；任何人之间的汇票。①

第1卷第1编第2条　法律同样视以下所列为商事行为：

任何内水与外海航运船舶之建造业，以及此种船舶的任何买进、卖出与再卖出；各种海运业；船桅设备、船上设备与给养的任何买卖；船舶的各种租赁、整体借用或出借；与海上贸易有关的各种保险及其他契约；就船员薪金与房租订立的各种协定与协议；为服务于商船的海上人员订立各种契约。②

第7卷第2编第1章第3条第3款　任何人之间有关商事行为的争议由商事法院管辖。③

第7卷第2编第1章第6条　因酿造生产的食品的买卖，针对所有权人、种植人或葡萄种植人提起的诉讼，以及因商人购买供其个人使用的食品与商品的支付而针对商人提起的诉讼，不受商事

---

① 《法国商法典》（上册），罗结珍译，北京大学出版社2015年版，第5页。

② 《法国商法典》（上册），罗结珍译，北京大学出版社2015年版，第10页。

③ 《法国商法典》（中册），罗结珍译，北京大学出版社2015年版，第987页。

法院管辖。

但是,商人出具的票据被视为是因其商事而为。[①]

2. 商主体与商行为的关系

2000年法国对1807年的《法国商法典》进行了重大修改,为便于区分,本书将现行商法典称为(新)《法国商法典》。1807年的《法国商法典》受法国大革命的影响,以平等和理性为立法理念。在该理念的影响下,法国破除了商法的特权法属性,使商人不再享有任何商业特权,商人和其他社会阶层平等。[②] 具体到立法技术上,法国不再以"商人"概念作为体系构建基础,而是以"商行为"概念作为商法制度体系的核心。其最典型的表现就是将商人界定为"实施商事行为并以其为经常性职业的人"。[③] 事实上,1801年公布的《法国商法典(草案)》第1卷第1编规定了商事行为的标准。[④] 然而,1807年正式颁布的《法国商法典》并没有专章规定商行为,1801年《法国商法典(草案)》所规定的商行为也从草案的第1卷第1编被挪到了第4卷第2编"商事法庭的管辖权",即该法典的第631条、第632条和第633条,上述条款罗列了商行为的类型,[⑤]并被作为确定商事法院管辖的依据。因此,虽然1807年的《法国商法典》被称为商行为法,[⑥]但是法国并没有构建抽象的商行为概念。2000年法国进行商法的再法典化所产生的(新)《法国商法典》虽然重新按照1801年《法国商法典(草案)》的做法,将商行为规范制定在第1卷第1编之中,但是(新)《法国商法典》更多的只是以法律汇编的技术对1807年的《法国商法典》进行框架上的修改,同时将200多年来法国商法的立法编排进商法典。也就是说,(新)《法国商法典》依然没有在抽象层面确

---

① 《法国商法典》(中册),罗结珍译,北京大学出版社2015年版,第988页。

② 参见夏小雄:《商法"法典化":历史考察和体系分析——以十九世纪西欧国家商法典立法为核心》,载《东南大学学报(哲学社会科学版)》2018年第6期。

③ 《法国商法典》(上册),罗结珍译,北京大学出版社2015年版,第15页。

④ 参见聂卫锋:《法典化与〈法国商法典〉的最新发展》,载《国家检察官学院学报》2013年第2期。

⑤ 参见《法国商法典》,金邦贵译,中国法制出版社2000年版,第73页。

⑥ 参见夏小雄:《商行为的体系定位和结构转换——历史维度的再考察》,载《环球法律评论》2017年第1期。

定商行为的概念。因此,法国商法虽然被称为商行为法,但是法国并没有为商行为提供全面的理论阐释,也没有达到有效构建商行为制度的目的,未发展出兼具抽象化与具体化的商行为法律规范体系。

之所以法国商法能够被称为商行为法,是因为在商主体与商行为的界定上,商主体的判定依赖于商行为的概念,即不再以商人作为确定商法范畴的标准,而非构建了体系化的商行为制度。不过,在法国法中,虽然商主体是实施商事行为并以其为经常性职业的人,但是商行为并不只是商主体的行为。将法国商法设定为商行为法的目的就是破除商主体的营业专权,实现营业自由,所以在法国法中,商行为既包括商人的行为,也包括非商人的行为。简言之,商主体与商行为是充分非必要关系。

3. 商行为的外延

(新)《法国商法典》采取列举的方式确定商行为的范畴,直接明晰了商行为的外延,但是该法典所列商行为较多。对此,法国学者将(新)《法国商法典》第 1 卷第 1 编第 1 条也就是原《法国商法典》第 632 条所列举的商行为总结为三种定义标准:第一,商行为是流通行为;第二,商行为是投机行为;第三,商行为是企业完成的行为。[①]

4. 商行为与法律行为的关系

"法律行为"概念与理论直到 1900 年《德国民法典》才被立法化。1807 年法国颁布《法国商法典》时,法国民法中并没有直接规定法律行为制度,更毋提《法国商法典》中存在法律行为制度。即便是 2000 年的(新)《法国商法典》也依然没有直接采纳法律行为制度。因此,确定法国法中商行为与法律行为的关系,无法像德国法一样直接从法条规定中发现,而只能从法条的推断中得出。由于《法国商法典》是商行为法,商行为是确定商法调整范畴的法律,所以应当认为商法所调整的行为就是商行为。又由于 2000 年的(新)《法国商法典》除了规定了法律行为,还规定了大量的公司内部治理行为,以及对反竞争行为等进行限制,所以就整部(新)《法国商法典》而言,商行为并不限于法律行为,还包括事实行为、准法律行为等。

---

① 参见[法]伊夫·居荣:《法国商法》(第 1 卷),罗结珍、赵海峰译,法律出版社 2004 年版,第 47 ~ 51 页。

（三）日本

1. 法律规定

《日本商法典》第2编第1章

第501条　下列行为，为商行为：

以获利转让的意思，有偿取得动产、不动产或有价证券的行为或者以转让取得物为目的的行为；缔结自他人处取得动产或有价证券的供给合同以及为履行该合同而实施的以有偿取得为目的的行为；交易所中的交易行为；有关票据及其他商业证券的行为。

第502条　下列行为，被作为营业实施时为商行为。但专以取得工资报酬为目的制造物品或者从事劳务的行为，不在此限。

以出租的意思，有偿取得或承租动产、不动产或者以出租其取得或承租物为目的的行为；为他人实施制造或加工的行为；供电或供气行为；运输行为；工程或劳务承包；出版、印刷或摄影行为；以招徕顾客为目的的服务业经营场所中进行的设施利用交易；兑换及其他银行交易；保险；保管行为；居间或行纪行为；商行为代理；信托行为。

第503条　商人为其营业所实施的行为为商行为。商人的行为，推定为为其营业实施的行为。[①]

2. 商主体与商行为的关系

日本商法典的历史最早可以追溯到1881年。1881年4月，日本政府委托德国法学家、经济学家罗斯勒（H. Roesler）起草日本商法典。1884年，罗斯勒以德国商法为蓝本，在综合借鉴法国商法典体例的基础上完成了日本商法典草案，该草案于1890年由日本元老院通过，1891年1月1日正式实施，史称“旧商法典”。然而，该法典于1899年因日本“法典论争”而遭到废止。同年，日本政府成立法典调查委员会，起草商法典修正案，并被日本帝国议会通过，《日本商法典》诞生。1899年

① 《日本最新商法典译注》，刘成杰译注，中国政法大学出版社2012年版，第77～92页。

的《日本商法典》无论是体例还是内容均借鉴于《德国商法典》。[①] 经过2005 年、2006 年及 2008 年三次修订后，现行《日本商法典》包括三编，分别是“总则”“商行为”“海商”。

虽然借鉴于《德国商法典》，但是在商主体与商行为的定义上，《日本商法典》开创了新的立法体例，即折中主义。《日本商法典》第 4 条第 1 款规定，“本法中‘商人’，指以自己名义从事商行为并以此为业者”。[②] 结合《日本商法典》对商行为的规定，可以看出，日本商法中的商行为既包括商人实施的商行为，也包括其他主体实施的商行为。但是，据此并不能直接得出在日本法中，商主体与商行为之间的关系是充分非必要关系的结论。因为，日本商法还规定了拟制商人。《日本商法典》第 4 条第 2 款规定，“利用店铺及其他类似设施销售物品并以此为业者或者不以实施商行为为业的经营矿业者，亦视为商人”。[③] 因此，日本商法所采用的立法体例是以商行为主义为基础，同时兼顾商人主义。《日本商法典》先规定了商行为的概念，从商行为的概念导出商人概念，但同时也规定了超越商行为概念的拟制商人。所以，严格来说，在日本法中，商主体与商行为的关系是非充分非必要关系。商主体的行为不一定是商行为，实施商行为的也不一定是商主体，此即折中主义。

3. 商行为的外延

相比德国和法国，日本将商行为分为绝对商行为、营业商行为和附属商行为，并分别罗列了绝对商行为的类型和营业商行为的类型，区别在于对绝对商行为是限制性列举，对营业商行为是例示性列举。《日本商法典》第 501 条是关于绝对商行为的条款，该条第 1 点和第 2 点规定的是投机行为，包括投机购买和投机售出；第 3 点规定的是交易所交易，第 4 点规定的是证券行为。《日本商法典》第 502 条规定的是营业商行为，第 503 条规定的是附属商行为。因此，在日本法上，商行为包括投机行为、交易所交易行为、证券行为、营业行为和商人为其营业所实施的其他行为。

---

① 参见《日本最新商法典译注》，刘成杰译注，中国政法大学出版社 2012 年版，第 5 页。
② 《日本最新商法典译注》，刘成杰译注，中国政法大学出版社 2012 年版，第 13 页。
③ 《日本最新商法典译注》，刘成杰译注，中国政法大学出版社 2012 年版，第 15 页。

4. 商行为与法律行为的关系

与法国不同的是,日本民法借鉴了德国民法的做法,引进了法律行为制度,但与法国相同的是,日本商法中的商行为并不限于法律行为。绝对商行为与营业商行为通常是商主体的对外行为,基本上都是法律行为。日本商法之所以不仅包括法律行为,主要是因为日本商法规定了附属商行为。附属商行为作为商人为其营业所实施的行为,在时间上,既包括商人在其营业存续期间所实施的行为,也包括商人为营业实施的开业准备行为以及营业废止时所进行的善后行为;在范围上,既包括商人直接为营业实施的行为,还包括与营业相关联的为了维持或扩张营业而实施的行为;在内容上,既包括商人为营业实施的法律行为及有偿行为,还包括事务管理、催告、信息披露、通知等准法律行为。[①] 因此,在日本法上,商行为并不只是法律行为,商行为应当被理解为是商法上的行为,而非商事法律行为。

(四)韩国

1. 法律规定

《韩国商法》第2编第1章

第46条 将以营业为目的进行的下列行为,称为商行为。但是,纯粹是以领取工资为目的的制造产品或者从事劳务者的行为除外:

动产、不动产、有价证券及其他财产的买卖;动产、不动产、有价证券及其他财产的租赁;与制造、加工或者修缮有关的行为;与电、电波、煤气或者供水有关的行为;承揽作业或者劳务;与出版、印刷或者摄影有关的行为;与广告、通信或者情报有关的行为;信贷、票据及其他金融交易行为;以招徕顾客为目的而设置的场所上的交易;承担商行为的代理;与居间有关的行为;寄卖及其他中介的行为;承接运输;承接保管;承接信托;互助金及类似行为;保险;有关采矿和取土的行为;有关机械、设施及其他财产的物融的行为;与商号、商标等使用许可有关的营业行为;与商号营业上的债权的买入、回收等行为。

第47条 将商人为营业而进行的行为,视为商行为;将商人

---

① 参见《日本最新商法典译注》,刘成杰译注,中国政法大学出版社2012年版,第91页。

的行为，推定为是为了营业而进行的行为。①

2. 商主体与商行为的关系

《韩国商法》第2章第4条规定："商人是指以自己的名义作出商行为的人。"第5条规定："依店铺或者其他类似设备，以商人的方法作出营业者，即使不为商行为也视为商人。公司即使不作出商行为，与前款相同。"从商主体的表述来看，韩国商法采取了日本商法的做法，既规定了商人是实施商行为的人，还规定了拟制商人的情形。因此，在韩国商法中，商主体的行为不一定是商行为。不过，在商行为方面，韩国商法并没有区分绝对商行为与营业商行为，而只规定了营业及其附属商行为。营业性也称为经营性，营业要求行为人的营利行为具有反复性、不间断性和计划性等特点，表明主体至少在一段时期内连续不断地从事某种性质相同的营利活动，具有职业性。因此，在韩国商法中，偶然地、间断地、一次性地从事营利活动，不属于商行为。这就排除了自然人偶然的投机行为或者偶然的证券行为，也就是说商行为只是商人的行为，商主体与商行为形成的是必要非充分关系。

3. 商行为的外延

由于在韩国商法上，商行为是营业及其附属行为，所以就外延来看，韩国商法的商行为范围较小。不过，在类型上，相比于同样采取列举式立法技术的法国和日本，韩国商法充分展示了后发优势，其所罗列的营业行为更为广泛。与同样具有后发优势的日本相比，韩国增加了6种类型的商行为，即与广告、通信或者情报有关的行为；互助金及类似行为；有关采矿和取土的行为；有关机械、设施及其他财产的物融的行为；与商号、商标等使用许可有关的营业行为；与商号营业上的债权的买入、回收等行为。其中，有关采矿和取土的行为在日本商法中并不属于商行为，只是其行为主体被拟制为商人。

4. 商行为与法律行为的关系

仅从韩国的立法来看，韩国并没有将商行为限定为商事法律行为，尤其是韩国也将辅助商行为视为商行为，即把商人的行为都推定为是

① 《韩国商法》，吴日焕译，中国政法大学出版社1999年版，第12～13页。

商行为。如此一来，在商人逐渐发展为组织体形态的背景下，商事组织的内部经营管理行为也应当包括在商行为范围内。商事组织的内部经营管理行为可以称为组织行为，主要都是一些准法律行为，还包括事实行为。因此，从推论来看，虽然没有直接的法律规定，但因为辅助商行为的条文，可以认为韩国法与日本法相同，商行为不仅包括法律行为，还包括事实行为与准法律行为。

（五）西班牙

1. 法律规定

《西班牙商法典》第1卷第1章

第2条　本法典认定的商人或其他人从事商业活动，应遵循本法典规定。本法典没有规定的，应当依据当地商事惯例。以上规定均欠缺的，应遵循公共法的规定。符合本法典和其他商事法律规定的，均应推定为商事行为。

第3条　一经利用函件、报刊、海报、广告栏或使用其他形式向公众发布具有商业目的的公告，即被依法推定为该个人或组织在从事商业活动。①

2. 商主体与商行为的关系

西班牙是客观主义立法例真正意义上的代表性国家。②《西班牙商法典》第1条规定："本法典所谓的商人是指：具有合法的经商能力，并惯常从事商业活动的个人。依本法典设立的工商业公司。"结合该法典第2条的规定，在西班牙法上，商主体是从事商行为的个人或公司，但是商行为并不只是商人从事的商业活动，其他人也可以从事商业活动。因此，西班牙法中的商主体与商行为成立的是充分非必要关系。这里需要说明的是，西班牙法律上的公司，既包括股份有限公司和有限责任公司，也包括无限公司、两合公司、独资公司。

---

① 《西班牙商法典》，潘灯、高远编译，中国政法大学出版社2008年版，第3页。

② 参见王建文：《论我国〈民法典〉立法背景下商行为的立法定位》，载《南京大学学报（哲学·人文科学·社会科学）》2016年第1期。

3. 商行为的外延

《西班牙商法典》既没有对商行为作出定义，也没有采取列举式的方式罗列出商行为的类型。但是在商行为的范围上，《西班牙商法典》却可以被认为是规范商行为范围最广的国家。西班牙法要求商人必须是具有经商能力且以商业活动为业的人，也就是对商人的能力作出了明确限制，但是其并没有规定拟制商人。相反，在商行为的认定上，西班牙法则采取了非常宽松的标准，只要是商事法律规定的行为就都是商行为。此外，西班牙法还规定了推定商行为的条款，《西班牙商法典》第 3 条将利用公开方式向公众发布具有商业目的的公告的行为也推定为商行为。因此，在商行为的外延上，可以认为只要是以营利为目的的行为都属于西班牙法上的商行为。

4. 商行为与法律行为的关系

商行为与法律行为的关系所要解决的就是商行为是商法上的行为，还是商事法律行为。如果是商法上的行为，意味着商行为是所有商法调整范畴内的行为；如果是商事法律行为，则商行为只是商法调整范畴内的以意思表示为内容的行为。由于法律行为直到 1900 年《德国民法典》才得以体系化，所以在此之前，各国各地区并无法律行为的概念，更毋提在商法典乃至民法典之中对行为进行区分。当前我们所研究的《西班牙商法典》制定于 1885 年，该法典非但未在法典内区分法律行为与事实行为、准法律行为等，更是直接规定“符合本法典和其他商事法律规定的，均应推定为商事行为”。也就是说，在西班牙法上，商行为不仅是商法典上的所有行为，还包括商事单行法所规定的行为，法律行为只是商行为中的一部分。

二、民商合一国家或地区的商行为概念

民商合一国家与地区可以分为两种类型。一种是历史上从未制定过商法典，只有民法典。这种国家或地区还可以再进一步划分为两小类：一类是商法规范散见于民法典的各章节中，必须加以识别才能发现，这类立法多有清晰的民商合一立法思想，但最终呈现的法律文本多为有民无商；另一类是专章节制定商法规则，但法典主要是民法内容，只有少量商法条款，如俄罗斯，这类立法又被称为是折中的民商事立法

体例。[1] 另一种国家或地区则是历史上曾经制定过商法典,这类立法的特点是商法规范多被专章规定,如意大利。

商行为是商法特有的理论与规则,被称为商行为法的《法国商法典》尚未能构建体系化的商行为制度,更毋期待在民商合一的法典中存在商行为体系。事实上民商合一国家或地区立法基本上没有商行为概念,之所以这些国家或地区的商行为法律规定值得分析,主要是因为其所制定的与商行为有关的规范可以体现其对商行为范围的界定,尤其是曾经采取民商分立的立法模式出台过商法典又转而走向民商分立的国家或地区,即基本上专章规定商法规范的国家或地区。不过,这些国家或地区并未都规定商行为概念,仅有少数就商行为作出定义,所以无法完全围绕这些国家或地区的商行为概念展开分析,同时也无法讨论商行为与法律行为的关系问题。鉴于这些国家或地区基本上都对商主体作出了界定,所以可以从商主体的定义中分析商主体与商行为的关系,以及商行为外延的问题,下文分析民商合一国家或地区的商行为概念将主要围绕这两个问题展开。

(一)意大利

1. 法律规定

1942 年《意大利民法典》

第 2082 条 所谓企业者,是以生产的目的或者以财务或劳务的流通为目的,以组织化的经济活动作为职业而实施的人。

第 2083 条 土地的直接耕种者、手工业者、小商人及主要以自己及家庭成员的劳动将所组织的职业活动实施的人,为小企业者。[2]

2. 商主体与商行为的关系及商行为的外延

现行《意大利民法典》制定于 1942 年,虽然该法典最终采取的是民商合一的立法体例,但是在重新制定意大利民法典之初,立法的初衷是

---

① 参见刘凯湘:《剪不断,理还乱:民法典制定中民法与商法关系的再思考》,载《环球法律评论》2016 年第 6 期。

② 《意大利民法典》,陈国柱译,中国人民大学出版社 2010 年版,第 362 页。

延续1865年《意大利民法典》与1882年《意大利商法典》所采取的民商分立模式。只不过在草案的编撰过程中，职团主义的思想成为立法的主流思想，最终使商法内容发生扩张，民法走向公法化，商法则经济法化，二者被统一到了一部民法典中，催生了民商合一的《意大利民法典》。[①] 作为最早从民商分立转为民商合一的国家，1942年《意大利民法典》是一部典型的民商法典。该部法典规定了大量的商法规范，且以独立的章节存在。该法第2082条与第2083条，尤其是第2082条被认为既规定了企业主的概念，也规定了商行为的概念。即商行为是指企业主以生产、流通或者提供服务为目的的、从事有组织的职业经济活动。[②] 依据该推定，意大利被认为是主观主义立法例的国家，也就是说，商行为的概念由商主体所决定，商行为是商主体的行为。至于商行为的外延，依据第2082条的规定，商行为包括生产行为、流通行为、提供服务的行为。由于提供服务行为也属于生产性行为，所以该规定所确定的商行为范畴可以被归纳为生产行为与流通行为。

（二）巴西

1. 法律规定

《巴西新民法典》

第966条　职业性地从事有组织的以财产或服务的生产或流通为对象的经济活动的人，视为企业主。

单立款　从事科学、文学或艺术性质的脑力劳动职业的人，即使雇佣有一些助手或工人，也不视为企业主，但其职业活动符合企业条件的，除外。[③]

2. 商主体与商行为的关系及商行为的外延

巴西也是从民商分立走向民商合一的国家。相比于旧民法典，为

① 参见徐国栋：《民商合一的多重内涵与理论反思——以1942年〈意大利民法典〉民商合一模式的解读为中心》，载《中外法学》2019年第4期。

② 参见王建文：《论我国〈民法典〉立法背景下商行为的立法定位》，载《南京大学学报（哲学·人文科学·社会科学）》2016年第1期。

③ 《巴西新民法典》，齐云译，中国法制出版社2009年版，第135页。

了实现民商合一,《巴西新民法典》增加了预约合同、待指定当事人的合同、寄售合同、行纪合同、代理和分销合同、居间合同、旅客运输合同、货物运输合同、债权证书合同等全新的合同类型,而这些合同原先都被规定于商法典之中。虽然《巴西新民法典》没有规定商行为的直接定义,但是其与意大利类似,也对企业主作出了界定,其性质是用企业主概念取代商人概念,从而区别于其他民事主体。依据《巴西新民法典》的规定,我们可以推出,巴西采取的也是主观主义的立场,商行为是商主体的行为,并且是财产或服务的生产或流通行为。

(三)俄罗斯

1.法律规定

《俄罗斯联邦民法典》

第2条第1款第3句　民事立法调整从事经营活动的人之间的关系或者有他们参加的关系,民事立法调整所依据的出发点是:经营活动是依照法定程序对其经营资格进行注册的人实施的,旨在通过使用财产、出售商品、完成工作和提供服务而不断取得利润,并由自己承担风险的独立自主的活动。①

第50条　商业组织和非商业组织

法人可以是以获取利润为其活动基本宗旨的组织(商业组织),或者是不以营利为基本目的,也不在其参加者中分配所获利润的组织(非商业组织)。

作为商业组织的法人,可以以商合伙和商业公司、生产合作社、国有和自治地方所有单一制企业的形式成立。

作为非商业组织的法人,可以以消费合作社、社会团体和宗教团体(联合组织)、由财产所有权人拨款的机构、慈善基金会和其他基金会的形式以及法律规定的其他形式成立。

非商业组织可以从事经营活动,但仅以为达到其成立宗旨而服务并以符合该宗旨为限。

---

① 《俄罗斯联邦民法典》(全译本),黄道秀译,北京大学出版社2007年版,第35页。

允许商业组织和(或)非商业组织成立联合会和协会形式的联合组织。[①]

2. 商主体与商行为的关系及商行为的外延

俄罗斯的立法模式在全世界独具特色,综合性立法是其典型特征。不论是11～12世纪基辅罗斯颁布的第一部成文法典《罗斯法典》,还是1830年俄国的《俄罗斯帝国法令全书》,都属于综合性法典。[②] 甚至十月革命成功后,苏俄颁布的1922年《苏俄民法典》也依然保留了综合性立法的特征,将整个私法领域纳入规范范围。1964年的《苏联民法典》延续了该传统。受到该传统观念的影响,再加上苏联对商品经济的排斥,商法一直未能在苏联获得独立的地位。1995年的《俄罗斯联邦民法典》沿袭了此种立法例,仅制定民法典且只有少量的商法规范。

不过,虽然仅有少量的商法条款,但《俄罗斯联邦民法典》却是民商合一国家中商法概念建构较为全面的国家。《俄罗斯联邦民法典》不仅规定了商行为的概念,同时也就商主体与商行为的关系作出了明确的规定。该法典将商行为表述为"经营活动",依据该法典第2条第1款第3句和第50条的规定,我们可以得出如下结论:第一,俄罗斯法上的商行为是经过登记的主体实施的,获取利润并自担风险的行为;第二,商行为包括使用财产、出售商品、完成工作和提供服务的行为;第三,商业组织和非商业组织都可以实施商行为。

因此,就商主体和商行为的关系而言,在俄罗斯法上,商主体的行为是商行为,但是商行为不一定是商主体的行为,商主体与商行为成立充分非必要关系。在商行为的外延上,商行为包括流通行为,还包括其他利用财产、完成工作和提供服务等生产性行为。

三、民商不分国家或地区的商行为概念

依据国家或地区是否在民法典之外制定以"商法"命名的法典而将

---

① 《俄罗斯联邦民法典》(全译本),黄道秀译,北京大学出版社2007年版,第53页。

② 参见苗延波:《论中国商法的立法模式(上)——兼论〈商法通则〉的立法问题》,载《法学评论》2008年第1期。

商法立法模式分为民商分立和民商合一。[①] 顾名思义,民商分立的立法模式指在制定民法典的同时制定商法典;民商合一的立法模式指无须在民法典之外再另行制定一部商法典。理论上,从逻辑的周延性来看,民商分立与民商合一的分类应当足以囊括所有类型的商法立法模式。然而,实践中除了民商分立和民商合一,还存在民商不分的类型。民商不分与民商分立、民商合一的区别在于,在民商不分的国家或地区,商法或者没有独立的地位,或者没有区分民法与商法的传统。英美法系是民商不分的典型;此外,理论上中国也一直被认为是民商不分的国家。

(一)中国

改革开放后,以原《民法通则》为统率,中国制定了大量的商事单行法。中国这一既未制定民法典也未制定商法典的立法模式,符合"民法商法化"与"商法民法化"的立法体系变革潮流。但是,原《民法通则》在本质上只是中国特定历史阶段的产物。以原《民法通则》加商事单行法的立法模式,既不是严格意义上的民商合一,也不是严格意义上的民商分立,而是一种民法与商法既未真正合一,也未真正分立的特殊立法模式,又被称为"民商不分的混合立法模式"。[②] 不过,2014 年党的十八届四中全会明确提出了编纂民法典,2017 年《民法总则》(已废止)颁布实施,后《民法典》于 2020 年 5 月 28 日正式颁布,并于 2021 年 1 月 1 日生效。原《民法总则》颁布时,被理论界和实务界认为是"世界范围内最新一次尝试民商合一立法模式"。[③] 中国正处于从民商不分走向民商合一的历史阶段。总结中国《民法典》生效之前的民商法状态,我们仍应将中国归入民商不分的阵营。已经生效的《民法典》是否真正实现了民商合一,仍然会给理论界与实务界留下很大的困惑和争议。在此,我们主要讨论中国深圳曾经颁布的《深圳经济特区商事条例》。虽然该条例如今已经废止,并且也只是位阶层次较低的地方性规范文件,但是鉴于其是中国改革开放以来唯一出台过的"商法总则",所以仍然具有探讨的价值。

---

① 参见范健、王建文:《商法基础理论专题研究》,高等教育出版社 2005 年版,第 104 页。

② 参见王建文:《中国现行商法体系的缺陷及其补救思路》,载《南京社会科学》2009 年第 3 期。

③ 参见李建伟:《〈民法总则〉民商合一中国模式之检讨》,载《中国法学》2019 年第 3 期。

1. 法律规定

《深圳经济特区商事条例》(已废止)

第5条　商人是经依法登记,以营利为目的、用自己的名义从事商行为且作为经常性职业的自然人、法人和其他经济组织。

本条例所称商人,是指:

(一)有限责任商人,包括各种有限责任公司及其分支机构、非公司企业法人及其分支机构;

(二)无限责任商人,包括非法人企业及其分支机构、合伙组织及其分支机构、个体工商户和其他经济组织。

本条例所称商行为,是指商人从事的生产经营、商品批发及零售、科技开发和为他人提供咨询及其他服务的行为。

2. 商主体与商行为的关系及商行为的外延

原《深圳经济特区商事条例》对商主体与商行为的定义没有突破传统大陆法系立法的局限性,依然采取的是循环定义的方式。对该条例的规定进行简化,则商人是从事商行为的自然人、法人和其他经济组织;商行为是商人的行为。因此,从该定义来看,商主体与商行为成立充分必要关系。该做法可谓首开世界之先例。至于商行为的外延,依据原《深圳经济特区商事条例》的规定,商行为包括生产经营行为、商品批发及零售行为、科技开发行为、提供咨询的行为、提供服务的行为。该规定表面上将商行为划分为五类,但是实质上合并同类项也就是将科技开发行为、生产行为、提供咨询与提供服务行为合并为生产性行为后,该规定只涉及两类商行为,即生产行为与流通行为。至于商行为与法律行为的关系问题,从原《深圳经济特区商事条例》的规定中我们并不能得出结论。因此,为避免武断,这里我们不就这个问题展开讨论。

(二)美国

1. 法律规定

《美国统一商法典》

第1-201条第28款　"组织"包括公司、政府、政府部门或机构、商事信托、财团、信托、合伙或联合体、两个或两个以上的具有共同利益之人或者任何其他法律或商事实体。

第 30 款 “人”包括个人或组织。

第 32 款 “购买”指通过买卖、贴现、流通转让、抵押、质押、留置、发行、再次发行、赠与或者任何产生财产权益的其他自愿交易而取得财产。[①]

第 2－104 条第 1 款 “商人”指经营某种货物的人，或者其职业表明他对交易所涉及的惯例或者货物具有专门知识或技能的人，或者他因雇佣其职业表明具有此种专门知识或技能的代理人、经纪人或其他中间人而被视为具有此种专门知识或技能的人。[②]

2. 商主体与商行为的关系及商行为的外延

《美国统一商法典》将商行为表述为“商业交易”，但是该法并未对商业交易作出定义性规定，而只对商人作了定义性规定。不过，这并不影响该法被认为具有纯粹的商行为法内容。因为该部法典的立法宗旨就是调整商业交易，所以我们可以推论，美国商法中的商行为指的是一切实施商业交易的行为。[③] 这就意味着，美国法上的商行为外延十分广泛。值得注意的是，《美国统一商法典》第 1－201 条第 32 款对“购买”作出了定义性规定，该条款所列举的 9 种自愿交易行为都属于商业交易的范畴，但不可就此认为商业交易就只包括这几类行为，因为该规定只是示例性列举。

在商主体与商行为的关系问题上，依据《美国统一商法典》第 1－201 条第 28 款和第 30 款的规定，商行为是商业交易，可以从事商业交易的主体包括个人和组织，而这里的组织除了商事实体，还包括政府等。因此，在美国法上，商行为不仅是商主体的行为，非商主体也可以

---

① 美国法学会、美国统一州法委员会：《美国〈统一商法典〉及其正式评述》（第 1 卷），孙新强译，中国人民大学出版社 2004 年版，第 14 页。

② 美国法学会、美国统一州法委员会：《美国〈统一商法典〉及其正式评述》（第 1 卷），孙新强译，中国人民大学出版社 2004 年版，第 43 页。

③ 参见任先行：《商法原论》（下），知识产权出版社 2015 年版，第 843 页。

从事商行为。此外,依据《美国统一商法典》第 2 - 104 条第 1 款,商主体除了包括传统意义上的经营某种货物的人,还包括具备与交易相关技能的人或雇佣具有与交易相关技能的人。制定该条款的理由是为了区别商人和非商人所应当适用的规则。该条款意味着,如果一所大学设有正常的采购部门或者雇佣了熟悉交易惯例并且具备实施任何(法律)所要求的行为的经营人员,则这所大学在实施交易行为时也属于商人定义的范围。[①] 然而,大学的行为显然不会主要是商业交易行为,所以,在美国法上,商人的行为不只是商行为,还可以是非商行为,商主体与商行为成立非充分非必要关系。

(三)英国

英国作为普通法系的国家没有制定商法典,也没有制定民法典,商行为主要通过《英国商品买卖法》《汇票法》《公平交易法》《消费者保护法》等调整。基于实用主义的立法逻辑,英国在上述商事单行法中并未对商行为与商主体作出定义。准确地说,英国并没有区分民事立法和商事立法。以《英国商品买卖法》为例,该法既调整商人之间的货物买卖,也调整非商人之间的货物买卖,所以该法并非单纯的商事法律。[②] 不过英国颁布的《商事法庭实践指导》第一段第 2(1)条规定了商事法庭管辖的商事纠纷范围,具体包括"任何产生于贸易和普通商事的纠纷,包括任何关于(1)商业单证和合同;(2)货物进出口;(3)货物的陆运、海运、空运和管道运输;(4)石油开发和天然气储存;(5)保险和再保险;(6)银行和金融服务;(7)市场的运行和交换;(8)商业代理;(9)商事仲裁等纠纷"。[③] 由此可见,在英国,商行为的外延包括商品流转行为、运输行为、保险行为、金融商行为、代理行为等。

将上述国家的规定进行汇总,如表 2 - 1 所示:

---

① 参见美国法学会、美国统一州法委员会:《美国〈统一商法典〉及其正式评述》(第 1 卷),孙新强译,中国人民大学出版社 2004 年版,第 45 页。

② 参见《英国商品买卖法》第 15 条。转引自李燕:《英国商法的定位》,载《法律适用》2003 年第 Z1 期。

③ 李燕:《英国商法的定位之研究》,载《人大法律评论》2003 年卷。

表 2-1 商行为的法律概念

民商分立国家的商行为概念				
国家	法条	商主体与商行为的关系	商行为的外延	商行为与法律行为的关系
德国	《德国商法典》第 4 编第 1 章第 343 条、第 344 条	必要非充分关系	商品流转行为、工业、手工业和采掘工业行为	种属关系
法国	(新)《法国商法典》第 1 卷第 1 编第 1 条、第 2 条;第 7 卷第 2 编第 1 章第 3 条第 3 款、第 6 条	充分非必要关系	流通行为、投机行为、企业完成的行为	交叉关系
日本	《日本商法典》第 2 编第 1 章第 501 条、第 502 条、第 503 条	非充分非必要关系	投机行为、交易所交易行为、证券行为、营业行为、商人为其营业所实施的其他行为	交叉关系
韩国	《韩国商法》第 2 编第 1 章第 46 条、第 47 条	必要非充分关系	营业及其附属商行为	交叉关系
西班牙	《西班牙商法典》第 1 卷第 1 章第 2 条、第 3 条	充分非必要关系	以营利为目的的行为	交叉关系
民商合一国家的商行为概念				
国家	法条	商主体与商行为的关系	商行为的外延	商行为与法律行为的关系
意大利	1942 年《意大利民法典》第 2082 条、第 2083 条	商行为是商主体的行为	生产行为、流通行为	—
巴西	《巴西新民法典》第 966 条、单立款	商行为是商主体的行为	生产行为、流通行为	—
俄罗斯	《俄罗斯联邦民法典》第 2 条第 1 款第 3 句、第 50 条	充分非必要关系	流通行为、生产行为	—

续表

民商不分国家的商行为概念				
国家	法条	商主体与商行为的关系	商行为的外延	商行为与法律行为的关系
中国	《深圳经济特区商事条例》(已废止)第5条	充分必要关系	生产行为、流通行为	—
美国	《美国统一商法典》第1－201条第28款、第30款、第32款;第2－104条第1款	非充分非必要关系	一切实施商业交易的行为	—
英国	—	—	商品流转行为、运输行为、保险行为、金融商行为、代理行为等	—

从表2－1中我们可以得出如下几个结论:第一,商主体与商行为的关系与一国(或地区)采取的民商事立法体例无必然联系。就商行为的法定概念而言,民商分立、民商合一与民商不分的国家或地区之间在处理商主体与商行为的关系问题上,也有一致的做法。第二,究竟商主体的行为是否就是商行为,以及商行为是否就是商主体的行为,与一国或地区采取主观主义立场或客观主义立场,乃至折中主义立场无必然联系。第三,在商行为的外延上,基本上所有国家或地区都将生产行为与流通行为纳入了商行为的范畴之中,部分国家或地区将营业及其附属行为列入了商行为范围,个别国家或地区仅以是否以营利为目的作为确定商行为边界的标准。第四,除了德国将商行为理解为商事法律行为,其他有商法典的民商分立国家或地区都将“商行为”理解为商法上的行为,法律行为中的商事法律行为仅是商行为中的一种,商行为与法律行为形成交叉关系。

第三节　商行为的法学概念

考察了各国各地区商行为的法律概念后,我们只能总结出关于商行为法律概念的共通性做法与个别性差异,而不能就中国商行为的法律概念取舍问题直接得出结论。从逻辑的严密性角度出发,研究商行为概念,除了法律概念,我们还需要对法学理论中使用的概念,也就是商行为的法学概念展开分析。尤其是在当前中国没有商法典,也没有商法总则或商法通则的情况下,研究中国的商行为概念问题,更需要分析商行为的法学概念。

在中国的商法学理论中,是否定义商行为,主要有两种观点,即否定说和肯定说。否定说认为,对于商业实践和商法理论而言,商行为概念是可有可无的。其立论理由主要有二:一是法律行为和自然人、法人制度一样,是法律构建或抽象的产物。但从法律行为的历史发展可以发现,屈居下位的合同概念与取得了意思表示内核的法律行为概念之间始终关系微妙,若即若离。法律行为理论能在多大程度上回应现实中有关合同的法律问题是个问题。民法尚且如此,更遑论要从民法那里借用概念的商法了。二是商行为的外延难以确定或者商行为外延空空如也。[①]

肯定说认为,应该在学理上或者立法中定义商行为。关于商行为的定义,在我国观点纷呈,概括起来主要围绕七个要素展开:商主体、非商主体、营利目的、营业行为(经营行为)、商事能力、法律行为、法律规范。依据所列要素的不同,具体可以分为以下几种观点。

一、一要素说

(一)营利目的

“商行为是以营利为目的的行为。”[②]也有学者将商行为表达为经营行为,并将经营行为界定为“以营利为主要目的的行为”。[③]

---

① 参见姜朋:《反思商法基本范畴》,载王保树主编:《中国商法年刊2007:和谐社会构建中的商法建设》,北京大学出版社2008年版,第242~244页。

② 张志坡:《商行为概念研究》,载王保树主编:《商事法论集》第14卷,法律出版社2008年版;杨峰:《商行为意思表示的瑕疵和表示方法问题探讨》,载《长白学刊》2005年第1期。

③ 王建文:《论我国〈民法典〉立法背景下商行为的立法定位》,载《南京大学学报(哲学·人文科学·社会科学)》2016年第1期。

(二)营利目的/营业行为

"商行为是营利性或虽不易判断其营利性但在营业上实施的行为。"①

(三)合同行为

"商行为是通过合同所进行的业务活动。"

一要素说中的三大立场,在商主体与商行为的关系上都认为商行为既包括商主体的行为也包括非商主体的行为。在商行为的外延上,"营利目的"说和"营利目的/营业行为"说认为只要是以营利为目的的行为都属于商行为的范畴;相比之下"合同行为"说的定义较窄,只有合同行为才是商行为。在商行为与法律行为的关系上,仅就定义的文字解释来看,3 种学说都没有将商行为限制为法律行为。

二、二要素说

(一)商主体+营利目的

尽管都是以商主体与营利目的作为商行为概念的核心要素,但是在具体的表达上,不同学者之间还是存在差异。有学者认为:"商行为泛指商人为了营业目的而实施的各种行为,其中,以财产或者权利交换为目的之各式交易乃商行为的典型。"②"商行为是商事主体依据自己的意志,为追求资本增值依法所实施的各种经营活动。"③虽然后者没有直接表述为以营利为目的,但"为追求资本增值"与以营利为目的并无本质区别,因此,该学者的观点也是"商主体+营利目的"说。比较直接的表述是"商行为是商主体依照自己的意志,以营利为目的而实施的行为"。④

(二)商主体+法律行为

"商事行为,亦称商行为,是指商事主体基于一定的意思表示旨在发生所预期的法律后果的合法行为,它是使商事法律关系得以产生、变

---

① 王保树:《商法总论》,清华大学出版社 2007 年版,第 232 页。

② 叶林:《商行为的性质》,载《清华法学》2008 年第 4 期。

③ 任先行、周林彬编著:《比较商法导论》,北京大学出版社 2000 年版,第 383 页;方嘉民主编:《商事法概论》,天津社会科学院出版社 1999 年版,第 35 页。

④ 房绍坤、丁海湖主编:《实用商法》,山东人民出版社 1995 年版,第 23~24 页。

更、终止的一种法律行为。”[①]该观点明确强调了“商行为”和“商事活动中其他行为”的区别，主张只有同一定的法律规范相联系的行为才是商行为，不是商事活动中的一切行为都是商行为。[②]

（三）商主体＋营业行为

“商行为即是商主体所进行的经营管理行为。”[③]该学者主张商行为包括“商主体所从事的：缔约行为、履行行为、经营管理行为；以营利为目的的行为和法定的为保障交易公平和交易安全而进行的行为”。[④]

（四）商主体＋法律规范

“商行为是商事法律行为的简称，是指商主体所为的各种受商法规范的商事行为。”[⑤]

（五）营利目的＋营业行为

“商行为是指为营利的目的而进行的经营行为。”[⑥]以营利目的和营业行为确定商行为概念的学者认为，一般意义上的商行为确定标准是行为的经营本质，票据行为等被确定为商行为是因为商法传统，所以商行为应当是“以营利为目的的，独立的、持续的、不间断的职业性经济活动”。[⑦]

（六）营利目的＋民事行为

“商行为是以营利为目的实施的民事行为，或者说，商行为就是营利性的民事行为。”[⑧]

（七）营利目的/营业行为＋法律规范

“商行为是指经由商法规范确定的各种营利性活动或者营业活动。

---

① 施天涛：《商法学》，法律出版社 2004 年版，第 85 页；赵万一主编：《商法》，中国人民大学出版社 2003 年版，第 39 页；雷兴虎主编：《商法学》，人民法院出版社、中国人民公安大学出版社 2003 年版，第 45 页。

② 参见王家发：《试论我国社会主义商行为》，载《上海大学学报（社会科学版）》1990 年第 2 期。

③ 陈醇：《商行为程序研究》，中国法制出版社 2006 年版，第 8 页。

④ 陈醇：《商行为程序研究》，中国法制出版社 2006 年版，第 8 页。

⑤ 马洪主编：《商法》，上海财经大学出版社 2003 年版，第 23 页。

⑥ 张民安：《商法总则制度研究》，法律出版社 2007 年版，第 264 页。

⑦ 郭晓霞：《商行为概念研究》，载《山东社会科学》2010 年第 5 期。

⑧ 赵旭东：《商法的困惑与思考》，载《政法论坛》2002 年第 1 期。

即在内涵上,商行为或为营利行为或为营业行为;在外延上,商行为须由商事立法作出界定。"[①]

二要素说中,有4种学说主张商行为是商主体的行为,另外3种学说认为商行为可以是商主体的行为也可以是非商主体的行为。在商行为的外延上,将商行为与商主体联系起来的商行为定义比不将商行为限制为商主体的商行为定义更窄。值得关注的是商行为与法律行为的问题,二要素说中的"商主体+营业行为"说明确主张商行为除了包括商人的法律行为,还包括商人经营管理中的准法律行为与事实行为。"商主体+法律行为"说与"营利目的+民事行为"说则反对将法律行为之外的行为纳入商行为范围,认为商行为应当是当事人相互之间的行为,诸如公司登记公示行为、上市公司的信息公开行为等只是属于公司组织和自身的行为,应当被排除在商行为之外。

三、三要素说

(一)商主体+营利目的+营业行为

"商主体""营利目的""营业行为"三大要素组合而成的商行为概念,被认为是现在商法学界的多数说,该说主张"商行为是指商主体所从事的以营利为目的的经营行为"。[②] 也有学者主张,"商行为是企业等商人实施的以营利目的的持续经营(或营业)行为"。[③] 更有学者直接以要素定义商行为,认为"商行为是含有商事要素的行为,商事要素

---

① 叶林、黎建飞主编:《商法学原理与案例教程》,中国人民大学出版社2006年版,第90页。

② 参见《商法学》编写组编:《商法学》,高等教育出版社2019年版,第123页;施天涛:《商事关系的重新发现与当今商法的使命》,载《清华法学》2017年第6期;覃有土主编:《商法学》(第6版),中国政法大学出版社2015年版,第23页;任先行:《商法原论》(下),知识产权出版社2015年版,第843页;吴京辉:《法典总则的商行为制度架构——基于民商关系的认识论重建》,载王保树主编:《中国商法年刊:商法的现代化与民法典的编纂(2015年)》,法律出版社2015年版;李有星主编:《商法》,高等教育出版社2006年版,第78页;柳经纬主编:《商法》(第3版),厦门大学出版社2006年版,第68页;冷传莉主编:《商法学》,人民法院出版社2005年版,第25页。

③ 蒋大兴:《论民法典(民法总则)对商行为之调整——透视法观念、法技术与商行为之特殊性》,载《比较法研究》2015年第4期。

指商人、营业及营业动机等”。[1] 不过,由于该学者强调以类型化的方法诠释商行为,而不是将商行为作为抽象概念,所以在其理论体系中,商主体、营利目的与营业行为只是商行为这一类型的构成要素,并且这些构成要素具有弹性,对于一些商行为而言,其构成要素可以有所欠缺,如商主体要素。

(二)商主体+法律行为+法律规范

“商行为是具有民事法律能力、权利和具有有效商行为资格的人(包括商自然人和商法人),在维护市场交易的民商事法律的规范和约束下,在商务活动中,以改变、交换、变更商行为与市场消费者之间的权利与义务关系为反映形式的一种具体明确的商事法律行为。”[2]

(三)商主体+营业行为+商事性质

“商行为是商主体基于营业所实施的行为与其他具有商事性质的行为之和。”[3]

(四)商主体+营业行为+法律行为

“商行为是商人为其商事营业的经营所实施的具体行为。”[4]主张该观点的学者强调为了避免保险行为、票据行为、期货买卖与证券买卖行为等无法抽象共同性的问题,应当将商行为的定义限定在商法总论背景下,并且必须将商行为限定为商主体的营业行为,而非所有民事主体的经营行为。

(五)商事能力+营利目的+营业行为

“商事行为,又称商业行为、商行为,是指具有商事行为能力的主体所从事的以营利为目的的营业行为。”[5]还有学者指出,“商行为,就其一般法律特征而言,是主体基于特定商行为能力而从事的,以营利为目的的营业性行为”。[6]

---

① 程淑娟:《商行为:一种类型化方法的诠释》,载《法制与社会发展》2013 年第 3 期。
② 顾华详:《我国法律对商行为的规范》,载《乌鲁木齐职业大学学报》1997 年 Z1 期。
③ 高在敏、王延川、程淑娟编著:《商法》,法律出版社 2006 年版,第 132 页。
④ 胡晓静:《如何理解商行为》,载《学术论坛》2019 年第 2 期。
⑤ 胡志民等编著:《商法学》,立信会计出版社 2006 年版,第 18 页。
⑥ 董安生等编著:《中国商法总论》,吉林人民出版社 1994 年版,第 125 页。

(六)营利目的+营业行为+表意行为

“商行为是指以营利性营业为目的而从事的各种表意行为。”[①]与法律行为相比,表意行为包括法律行为和准法律行为的意思通知。因此,从范围来看,以表意行为为商行为核心要素的定义,比以法律行为为商行为核心要素的定义范围更广。不过,该学者的观点后来发生了变化,虽然还是主张三要素,但是抛弃了“表意行为”的要素,而加入了“商主体”这一要素,也就是前文所列的“商主体+营利目的+营业行为”说。

三要素说中的“商主体+营利目的+营业行为”是目前较多学者主张的观点,依据该学说,商行为是商主体的行为,且只有以营利为目的的营业行为才是商行为,偶然的投机行为不属于商行为。至于商行为与法律行为的关系问题,主张该学说的大多数学者基本上都未关注。仅从文字表述来看,应当认为营业行为包括法律行为之外的事实行为。三要素说的其他5种学说中,有3种主张商行为是商主体的行为,2种认为商行为是法律行为。

四、四要素说

(一)商主体+营业行为+法律行为+法律规范

“商行为是一种行为,该行为同一定的法律规范联系,受法律规范调整,其性质由法律所确定,它是法律行为之一种。商行为是商主体所为的行为,与商主体这一特定身份相关,非商主体不得从事商行为。商行为是商主体在商事经营中所为的行为,它具有商事经营这一特定的经营属性。非商事经营的行为,即使由商主体所为,也不属于商行为。”[②]

还有学者主张,商人营业上的行为被称为商行为,它是商人为了确立、变更或终止商事法律关系而实施的行为。行为只有同一定的法律规范联系起来,才是法律行为。因此,不是商事活动中的一切行为都是

---

① 覃有土主编:《商法学》,高等教育出版社2004年版,第52页。

② 覃有土主编:《商法学》(第6版),中国政法大学出版社2015年版,第23页;方嘉民主编:《商事法概论》,天津社会科学院出版社1999年版,第35~37页。

商事法律行为,只有上升为商事法律行为,才是商行为。商行为是以商法规范存在为前提的。[①] 商行为是指经由商法规范确定的各种营利性活动或者营业活动。

(二)商主体+营利目的+营业行为+法律行为

"商行为是指商事主体所实施的能够引起商事法律关系产生、变更、消灭的并以营利为目的的各种营业性行为的总称。"[②]

(三)商主体+非商主体+营利目的+营业行为

"商行为是商事主体所从事的任何经营活动(主观商行为),以及任何主体从事的以营利性营业为目的的经营行为(客观商行为)。"[③]

(四)商主体+非商主体+营业行为+投资行为

"商行为是指由商主体实施的营业行为以及一般民事主体实施的营业行为与投资行为。"[④]

四要素说有2种学说认为商行为是商主体的行为,但另外2种学说又明确将非商主体列为商行为的主体,同时4种四要素说都强调了"营业行为"要素。在法律行为与商行为的关系上,有2种学说认为商行为必须是法律行为。

五、五要素说

(一)商主体+非商主体+商事能力+营利目的+营业行为(经营行为)

"所谓商行为,一般而言,乃是商主体(亦即商人)以及包括非商主体在内的特定商事能力主体以营利为目的和内容从事的商事经营行为(活动)。"[⑤]

(二)商主体+非商主体+营业行为+附属营业行为+法律规范

主张该观点的学者认为,对商行为应当采取广义的概念。虽然没

---

① 参见徐学鹿:《试论商行为》,载《北京商学院学报》1987年第2期。

② 李玉璧主编:《商法原理》,兰州大学出版社2000年版,第68页。

③ 苏慧祥主编:《中国商法概论》,吉林人民出版社1996年版,第73页。

④ 范健、王建文:《商法论》,高等教育出版社2003年版,第640页。

⑤ 于新循:《商行为特征的法理分析》,载《河北法学》2005年第2期。

有明确表达出商行为的定义，但该学者强调商行为应当包括商主体的营业行为以及非商主体的绝对商行为及附属商行为。[①] 绝对商行为来自法律规范，由此可以推断其所主张的商行为概念包括五大要素，分别是商主体、非商主体、营业行为、附属营业行为、法律规范的绝对商行为。

五要素说都主张商行为可以由非商主体实施，也都将营业行为划入商行为的范围，区别在于一个学说强调非商主体只有具有商事能力才可以成为商行为的主体，而另一个学说主张非商主体实施的行为只有在法律有明确规定的情况下才属于商行为。

从要素的角度对上述学说进行统计我们可以得出如表 2－2 所示数据：

表 2－2　商行为的法学概念

学说	数目	商主体	非商主体	营利目的	营业行为	商事能力	法律行为	法律规范	其他
一要素说	3	—	—	2	1	—	—	—	合同行为
二要素说	7	4	—	4	3	—	1	2	民事行为
三要素说	6	4	—	3	5	1	2	1	表意行为
四要素说	4	4	2	2	4	—	2	1	投资行为
五要素说	2	2	2	1	2	1	—	1	附属营业行为
总计	22	14	4	12	15	2	5	5	4

依据表 2－2 所统计的数据，我们可以看出，目前理论界关于商行为的定义以要素的数量分，可以分为五大学说，以具体的要素排列分可以分为 22 种学说。其中，有过半的学说认为应当将商行为理解为商主体的行为。值得注意的是，“以营利为目的”一直都被认为是商行为的本质特征。虽然大多数学说主张将“营利目的”作为商行为的绝对要素，但依据本书的统计数据，只有 54.55% 的学说认为应当将“营利目的”列为商行为的绝对要素，也就是说仍然有 45.45% 的学说并未认为“营利目的”要素具有绝对性。至于“营业行为”，则有 68.18% 的学说

① 参见周林彬、官欣荣：《论营业行为的商法安排》，载《学术论坛》2019 年第 1 期。

将其作为商行为的绝对要素。将“商事能力”列为商行为的构成要素属于少数派,只有 2 种学说持该观点。将商行为限定为法律行为的,也属于少数派,但是关于商行为与法律行为的关系一直以来都属于被忽略的问题,所以很难认为其他未将法律行为列为商行为构成要素的学说就是主张商行为是商法上的行为,这点需要特别加以区分。“法律规范”要素同样也只被 22.73% 的学说作为商行为的构成要素,不是主流观点。最后,需要注意的是,“合同行为”“表意行为”“投资行为”“附属营业行为”要素由极个别学者所提出,具有一定的创见性,但是否具有合理性有待进一步研究与分析。

第四节　本书的商行为概念

本章的开头提出确定商行为概念需要解决五大问题:第一,商行为是商主体所从事的行为,还是一般主体所从事的行为?第二,商行为是商法上的行为,还是商法总则的行为?第三,商行为是法学概念还是法律概念?第四,商行为与法律行为是种属关系,还是交叉关系?第五,商行为应当采用何种表达更为妥当?商行为的法学概念与法律概念问题前文已系统梳理,梳理过程中还探讨了各国各地区与各学者对商行为与商主体的关系、商行为的外延、商行为与法律行为的关系的规定与观点。商行为是商法上的行为还是商法总则的行为,与商行为与法律行为的关系问题相关联,将两者合并,则确定本书的商行为概念所须解决的问题将集中为:商行为的表达、商行为与商主体的关系、商行为的外延、商行为与法律行为的关系这四大问题。由于商行为与法律行为的关系问题之前的理论成果较少涉及,该问题又颇为重要,所以该问题将在本书第三章专门讨论,本部分将就前三个问题作出回应。

一、商行为概念的中国功能

诚如前文所述,概念具有建构体系、规范社会行为的功能,同时还有承载特定价值与精神的功能。商行为概念之所以在不同的国家或地区有不同的表达方式,其根本原因就是各国各地区赋予“商行为”概念的功能不尽相同。因此,确定中国商行为概念,首先需要明确的就是中国的“商行为”概念所应当具备的功能,该问题也可以理解为确定中国“商行为”概念的意义。在探讨“商行为”概念的功能与意义的基础上才能更好地确定“商行为”概念。

(一)过滤功能:过滤行为以匡扶正义与维护公平

确定商行为概念最重要的无非就是将商行为与民事行为相区别,从而适用商法规则,形成一个行为如果被认定为商行为,将被要求适用特殊和明确的规则的效果,且该类规则不得被适用于表现为偶然的、无经验的民事行为之中。这是“商行为”概念的重要意义之所在。因此,一个行为是否应当被纳入商行为,或者说考虑商行为的定义时,最重要的就是分析该行为有无特殊规则,有无特殊调整的正当性与必要性。该正当性与必要性在不同的国家、同一国家的不同历史时期,会有不同的表现,因为该正当性与必要性的主要来源是匡扶正义与维护公平,这是所有部门法的共同价值追求与终极目标,而所谓的正义与公平,在不同的国家又有不同的理解,所以可能出现差异。以民事主体的行为为例,同样都是偶然的、一次性的、无经验的行为,是否应当依据以营利为目的,将民事主体的行为划分为商行为和民事行为,取决于一国对正义与公平的理解。如果认为,民事主体以营利为目的的行为获取了利润,只有对其科以更为严格的义务,例如限制其行使合同撤销权,限制被撤销的合同只能对将来发生效力等才能维护行为的公平性与正义性,那么民事主体以营利为目的的行为就会被归入商行为范畴,反之则会被划入民事行为范畴。因此,在“商行为”概念具有过滤功能的情况下,如何确定“商行为”的内涵与外延,取决于该国在当下如何理解正义与公平。

(二)建构功能:回应商业模式创新以建构现代商法体系

从传统商法到现代商法,商事活动发生了许多颠覆性变化。就商行为的类型而言,从传统商法仅仅关注交易行为,到生产行为被逐步纳入商行为范畴,再到投资、融资、信托等金融交易服务颠覆银行业、证券业,[①]商行为的内涵与外延逐步发生变化。一方面金融关系的重要性正

---

① 参见施天涛:《商事关系的重新发现与当今商法的使命》,载《清华法学》2017 年第 6 期。

在逐步凸显,另一方面利用信息技术所进行的交易,也使买卖等传统交易行为发生了时代性变革,尤其是电子代理人的出现,使买卖与代理捆绑,人与机器关联。应当认为,除了传统的交易行为,准确调整金融交易活动,正确认识人工智能时代的商业活动,是现在确定“商行为”最为重要的意义之所在。

人类社会的历史,无论政治、经济、科技,甚至战争,很大程度上都反映在商的兴盛与衰落的跌宕起伏之中。[①] 因此,作为建构现代商法体系基础的“商行为”概念,必须回应商业模式的创新,只有在充分考虑现代商业创新的基础上确定“商行为”的概念,以“商行为”概念建构现代商法体系才能成为可能。从这个角度出发,确定中国的“商行为”概念最重要的就是考虑现代商业模式的创新与变革。

(三)规范功能:形成正确的伦理导向以规范现代商行为

当前中国社会出现了民法主导下的全民经商伦理,该伦理观有利于社会商业活力的增长,活跃社会商事竞争,但是如果以该商业伦理去处理社会各类事务,就会使社会道德出现整体上的倒退,社会发展会陷入一种伦理被利益绑架的恶性循环。商业伦理是在保护公平、自由竞争之上形成的营利至上的伦理观,鼓励风险、冒险以及竞争。比起公平,商业伦理更加关注诚实信用,强调营业过程的诚信。社会伦理应以维护公平,尤其是结果的公平为重点,强调对每个自然人的保护,是一种人权至上的伦理观。不论是将商业伦理套在社会伦理上设计民法规则,还是将社会伦理套在商业伦理上设计商法规则,将这两类伦理混杂形成的规则运用到现实社会中都只会有害无益。[②] 而“商行为”概念以揭示商行为的本质特征为其内涵,也就是说,“商行为”概念的确定能够使社会对商业的伦理观形成正确的认识,区别商业伦理观与世俗伦理观,从而能够改变当前社会上出现的过度商化现象,形成正确的伦理导向。因此,“商行为”概念具有引导社会形成正确伦理导向的功能。

---

① 参见范健:《编纂〈中国商法典〉前瞻性思考》,载《广东社会科学》2018 年第 3 期。

② 参见范健:《商法的时代性与时代商法——创制一部反映时代需求的〈中国商法通则〉》,载《学术论坛》2019 年第 1 期。

（四）激励与控制功能：维护营利正义与控制商业风险

商行为是社会财富最大的创造者，同时也是社会风险最大的制造者。确定“商行为”概念，尤其是其法律概念，使商行为法定化，对于改变人们对商业“唯利是图”的刻板印象，营造良好的营商环境具有积极的作用。维护营利正义的功能是过滤功能的延伸。“商行为”概念的确定明晰了商与非商行为的界限，一方面能够使商行为受到特别规则的调整，从而维护社会正义；另一方面就实施商行为的主体而言，其营利也能得到正当的保护，保障营利正义。维护营利正义的功能之所以需要被单独强调，主要是因为营利并不当然正义。至少在中世纪宗教社会，尤其是基督教统治下的欧洲国家，营利就是不正义。12 世纪的教会积极地敌视所有商业，其教会法上有着各种不许投机和按利息出借（高利贷）的禁令。[①] 对商行为营利能力的否定在世界各民族的历史上都维系久远。中国从商鞅变法开始，过去几千年封建社会，多否定商人营利的合法性和合道德性。在封建社会，营利是官府的特权和皇权的象征，禁商、抑商始终是国家治理的一项重要原则。所以，“商行为”概念的确定，是对商业的肯定，更是对营利正义的肯定，这是“商行为”概念不容忽视的功能与意义。

利润是“承担者承担风险和责任的收入”。[②] 因此，维护营利正义总是与风险控制捆绑，这源于平衡理念，也源于社会正义的需要。当我们说维护营利正义是“商行为”概念的功能时，控制商业风险也会被一同提及。因为营利以风险为代价，在此基础上，只有防范风险的转移，控制风险的边界，才能平衡商行为实施主体通过营利行为所获得的利润与社会其他群体因为商行为所遭受的风险。而“商行为”概念之所以具有控制商业风险的功能，依然还是因为“商行为”概念的过滤功能。“商行为”概念不仅过滤民事行为与商事行为，还过滤其他非商行为。最主要的是过滤游走在法律边缘的、企图获取法律保护却又逃避法律

---

① 参见［美］哈罗德·J. 伯尔曼：《法律与革命（第一卷）西方法律传统的形成》，张志铭等译，法律出版社 2008 年版，第 330、640 页。

② ［美］弗兰克·H. 奈特：《风险、不确定性与利润》，安佳译，商务印书馆 2010 年版，第 40～43 页。

风险的行为。是否符合“商行为”概念从而被识别为商行为，除了可能导致行为的实施主体负担加重责任，被科以严格的义务，还可以给主体带来诸如有限责任等减轻责任的优待，因此许多创新行为都渴望被识别为“商行为”，更准确的是识别为能够适用“商法特权”的行为。在“商行为”概念较为模糊，乃至缺位的情况下，该企图较容易得逞，其结果就是风险的转嫁，通过“有组织的不负责任”[①]实现“有营利无风险”。因此，从这个角度出发，“商行为”概念也具有一定的控制商业风险的功能，使行为的识别得到准确的指引，从而避免法律空白被行为主体利用。

（五）展示功能：符合中国国情以形成中国特色制度

最后，也是最重要的，即在当今社会确定“商行为”概念，最重要的意义就是形成中国特色商事制度。改革开放40多年来，中国商法逐渐打破了传统否定私权、否定竞争、否定资本、否定营利活动、否定营利主体的禁锢，同时也突破了资本主义完全建立在私权基础之上否定公有权进入营利性竞争领域的商事制度，创造性地建立了公有与私有商主体并存、垄断与市场竞争并存、政策调控与法律规制并存的商事法律制度，进而奠定了中国特色社会主义市场经济秩序的制度基础。[②] 然而，中国并没有形成完整的商事理论体系与制度体系，导致世界对中国的许多制度都存在误解。在此背景下，基于中国商事法律制度提出“商行为”概念，既能总结中国改革开放以来的商事制度建设成就，还能向世界展示中国法律的发展，增强中国商事制度竞争力，形成法律规则话语权。这是“商行为”概念对中国而言，最为重要的功能，也是其应当承担的时代使命。

综上所述，中国的商行为概念应当具备五大功能：第一，过滤功能，区分商行为与非商行为，以匡扶正义与维护公平；第二，建构功能，在充分回应现代商业模式创新的基础上建构商法体系；第三，规范功能，引导社会形成正确的伦理区分观念，正确认识商业伦理与社会伦理的差

---

① 社会风险理论的观点，参见［德］乌尔里希·贝克：《风险社会》，何博闻译，译林出版社2004年版，第46页。

② 参见范健：《中国商法四十年（1978—2018）回顾与思考——中国特色市场经济主体与行为制度的形成与发展历程》，载《学术论坛》2018年第2期。

异；第四，激励与控制功能，维护营利正义的同时控制商业风险；第五，展示功能，通过确定符合中国国情的“商行为”概念，向全世界展示中国改革开放以来的商事制度建设成就。中国的“商行为”概念，只有同时激发这五大功能，才能最大限度地发挥其积极作用。那么，究竟应当如何确定中国的“商行为”概念呢？

二、商行为概念的表达

确定中国的“商行为”概念首先需要解决的是表达问题。目前主要的表达包括商事行为①、营业行为②、经营行为③、企业行为④、市场行为⑤。此外，中国还曾存在以“经济行为”表达商行为的时期。也有学者从行业划分的角度出发，为了将商行为与农业、工业相区分而将其表达为“商业行为”。另外，受电子商务行业发展的影响，还有学者将商行为表示为“商务行为”。⑥

“商事行为”与“商行为”没有根本的差别，更多的是对“民事行为”的照搬。“市场行为”、“经济行为”、“商业行为”与“商务行为”或者是特殊历史时期的产物，或者只关注个别商事活动，也不足取。比较值得讨论的是“营业行为”、“经营行为”与“企业行为”，“营业行为”与“经营行为”是营业主义的产物，“企业行为”是企业主义的产物。

（一）可能选择之一：营业主义下的“营业行为”与“经营行为”

1. 营业主义以营业或经营重构商法体系

营业主义主张以营业或经营为核心重构商法体系。⑦ 代表性观点

---

① 参见赵旭东：《商法的困惑与思考》，载《政法论坛》2002 年第 1 期。

② 参见周林彬、官欣荣：《论营业行为的商法安排》，载《学术论坛》2019 年第 1 期。

③ 参见王建文：《论我国〈民法典〉立法背景下商行为的立法定位》，载《南京大学学报（哲学・人文科学・社会科学）》2016 年第 1 期。

④ 参见夏小雄：《商行为的体系定位和结构转换——历史维度的再考察》，载《环球法律评论》2017 年第 1 期。该学者主张用“企业”建构商法体系，从而使行为变为企业行为。

⑤ 参见徐学鹿：《商法总论》，人民法院出版社 1999 年版，第 270～272 页。

⑥ 参见张志坡：《商行为概念研究》，载王保树主编：《商事法论集》总第 14 卷，法律出版社 2008 年版。

⑦ 参见王建文：《论我国〈民法典〉立法背景下商行为的立法定位》，载《南京大学学报（哲学・人文科学・社会科学）》2016 年第 1 期。

认为应当将商法重新整合为营业组织法、营业财产、营业行为(活动)、营业公开制度、专门的商事营业、营业救助与营业终止等内容。[①] 值得注意的是,"营业行为"与"经营行为"并无本质区别。因为理论认为"营业"具有双重含义,"一为主观意义,指营业活动,即以营利为目的而进行的连续的、有计划的、同种类的活动(行为)。在这个意义上,营业基本相当于商行为和营业活动,相关制度则主要包括营业含义的界定、营业自由的承认与限制、营业所的确定等;另一为客观意义,指营业财产,即供进行营业活动之用的有组织的一切动产以及在营业活动中形成的各种有价值的事实关系的总体"。[②] "营业行为"中的"营业"属于主观意义上的使用,所以其与"经营行为"并无区别,下文统称为"营业行为"。

2. 折中主义是优选:"营业行为"无法替代"商行为"

是否以"营业行为"作为"商行为"的表达,根本上需要回答的问题是,能否以"营业"构造商法。其实,能否以"营业"构造商法,涉及立法例的选择。选择主观主义,则商行为是商人的行为,非商人的行为诸如民事主体的投资行为不属于商行为调整的范畴。此时,营业行为概念基本上能够与商行为互相替代。选择客观主义,则依照客观主义代表性国家法国的做法,商行为是"任何主体(包括非商人)从事的以'获取利润'为目的的行为"。[③] 所以只要是获取利润的行为,即便不是营业,也属于商行为,如当事人之间的汇票。此时营业概念在范围上比商行为小,两者不能互相替代,营业被包容于商行为之中。选择折中主义,则以日本为代表,商行为除了营业的商行为还包括绝对商行为和附属商行为。无须探究内容,仅从名称来看,营业与商行为在折中主义国家或地区就无法相互替代,商行为是营业行为的上位概念。[④] 所以如何看待营业与商行为、商人概念之间的关系,涉及立法例的选择。

在中国,应当认为营业与商行为概念之间不是互相替代的关系,营业行为不足以表示所有的商行为。因为世界的立法经验已经为中国指

---

① 参见王艳华:《以营业为视角解释商法体系》,载《河北法学》2010 年第 5 期。
② 谢怀栻:《外国民商法精要》,法律出版社 2006 年版,第 257 页。
③ 《法国商法典》(上册),罗结珍译,北京大学出版社 2015 年版,第 3 页。
④ 参见周林彬、官欣荣:《论营业行为的商法安排》,载《学术论坛》2019 年第 1 期。

明了方向，折中主义将是中国“商法通则”或“商法典”立法的不二选择。实际上当下世界各国各地区已经不约而同地走向了折中主义，哪怕是历史上曾经恪守主观主义或者客观主义的国家或地区，随着时间的更迭，折中主义也已成为其实务操作中奉行的规则。如此一来，在选择了折中主义的背景下，营业行为就无法等同于商行为。

从法国、德国商法典的历史发展来看，法国和德国的确在其商法典制定时分别坚持了客观主义和主观主义，该立场也在法典发布后存续了较长时间，但不论是法国还是德国，在长期的司法实践活动中，主观主义和客观主义的不足均逐渐凸显，形式上的主观主义和客观主义都演化成了实质上的折中主义。

《法国商法典》以列举的方式规定商行为，随着时间的推移暴露了较大的局限性，例如，因1807年法国尚未发展航空运输，所以条文均只提及陆路和水路运输。[①] 为了克服《法国商法典》的局限性，法国在实务操作中突破了客观主义的界限，司法解释将商事行为区分为依其“性质”、依其“形式”以及依据“行为人本身的（身份）资格”三种类型。[②]从此，在法国商法中商事主体的行为可推定为商事行为，非商事主体的行为属于固有商事行为或者是汇票也受商法调整，与采取折中主义的日本和韩国商法实质相同，所以法国在司法实践中就是实质上的折中主义国家。

德国也在实践中放弃了主观主义。由于严格的商主体法定原则，再加上1900年《德国商法典》第15条规定的权利外观责任覆盖范围有限，德国的主观主义立场逐渐暴露出因无法调整非商主体从事的应归入商事行为范畴的行为，而使大量商行为游离于商法之外的弊端。为此，德国商法产生了不成文的“一般的权利外观责任体系”，在《德国商法典》第1～3条的基础上借助于《德国商法典》第5条和第15条以及其他有关的法律条文创设了表见商人，[③]解决了非商主体实施商行为的

---

① 参见[法]伊夫·居荣：《法国商法》，罗结珍、赵海峰译，法律出版社2004年版，第46～47页。

② 参见《法国商法典》（上册），罗结珍译，北京大学出版社2015年版，第3～4页。

③ 参见[德]C. W. 卡纳里斯：《德国商法》，杨继译，法律出版社2006年版，第111～115页。

问题,最终产生了与折中主义立法例相同的效果。

折中主义之所以会成为当下世界各国各地区的共同选择,不是人为因素导致,归根结底还是由于折中主义立法模式本身的优越性。该模式避免了主观主义无法调整非商主体的商行为的缺陷,同时解决了客观主义商行为难以界定的难题。因此,折中主义将会是中国商事立法的最佳选择,相应地,营业行为与商行为也就不可能是互为替代的关系。[①]

(二)可能选择之二:企业主义下的"企业行为"

1. 企业主义以企业为核心重构商法体系

企业主义主张以企业为核心重构商法体系,并认为这是未来商法的特质。[②] 该观点目前有较多的支持者,[③]同时还有中国《澳门商法典》作为实例。企业主义认为企业已经部分甚至完全地取代了商人,以商自然人或从事商事营业的商人(仍然是自然人)为商法体系基础的传统认识与制度设计,已经让位于以属于人的集合体性质的企业(哪怕是独资企业)为体系构建基础的现代认识了。[④] 企业主义下的"企业行为"认为商行为是企业的行为,因此,是否能用"企业行为"替代"商行为"概念的关键在于,如何理解"企业"一词。

与"营业"概念极为类似的是,"企业"一词也具有双重属性,一是在主体层面使用"企业"概念,二是在客体层面使用"企业"概念。《俄罗斯联邦民法典》第 132 条、[⑤]《意大利民法典》第 2555 ~ 2574 条、[⑥]《巴西新民法典》第 1142 ~ 1149 条[⑦]都将"企业"视为客体,是企业主或企

---

① 参见丁凤玲、范健:《中国商法语境下的"营业"概念考》,载《国家检察官学院学报》2018 年第 5 期。

② 参见叶林:《商行为的性质》,载《清华法学》2008 年第 4 期。

③ 参见夏小雄:《商行为的体系定位和结构转换——历史维度的再考察》,载《环球法律评论》2017 年第 1 期。

④ 参见范健、王建文:《商法基础理论专题研究》,高等教育出版社 2005 年版,第 156 页。

⑤ 该条规定"作为权利客体的企业是用以从事经营活动的财产综合体。作为财产综合体的企业在整体上是不动产"。参见《俄罗斯联邦民法典》(全译本),黄道秀译,北京大学出版社 2007 年版,第 87 页。

⑥ 参见《意大利民法典》,陈国柱译,中国人民大学出版社 2010 年版,第 447 页。

⑦ 参见《巴西新民法典》,齐云译,中国法制出版社 2009 年版,第 170 页。

业型公司为了进行商业活动组织的财产集合体。中国则基本上只在主体层面使用“企业”概念。[①] 1950 年的《私营企业暂行条例》(已失效)、1979 年的《中外合资经营企业法》(已失效)、1986 年的《民法通则》(已失效)、《外资企业法》(已失效)以及此后相继颁布的《公司法》《合伙企业法》《个人独资企业法》等都从主体的角度对企业作出了规定。

因此,在中国语境下主张用“企业”构造商法,用“企业行为”替代“商行为”实际上所需要解决的是中国的商主体是否应当限为企业。当然,能否将商行为只限制为企业行为也是一个问题。由于企业主要的行为就是营业行为,所以讨论商行为是否只是企业行为与讨论商行为是否只能限制为营业行为相类似,鉴于上文已经讨论了以营业行为替代商行为的不恰当性,所以此处不再展开。又由于商主体的类型主要就是自然人与企业,且“商主体包括企业”是共识,所以以“企业行为”替代“商行为”的问题可以被进一步归纳为现代商主体是否应当包括商自然人,尤其是小营业经营者(小商人)。

2. 小商人也是商主体:“企业行为”无法替代“商行为”

主张用企业作为商法核心的学者,关注到了工业化大生产对经济组织形式变化的影响,在工业经济时代,企业的确是最为重要的生产组织体。可以认为,将“企业”作为商法的基石是工业经济的产物。然而,当前社会已经进入信息时代,互联网技术、人工智能技术及其他高新科技正在改变人们的生活,同样也对经济组织形式产生了新的影响。在信息时代,企业依然是重要的生产组织体,但是,商自然人,尤其是小营业经营者正逐渐成为商业发展的主要力量。

传统商法理论中的小营业经营者也被称为小商人,主要是指一些小摊贩,他们无固定经营场所、经营时间集中、营利目的突出的特点,具有营业行为的特征,所以通常也被纳入商人范畴。[②] 值得注意的是,小商人与商个人并非同一概念,中国商法理论通说认为商主体可以分为

---

① 参见叶林:《企业的商法意义及“企业进入商法”的新趋势》,载《中国法学》2012 年第 4 期。

② 参见李建伟:《从小商贩的合法化途径看我国商个人体系的建构》,载《中国政法大学学报》2009 年第 6 期;任尔昕、郭瑶:《我国商个人形态及其立法的思考》,载《甘肃政法学院学报》2009 年第 6 期。

商个人、商法人和商合伙，其中商个人包括个体工商户、农村承包经营户、个人独资企业。[①] 这些商个人因为具有一定的组织形态，[②]所以也被视为“企业”之一，这也是企业主义主张用“企业”改造商法的理由之一。因此，本书所讨论的小商人并非商个人。小摊贩，即便是在工业经济时代，也依然随处可见，如今世界各国各地区也不乏营业的小摊贩，中国亦是如此。不过，当下主张商法不应当只是企业法的主要理由，并不是这些小摊贩的兴盛，而是另一部分小营业经营者的崛起。他们主要是因互联网和科技发展进步而出现的微商、电商等经营主体。

依据《电子商务法》，淘宝电商与微商都是电子商务经营者，其中电商是指依靠网络交易平台销售商品或提供服务的主体；微商则属于利用微信、微博等社交平台销售商品或提供服务的其他电子商务经营者。[③] 虽然目前有许多淘宝电商是企业电商，但自然人仍然是电子商务经营者的主要主体，微商更是基本由自然人组成。[④] 这些小商人大多数从事的都是小规模的营业。微商作为社交电商的代表是全民创业的产物，淘宝电商等则是互联网科技带来的商业模式变革。这类主体与小摊贩最类似的特征就是，不论一国是否规定商主体资格的取得以依法履行商事登记程序为标准，这类主体都可以被部分豁免强制登记的义务。《电子商务法》第10条就规定：“个人销售自产农副产品、家庭手工业产品，个人利用自己的技能从事依法无须取得许可的便民劳务活动和零星小额交易活动，以及依照法律、行政法规不需要进行登记的除外。”

随着信息技术的逐步更新与成熟，社交平台的微商与交易平台的

---

① 参见宁金成：《民法总则民事主体立法与商主体制度的衔接》，载王保树主编：《中国商法年刊：商法的现代化与民法典的编纂（2015）》，法律出版社2015年版。

② 个体工商户是自然人从事工商业经营的特殊形态，但如今已基本上企业组织体化，原国家工商行政管理总局也经常将个体工商户与个人独资企业或小微企业合并统计。参见胡晓静：《个体工商户的法律地位辨析》，载王保树主编：《中国商法年刊：商法的现代化与民法典的编纂（2015）》，法律出版社2015年版，第392页。

③ 参见杨立新：《电子商务法规定的电子商务交易法律关系主体及类型》，载《山东大学学报（哲学社会科学版）》2019年第2期。

④ 参见秦芳菊、石少侠：《微商主体的类型化与主体行为的二元化——兼论对微商主体与行为的法律规制》，载《法治现代化研究》2019年第5期。

电商已经在潜移默化的过程中逐渐改变了人们的生活方式与消费观念,网购消费品乃至果蔬生鲜等生活必需品已经常态化;网上订购三餐也逐渐日常化。这既有社交平台、电商平台、订餐平台等企业组织的功劳,也有企业电商经营者的功劳,更有广大利用互联网技术参与商业模式变革的小商人的功劳。因此,在小商人从小摊贩形态逐渐转变为新时代的微商、电商等新形态,且该新形态成为重要商业模式的当下,仅将企业作为商主体,并以企业构造商法,将使这部分主体从商法地位到商业活动中的重要性都被忽略。所以在信息时代,应当关注商个人的崛起,不宜简单地以“企业”构造商法,相应地也不宜以“企业行为”取代“商行为”。

(三)应然选择:现代商法须“商行为”

在现代商法中,仍然坚持以“商行为”表示商法所调整的行为,除了以“营业行为”与“企业行为”表示具有不适当性外,主要还是基于现代商行为的特征,以及“商行为”一词本身的优越性。

1. 不限于营业:商法须调整非商主体的营利行为

前文否定以“营业行为”替代“商行为”的论述中,本书主张,如果认为商行为就是商主体的行为,将很容易得出以“营业”重构商法的结论,因为商主体基本被认为是以持续性营利行为为业的人。① 所以,究竟是否应当将商行为限制为商主体的行为这一判断至关重要,且该问题涉及一国立法例的选择。

仅从各国的法律规定来看,我们容易片面地认为商行为应当是商主体的行为这一结论。毕竟根据表2-1所展示的情况来看,认为商行为不仅包括商主体的行为,还包括非商主体的行为的,只有主张商主体与商行为之间成立充分非必要关系的法国、西班牙和俄罗斯,与主张商主体与商行为之间成立非充分非必要关系的日本和美国。在统计学意义上,这些国家仅占本书所考察国家的45.45%。其他国家都认为商行为是商主体的行为,包括主张商主体与商行为之间成立必要非充分关系的德国、韩国,这些国家认为商主体的行为不一定是商行为,但商行

① 参见蒋大兴:《商人,抑或企业?——制定〈商法通则〉的前提性疑问》,载《清华法学》2008年第4期。

为一定是商主体的行为；此外，采取民商合一立法例的意大利、巴西，与中国曾经颁布的《深圳经济特区商事条例》也都主张商行为是商主体的行为。不过，正如前文所论证的一样，在司法实践中，以采取主观主义立法例的德国为典型代表的国家（或地区）都不约而同地走向了折中主义，只为能够将非商主体的商行为纳入商法范畴。

非商主体的营利行为之所以应当纳入商法调整范畴，首先是为了打破商人对营利行为的垄断性，保障所有主体的营业自由。在商主体法定原则的影响下，世界各国各地区普遍将以强制登记为原则，任意登记为例外作为取得商主体资格的标准，[①]如此一来，如果坚持商行为是商主体的行为，则会破坏经营自由原则，使登记成为获得经营自由的前提条件。所以为了平衡经营自由原则与商主体法定原则，就不能将商行为限制为商主体的行为。其次，将非商主体的营利行为纳入商行为范畴，能够解决一国法律制度未设置拟制商人制度时的法律适用问题。这是一种立法与司法的补救制度设计，避免符合商行为特征的行为脱离商法调整。最后，非商主体的营利行为与商主体的营利行为，从根本来看没有本质区别，都是以营利为目的的行为，两者所追求的价值目标、伦理观念等都基本相同。商主体的营利行为所具有的，区别于民事主体的民事行为的特征，诸如强调效益至上、具有极强的功利性等，[②]非商主体的营利行为也都具有。因此，非商主体的营利行为应当纳入商行为的范畴，以"营业"表示营利行为，仅在字面上就缩小了营利行为的范围，相反以"商行为"表示营利行为则无此限制，所以应当选择"商行为"这一表达。

2. 不限于企业：商法须顺应商业变革

主张以"企业"改造商法的学者，在论证上除了指出商人是独资企业、合伙企业和公司的"种概念"，也就是说商人总是具有组织形态，从而认为法律上无需采用"商人"的概念，只需以"企业"来表示商主体，"企业行为"表示商行为外；还主张由于中国一直有轻商的倾向，"商人

---

① 参见任先行：《商法原论》（上），知识产权出版社2015年版，第747页。

② 参见范健：《中国需要一部什么样的民法典》，载《南京大学学报（哲学·人文科学·社会科学）》2016年第1期。

在公众心目中就没有什么好的形象,它不创造财富,而只是攫取他人财富”,没有人愿意自己戴上“商人”的帽子,所以更希望有其他称谓。[①]另外,该学者在论证的过程中还强调了中国立法者一直都在避免将“商人”写入法律,而选择以“企业”替代“商人”。

该观点得到了许多学者的支持,但是也存在值得商榷的地方。首先,商人总是具有组织形态,这一问题忽视了小商贩,尤其是信息时代新崛起的小商贩。该问题前文已有讨论,此处不再赘述。其次,商人在公众心目中没有好形象,这一现象并不只在中国发生,应当说全世界都如此。该观点的逻辑是如果商人在公众心目中有好形象,那么可能还可以继续使用“商人”的概念。然而,商人就不可能在公众心目中有好形象,认为商人可以有好形象的观点是混淆了世俗伦理和商业伦理。商业伦理本就唯利益至上,公平、安全的价值在商业领域是滞后于效率价值的。人们通常难以理解商业伦理,如果不经商,大多数人可能一辈子都不了解商业伦理观。如此一来,所谓的人们心中的商人形象,无非是人们基于世俗伦理对商人作出的判断,那么在两者伦理基础本来就存在差异的情况下,希望人们对商人形成好印象,可能就是个悖论。因此,依据人们对商人的刻板印象,得出许多人都希望能摆脱“商人”称呼的结论并不合适,反而更像是在为商人开脱,使商人能够以“企业”的称呼改名换姓,从而达到“欺瞒”公众的效果。可以认为,只要世俗伦理和商业伦理依然存在差别,那么就算改为“企业”,“企业在中国公众心目中没有好形象”也只是迟早的事情。所以“企业”说的第二个论据站不住脚。最后,中国立法一直避免使用“商人”概念也不足以完全支撑以“企业”代替“商人”的论点。以特定历史时期的立法现象作为论据,仍需进一步斟酌。

鉴于现代商自然人依托于互联网技术、人工智能技术等信息时代的科技,已经重回商法的舞台,革新了商业模式,同时推动了平台型企业的出现,《电子商务法》还对平台型企业的责任与义务进行了详细规定,所以当前定义商行为,应当顺应时代趋势,结合商法发展特点,重新

---

① 参见叶林:《企业的商法意义及企业进入商法的新趋势》,载《中国法学》2012 年第 4 期。

审视仅以“企业”构造商法的观点的科学性,以建构科学的现代商法体系。

3. 源于传承:“商行为”一词具有历史传统

选择“商行为”一词的主要原因在于,“商行为”一词具有一定的历史传统。自中国理论界开始关注商法起,除了特定历史阶段出现的“经济行为”“商业行为”等概念,更广为人使用与认知的是“商行为”。[①] 尽管学者对“商行为”的定义不一而足,有关“商行为”与“商主体”的循环定义问题更是悬而未决,但无法否认的是“商行为”一词最广为人知。不论是商法理论界,还是商法实务界,乃至法学领域其他部门法,都对“商行为”更为熟悉。这主要是因为,“商行为”一词与“商法”相联系,就像“民事主体”、“民事行为”与“民法”,“行政主体”、“行政行为”与“行政法”一样,都能直观地让人明白“商行为”所指向的部门法,以及所讨论的行为范畴。因此,比起“企业”“营业”等词语,“商行为”具有部门法指向性明确的优越性,同时还延续了法学理论研究的表达习惯。

4. 优于凝练:“商”揭示商事活动的本质

由中国商法研究的历史确定“商行为”一词的优越性,可能容易引起争议,毕竟中国商法研究的历史仍然较为短暂。20 世纪 70 年代末改革开放到 20 世纪 90 年代初,在中国的教科书体系中,商法学一直都被纳入经济法学,直到 1993 年 11 月中共中央召开十四届三中全会提出应当进一步完善民商法,随后立法颁布了一系列商事单行法,商法学的研究才获得独立于经济法的地位并得到快速发展。并且,直到 1997 年,“商法学”才被列为法学专业的 14 门核心课程之一。[②] 因此,从中国历史的角度出发,分析使用“商行为”一词的传承性,可能稍有牵强。但是,如果从“商”的角度切入,该传承性将在更广泛的历史范围内被认证,同时还能揭示商事活动的本质特征。正如“企业行为”“营业行为”“商业行为”“经济行为”的核心分别是“企业”“营业”“商业”“经济”一样,“商行为”的核心也是“商”,因此证明“商行为”一词的优越性,应当

---

① 参见王建文:《中国商法的理论重构与立法构想》,中国人民大学出版社 2018 年版,第 106 页。

② 参见《商法学》编写组编:《商法学》,高等教育出版社 2019 年版,第 7 页。

从“商”字入手。

在辞义学意义上，“商”存有多重含义：买卖即商业；做生意的人即商人；交换意见即商量；除法中的得数即商；星宿名；朝代名即商朝；智商；古代五音之一。在经济学上，“商指以营利为目的的各种商品交换行为，即以营利为目的，直接媒介财货交易的行为”。[①] 在法学上，商也被称为“商事”，是在对商事习惯和不同时期商事实践的法律概括基础上逐步形成的概念，与经济学上的商相对应，以营利为目的从事媒介交易的行为也是法律意义上的商，对法学上的商采取广义解释，包括流通以及生产领域中与营业相联系的行为，并且是为了一定的营利目的而持续进行的。[②] 因此，与“企业”“营业”等概念不同，“商”在语言学、经济学、法学等学科上都有一定程度的共识，即以营利为目的的行为。而“营利性”一直被认为是商行为得以区别于民事行为的根本特征。所以，如果采取“商行为”的表达，可以更准确直观地揭示商行为的根本属性。

因此，综合比较而言，“商行为”一词最符合现代商法的发展趋势，该词语既能够顺应信息时代“微商”“电商”等商自然人崛起所带来的商业模式变革，与商法体系调整需求；又能够在坚持商主体法定原则的基础上，保障营业自由原则，使非商主体的营利行为受到商法调整；还能够具有鲜明部门法指向性，揭示商行为以营利为目的的根本特征。

三、商行为概念的内涵

确定采用“商行为”表达后，紧接着应当确定的就是商行为概念的内涵与外延。依据“商行为”概念的功能，商行为的内涵与外延应当能够使商行为区别于其他部门法的行为；能够回应商业模式创新，建构现代商法体系；能够形成正确的伦理导向；能够维护营利正义与控制商业风险；能够彰显中国特色商法制度。因此，确定商行为的内涵与外延，需要分析的就是商行为应当如何区别于其他部门法行为；如何回应商业模式创新；如何形成正确的伦理导向；如何维护营利正义与控制商业

---

① 范健、王建文：《商法基础理论专题研究》，高等教育出版社 2005 年版，第 22 页。

② 参见范健、王建文：《商法基础理论专题研究》，高等教育出版社 2005 年版，第 23 页。

风险;如何彰显中国特色商法制度。

商行为概念的内涵界定,最核心的需求是探寻商行为如何区别于其他部门法,形成正确伦理导向,维护营利正义的本质功能。因为商行为概念的内涵揭示的是商行为最本质、最一般的特征,所以与商行为根本特征紧密相连的过滤功能、规范功能、激励与控制功能的实现,依赖于商行为概念内涵的确定。而过滤功能、规范功能、激励与控制功能又涉及商行为在整个法律体系中立足的根本,因此,考虑商行为的内涵,还应当考虑商法在法律体系中的定位问题。本书认为,营利目的是商行为的立足根本,商行为概念的内涵是以营利为目的的行为。

(一)商行为是以营利为目的的行为

尽管依据表2-2所列出的数据来看,"营利目的"要素并没有被所有学者认可,但是大部分未将"营利目的"作为商行为要素的学者都是将"营业行为"作为商行为要素,并且认为"营业行为是以营利行为为业的行为",所以等于也是认可了商行为的营利目的。基本上可以认为"商行为是以营利为目的的行为"已经在商法学界达成基本的共识。①

因为商行为是商法的基本概念,具有构建商法体系,以及过滤商行为与非商行为的功能,所以将商行为的内涵确定为以营利为目的的行为,其实也是在讨论为什么以营利为目的的行为能够成为独立于其他法律部门的行为。关于该问题,最值得研究,同时也使商行为饱受争议的是:同属于私法领域,为什么商行为应当独立于民事行为,抽象出独立的概念并特别调整?对于为什么应该将商行为的内涵确定为以营利为目的的行为,首先需要思考的是商行为独立调整的依据是什么,其次才是商行为的共同特征是什么。本书认为,商行为独立调整的依据是"赚钱是一门技术",商行为的共同特征则是"赚钱的技术"都以营利为目的。

1."赚钱是一门技术"

早在古希腊时期,亚里士多德就提出将经济行动分为"家户管理的艺术"和"赚钱的艺术",韦伯则表述为"家计"与"营利",其中"家计"

① 参见王保树:《商法总论》,清华大学出版社2007年版,第232页。

是关于消费的,“营利”是扩张某人对新的商品和服务控制权的努力。[①]亚里士多德的“家户管理艺术”以及韦伯的“家计”都属于经济活动,“家计”是家庭生活的运作原则,[②]韦伯的“家计”包括君主的家计、领主的家计等。在“家计”型经济行动中,尽管也存在剩余产品的出售,但是人们的行为以自给自足为目标。“营利”则是以市场为导向的行为,以获得利润为目标。从法律史的视角进行解读,亚里士多德所提出的“家户管理的艺术”与韦伯的“家计”其实就是早期简单商品经济下的物品交换,“赚钱的艺术”与“营利”则是今天我们所说的商行为。

“赚钱的艺术”或者说以营利为目的的行为应当被独立调整的依据主要是“赚钱是一门技术”,这一门技术或者说这样的行为天然具有分配正义的内涵。因此,为了形成正确的伦理导向,实现法律面前的平等,“赚钱这门技术”需要制度的矫正,也就是说“赚钱行为”应当由法律独立调整。

博登海默强调:“一个法律制度若不能满足正义的要求,那么从长远的角度来看,它就无力为政治实体提供秩序与和平。”[③]考夫曼也提出:“法律理念是一部法律最高的价值,而此最高的价值则是正义。”[④]因此,以营利为目的的行为之所以应当被独立调整,其根本原因是为了实现正义。亚里士多德提出了正义的区分标准,即分配正义和矫正正义,前者是指基于不平等上的正义,依据价值、能力、需求等分配权利和义务;后者是基于平等的正义,强调法律面前的人人平等。不同的社会中,正义的内容是不一样的,平等的社会强调的是矫正正义,而不平等的社会强调的是分配正义。[⑤]

分配正义根据作用或技能分享社会福利,不同的技能和职责决定

---

① 参见[瑞典]理查德·斯威德伯格:《马克斯·韦伯与经济社会学思想》,何蓉译,商务印书馆2007年版,第45~46页。转引自程淑娟:《商行为:一种类型化方法的诠释》,载《法制与社会发展》2013年第3期。

② 参见刘新宇:《重构家计:转型社会的家庭研究理路》,载《中国社会科学院研究生院学报》2018年第6期。

③ [美]E.博登海默:《法理学:法律哲学和法律方法》,邓正来译,中国政法大学出版社2004年版,第330页。

④ [德]考夫曼:《法律哲学》,刘幸义等译,法律出版社2004年版,第228~229页。

⑤ 参见[德]考夫曼:《法律哲学》,刘幸义等译,法律出版社2004年版,第234页。

了分配的结果，违反该分配原则就会导致不正义。①以营利为目的的行为就是具有特殊技能的行为，这类行为的主体通过商业知识所进行的商业判断能够在短时间内迅速积累大量的财富，其所获得的财富源于其技能。由于分配正义是社会财富分配的原始形式，所以这些通过以营利为目的所获得的财富能够大量聚集到少数人手中，并且符合正义原则。在不平等的社会中，尤其是早期的特权阶级社会，这样的财富分配原则并不会产生问题，即便以营利为目的的行为奉行营利至上，而经常以风险转嫁作为营利手段使社会遭受不利益，如囤积居奇行为等，分配正义也仍然肯定行为主体依据其技能获得“不正当”的财富。但随着近代民族国家的建立，法律面前人人平等已经成为法律的基本原则，以不平等为基础的分配正义就不符合法律的基本原则。在平等社会中，法律奉行矫正正义，因此，如何调节以营利为目的的行为所可能产生的收益与风险的不平等问题成为重点内容。

此外，由于“赚钱的技术”属于私法的范畴，并且明显不同于“生活的艺术”，所以，调整“赚钱的技术”的法律应当独立于调整“生活的艺术”的法律。这里所指的调整“生活的艺术”的法律指的是民法。关于民法与商法的区别，第一章第二节已有详细论述，此处不再展开。

归结而言，以营利为目的的行为是一门技术，依据自然状态下的分配正义原则，拥有该技术的行为主体能够肆意掠夺社会财富。然而，分配正义只在不平等社会中存在，在当代法律奉行人人平等的理念下，保证法律正义的是矫正正义。矫正正义赋予了以营利为目的的行为以行为自由，同时规范了行为秩序。为了实现矫正正义，法律应当将以营利为目的的行为制度化，这就是为什么法律应当调整商行为。同时，由于以营利为目的的行为不同于以生存为目的的行为，所以该类行为应当由独立的部门法调整。简言之，“技术”是商行为的存在，而维护平等社会下的正义则是商行为法存在的意义。

2. 所有“赚钱的技术”均以营利为目的

确定了为什么以营利为目的的行为应当由商法单独调整后，对于

---

① 参见[英]韦恩·莫里森：《法理学：从古希腊到后现代》，李桂林等译，武汉大学出版社2003年版，第51页。

商行为的内涵而言，下一步所需要分析的即是否所有商行为都是以营利为目的的行为。从逻辑推理来看，由于商行为法存在的意义是矫正“赚钱的技术”，矫正分配正义可能产生的不正义，而“赚钱的技术”又以营利为目的，所以推导出商行为都是以营利为目的的行为，在逻辑上并没有问题。无论是传统的交换行为，还是后来的生产行为，以及当前十分活跃的金融商行为，这些现代商法的典型商行为均是以营利为目的的行为。争议焦点在于，如果认为附属营业行为，如信息披露行为、登记公示行为、编制账簿行为等企业日常经营管理行为也属于商行为，那么是否还可以主张所有商行为都是以营利为目的的行为？

该争议焦点的回答涉及对“以营利为目的”这一概念的理解。首先，营利只是目的，并不要求行为主体最终获得利润，这里的营利更多的是指资本价值增值的特性。[①] 也就是说，营利目的的判断时点是行为开始时的主观状态，而不是行为结束后的客观结果。其次，“以营利为目的的行为”应当包括直接行为和间接行为，只要根本目标都是为了营利，那么依附于直接行为的间接行为也应当被纳入“以营利为目的”的范畴。附属营业行为就属于间接行为。附属营业行为指的是行为本身并不能直接达到商主体所要达到的营业目的，但可以对基本商行为的实现起辅助作用的行为。[②] 这类行为的营利性较难识别，但附属营业行为作为辅助营业行为实现的行为，其根本目的也是营利，是为了让主体更好地实现营利目的。所以，即便将附属营业行为纳入商行为的范畴之中，也不会对商行为是以营利为目的的行为这一内涵产生影响。

（二）以行为判断营利目的而不以主体判断营利目的

所有商行为都是以营利为目的的行为，这里的营利不要求行为主体最终获得利润，且包括以营利为目的的间接行为。另外，在理解商行为以营利为目的的时候，还应当特别注意，这里的“营利目的”应当以具体的行为来判断，而不是以行为主体是不是以营利为目的的主体作为判断标准。

---

① 参见马永祥：《关于我国商个人体系的再思考》，载《中共郑州市委党校学报》2011 年第 4 期。

② 参见范健、王建文：《商法基础理论专题研究》，高等教育出版社 2005 年版，第 358 页。

《民法典》第 76 条第 1 款规定,“以取得利润并分配给股东等出资人为目的成立的法人,为营利法人”。依据该条款,所谓“营利”就是取得利润并分配给股东等出资人。如果依据主体是不是以营利为目的的主体作为判断商行为营利性的标准,则公益法人、宗教机构、公法人等不以营利为目的的主体所实施的所有行为,都不会被识别为商行为,进而不会受到商法调整。此外,如果一国奉行商主体强制登记设立主义,则只要主体未登记,那么其就无法取得商人身份,相应地,该主体所实施的以营利为目的的行为,都将被排除在商行为范畴之外。民事主体更是与商行为绝缘。如此一来,商行为是以营利为目的的行为就可以简化为商行为是商主体的行为。然而该结论显然是无法被接受的。

姑且不论民事主体某一以营利为目的的行为能否被视为商行为,就目前市场中广泛存在的校办企业、民办医院而言,如果按照主体是否以营利为目的判断商行为,则事业单位如学校、医院等作出的直接或间接投资企业的行为,将因为高校、医院不属于营利法人,而无法得到商法的调整,这与实践完全背离。与此相类似的国有资本、政府投资行为等也都会被商法调整所排除。然而这类主体所实施的投资行为,究其整个过程而言,虽然行为主体本身不以营利为目的,但投资行为本身是为了获得利润,并且该利润也会归主体所享有,所以其行为的整个过程完全符合“以营利为目的”的标准。因此,以主体作为商行为是否以营利为目的的判断标准,并不科学。更何况投资等金融商行为正在成为现代商行为的重要内容。所以,不能以主体是否以营利为目的作为商行为是否以营利为目的的判断标准。概言之,商行为的营利性应当就主体某一具体的行为进行判断和界定。

自古以来,以营利为目的的法律规则就是一种特别规则。古代社会虽然诸法合体,没有现代意义上的商法划分,但是当时对社会职业的划分以及对不同职业行为及行为人的调整和约束,差异立法是比较明显的。古代社会的士、农、工、学、商,就是一种职业划分,商基于其行为的特点和本质而被单列为一类。古代社会将商排列于各种行为职业之末,并非因为交易行为方式本身,而是因为交易的目的是挣钱盈利。通过交易将便宜的货物提高价格卖出去,通过借出资金收取利息等都是营利行为。自古以来商就是以营利作为本质特征而为社会所认知。

因此,就商行为的内涵而言,商行为是以营利为目的的行为,是否以营利为目的是商行为区别于其他部门法上的行为的根本标准,同时也是商行为应当通过独立的商法进行调整的理由。以营利为目的的行为包括直接行为和间接行为,且是否以营利为目的,应当以某一具体行为的目的为判断依据,而不能以行为主体是否为营利主体进行判断。

四、商行为概念的外延

本章开头已指出,概念的内涵是概念的内容,其反映的是事物本质属性的总和,而概念的外延确定的是概念的范围。明确商行为是以营利为目的的行为,只是揭示了所有商行为的本质属性,确定商行为的完整概念,还需要探讨商行为的外延,确定商行为的边界。在此,问题的焦点即是否所有以营利为目的的行为都是商行为。表2－2所列出的诸要素就是学者确定商行为外延的标准。然而,商行为的外延问题其实就是商行为的分类问题,而学理上分析商行为的外延时,多不以要素为标准解构商行为的各种类型,反而有较为统一的分类标准,包括绝对商行为与相对商行为、单方商行为与双方商行为、基本商行为与辅助商行为等。如果以学者所提出的各要素学说为分析基础,那么关于商行为外延的争论焦点集中在如下三个方面:第一,非商主体的营利行为或营业行为能否纳入商行为范畴?如若能,是所有行为均能纳入,还是只有部分行为能纳入?第二,附属营业行为是否属于商行为?第三,商行为是否只能是法律规定的行为?

与商行为的法学概念不同的是,依据表2－1,各国所确定的商行为外延相对较为具体,尤其是有商法典的国家。不过将表2－1的统计情况与表2－2相结合,两者所反映的问题并无太大区别,同样也是非商主体、附属营业行为、法律规定的问题。

(一)商行为主要是商主体的营业行为

营业行为指的是以营利为目的而进行的连续的、有计划的、同种类的活动,商主体所实施的行为都具有明显的营业性特征。以营业行为作为确定商行为范围的第一道防线,既能避免陷入无法完全列举具体商行为的不完全立法困境,还能揭示商主体的商行为所具有的本质特征。

以营利为目的是所有商行为共通的、最一般的本质特征,但是对于商主体的商行为而言,除了以营利为目的,其商行为的共同特征可以进一步总结为营业行为。以表2-1所列举的各国商行为外延为例,不论是商品流转行为、工业行为、手工业行为还是投机行为,只要是商主体以营利为目的所实施的行为,都具有连续性、计划性与反复性。另外,之所以说商行为主要是商主体的营业行为,是因为虽然本书认为非商主体也可以从事商行为,但是就商行为的总体而言,商主体作为专门以商行为为业的群体,绝大多数的商行为都是由其所实施。这也是企业主义与营业主义主张以"企业行为"与"营业行为"作为商行为的替代表述的主要原因。因此,即便主张非商主体也可以从事商行为,但是商主体所实施的营业行为仍然是商行为中的重要部分。这就能解释为什么商行为也包括非商主体的行为,但是商法中大量的商法规则却以营业行为为规制基础。应当认为,即便非商主体以营利为目的的行为也属于商行为,但是并不意味着非商主体的商行为也全部适用与商主体相同的行为规则,就像小商人可以被豁免登记一样,非商主体的商行为也有诸多如豁免义务的特别规则。至于为什么非商主体以营利为目的的行为也应当包括在商行为范畴之内,需要分类讨论。

(二)商行为包括非商主体的营业行为与营利行为

非商主体所从事的以营利为目的的行为大致可以分为两类:一类是营业性行为,也就是连续反复实施的以营利为目的的行为;另一类是非营业性行为,也就是偶然地或间断地实施以营利为目的的行为。

1.非商主体的营业行为是商行为

商主体所实施的营业行为是当然的商行为,非商主体所实施的营业行为也是商行为。商主体的本质就是以从事营利性活动为业的主体,其行为的根本特征是连续、反复、有计划地实施以营利为目的的行为。非商主体的营业行为与商主体的营业行为相比除了主体身份存在差异以外,其余没有本质区别。之所以会存在非商主体实施营业行为的情况,与一国或地区所采取的商主体设立标准有关。如果一国或地区采取商主体强制登记设立主义,那么所有不登记的主体都不是商人,并且处于登记准备阶段的主体也不是商人,如果这类主体以营业方式从事以营利为目的的行为,其行为的性质就只是非商主体从事营业行为。反之,如果一国或地区采取商主体任意登记设立主义,也就是商主体资格的取得原则上需要登记,但是未登记的主体也能取得商主体资格,只不过对其商主体资格进行一定的限制,例如不能以商主体的身份对抗善意第三人等;那么在强制登记主义下大量因为未登记而不能被识别为商主体的行为主体所从事的营业行为,在任意登记主义下就属于商主体的营业行为,也就是商行为。1861 年的《德意志普通商法典》采取的就是强制登记主义,由于该国同时奉行主观主义,也就是商行为是商人的行为,所以同样是营业性行为,在彼时的德国,只要不是登记后的商主体所作出的,就不是商行为。然而,随着资本主义进入自由资本主义时期,商事主体强制登记创设主义因与经营自由原则相悖而饱受诟病,于是赋予商事经营者登记选择权的任意登记主义逐渐发展并兴盛,最终一贯坚持强制登记主义的德国也在 1998 年的《德国商法典》修订中吸收了任意登记主义,走向了以强制登记为原则,任意登记为例外的道路,①从而扩大了商主体的范畴,减少了非商主体从事营业行为的现象,扩大了商法调整范围。

因此,非商主体的营业行为与商主体的营业行为并无本质区别,而与一国或地区对商主体所采取的认定标准有关,如果没有商主体设立限制,那么以营利性行为为业的人理论上都可以被认定为商人,法律的限制只是区分了法定商人与事实商人。事实商人就是以营业性行为为业,但不具有法定商主体资格的人。

2. 由法律规定的非商主体的营利行为是商行为

(1)非商主体的营利行为应特别调整

非商主体的营利行为,除了以营业方式进行,还有另一类较为特殊的,同时也较容易引起争议的营利方式,就是偶然地或间接地实施以营利为目的的行为。虽然这类行为不具有营业的特征,但由于其明显以营利为目的,所以与消费行为、无偿行为、互助行为、婚姻家庭行为等民事关系有着显著的区别。非商主体以营利为目的的行为,本质上也是资本增值行为,依据分配正义,非商主体无论因为该营利行为获得多少财富都具有正义性,此时,如果调整该行为的法律不承认分配正义而过分矫正该行为,“不正义的公平”结果将反复出现。仔细思考当前一些

① 参见任先行:《商法原论》(上),知识产权出版社 2015 年版,第 747 页。

较为典型的非商主体以营利为目的的行为因法律适用不当而产生的问题，就不难发现该现象。

最典型的是非商主体购买股票的行为，如果将其理解为民事行为，则依据民法的等价有偿原则，非商主体理论上可以主张股票价格超出了其实际价值，从而要求撤销合同，由于民法上撤销合同的法律效果是合同自始无效，且恢复原状，所以非商主体还可以主张股票买卖自始无效。若非商主体的诉求是在股票未卖出的情况下主张的，那么还有可能实现恢复原状，但若非商主体是在股票已经卖出的情况下要求恢复原状，那么该结果几乎不可能，因为流动性是上市公司股票最基本的特征，公司股份结构可能早已"面目全非"，根本无从复原。更何况什么是股票的实际价值本身就难以判断。所以，对于非商主体购买股票的行为，如果适用民法就可能出现过分矫正的结果。《证券法》第 117 条就规定，"按照依法制定的交易规则进行的交易，不得改变其交易结果"。

不过，如果将所有非商主体以营利为目的的行为都规定为商行为，可能会增加法律适用的成本。因此，应当将纳入商行为范畴的，非商主体偶尔从事的以营利为目的的行为限制在法律规定的范畴之内，并作为例外性规定。[①] 自然人的投资行为，例如买卖股票等有价证券，通常就是这里的例外性规定。只要非商主体的行为能够被明显地识别为以营利为目的，且法律规定该行为属于商行为，该行为就应当遵循商法的伦理观，适用商法规则。

当今中国出现"民法过度商化""商业伦理过度侵蚀市民伦理"的局面，与中国没有明确规定自然人能够实施的商行为类型有关。在"全民经商"的局面下，每个人的营业自由受到了保护，可以自由实施资本增值行为。在该背景下，如果没有规定自然人可以实施的商行为类型，只要是自然人偶尔从事的以营利为目的的行为就都可以适用由无偿行为发展而来的民事行为规则的话，会形成法律漏洞，使这部分自然人无边界地获得营业自由的保护，而不会受到商法为平衡人们的营业自由所制定的诸多限制，例如较高的法定利率以增加违约成本等。由于中

---

① 参见赵旭东主编：《商法学教程》，中国政法大学出版社 2004 年版，第 41 页。

国缺乏商法传统，民商事立法呈现的是民商不分的特点，所以中国的民法才会有诸多关于有偿性行为的规则。有偿行为规则是在民法理论缺乏对商法理论深刻的理解、吸收和融合的状态之下生成的，仅仅依赖对商法规则的简单吸收或抄袭来矫正“全民经商”所出现的各种问题，这种缺乏基本理念和规则标准而对民法原则粗暴破坏的做法终非长久之计，反而使民法在逐渐扩张领土的过程中失去“纯洁性”，无法发挥其维护社会伦理的功能。① 更何况以投资行为为代表的自然人以营利为目的的行为，是偶尔实施还是经常实施，对于为了获得资本增值的自然人而言，并无本质区别，行为的本性没有改变。在此需要说明的是，营利的重复性对于确定行为主体的商人性质具有重要的意义，对于界定商行为却没有实质性的价值。马克思引用英国评论家邓宁格的原文：“……资本惧怕没有利润或利润过于微小的情况。一有适当的利润，资本就会非常胆壮起来。只要有 10% 的利润，它就会到处被人使用；有 20%，就会活泼起来；有 50%，就会引起积极的冒险；有 100%，就会使人不顾一切法律；有 300%，就会使人不怕犯罪，甚至不怕绞首的危险。如果动乱和纷争会带来利润，它就会鼓励它们。走私和奴隶贸易就是证据。”②因此，应当将自然人以营利为目的的、具有典型的商行为特征的行为与其他以消费为目的的民事行为进行区分，将前者纳入商行为范畴，以立法的方式明确规定其类型，从而由商法调整，而不能适用关注人格独立与尊严，强调权利的圆满状态的民法。

(2)金融消费者行为性质辨析

此外，关于非商主体以营利为目的的行为还有一个比较容易引起争议的问题，即金融消费者行为的性质问题。金融消费者购买金融服务或产品的行为是否属于商行为，长期以来并未受到商法理论的关注。以实用主义为导向，有关金融消费者问题的讨论多集中于金融消费者的概念问题与如何实现金融消费者的法律保护两大方面。受美国等域外国家立法与中国《消费者权益保护法》第 2 条对消费者的界定的影

① 参见范健：《中国需要一部什么样的民法典》，载《南京大学学报(哲学·人文科学·社会科学版)》2016 年第 1 期。

② [德]马克思：《资本论》(第 1 卷)，人民出版社 1975 年版，第 829 页。

响，中国学界早期观点多主张“金融消费必须是不以营利为目的而从事的行为”，[①]代表性学说有需要目的说与非生产交易目的说。[②] 然而，随着金融创新的不断发展，人们逐渐发现区分生活消费目的与投资目的变得困难，于是金融消费者的概念被扩张，中国人民银行2020年发布的《金融消费者权益保护实施办法》将金融消费者界定为“购买、使用银行、支付机构提供的金融产品或者服务的自然人”，而不再区分自然人购买、使用银行、支付机构提供的金融产品或服务是基于营利目的还是生活消费目的。该做法的主要原因是，在金融领域，自然人无论是基于消费目的还是基于营利目的购买、使用银行、支付机构提供的金融产品或服务，都会与金融机构之间存在信息能力、经济实力、知识水平等方面的不平衡问题。保护基于消费目的的自然人是消费者权益保护法的立法宗旨，而之所以在金融领域，为基于营利目的的自然人提供与基于消费目的的自然人同等保护，则主要是因为从事投资行为的自然人与金融机构之间所存在的诸多不平衡问题，使以信息对称、投资者适当、监管正当为前提的“买者自负”投资法则[③]无法在以营利为目的的自然人身上适用，最终产生了特别保护的规则需求。

如此一来，金融消费者概念可以认为是消费者与投资者的混合概念，这是金融领域的独特现象。那么金融消费者的行为究竟应当被认为是消费者行为还是投资者行为呢？由于消费行为与投资行为具有完全相反的行为目的，所以无法从行为目的角度得出结论。但是如果从行为结果来看，应当认为金融消费者的行为当属商行为无疑。一方面，对于以营利为目的的金融消费者而言，该自然人的投资行为是为了获得利润，其本质就是资本增值的行为。所以从事投资行为的金融消费者被划入商行为范畴不存在问题。另一方面，对于以消费为目的的金融消费者而言，他们在金融领域的消费行为事实上也具有一定的营利

---

① 陈洁：《投资者到金融消费者的角色嬗变》，载《法学研究》2011年第5期。

② 需要目的说认为，金融消费者实际上是指为生活需要购买、使用金融产品或接受金融服务的社会成员。非生产交易目的说则认为，金融消费者系因非生产、交易目的而购买、使用金融机构提供的产品或者接受金融机构服务的个体自然人。参见王振栋：《论金融消费者与投资者的识别标准》，载《上海金融》2011年第6期。

③ 参见陈洁：《投资者到金融消费者的角色嬗变》，载《法学研究》2011年第5期。

目的,其结果也多体现为获得利润。基于消费目的的自然人所购买的金融产品或服务通常都具有双重性,既能满足主体为了个人或家庭的生活需要,还能为主体提供一定的收益。以储蓄为例,金融消费者将现金存入银行,既能够保障资金的安全,还能通过储蓄行为获得收益。基本上所有能够满足消费需要的银行、信托、证券类产品甚至是保险产品都具有该双重功能。因此,就行为的结果而言,基于消费目的的金融消费者往往也都能取得一定的报酬,属于结果营利性行为。所以从共性出发,营利是两类具有不同目的的金融消费者所具有的共同特征,将其行为解读为商行为有可取之处。

强调应当将金融消费者的行为界定为商行为的意义在于:第一,避免将金融消费者的行为与一般消费行为混同,从而为金融消费者的特别立法提供理论依据。由于金融交易的内容具有无形、高风险、格式化交易等特点,所以与一般消费行为的保护相比,金融消费者的法律保护更强调国家公权力的干预,也更关注自律监管;更要求广泛的知情权,也更强调个人金融隐私信息的保护;最重要的是尤其强调财产安全。[①] 第二,凸显现代商法的金融特性。今天的金融商行为与过去任何一个时代相比都更为复杂,其在商法中的地位也更为重要。现代企业离不开融资,自然人也在广泛参与金融,金融已经改变了现代商法的结构。[②] 在"普惠金融"的社会大环境下,金融消费者的出现是营业自由被贯彻落实的结果。金融消费是金融商行为的一部分,而金融商行为是现代商行为的重要内容,所以金融消费也应当属于现代商法调整的范畴。虽然金融消费者的行为与专业投资者的行为存在差异,而必须适用不同的行为标准,但这是商行为差异导致的规则异化,并没有改变金融消费者的商行为性质。第三,合理解释金融消费者行为的风险问题。虽然自然人不论基于投资还是基于消费目的购买、使用金融机构提供的产品或服务都能够得到法律的倾斜性保护,但是值得注意的是,金融消费者权益保护法的根本目的并不是对消费者进行倾斜保护,而是为了

① 参见何颖:《论金融消费者保护的立法原则》,载《法学》2010 年第 2 期。

② 参见施天涛:《商事关系的重新发现与当今商法的使命》,载《清华法学》2017 年第 6 期。

恢复金融消费者的判断能力,保障市场自由竞争机制的正常运行。[①] 金融消费者权益保护法不可能也不会消灭金融市场所存在的投资损失风险,这是金融消费行为获取利润所应当承受的风险,也是金融生命力的源泉。正是因为不确定性就是利润的来源,所以金融消费行为与其他消费行为相比具有一定的风险,即便是低风险的金融产品或服务,也是有风险的行为。因此,如果将金融消费行为解释为民事行为,这类行为的风险本质将被忽略,甚至走向法律过度调整进而抑制金融创新的局面。所以,将金融消费行为解释为商行为,既符合金融消费行为的本质特征,还与现代商法的发展相符合。简言之,金融消费行为不是民事行为,是现代商行为。

因此,非商主体符合法律规定的明显以营利为目的的行为都属于商行为。如果非商主体以营利为目的的行为是以营业方式实施的,那么由于该行为与商主体的营业行为不存在本质上的区别,应当被列入商行为范畴。如果非商主体以营利为目的的行为是偶然实施的,那么只要该行为属于商法明确规定的行为类型,就应当列入商行为范畴。

(三)商行为包括附属营业行为

商行为除了商主体和非商主体的营业行为和由法律规定的非商主体以营利为目的的行为,还应当包括附属营业行为。日本和韩国都规定了附属营业行为属于商行为,即“商人为其营业所实施的行为为商行为”。[②] 由于附属营业行为是对商主体的营业有帮助、有助益的行为,通常都是商主体为了维持或扩张基本商行为而实施的,最终目的也是营利,所以有必要通过商法规定。德国和法国虽然没有直接关于附属营业行为的规定,但两国都认可附属商行为理论。附属商行为理论是大陆法系国家广泛认可的理论。[③]

附属营业行为具有身份性、相对性与法律推定性三大特征。首先是身份性。附属营业行为是附属于商主体的行为,属于身份性行为。不

① 参见何颖:《论金融消费者保护的立法原则》,载《法学》2010 年第 2 期。

② 参见《日本商法典》第 503 条(《日本最新商法典译注》,刘成杰译注,中国政法大学出版社 2012 年版,第 89 ~ 92 页)、《韩国商法》第 47 条(《韩国商法》,吴日焕译注,中国政法大学出版社 1999 年版,第 13 页)。

③ 参见张民安:《附属商行为制度研究》,载《南京大学法律评论》2004 年第 1 期。

过需要注意的是,就单个附属营业行为而言,每一个具体的附属营业行为都是独立实施的,而不是由营业行为分解而来的某一行为阶段。其次是相对性。附属营业行为的认定与商主体所从事的基本商行为紧密相关,同一行为可能对于商人甲而言是附属营业行为,对商人乙就是基本商行为。例如,运输行为对于从事产品生产与销售的企业而言就是附属商行为,但是对于运输企业而言就是基本商行为。所以对于附属商行为的认定应当根据具体情况具体判断,不可绝对化。最后是法律推定性。虽然附属营业行为都是商主体为了营业而实施的行为,但是商主体的行为是不是都是为了营业而实施的,有时候并不好判断。因此,法律通常规定将商人的行为推定为为营业而实施的行为,也就是视为附属商行为。不过因为该规定具有推定性,所以如果有相反证据能够证明商人的行为不是为营业而实施的,那么该行为就会被排除适用商法规则。

对于附属营业行为,日本和韩国都是采取总括性概念来概括该类行为,理由是商主体为其营业所实施的附属行为通常比较繁杂。[①] 附属性行为作为附属于基本商行为的行为,在行为内容与行为种类上的确比商主体所实施的基本商行为更为繁杂,不过从整体来看,附属营业行为仍然可以大致分为两类:一类是对外交易型附属营业行为,另一类是保障营业持续的对内企业管理型附属营业行为。

1. 交易型附属营业行为是商行为

交易型附属营业行为是比较典型的附属商行为,该商行为往往表现为一系列契约的签订。现代商事企业多数是一业为主、多种经营,因而往往都是基本商行为与附属商行为相结合。最具代表性的结合模式是:货物运输、仓储保管、加工包装及其他服务活动等附属营业行为与商品买卖这一基本商行为相结合。[②] 商主体为了实施货物运输、仓储保管等附属营业行为,往往需要与其他主体签订一系列的契约。法国司法实践认为这些契约包括商人为满足其商事经营的需要而订立的借贷契约、财产保险契约、经营保险契约、诉讼代理契约、自由与公平竞争协议、运输契约、为第三人利益契约、有偿保管契约、担保契约、商人与其

---

① 参见《日本最新商法典译注》,刘成杰译注,中国政法大学出版社2012年版,第90页。

② 参见范健、王建文:《商法基础理论专题研究》,高等教育出版社2005年版,第358页。

雇员所订立的劳动契约。[①] 应当认为，只要商主体所订立的契约是为了辅助营业实现的，都属于商行为。不过，通常而言，商主体（主要是商个人）婚姻家庭方面的行为，例如人身保险契约、婚姻契约等具有明显的民事伦理性的行为不能推定为商行为。

由于交易型附属商行为需要依赖契约完成，所以该行为往往涉及双方或多方主体，是商主体在对外交往的过程中所实施的行为，属于具有对外彰显性的法律行为。也正是基于该原因，交易型附属商行为的商法性质较容易被识别。比较容易引起争议的是企业管理型附属营业行为是否属于商行为。

2. 企业管理型附属营业行为是商行为

企业管理型附属营业行为主要存在于采取组织体形态的商主体之中。对于组织体形态的商主体而言，其附属商行为除了包括交易型附属商行为，还包括其在日常经营管理中实施的管理型附属商行为。管理型附属商行为涉及企业的内部事务，是商主体为了运营和维护主体的存续而实施的一系列组织行为。管理型附属商行为使企业的组织生态系统得以建立，主要包括企业事务管理、信息披露、编制财务报表、催告、通知、登记等管理性行为。与交易型附属商行为不同的是，企业管理型附属商行为多表现为准法律行为，如通知、催告等，还包括诸多企业在管理的过程中实施的事实行为。

决议作为内部决策行为，就是一个典型的管理型附属营业行为。长期以来对于决议的性质，民法和商法学者都争论不休，其观点大致可以分为两种立场：一种是法律行为说，另一种是社团意思形成行为说。法律行为说可以再细分为：独立法律行为说，认为决议行为与单方法律行为、双方法律行为、合同行为相并列，[②]其中有学者特别指出决议是意思互动的产物，体现的是意思民主而非意思自治；[③]特殊合同行为说，认

---

① 参见张民安：《附属商行为制度研究》，载《南京大学法律评论》2004 年第 1 期。

② 参见戴建庭、白明刚：《单方法律行为、合同、决议的瑕疵分析和责任比较》，载《东方法学》2012 年第 4 期；赵心泽：《股东会决议效力的判断标准与判断原则》，载《政法论坛》2016 年第 1 期。

③ 参见陈醇：《论单方法律行为、合同和决议之间的区别——以意思互动为视角》，载《环球法律评论》2010 年第 1 期。

为决议行为属于共同行为，是合同行为中的一种特殊形态；[①]特殊多方法律行为说，认为决议行为区别于共同行为，属于特殊的多方法律行为；[②]团体法律行为说，认为决议行为属于法律行为项下的团体法行为，与个人法下的法律行为相对应。[③] 与法律行为说相对立的社团意思形成行为说，认为公司决议属于社团意思形成行为，决议是公司的意思，[④]核心是源于意思自治的社团自治。[⑤]

法律行为说基本上对决议的法律性质界定都企图从既有的民法理论中寻求解释。然而，长期以来的争论各异的学术观点表明民法的理论并无法为决议的性质提供合理的解释。如果从商行为的角度理解商事组织体的决议，就不会存在该困扰。决议是商主体组织体化后出现的产物，其本质应当是商主体形成意思表示的过程，类似于民事主体内心意思的形成过程，只不过组织体的运作使该内心意思外化而具有可视性。归根结底，决议只是企业日常经营管理的一部分，其目的是形成企业意思，确认企业运营目标，维护企业营业的有序进行。所以，对于决议而言最重要的是程序，如何确保程序的公正性以保证决议结果的正义性是决议的核心。这也是管理型附属商行为的核心。

对于管理型附属商行为而言，由于该行为主要在组织体形态的商主体中存在，而对于以团体主义为基础的组织体而言，程序就是保障组织体运行的基础，所以管理型附属商行为离不开程序。无论是通知、催告还是管理企业事务，都是一系列围绕程序而展开的行为活动，这也是现代商行为的一大基本特征。

（四）商行为与劳务行为辨析

有关商行为外延的界定还需要讨论的是商行为与劳务行为之间的关系。劳务行为是为获得工资报酬而从事的行为，这类行为也是追求

---

① 参见许中缘：《论意思表示瑕疵的共同法律行为——以社团决议撤销为研究视角》，载《中国法学》2013 年第 6 期；韩长印：《共同法律行为理论的初步构建——以公司设立为分析对象》，载《中国法学》2009 年第 3 期。

② 参见朱庆育：《民法总论》，北京大学出版社 2013 年版，第 133 页。

③ 参见吴飞飞：《团体法“私法评价体系”构建论——以决议行为为线索与纽带》，中国法学会商法学研究会 2016 年年会论文。

④ 参见叶林：《股东会会议决议形成制度》，载《法学杂志》2011 年第 10 期。

⑤ 参见徐银波：《决议行为效力规则之构造》，载《法学研究》2015 年第 4 期。

利益的行为,与以营利为目的的商行为具有一定的共通性。但是,劳务行为的根本目的仍是满足个人生活和消费需求,与商行为所追求的商业利润存在根本差异。[①] 所以劳务行为并不能被纳入商行为范畴。

综上所述,商行为的外延包括商主体的营业行为、商主体的附属营业行为、非商主体的营业行为与由法律规定的非商主体以营利为目的的行为。其中,由于商主体和非商主体都包括营业行为,所以可以将商行为的外延进一步概括为营业行为与附属营业行为,以及非商主体由法律规定的以营利为目的的行为。因此,对本书在讨论商行为的外延时所提出的三大问题可作如下回答:第一,非商主体的营业行为能纳入商行为范畴,非商主体以营利为目的的行为须有法律的明确规定才能纳入商行为范畴。第二,附属营业行为属于商行为。第三,关于商行为是否只能是法律规定的行为,本书认为,结合商行为的内涵与外延,对于商行为的认定应当采取弹性认定机制。

第五节 商行为的弹性认定机制

一、商行为弹性认定机制的概念

基于前文的分析,本书认定的商行为是以营利为目的的行为,包括营业行为与附属营业行为,还包括非商主体由法律规定的以营利为目的的行为。在该概念下,商主体和非商主体都能够成为商行为的主体,商主体的行为不都是商行为,只有营业行为与附属于营业的行为属于商行为,婚姻家庭等具有明显的民事伦理性的行为不属于商行为。所以商主体与商行为成立的是非充分非必要关系,商行为不都是商主体的行为,商主体的行为也不都是商行为。另外,商行为是商法上的行为,而非只是商法总则所规定的某一类商法上的行为。目前,中国因为没有商事基本法,所以商行为概念还只是法学概念,如果要将商行为概念确定为法律概念,那么建议法律采取如下表述:

---

① 参见解于申:《商行为概念与立法研究》,载《商法界论集》2018 年第 1 期。

第×条　商行为是指以营利为主要目的的行为。

商主体为其营业所实施的行为为商行为。商主体的行为，推定为为其营业实施的行为，但是有相关证据足以推翻的除外。

具体到各商行为，本书认为法律没有必要进行完全式列举，不过非商主体偶然实施的以营利为目的的行为除外，这类行为应当由法律完全列举，从而对非商主体以营利为目的的行为作出区分。具体而言，可以采取示例式列举的方式，将例如投机性买入又卖出、投机性卖出又买入、交易所的交易、商业证券的行为、网店行为、自媒体的获利行为等典型商行为罗列出来。除非商主体偶然实施的以营利为目的的商行为之外，法律无须列举其他类型的商行为，而应当采取弹性认定机制。客观上，法律也不可能将商行为完全列举，尤其是在现代商法理论中，完全列举商行为只会加剧商法的滞后性。对于商行为的认定，最佳的立法方式应当是法律以总括性概念确定商行为的基本内涵和外延，再由法官根据具体情况自由裁量行为主体的行为是否属于商行为，建立商行为的弹性认定机制。

所谓的商行为弹性认定机制就是由法律确定商行为的基本范畴，法官依据法律规定结合案件具体情况识别商行为的机制。

二、构建商行为弹性认定机制的意义

主张应当对商行为适用弹性认定机制，而不是以列举式的方式固定商行为的概念，主要是为了符合商行为的创新特征与风险特征。示例性列举方式虽然通常会以兜底条款的方式，保证商行为的开放性，但是以示例性方式罗列商行为也可能会出现法官过于依赖法律的列举，或者要求新型商行为必须与法条所罗列的商行为相类似而排斥新型商行为的局面。因此，最好的立法方式应当是直接规定商行为最本质的特征，并发挥法官造法的积极作用，以契合商行为的创新需求与追求风险的特性。

商行为的生命力来自其创新性。从传统的物物交易到如今的各种金融产品，从人类历史的角度来观察商行为的创新性，我们可以很清晰地发现，任何一个时期，即便在彼时看来已经能够相对周延地罗列所有商行为，经过几十年哪怕几年的发展，该周延性也会被突破。本章第三节也指出，创制一个鼓励商业创新的制度是中国商行为制度保持生命力的根本。所以，为了防止法律所界定的商行为始终滞后于商行为的发展，而使大量的商行为无法可依，必须以总括性立法的方式确定商行为的概念，平衡商法的确定性与开放性，最大限度地减小法律的滞后性可能引发的影响。

此外，商行为是追求风险的行为，让行为主体的行为被识别为商行为，除了能够使主体在符合条件的背景下享有超过民事主体的特权，如有限责任、破产等，还会给主体增加负担，要求主体遵守更高的注意义务、适用更高的违约责任等。所以，在商行为具有创新性的情况下，如果在商行为的认定上采用严格标准，那么该严格标准有可能会成为商行为主体规避法律义务的依据，从而使商行为的风险无法得到有效的控制，最终加大社会负担。所以从风险控制的角度出发，商行为的认定机制也应当弹性化。

最后，适用弹性化的认定机制还有利于保护每个人的营业自由。虽然在营业自由的影响下，世界各国或地区在商主体的认定上普遍都以强制登记为原则，任意登记为例外，但是商主体法定，也就是商主体的类型、组织形态等由法律所规定，行为人不得任意创设商法主体，依然是各国或地区商法的基本原则。在此背景下，并不是所有以营利为目的的行为主体都能符合商主体的条件。此时，如果在商行为的认定标准上，同样奉行严格主义，那么每个人的营业自由权利将受到减损。所以从贯彻落实营业自由原则的角度出发，商行为也应当适用弹性认定机制，保持一定的开放性。

当然，开放性的前提是确定性，即便奉行商行为的弹性认定机制，行为主体的行为要被识别为商行为也必须符合法律所规定的商行为概念，法官不能肆意裁量。所以商行为的弹性认定机制是在法律具有确定性的基础上为了实现商行为的开放性而确立的机制。

第三章　商行为与法律行为

关于商行为的理解，有一个无法回避的问题是商行为与法律行为的关系。这关系到商行为在法律体系中的定位，与商行为的立法走向相关；也关系到商行为法律特征的抽象，与对商行为概念的精准理解相关。

第一节　与商行为相关的概念

一、法律行为的概念缘起与分类

何谓法律行为，法理学者与民法学者的认识并不完全一致。受苏联法理学的影响，中国的多数法理学者认为法律行为是"一切能够产生法律效果之行为"，[①]称为"法律上的行为"似乎更为妥当。[②] 民法学者对法律行为的认识则多来自《德国民法典》，在德国民法理论中法律行为是民法法域的专属概念，[③]指的是"以发生私法上效果的意思表示为要素的行为"。[④] 中国《民法典》第133条采用的是"民事法律行为"的表达，并将之界

① 张文显主编：《法理学》，高等教育出版社2018年版，第140～142页。

② 参见朱庆育：《民法总论》，北京大学出版社2016年版，第98页。

③ 参见梁慧星：《民法总论》，法律出版社2011年版，第162页。

④ 王利明、杨立新、王轶、程啸：《民法学》，法律出版社2015年版，第87页。

定为“民事主体通过意思表示设立、变更、终止民事法律关系的行为”。中国《民法典》的做法沿袭了原《民法通则》,“民事法律行为”属于原《民法通则》在世界范围内的首创。这与法学理论逐渐将“法律行为”引申为法学理论概念有关,其目的在于区分法域。[①] 在将法律行为视为具有法律意义的行为的观点中,法律行为既包括民事法律行为,还包括检察机关的公诉行为、行政机关的行政行为等。[②]

法律行为于中国而言是“舶来品”,如果对法律行为的概念进行历史溯源,那么回归到德国创造“法律行为”的历史语境中,我们将得出法律行为是私法自治的工具,指的是“私人的、旨在引起某种法律效果的意思表示”。[③] 也就是说,法律行为应当属于民法特有的概念无误。但是就像“苹果”这一名词的含义,随着苹果公司的推广而具有了“水果”之外的指代该公司的新内涵一样,词汇的含义并非一成不变,而是随着社会实践发生变化。在中国接受德国理论的过程中,中国法学理论已经普遍将法律行为解释为“作为法律主体的公民、法人、机构及国家所实施的以权利和义务为内容的具有法律意义的行为”;[④]在立法层面,中国也采取了区分法律行为的立场。因此,没有必要固守德国创造“法律行为”这一概念时对其赋予的含义,而应当结合现实的发展,对“法律行为”概念作出认定,即将“法律行为”理解为“一切能够产生法律效果之行为”更为妥当。如此一来,法律行为就不只包括民事法律行为,还包括行政法律行为、商行为等。下文将重点分析商行为与行政法律行为、民事法律行为的区别。

二、自治的商行为与强制的行政法律行为

行政法中的行为一般称为行政行为,但是对于行政行为与行政法律行为的关系,学界并未形成统一的认识。有观点认为,行政行为就是

---

① 参见梁慧星:《民法总论》,法律出版社 2011 年版,第 161 页。

② 参见朱庆育:《法律行为概念疏证》,载《中外法学》2008 年第 3 期。

③ [德]迪特尔·梅迪库斯:《德国民法总论》,邵建东译,法律出版社 2000 年版,第 143 页。

④ 李龙主编:《法理学》,武汉大学出版社 2011 年版,第 373 页。

行政法律行为的简称；[①]也有观点明确指出，行政行为既包括行政法律行为也包括行政事实行为，行政行为不是行政法律行为的简称，[②]行政法律行为主要是具体行政行为。[③] 行政行为究竟是否等同于行政法律行为不是本书讨论的焦点，本书所要研究的是同为法律行为范畴的行政法律行为与商行为之间的关系，所以下文将直接使用行政法律行为以表示具有法律行为性质的国家行为。

具体来说，虽然都有"旨在引起某种法律效果的意思表示"，但商行为与行政法律行为的显著区分在于前者主要是自治的行为，法律依据是个人利益与社会公共利益交织的商法；后者是带有强制性的行为，法律依据是有关国家利益和社会公共利益的公法。以行为的主体为标准进行区分，商个人实施的是个人商行为，具有独立性与分散性；商事组织实施的是集体型商行为，具有共同意志性和组织性。行政法律行为代表的是国家意志，是国家机关及其工作人员在国家意志的支配下代表国家所实施的行为，具有国家意志性和强制性。[④] 在行政法律行为当中，法律效果依据行政机关单方面之意思表示而发生效果，也就是单方法律行为；商事法律行为则大多需要经过磋商，大多为双方法律行为。这与行政法律行为的本质是国家管理行为有关。在行政法律行为当中，当事人并不具有平等地位，而是体现为管理与被管理的关系。因此，商行为中的法律行为与行政法律行为有着较为显著的区别：一是当事人的地位不同；二是商行为有自治的要素，行政法律行为则体现为强制性。

三、商法自治的商行为与意思自治的民事法律行为

（一）商行为与民事法律行为的内涵区别

就内涵而言，与行政法律行为相比，商行为的核心特征在于商行为

---

① 参见张春荣：《行政行为概念的反思与重构》，载《西南政法大学学报》2004 年第 2 期。

② 参见王军旺、王美群、崔华：《对"行政法律行为"概念探讨》，载《行政法学研究》1997 年第 2 期。

③ 参见余军：《"行政处分"与"民事法律行为"之关系——作为规定功能的法概念》，载《法学》2007 年第 7 期。

④ 参见李龙主编：《法理学》，武汉大学出版社 2011 年版，第 378 页。

是平等主体之间的自治行为，但是如果与民事法律行为相比，商行为的核心特征体现在商行为是受制约的自治行为，而民事法律行为则是自由的意思自治行为。民事法律行为理论和制度起源于罗马法，它是此后民法乃至私法制度的核心内容之一。这一制度的本质展现了意思自治的立法精神，制度构成的两大要素是意思表示和法律效果。民事法律行为制度的诞生背景是文艺复兴，制度目的是彰显个人自决。[①] 具体而言，民事法律行为制度的创设是为了摆脱封建君主、领主制度与教皇制度对人的“自由意志”与“自由选择”的剥夺，使人作为个体成为世界的中心，在私法中获得终极地位。因此，民事法律行为制度根本上是个人主义的制度。为了防止封建势力复辟，个人主义排斥介于国家与个人之间的团体，[②]尽管《德国民法典》承认法人的民事主体地位，但是也只是将法人视为自然人的拟制。在该背景下，民事法律行为主要是为了个人自由决定其行为而创设的，在人与人之间的交往中，民事法律行为制度彰显的是个人与个人之间的磋商，个人对自己行为的决定，即意思自治。这样的民事法律行为制度所体现的是一种个人化的法律意识。也就是说，民事法律行为是个人基于个人独特的社会经历、社会实践所产生的感受、体验、意见而实施的行为，体现了个人的个性品格。民事法律行为的实施过程是个人意识的外化过程，民事法律关系的成立是双方意思交换与磋商的结果。因此，民事法律行为主要体现为意思表示行为，是个人的意思自治。简言之，在特定的历史背景下，民事法律行为制度的任务是扫清封建势力，所以民事法律行为制度的根本特征是追崇个人的自由与权利的保护。民事法律行为制度是一套关于个人自治的制度。

同样在法律行为层面，商行为则是一套关于群体自治的制度。群体以个体为基础，群体自治是群体内的个体与个体、群体与其他群体相互作用的产物。在群体当中，群体的意识以个体的意识为基础，但是个体的意识受它所属的群体意识制约和影响。[③] 从商人诞生至今，商行为

---

① 参见薛军：《法律行为理论在欧洲私法史上的产生及术语表达问题研究》，载《环球法律评论》2007 年第 1 期。

② 参见梁慧星：《民法总论》，法律出版社 2011 年版，第 118 页。

③ 参见李龙主编：《法理学》，武汉大学出版社 2011 年版，第 370 页。

就在商人个体意识的基础上遵循着商人群体自治,即商法自治。商法自治在意思自治的基础之上,融入了强制性规则,尊重商事惯例和商事规则治理的理念。商法自治介于意思自治与公法强制之间,是一种独特的法律存在。中世纪早期的商人以行会或商会为单位实施自治,现代商人借助于商法与商事习惯法实施自治。在商行为的实施中,商人可以自由决定自己的行为,但是该行为受到国家立法、行会规约或商人群体的制约。商法虽然是私法,但是商法运用了大量的强制性规范实行国家干预,这是国家立法对商人自由意志的制约。在没有国家立法的情况下,商人也受到行会规约的制约。“凡是有行会的地方,行会又是立法团体。”①“商会立法不仅仅是一些公认的规则,它更是一部适用于全体的特别法,它属于共同法之外商事领域的特别法。”②在新兴的商业领域,国家立法和行会规约都尚未建立的情形下,商行为也不享有绝对的意思自由,而是受到商人群体的制约,主要是来自竞争者的制约,也包括上下游商人的制约。但是,商人群体的制约以商业伦理为指引,所以并不都以有利于社会发展为目标,更多的是对利益最大化的追求。以平台企业的出现为例,最早的外卖平台企业“饿了么”出现后,“百度外卖”“美团外卖”“达达配送”“口碑外卖”“滴滴配送”等相继出现,为了抢占市场份额,这些外卖平台频繁地进行商业运作,不断开拓外卖服务的同时激烈地展开商业斗争,彼此制衡对方的野蛮发展。通过不断向消费者发放补贴的方式,“饿了么”和“美团外卖”成功地挤占了其他外卖平台的市场份额,形成双霸竞争的局面,但两大平台仍处于相互竞争相互制约的情形。总的来说,在商业从兴起到发展再到完善的过程中,商行为的实施往往无法通过商人绝对的意思自由实现,而是会经历商人群体的制约(新兴商业领域兴起期)—行会或商会的制约(商业模式扩张期)—国家立法的制约(商业模式完善期)。相比较而言,国家立法的制约背后彰显的是社会公共利益对商行为自决的限制,该限制的程度最高;行会规约的制约背后彰显的是行业利益对商行为自决的限

① [美]伯尔曼:《法律与革命》,张志铭译,中国大百科全书出版社 1993 年版,第 481 页。

② [英]梅特兰等:《欧陆法律史概览:事件,渊源,人物及运动》,屈文生等译,上海人民出版社 2008 年版,第 133 页。

制，该限制程度居中；商人群体的制约背后彰显的则是竞争者对商行为自决的限制，该限制程度较低。因此，商行为是私法自治的行为，但更是被限制的行为；对商法自治的诠释应当凸显自治的成分，但不应该忽视限制的因素。从这个角度出发，奉行商法自治的商行为与奉行私法自治的民事法律行为有着根本的不同。至于两者为何会形成如此差异，这与商行为与民事法律行为所具有的不同历史发展轨迹有关，详细内容将在本章第三节展开。

（二）商行为与民事法律行为的外延区别

就外延而言，商行为是一种“独立的、有偿的，包括不特定的多种行为的、向外公示的行为”。[①] 对于商行为的外延，理论没有形成完全一致的认识，目前的理论研究成果围绕商行为与民事法律行为关系的不同认识，大体上可以分为两种立场。立场一：商行为属于民事法律行为的一种，由“法律行为”或“民事法律行为”概念统摄，私法上的法律行为分为民事法律行为和商事法律行为。[②] 该立场认为商行为的外延就是法律行为，不包括事实行为。[③] 立场二：商行为与民事法律行为不是种属关系，法律行为不是商行为的上位概念，商行为是独立于民事法律行为之外的法律现象。虽然意思表示理论在大多数情况下可以解释商行为，但是意思表示在商行为中并不具有绝对的统治地位。商行为具有客观性，只要存在某种外观事实，也可以认定商行为的存在。[④] 该立场认为商行为的外延除了法律行为，还包括准法律行为，如召集股东会会议的通知、要求支付货款的催告等；事实行为，如将原材料与半成品加工为商品的行为等；决议行为，如公司股东会决议、董事会决议等；以及企业的自主经营行为、票据行为等。[⑤]

本书认为，商行为指的是商主体实施的营业行为以及一般民事主

---

① ［德］C. W. 卡纳里斯：《德国商法》，杨继译，法律出版社 2006 年版，第 36 页。

② 参见施天涛：《商事法律行为初论》，载《法律科学（西北政法大学学报）》2021 年第 1 期。

③ 参见苗延波：《商事行为概论》，载《甘肃政法学院学报》2008 年第 6 期。

④ 参见叶林：《商行为的性质》，载《清华法学》2008 年第 4 期。

⑤ 参见马建兵：《民法典背景下法律行为制度在商事行为中的除外适用》，载《甘肃社会科学》2017 年第 2 期。

体实施的营业行为与投资行为。[1] 为了经营以营利为目的的营业，商行为除了商事交易等法律行为，还包括商主体设立行为、商事管理行为、设置商事账簿与报表行为等。这些行为不是表意行为，有关意思表示的法律规则，例如行为能力、效力瑕疵等无适用余地，但却是商行为的重要组成部分。因此，商行为与以意思表示为要素的民事法律行为不是种属关系，从外延看，商行为的外延大于民事法律行为的外延。德国学者考夫曼在其著作《法律哲学》中将法律上的行为分为合法行为和违法行为，其中合法行为包括法律行为、准法律行为和事实行为。[2] 准法律行为是无需法效意思之表示行为，法律效果由法律直接规定。事实行为是法律效果直接由法律规定而与行为人意志无关的行为。事实行为属于合法行为的子类别是德国通说，但中国多数学者认为事实行为不一定是合法行为，侵权行为也属于事实行为。[3] 不过事实行为是否必须是合法行为也不是本书讨论的内容，本书关注的是事实行为是法律行为的相邻概念。因为，商行为除了包括法律行为，还包括大量的事实行为。[4] 商主体的日常经营管理等行为大多属于事实行为。

认为商行为由民事法律行为统摄，在商行为之外又单独提炼商事法律行为概念的观点值得商榷。首先，商事法律行为并非独立于商行为之外的存在，“商事交易行为”“商事合同行为”等都是商行为中代表商事法律行为的概念，商事法律行为就是商行为的重要内涵之一，商行为并非只是商事事实行为。其次，商行为与民事法律行为有独立的发展史，历史上的民法典与商法典是平行制定，不存在民事法律行为之下还有商行为。混淆民事法律行为与商行为关系是对历史的误解，也无益于商行为制度的发展。提炼商事法律行为概念的确有助于强调同样是意思表示行为，商法与民法的法律原则与法律规则存在重要差异，前者是受限制的自治，后者是自由的自治，不可将民事法律行为的规则简单套用在商事法律行为之中。但商事法律行为的概念本就包含在商行

---

① 参见范健、王建文：《商法基础理论专题研究》，高等教育出版社 2005 年版，第 350 页。

② 参见［德］考夫曼：《法律哲学》，刘幸义等译，法律出版社 2004 年版，第 156～157 页。

③ 参见朱庆育：《民法总论》，北京大学出版社 2016 年版，第 83 页。

④ 参见刘凯湘：《商事行为理论在商法中的意义与规则建构》，载《法治研究》2020 年第 3 期。

为之中，不具有与商行为平行的地位。

如果对照理论通说将民事行为分为民事法律行为、民事事实行为与准民事法律行为的做法，那么商行为既包括商事法律行为，也包括商事事实行为、商事准法律行为等，并且商事法律行为注重外观，具有客观性，与民事法律行为的意思表示适用规则存在差异。如果从商行为自身理论出发，商行为应当包括章程行为、决议行为、对内经营行为、合同行为。有关商行为的分类，将在本书第四章详细展开。因此，商行为与民事法律行为是各自独立又相互交织的关系。

总的来说，商行为与行政法律行为相比是自治的行为，与民事法律行为相比是受限制的行为，商行为是集自治与限制于一体的法律存在。民事法律行为强调私法自治、意思自治；行政法律行为强调公法行为和法律强制；商事法律行为强调习惯行为的惯例行为和法律行为的约定俗成，是对民事法律行为的修改和重新调整。商事法律行为的限制弱于行政法律行为的国家强制，是从社会公共利益出发对商人自治的限制；商事法律行为的自治高于民事法律行为的自治，商事法律行为往往以突破现有法律规定进行机制创新为表现形式，所以商事法律行为是独特的法律现象。鉴于商行为在现行法律体系中被依附于民法体系，商行为与行政法律行为因属于不同的法域而较易被区分，所以下文将主要就商行为与民事法律行为的区分展开进一步分析，包括区分商行为与民事法律行为的意义与原因。

第二节　区分商行为与民事法律行为的意义

本书第一章第二节系统论证了区分民商法的现代意义，该部分内容为区分商行为与民事法律行为的意义提供了重要的支撑。为避免重复，本节将主要就区分商行为与民事法律行为的制度意义展开论述。

一、确立失落的商法自治理念

民法的全部理论建立在私法理论基础之上，私法强调个人意识，强调个体意识的独立性，强调意识行为，合法的意识行为导致相应的法律后果,强调意识与行为的关系。清晰的自我意识、独立思考构成了意思自治,意思自治是私法自治的精神、本源和基础,是民法的制度价值所在。民事法律行为理论创建的核心意义,在于确立私法自治的原则。私法自治是相对于公法强制而存在的现代民主社会治理的一种法律理论体系。民主精神自古希腊雅典就已诞生,私权理念也已出现,其上升到理论并形成成熟的制度经历了 2000 多年的历史演变,形成了近代社会以个人权利为核心的私法自治理念,该理念与其说是法治理念不如说是政治理念。该理念是民族精神在法律层面的落实,强调的是人权、个人意志;也是民主与专制、个人权利与君主强权长期博弈的结果或产物,是社会进步的根本性标志。虽然东方社会也存在过对个人权利和个人意识的推崇,但私权理论始终没有能够成为对社会有影响的主导意识。东方社会向现代化转变很重要的一个方面是民主意识的觉醒,个人权利、个体意识理念的形成。传统与现代的冲突、东方与西方的冲突在表现形式上依然没有能够摆脱公权与私权的对立、国家强权与私权自治的对立。

这种对立在西方社会演变的历史中经历了 2000 年,西方社会在向现代社会转变的过程中,除了私权理论获得了极大的胜利,还产生了商人理论、商行为理论和商事权利制度,这些理论和制度是对介于个人权利和国家权力之间的法律权利的创造。虽然我们引进了西方的商事法律,但是我们在理论上仍然缺乏对在私权与公权之间存在的第三方的法律权利即商事权利的充分认知——在私法自治与公法强制之间,缺乏对商法自治的认知;在私权自治与公权强制之间,缺乏对商人自治的认知。商法自治是建立在私法自治基础之上,融入了公法强制,尊重惯例和规则治理的理念,更加突出了依法治理。既尊重个体的自由权利,又维护政府的干预特权,将二者平衡建立在法律规则基础之上就是商法。但是长期以来,我们或者片面地强调个体的自由,或者片面地强调国家的干预,寻求两者的平衡始终难以找到支撑的基点,其中很重要的一个原因是我们始终没有对现代商法的自治价值予以充分的研究和认识。没有自由和自治就没有竞争和创新的源泉和动力,就没有商业的发展;但是不受约束的自由则成为放纵,会破坏有序竞争和抑制创新,会导致商业成为唯利是图的工具。商法自治维持了私法自治的本质,维护了商人的创新的精神，同时借助遵守商事惯例，实现了对私权任意性的约束和干预，承继了私权行为中具有生命力和公信力的行为模式和价值精华。区分商行为与民事法律行为是提炼并建构以商法自治为核心的商行为理论的基本前提，因此，建构商法自治理论，区分商行为与民事法律行为势在必行。

二、正视商行为与民事法律行为的不同

区分商行为与民事法律行为的意义除了体现在宏观层面有助于提炼商法自治理论，还体现在商行为与民事法律行为从价值理念到行为内容再到法律规则都存在较大的差异，有助于彼此适用不同的法律。[①]

（一）价值理念不同

商事法律行为是投机性行为，民事法律行为是生存性行为，前者以营利和经营为关键要素，后者以满足生活需要为出发点。商事法律行为是以营利为主要目的，合理运用有限资源的市场运行机制，[②]所以商事法律行为关注“收益”。而民事法律行为的目的都与生活需要相关，婚姻家庭行为、消费型合同等都是生活性消费，而非投机性行为，这也导致民事法律行为在行为理性方面更加强调公平性，强调权利的圆满状态，关注“所有”。在民事法律行为的调整中，为了追求个案的公平，维护道德伦理，民法的各项制度并不关心其法律调整手段是否会损害市场交易秩序。这对要求市场交易秩序稳定的商事法律行为是灾难性的，商法对商行为的调整恰恰不惜以牺牲个案的公平为代价以维护市场交易秩序的整体稳定和效益。[③]

（二）行为内容不同

商事法律行为以交易传统商品与货物及新型金融产品为对象，民事法律行为则包括人身关系和财产关系的变动。换言之，民事法律行

---

① 参见刘凯湘：《商事行为理论在商法中的意义与规则建构》，载《法治研究》2020年第3期。

② 参见冯果、卞翔平：《论私法的二元结构与商法的相对独立》，载王保树主编：《中国商法年刊》，法律出版社2003年版。

③ 参见马建兵：《民法典背景下法律行为制度在商事行为中的除外适用》，载《甘肃社会科学》2017年第2期。

为除了财产法律关系还包括人身法律关系的内容,商主体虽然也具有商号等商事人格权,但是在商事法律行为领域,商事人格权是以财产为基础的权利,其人格特征只是附属性的,财产才是其本质属性,商号也是商事交易的标的物,因此某种程度上人格在商事法律行为中也属于可交易的范畴。人格在民事法律行为领域则不可转让,至于近些年民事领域兴起的具有一定财产特征的形象权,则同样没有突破民事法律行为中人格不是交易标的物的基本原则。形象权又称为商品化权,是为了保护名人肖像、姓名,以及作品中的角色形象等人格权不被商品化使用而兴起的理论学说。与"民法的商法化"相类似,该权利是商法对民法的渗透。商品化权只是丰富了人格权的内容,并没有使人格权具有可转让性,商品化权的出现是商事法律行为在私法体系占据主导地位,从而导致民事法律行为理论修正的最佳体现。[①]

(三)法律规则不同

商事法律行为与民事法律行为存在区别的最大体现是法律规则的差异。可以认为,法律规则的不同是商事法律行为与民事法律行为分化的根本原因,对商行为独立性持反对意见的学者就多以商事法律行为规则无法分离于民事法律行为规则体系为论据。然而,两者在具体的法律规则方面有很大的区别。

1. 行为类型的规定不同

商事法律行为以定型化为特征,所以商事法律行为类型的规则对商事法律行为具有重要意义,然而民商事行为在行为类型划分上就存在不同。对于商事法律行为的类型,有形式意义商法的国家基本都以列举加兜底的方式确定商行为的范畴,《法国商法典》包括再销售动产和不动产的购买行为、加工制造行为、提供服务的行为、票据行为及股份买卖行为;《韩国商法》包括动产、不动产、有价证券买卖、信贷、票据、金融交易等21种行为。[②] 依据本书的定义,商事法律行为的类型包括营业行为、附属营业行为,还包括企业管理行为中的法律行为等。民法典对民事法律行为的规定则多以抽象性立法技术为主,中国《民法典》

---

① 参见范健、王建文:《商法基础理论专题研究》,高等教育出版社2005年版,第66页。

② 参见任先行:《商法原论》(上),知识产权出版社2015年版,第840~841页。

就只在第 133 条指出“民事法律行为是民事主体通过意思表示设立、变更、终止民事法律关系的行为”。从中国《民法典》分则各编来看,民事法律行为包括物权行为、合同行为、婚姻家庭行为、继承行为和侵权行为,与商事法律行为的分类相去甚远。

2. 行为效力判断标准不同

这里涉及意思表示规则问题。商事法律行为重效率,所以在意思表示规则上重外观。外观在商事法律行为效力判断上具有重要地位,商事法律行为的效力判断就是以登记、公示及其他外在表现形式为主要依据的。[①] 这就意味着法官不得轻易判定某商行为不是商主体的真实意思而直接宣布交易无效或撤销交易。[②] 民事法律行为则注重对当事人内心真实意思的追求,《民法典》第 146 ~ 151 条都是真意追求的各种规则,如果适用于商事法律行为领域,非但不符合商事交易的特征,还会破坏商事交易的安全性。因此,行为效力规则的不同是商事法律行为的要求。

3. 行为责任判断标准不同

商事法律行为的责任比民事法律行为的责任严格。商事法律行为中有较多的推定,推定共同债务人存在连带关系、推定约定的违约金与损失相当、推定连带保证责任等。民事法律行为责任则强调填补损失,过错责任是原则,无过错责任是例外,举证责任上也以“谁主张,谁举证”为基本原则。

4. 买卖行为规则的不同

商事法律行为和民事法律行为最大的重合在于买卖,然而在买卖规则上,商事法律行为与民事法律行为的区别也泾渭分明。首先,商事法律行为与民事法律行为的交易标的物有所不同。商事法律行为交易标的物除了商品与货物还有金融产品,民事法律行为则只有前者。并且商事法律行为的客体具有种类化的特征,是以一定标准生产的批量

---

① 参见蒋大兴:《论民法典(民法总则)对商行为之调整——透视法观念、法技术与商行为之特殊性》,载《比较法研究》2015 年第 4 期。

② 参见叶林:《商行为的性质》,载《清华法学》2008 年第 4 期。

化、规模化的商品；而民事法律行为的客体往往是特定物。[①] 在交易标的物的属性方面，民事法律行为的交易是财产的交易，强调财产的独立性即“一物一权”；商事法律行为交易既包括财产的交易，也包括具有人格特征的财产交易，如字号、商号，还包括人格的交易，如企业的买卖、股权的转让、公司的收购兼并等。与此同时，商事交易标的物还追求“集合性”，也即强调财产的集合性和有机体性。营业转让就是以一个集合进行的财产转让，其财产价值远大于单个财产价值的相加。在交易以集合性财产为标的物时，商事法律行为规则也不同于民事法律行为规则，诸如营业转让要求转让人承担竞业禁止义务等。其次，对于有关标的物的瑕疵检验与通知规则，商事法律行为与民事法律行为也存在差异。在商事法律行为中，行为人必须及时检验并且负有更高的注意义务。[②] 再次，商事法律行为买卖强调交易的持续性，存在交互计算规则；民事法律行为则要求买卖即时成交，因此民事法律行为规则体系中没有交互计算的规则。最后，商事交易以发达的信用金融工具为依托，所以有大量关于金融工具的技术性规则；民事法律行为主要以货币为结算工具，较少涉及金融结算的规定。

5. 其他行为规则的不同

首先是物权行为规则的不同。商事法律行为允许企业基于营业产生的债权债务行使留置权，民事法律行为中仅在同一法律关系中允许留置。其次是代理行为规则的不同。民事委托通常为无偿委托，商事委托通常为有偿委托，且商事代理权不因本人死亡而当然消灭。商事代理除了委托型合同，还包括商事领域专有的行纪行为、居间行为等。法定代表人、经理人更是商事代理独特于民事代理的法律存在。[③]

6. 诉讼时效规则不同

《民法典》第 188 条规定民事权利诉讼时效期间为 3 年，修改了原

---

① 参见冯果、卞翔平：《论私法的二元结构与商法的相对独立》，载王保树主编：《中国商法年刊》，法律出版社 2003 年版。

② 参见施天涛：《商事法律行为初论》，载《法律科学（西北政法大学学报）》2021 年第 1 期。

③ 参见张谷：《从民商关系角度谈〈民法总则〉的理解与适用》，载《中国应用法学》2017 年第 4 期。

《民法通则》2 年诉讼时效的规定，对诉讼时效的延长体现了民法重交易稳定性的价值追求。但商事法律行为重效率，时间是商事法律行为的生命，短期诉讼时效是商事法律行为的基本规则，主动放弃诉讼时效利益的商事纠纷更是见怪不怪。

因此，民事法律行为与商事法律行为从价值理念再到行为内容以及最重要的法律规则都存在根本差异。《民法典》总则编第六章"民事法律行为"所规定的内容只能部分适用于商事法律行为，更多的内容诸如第 146～151 条对真意保护的规则、第 157 条关于行为无效的规定等都不能适用于商事法律行为。对商事法律行为规则的构建应当从商事法律行为自身特性出发探寻规则体系。以民事法律行为制度调整商事法律行为的不足与缺陷将在下文进一步展开论证。

第三节　商行为与民事法律行为的不同历史走向之民事法律行为制度的时代局限性

民事法律行为与商行为之所以存在诸多不同，究其根本是因为在民事法律行为之外诞生的商行为，有其自身的发展规律。商行为最初是民法之外的存在。[①] 商人的生存标准从一开始就与自然人的生存标准不一样，商人创造了交易的标准，即交易惯例，这些惯例是商人的行为基础，即商行为的意思要求和能力基础。只有从理论上厘清民商行为形成机制的差异，才能合理构建相应的制度。

一、民事法律行为规则的建构是一部关于意思自治的诞生史

"民事法律行为"（Rechtgeschafte）这一术语在中国是外来概念，该术语由德国学者创造，是 17～18 世纪德国在罗马法复兴过程中所形成的理性法或自然法理论的产物。民事法律行为理论完全超越或者可以说完全改造了罗马法对合同的定义，其结果是合同概念的历史性断

① 参见叶林：《商行为的性质》，载《清华法学》2008 年第 4 期。

裂。[1]“民事法律行为”是意思自治的产物,但无论是罗马法中的契约,还是法国法中的合同,均不关注个体的意思,是德国理论与立法使个人的意思被推崇至上,民事法律行为制度也由此成为意思自治的制度。

(一)从罗马的契约理论到法国的原因合同:不受重视的意思

合同是逐渐出现的概念,在早期的罗马法中只有契约,更准确地说是债的概念。在罗马法中,契约与合意无关,或者应当说不是所有的契约都需要合意,契约只是债的别称,契约对应的是市民法债,具有强制执行力。与市民法债对应的是自然法债,自然法债不能得到市民法的承认和保护,但是如果债务人主动清偿,则清偿后债权人有权拒绝返还。现代合同概念所主张的合意,在罗马法中被称为简约,指的就是“两个或两个以上当事人就共同感兴趣的事务达成的合意”。[2]简约在罗马法中属于自然法债,不产生履行给付的义务,不具有诉权,仅产生抗辩,所以其又被称为“裸体简约”。不过,在极个别情况下,裁判官与皇帝会特别允许简约提起诉讼,从而成为“穿衣简约”。随着这样的情况逐渐增多后,简约与契约的界限变得模糊。

于是中世纪的法学家开始重构契约的概念。他们创造出原因理论,以原因衔接简约和契约并将之上升为普遍的基本原则:只有“穿衣”的协议才有诉权,“原因”就是“衣服”,即只要具备原因,简约就是可以受到诉权保护的契约。中世纪法学家的原因理论被法国法系的国家所接受,原因成为合同具有效力与拘束力的正当性基础。在法国近代民法理论中,原因是当事人订立合同的目的,原因理论并不关心对当事人心理状态的个别研究,原因具有客观性,相同类型的合同,都具有相同的原因。[3]将主观动机纳入法律范畴进行考虑,是现代法国民法实践发展后的产物。不过,法国法的原因理论拒绝只考虑粗糙的“意思”,虽然2015年法国在其所提出的修改合同法总则的目标中,有意废除原因作为合同生效的四个要件之一,但是学者普遍认为以原因判断合同生效

---

① 参见徐涤宇:《合同概念的历史变迁及其解释》,载《法学研究》2004年第2期。

② [意]桑德罗·斯奇巴尼选编:《契约之债与准契约之债》,丁玫译,中国政法大学出版社1998年版,第291页。转引自徐涤宇:《合同概念的历史变迁及其解释》,载《法学研究》2004年第2期。

③ 参见戴孟勇:《法律行为与公序良俗》,载《法学家》2020年第1期。

的路径依然存续,[①]法国仍然更加关心的是当事人订立合同的目的,而不是当事人通过合同所希望达到的最终目的。前一个目的又被称为“近因”,具有客观性;后一个目的又被称为“远因”,具有主观性。客观原因用于保护个人利益,主观原因用于保护社会利益,通常主观原因被用于判断行为人是否违反公序良俗的问题。不过由于主观原因在定型化交易中通常不被考虑,所以主观原因通常在涉及伦理道德问题的合同中发挥作用。

因此,无论是在古罗马时期还是在近代的法国民法中,意思在契约与合同中并不具有重要的地位。在古罗马时期,由于契约是债的别称,所以契约可以直接基于法律规定产生,不是所有的契约都需要合意。在近代法国民法中,当事人的动机,也就是通过合同所达到的目的也不具有法律意义,法律关心的是当事人承担债务的原因,包括清偿原因、赠与原因、信用原因等。[②]

(二)超越历史的德国创造:以意思自治为核心的民事法律行为

然而,同样在推行罗马法复兴的德国,并没有走向与法国法相同的道路,而是独创性地基于法律科学,以意思自治为原理,开创了“民事法律行为”概念体系。“民事法律行为”概念与其说是对罗马法合同理论的继承,不如说是文艺复兴时期,德国自然法学派为了保护个人自由,防止国家对个人自由和权利的侵犯,而以自由为基本公理创建的。民事法律行为制度的诞生是为了扫除封建专制与教会制度对人的禁锢,是为了实现人的自由,是为了使个人意志成为制定法体系的核心。

欧洲社会进入中世纪后长期占据统治地位的是以封建庄园为单位的自然经济,世袭分封制是社会的组织原则,所以个人在法律上没有自主决定的空间。个人在社会所能享有的权利完全取决于个人的身份,而与个人的决定无关。[③] 文艺复兴后,欧洲的精神领域发生了颠覆性变化,法的原因由神过渡到人,理性主义勃兴,人被设想为理性的存在和

---

① 参见[法]威廉·维克尔:《原因的废除及其替代方案》,刘骏译,载《南京大学法律评论》2019 年第 1 期。

② 参见徐涤宇:《合同概念的历史变迁及其解释》,载《法学研究》2004 年第 2 期。

③ 参见薛军:《法律行为理论在欧洲私法史上的产生及术语表达问题研究》,载《环球法律评论》2007 年第 1 期。

载体,法律的主体制度被重构,[1]人成为世界的中心,在私法关系中具有终极地位。个人主义成为私法立法的精神品性。[2] 哲学家们积极地主张具有道德伦理意义上的人必须能够主宰的行为,“个体的自由意志与自由选择”被认为是人具有道德伦理主体性的基本依据。[3]

“民事法律行为”的概念就是自然法学派和理性主义共同作用的结果。中世纪后期,自然法成为思想启蒙和政治革命的武器,自然法主张打破教会权威,该学派认为“只有人才是自由的,也只有人才能将其意图和所欲转化为行为;同时,只有在某人基于理性以其意思开展活动时,才能称之为行为,即,只有由理性人的意志引导的活动,才是构建其世界的行为。行为是自由的表达,是可归责于某人的一项活动”。[4] 自然法学派认为合同是意思表示的互换,是与个人自由有关的制度。该理论被 1794 年德国《普鲁士普通邦法》完全接受。自然法学派关于行为与合同的解释完全抛弃了中世纪的合同原因理论,同时也超越了罗马法的契约理论,为德国“民事法律行为”理论的形成奠定了基础。此后,在理性主义的影响下,以潘德克顿学派为代表的学者在德国掀起了构建法律概念体系的热潮,并最终推动了“民事法律行为”概念的形成。

现代意义上的“民事法律行为”一词最早由胡斯塔夫·胡果在 1805 年《日耳曼的普通法》一书中介绍罗马法中的“适法行为”时所使用,但真正将“民事法律行为”作为概念使用并提出现代民法学意义上的法律行为概念的是胡果的学生海瑟。[5] 他在 1807 年的《民法概念——潘德克顿学说教程》中,首次将民事法律行为概念的内涵解释为设权意思表示行为。[6] 此后,萨维尼在海瑟的基础上创立了民事法律行为的完整理论体系,主张“行为人为创设其意欲的法律关系而从事的意

---

① 参见徐国栋:《民法哲学》,中国法制出版社 2015 年版,第 18 页。

② 参见吴飞飞:《论中国民法典的公共精神向度》,载《法商研究》2018 年第 4 期。

③ 参见薛军:《法律行为理论在欧洲私法史上的产生及术语表达问题研究》,载《环球法律评论》2007 年第 1 期。

④ 徐涤宇:《法律行为概念的缘起及其精神气质》,载《南京大学法律评论》2004 年第 2 期。

⑤ 参见徐涤宇:《法律行为概念的缘起及其精神气质》,载《南京大学法律评论》2004 年第 2 期。

⑥ 参见马俊驹、余延满:《民法原论》(第 4 版),法律出版社 2010 年版,第 179 页。

思表示行为称为民事法律行为”。[①] 在海瑟看来，意思表示是民事法律行为的属性，在萨维尼的理论中意思表示则是民事法律行为的同义词。[②]

作为一个人为的概念，德国用“民事法律行为”来概括所有的意思表示。有观点认为，“民事法律行为”概念具有较好的体系化价值，但是否有必要将民事法律行为、意思表示、合同和要约进行区分是个问题，从私法的社会秩序来看，该概念不是非常有用。[③] 本书无意讨论民事法律行为制度的存废。仅从民事法律行为的产生来看，它是德国为了打破中世纪的黑暗，追求个人自由而由法学家创造的结果，该概念不仅从根本上突破了罗马法的契约理论，也抛弃了中世纪的原因理论。所以，虽然萨维尼也强调法是通过习俗和民众信念产生的，但是他也说了法律是由法律科学产生，是法学家制定出来的。[④] 民事法律行为虽然来自对实践所存在的行为的总结，但的确也是法学家抽象的结果。没有法学家的创造，就不会有“民事法律行为”这一超越了所有历史相关理论的抽象概念。

总之，民事法律行为概念与理论源于意志，民事法律行为制度是“意思自治”的代称，意思自治在文艺复兴时期是德国推动社会走出中世纪封建制度、实现个人自决的法律创造。

二、商行为规则的演变是一部关于商法自治的发展史

与“民事法律行为”理论的产生史截然相反的是商行为理论的诞生史。德国有商法典也有商行为概念，受民事法律行为理论的影响，德国法认为只有商人的民事法律行为属于商行为，但这也只是德国的做法。同一时期的法国在没有民事法律行为概念的背景下，就不认为商行为只包括意思表示的行为。此外，大量借鉴了德国立法的日本，在引进了民事法律行为制度的背景下，也未将商行为限制在法律行为之下。归

---

① 龙卫球：《民法总论》，中国法制出版社 2001 年版，第 475 页。

② 参见谢鸿飞：《论法律行为概念的缘起与法学方法》，载《私法》2003 年第 1 期。

③ 参见谢鸿飞：《论法律行为概念的缘起与法学方法》，载《私法》2003 年第 1 期。

④ 参见［德］弗里德里希·卡尔·冯·萨维尼：《论立法与法学的当代使命》，中国法制出版社 2001 年版，第 17～18 页。

根结底,还是因为商行为本身有自己的发展特性,商行为法是实践法,是一部关于商法自治的发展史。

（一）西方中世纪的商法自治：商个人契约自治与习惯法、行会规约限制

在近代商法还未诞生前,商业活动就已经广泛存在,彼时的商人主要靠习惯规范彼此之间的行为;商事习惯是中世纪城市法的重要组成部分。在法国大革命之前,商行为一直都是商人阶级的特权行为或特有行为。不过,早期的商人并不是一个享有社会特权的群体,而是一个在社会上地位比较低下的,尤其在道德认同上处于社会下层的群体。在意大利,从公元初西罗马灭亡到文艺复兴之前,商人群体是整个宗教治理之下的社会的一个异类,他们不能被世俗社会完全接受或认同,只能偏居一隅,著名的威尼斯水城的形成就是这一时期商人苟且偷生、漫长挣扎的真实写照和记载。他们在世人的眼中与海盗属于一类。因此,为了获得自由贸易的权利,流入城市的商人积极为自己争取政治与法律地位,成为新兴的市民阶级,商人为了维护自己的利益组成行会,制定了一系列行会规则。此时的商人虽然获得了法律地位,但是他们也走向了极端,在中世纪的城市中,商人作为新兴市民阶级采取排他性的方式捍卫自己的特权,形成新的特权阶级。一方面商人自己成立法庭,用自己在交易中形成的惯例由自己选出的仲裁人裁判,而不受普通法律的约束,形成特权阶级;①另一方面他们敌视邻人,不允许乡村居民分享他们的特权,规定近郊农民不得向外地人出售产品,在本地市场只有商人可以从事批发商业,②且只有经过行会认可的人才能成为商人,取得商事主体资格。此时的商行为法就是商人的行为习惯法与行会规约,商人一方面可以根据自己的意思行动,另一方面也受到来自商人群体创造的商行为习惯与行会规约的限制。

总之,法国大革命之前的商行为法是商人的行为习惯法,以及由商人习惯法总结而成的各国商法。法国 1673 年的《陆上商事敕令》就是

① 参见［比］亨利·皮朗:《中世纪欧洲经济社会史》,乐文译,上海人民出版社 2014 年版,第 36 ~ 39 页。

② 参见［意］F. 卡尔卡诺:《商法史》,贾婉婷译,商务印书馆 2017 年版,第 24 ~ 25 页。

对商人习惯法的规则的总结。这些习惯法由商人经过实践所创造，一方面体现着商人的自治，另一方面也因为商人必须遵守而对商行为的实施产生限制。此时的商法自治是以实践为导向，具有一定的地域性，同时又具有一定的国际性，是商人在实践活动中自己形成的行为规则，以维护商业的可持续为目标。

（二）西方近代的商法自治：商事组织自治与商法典限制

17～18世纪的文艺复兴运动和思想启蒙运动，使打破商人阶级的特权、营利自由的观念深入人心，商法由商人特权法演变为营业行为法，商法典应运而生。只要在法律的框架下，遵守法律的规则秩序，每个人都可以自由地成为商人。此时的商法从商人法走向了行为法，商法自治的限制要素由习惯法限制转向商法典限制。

近代民族国家成立后，原先割据的经济和分散的习惯法，严重妨碍了商品贸易的发展和国家统一市场的建立，贸易的发达迫切需要在一国之内实现商法的统一。政治和经济的双重历史条件，有力地推动了商法典的制定。① 商法典是一国商事领域的体系化立法的表征，商法典的出台是为了推动市场统一，同时也是为了维护国家统一，《德国商法典》的制定就有效地促进了德意志各邦国的统一。商法典作为制定法代表了国家意志，与中世纪时期的商事习惯法与行业规约相比，商法典等制定法的限制既需要考虑商业交易的发展，还需要考虑国家利益和社会公众的利益，其由国家强制执行。因此，在西方近代，商法自治中的限制因素是来自国家制定法的限制，商主体实施商行为必须遵守法律的规定。

在自治方面，西方近代的商法自治由商个人自治逐渐发展出商事组织自治。早期的商行为主要是商自然人实施，随着社会的发展，商合伙开始出现。为了吸引更多的投资，商人发展出了组织形态，实施所有权和经营权的分离，由专人进行经营。商合伙的不断发展，最终催生了有限责任制度的公司。这些商主体以组织的形态存续，通过规模化的经营，为投资群体获取利润的最大化。组织体的出现改变了早期商自

---

① 参见范健、王建文：《商法的价值、源流及本体》，中国人民大学出版社2007年版，第81页。

然人形态下的商行为规则，商行为由个体主义向团体主义转变，最为典型的就是大量有关组织行为的规则，开始出现在商行为体系之中。此后，商事组织不断发展，逐渐成为重要的商主体，进而发展了商法自治的内涵。不过，受民法个人主义思潮的影响，商事组织虽然被近代国家与地区的商法典所认可，但并没有被民法所承认。1804 年《法国民法典》就因为担心封建势力复辟而拒绝使用法人的概念。[①] 直到如今，仍有学者认为法人制度会侵蚀和侮辱自然人的法律地位。[②] 德国于 1861 年颁布的《德国商法典》规定了股份有限公司，1892 年颁布了《德国有限责任公司法》，但是德国 1896 年颁布的《民法典》还是不承认两合公司的法人地位，合伙组织也没有法律主体地位。因此，彼时的商事组织主要在商法领域存在，其行为受商法规范。但是，需要注意的是，受以个人为本位的社会历史背景影响，虽然近代民商分立国家与地区的商法典承认了公司等企业具有商人资格，但是他们不过也只是被视为商人。[③] 实践中，自治仍是商事组织实施商行为的主要途径。

总的来说，欧洲中世纪后期掀起的罗马法复兴运动，使《法国民法典》和《德国民法典》应运而生，然而，无论是法国还是德国，都在民法典出台前先制定了商法典。所以商行为是独立于民事法律行为制度之外的存在。近代民族国家民商分立的历史源流在本书第一章已有重点论述，此处不再展开。

（三）现代社会的商法自治：自治与限制的动态平衡

第二次世界大战以后，大陆法系国家或地区的商法发生了较大的变化，许多制定了商法典的国家或地区都对商法典进行多次修订，法国商法典就经历了“解法典化”与“再法典化”的多个阶段。[④] 不过，尽管各国各地区关于商法典的修订呈现涉及面广的特点，但是商法的基本

---

① 参见徐国栋：《我国民法总则制定中的四个问题》，载《暨南学报（哲学社会科学版）》2017 年第 2 期。

② 参见刘凯湘：《民法总论》，北京大学出版社 2011 年版，第 176 页。

③ 参见范健、王建文：《商法的价值、源流及本体》，中国人民大学出版社 2007 年版，第 82 页。

④ 参见聂卫锋：《法典化与〈法国商法典〉的最新发展》，载《国家检察官学院学报》2013 年第 2 期。

制度并未被根本修订，商法典仍然呈现为商自然人立法中心主义。真正开始凸显团体地位，体现现代商法特征的主要是中国《澳门商法典》，该地区法典改变了个人本位主义的弊端。

团体主义是通过批判与反思个人主义与自由主义而发展起来的学术思潮。[①] 19 世纪末以来，工业化革命一方面使结社自由思想广为传播，另一方面使生产力大幅度提高，在该背景下，公司、合伙组织大量出现，大型公司和跨国公司不断壮大，社会团体运动也悄然兴起。一方面以各种公司为代表的团体为了获得利润，无视消费者利益，生产和销售劣质商品；另一方面由于消费者与经营者存在经济实力不对等、信息占有不对称、诉讼能力不对等及其他问题，[②]经营者与消费者之间的不平等地位逐渐凸显。因此，自治与限制的平衡随着商业的不断发展而在现代商法中日趋重要。有关商法自治的限制与自治内涵将在本章第四节进一步展开。

总的来说，从法律行为与商行为的发展历史来看，法律行为是德国人造的产物，而商行为是商人实践的产物；法律行为是对社会客观存在的行为进行抽象的结果，商行为却是商人在商业实践中不断发展并扩充的行为。随着商行为的不断发展，总结过去的德国“法律行为”制度，其一定程度上已经显示出了缺陷。商行为与法律行为是两条独立发展的历史路线，虽然法律行为能够包括部分商行为，但是随着时间向前推进，两者的交叉范围不断地在缩小，这是必然的结果，也是未来商行为与法律行为关系的发展趋势。以个人主义的民事法律行为制度诠释商行为制度是存在时代局限性的。

三、民事法律行为制度的时代局限性

从现代商法的视角审视民事法律行为制度，我们会发现民事法律行为制度的个人主义与现代商行为所凸显的团体主义存在矛盾；民事法律行为制度作为理性预设的制度所强调的稳定性与现代商行为不断

---

① 参见吴飞飞：《论中国民法典的公共精神向度》，载《法商研究》2018 年第 4 期。

② 参见刘俊海、徐海燕：《论消费者权益保护理念的升华与制度创新——以我国〈消费者权益保护法〉修改为中心》，载《法学杂志》2013 年第 5 期。

创新发展的特性存在张力;民事法律行为制度以意思至上为核心的理念与现代商行为重视限制要素的特征存在抵牾。

(一)个人主义与团体主义存在矛盾

法律行为的理论是关于个人自由决定的理论,是关于意思自治的理论。团体意识,在为了打破封建专制的禁锢的《德国民法典》中并未受到重视,甚至受到敌视。因为团体被认为是压制个人意思的存在,共同行为、团体行为等内容在法律行为制度中得不到彰显。现代民法典基本沿袭了近代西方国家以个人为本位的自然人立法中心主义。中国《民法典》虽然创新式地规定了决议行为,但并没有为之作出更为系统的制度规则建构,而仅在《民法典》第 134 条第 2 款作出了有关决议行为成立的宣示性规定。在该背景下,如果将法律行为理论简单套用到商行为理论之中,就会出现个人主义与团体主义行为模式的矛盾。因为商行为随着商业模式的不断创新,其行为主体已经由以商个人为主演变为以商事组织体为主。近年来许多商法学者认为现代商法正在上演以"企业"整合商法的商法革命,①主张现代商法应当是企业法,企业应当是现代商法的唯一主体。虽然本书认为现代商主体不应当仅限于企业,还应当包括商个人,但是企业的确是现代商主体的主要组成部分。因此,团体组织的行为是现代商行为的核心,民事法律行为的个人主义行为立法模式注定无法合理调整现代商行为。

在团体主义下,即便是实施法律行为,团体从意思的形成到意思表示的作出也都与个人不同。将团体行为置于个人化的法律行为理论框架下,其结果就是团体行为无法被合理解释,团体的程序正义被忽视。以股东的意思表示为例,在公司决议形成的过程中,股东有权表达自己的意思,如果适用民事法律行为理论,那么股东的行为将产生法律关系设立、变更、终止的效果。然而,在团体法中,股东作为成员的个人意思并不是公司的意思,在公司集体意思的形成过程中,股东个人之间不需要存在意思联络,也不需要形成合意,通过"同意""反对""弃权"的多数决程序,就可以形成公司的意思。因此,股东自

① 参见叶林:《企业的商法意义及"企业进入商法"的新趋势》,载《中国法学》2012 年第 4 期。

由表达的意思无法左右公司的行为，少数派股东甚至必须遵从基于多数派股东意思而形成的公司决议，也就是少数派股东所作出的意思表示可能对应的是与其所欲达到的意思效果相悖的行为。[①] 所以，以个人法语境下的民事法律行为制度调整现代商行为，会存在个人主义与团体主义矛盾的问题。

（二）理性创设与实践创新存在张力

根据前文对民事法律行为制度的历史考察，我们不难发现，民事法律行为制度是法学家基于逻辑理性而创设的制度。在潘德克顿体系之下，民事法律行为制度是民法体系的基石，彰显了逻辑的周延性，体现了法学的创造艺术。民法是调整市民生活的法律，市民生活以稳定性为基础，所以历经多年，民事法律行为制度作为理性创设的制度并没有受到根本的冲击。然而，与民事行为具有稳定性相反的是商行为的创新性。在民法领域，一旦行为人违反法律即会受到法律的否定性评价；但是在商法领域，商行为对法律规则的突破与创新并不当然受到否定评价。例如，我国民法规定留置权限于动产，但是实践中的商事留置还包括有价证券等。[②] 在商业领域，如果商行为对法律的突破没有使公共利益或其他人受到损失或伤害，那么就不应当简单地否定商行为的创新，这是法律应当为商行为留下的创新空间。所以，从现代商行为的特性出发，以民事法律行为制度调整商行为就会出现理性创设的制度与彰显实践创新的需求之间存在矛盾的问题。

（三）意思至上与自我限制存在抵牾

以现代商法审视民事法律行为制度，民事法律行为与现代商行为不仅存在个人主义与团体主义的矛盾、理性创设与实践创新的张力，还存在意思至上与自我限制的抵牾。意思至上与自我限制之间的矛盾是个人主义与团体主义的当然延伸。如前所述，在团体法中，商行为的实施遵照一定的团体法程序，就像团体意思的形成需要经过表决程序一样，个人的意思受到尊重，但团体所形成的意思结果却不当然地遵从个

---

① 参见叶林：《股东会会议决议形成制度》，载《法学杂志》2011 年第 10 期。

② 参见施天涛：《商事法律行为初论》，载《法律科学（西北政法大学学报）》2021 年第 1 期。

人的意思,而是尊重多数决程序。并且,对于该团体意思结果,个人还必须服从。因此,从这个角度说,虽然商法也强调意思自由,但个人的意思自由在商事领域,尤其是团体组织中是受到限制的,主要是来自程序规则的限制。

民事法律行为的意思至上与现代商行为的自我限制存在抵牾除了表现在个人与团体的意思形成规则方面,还表现在具体的法律行为实施方面。民事法律行为是为了保护个人自由与意思自治而形成的制度,所以只要双方当事人达成合意即可成立。商行为则是创造财富的营利性行为,强盛与灾难都是商行为可能导向的未来,所以商行为是需要受到限制的行为。反不正当竞争法、反垄断法、消费者权益保护法的出台等都是我们在商行为领域一味地推行意思至上理论导致商业秩序混乱后的制度修正,在自治与限制之间进行平衡是现代商行为治理的核心,所以将奉行意思至上的民事法律行为理论适用到现代商行为之中会爆发矛盾。

四、中国商行为与民事法律行为的错位交融

(一)商行为与民事法律行为混同的缘由

中国有较多的学者主张商行为是法律行为的下位概念,这与中国引进法律行为制度的独特历史阶段有关。中国的法律行为制度最早由《民法通则》所确立,中国制定《民法通则》时,中国的商法研究刚起步,在人们对商行为形成正确认识前,法律行为的理论已经对人们产生了绝对的影响,法律行为制度也被视为私法领域的基本行为制度。此时,思考商行为与法律行为的关系问题时,就容易将商行为归于抽象了一切意思表示行为的法律行为。再加上商法传统的缺失,不同于有着深远的商法历史的欧洲国家,在中国区分商行为与法律行为的问题非但得不到应有的重视,还经常被视为假问题。更何况《民法通则》采取的还是民商不分的立场,该法调整了大量的商业活动规则,从而更加使法律行为是商行为的上位概念这一观点深入人心。

然而,中国是否有必要引进法律行为制度本身就是一个有争议的话题;同样都是德国商法法系国家的奥地利、瑞士就都没有引入德国的法律行为制度。基于"存在即正义"的惯性思维,在中国立法已经

引进了该制度的背景下,继续讨论法律行为制度是否有存在的必要才显得意义有限。否则法律行为制度作为一个特定历史时期下人为创设的概念,有无必要存在,本身就是一个问题。因此,即便中国已经引进了该制度,法律行为制度依然不会打破其人造性的特点,这与商行为的实践性、客观性完全不同。虽然商行为也包括意思表示行为,也可借助法律行为予以解释,但是商行为的客观性决定了商行为虽然也有意思表示,但意思表示不会是其关注的重点,营利与否才是商行为的核心。

总而言之,法律行为与商行为的交融甚至混淆,只是中国作为后发国家,因为商法传统的缺失而出现的特有现象。回归到两者的本质上,则以主观意思为核心的法律行为与强调维护营利的正义与安全的商行为,只会在有限的范围内交融。就像德国的法律行为理论与法国的合同原因理论是不同的理论构造一样,法律行为与商行为也是不同的理论。法律行为包括民事法律行为和商事法律行为,法律行为与商行为只在商事法律行为部分重合。

(二)以民事法律行为规则调整商行为的不足与缺陷

中国《民法典》法律行为立法主要继承了德国民法的基本理论和制度。但是,在与商行为相关的制度方面,我们还存在差距,相比我国商事发展中已经出现的大量的新型商行为的制度需求,立法的不足和缺陷更为明显,与民商合一的立法初衷相去甚远。对此,我们可以通过对《民法典》法律行为制度的分析略见一斑。

《民法典》法律行为制度主要由两大部分规则构成,其一,抽象法律行为规则,主要在《民法典》总则编第六章“民事法律行为”项下。其二,具体法律行为规则,主要在《民法典》总则编第七章“代理”、合同编等项下。抽象法律行为规则是法律行为理念的核心内容;具体法律行为规则是法律行为理念的具体运用。从民商关系角度分析,无论抽象规则还是具体规则,《民法典》展现的规则体系难以适应民事法律行为和商行为的共同制度需求。具体而言,例一:《民法典》总则编第六章分四节共28条设置了民事法律行为的一般性规则,分别是“一般规定”“意思表示”“民事法律行为的效力”“民事法律行为的附条件和附期限”。在此,“行为能力”没有成为抽象规则体系构成中的单独事项,这一立法安排可以满足自然人的行为制度需求,因为自然人的行为能力基于权利主体的身心发展而自然生成。但对于商主体来说,行为能力不是基于自然生成的,而是基于特定的法律程序生成的。它不具有不同主体享有的同一性或共同性,而具有不同主体的特殊性。尤其是主体在不具有完全权利能力的情形下是否享有行为能力,比如,设立中的公司或被撤销登记的商主体是否享有行为能力;又如,自然人实施的营利性行为如何实现从民事行为向商行为的效力转化,如何通过拟制行为能力从而认定其行为效力等,这些都是商事行为能力的特殊性,都需要法律予以特别规制。例二:意思表示是行为能力构成的重要内容,但中国《民法典》总则编第六章第二节“意思表示”项下所规定的意思表示形式难以适应商行为意思表示的制度需求。《德国民法典》所创造的团体意思行为及其决议意思行为方式并没有在中国《民法典》中得到应有的发展。尤其是具体法律行为规则的体系构成,从商行为角度观之,中国《民法典》立法的制度供给不足更为明显。在具体法律行为体系构成方面中国《民法典》主要承继了《德国民法典》的创设,即间接意思行为的“代理行为”和直接意思行为的“合同行为”。然而,在《德国民法典》之外,借助《德国商法典》和商事单行法确立的大量的特殊行为,如“代理行为”之外的行纪行为、居间行为、信托行为、经纪人行为等间接意思行为,“合同行为”之外的营业行为、经营行为、银行票据融资行为、股权投资行为、期货交易行为、证券交易行为等新型商行为,这些行为不仅仅具有一般民事行为的特点,更是一种风险性行为,具有商行为的特殊性。追求民商合一的中国《民法典》没有针对商行为的特殊性做出合理的制度安排。

综上所述,民事法律行为与商行为有不同的历史发展轨迹,商行为是独立于民事法律行为的客观存在。如果继续将以个人为本位的民事法律行为制度运用于以团体为核心的商行为制度中,随着现代商行为的不断发展,我们将面对越来越多的问题。梳理并提炼现代商行为的核心特征,以重新认识现代商行为与民事法律行为的区分是完善商行为立法的第一步。

第四节 商行为核心特征之商法自治的再阐释

作为一种营利性行为,商行为的动机、方法、目的、手段、后果、对行为结果的承受力等等都与普通的行为不一样。人类整个社会发展的历史就是对商行为的认同与否定不断博弈的历史。这一行为给人类带来了强盛与灾难,更形成了人们精神追求、道德伦理和价值标准的分水岭。在获利仅仅是国王和君主独享的特权时,只有国王和君主才是社会的富人,当营利成为社会每一个公民都享有的自然权利,才真正构成了社会的共同富裕。商行为的本质是将获利的机会通过法律的规则赋予社会每一个公民,这是人类社会走向现代共同富裕最关键的一步,是最为伟大的一个飞跃。从民法的私法自治到商法自治,其实质的转变是从意思自治到法律自治,商人的行为已经不再完全依照个人的意愿,而是首先遵循商事习惯和商事法律,商行为是自治与限制共生的行为。

一、自治的商法自治

(一)商行为是以机制创新为超额利润保证的行为

为了提高效率,商行为不断设计出各种机制以处理商业事务,包括证券交易与商业票据、商事外观机制等。商事外观机制平衡了交易安全与效率,使商行为得以克服意思表示规则的可预见性局限,开拓了超额利润的发展空间。创新是商行为保持活力的根本,允许商行为进行机制创新是对商行为自治的肯定。商人能够不断地简化交易手续,就是源于商行为自治机制。商法自治首先是商主体的自治,有自治才有限制。

(二)商行为是需要弹性立法与动态调整的行为

商行为是追求风险的行为,风险指的是不确定性,对商行为的立法调整所要达到的目的是控制风险而非消灭风险。风险一方面指向法律对商行为的限制,另一方面也体现了法律赋予商行为的自治空间。商行为对风险的追求要求商行为法具有包容性与开放性,采取弹性立法与动态调整的立法方式,使商行为能够在可以控制的风险范围内自由扩张。所以追求风险的商行为应当是自治的商行为。

二、受限制的商法自治

(一)商行为是涉及公共利益的私法行为

民法强调私人行为的私人利益,商行为则是一种复合利益行为,具有私法行为的公共利益特点。商行为本身是商主体之间的利益关系,但同时也影响到社会不同层面的利益平衡,[①]这是商行为的外部性特征。外部性源于商主体对经济和社会所具有的支配力。[②] 这是因为,商主体具有在营业执照范围内决定生产数量与销售价格的能力,具有垄断与管制市场的潜在能力。只要其经济规模与实力达到一定程度,这类潜在能力就会因为经济地位的转变而转化为该主体的经济权力。该经济权力打破了私法关系中的平等性,不仅影响交易对方的权利,还对整个市场竞争产生影响。所以,尽管商行为因为是私法行为而具有意思自由的本质,但由于商行为会对公共利益产生影响,所以限制也是商行为本质的一部分。

(二)商行为是具有客观性的意思行为

民事法律行为是一种以意思表示为核心的行为,意思表示多为个体意思、差异性意思、特殊意思,意思源于个体的特定需求与环境,其形式和内容、构成要件、表示的效力、表意人的表意能力等等是评价行为效力的重要依据。而意思表示是一种有意识的行为,具有极强的主观性判断标准,尤其明示与默示,真实与虚假,完整与瑕疵导致行为效力具有不确定性。商行为多为格式意思、标准性意思、统一性意思、外观性意思。意思源于法律的相关规定,导致行为的外观性、标准性。同时,不同商主体的行为能力不一样,导致了意思的局限性和特定性、专门性,从这个角度出发,商行为是受限制的行为。

---

① 参见冯果、卞翔平:《论私法的二元结构与商法的相对独立》,载王保树主编:《中国商法年刊》,法律出版社 2003 年版。

② 参见施天涛:《〈公司法〉第 5 条的理想与现实:公司社会责任何以实施?》,载《清华法学》2019 年第 5 期。

(三)商行为被推定为理性人的经验行为

商行为被推定为是由具备商务经验和能力的理性人所实施的行为,尽管商行为也尊重意思自治,但是在商行为中理性人的假设使对行为能力判断、意思表示瑕疵和对“意思表示自由”的保护都退到了次要位置。① 由于行为人的个人身份在商行为中并不重要,②所以,限制行为主体不得滥用行为无效主张的商行为理念,体现了限制与自由并存于商行为之中。

(四)商行为是风险性行为

商行为是一种以冒险为取向的风险行为,风险是商行为获利的对价,高风险意味着高收益。同时,转移风险是商人的本性,如果不对商行为加以限制,任由商业发展,商人的风险将被完全转移给社会,社会将面临巨大的风险。因此,只有将自由与限制同时作为商行为的本质,才能将商业发展控制在合理的风险范围之内,使商业朝着有利于社会整体利益的方向发展。

三、商法自治是自治与限制的共生

自由与限制贯穿于商行为的始终,自由只是商行为本质的一面,限制同样是商行为的本质之一。如果将商行为与偏重自由的民事法律行为作为共同的抽象样本,商行为就仅剩强调自由的商事法律行为,这与商行为的内涵和外延相去甚远。当然,受限制的商行为与强制的行政法律行为也是区分的。商行为的限制是私法领域的限制,该限制不是行政权的干预,而是符合交易惯例的干预,是基于社会认同的价值观所作出的限制,商法自治的限制根本上是为了保护商业的进一步发展,是对商法自治的维护。

总而言之,商行为的核心理念是商法自治,商法自治是自治与限制的共生,属于特殊的私法调整方式。抽象商行为与民事法律行为不具

---

① 参见[法]伊夫·居荣:《法国商法》,罗结珍、赵海峰译,法律出版社 2004 年版,第 8 页。

② 参见蒋大兴:《论民法典(民法总则)对商行为之调整——透明法观念、法技术与商行为之特殊性》,载《比较法研究》2015 年第 4 期。

有现实意义，中国《民法典》编纂后仍然需要构造商行为理论和制度体系，以满足商品经济体系的制度需求。《民法典》的民事法律行为制度仅仅能够为商个人实施的合同行为与合同现象提供一定的规则，绝大多数的商事组织行为都超出了民事法律行为制度范畴。抽象商行为与民事法律行为不具有现实意义的第一层原因是两者的外延不一致。商行为的外延大于民事法律行为的外延。商行为不仅包括民事法律行为，如商事交易等法律行为，更包括事实行为，如商主体设立行为、商事管理行为、设置商事账簿与报表行为等。如果将商行为与民事法律行为一同抽象，只能抽象出法律行为，商行为中具有重要意义的事实行为将被排除在外。所以《民法典》无法抽象商行为与法律行为。如果说商行为与法律行为相重合的部分可以由法律行为调整，商行为的事实行为部分可以在民法或商事单行法中单独规定，那么在《民法典》编纂后提出商行为理论确实没有意义。然而，即便商事事实行为可以单独规定，法律行为式的商行为本质也与民事法律行为不同。民事法律行为的要旨是自治自决，追求意思自由，指向私法效果之私人意思表达是法律行为构成中的本质因素。[①] 法律行为式的商行为所追求的目标则是营业自由，自治与限制共生是商行为的本质。这是抽象商行为与民事法律行为不具有现实意义的第二层原因。因此，商行为规则的构建应当从商行为自身特性出发，基于商行为的商法自治探寻规则体系，最佳选择就是以制定“商法通则”或“商法典”的方式建构体系化的商行为制度。

---

① 参见朱庆育：《民法总论》，北京大学出版社2016年版，第79页。

第四章　商行为的特征与分类

第一节　商行为的特征

一、商行为特征的一般理论问题

（一）商行为特征的概念

依据《现代汉语词典》的解释，“特征”属于名词，指的是“可以作为人或事物特点的征象、标志等”。[①] 根据由全国术语标准化技术委员会提出、国家质量技术监督局发布的《中华人民共和国国家标准　术语工作　词汇　第1部分：理论与应用》（GB/T 15237.1－2000）的界定，特征是一个客体或一组客体特性的抽象结果，用来描述概念的，而概念是通过对特征的独特组合而形成的知识单元。基于语言学的基本概念，商行为的特征是指能够作为商行为特点的征象、标志，是商行为特性的抽象结果，商行为的特征是构成商行为概念的知识单元。商行为的特征是商行为概念的基础，同时也是对商行为概念的诠释。商行为的特征与商行为的概念是一个密不可分的整体。

（二）商行为特征的法定性

虽然本书主张为了更好地弥合商业创新与法律滞

① 中国社会科学院语言研究所词典编辑室编：《现代汉语词典》（第7版），商务印书馆2016年版，第1282页。

后性之间的鸿沟,中国应当建立弹性的商行为法机制,保持商行为法的开放性,以避免商事立法空白与漏洞频出,为不法行为提供空间。但是,商行为法不可能完全开放,所谓的弹性也必须是张弛有度的弹性机制,否则只会出现矫枉过正的结果,使商行为法成为“万能法”,过度调整人们的行为,出现“商化民事行为”的现象。因此,如何设置商行为法的弹性机制,使商行为法在保持开放性的同时具有限度,就显得尤为重要。就此,应当认为,一部开放的商行为法,必须同时是一部具有识别力的商行为法。简言之,开放性的限度是行为人的行为能够被识别为商行为。

开放性是为了发挥司法机关的主观能动性,使商法能够适应商行为的创新性。可识别性则是为了限定法官自由裁量的范围,防止法官恣意裁判。使商行为法具有可识别性指的是立法应当明确商行为的基本规则,为法官提供基本的判断依据。这就要求立法必须明确地指出商行为的基本要素,尤其是商行为的概念,从而直接圈定法官在自由裁量时所应当也是所能考量的具体因子。因此,商行为的概念必须由法律明确规定,只有符合商行为概念的行为才能被视为商行为,法官自由裁量的限度不能超出法律的规定。由于商行为的概念是对商行为特征的独特组合而形成的知识单元,也就是说,商行为的概念由商行为的特征所构成,因此,如果说商行为的概念具有法定性,那么商行为的特征也具有法定性。即作为确定商行为概念的商行为特征,也是由法律所确定。

商行为的特征作为商行为概念的基本构成要素,对其进行法律控制往往关系到一定社会中商事法律关系的稳定和统一,关系到社会交易安全的维护。因此,各国或地区对商行为概念的表达既揭示了商行为的特征,同时也限定了对商行为特征的解释,从而形成了商行为特征的法定性。商行为特征的法定性是指对商行为特征的解释应当依照法律规定。当然,由于各国或地区对商行为概念的界定并不一致,所以就商行为的法律概念而言,各国或地区的商行为的特征存在一定的差异性,但这并不影响商行为概念的法定性。

(三)商行为特征的研究意义

既然商行为的特征具有法定性,那么研究商行为的特征就尤为重要。具体而言,研究商行为的特征主要有四个方面的意义:识别商行为、引导商行为、规范商行为、在司法上解决与商行为有关的纠纷。

1. 商行为确认中的意义

研究商行为的特征有利于识别商行为,这是该研究在商行为确认中所具有的意义。虽然商行为的特征具有法定性,但是商行为的特征作为商行为概念的内容,立法并不会直接列出商行为的具体特征包括哪些,而是直接体现在商行为的概念与商行为的法律规则之中。例如,一般认为商行为具有体现交易特点的特征,包括技术性、公开性、注重商事效率与外观主义等,[①]这些特征同样具有法定性,但是这些特征通常不会体现在商行为的概念之中,而是体现在商行为的具体规则之中。技术性主要体现在票据行为规则、保险行为规则、证券行为规则、基金行为规则、信托行为规则等要求行为主体精通操作技术的商行为之中。公开性主要体现在金融商行为、公共公司行为等要求信息公开的商行为之中。短期诉讼时效规则则体现了商事效率。因此,研究商行为的特征,有助于全面认识商行为,为识别商行为提供依据,从而使全面确认商行为成为可能。

2. 商行为实施中的意义

研究商行为的特征还有助于引导商行为,这是该研究在商行为实施中所具有的意义。商行为的特征揭示了商行为规则的根本属性,是商行为规则所具有的共同特性。首先,确定商行为的特征,一方面对商主体而言,有助于商主体掌握并了解商行为的规则,从而引导其实施具体的商行为;另一方面对商主体的交易对象而言,有助于与商主体交往的其他主体了解商行为的特性,从而使其对自己的行为具有可预见性。其次,对于社会而言,揭示商行为的特征也有助于社会大众形成商行为的"基本画像",认同商行为的存在,从而助力商行为的发展。最后,对于国家而言,对商行为特征的研究有助于国家以符合商行为特性的方式管理并鼓励商行为的开展。

3. 立法上的意义

研究商行为的特征相对重要的就是规范商行为,这是该研究在立

---

① 参见范健、王建文:《商法基础理论专题研究》,高等教育出版社2005年版,第353页。

法上的意义。虽然商行为的特征具有法定性,但是法定性的前提是确定商行为的特征。各国之所以在商行为的具体特征上存在一定的差异,如有的国家认为商行为只是商主体的行为,有的国家则认为非商主体也可以实施商行为,就是因为在商行为的特征这一立法前理解上,各国的认识并不相同。所以,对于立法而言,不论是抽象商行为的概念,还是具体的商行为规则,都必须首先研究商行为的特征,如此才有实现商行为特征法定化的可能性。因此,研究商行为的特征是商事立法必不可少的基本前提。

4. 司法上的意义

与立法上的意义同样重要的是研究商行为的特征所具有的司法上的意义。研究商行为的特征既解构了商行为概念所揭示的商行为的本质特征,还抽象提炼了商行为的具体规则所体现的商行为的区别特征,所以对商行为特征的研究能够为司法机关解决商行为纠纷提供思路。一方面通过明示商行为的本质特征限定司法机关恣意裁判;另一方面通过确定商行为的区别特征帮助司法机关以符合商法思维的方式定分止争,从而最大限度地防止出现不公正的审判进而毁坏法律,破坏司法公信力。尤其是在中国长期缺乏商法传统,商事案件被纳入民事法庭中审理,并且受大陆民法法系的影响,民事法庭法官又偏重民法思维而欠缺商法思维的背景下,研究商行为的特征更加有助于引导中国司法机关形成符合民事和商事发展规律的民商区分的理念,准确作出有关商行为纠纷的裁判。

二、商行为的具体特征及其变化与发展

商行为的具体特征又可以称为商行为的特征类型,所谓的特征类型就是建立概念体系时作为划分准则的特征种类。一般来说特征可以分为本质特征和区别特征,本质特征指的是对于理解概念不可缺少的特征,而区别特征指的是一个概念同其他相关概念相区别的本质特征。[①] 因此,区别特征强调的是商行为的范围,例如商行为与民事行为

---

① 参见《中华人民共和国国家标准　术语工作　词汇　第 1 部分:理论与应用》(GB/T 15237.1－2000)。

的区分、与行政行为的区分、与经济行为的区分；本质特征则着眼于商行为所共有的特性。就商行为的本质特征而言，从历史的维度切入，我们可以看到商行为的本质特征有一个发展变化的过程，这也是传统商法变迁到现代商法的过程。

（一）商行为的传统本质特征

在传统商法理论中，一般认为商行为包括四大本质特征，分别是以营利为目的，是营业性（经营性）行为，是商主体所从事的行为，是体现商事交易特点的行为。

1. 以营利为目的

法律规则属于目的法制，而不是因果法制。商行为之所以能够独立于行政行为、司法行为、公益行为等其他社会行为，本质上就是因为这类行为的目的与其他行为的目的不同，是以营利为目的的行为，从而使这类行为能够区别于其他一切非营利行为，成为独立的法律行为体系，由专门的法律调整。[①]

在营利目的的判断上，一般认为行为人是否以营利为目的，强调的是行为的目标，而不是行为的最终结果，行为人最终是否营利并不重要。比较值得注意的是，传统商法判断是否以营利为目的，最重要的有两点：一是商人是否获得私利，从而不同于公益和慈善事业；二是商人是否将利益分配给投资者，追求投资者利益的最大化。[②] 传统商法将营利目的理解为行为实施主体的终极目的，也就是说，对于不以营利为目的的公益机构、宗教机构、政治组织，其即便从事经济活动，也不能将其行为视为商行为。

2. 营业性

营业性也被称为经营性。营业具有双重属性，这里的营业性是在动词意义上使用营业概念，也就是经营活动。营业性是指营利行为具有连续性、计划性、职业性，它表明行为主体至少在一段时间内连续不间断地从事某种同一性质的营利活动，因而是一种职业性营利行为。[③] 一般认

---

① 参见任先行：《商法原论》（下），知识产权出版社 2015 年版，第 843 页。

② 参见王保树：《商法总论》，清华大学出版社 2007 年版，第 232 页。

③ 参见范健、王建文：《商法基础理论专题研究》，高等教育出版社 2005 年版，第 352 页。

为,营业性应当具备四大基本要素:其一,行为以营利为目的。其二,营利性活动的有计划性。其三,营利性活动的反复性,一次或偶尔为之,即使是营利性活动也不属于营业性行为。其四,行为人活动的连续性。营业的连续性并没有期间的限制,例如,展览会中的临时商店也是营业。①

由于营业行为具有计划性、反复性和连续性,所以各国都将营业行为纳入国家专门管理范围,这延伸出了营业性的第五大特别要素:职业登记性。营业行为与商事登记密切相关,履行了商事登记的行为可以直接推定为商行为。不过,受营业自由的影响,许多国家都对商事登记作出了豁免规定,在商主体的设定上也有国家采取任意登记的立场。所以,对于营业而言,职业登记性这一要素并不具有绝对性,只要符合营业的四大基本要素即可成立营业性。小商人就通常被豁免登记,但这并不影响其实施营业性行为。

在传统商事立法中,营业性被认为是商行为的根本属性,但无论是主观主义还是客观主义乃至折中主义的立法例,都通过法律明文列举的方式规定了不具有营业性的商行为。不过,传统商法理论在论述商行为的特征时,通常未考虑这部分不具有营业性的商行为。② 由于营业性要求行为人连续地、有计划地实施以营利为目的的行为,所以如果行为人所从事的行为是间断的、偶然的、一次性的,就不属于营业行为,不论该行为是否具有明显的商业性质,如买卖有价证券、投机买进卖出商品等,只要不符合计划性、反复性、连续性就都不是营业行为。营业性严格的判断标准,使明显以营利为目的的偶然行为被排斥在商行为之外,为了使与营业性商行为无本质差别的一次性投机买卖有价证券,偶然投机买卖动产、不动产的行为能够被纳入商法的调整范围,以日本为代表的国家就在其商法典中规定了绝对商行为类型。只要是法律所列举的绝对商行为,无论该行为是偶然实施的,还是以营业方式实施的,都构成商行为。采取客观主义立法例的法国也是以列举的方式规定了商行为的范围,所以在法国商法中,只要是法律规定的类型,无论是否

---

① 参见刘清波:《商事法》,台北,台湾商务印书馆 1995 年版,第 14 页。

② 参见顾功耘、吴弘主编:《商法学概论》,上海人民出版社 2013 年版,第 58 页;覃有土主编:《商法学》,中国政法大学出版社 2015 年版,第 24 页。

以营业方式为之,都属于商行为。即便是采取主观主义立法例的德国,其也通过法律列举的方式规定,只要行为人实施法律所规定的行为就属于商人,从而达到了通过法律明文规定行为类型的方式,将部分偶然实施的以营利为目的的行为也纳入商行为范畴的结果。上述国家都通过法律的明文规定填补了仅以营业性判断商行为可能产生的漏洞,从而形成了商行为以营业性行为为原则,以法律列举式规定为补充的传统商法之立法体系。遗憾的是,该问题并没有得到传统商法理论研究的重视,其只关注商行为的营业性。

3. 商人性

相比于营业性,在商人性的认识上,受法国商法和日本商法的影响,传统商法理论都对非商人从事商行为的问题进行了阐述。多数国家通常在商事立法中明确规定:商主体是以商行为为业者,而商行为则是商主体所实施的营业行为,二者表现出互为因果的关系。关于商主体与商行为之间的关系,以法国为代表的客观主义立法主张,商行为并无特定的主体限制,一般民事主体皆可成为商行为的实施者,于此情形下,一般民事主体即成为商主体。以日本为代表的折中主义立法同样存在此情形,商主体所实施的行为必然属于或可推定为商行为;任何主体基于任何目的而从事的"绝对的商行为"亦属于当然的商行为,①一旦实施此行为,该行为者即为商主体。由此我们看到,关于商行为、商人、营业概念的界定中存在交叉与循环论证的情形,商行为与商主体之间不存在严格意义上的互为因果关系。但是,从法律行为的本质来考察,任何法律行为都是特定主体所从事的行为,主体的行为能力对于行为的有效性起着决定性的作用。因此,从这个意义上说,商行为是具有商事行为能力的商主体所从事的行为。也正是基于此,一些国家或地区(尤其是德国商法法系国家或地区)的法律明确规定,只有商主体所从事的行为才能成为商行为,非商主体从事的行为则一概不能直接认定为商行为。② 但是日本商法规定,不具有商人身份而从事商行为的,

① 参见范健主编:《商法》(第4版),高等教育出版社、北京大学出版社2011年版,第55页。

② 参见《德国商法典》第343条:"商事行为是指一个商人所实施的、属于其商事营利事业经营的一切行为。"

也有可能被认为属于商行为而受商法调整。例如,《日本商法典》第 2 条规定:“公法人的商行为,以法令无另外规定者为限,适用本法。”

4. 具有商事交易特点

具有商事交易特点是一个商行为的“口袋式”特征,除了以营利为目的、营业性、商人性之外的商行为所具有的特征都是具有商事交易特点的特征。一般而言,传统商法理论认为商行为所具有的商事交易特点包括技术性、公开性、效率性、安全性、投机性等。一是技术性,商事交易尤其是票据行为、保险行为等不仅要求行为人熟悉法律规定,而且要精通操作技术,严格依照相应规范活动。二是公开性。尽管商主体在经营过程中往往会形成其特有的商业秘密,需要采取保护商业秘密的措施,然而,为维护交易安全(商事交易行为会直接影响到交易相对人甚至社会公众的利益,必须以一定的方式使交易相对人或社会公众获得交易对方与交易内容相关的信息)往往颁行确保信息公开的强制性法律规范,如商事登记制度、企业信息公示制度、上市公司信息披露制度等。三是效率性。商法强调商行为的简便性、迅捷性,因而往往确立交易形态定型化的行为范式,并采取短期消灭时效(诉讼时效)原则。[①] 四是安全性,保障交易安全是商行为主体的基本要求,与商行为安全性有关的制度包括公示主义制度、外观主义制度、严格责任制度。[②] 五是投机性。商行为是具有投机性的活动,投机性是商行为主体获得利润的来源,所谓的投机就是对利润追求最大的选择。[③] 抛弃对投机的偏见,是认同商行为存在的基本前提。

(二)商行为的现代本质特征

既然概念是对特征的独特组合而形成的知识单元,那么从本书第二章对商行为概念的界定与上文对传统商行为特征的剖析,可以看出本书的商行为特征与传统商行为特征存在一些实质性差异。首先,在以营利为目的的判断上,本书第二章已经强调,不应当以行为主体的终

---

① 参见《商法学》编写组编:《商法学》,高等教育出版社 2019 年版,第 127 页。

② 参见元小勇:《试论商行为的独特性》,载王保树主编:《中国商法年刊:商法的现代化与民法典的编纂(2015)》,法律出版社 2015 年版。

③ 参见任先行:《商法原论》(下),知识产权出版社 2015 年版,第 844 页。

极目的来判断营利目的要件是否成立，而应当以行为主体某一具体行为的具体目的来判断该行为是否以营利为目的进而识别商行为。详细理由本书第二章已有论述，此处不再赘述。其次，在营业性的问题上，前文已经论述商行为并不限于营业行为。在主观主义立法例国家或地区，行为人偶然地、一次性地实施法律规定的行为就会被认定为商人，从而使其行为成为商行为；在客观主义立法例国家或地区，只要符合法律所罗列或者规定的行为类型，即便行为人的行为不具有营业性，也属于商行为范畴；折中主义国家或地区通过绝对商行为和营业商行为的分类，也未将商行为限定于营业性行为。所以，营业性只是部分商行为的特征。

相比于以营利为目的非营业性，在商人性与具有商事交易特点的商行为特征方面，传统商法与本书对商行为的界定并无本质区别。就商人性而言，无论是我国现行商法规则体系还是理论体系，商行为的实施主体都不限于商主体，企业作为商主体可以实施商行为，一般民事主体亦可以作为商主体实施商行为。同时，并非商主体所为的一切行为均为商行为，商主体所实施的不以营利为目的之行为不能视为商行为。[①] 就商事交易特点而言，技术性、公开性、效率性、安全性、投机性等也是现代商行为所具有的特征。

因此，总的来说，现代商行为也具有以营利为目的，主要表现为营业行为但又不限于营业行为，主要是商主体实施的行为但非商主体也可以实施商行为，具有商事交易特点四大特征。这些是现代商行为的基本特征。然而，随着商业活动的不断创新与发展，商业模式发生了巨大变化，商行为法也由买卖法转为以买卖与金融相结合、数字交易与门店交易相竞争、个人与团体同参与的法律。在此背景下，现代商行为的特征发生了变化。现代商行为的特征既是对传统商行为的继承，也是对现行商行为的归纳总结，更是对未来商行为的展望。具体而言，现代商行为除了传统商行为的四大特征之外，还具有风险性、社会性、平衡性、程序性、行为资产化、行为网状化、内容丰富化七大特征。

---

① 参见范健主编：《商法》（第4版），高等教育出版社、北京大学出版社2011年版，第57页。

1. 风险性

以营利为目的并不意味着最后获得营利，商行为作为投机性行为之所以能够获得正当性，又或者说营利之所以正当，就在于以营利为目的的商行为是风险行为，利润是风险的对价。过去人们排斥商行为，商人的形象常与“无商不奸”“唯利是图”“囤积居奇”等贬义性词汇挂钩。在中世纪教会统治时期，获得利润的行为更是被教义摒弃。中西文学界也很少有正面宣扬商人形象的作品。这与人们只能看到商行为的营利性，而不理解商行为的风险性相关。高利润对应的是高风险，营利目的是确定的，但盈利结果是未知的，就商行为的实施主体而言，其需要负担商行为的所有结果，哪怕是巨额损失，所以商行为的营利是有负担的营利。虽然我们经常能够听到“空手套白狼”的商业成功案例，从而形成商行为无本万利的认知，典型如希尔顿酒店发家史，但是却经常忽视成功背后的举步维艰。从 1919 年康拉德·希尔顿拿着 5000 美元找地产商德米克谈 30 万美元的土地买卖，到 1925 年达拉斯“希尔顿大饭店”建成，希尔顿用了 17 年的时间才完成了旅馆事业的起步。1924 年，在需要 100 万美元才能建成的旅馆正式动工之前，希尔顿通过贷款和邀请他人入股等方式仅获得了 57 万美元，所以在旅馆建到一半时，他又一次陷入了资金短缺的困境。[①] 虽然希尔顿最后如愿建成了“希尔顿大饭店”，此后更是创立了“希尔顿旅馆帝国”，总资产达到 7 亿多美元，但是从提出构思到建成第一家旅馆，希尔顿用了 17 年，而这 17 年间因为资金缺口问题，旅馆建设计划几次被迫中断。成功的希尔顿的奖杯背后是无数个不成功的旅店创业失败者的墓碑。因此，商业的成功有很多偶然，也有很多必然，巨大的收益对应的必然就是巨大的风险负担。利润是“承担者承担风险和责任的收入”。[②]

风险并不是商行为所独有的，政治、社会等领域都存在风险，就法学而言，民法、刑法也都谈风险，只不过我们这里所强调的商行为风险除了是其他领域认可的客观存在，更是一种主观目的。就主客观范畴

---

① 《希尔顿饭店创始人：从仅拥有一个苹果到拥有 7 亿美金的传奇故事》，载微信公众号“有见财经”2018 年 2 月 20 日，http://mp.weixin.qq.com/s/cKdWZz01-pGdouQx23LzmQ。

② ［美］弗兰克·H. 奈特：《风险、不确定性与利润》，安佳译，商务印书馆 2010 年版，第 40～43 页。

而言,风险具有很强的客观成分,[①]基本被划入客观范畴。系统提出风险社会理论的德国学者乌尔里希·贝克对风险的定义也偏重客观范畴,他指出"风险是以系统的方式应对由现代化自身引发的危险和不安。……风险是现代化的危险力量和令人怀疑的全球化所引发的后果"。[②] 然而,在风险与商行为的关系中间,风险是商行为的结果也是目的。在商行为的领域,风险除了包括有害结果、发生概率和现实状态三个因素,除了是客观存在,[③]还是商行为所追求的目标,是行为主体的报酬或特别的赔付。我们所说的商行为追求风险指的就是风险的主观范畴。正是因为风险是商行为所追求的,所以在商行为的领域中,风险除了有作为客观存在的,降低风险、减少风险等理解,还有作为主观意识的,保有风险甚至是增加风险等内涵。

那么商行为所追求的风险到底是什么?如果将风险理解为某种"威胁或危害"或者人们不期望的某种不利后果,[④]那么商行为追求的是不利后果?这种有违常识的假设显然无法成立。不过,在哲学、心理学、人类学、社会学等学科中,风险基本就作上述理解,因为其只看重风险的客观含义。然而,除了威胁或危害,风险还有不确定性这一内涵,商行为所追求的就是风险内涵中的不确定性。商行为能营利也来源于不确定性,营利是商行为所遭受的不确定性的对价。不确定性或者说风险使投机成为可能,仅从商品买卖来看,因为商品价格具有围绕价值上下波动的不确定性,所以买卖投机成为职业,并且诞生了最早的商人团体;从减少投保人风险的保险来看,因为保险事件的发生具有不确定性,所以这使保险公司营利成为可能;更勿论证券市场,股票、期货、期权等都以不确定性著称,但也因此创造财富。

简言之,风险性是现代商行为不可或缺的重要特征,虽然在传统商

---

① 参见[瑞典]斯万·欧维·汉森:《知识社会中的不确定性》,刘北成译,《国外社会科学杂志》(中文版)2003 年第 1 期。

② [德]乌尔里希·贝克:《风险社会:新的现代性之路》,张文杰、何博闻译,译林出版社 2018 年版,第 7 页。

③ 参见阳建勋:《风险社会中的法律责任制度改变:以经济法为中心》,厦门大学出版社 2014 年版,第 13 ~ 15 页。

④ 参见彭飞荣:《风险与法律的互动——卢曼系统论的视角》,法律出版社 2018 年版,第 44 页。

法中风险也是商行为的特征之一，但是传统理论更偏向于从客观风险的角度理解商行为与风险的关系，也就是商行为可能会面临政治风险、市场风险、社会风险、自然风险等，对于商行为的主观风险则较为忽略。传统商行为多为线下交易行为，多被限定在一定的地域范围内，即便是跨国交易也有一定的区域性。依托于信息技术，现代商行为完全打破了地域的局限性，互联网时代下的“地球村”已经初步实现，跨境电商也成为了热门话题。在此背景下，行为主体在陌生人社会中与真实存在的“虚拟”对象频繁且快捷地发生交易，使商行为的客观风险加剧，主观风险也相应扩大。所以，在现代商行为之中，风险性是不容忽视的行为特征。

2. 社会性

现代商行为具有社会性。所谓的社会性包括两个方面，一是社会射性，即对特定社会关系和一般社会关系的影响；二是社会基础，商行为的社会认同是商行为存续的社会基础。商行为的社会性主要表现为行为主体社会责任的承担。传统商法理论认为商主体是纯粹的营利性组织，尤其是受到古典经济学理论的影响，在传统商法理论中，商主体特别是组织体形式的商主体，被认为只负有股东利益最大化的责任，利润最大化是商行为实施主体的唯一追求。① 然而，随着生产的社会化，企业在实施商行为的过程中产生了一系列外部问题，例如环境污染、劳动待遇恶化、损害消费者利益、贫富分化等问题日益凸显，对社会生活和经济的可持续发展产生了较大的负面影响。② 1895 年美国社会学家阿尔比恩 · W. 斯莫尔(Albion W. Small)提出，“不仅仅是公共办事处，私人企业也应该为公众所信任”。1924 年美国学者谢尔顿首次提出公司社会责任(Corporate Social Responsibility，CSR)，他把公司社会责任与公司经营者满足产业内外各种人类需要的责任联系起来，并认为公司社会责任包括道德义务。③ 1953 年“企业社会责任之父”霍华德 · R. 鲍恩在其《商人的社会责任》一书中正式提出，“商人有义务按照社会所期望

① 参见张士元、刘丽：《论公司的社会责任》，载《法商研究》2001 年第 6 期。

② 参见蒋建湘：《企业社会责任的法律化》，载《中国法学》2010 年第 5 期。

③ 参见马力、张前、柳兴国：《西方公司社会责任界说评述》，载《江淮论坛》2005 年第 4 期。

的目标和价值,来制定政策、进行决策或采取某些行动”。[①] 企业的社会责任理论最早发源于美国,如今在世界各地广为流行。2005 年中国修订《公司法》时明确规定了公司必须承担社会责任。《财富》和《福布斯》等商业杂志在企业排名评比时也都加入了“社会责任”标准。

理解企业的社会责任能够使人们较好地认识现代商行为的社会性。商行为具有社会性与企业需要承担社会责任的理由大体相当。第一,社会认同与长期利润。研究表明,公司的社会参与行为和经济绩效之间存在正相关关系。[②] 这就意味着,商行为的实施主体想要获得长期的利益,就必须符合公众的期望,建立良好的公众形象,获得消费者和投资者的认同。脱离社会基础的商行为扩张路径,即便可以为商行为的实施主体带来短期的利润增加,但从长远来看并不利于行为主体的存续,反而可能因为商誉受损而面临倒闭。因此,商行为不仅是行为主体的个人行为,更是无法脱离社会的社会行为。第二,社会资源的占有。以企业为代表的商事组织体是社会的产物,商行为的实施以占有并处置社会上的资源为前提,所以商行为离不开社会性。第三,社会权力。美国学者基斯·戴维斯(Keith Davis)指出,企业的社会责任来源于企业的社会权力。由于企业对诸如少数民族平等就业和环境保护等重大社会问题的解决有重大的影响力,因此,社会就必然要求企业运用这种影响力来解决这些社会问题。[③] 在现代商行为的实施过程中,商行为的实施主体因为主体地位不平等等因素也经常拥有私权力,该私权力包括对交易对方的一定控制力,也包括对可能的第三人具有一定的控制力。例如,微博平台拥有对用户的准入权、监督权乃至清除权。在现代商行为实施过程中出现的私权力问题,已经不是合同的相对性所能解决的问题,私权力源于商行为的社会性,为私权力建构法律责任,应当以商行为的社会性为基础。第四,可持续发展的实现。可持续营

---

① 郑若娟:《西方企业社会责任理论研究进展——基于概念演进的视角》,载《国外社会科学》2006 年第 2 期。

② 参见马力、张前、柳兴国:《西方公司社会责任界说评述》,载《江淮论坛》2005 年第 4 期。

③ See Keith Davis & Robert L. Blomstrom, *Business and Society: Environment and Responsibility*, McGraw-Hill, 1975, p. 39.

利是商行为的终极目标,商行为的社会性揭示了确保商行为可持续营利的奥义。整个社会条件的改善和进步,最终会给社会每一个成员带来好处,所以商行为的社会性强调商行为的实施主体应当促进人类生活品质的改善,推动社会、经济、生态三方面的可持续发展,从而实现自身的可持续发展。

商行为的社会性是19世纪末以来商业活动发展的产物,是自由市场经济向社会市场经济演进的结果,[①]该属性特征在企业社会责任理论中有较多体现,但在商法基础理论中还未被归纳总结。应当认为,社会性是现代商行为区别于传统商行为最为显著的特征。

3. 平衡性

现代商行为的第三大特征是平衡性。平衡性与商行为的社会性相关,从营利本位到引入社会利益,商行为除了形成了社会性特征,还形成了平衡性特征。商行为的平衡性包括两大方面的平衡,一方面是行为自由与行为限制的平衡,另一方面是自治、管制与强制的平衡。该两大平衡都是动态平衡,而非静态平衡与绝对平衡。动态平衡强调各要素之间的关系存在一定的弹性,不是绝对的比例关系。

(1)行为自由与行为限制的动态平衡

行为自由也可以理解为营利自由,行为自由包括营业自由,但不限于营业自由,所有商行为的实施主体都有为或不为商行为的自由,有权自由选择是否以商主体的形式从事商行为,也有权自由选择商主体的形式,选择经营范围与经营地点,更有权自由决定商业事务的经营与管理。在具体的保护方面,行为自由不仅要求任何人不得随意干涉商行为实施主体自由决定自己的行为,还要求司法机关在裁判商事案件时,应当积极主动地尊重商业判断事项,尊重商行为实施主体根据自己所掌握的信息作出商业判断,不得随意介入和干涉商业判断的内容。

与行为自由相对立的是行为限制,商行为虽然要求保障行为自由,但该自由并非没有边界,相反该自由还有明确的限制性。商行为的实施主体主动对自己的行为自由作出限制,如对外公示绝不涨价等,不属于行为限制的内容,本质上还是商行为自由的范畴。所谓的行为限制,

---

① 参见蒋建湘:《企业社会责任的法律化》,载《中国法学》2010年第5期。

是依据法律规定或国家管理规则而使行为受到限制的状态。例如,在商主体法定原则下,意欲以商主体方式从事商行为的主体在创设商主体时,就只能遵循法律规定的主体类型实施主体创设行为。又如,国家明确禁止毒品交易,在毒品领域商行为的实施主体就必须服从行为限制的规定。再如,在政府实施特许经营的领域,商行为的实施主体就必须取得特许经营权。

在自由主义经济时期,行为自由具有至高无上的价值,理论和立法都反对任何外力干预行为自由,但是完全的自由已经在一次次经济危机的爆发中被认为不可行,适当的干预或者说适当的行为限制是保证经济健康发展的重要内容。因此,行为自由是营利自由的彰显,行为限制则是可持续营利的保证。由于现代商行为具有外部性,绝对的行为自由最终可能导向的是社会的灭亡,但又不能减损行为自由的价值,从而剥夺商行为的创新力,因此,行为自由与行为限制之间形成的是动态平衡关系,两者受社会、经济等多方面因素的影响,其平衡界限在不同时期或者在同一时期的不同国家都有不同表现。社会主义社会和资本主义社会在商行为自由与商行为限制的平衡界限上就不一致。崇尚私权至上、个体权利绝对保护的资本主义社会更加偏重行为自由的比例,更多强调公共利益、更偏重整体权利和社会利益保护的社会主义社会,在某些情况下更加强调行为的限制。这一点在金融领域尤为明显,中国的金融就以强调监管为典型特征。

行为自由与行为限制的动态平衡既能保证商行为的健康发展,又有利于商行为的可持续发展。法律通过一系列行为限制的规定保障了商行为实施主体的利益。例如有限责任制度,从主体的设立来看是一套行为限制规定,但是从经营的角度来看,有限责任制度极大地解决了经营权与所有权分离所带来的投资风险问题,从而更好地保护了商行为实施主体的投资自由。因此,行为自由与行为限制相辅相成,其动态平衡关系是确保商业活力的重要内容。

(2)自治、管制与强制的动态平衡

自治、管制与强制的动态平衡关系是对行为自由与行为限制动态平衡关系的进一步延伸。自治与行为自由相关,管制、强制与行为限制相关。行为限制具有双重结构——管制面和强制面。但是自治、管制与强制的动态平衡并不是说管制与强制形成一体,从而形成自治与管制、强制的两方平衡关系。这里的自治、管制与强制的动态平衡是自治、管制、强制三者之间的动态平衡。自治包括行为主体自治,还包括行业协会自治;管制是市场监管者(主要是政府部门)以行政法规、部门规章、政府规章等形式干预商行为;强制是立法者通过法律(强制性规则)干预商行为。①

商行为主体的自治所谈的就是行为自由的问题,此处不再赘言。行业协会自治是值得关注的问题。在近代商法产生时期,行会发挥了重要作用。中世纪时期,取得特许状的商人组成了行会,行会的上层人物是城市的行政领导,行会在实际上成为城市的管理机构,行会内部所形成的管理规章和交易惯例、习惯通过各种形式被汇编为商业惯例集和商事裁判集而成为习惯法获得了"准"法律效力。② 中国的行会产生于隋朝,唐朝时期一条街上往往都开设同类店铺,店铺名称上都带"行",如"米行""织锦行";宋朝时期行会组织快速发展;到了明清时期,行会则发展为会馆、公所,出现了大量的行规、业规、帮规,行会成为垄断势力。时至今日,行业协会在各国仍发挥着重要的作用,美国商会(The US Chamber of Commerce)就经常与其他组织共同起草并发布商业领域的示范法。2019 年 3 月美国商会就发布了隐私示范法,呼吁国会通过联邦隐私法,要求企业应当在保持确定性和透明度的情况下进行创新,以保护消费者个人信息。③ 虽然中国的行业协会没有发布示范法的先例,但是在中国研究制定"商法通则"的过程中,也有学者积极主张发挥行会的力量制定适用于商人的示范法。④ 无论是商行为主体的自治还是行会自治,在商法作为私法的背景下,自治是商行为的核心

---

① 参见施天涛:《商事关系的重新发现与当今商法的使命》,载《清华法学》2017 年第 6 期。

② 参见毛健铭:《西方商事法起源探析——对中世纪欧洲商人法的历史考察》,载高鸿钧主编:《清华法治论衡》(第 4 辑),清华大学出版社 2004 年版。

③ 参见《美国商会发布隐私示范法并敦促国会通过联邦隐私法》,载中国保护知识产权网 2019 年 3 月 4 日,http://ipr.mofcom.gov.cn/article/gjxw/lfdt/mj/qtmj/201903/1933374.html。

④ 参见周林彬:《论〈商法通则〉对民法典"商事立法剩余"的制度安排》,载范健、王建文主编:《商法评论》(2019 年第 1 辑),中国法制出版社 2019 年版。

内容。

法律的强制是现代商行为的重要内容。商行为是区别于民事行为、行政行为的"特别"行为,允许商行为的存在并承认商行为主体的自治,相当于允许行为人为实现营利目的,超越普通社会伦理和社会组织规范而实施营利至上的行为。其直接结果就是商行为法成为一部制造特权的法律。因此,为了平衡这种行为特权,需要法律对于商行为予以特别的约束和规范,赋予行为人法定的特别义务与责任。例如,信息公开、公司治理结构中的权力制衡、人格否认制度、无过错责任、主体登记与信息公示制度等都是法律的强制性规定。所以,商行为除了是行为主体的自治行为,更多的时候还是受到法律严格规范和约束的行为,是法律所设定的行为,自治与强制的动态平衡是商法自治的本质。

政府的管制同样也是现代商行为的重要内容。政府管制的正当性在于市场具有失灵的可能性,其根本目的是保证市场的自由竞争与公平竞争。发挥市场在资源配置中的决定性作用,更好发挥政府作用,也被明确写进《中国共产党章程》的总纲之中。所以政府的管制是中国商行为的重要内容,尤其是金融商行为,从市场准入与退出、从业人员资质、投资者资格到交易行为的合规与审查,金融商行为都受到政府部门的监管。[①] 一般商行为同样需要接受监管机构或主管部门的监督管理。

商行为自治、法律强制与政府管制各自独立但又相互交织构成动态平衡关系。在商法体系中,这三者呈现出一定的此消彼长关系,过度的法律强制会压抑商行为自治从而抑制商法创新,过严的政府管制也会损害商行为自治的空间从而限制市场活力,因此,应当谨慎处理商行为自治、管制与强制的动态平衡关系,形成自治有余、管制有度、强制适当的商法自治法律体系,促进商业发展。

没有绝对的自由,也没有绝对的限制;商行为既有自主空间,又要接受管制,服从强制,就是现代商行为所具有的平衡性特征。由于商行为的行为自由与行为限制,自治、管制与强制所形成的都是动态平衡关系,所以理解现代商行为的平衡性不可绝对化,商行为的平衡性是动态

---

① 参见施天涛:《商事关系的重新发现与当今商法的使命》,载《清华法学》2017 年第 6 期。

平衡性。

4. 程序性

在传统私法理论中，权利被认为是私法的核心，程序对应的是权力，程序的核心功能是控制权力。受该理论的影响，归属于私法的商法一直也偏重权利理论，尽管法律设有大量的程序性规范，但商行为的程序性并没有得到应有的重视。[①] 在商行为实施主体主要是个人的背景下，程序问题被忽视并不会产生较大的影响，但是在组织体或者说企业逐渐成为商行为实施主体的主要部分的背景下，静态的权利中心理论弊端逐渐显现，大量的商行为无法获得较好的理论解释，例如，股票投资行为所产生的股权究竟是什么行为，如何理解决议行为，诸如此类的问题以权利为中心的法律关系理论都无法给出合理的解释。

商行为的程序性源于商行为实施主体在行为过程中所产生的私权力，程序性在组织体所实施的商行为中有较为典型的体现，但个人实施的商行为也具有程序性。

首先是组织体在商行为的不断创新中发展出了私权力，从而使其行为具备程序性。原先以公司为代表的组织体所享有的权力主要表现为公司对内事务的管理权，例如聘任、调任或解聘公司董事、经理、员工等，如今组织体的权力已经扩张到了交易对象，乃至不特定第三人。由于私权力具有减少平台经营活动负外部性的积极作用，所以商行为所产生的私权力有其存在的正当性与合理性，而对于这类权力必须要求权力主体遵循程序正义标准，树立商行为的程序观，从而使得商行为的实施主体不得不在其行为过程中遵守程序规则，使商行为具有程序性特征。

其次是其他主体实施商行为过程中所产生的程序问题。商事组织体之外的商行为实施主体主要是自然人及公法人、社会团体等其他组织。公法人和社会团体等其他组织本质上也是组织体，这类主体实施商行为必须遵守严格的程序，包括依照程序对内形成实施商行为的决议，依照程序对外实施商行为，所以这类主体的行为具有程序性较容易理解。比较特别的是自然人主体实施商行为的程序性问题。依据本书

① 陈醇：《商行为程序研究》，中国法制出版社 2006 年版，第 117 ~ 118 页。

对商行为的界定,自然人实施商行为有几种方式:第一,以登记为商主体的方式实施,如在中国申请个体工商户营业执照或者个人独资企业营业执照;第二,不申请登记,而以营业方式实施商行为,如乡村公路旁的摆摊设点销售或农产品销售;第三,不申请登记,也不实施营业行为,而是直接实施了法律规定的商行为,如证券投资行为等。对于第一种情形,个体工商户和个人独资企业被视为小型的组织体,所以其行为也具有程序性。对于第二种情形,这类自然人主要是小商人,典型表现为流动商贩。这类主体虽然不需要登记,但是各国仍然规定了其办理税务登记的义务。《电子商务法》第 11 条就明确规定,依法不需要办理登记的电子商务经营者,应当申请办理税务登记,如实申报纳税,从而使这类主体所实施的商行为也具有一定的程序性特征。自然人所为的第三种情形的商行为则更加具有程序性,以证券买卖为例,行为主体实施证券买卖行为前必须向证券服务机构申请开户,在进行证券买卖时也必须服从证券交易所的程序性规则,所以这类行为也有一定的程序性。

因此,商行为具有程序性源于商行为在其自身发展进化中产生的私权力,并且除了商事组织体具有私权力从而使其商行为具有程序性特征,其他主体所实施的商行为也具有一定的程序性特征。理解商行为的程序性特征有利于从理论上认识并解释诸多商行为的问题,典型如决议行为,从程序的角度理解决议行为既能够避免陷入决议行为法律关系争议,又能够设计出合理的决议行为规则体系。

5. 行为资产化

行为资产化是现代商行为较为特别的特征。所谓的行为资产化指的是商行为创造出资产价值,行为本身成为一笔资产。比较典型的是营业行为的溢价性,此外,在金融交易与数字交易的过程中,商行为也具有溢价性。

(1)营业行为的溢价性

营业行为是创造资产的行为,在营业的过程中,营业主体的资产得以形成有机集合体,并随着营业的不断进行而产生附加值。在营业行为开展之前,营业主体的各项资产彼此独立,并且可以被单独计算。营业开始后,营业主体的各项资产形成一个集合体,并与营业行为实施过程中形成的各项有价值的事实关系,构成有机组合的联合体,形成资产价值叠加效应。所谓的有价值的事实关系主要是信用、商誉、地理位置等因为营业而产生的财产价值。由于这些价值不能独立转让,只有附着于营业才具有经济价值,所以这类事实关系具有一定的人格化特征。更准确地说,这类事实关系具有强烈的营业属性,即产生于营业活动,归属于营业资产。因为营业行为而形成的营业资产,并不是营业主体各项资产价值的简单相加,在总价值方面,营业资产既可能大于各资产相加之和,也可能小于各资产相加之和。这是因为营业主体的营业行为并不总是成功的,营业行为所产生的除了增加营业总资产的正商誉等积极财产,还包括负债等消极财产,同时营业资产随着营业主体的经营状况一直处于浮动变化状态,是一个动态值,所以营业资产与各项资产价值相加之和一般不相等。不过,只要营业主体诚信经营,就其所产生的商誉、信用等具有价值的事实关系而言,营业行为的溢价性尤为明显。因此,归结而言,营业行为具有溢价性,该溢价性来源于其营运价值、持续营业状态与营业财产的有机结合。

(2)金融商行为与数字商行为的资产化

以交易对象为划分标准,商行为可以分为传统工业产品交易行为、金融产品交易行为与数字产品交易行为。其中,传统工业产品交易行为主要是营业行为,金融产品交易行为与数字产品交易行为虽然也可以被包括在营业行为之中,但是金融产品交易行为主要是投资行为,大量被法律直接规定的民事主体偶尔实施的商行为就主要是这类行为,姑且可以将其简称为金融商行为;数字产品交易行为与传统营业方式有较大的不同,姑且可以将其简称为数字商行为。这两类行为都与传统营业行为存在差异性,所以,本书将金融商行为与数字商行为单独列出,以凸显其特殊性。

金融商行为包括提供金融工具的行为,还包括以金融产品为交易标的的行为。数字商行为指的是利用互联网、云计算、人工智能等技术实施的,以提供数字产品或服务与数字化产品或服务为标的的商行为。有关金融商行为与数字商行为的概念将在商行为内容丰富化的特征中详细展开。这里主要讨论的是金融商行为与数字商行为的资产化问题。资产化是金融商行为的基本特征,以金融产品为交易内容的合同本身可以成为再交易对象,金融商行为从其实施时起就具有溢价性。更为重要的是,行为人每次实施的金融商行为一方面可能会影响其金融资产的价值,另一方面也可能会影响金融市场进而影响他人的金融资产价值。例如,由于人们对“股神”巴菲特存在跟从心理,所以就会出现巴菲特的个人股票买卖行为影响其他股民从而影响金融市场的情况。另外,持有大量股票的金融机构大规模做多或做空也会对市场产生影响。所以金融商行为的资产化有可能存在外部性,金融商行为资产化的结果也表现为或是增加总资产价值,或是减少总资产价值。数字商行为的资产化主要源于数字商行为交易对象的特殊性。以数据为例,人们每分每秒的行为都能产生新的数据,数字商行为本身也能以数据表示,并在经过加工处理后成为有资产价值的财富。从这个角度出发,数字商行为是一个不断循环、不断创造的过程,该行为既是财富创造行为,也是一笔具有经济价值的财产。

因此,商行为的资产化特征是商行为的普遍特征。在传统工业产品交易时代,商行为就具有一定的资产化特征,如今在金融产品交易与数字产品交易中,商行为的资产化特征尤为明显。

6. 行为网状化

现代商行为区别于传统商行为的一大重要特征是行为的网状化。行为网状化指的是商行为彼此之间构成网状关系,形成相互关联的行为。商行为网状化依据行为主体的不同,有三大不同的表现。第一,就个体而言,其行为具有从众性;第二,就团体而言,其组织行为具有网状结构;第三,就互联网平台企业而言,在其所形成的交易生态圈中,各市场主体之间的商行为形成网状关系。

(1)个体的从众行为:大规模的无组织行为

“全民经商”是商行为网状化的典型表现。“全民经商”并不意味着人们都具有了经商技能,能够应对商业风险,相反,当代社会的“全民经商”更多的是一种从众行为。基于营业自由原则,商行为得以打破阶级限制,被普通民众所实施,在该背景下,人们经商的门槛降低,只要受到商业成功案例的影响就容易进入商业领域,从众性地实施商行为。2020 年新冠肺炎疫情暴发后,江苏扬中出现的全民投产熔喷布事件就是一个非常典型的现代商行为的从众形态缩影。当时,因疫情暴发后,口罩畅销导致市场短缺，投资口罩原料成为当地营利的捷径。当地人流传着这样一种共识：“没发过熔喷布产业相关朋友圈的，根本就不是扬中人。”这场因疫情而掀起的投资热潮裹挟了整个扬中，盲目投资甚嚣尘上，直到2020年4月15日才被政府叫停，仅扬中一地投产的熔喷布产业就多达876家。[①] 在现代商业社会中，由个体所实施的商行为，越来越具有从众性，呈现为大规模的无组织行为。证券市场中常见的“割韭菜”现象就是源于投资者的从众性心理。

从众行为又可以称为集合行为、集体行为，该概念是由美国社会学者R. E. 帕克（R. E. Park）所提出的，他指出集体行为是“在集体共同的推动和影响下发生的个人行为，是一种情绪冲动”。[②] 从众行为来自群体的感染，而要形成群体，人们之间就必须具有一定的关联性，彼此之间具有某种联络，也就是说从众行为依托于人们之间的网状关系。也正是因为如此，个体商行为的从众性可以认为是商行为具有网状化特征。对于个体的从众行为，由于集体行为受到群体情绪感染，所以该行为可能导致行为越轨，容易引起社会动荡。因此，就个体的商行为而言，认识个体商行为所具有的从众性，从而为其设置合理的法律规制理念，是稳定社会的重要保障。

（2）从个体到团体：组织体内外部行为具有网状结构

团体被认为是现代商行为的主要实施者，其行为同样具有网状化特征。团体商行为的网状结构包括对外行为与对内行为的网状结构。对内行为的网状结构主要体现在现代企业具有组织架构，其内部经营管理行为依托于股东会、董事会、监事会三大组织架构完成，组织架构的行为彼此关联，以实现投资者利益与公司利润最大化为纽带形成交织的网络。现代组织体对外形成网状结构主要表现为契约群。在传统商行为中，商行为主要依靠单个合同完成，并且合同具有严格的相对性，是当事人之间基于利益对立所实施的交换性行为。而现代商行为依托于契约群，由多方主体为了实现共同目标而依托于多个合同实现

① 参见新京报：《从电气城到“熔喷布之乡” “局外人”眼中的江苏扬中》，载微信公众号“新京报乡村”2020年4月24日，http://mp.weixin.qq.com/s/lshwJB5GYqJLOWoRzlAybg。

② 张钦朋、李猛：《论集体行为的合理规制》，载《甘肃理论学刊》2009年第1期。

资源共享、协同合作。现代组织体对外形成的网状结构式契约群,与组织体对内的公司契约相类似,都具有长期性特征。在契约群的关系中,在资源、市场或资金方面具有优势的企业会成为契约群的“群主”,也就是网状结构中的核心节点,并以群主为中心点对外辐射,将具有共同目标的主体集合在一起,最终形成网状结构。因此,所谓的契约群就是“多个合同以特定的因素(缔约目的、交易标的或合同主体等)彼此关联而形成的合同群落”。目前广泛存在的契约群包括供应链契约群、基础设施建设契约群、商业特许经营契约群、金融契约群等。[①] 契约群已经是现代企业对外开展经营活动必不可少的工具,在契约群的作用下团体的商行为也形成了网状结构。

(3)“平台 + 个人 + 团体”:市场各主体之间形成网状关系

商行为网状化最为典型的表现应当是平台型企业所形成的商业生态圈。平台是生态圈中的中心,在平台上交易的个体和企业活动于平台所建造的生态圈内。平台构建生态圈也依赖契约群的方式,因为本质上平台也是一个组织体,互联网交易平台就是由一系列契约组成的契约群所构成的。只不过和其他组织体不同的是,在平台经济中,个体和团体在平台内实施商行为必须遵守平台所制定的规则,某种程度上平台企业对活动于其平台上的个体和团体具有一定的控制力,如解决纠纷、删除账户等,一般的企业在对外实施的商行为中则不享有该项权力。在平台经济中,个人和团体依托于平台实施商行为既能减少寻找交易机会的时间成本,又能快捷而简便地交易。如果一平台与其他平台合作,那么平台与平台间的网状关系将会相互连接,其所产生规模效应更为显著,能为商行为的实施带来更大的空间。

商行为的网状化是对现代商行为普遍特征的总结,商行为的网状化使个体实施的商行为具有从众性,但对组织体而言,尤其是在平台经济下,商行为的网状化极大地促进了行为实施主体的发展。根据前文的论述我们可以发现,商行为的网状化特征挑战了传统法学理论,无论是契约群还是平台经济所产生的私权力问题,都突破了传统法学设定

---

① 参见徐英军:《契约群的挑战与合同法的演进——合同法组织经济活动功能的新视角》,载《现代法学》2019 年第 6 期。

的合同具有相对性,权力归公法主体的基本框架,必须重视商行为的网状化特征,同时为其制定相应的规则。

7. 内容丰富化

传统商行为主要是生产经济,现代商行为与未来商行为将主要是互联网经济、数字经济。互联网经济、数字经济与生产经济之间存在着巨大的鸿沟,前者并非后者的简单演化,两者从商行为的基本模式到所产生的法律问题都存在较大的差异,弥合该鸿沟的前提是认识商行为内容的丰富化。具体而言,现代商行为包括营业及其附属商行为、金融商行为与数字商行为。

(1)营业及其附属商行为

传统商行为基本上都是营业及其附属商行为。在商行为发展的早期,商行为是商品与货物在流通领域的交易,包括买卖行为、中介行为、运输行为、仓储行为等以商品与货物的买卖为核心的一系列行为。早期的商行为是商人阶级的行为,商人所实施的都是买入后卖出的投机行为,所以早期的商行为并不包括生产行为,农民贩卖自己种的粮食,手工业者对外出售自己生产的产品都不被视为商行为。到了 14 ~ 15 世纪,随着社会生产力的提高,西方社会和中国手工业都出现进一步扩张的趋势,有了雇工和劳动力市场,手工业由自然人生产转化为雇佣劳动力生产,生产规模逐步扩大,直接贩售自己生产的产品成为他们的常态。手工业者走向了商人的道路,生产由“购、产、销”组成,交易成为手工业的起点和终点,生产与交易的紧密结合使资本主义迅速发展,奠定了资产阶级革命的坚实基础,商行为也开始包括生产领域中的交易。但是,此时的生产领域依然被限定在工业生产,或者说是参与了投机买卖的生产领域。资产阶级革命爆发后,近代民族国家建立,商法走向了成文法、系统法化的阶段,《法国商法典》和《德国商法典》作为该历史时期的代表性、标志性法典,都一致将农业、林业、渔业、矿业等传统行业贩卖自己生产的产品的交易行为排除在商行为之外,①1899 年的《日

① 参见张民安:《商法总则制度研究》,法律出版社 2007 年版,第 269 页。

本商法典》也采取了相同的做法。[①] 有的法国学者甚至还主张生产产品的行为全部不属于商行为。[②] 不过，上述国家很快就意识到将农业、林业等生产排除在商行为之外不具有正当性和合理性，所以德国在 1967 修改了规定，[③]把农业、林业等从业者的行为纳入商行为之中，日本也在 1938 年修改了该规定。因此，直到 20 世纪，商行为才包含了所有生产环节。现行商行为中的营业行为及其附属商行为既包括买卖交易行为，也包括生产行为。只要是商行为实施主体以营利为目的反复、有计划、连续实施的行为都属于营业商行为。

（2）金融商行为

第一，金融工具与商行为。如果说商品与货物是商行为的肉体，那么金融工具绝对是商行为的血液甚至是心脏。自商行为从以物易物的阶段进入商品与货物的交易起，金融工具就支撑着商行为的开展，人类历史上的几次商业革命也都与金融工具的创新紧密联系。自第一批城市兴起金融就已经存在。在古代西亚地区，美索不达米亚产生了世界上第一批城市，人类历史上的第一份抵押、贷款、期货合同、信用证被记载在楔形文字上，金融为商人买卖商品提供了流动性，白银是当时商行为的媒介。[④] 古巴比伦时期，大量的本票、合伙合同出现，商人高利放贷行为也在此时可供考据，与此同时，《汉谟拉比法典》还规定了法定货币，[⑤]商行为在金融工具的活跃下取得快速发展。到了古希腊罗马时期金融制度已经十分成熟，古希腊设立了银行、货币制度，古罗马孕育了中央银行的雏形，契约、担保、合伙制度在该时期日趋完善，为海上商行为提供了保障。雅典甚至还出现了作为商行为私人投资媒介的私人银

---

① 参见[日]近藤光男：《日本商法总则 · 商行为法》，梁爽译，法律出版社 2016 年版，第 14 页。

② 参见张民安：《商法总则制度研究》，法律出版社 2007 年版，第 269 页。

③ 参见[德]C. W. 卡纳里斯：《德国商法》，杨继译，法律出版社 2006 年版，第 54 ~ 55 页。

④ 参见[美]威廉 · 戈兹曼：《千年金融史：金融如何创造文明，从 5000 年前到 21 世纪》，张亚光、熊金武译，中信出版集团股份有限公司 2017 年版，第 5 页

⑤ 参见[美]威廉 · 戈兹曼：《千年金融史：金融如何创造文明，从 5000 年前到 21 世纪》，张亚光、熊金武译，中信出版集团股份有限公司 2017 年版，第 26 页。

行。[①] 因为商业的高度发达，雅典铸造了著名的猫头鹰货币，至此，商行为与货币“融为一体”，人类历史上货币作为交易媒介的序幕正式被拉开。古罗马时期，无论是货币还是信贷、银行发展都有了质的飞跃，罗马铸造的货币成为整个地中海的标准货币，极大地促进了商行为的繁荣。

以中国历史为考据，中国自商朝时起就产生了早期的商品经济，也自商朝起就有了独立的货币系统，贝壳被作为商品交换的媒介一直延续到秦朝，也即自商品交换开始起，金融工具就未曾消失在商品交易的世界中，只是变换着不同的形式。在西方社会，大致是 11 世纪晚期，汇票、本票等具有无因性的商业票据，动产抵押权，留置权，提单，流动公共贷款，储蓄银行业务等新兴金融工具创立，推动了新一轮商业革命。[②] 由于货币流通不足，信用成为商行为的重要媒介，不仅信用交易在日常生活中经常出现，信用经营也成为中世纪商事交易旺盛的力量源泉。[③]

时至今日，金融工具依然牵系着整个商事交易的命脉，几次世界经济危机都与金融工具相关，几次世界商业发展变革也都离不开金融工具的创新，金融工具作为商行为的血液及心脏，伴随商行为走过历史长河。

第二，金融产品与商行为。金融与现代商行为的主要关系是金融成为商行为的交易对象，即金融也成了商行为的肉体部分。金融与商行为关系的发展历史大致与世界资本主义经济发展的几个重要阶段相一致，其中，金融成为商事交易标的物大致从 17 世纪到第一次世界经济危机之初。

第一阶段是资本主义萌芽阶段，即从封建社会末期到工业革命时期，此时的金融主要是以金融工具形态影响商事行为。第二阶段是自

---

① 参见［美］威廉·戈兹曼：《千年金融史：金融如何创造文明，从 5000 年前到 21 世纪》，张亚光、熊金武译，中信出版集团股份有限公司 2017 年版，第 62 页。

② 参见［美］哈罗德·J. 伯尔曼：《法律与革命（第一卷）西方法律传统的形成》，张志铭等译，法律出版社 2012 年版，第 342 ~ 344 页。

③ 参见［比］亨利·皮朗：《中世纪欧洲经济社会史》，乐文译，上海人民出版社 2014 年版，第 83 ~ 93 页。

由资本主义时期,即从17世纪到第一次世界经济危机。1602年荷兰帝国在阿姆斯特丹成立了世界上第一个可以进行股票交易的证券交易所,股票正式摆脱了金融工具的单一身份,走向了金融工具与金融产品并存的历史阶段。此后率先在英国爆发的工业革命,使股份公司进一步发展,1773年英国伦敦也建立了伦敦证券交易所,1792年美国纽约股票交易所诞生,公司股票和债券的交易集中出现并迅猛发展,有价证券交易逐步成为商事交易的重要对象,金融产品加入商事交易标的物行列的历史阶段全面开启。

不过,金融交易的狂热成了世界第一次经济危机爆发的诱因之一。为了规范金融产品的商事交易,此时主要是股票、债券、商业票据等传统金融产品,以美国为代表的各国政府相继出台了专门法律,金融也进入了第三阶段,即国家干预阶段(1933年到20世纪70年代)。1933年美国出台了《证券法》,1934年又制定了《证券交易法》,在法律的保驾护航下,金融产品交易进入了正轨。但是随着经济全球化进程的深入,世界金融危机频频爆发,美国国际收支赤字的上升使西方外汇市场掀起抛售美元抢购黄金的热潮,其结果是美国主导建立的布雷顿森林体系解体,自此金融进入了新一轮的自由化阶段,①也即第四阶段(1973年至今)。该时期不仅股市大发展,还出现了证券化浪潮,不仅资产证券化,连公司应收账款等也都走向了证券化。银行大力开展表外业务,创造了大量金融衍生品,风险投资也出现在商事交易中。金融产品的多样化使该时期以金融交易为主的虚拟经济逐渐开始超越实体经济总量,成为商事交易的主要组成部分。

金融产品交易加入商行为阵营使商行为的内容更加丰富化,金融不仅是辅助商行为实现的工具,更成为商行为的交易标的物,这是金融在现代商行为中的变化。

(3)数字商行为

现代商行为内容的丰富化除了体现在营业行为、营业附属行为与金融商行为方面,还体现在现代商行为包括数字商行为。前文已指出,所谓的数字商行为指的是利用互联网、云计算、人工智能等技术实施

① 参见任先行:《商法原论》(上),知识产权出版社2015年版,第940页。

的，以提供数字产品或服务与数字化产品或服务为标的的行为。理解数字商行为的关键在于认识数字产品与数字化产品。

首先是数字产品。在美国的双边贸易协定中，数字产品指的是"以数字化编码存在的计算机程序、文本、视频、图像、音频和其他产品，而不管它们是否固定在有形载体或者是以电子形式传输"，且美国定义的数字产品不包括以支付或者转账所使用的金融工具。[①] 中国没有关于数字产品的准确定义，数字产品的概念需要与网络产品、信息产品、知识产品相区分。本书采取广义的数字产品概念，所谓的数字产品指的是"信息内容基于数字格式，能通过电子方式运送的产品"。[②] 网络产品是通过网络生产和销售的产品，所以网络产品既包括传统的工业产品也包括数字产品；信息产品"是以信息为核心资源和生产要素的，以知识形态存在的人类劳动成果，利用其使用价值满足人类认识活动和实践需要的一种产品"；知识产品"是指人类在改造自然和社会的实践中，为满足社会的需要，通过支出脑力劳动，依靠知识、智力等要素进行创造性活动的成果，以及以一定形式表现出来的一种自然科学、社会科学的成就。它包括企业商誉、商标、专利、版权、计算机软件及商业秘密等"。[③] 简言之，网络产品、信息产品、知识产品与数字产品的关系是，网络产品不一定都是数字产品，数字产品理论上都可以成为信息产品，信息产品和知识产品都包括但不限于数字产品。

其次是数字化产品。数字化产品可能是数字产品，也可能不是数字产品。联合国贸易发展会议研究报告（2001）认为，数字化产品是既可以通过载体以物理方式运送，也可以通过互联网以电子方式运送的产品。美国双边贸易协定对数字产品的定义比较偏向于数字化产品的定义。归结而言，所谓的数字化产品就是可数字化表示的产品，数字化产品的载体既可以是无形化的物质产品，也可以是具有物理形态的物质产品。数字化家电就是具有物理形态的数字化产品。随着深度学习

---

① 参见何其生：《美国自由贸易协定中数字产品贸易的规制研究》，载《河南财经政法大学学报》2012 年第 5 期。

② 王晓玲、孙德林：《数字产品及其定价策略》，载《当代财经》2003 年第 12 期。

③ 张帆、刘新梅：《网络产品、信息产品、知识产品和数字产品的特征比较分析》，载《科技管理研究》2007 年第 8 期。

等人工智能技术的不断发展,当代数字化产品的设计开发表现出显著的发展趋势,即更加数字化、网络化与智能化。目前广为流行的可穿戴智能设备,如智能手表、智能手环等就是典型的数字化产品。

数字产品是区别于传统工业产品的新兴产品,数字化产品更加着眼于数字技术与传统工业产品、信息产品的结合。无论是数字产品还是数字化产品,都具有区别于传统商事交易标的的显著特征,因此以这类产品为标的的商行为丰富了现代商行为的内容。

从工业产品到金融产品与数字产品,商行为的本质并没有发生变化,只是商行为的内容更加丰富;以营业及其附属商行为、金融商行为与数字商行为表示商行为内容的丰富化,只是为了更好地区分不同交易标的的商行为。其实这样的分类也不完全准确,因为以金融产品与数字产品为交易对象的商行为也可以是营业行为,只不过为了更加凸显出以工业产品为主要内容的传统营业行为与信息金融产品、数字产品的区别所以采取该区分标准。

商行为内容丰富化的特征指的是商行为的标的不断丰富化。商行为行为标的的不断丰富化与商行为的创新取向相吻合。由于商行为并不会停止创新的步伐,所以本书就商行为内容丰富化所列举的三种行为并不完全周延,只是对既有商行为的总结。只要人类社会长久存续,商行为的内容就会不断丰富化。

综上所述,现代商行为继承并发展了传统商行为的特征,同时还凝练出了新的特征:第一,风险性成为商行为不可或缺的重要特征,现代风险的范围、种类、作用都与传统商行为的风险性存在差异;第二,社会性是现代商行为区别于传统商行为最显著的特征,社会性打破了商行为只以利润最大化为唯一追求的传统理论;第三,平衡性是认识现代商行为的关键,现代商行为具有行为自由与行为限制,自治、管制与强制两大动态平衡关系;第四,程序性是解释并解决现代商行为诸多问题的重要钥匙,现代商行为在其发展过程中衍生的私权力问题使现代商行为具有程序性特征;第五,行为资产化是现代商行为比较特别的特征,不论是传统工业产品的交易还是现代金融产品、数字产品的交易都表明现代商行为具有溢价性,商行为本身具有经济价值并能够产生经济附加值;第六,行为网状化是比较容易被忽略的商行为特征,现代商行为的网状化特点挑战了传统法学理论，理解商行为的网状化特征对于解决契约群问题具有重要意义；第七，内容的丰富化是现代商行为以及未来商行为不会泯灭的基本特征，只要商业创新不停，商行为的内容将不断丰富化。

三、商行为的区别特征

根据前文所述，区别特征指的是“一个概念同其他相关概念相区别的本质特征”。商行为的区别特征是在一国的法律体系中讨论的，与商行为相区别的主要有民事行为、行政行为与经济行为。

（一）商行为特征与民事行为特征的比较

关于商行为与民事法律行为的区别，本书第三章已有详细论述，此处有关商行为与民事行为的区分，是就两者的特征而言的。通常情况下，民事行为主要讨论的是民事法律行为，就民事法律行为而言，其特征包括民事性、表意性、目的性、设权性、民事法律事实性。其中，民事性指的是民事法律行为的主体是具有平等地位的民事主体；表意性指的是民事法律行为以意思表示为构成要素；目的性指的是民事主体实施民事法律行为有其所追求的法律后果；设权性指的是民事法律行为依据意思表示的内容而发生效力；民事法律事实性指的是民事法律行为是重要的民事法律事实，能够引起民事法律关系的设立、变更与终止。①

对比商行为的特征我们可以发现，商行为与民事法律行为的特征存在较大的差异。首先是表意性。民事法律行为强调的是意思主义，追求行为当事人的内心真意，商行为关注的则是表示主义，是行为当事人对外表示的行为。以表示主义为解释方法是传统商行为与现代商行为的共同特征，表示主义又可以称为外观主义，就是以商行为表征来确定行为人的意图进而判断行为的效力，而不探究行为人在行为时的真实意图。② 其次是目的性。民事法律行为的目的并不关注动机，只强调行为人所最求的法律后果，而商行为作为以营利为目的的行为，其目的

---

① 参见马俊驹、余延满：《民法原论》（第4版），法律出版社2010年版，第180～182页。

② 参见叶林、黎建飞主编：《商法学原理与案例教程》，中国人民大学出版社2006年版，第95页。

意思包括营利动机,没有营利动机的行为就不是商行为。最后是设权性。由于民事法律行为是依据意思表示的内容而发生效力,所以民事法律行为的效力规则都与意思表示有关,欺诈、胁迫、重大误解等因为背离了行为人的真实意愿都是可撤销行为。具有风险性和社会性的商行为则在大多数场合不适用民事法律行为的效力解释规则,行为人因欺诈、胁迫、重大误解等要求判定行为可撤销,通常无法得到直接的支持,只能采取替代性的补救措施。例如,行为人在已经完成公司设立行为的情况下,主张自己意思表示不真实而要求宣告其设立公司的行为无效或者撤销公司,通常不会得到支持。①

除了依据民事法律行为的特征对商行为与民事法律行为的差异进行解析,从商行为的特征出发,商行为与民事法律行为的区别也昭然若揭,具体而言主要是活动特征的差异。活动特征的差异有六点。第一,营业性。商行为主要是营业行为,强调行为的反复性、计划性与连续性,而民事行为通常都是一次性、偶然实施的行为。第二,有偿性与溢价性。商行为基本上都是有偿的行为,无偿的行为作为辅助商行为也是以更好地获得营利为目的,并且商行为在实施的过程中还具有溢价性。民事行为则通常为无偿行为,不具有溢价性。第三,公示性。因为具有风险性与社会性,同时还形成网状结构,所以商行为尤其强调公示,例如必须设立商事账簿、重要事项登记等。在判断商行为的责任时,行为主体的信息披露是否充分也是重要的判断依据。民事行为不具有社会性,也基本不会产生外部性,所以法律并没有要求民事行为进行公示,无故揭发他人的隐私还会涉及侵权的问题。第四,程序性。现代商行为尤其重视程序问题,民事行为则关注权利,民法素来都有"万法之母"的称谓,就是因为民法是一部关于权利的根本法。商行为的程序性问题长期被忽视就与民法的权利法理论有关。第五,平衡性。商行为特别注重平衡问题,自治、管制与强制的平衡,行为自由与行为限制的平衡是商行为的基本特征。强调意思至上的民法则不凸显法律强制问题,更没有所谓的行为限制,准确地说,法律强制在民法中的地位也是为了服务于意思自治,没有所谓的平衡问题。第六,风险性。由于

---

① 参见张民安、龚赛红:《商法总则》,中山大学出版社2004年版,第213页。

商行为是追求风险的行为,高收益对应的是高风险,所以商行为有规避风险的保险行为,也有控制风险的法律制度。相反,民事行为强调稳定与安全,填平损害以恢复并保证权利的圆满状态是民法规则的核心。

(二)商行为特征与行政行为特征的比较

行政行为是指行政主体行使行政职权、进行行政管理的活动。[①] 行政行为的特征包括:第一,公益性。行政行为是为了实现国家和社会公共利益。第二,职权性。行政行为是行政机关履行职能的行为。第三,程序性。行政行为必须严格遵守法律规范,行政行为必须具备行政程序才能成立。第四,主体的不平等性。在行政行为实施过程中,行政机关与行政相对人的地位不平等。

因此,我们不难发现,商行为与行政行为是完全不同的行为。即便是都具有程序性特征,两者对程序的强调也不一样。程序正义是行政行为的根基,公权力来源于人民,所以程序是保障行政主体依照人民意志实施管理行为的重要内容。而商行为除了程序正义还包括实体正义,并且违反程序的商行为并不会都无效或可撤销,在一些情况下,行为主体可以通过补救来纠正程序。至于公益性、职权性、主体的不平等性则完全与商行为的特征相背离。

(三)商行为特征与经济行为特征的比较

经济行为是容易与商行为混淆的行为。所谓的经济行为主要是国家基于宏观调控和克服市场失灵的需要干预和管理市场的行为。经济行为本质上是政府履行职能的行为,所以其也具有公益性、程序性和职权性特征。

具体而言,商行为与经济行为特征的区别主要在于:第一,行为内容不同。经济行为包括财政行为、税收行为、金融管理行为、市场管理行为等,而商行为主要是营业行为,以及法律规定的投机性买卖等行为。第二,相同要素的具体内涵不同。虽然在企业管理行为中,商行为也具有管理因素,但是该行为建立在公司章程、雇佣合同等意思自治的基础上,而经济行为的管理因素是基于公权力,前后两者的管理特征相

---

① 参见石东坡:《行政行为及其特征的再探讨》,载《法学杂志》2000 年第 1 期。

去甚远。第三,行为主体不同。虽然特别法人也可以实施商行为,但特别法人的商行为被限制在投资企业中,商行为的实施主体主要还是自然人或企业;而经济行为的实施主体是国家。第四,行为所形成的法律关系不同。经济行为的法律关系具有公法属性,其所形成的是管理与被管理、干预与被干预的关系,而商行为则不涉及与国家之间的管理与干预关系。

四、商行为规范的特征

商行为的规范依据商行为的特征进行设计,所以商行为的规范也具有特殊性。具体包括规范技术化、类型化的规范群、风险控制规范、社会利益规范的引入、公私法规范共存、程序与权利性规范并行、开放性规范几大特征。

(一)规范技术化

规范技术化指的是商行为的规范具有专业技术性。商行为的实施通常要求行为人具有专业技能,金融商行为对行为人专业技能的要求更高。票据、银行、保险、证券、期货、融资、信托、电子商务等行为都要求行为人具有较强的专业技能。商行为是一项复杂的技术活动,这就要求调整商行为的法律具有技术性。商法从法律术语到具体的规则都体现出了技术性,从证券产品的认定到内幕交易损害赔偿的计算方式,商行为的法律规范都具有技术化特征。正是因为商法规范具有技术性,才会出现初学者接触商法规范经常觉得晦涩难懂的情况。

(二)类型化的规范群

类型化的规范群指的是商行为规范依据不同的类型可以分为不同的规范,并且这些规范通常可以组成一个规范群。商行为规范具有类型化的规范群特征,这与商行为的定义有关。商行为是以营利为目的的行为,包括商主体与非商主体的营业行为,与由法律规定的非商主体以营利为目的的行为。从其定义来看,商行为的外延至少包括营业行为与非营业行为,商主体的行为与非商主体的行为。这两大不同分类方式所分别对应的商行为类型存在差异,所对应的具体的商法规则也有所不同。以商行为内容进行划分,商行为还可以分为合同行为、票据行为、证券交易行为、保险行为、银行行为、期货行为、代理行为、行纪行为、居间行为等,而它们所适用的规则也各不相同,从而形成了具有类型化特征的规范群。这些类型化的规范群指的是具体的商行为规范,就整个商法规范体系而言,这些类型化的规范群与适用于所有商行为的共性规范共同组成完整的商行为调整规则,从而全面地规范商行为。

(三)风险控制规范

由于商行为具有风险性,并且利润是风险的对价,所以,当我们说商行为是以营利为目的的行为时,可以将其翻译为商行为是以风险为追求的行为。因为风险是商业利润的根本,所以商法必须允许风险的存在,但是又因为商行为具有外部性,所以商法必须合理控制风险,防止风险蔓延导致商业摧毁社会。因此,商法是一部有关风险设计的法律,其既有一系列允许风险的规则,又有一系列控制风险的规范。例如,允许格式合同的存在保证了交易迅捷,但是却剥夺了平等磋商的可能,所以商法一方面允许格式合同,另一方面又设计了格式合同的解释规则。又如,允许商行为主体在债务未到期的情况下留置无牵连关系的债务人财产,保证了交易安全,但却可能损害债务人的利益,所以商法一方面允许商事留置的存在,另一方面又设置了商事留置权行使的程序。这样的规则是商法所特有的规则,风险性是商法规范最具有特殊性的特征。

(四)社会利益规范的引入

在商法规范中引入社会利益虽然不是商法规范独有的特征,但是却是现代商法规范所具有的特殊性。正如本书在介绍现代商行为具有社会性时所指出,传统商法认为商行为以追求利润最大化为唯一目的,所以并不关注商行为的外部性,也没有这类规则,彼时的商行为规则主要是解决交易双方的纠纷。而从 19 世纪末开始,商行为的社会性问题逐渐显现,为了使商行为的发展朝着有利于社会全体利益的方向进行,社会利益规范逐渐被引入商法,最为典型的是企业社会责任的承担。此外,消费者权益保护法所制定的一系列消费者保护规则也是商法引入社会利益规范的体现。现代商行为规范引入社会利益规范从根本上也是为了更好地帮助商行为实施主体实现利益可持续性的最大化。社会利益规范是现代商法的标志性特征。

(五)公私法规范共存

商法虽然是私法,但是运用了大量的公法性规范,这也是商法规范所特有的。由于商行为强调自治、管制与强制的平衡,所以为了实现该平衡,商法既有大量的自治性条款,也有大量的法律强制性条款,同时还有行政责任条款。集私法与公法于一身曾一度使商法规范的私法属性饱受质疑。应当认为,虽然商法强调自治、管制与强制的平衡,并且引入了行政手段作为行为调整方式,但是管制性规则与强制性规则根本上也是为了保障营利主体更好地参与市场竞争获得利润。所以即便商法具有公法性规范,也应当认为商法具有私法属性,而非归属于公法范畴,维护商行为实施主体的利益依然是商法的主要目的。

(六)程序与权利性规范并行

民法是实体法,民事诉讼法是程序法,刑法、行政法也区分程序法与实体法。然而,在商法中,程序性是商行为的基本特征,程序法不只是商行为的救济法,更是商行为的实施法,所以商法规范既有大量的权利性规范,也有大量的程序性规范。程序性规范在商法规范中是指引商行为实施的重要规范,违反程序性规范的行为可能会被宣告无效,这在民法中几乎不存在,是商法规范所独有的特征。

(七)开放性规范

开放性规范指的是商行为规范为法官和仲裁员适用法律留下空间,给予法官和仲裁员根据案件具体情况自由裁量的规范。这类规范目前在已有的商事立法中较为少见,但考虑到商业创新的不断发展与法律滞后性之间的鸿沟日益加深,应当为商法规范设置一定的开放性,也就是设置弹性空间,以使商法规范能够适应商行为日新月异的发展速度。

第二节 商行为的分类

一、商行为分类的概念与意义

分类指的是根据事物的特点分别归类,对商行为进行分类就是依据不同的标准将商行为分为不同的类型。

商行为的内容复杂多变,不同商行为的法律规制重点又各不相同。如果说梳理商行为的特征是为了揭示商行为的本质,那么对商行为进行分类就是为了更好地全面认识商行为。具体而言,商行为的分类具有两大方面的意义,一是为不同类型的商行为建立相区分的规则体系提供理论依据。每依据一个不同的标准对商行为作出划分,都是在从不同的角度提炼商行为的规则群。单方商行为与双方商行为的规则适用就存在不同的原则:在单方商行为中,只能对实施商行为的一方主体科以商法所要求的义务与责任;在双方商行为中,则可以对行为双方都科以商法所要求的义务与责任。对商行为进行分类的同时也是在建立商法的规则群,从而形成完整的商法体系。二是明确商行为的外延,通过分类的方式表征无法被抽象式立法完全概括的商行为类型,以确定商行为的范围。本书主张在商行为的认定上适用弹性认定机制,该做法是为了弥合法律的滞后性与商行为的创新性所产生的鸿沟。对商行为适用弹性认定机制需要法官结合具体案件进行判断,在此背景下,对商行为分类的研究就有助于法律职业共同体对商行为的范围形成大致的认识,从而为商行为的司法调整提供理论支撑。

二、商行为的基本分类

依据不同的标准,商行为有多种分类方式,一般认为商行为可以依据双方是否为商人划分为单方商行为和双方商行为;依据商法对商行为调整的共性和特性分为一般商行为和特殊商行为;依据行为的客观性和是否附加条件分为绝对商行为和相对商行为;依据商行为在同一经营活动中引起商事关系成立的作用不同分为基本商行为和辅助商行为;依据商行为的认定由法律直接规定还是需要根据行为性质推定的不同分为必然商行为和推定商行为。[①] 上述分类方式是通说认可的商行为基本分类。

此外,不同的学者依据不同的分类方法和标准,还将商行为划分为其他类型。第一,依据经验,将商行为分为交易行为、事实行为、准法律行为和企业管理行为。[②] 不过需要注意的是,将企业管理行为独立于事实行为和准法律行为之外并不妥当,所以该学者也解释了该分类存在的缺陷。第二,依据商行为是否有偿分为有偿商行为和无偿商行为,其中无偿商行为主要包括剧院无偿保管、介绍商品使用知识、实行商品的保修等。第三,依据商行为的成立是否以交付实物为要件分为诺成性商行为和实践性商行为。[③]

下文将对目前理论通说认为的商行为基本分类逐一展开介绍。首先是通说认为的,商行为分为单方商行为与双方商行为、一般商行为与特殊商行为、绝对商行为与相对商行为、基本商行为与辅助商行为、必然商行为与推定商行为。[④]

(一)单方商行为与双方商行为

根据商行为的双方是否均为商人,将商行为分为单方商行为和双方商行为。

单方商行为,亦称混合交易行为,是指行为人一方为商主体而另一方不是商主体所从事的行为。销售商与消费者之间的买卖行为,银行与储户之间的存款行为等均属此类。关于单方商行为的法律适用,各国商法的规定不尽相同。大陆法系国家商法通常规定,只要行为人中有一方是商主体,则交易双方都应适用商法。英美法系国家商法则规定,若行为人中只有一方是商人,则该商人适用商法,作为另一方的非商人不适用商法。

双方商行为是指当事人双方都作为商主体而从事的行为。这类行

① 参见《商法学》编写组编:《商法学》,高等教育出版社 2019 年版,第 128 ~ 131 页。
② 参见叶林主编:《商法学原理与案例教程》,中国人民大学出版社 2006 年版,第 94 页。
③ 参见徐学鹿:《试论商行为》,载《北京商学院学报》1987 年第 2 期。
④ 参见范健、王建文:《商法学》,法律出版社 2007 年版,第 46 ~ 47 页。

为必然应适用商法，其法律性质及法律适用，各国理论与实践中无争议。

(二)一般商行为与特殊商行为

根据商法对商行为进行调整的共性和特性的不同，将商行为分为一般商行为和特殊商行为。

一般商行为是指在商事交易中具有共性，并受商法规则调整的行为。[①] 它主要涉及商事物权行为、商事债权行为、商事交易结算行为、商事给付行为、商事交易中的谨慎义务等。一般商行为实际上是关于商行为的一般规则，在商法典中应当归于商行为通则的范畴。

特殊商行为是指在商事交易中具有个性，并受商法中的特别法(专门法、单行法)或特别规则调整的商行为。特殊商行为产生的基础在于商事交易具有特殊性以及商法对不同类型商事交易调整的特别需求。传统商法理论中的特殊商行为主要分为商事买卖、商事运输、商事仓储、商事担保、商事代理、商事居间、商事行纪、商事保险、海商、商事票据、商事证券等；随着社会的发展，特殊商事行为在传统的基础上有了更新的发展，如期货、银行、信托、基金交易、融资租赁、信息咨询、特许经营、连锁经营、电子商务等。[②]

(三)绝对商行为与相对商行为

根据行为的客观性质以及是否附加条件，将商行为分为绝对商行为和相对商行为。

绝对商行为，亦称“客观商行为”，指仅根据行为的形式或性质以及法律的规定而必然确定为商行为的行为。其行为的性质不因行为人的身份和行为方式的不同而变化，即无论行为人是否为商主体，也无论是否以营业的方式进行。绝对商行为是客观主义商法的产物，是客观主义商法理论在商行为制度中的具体体现。绝对商行为只能由法律限定列举，不得进行法律上的推定解释。一般情况下，绝对商行为主要包括

---

① 参见范健主编：《商法》(第4版)，高等教育出版社、北京大学出版社2011年版，第58～59页。

② 参见《商法学》编写组编：《商法学》，高等教育出版社2019年版，第130页。

投机买入并卖出、投机卖出并买入、交易所的交易、商业证券的行为等。[①]

相对商行为,亦称"主观商行为""营业商行为",它是指在法律所列举的范围内,仅由商人实施或仅基于营利性目的实施时方可认定为商行为的行为。行为的主观性、行为的自身性质、行为人的身份都可成为认定商行为构成的要素。相对商行为的基本特征在于其性质具有相对性或条件性。若行为主体或行为目的不符合法定条件,则该行为只构成一般法律行为,只能适用民法的一般规定,不能适用商法。由此,相对商行为被视为主观意义上的商行为,而主体的商人资格与行为的营利性是主观认定的依据。

(四)基本商行为与辅助商行为

依据商行为在同一经营活动中引起商事关系成立的作用不同,将商行为分为基本商行为和辅助商行为。

基本商行为是指直接从事经营的商行为。它是绝对商行为和相对商行为的总称,并且构成了商主体与商行为概念的基础。传统的基本商行为主要为"直接媒介商品交易"的行为,如"买卖商行为",它又被称为"固有商行为"。随着经济的发展,基本商行为的概念得到了明显的扩张,如旅馆、饭店、娱乐业等本为间接商品交易、直接提供服务的行为,也被视为基本商行为。

辅助商行为,又称附属商行为,是指行为本身并不能直接达到商主体欲达到的营利目的,但能对以营利为目的的商行为的实现起辅助作用的商行为,它是依附于商人身份及其他商行为的商行为,如代理行为、广告行为等。[②]

(五)必然商行为与推定商行为

依据商行为的认定由法律直接规定还是需根据行为性质推定的不同,将商行为分为必然商行为和推定商行为。

必然商行为又称固有商行为,是指由商主体实施的经营行为,或商

---

① 参见王保树:《商法总论》,清华大学出版社 2007 年版,第 238 ~239 页。

② 参见范健主编:《商法》(第 4 版),高等教育出版社、北京大学出版社 2011 年版,第 58 页。

法典明确列举规定,即便非商主体实施亦应认定其商行为性质的行为。在商法规范完备的情况下,对商行为的认定可直接依据法律的规定。

推定商行为又称准商行为,是指不能依据商法规定直接认定,必须在商法规定或事实的基础上加以推定才能确认其性质的商行为。推定商行为通常与行为主体的营利性经营行为有联系,如非商主体以营利为目的而从事的咨询服务、信息服务等均属此类。

三、商行为的特殊分类

前文关于商行为基本分类的分析立足于传统商法理论,当然,由于该五大分类方式是商行为的基础分类,所以同样适用于现代商行为。只不过,除了上述分类方式,从现代商行为的概念与特征出发,商行为还可以分为商事法律行为、商事事实行为与商事准法律行为,手工业商行为、金融商行为与数字商行为,商人商行为与非商人商行为,章程行为、决议行为、经营行为与合同行为。

(一)商事法律行为、商事事实行为与商事准法律行为

商事法律行为是指以意思表示为要素,可依其意思表示的内容而引起商事法律关系设立、变更和终止的行为。商事事实行为是指法律效果直接由法律规定而与行为人意志无关的行为。商事准法律行为是指行为人以法律规定的条件业已满足为前提,将一定的内心意思表示于外,从而根据法律规定引起一定法律效果的行为。

传统商法理论中的交易行为基本上都是商事法律行为,商事法律行为是商行为的主干。向债务人催告、发布召集股东会、董事会的通知等都属于商事准法律行为。生产行为、研发行为、商店橱窗和设施的设置等企业日常经营管理行为则多属于商事事实行为。

(二)手工业商行为、金融商行为与数字商行为

依据商行为交易标的的不同,将商行为分为手工业商行为、金融商行为与数字商行为。

手工业商行为是以手工业产品为交易对象的商行为,该商行为的特点是交易产品多为有体物,商行为依托于生产经济。传统商法理论中的商行为基本都是手工业商行为。手工业商行为的交易规则多与货

物的质量、交付方式、收付款方式有关。

金融商行为是以金融产品或服务为交易对象的商行为,在广义上金融商行为还包括提供金融工具的行为。证券买卖行为属于金融商行为,银行提供支付结算业务也属于金融商行为。在传统商法理论中,银行就是提供金融工具的机构,中国也奉行该理论,所以在金融监管方面一直实施机构监管,银行发布金融衍生品的行为并不会因为涉及证券买卖而受到证监会的监管。然而,提供金融产品与服务的行为与提供金融工具的行为,风险差异巨大,因此,重新认识金融商行为的特性,进而重构金融监管模式极为重要。此外,金融产品或服务与手工业产品或服务也存在较大的差异,前者具有虚拟性,同时还具有较大的风险性,其交易规则一方面强调投资者"买者自负",另一方面也关注"金融消费者"的保护,与手工业商行为的法律规制重点存在一定的差异。

数字商行为不仅包括以新型数字产品或服务为交易对象的商行为,还包括以数字化了的传统手工业产品为交易对象的商行为。数字商行为的典型特征是利用数字技术,其交易客体可以是有体物,例如智能手表、智能电视,也可以是无体物,例如企业所收集整理的用户脱敏数据。以数字化产品为标的的商行为主要涉及算法"黑箱"问题,数字产品或服务还涉及产品权利、义务、责任等法律变革的问题。所以数字商行为的规则也具有特殊性。

(三)商人商行为与非商人商行为

依据商行为是否由商人实施,将商行为分为商人商行为与非商人商行为。商人商行为顾名思义是商人所实施的商行为,非商人商行为是非商主体所实施的商行为。根据本书对商行为的定义,商行为的实施主体至少包括两大类:其一,商主体;其二,非商主体。其中,非商主体可以进一步划分为自然人、特别法人、非营利组织三类。

区分商人商行为与非商人商行为的关键在于确定商人的范畴。而对于商人的定义,主观主义、客观主义与折中主义的立场并不一致。所以各国商人商行为与非商人商行为的范围并不一样。总的来说,商人是以商行为为业的人,所以商人商行为的范围最为宽泛,只要是法律没有明确禁止的商行为,都可以成为商人商行为。非商人商行为包括自然人商行为、特别法人商行为和非营利组织商行为。与商人商行为相比，非商人商行为的范围较小。

自然人实施商行为可以以商人身份实施，也可以以非商人身份实施。自然人在没有取得商人身份的情况下，直接实施由法律规定的商行为属于非商人商行为。自然人实施的非商人商行为主要包括有价证券买卖、以营利为目的投机性买入并卖出动产和不动产、以营利为目的投机性卖出并买入动产等。[①] 自然人作为非商人实施的行为只有在符合商行为标准的情况下能够被界定为商行为。该行为可能是一次性行为，也可能是多次反复实施的行为，但只有在被认定为商行为的情况下，该行为才适用商法调整，在其他法律关系中，自然人的行为仍由民法调整。

依据《民法典》的规定，特别法人包括机关法人、农村集体经济组织法人、城镇农村的合作经济组织法人、基层群众性自治组织法人。特别法人具有公权职能，其既不属于营利组织也不属于非营利组织。理论上，特别法人作为公权机构，有人民缴纳的税款作为经费，应当不允许其实施商行为，禁止其与民争利。1993 年原国家经济贸易委员会印发的《关于党政机关与所办经济实体脱钩的规定》就规定县级及县级以上各级党政机关不准经商、办企业，县级及县级以上各级党的机关、人大机关、审判机关、检察机关和政府机关中的公安、安全、监察、司法、审计、税务、(原)工商行政管理、土地管理、海关、技术监督、商检等部门以及办事机构均不准组建任何类型的经济实体，或以部门名义向经济实体投资、入股，或接受各类经济实体的挂靠。因此，特别法人实施商行为被明令禁止。不过，该规定并没有明确限制与商主体没有直接密切联系的行政机关，如气象局、民政局实施商行为，也没有限制县级以下机关实施商行为。也就是说未被限制的机关法人、农村集体经济组织法人、城镇农村的合作经济组织法人、基层群众性自治组织法人等特别法人可以实施商行为。实践中，这些未被限制实施商行为的法人也都存在投资企业的行为。不过由于这些特别法人是公权力机关，所以只能将这些特别法人可以从事的商行为限定在投资企业这一特定的投资

① 参见王保树:《商法总论》,清华大学出版社 2007 年版,第 238 ~239 页。

行为之中。[①]

非营利组织是不以营利为目的的组织。传统商法理论认为判断商行为是否以营利为目的应当以行为主体的终极目的为依据，所以不以营利为目的的非营利组织所为的行为都不被认为是商行为。然而，中国并没有禁止非营利组织从事商行为，2022 年财政部《事业单位财务规则》明确规定，在保证事业单位正常运转和事业发展的前提下，按照国家有关规定可以对外投资的，应当履行相关审批程序。实践中，以高校为代表的非营利组织实施兴办校办企业、转让科研成果等商行为更是十分普遍。因此，非营利组织的行为是不是商行为应当以其某一行为的具体目的为判断依据，只要是以营利为目的实施的，且属于法律明确规定的行为，那么该行为就是商行为。

（四）章程行为、决议行为、对内经营行为与合同行为

依据商事组织实施商行为的不同阶段，可以将商行为分为章程行为、决议行为、经营行为与合同行为。章程行为是商事组织的发起人或股东共同制定对公司、股东、公司经营管理人员具有约束力的调整公司内部关系和经营行为的自治规则的行为。[②] 章程行为属于商事组织设立阶段的行为，决议行为是商事组织设立后的行为。决议行为在民法中除了公司中的股东（大）会、董事会、监事会决议之外，还包括农民集体决议、业主大会决议等类型。[③] 这里所说的决议行为主要是公司中的股东（大）会、董事会、监事会所作出的决议。章程行为和决议行为是商事组织开展对内经营行为与对外合同行为的前提基础。对内经营行为是商事组织为保证组织体的运作与发展所实施的行为，生产行为、对内部员工的管理行为等都属于对内经营行为。严格来说，在商事组织成立后，决议行为也属于内部经营管理行为的一部分，但基于决议行为对其他日常经营管理行为具有关键性的领导与决定作用，所以本书予以单列为商事组织实施商行为的一个阶段。合同行为主要是商事组织依

---

① 参见范健、王建文：《商法基础理论专题研究》，高等教育出版社 2005 年版，第 359 ~ 360 页。

② 参见范健、王建文：《公司法》（第 5 版），法律出版社 2018 年版，第 169 页。

③ 参见王雷：《论民法中的决议行为——从农民集体决议、业主管理规约到公司决议》，载《中外法学》2015 年第 1 期。

据公司章程和公司决议对外实施的商事法律行为。企业的原材料采购、商品销售或提供服务都属于合同行为。合同行为是商事组织实现营利的关键,商事组织的产品销售与服务提供都以合同为基础。合同行为是商行为的典型形式。

第五章　营业及其附属商行为

营业及其附属商行为是商行为的重要内容，中国有一派商法学者甚至极力主张以营业重构商法，[①]所以如何认识营业及附属商行为对于建构体系化的商行为理论具有重要意义。在分析商行为的现代本质特征时，本书对营业及其附属商行为作了简要介绍，本章将重点探讨营业及其附属商行为的各个具体类型。需要特别说明的是，营业及其附属商行为包括买卖行为、中间行为、物流行为、担保行为等以商品与货物的买卖为核心的一系列行为，也包括以金融产品或数字产品的交易为核心的一系列行为。也就是说，本书第六章、第七章所分析的金融商行为与数字商行为在广义上也在营业行为及其附属商行为的范畴之内，只不过由于金融商行为与数字商行为在交易标的上与传统的以商品与货物为核心的营业行为存在区别，所以本书将分开介绍。下文所分析的是以商品与货物为核心的营业及其附属商行为。如未特别说明，本书所指的营业及其附属商行为都是指以商品与货物为交易标的物的行为。

---

① 参见王艳华：《以营业为视角解释商法体系》，载《河北法学》2010 年第 5 期。

第一节　中国商法语境下的“营业”概念考稽

阐述营业及其附属商行为的基础是确定“营业”概念的内涵与外延。“营业”是各国或地区商法中普遍使用的一个基本概念。它本身是一个中性词，是一种活动方式，是一个持续的状态。可以有营利性的营业，也存在非营利性的营业，如宗教慈善机构开设的店面活动。当“营业”一词引入商法，它就成为一个特定的概念，只与以营利性为目的的活动或财产相关联。中国商法，无论是在商事立法方面还是在商法理论研究方面，都未能对“营业”一词形成统一的认知。营业概念的不确定性，直接影响了商事立法、司法和商事交易活动。为了便于本书探讨营业及其附属商行为，有必要首先对营业概念进行分析。

一、“营业”一词概念不清的立法表现及其缘由考证

“营业”是当代汉语中的一个常用词，不仅在经济和社会活动中被广泛使用，在商事立法、司法和法学研究中更作为一个基础性术语而被普遍使用，被认为是商法的基本范畴之一。但是，何谓商法意义上的“营业”，其概念的内涵和外延是什么，法律上应该如何界定和使用该词，至今在商事立法、司法和法学研究中仍然不清晰、不统一。中国法学理论，尤其是商法学理论普遍认为“营业”具有双重属性及含义：①一为动词，指营业活动；二为名词，指营业财产。前者又被称为主观意义上的营业，后者又被称为客观意义上的营业。中国现行立法一定程度上也在双重含义上使用“营业”一词。据统计，我国在企业、公司、证券、保险、票据等主要的商事主体、商事行为等立法中，共有 79 处使用了动

---

① 参见江平、王家福总主编：《民商法学大辞书》，南京大学出版社 1998 年版，第 858 页；谢怀栻：《外国民商法精要》，法律出版社 2006 年版，第 257 页；王保树：《寻求规制营业的“根”与“本”》，载《中国商法年刊》2007 年；叶林：《营业资产法律制度研究》，载《甘肃政法学院学报》2007 年第 1 期；徐喜荣：《营业：商法建构之脊梁——域外立法及学说对中国的启示》，载《政治与法律》2012 年第 11 期；王文胜：《论营业转让的界定与规制》，载《法学家》2012 年第 4 期；蒋大兴：《营业转让的规制模型：直接规制与功能等值》，载《清华法学》2015 年第 5 期。

词属性的营业概念,即在营业活动意义上使用“营业”一词,仅1处使用了名词属性的营业概念,即在营业财产意义上使用“营业”一词。① 仅从立法使用的文字数据统计看,我国的立法对“营业”概念的理解及使用与商法理论界一般的认识趋于一致。但是,进一步研究后我们不难发现,中国并没有严格意义上的客观营业概念,或者说没有名词属性的“营业”。

我国现行《企业破产法》使用了“营业的转让”这一术语,这是我国商事立法中唯一在客观意义上使用“营业”这一概念的范例,中国其他法律法规均未在客观意义上使用“营业”概念。《企业破产法》第69条第3项这样表述:管理人实施全部库存或者营业的转让应当及时报告债权人委员会。何为“营业的转让”? 在此之前,法律没有解释;在该法中,法条也没有给出规范上的指引。因此,《企业破产法》立法时作出的这一创新性表述,在概念上实际是不清晰的,立法者也许并不了解这一术语在中国的语境下和中国现行立法中没有明确的指向和可循的先例。探其缘由,与其说是立法者有意打破营业转让规则空白的历史,不如说是我们在移植外国法的过程中所出现的无意识结果。我国《企业破产法》第69条规定的是债权人委员会监督破产管理人的职责,法条共列举了10项,该规定与2004年前的《日本破产法》第146条如出一辙。② 基本上可以认为《企业破产法》第69条就是对日本制度的借鉴。

日本在法律层面既有关于主观意义上的营业规则,又有关于客观意义上的营业规则。虽然在日本法上客观意义上的营业因为无法登记及公示,所以不享有真正意义上的物权性权利,③但是日本法规定了债权法上的营业转让规则。④ 因此,《日本商法典》为《日本破产法》上的

---

① 原文的统计结果是78处使用主观营业概念,2处使用客观营业概念,但经笔者考察,《信托法》第3条所使用的“营业”并非客观意义上的营业,故本书将其归入主观营业概念之中,修改了相应的统计数据。原统计结果参见徐喜荣:《营业:商法建构之脊梁——域外立法及学说对中国的启示》,载《政治与法律》2012年第11期。

② 参见李永军:《破产法——理论与规范研究》,中国政法大学出版社2013年版,第156页。

③ 参见《日本最新商法典译注》,刘成杰译注,中国政法大学出版社2012年版,第7页。

④ 参见《日本商法典》第16~18条。转引自[日]近藤光男:《日本商法总则·商行为法》,梁爽译,法律出版社2016年版,第77页。

营业转让规定提供了一般法上的规则支撑,《日本破产法》上的营业规则属于体系化的规则设计。然而,中国立法者在引进《日本破产法》营业转让条款时,并没有考虑到中国在营业转让规则上的空白,属于对日本法的部分移植,最终导致"营业转让"在中国法律上昙花一现。其结果就是法律条款欠缺指引性与可操作性。所以,《企业破产法》作为中国对客观意义上营业概念仅有一次的使用,只是法律移植的偶然结果,在中国完全没有配套规则的情况下,很难就此认为中国法上有客观意义上的营业概念。更何况,营业在中国的文义解释即日常含义中,并没有名词属性。在2016年最新修订的《现代汉语词典》中,"营业"也依然是一个动词,指的是经营业务。①

所以,中国商法学理论在构建商法基本概念时,是否有必要脱离营业在中国的文义解释,而从主观和客观两个层面理解"营业"概念,并非一个无需争议的问题。鉴于此,本书围绕如何准确理解营业的内涵与外延,是否有必要赋予"营业"客观意义上的含义展开分析与论证。

二、商法体系的差异与"营业"范畴的不同理解与表达

只有厘清营业的中心含义,商法学者的研究才有可能在一个话语体系中交流,营业的法律规则才能够得到准确的实施。比较法学家博登海默说:"概念乃是解决法律问题所必需的和必不可少的工具。没有限定严格的专门概念,我们便不能清楚地和理性地思考法律问题。……如果我们试图完全否定概念,那么整个法律大厦就将化为灰烬。"②虽然概念法理学的教条主义倾向使其常受抨击,但无法否认,没有概念,就没有可供交流的法律语言。抛弃概念,法律问题将无法沟通,法律实施将面临困难。所以,确定营业的概念,界定其内涵与外延具有重要意义。

以世界各国或地区的有关规定为样本考察"营业"的含义,我们有两大发现:第一,关于词语的理解。在使用"营业"一词的国家或地区

① 参见中国社会科学院语言研究所词典编辑室编:《现代汉语词典》(第7版),商务印书馆2016年版,第1571页。

② ［美］E. 博登海默:《法理学:法律哲学与法律方法》,邓正来译,中国政法大学出版社2004年版,第504页。

中,"营业"的概念因商法制度的差异而有所不同。第二,关于词语的表达。并不是所有国家或地区都用"营业"表示主客观意义上的营业。

（一）同词不同义

并不是所有国家或地区的"营业"都具有相同的内涵,商法制度的差异决定了各国或地区的法律语言中"营业"概念的不同,这里主要指的是法律文本对"营业"概念的使用。使用"营业"一词的代表性国家有大陆法系的德国、法国、日本。

1. 德国商法只在主观意义上理解营业

在客观事实上,《德国商法典》既使用了主观意义上的营业概念,也使用了客观意义上的营业概念。主观意义上的营业主要被用于界定商人和商行为的概念。《德国商法典》第 1 条将商人界定为"经营商事营利事业的人。商事营利事业指任何营利事业经营,但企业依照性质或者规模不需要以商人方式所设置的营业经营的,不在此限"。[①] 第 343 条将商行为界定为"一个商人所实施的、属于其商事营利事业经营的一切行为"。[②] 客观意义上的营业被用于《德国商法典》第 25 条,该条款规定的是关于商号继续使用的规则:"以原商号附加或者不附加表示继任关系的附属部分继续一个人从生存的人手中取得的商营业的人,对于原所有人在经营营业中设定的一切债务承担责任。"[③]然而,德国商法学理论并没有从主客观意义上同时界定营业,营业只被解读为一种行为,属于动词,指的是"一种独立的、有偿的,包括不特定的多种行为的、向外公示的行为,但是艺术、科学的活动和那些其成果需要高度人身性的自由职业不包括在内"。[④] 至于《德国商法典》第 25 条所规定的"商营业",则在术语上被德国商法学理论认为是商人企业。[⑤] 这就意味着,虽然《德国商法典》使用了客观意义上的营业概念,但这个有且仅有一处的使用被认为指代的是"商人企业",该使用并未改变营业的动词属性,营业在德国仍仅从主观意义上理解,即营业只是一种持续性的商事

---

① 《德国商法典》,杜景林、卢谌译,中国政法大学出版社 2000 年版,第 3 页。

② 《德国商法典》,杜景林、卢谌译,中国政法大学出版社 2000 年版,第 169 页。

③ [德]C. W. 卡纳里斯:《德国商法》,杨继译,法律出版社 2006 年版,第 157 页

④ [德]C. W. 卡纳里斯:《德国商法》,杨继译,法律出版社 2006 年版,第 36 页。

⑤ 参见[德]C. W. 卡纳里斯:《德国商法》,杨继译,法律出版社 2006 年版,第 169 页。

活动,而不是一项财产。出现该现象,根本原因就在于,《德国商法典》从商法的特征解释和规制营业,即商法上的营业以具有活动的独立性和有偿性为标志,是构成商法本质特征的一个基本要素。此外,德国商法没有就客观意义上的营业,包括转让、继承、租赁等问题作出规制,也是该现象出现的原因之一。

不过,《德国商法典》毕竟出现了客观意义上的"营业"使用,只是该"营业"被理解为是商人企业的指代,所以严格意义上来说,德国的做法也是下文将要介绍的同义不同词的国家或地区,也即以"营业"表示主观意义上的营业,以"企业"表示客观意义上的营业。

2. 法国商法只在客观意义上理解营业

与德国的规定正好相反,法国没有主观意义上的营业概念。通常认为营业是商人和商行为的桥梁。不过采取客观主义立法例的《法国商法典》对商行为的界定采用的是列举式立法,所以该法典对商行为的诠释不涉及"营业"概念的使用;对商人的界定虽然使用的是概括式立法,但是同样没有使用"营业"一词,其商人被界定为"实施商事行为并以其为经常性职业的人"。① 但是法国专章规定了"营业资产"。此外,营业在法国还主要出现在《司法重整与司法清算法》、《营业资产和手工业企业租赁经营法》以及《营业资产买卖与担保法》等法律中,上述法律详细规定了营业转让、营业资产租赁、买卖和担保等客观意义上的营业规则。因此,在法国的法律文本中,营业作名词性理解,指的是"用于从事商业活动的全部动产财产"。②

3. 日本商法同时在主客观意义上理解营业

真正在商事立法条文和商法理论共识上,从主客观两个层面理解营业的只有日本。对于主观意义上的营业,《日本商法典》第1条规定商人的营业适用本法,第502条列举了营业的商行为,此外该法典第5条、第6条、第19条、第20条等也都多次提及主观意义上的营业。对于客观意义上的营业,《日本商法典》第16~18条对营业转让设置了一系列条款。虽然日本没有为营业资产设置物权性权利,但法律上为营业

---

① 《法国商法典》(上册),罗结珍译,北京大学出版社2015年版,第15页。

② [法]伊夫·居荣:《法国商法》,罗结珍、赵海峰译,法律出版社2004年版,第703页。

转让安排的系列规则仍使客观意义上的营业具有实践上的可操作性与理论上的可研究性。目前，日本学术界通说认为客观意义上的营业指的是“物质性财产与营业中固定下来的各种事实关系的组织化、总括性的组织体”。①

通过以上比较我们可以发现，不同国家或地区对营业有不同的理解。其中，德国因为没有真正意义上的营业资产规则，所以只将营业归于动词，视为持续的以营利为目的的商事活动；法国因为不在法律上使用主观意义上的营业概念，所以只在客观意义上理解营业，多表述为营业资产；日本既使用了主观意义上的营业联结商主体和商行为，又规定了营业转让的系列规则，所以其营业具有双重含义。就这三个国家而言，从根本上说，决定营业概念差异的是国家间商法制度的区别，对于主观意义上的营业而言，差异主要在于是否用经营界定商事主体或商事行为；对于客观意义上的营业而言，差异主要在于是否系统规定营业转让、租赁等规则。

（二）同义不同词

除了在理解上，各国家或地区对于营业有不同的认识；在表达上，各国各地区对于主客观意义上的营业所使用的词语也不尽相同。主流趋势是用“经营”或“经济活动”表示主观意义上的营业，用“企业”表示客观意义上的营业。

民商合一的《俄罗斯联邦民法典》第 48 条、第 50 条、第 82 条、第 114 条等使用了“经营”，表示主观意义上的营业。第 48 条用经营界定法人，第 50 条明确非商业组织可以从事经营活动，第 82 条以经营活动作为界定两合公司的基本要素，第 114 条规定了以经营权为基础的单一制企业。《俄罗斯联邦民法典》第三编“民事权利的客体”第六章“一般规定”第 132 条使用了“企业”，表示客观意义上的营业，规定“作为权利客体的企业是用以从事经营活动的财产综合体。作为财产综合体的企业在整体上是不动产”。②

由民商分立走向民商合一的意大利，在《意大利民法典》第 2082 条

---

① 《日本最新商法典译注》，刘成杰译注，中国政法大学出版社 2012 年版，第 6 页。

② 《俄罗斯联邦民法典》（全译本），黄道秀译，北京大学出版社 2007 年版，第 87 页。

以“经济活动”表示主观意义上的营业,并以此界定企业者的概念;其第五编专门安排了“企业体”一整章(第2555～2574条)规制客观意义上的营业,将企业体界定为“为企业经营由企业者组织的财产的全体”。[①]同样是从民商分立转向民商合一的巴西,在《巴西新民法典》第966条也以“经济活动”界定企业主的概念,第1142～1149条以专章的形式就企业,也即客观意义上的营业作了系列规定。《巴西新民法典》将企业界定为“企业主或企业性公司为了进行商业活动组织的财产集合体”。[②]

民商分立国家或地区使用“经营”表示主观意义上的营业,使用“企业”表示客观意义上的营业,代表性地区是中国澳门。《澳门商法典》以“经营”界定商业企业主和商行为,同时使用“企业”一词就营业资产的转让、租赁、用益权、质权、所有权等作了全面的规定。该法典第95条明确规定:“企业主除有权处分构成企业之每一财产外,对企业本身亦拥有所有权。”[③]

总而言之,在世界范围内,并不是所有国家或地区都用“营业”一词表示主客观意义上的营业,从数量上来看,分别用“经营”或者是“经济活动”表示动词属性以及用“企业”表示名词属性的营业的国家或地区更占多数。

如此一来,对于中国营业概念的理解,我们将面临两个问题:第一,中国是否需要主客观意义上的营业概念,该问题的回答需要回到与营业有关的商法制度的选择上;第二,如果中国需要主客观意义上的营业概念,那么是否采用“营业”的表述。下文将对该两大问题分别展开论述。

三、中国商事立法模式选择与“营业”内涵的确定

概念的确定性孕育在概念的恰当使用之中,只有正确合理使用中的概念,即生活中鲜活的概念才是有价值的概念。哈特曾引用维特根

① 《意大利民法典》,陈国柱译,中国人民大学出版社2010年版,第447页。

② 《巴西新民法典》,齐云译,中国法制出版社2009年版,第170页。

③ 赵秉志主编:《澳门商法典》,中国政法大学出版社1999年版,第27页。

斯坦的话评价耶林的《法学的概念天国》,他认为耶林对概念的否定与维特根斯坦相一致,都主张“如果我们想要理解我们的概念,就必须在它们‘工作时’对其进行思考,而不是在它们‘闲着’或者‘休假’的时候”。哈特指出,不能无视法律的目标和目的,过度关注抽象的法律概念,而不考虑概念在现实生活中的适用条件及其实践问题。①

哈特与耶林关于法学概念的论述,旨在警示人们必须结合实际研究去理解法学概念。将之运用于“营业”概念的探讨,则中国对营业概念的界定必须从商法制度的规定与适用出发,尤其是中国自身的商法制度。那么中国是否需要有与主客观营业相对应的商法制度呢?

(一)动词属性的营业:是否用营业(或经营)界定商事主体与商事行为

在各国或地区的有关规定中,主观意义上的营业在商法制度上的运用,主要体现在商事主体与商事行为的概念界定上。更准确地说,营业就是各国或地区尤其是有商法典的国家或地区,界定商事主体或商事行为的核心要素,区别只在于对商事主体或商事行为的表述,是以“营业”一词直接表达,还是以诠释“营业”的方式间接表达。

关于商事主体的界定,在民商分立的代表性国家中,德国采取的就是“营业”的直接表达,直接将商人界定为经营营业的人。只不过该法第1条第2款又对营业作了诠释。法国采取的是以诠释“营业”的方式界定商事主体,《法国商法典》第1卷第2编第1条将商事主体界定为“实施商事行为并以其为经常性职业的人”,②根据该表述,商事主体的判断需要满足实施商事行为、经常性职业两大要件。法国法中的商事行为是以获取利润为目的的行为,经常性职业一般是继续的、有一定计划的、同种类的事务,而动词属性的营业通常被认为是具有营利性、连续性、计划性和同质性的行为。因此,虽然《法国商法典》没有直接用“营业”一词表达,但事实上其对商事主体的界定,依然以营业为依托。日本的情况与法国一样。就连民商合一的意大利等国家在界定商事主

---

① 参见[德]鲁道夫·冯·耶林:《法学的概念天国》,柯伟才、于庆生译,中国法制出版社2009年版,第26~28页。

② 《法国商法典》(上册),罗结珍译,北京大学出版社2015年版,第15页。

体(《意大利民法典》称为"企业者")时,也采取了与法国相类似的界定方式,将商事主体表达为"以生产的目的或者以财物或劳务的流通为目的,以组织化的经济活动作为职业而实施的人"。①

关于商事行为的界定,德国依然直接以"营业"一词解释商事行为,该法第343条规定"商行为是指一个商人所实施的、属于其商事营利事业经营的一切行为"。② 法国对商事行为的规定采取的是列举的立法技术,所以不涉及商事行为的界定。日本综合了德国和法国的做法,将商事行为区分为绝对商行为、营业商行为和附属商行为,该法第502条既直接使用了"营业"一词介绍商事行为,又对营业的商事行为作了列举。

因此,以营业界定商事主体和商事行为是世界的通行做法,为了与世界法律职业共同体有对话的空间,中国如果制定"商法通则"或"商法典",也应当以营业联结商事主体与商事行为。至于其他商事制度的探讨,比如下文即将讨论的中国是否应当制定营业的物权、债权规则,我们同样需要研究将域外商事制度引入中国的必要性和正当性。在此我们需要积极思考的一个问题是,对于主观意义上的营业而言,其主要涉及的是概念的界定,即是否用营业界定商事主体与商事行为。对此,在世界法律共同体已经将营业作为商事主体或商事行为的界定因素的背景下,如果中国反其道而行,则会大大提升中国与世界法律交流的成本,可能出现无法与世界上其他国家在一个法律体系下对话的情形,更何况商事主体、商事行为还是商法制度的基本概念。这对中国推行"一带一路"倡议,加强与"一带一路"沿线国家的法律交流与合作是极大的阻碍,不利于提升中国法律的国际影响力。另外,在商事实践的国际合作中,这还可能对商事主体的对外交流产生一定的障碍,背离商法的国际性特征。所以,中国以动词属性的营业解释商事主体或商事行为,或许是所有可供选择的路径中成本最低但效益最高的。

(二)名词属性的营业:是否制定营业的债权、物权规则

德国的"营业"只作动词理解是因为没有系统的营业资产制度,日本的"营业"同时具有动词和名词属性是因为其主观意义和客观意义上

① 《意大利民法典》,陈国柱译,中国人民大学出版社2010年版,第362页。
② 《德国商法典》,杜景林、卢谌译,中国政法大学出版社2000年版,第169页。

的营业制度同时健全。目前,中国法上也有一处(《企业破产法》)使用了客观意义上的营业概念,但是该使用与德国类似,由于没有制定营业资产的系列规则,尚难以将其认定为真正客观意义上的营业概念。要使中国的“营业”可以作名词理解,还需要有营业资产的系统规则。然而,在有客观营业概念的国家或地区中,营业资产的规则也不尽相同,目前同时就客观意义上的营业作出债权、物权规制的仅有中国澳门地区。《澳门商法典》第 95 ~ 101 条详细规定了企业(即营业)占有的保护、所有权的取得及取得时效、自助行为等物权规则;该法第九编“商业企业”第二章则对企业(即营业)转让、租赁、用益权、质权作了详细规定。其余国家或地区多只安排了债权规则。因此,如果中国要规定客观意义上的营业制度,可能还需要细分为两个方面:第一,是否规定营业资产的债权规则;第二,是否设计营业资产的物权规则。

1. 营业资产的债权规则

关于是否规定营业资产的债权规则,中国商法学者似乎无甚争议,应当说该规则的规定有充分的现实性和必要性。[①] 所谓的营业资产债权规则指的是营业转让、营业租赁等一方要求给付营业,另一方要求给付财产的权利规则。[②] 营业资产的债权规则在中国社会主义市场经济刚起步的时候就已经被实践所需要,在中国社会主义市场经济逐步完善的当下,该规则得到了更大程度的运用。1992 年党的十四大建立了社会主义市场经济体制后,中国以国有企业为代表,掀起了传统企业公司制改革的浪潮,[③]彼时的改革基本上都是以营业资产入股完成,是营业资产债权规则在新中国成立后最早的实践。此后,随着企业规模效应、业务扩充、技术吸收等需求的凸显,企业并购逐渐成为中国广泛的商业存在,营业资产的债权规则在中国商业实践中被普遍化。

不过,中国商业实践对营业资产债权规则如火如荼的适用并没有被中国立法所吸收,中国法律上只有实质意义上的营业资产债权规则,

---

① 参见朱慈蕴:《营业转让的法律规则需求》,载《扬州大学学报(人文社会科学版)》2011 年第 2 期。

② 参见[日]我妻荣:《新订债权总论 我妻荣民法讲义Ⅳ》,王燚译,中国法制出版社 2008 年版,第 1 页。

③ 参见范健、王建文:《公司法》(第 3 版),法律出版社 2011 年版,第 66 页。

没有形式意义上的营业资产债权规则。前者又可以称为是营业资产债权规则的“功能等值物”，[①]包括股权转让、重大资产转让、企业名称转让等。因此，中国商法学者对于营业资产债权规则的讨论，主要不在于是否应当规定该制度，而在于中国应当以改造中国重大资产转让等既有制度的方式，还是以另起炉灶的方式设计营业资产的债权规则。鉴于如何制定营业资产的债权规则涉及营业转让、营业租赁等多方面的制度安排，限于篇幅本书暂不展开探讨。总之，在规定营业资产的债权规则上我们能够给出肯定回答。

2. 营业资产的物权规则

关于是否设计营业资产的物权规则，中国商法学理论尚未有充分的论述，或者说基本没有关注。所谓营业资产的物权规则指的是为营业资产设定财产权，营业整体可以成为物权的客体，可以就营业进行登记、公示、担保等。因此，设计营业资产的物权规则首先需要承认营业作为物权的客体。对此，俄罗斯的做法是将企业（营业）视为不动产，巴西将企业（营业）视为集合财产，中国澳门则直接规定企业（营业）是独立的物权客体，企业主对企业享有所有权、用益权。然而，中国2020年颁布的《民法典》并没有将营业作为物权的客体，这就给中国营业资产物权规则的设计带来了困难。虽然理论上我们可以通过制定“商法通则”或“商法典”的方式设计营业资产的物权规则，但在《民法典》作为私法一般法的背景下，可能会存在法律冲突的问题。尤其是在“商法通则”或“商法典”将营业作为物权客体，又在有关规则的设计上存在空白，需要适用民法的规定的时候，法律之间如何衔接就会产生较大的问题。当下，中国《民法典》生效不久，短时间内作出较大幅度的修订也不可能，更何况对于营业资产物权规则的理论研究中国尚未起步。因此，仅就民法和商法规则的关系以及理论研究与立法实践的双重匮乏的现实而言，中国尚不具备设计营业资产物权规则的法律环境。

不过，在构建营业资产债权规则的背景下，营业资产物权规则的缺位并不会影响我们赋予营业名词属性。仅制定营业资产债权规则就足

① 蒋大兴：《营业转让的规制模型：直接规制与功能等值》，载《清华法学》2015年第5期。

以令中国的“营业”具有客观意义上的内涵，而中国又有设计营业资产债权规则的现实性，所以在制定了系统的营业资产债权规则后，中国可以对营业作出客观意义上理解。

总的来说，从中国实际出发，在实然层面，一方面，当前中国没有“商法通则”或“商法典”规定商事主体与商事行为，从而也就没有利用主观营业界定商事主体与商事行为的法律规则；另一方面，中国也没有营业资产的债权或物权规则，使客观营业真正具有法律存在。但是从理论上来说，中国如果制定“商法通则”或“商法典”就应当以主观营业作为定义商事主体或商事行为的因素，同时规定客观营业的债权规则。这就意味着，中国需要与主客观营业相对应的商法制度，不过是否以“营业”一词同时表示主观意义上与客观意义上的营业，尚需讨论。

四、法律术语的锁定：营业、企业、营业资产

究竟是仿照日本的做法，对“营业”一词同时作主客观理解；还是借鉴俄罗斯、意大利、巴西等国的做法，以“经营”表示营业的主观意义，以“企业”表示营业的客观意义；抑或放弃法律的趋同化，直接选择其他符合中国实际的词汇表示“营业”，是中国实现“营业”概念立法精准化无法回避的选择。该选择涉及三个逻辑推导关系，第一，是否需要用不同的词汇表示营业的主客观状态；第二，如果用不同的词汇表示营业的主客观状态，是否借鉴世界趋同化的做法即用“经营”表示主观营业，用“企业”表示客观营业；第三，如果世界的趋同做法不适合中国，那么中国应当如何选择营业概念的表达。回答这些问题，我们需要回归到中国的制度与语境中探寻。

因为主观意义上的营业在中国的日常观念中作“经营”理解，所以不论是以“经营”还是以“营业”一词表达主观意义上的经营活动，两者所表达的意思都一样。但客观意义上的营业就超出了“营业”在中国日常语境下的概念范畴，如果要在客观意义上使用“营业”一词，就要赋予营业名词属性。所以关乎中国“营业”概念选择的关键，其实是以什么词汇表示客观意义上的营业。如果是“营业”，则中国仿照了日本的做法；如果是“企业”，则中国趋同了世界大多数国家的法律；如果是其他词汇，则是中国自己的选择。有鉴于在中国理论研究中，“营业资产”是

除“营业”外被用于指代客观营业较多的词汇，[1]且在立法例上，法国也以“营业资产”表示客观营业，所以这里我们将之作为中国可能使用的其他词汇予以探讨。

（一）选择之一：以“营业”表示客观意义上的营业

用“营业”同时表示主客观营业，能够直观地揭示“营业”的双重属性。与此同时，“营业”一词在解释客观营业包括积极财产和消极财产，具有有机性、组织化的特征上，具有较好的优越性。因为，以“营业”一词同时指代主客观营业，能够让人们对客观营业的产生与运动方式产生自觉的联想，充分认识客观营业是主观营业过程中的财产，从而在了解主观营业风险性的基础上，理解客观营业所包含的消极财产部分，以及客观营业所具有的组织性。

但是，在中国法律用语中以“营业”表示客观营业也存在缺陷。第一个缺陷是容易引起歧义。诚如上文所述，在中国日常语义当中，“营业”作主观意义理解，指的是经营活动。如果以“营业”表示客观营业，则不符合人们的日常用语习惯，导致“营业”的日常语义与法律解释脱节，不利于法律的适用与实施。此外，就算在法律职业共同体的努力下，“营业”的客观意义能够被人们所理解，用同一个词汇同时表示不同含义，也容易引起法律条文理解的歧义，最终使法律不得不对“营业”再作出解释。从立法、执法、司法成本来看，以“营业”同时表示客观营业不是较优选择。第二个缺陷是时间成本问题。要在人们的日常用语中赋予“营业”客观含义，则需要对人们重新教育，形成社会习惯后再上升为法律。中国幅员辽阔，教育不是一蹴而就的，其中的时间成本难以估量。第三个缺陷是物权客体的理解问题。中国只是当前不具备引入客观营业的物权规则条件，在满足条件后，根据世界当前理论和主流立法的趋势，中国仍有可能引进该制度。彼时将可以作动词的“营业”直接作为物权的客体，会存在理解上的歧义，可能违背物权法定原则，使当事人自由创设物权内容。

---

① 参见叶林：《营业资产法律制度研究》，载《甘肃政法学院学报》2007 年第 1 期；刘文科：《营业：商法上的特殊客体》，载《政法论坛》2010 年第 5 期；王军：《企业公司化改组的法律性质及其表述》，载《法学研究》2011 年第 2 期。

因此,综合来看,以“营业”一词同时表示主客观营业弊大于利,对中国而言该选择可能不是较优方案。当然,最终选择还需要在对比其他词汇的情况后作出。

(二)选择之二:以“企业”表示客观意义上的营业

既然,“营业”在中国不适合用于表示客观意义上的营业,那么客观意义上的营业究竟应当用什么词语表达呢?回答该问题之前可能需要先明确何为客观意义上的营业,立法也须对此作出规定,否则依然会陷入概念的争议当中。因为唯一一个直接使用“营业”一词表示客观营业的日本,在《日本商法典》中就没有对客观营业的概念作出界定,导致日本理论界出现了“营业财产说”“营业组织说”“营业行为说”“有机性营业财产说”等多种观点的争论。结合前文所列举的法国、俄罗斯、意大利、巴西等对客观营业的定义,基本上客观营业都被界定为用于商事经营的财产组织体,既包括动产、不动产等积极财产,也包括债务等消极财产。取该理解,则客观意义上的营业指的就是商事主体作客体的情形,鉴于此,意大利、巴西等都用“企业”一词表示客观营业。

以“企业”表示客观意义上的营业,存在两大优越性。第一,与“营业”一词一样,“企业”一词也能够使人们自觉地将“企业”与经营活动相联系,从而使人们能够较好地理解“企业”囊括消极财产,具有有机性等特征。第二,“企业”一词与世界主要国家或地区的法律术语一致,能够降低中国与世界其他国家或地区法律合作的交流成本,促进中国对外经济交往,契合了商法的国际性特征。

但是,以“企业”表示客观营业的缺陷也是显而易见的,即不符合中国的语言使用习惯。与境外国家或地区从客体角度理解“企业”不同,新中国成立以来的立法主要从主体的角度使用“企业”概念。① 如本书第二章第四节所述,《中外合资经营企业法》(已失效)、《外资企业法》(已失效)等都从主体角度使用“企业”概念。所以,如果在中国用“企业”一词表示客观营业,就会使客观营业在摆脱“营业”可能存在的主客

---

① 参见叶林:《企业的商法意义及“企业进入商法”的新趋势》,载《中国法学》2012 年第 4 期。

观歧义后走向“企业”的主客观争议。简言之,“企业”一词在中国无法显示出超越“营业”一词的优越性,还会面临主客观解释的困难。

所以,尽管使用“企业”一词,可以让中国的法律与世界较好地接轨,但是,在中国语境下,以“企业”表示客观营业的优越性会被其缺陷所覆盖,也非中国的最佳选择。

（三）选择之三:以“营业资产”表示客观意义上的营业

对于客观营业的概念使用,中国或许可以借鉴法国的做法。与意大利、巴西等使用“企业”概念表示客观营业不同,法国使用的是“营业资产”一词。与中国类似,在法国法中“企业”主要是法律主体,所以“企业”并没有被用于表示客观营业。[①] 采用与法国相同的做法,对于当前的中国而言应该是最优选择。

首先,“营业资产”一词也具备“营业”“企业”所具有的表现客观营业特征的优越性。“资产”一词在中国日常语义中表示财产、企业资金,[②]能够体现出“营业资产”是用于经营的财产组织体的属性。其次,使用“营业资产”一词能够较好地控制成本。与“营业”“企业”相比使用“营业资产”一词在符合中国日常语义的背景下,无须对人们重新教育,不存在时间成本问题。同时,“营业资产”不存在主客观双重理解的问题,所以该词语的使用使客观营业能够在法律术语上与主观营业相区分,避免了法律条文的歧义,控制了立法、司法、执法成本。最后,“营业资产”的表达不存在法律理解上的歧义,能够为我国引入客观营业物权规则预留空间。

总而言之,客观意义上的营业在中国不宜直接使用“营业”一词表达,而世界大多数国家或地区采用的“企业”一词,因为中国已在法律上将其作为主体概念使用,所以也不适合作为客观营业的概念表达。中国应当借鉴法国的做法,用“营业资产”表示客观营业。至于主观营业,由于“营业”在中国就作“经营”理解,所以以“营业”和“经

① 参见[法]伊夫·居荣:《法国商法》,罗结珍、赵海峰译,法律出版社 2004 年版,第 706 页。

② 参见中国社会科学院语言研究所词典编辑室编:《现代汉语词典》(第 7 版),商务印书馆 2016 年版,第 1732 页。

营”表示主观营业皆可。如果为了使法律术语的使用更加精准化，那么以能够替代“营业”，同时又不会引起歧义的“经营”一词表示主观营业则是最佳选择。

五、法律术语的运用：营业与商行为、商人概念之间的关系

（一）营业（组织）与商人

关于营业概念的研究，我们还有一个无法回避的问题，那就是营业概念与商行为、商人概念之间的关系。营业被认为是连接商行为和商人的桥梁，作为商法领域的重要基础性概念，有学者就以营业组织法、营业财产、营业行为、营业公开制度、专门的商事营业、营业救助与营业终止重构了商法体系。[①] 不过该学者认为营业概念无法取代商人和商行为概念。但是在“商法通则”的研究再次掀起热潮的当下，有学者就鲜明地提出我们可以用营业概念替代商人、商行为等传统商法理论的提法，以营业组织体、营业行为作为现代商法的核心，制定具有时代特征的“商法通则”甚至“商法典”。[②]

如果认为现代商人主要是企业，那么营业组织与商人确实可以互为替代。但是如果认为个体工商户以及小商贩也是商人，同时采用《民法典》所持的立场将个体工商户归入自然人范畴，那么营业组织就无法与商人概念互为替代。本书认为，法定商人、拟定商人、表见商人，尤其是股票、基金、期货购买者和自媒体个人经营者，即便是自然人，也都被推定为商人或由商法设定为商，他们通常不被视为营业组织体。因此，以营业组织概念取代商人并不能穷尽商人概念的外延，更不符合人们的日常认知。营业只是商人或商行为的构成要素或核心要素，但不是商人或商行为本身，营业组织与商人不适宜彼此取代。

（二）营业（行为）与商行为

至于营业行为能否替代商行为的概念，则依据本书对商行为的界定，商行为除了营业行为，还包括由法律直接规定的以营利为目的的行为，所以营业行为无法替代商行为。但应当注意的是，营业行为虽然无

---

① 王艳华：《以营业为视角解释商法体系》，载《河北法学》2010 年第 5 期。

② 蒋大兴在 2017 年 9 月中国商法学研究会举办的中国商法年会上提出了该观点。

法替代商行为概念,但营业行为作为商行为的主要表现形式,仍是商行为的重要支柱。

总的来说,在不同国家或地区的商法语境下,“营业”的内涵不尽相同。中国商法有使用该概念的必要,但考虑到中国日常用语习惯,“营业”只需作动词理解,与“经营”一词可相互替代,至于名词属性的“营业”,则可以表达为“营业资产”。此外,厘清营业与商人、商行为之间的关系也是全面认识营业概念不可或缺的一环。营业是商法的核心概念,在现代商法理论中,营业组织不宜替代商人概念,营业行为也不能等同于商行为。所以,本书所指的营业行为是经营行为,名词属性的营业将以营业资产表示。

第二节　营业及其附属商行为的具体类型

由于本书的营业及其附属商行为指的是以商品与货物为交易标的物的行为,所以营业及其附属商行为的具体类型指的是以商品与货物为交易标的物的各类商行为。对于营业及其附属商行为,本书在介绍现代商行为的特征时就曾指出,其外延在人类历史上发生过变化,总体特征是内容丰富化,显著表现是生产行为被纳入其中。

一、营业及其附属商行为在世界历史上的演变

(一)传统:营业及其附属商行为限于流通领域

传统营业及其附属商行为在西方主要指 11 世纪城市兴起之前的阶段,在中国则主要是唐代私营作坊出现前的阶段,此时的营业及其附属商行为既包括以一般等价物为媒介进行的商品与货物交换,也包括人类社会产生开始就有的以物易物,该阶段的营业及其附属商行为主要是流通领域的交易。

通说认为商法起源于中世纪,但中世纪只能说是商法的滥觞,商行为或者说商事交易自人类社会诞生之日起就已经存在,在远古时期中

国就有“日中为市”“因井而市”的商品交易集市,[①]当时的商事交易主要是以物易物。到了人类历史有资料可供考据的阶段,商事交易就进入了早期商品经济时期,以金银等一般等价物为媒介,展开商品和货物的交易。中国最早有历史考证的朝代——商朝,不仅商业发达,而且经历了恩格斯在《家庭、私有制和国家的起源》一书中提出的第三次社会分工,出现了商人阶级,[②]即专门从事货物交易的特殊群体或阶层。由于商人阶级本身是手工业和农业分离后大量剩余产品出现所产生的阶级,所以当时只有买是为了卖以及卖是为了再买才会被认为是商人,商朝的商业就是商人买进商品与货物再卖出。此后商品与货物的交易在中国从未间断,中国春秋末期的“商圣”范蠡也是以对商品与货物买卖的犀利眼光而闻名,其“贵出贱取”的理论直观地展示了商行为是流通中的交易。古埃及的商人也在前王朝时期就已经存在。古希腊、古罗马虽然反商、歧商,[③]但是古罗马时期商业贸易就已经相对比较发达,海上贸易和远距离货物运输的商业交易大量存在,[④]商行为也都是对商品与货物的买进和卖出。

将商行为限定为商品与货物在流通中的交易,在商事交易进入商品经济之后维持了很长一段时间,这与社会生产力发达程度密切相关。5 世纪欧洲进入中世纪之后,古罗马帝国的商事交易开始在日耳曼王国中延续,商品经济在蛮族王国得到了一定程度的开展。然而 7 世纪之后,曾经作为经商要塞的地中海地区开始陷入封闭。在整个 8 世纪,商事交易非但没有延续商行为是商品与货物在流通中的交易这一现象,反而基本停滞,社会生产力急速倒退。[⑤] 到 9 世纪初,欧洲各地逐渐开始恢复地方集市,但也主要是提供居民日常生活必需的食物,以及小规

---

① 参见范健、王建文:《商法基础理论专题研究》,高等教育出版社 2005 年版,第 34 页。

② 参见任先行:《商法原论》(上),知识产权出版社 2015 年版,第 403 页。

③ 参见任先行:《商法原论》(上),知识产权出版社 2015 年版,第 302 页。

④ [美]哈罗德·J. 伯尔曼:《法律与革命:西方法律传统的形成》,张志铭等译,法律出版社 2012 年版,第 333 页。

⑤ 参见[比]亨利·皮朗:《中世纪欧洲经济社会史》,乐文译,上海人民出版社 2014 年版,第 1 ~ 3 页。

模商品和货物零售。①

营业及其附属商行为只包括流通领域的商品与货物的交易是商业发展的早期形态，彼时的商行为尤为强调投机性，再加上商人阶级被视为特权阶级，所以不仅营业及其附属商行为必须是在流通领域对商品与货物的交换，而且只有商人从事的商品、货物交易才被视为商行为，农民、手工业者都不是商人阶级，其行为也不被纳入商行为范畴。

（二）发展：营业及其附属商行为包括生产环节

就历史而言，手工业早于贸易行业出现，但是由于早期社会分工，手工业一直被作为生产者与制造者归入工业职业群里，生产环节被排斥在商事交易之外。生产领域的商事交易不属于商事行为的现象，在西方社会直到 11 世纪城市兴起，在中国直到唐朝时期，才开始逐渐改变。

直到 11 世纪城市兴起，西方国家的手工业者才开始有自己独立的同业行会，②生产环节才开始了加入商事行为的“旅程”。尽管 11 世纪工匠仍然没有被视为商人阶级，但是从城市兴起之始，工匠就事实上加入了商事交易，彼时的工匠被区分为为地方市场需要而工作的工匠和为输出产品而工作的工匠，前者将制成的货品置于自己的作坊中销售，一个作坊就是一个商店，消费者直接从工匠处购买货品；后者从批发商处购买原材料，再将制成品卖给批发商。③ 中国的手工业者也是自唐代开始出现私营作坊后，才作为生产者开始直接与消费者交易。这是手工业者的生产融入商事行为的早期形态。之后就如本书第三章在介绍营业及其附属商行为时所提出的，到了 14 ~ 15 世纪，随着手工业的扩张，单纯的生产作业变为由“购、产、销”组成的买卖与生产相结合的复合行为，营业及其附属商行为也开始逐渐包括生产行为。资产阶级革命爆发后，近代民族国家一开始还是将农业、林业、渔业、矿业等贩卖自

---

① 参见［比］亨利·皮朗：《中世纪欧洲经济社会史》，乐文译，上海人民出版社 2014 年版，第 67 页。

② 参见［比］亨利·皮朗：《中世纪欧洲经济社会史》，乐文译，上海人民出版社 2014 年版，第 125 页。

③ 参见［比］亨利·皮朗：《中世纪欧洲经济社会史》，乐文译，上海人民出版社 2014 年版，第 129 ~ 130 页。

己生产的产品的交易行为排除在商行为之外，但随着生产的不断发展，20世纪以来，各国各地区不约而同地修改有关规定，将生产行为纳入商行为范畴，从而扩张了商行为的范畴。实际上，商业本身就是所有生产的特殊部分，“商业只是把对任何产业都必不可少的销售事务作为独自的任务而接受下来”。[①] 所以把生产环节的交换作为商行为的内容，是历史发展的必然结果。

二、现代营业及其附属商行为具体类型认定的历史变迁

经历了从只限于流通领域到包括生产领域的发展历程，营业及其附属商行为的范围越来越大。但是值得注意的是，有关营业及其附属商行为具体类型的认定本身也经历过变化。传统的营业行为主要是直接商品交易的行为，即买卖商行为，代理行为、居间行为、行纪行为、运输行为、仓储行为、保管行为、担保行为等在传统商业模式中更多属于附属商行为，被视为买卖行为的衍生行为。如果以传统商业模式为基础，那么我们可以直接将营业行为表述为买卖行为，但是随着商业的发展，营业行为并不限于买卖行为。一方面，营业的种类不断发展，社会分工不断细化，交易逐渐走向专业化，使专门从事代理、居间、行纪、运输、仓储、保管等业务的商人开始出现，商人不再独自完成买卖的所有环节，从而导致营业行为不限于买卖行为，代理行为、居间行为、运输行为等都可以成为专门的营业行为，是否成为营业行为取决于行为主体是否以营利为目的，反复、有计划、连续不间断地实施该行为。另一方面，从事买卖行为的商人也在不断扩张，走向规模化经营，原先可能不能直接达到商人营利目的的附属行为，随着商人营业版图的扩张，也可能成为商人营业的组成部分。例如，商人收购一家专门从事运输的企业，或者直接自己开始货物运输服务，就会使运输行为也成为其营业行为的组成部分，突破营业行为只是买卖行为的限定。

因此，在现代营业及其附属商行为的具体类型中，并不存在绝对的营业行为与附属商行为，营业行为与附属商行为是就某一行为实施主

---

① ［日］森下二次也：《现代商业经济论》，姚力鸣译，中国商业出版社1989年版，第124页。

体自身而言的,是因在同一经营活动中引起商事关系成立的作用不同而产生的分类。营业行为是商行为实施主体直接从事经营的商行为,附属商行为是行为本身并不直接达到商行为实施主体想要达到的营利目的,但能对以营利目的的商行为的实现起辅助作用的商行为。也就是说,对营业行为与附属商行为的判断必须基于同一经营活动,并且仅就同一商行为实施主体而言。以广告行为为例,对于开展广告经营活动的甲来说,广告行为属于其营业行为;但是对于开展服装经营的乙来说,广告并不能直接实现其营利目的,广告行为是辅助其服装经营的行为,所以就乙而言,服装经营行为是其营业行为,广告行为则属于其附属商行为。因此,营业行为及其附属商行为不是绝对化的分类,A之附属商行为可能为B之营业行为。

既然现代营业行为已经不限于买卖行为,并且营业行为与附属商行为也不存在固定且对立的类别,那么分析营业及其附属商行为的具体类型所要讨论的就不是营业行为与附属商行为各自所具有的不同类型,而是以商品与货物为交易标的物的商行为所具有的类型。对此,虽然现代营业行为与附属商行为不限于买卖行为,但是作为以买卖为核心的一系列行为,其具体类型仍然可以以买卖的不同阶段为划分依据,具体包括:第一,促成买卖的商事中间行为,包括商事代理、商事居间、商事行纪等。第二,实施买卖的商事买卖行为,依据实施买卖的不同商业模式,商事买卖可以分为普通经营、特许经营、连锁经营等;另外,依据实施买卖的不同方式,商事买卖还可以分为实体经营与电子商务。第三,实现买卖的商事物流行为。第四,担保买卖的商事担保行为等。对于这几类不同的营业及其附属商行为,本书将在下文进行介绍。

第三节　商事买卖行为

一、商事买卖行为概述

(一)商事买卖行为的概念

商事买卖是指出卖人转移标的物的所有权于买受人,买受人支付价款的行为。理论上，商事买卖可以发生于商人之间，也可以发生于商人与非商人之间，通常是法律行为。不过，在立法上，有些国家或地区将商事买卖限定为商人之间的买卖。在比较法上，虽然尚未出现明文对商事买卖进行定义的国家或地区，但是较多的国家或地区都对商事买卖作了特别规定，尤其是针对商事买卖的实施主体。日本就限定商事买卖是商人间双方均为商行为的买卖行为，[①]也就是单方商行为不属于商事买卖行为。《德国商法典》也专门规定了一些只适用于双方商行为的条款。[②] 单方商行为的商事买卖规则与双方商行为的商事买卖规则的确存在差异，在单方商行为的情形下，就不能对非商人方科以与商人一样的义务，甚至应当对非商人当事人进行更高的法律保护，以平衡当事人主体地位不平等所带来的影响。但是，应当认为，单方商行为下的买卖行为对于商行为实施主体而言，也是以营利为目的的行为，应当将其区别于民事买卖并纳入商事买卖之中进行特别调整，只不过需要为其设立区别于双方商行为的规则。

因此，在定义上，商事买卖与民事买卖的区别在于行为实施主体是否包括商主体或者以营业为业的人。不以营利为目的的民事买卖主要发生于民事主体之间。商事买卖与民事买卖具有密切联系，但是两者也存在实质性差异，商事买卖的特殊性将在下文“商事买卖区别于民事买卖的特殊性”中详细介绍。

（二）商事买卖行为的研究意义

1. 商事买卖行为在商行为中具有中心地位

商事买卖是商法中最重要、最常见的特殊商行为之一，是一种特殊而专门的商事交易形式。在立法方面，有商法典的大陆法系国家大多设专章甚至专编规定了商事买卖的规则，参见《日本商法典》第二编第二章买卖、《德国商法典》第四编第二章商事买卖、《韩国商法》第二编第二章买卖等。英美法系国家也多专门制定了买卖法。1893 年英国就

---

① 参见《日本最新商法典译注》，刘成杰译注，中国政法大学出版社 2012 年版，第 122 页。

② 参见《德国商法典》第 377 条、第 379 条等。《德国商法典》杜景林、卢谌译，法律出版社 2010 年版，第 221 页。

颁布了《英国货物买卖法》,该法在英联邦各成员国及受英国殖民统治的地区都产生了重大的影响,实际上成为"英联邦统一货物买卖法典";1979年英国将《英国货物买卖法》更名为《英国商品买卖法》。[①] 美国1906年也颁布了《美国统一买卖法》,此后颁布的《美国统一商法典》同样也是一部买卖法律大全,基本上所有的规则都是围绕买卖交易展开。在国际立法方面,《联合国国际货物销售合同公约》《国际货物买卖时效期限公约》《国际货物买卖合同成立统一法公约》《国际货物买卖统一法公约》《国际商事合同通则》等都与商事买卖有关。

在学理方面,中国有许多学者对商行为的认识也都围绕商事买卖展开,梁慧星和王利明认为商行为是商品交换行为及与商品交换行为有关的活动;[②]任先行强调商行为法是买卖法。[③] 国外同样也有主张将商行为与买卖交易行为画等号的学者,葡萄牙学者乔治·曼努埃尔·高迪纽德·阿布莱乌也认为商事行为是所有实现或方便交易的中介行为。[④]

商事买卖是最早出现的商行为,在传统商法理论中,商行为就是围绕买卖展开的一系列行为。虽然现代商法理论中的商行为不止包括买卖行为,但是商事买卖也依然处于商行为的中心地位,是商事活动的主干,人们对传统商事买卖所形成的法律关系和法律原理的理念依然主导着人们对现代新型商行为的基本认知和理解。总而言之,在现代商业中,商事买卖具有非常重要的地位,需要对其展开特别的研究,以提炼并总结现代商事买卖行为的特殊规则。

2. 纠正商事买卖与民事买卖的错位立法

商事买卖无论是单方商行为还是双方商行为,就实施商行为的主体而言,都是以营利为目的的行为,这与民事买卖有非常大的区别。因为动机不同,商事买卖与民事买卖的权利义务标准也不同,不可将商事

① 参见任先行:《商法原论》(下),知识产权出版社2015年版,第868页。

② 参见梁慧星、王利明:《经济法的理论问题》,中国政法大学出版社1986年版,第111页。

③ 参见任先行:《商法原论》(下),知识产权出版社2015年版,第867页。

④ 参见[葡]乔治·曼努埃尔·高迪纽德·阿布莱乌:《商法教程》,王薇译,法律出版社2017年版,第43页。

买卖与民事买卖相提并论。商事买卖的权利、义务与责任标准通常高于民事买卖。例如,在买受人迟延受领的情况下,虽然民事买卖和商事买卖都有权提存受领迟延物品,但是通常在民事买卖中出卖人能够提存的受领迟延物被限制为金钱、有价证券、其他证券以及贵重物品,而商事买卖的出卖人能够提存的受领迟延物则没有限制。

因此,混同商事买卖与民事买卖的结果通常要么是商事买卖的义务、责任被不当减轻,要么是民事买卖的义务、责任被不当加重。所以,必须分别就民事买卖和商事买卖的不同特征,为其设定不同的交易规则。

中国《民法典》合同编第九章"买卖合同"可以视为我国现行法律中关于买卖的专门规定。这一章全部承继了原《合同法》的内容,没有区别商事买卖和民事买卖,没有对商事买卖作出有别于一般民事买卖的特殊规定,商事买卖规则在立法上也不完善。[①] 因此,在中国民事买卖与商事买卖混同的背景下,研究商事买卖将有利于纠正中国目前在立法上商事买卖与民事买卖不分的现象,从而避免出现因为法律的缺陷而导致商事买卖得以逃避应当承担的法律责任,或者民事买卖被迫承受本应当属于商事买卖的高义务负担或高责任负担的情形。

3. 为商事买卖司法纠纷处理提供理论依据

中国《民法典》采取的是民商合一的立法体例,《民法典》合同编同样奉行民商合一的立场,设定了大量的商事合同规则,甚至可以说大多数规则都是为商事合同服务的。但是在《民法典》的大框架下,即便《民法典》合同编吸收了很多商事合同的规则,对于没有被吸收的商事合同依然只能适用民法的一般规则与基本原则。依据民法精神与理念解决商事合同纠纷,有可能使商业因为宽松的法律环境而迅猛发展,但更大的可能是商业创新的空间被民法思维所限制,商业纠纷得不到有效的解决,商事公平无法实现。

另外,受长期缺乏商法传统的影响,中国司法实践中,部分法官欠缺商法思维,在处理商事案件中习惯性用民法理念看待商事案件,从而

---

① 参见范健主编:《商法》(第4版),高等教育出版社、北京大学出版社2011年版,第61页。

导致商事纠纷无法得到合理的裁决。2019 年最高人民法院印发的《全国法院民商事审判工作会议纪要》虽然在一些类型的纠纷中考虑了商事案件的特殊性，但是总体上依然没有凸显出民商事审判的区别，仍然奉行的是以民法关注“人”本身的思路。在此背景下，对商事买卖展开系统研究，有利于引导人们思考民商事买卖的区别，从而逐渐认识到商事买卖的特殊性，培育将商事买卖独立化的社会语境，进而全方位更新法官的认知，并为商事买卖纠纷的司法裁决提供理论基础。

二、商事买卖区别于民事买卖的特殊性

商事买卖以民事买卖为基础和出发点，但与民事买卖不可相提并论。在民商分立的大陆法系国家，其商法典从保护商事交易的迅速、明确、安全的角度出发，通常都对商事买卖行为进行特别规定，以区别于一般的民事行为，内容主要涉及商事买卖中的迟延责任、商事买卖中给付标的物瑕疵责任等特殊性问题。商事买卖规则主要有严格限制商事买卖合同中的免责条款、最大限度自治、保护消费者、无过错责任、短期时效等。此外，在具体规则方面商事买卖也与民事买卖存在诸多区别。

（一）要约与承诺制度

民事买卖的要约与承诺是一种双方当事人之间的磋商机制。随着商业市场化的不断发展，单方商行为的商事买卖的要约与承诺正在丧失磋商性，双方商行为的商事买卖的要约与承诺引入了竞争机制。在单方商行为的场合下，商事买卖多由商行为实施主体通过广告、橱窗展示等方式发出要约邀请，之后在合同磋商阶段，消费者通常没有与商行为实施主体进行充分磋商的机会，而是直接适用商行为实施主体所提前准备好的格式合同，从而突破了民事买卖当事人充分磋商的机制。在双方商行为的场合下，商事买卖通常通过招投标方式进行要约和承诺。在这个过程中，有多个对象参与到同一个商事买卖中的磋商中，彼此之间形成竞争，这在民事买卖中通常不会出现。

此外，在意思表示之沉默的规定中，商事买卖和民事买卖也有不同的规定。民事买卖中原则上沉默不能视为同意，只有在法律明确规定的极少数情况下，沉默才能视为同意的意思表示。在商事买卖中，由于许多商事买卖的双方当事人之间具有经常性交易关系，为了提高交易

效率，满足商事交易迅速性的要求，在受要约人是商人的情况下，如果要约人和受要约人之间存在经常性交易关系，且要约内容属于商人营业行为范畴，当商人没有及时对要约承诺与否作出回应时，视为商人作出承诺。《日本商法典》第 509 条①与《韩国商法》第 53 条②都作出了明确的规定。

（二）信用支付制度

在双方商行为的情形中，商事买卖通常是长期性的战略合作合同，而不是一次性交易，因此，合同双方通常有较为复杂的有关合同价款的支付方式的特殊约定，中国《民法典》合同编也将支付方式纳入了买受人的义务规则之中。分析商事买卖在支付方式方面具有的区别于民事买卖的特殊性，需要着重关注商事买卖所特有的信用支付问题。虽然随着信用卡的普及，在民事买卖中也有利用信用卡消费的交易，但是就该笔民事交易而言，使用信用卡支付的一方只是与民事买卖合同之外的银行产生了信用消费问题，其与交易对方仍然是钱货两清的关系。但是商事买卖则是直接在交易双方中产生信用消费，这种通过赊销、预付、交互结算等方式作出的特殊的信用支付在商事买卖中十分常见，从而形成了专门的商业信用制度。其中，商事交互计算买卖就是民事买卖中通常不存在的信用支付制度。

（三）责任制度

商事买卖与民事买卖在责任制度方面的区别主要有两方面，一方面是归责原则，另一方面是免责制度。中国现行合同制度原则上坚守无过错责任，虽然该规定并不区别民事买卖与商事买卖，但是与其说该规定是为了符合民事买卖的特征而设置的，不如说是为了符合商事买卖的需求而确立的规则。在 1999 年 10 月 1 日原《合同法》生效之前，原《经济合同法》采取的是过错责任原则，之后改采无过错责任原则是吸收了调整国际商事买卖的《联合国国际货物销售合同公约》的规定。不过，在中国制定原《合同法》之时，法国、德国、日本等民商分立的国家

---

① 参见《日本最新商法典译注》，刘成杰译注，中国政法大学出版社 2012 年版，第 98 ~ 99 页。

② 参见《韩国商法》，吴日焕译，中国政法大学出版社 1999 年版，第 14 页。

所规定的违约责任依然还都是过错责任。[①] 时至今日,中国民法学者关于合同法的归责原则仍有不同观点,主要也是受到民法思维的牵制。因为仅就民事买卖而言,民法学者认为“使人负损害赔偿的,不是因为有损害,而是因为有过失”,[②]如果要求当事人双方一律适用严格责任原则,则突破了“谁做错,谁负责”的民事肇事者理论。与之相反的观点认为,商事买卖奉行的是营业责任理论,在营业责任理论中,“营业行为应该为其对他人造成的损害承担赔偿责任,不管造成损害的营业行为是否存在过错”。[③] 所以,无过错责任原则是商事买卖的基本归责原则。在这点上,民事买卖和商事买卖是有很大的区别的,中国原《合同法》及现《民法典》“一刀切”的做法,其实在某种程度上背离了民事买卖的基本属性。

在免责制度上,民事买卖和商事买卖也有区别。因为商事买卖较为特殊的要约和承诺制度,所以在单方商行为的交易中,法律通常会严格限制商事买卖中的免责条款。中国《民法典》设定“提供格式条款一方不合理地免除或者减轻其责任、加重对方责任、限制对方主要权利”的,该条款无效,以及“对格式条款有两种以上解释的,应当作出不利于提供格式条款一方的解释”等规则,主要就是为了防止在买卖中具有优势地位的一方不当利用其优势地位侵害交易对方的权益。而格式条款在充分磋商从而形成合同文本的民事买卖中通常并不存在,所以民事买卖中所约定的免责通常不会被限制,严格限制免责的制度主要是为商事买卖服务的。

(四)保护消费者与社会利益制度

现代商行为具有社会性,该属性在现代商事买卖中体现为商事买卖需要保护消费者利益和兼顾社会利益。合同相对性是民法最为基本的理论,基于这一理论,民法规则保护的是当事人双方,即相对人的利

① 参见梁慧星:《合同法的成功与不足》(上),载《中外法学》1999 年第 6 期。

② 王泽鉴:《民法学说与判例研究》(第 2 册),中国政法大学出版社 1999 年版,第 144 ~ 145 页。转引自张民安:《过错侵权责任制度研究》,中国社会科学院 2002 年博士学位论文,第 7 页。

③ 周中举:《美国侵权法严格责任的历史演变》,西南政法大学 2011 年博士学位论文,第 126 页。

益;但是在商事买卖中,相对性和社会性并存是商事买卖合同的一大特性,并构成了商事买卖合同的基本理论。由于现代商行为具有社会性,在一定条件下,商事买卖会对合同之外的第三人产生影响,该影响是超出向第三人履行合同与由第三人履行合同之外的,其所影响的可能是不特定的社会第三人。因此,为了调整商事买卖的负外部性,商事买卖应当设置一定的社会利益制度,这一制度完全突破民事买卖的规则和理念。社会利益制度的规则有一部分体现在《民法典》合同编之中,还有一大部分体现在《反不正当竞争法》和《反垄断法》之中。《反不正当竞争法》和《反垄断法》主要保护的是自由竞争和公平竞争,其所规制的就是市场中的行为,商事买卖在这两部法律的调整范围之内。

至于消费者利益问题,则是突破了民事买卖双方具有平等性与互换性的设定。在单方商行为的场合,商事买卖的交易双方通常不具有平等性和互换性,消费者在信息、资金、技术等各方面都极大地弱于商行为实施主体。在商事买卖中,保护消费者的这部分规则主要被规定于《消费者权益保护法》,从而容易被人们忽视该类行为的商事买卖合同属性,然而,就其本质而言,该类型无疑就是商事买卖。

(五)时效制度

在商事买卖中效率是非常重要的理念之一,所以商事买卖有很多短期时效制度。民事买卖通常是为了生存而进行的交易,所以为了维护稳定,民事买卖的时效制度通常是长期时效制度。

(六)复合行为制度

契约群是现代商行为的重要表现形式,构成了现代商事买卖与传统民事买卖相区别的重要特点。现代商事买卖通常由多个契约组成,或者一个契约同时包含多种类型的合同条款,例如在买卖合同中涉及货物存储、运输、保险等条款,从而使合同成为无名合同。这种复合合同在民事合同中较为罕见,但却是商事买卖行为的常见形态。如何调整这类契约群,或者说合同束,目前已经引起了学者的关注。虽然法律上对此还没有建立起完善的规则体系,但是这种复合行为的确是未来商事买卖应当重点关注的特殊制度。

(七)配套制度

商事买卖是以营利为目的的经营活动,对实施商行为的主体而言,商事买卖通常是以营业的方式实施的，所以一般都有一系列专门的制度，包括但不限于会计账簿制度、营销制度、利润分配制度等。这些制度通常属于商行为实施主体的内部制度，不会对外产生影响，但是商行为具有行为网状化的特点。如果实施该商事买卖的主体是企业，尤其是上市公司，则其每一笔买卖都会对企业年度财务报表产生影响，进而影响投资者的投资决策。商行为的行为网状化特点，使每一次单独完成的商事买卖行为表面上是独立的行为，实质上是商事交易网络中的一环，甚至可能对整个市场产生巨大影响。这是民事买卖所不具有的外部性特征，也是现代商事买卖尤其需要被关注的问题，即如何设置配套制度以最大限度地降低商事买卖的外部性可能对社会产生的不利影响。

三、典型的商事买卖行为

商事买卖区别于民事买卖的特殊性所介绍的是抽象性的问题，典型的商事买卖行为所分析的是具体的各类商事买卖行为。因此，研究典型的商事买卖行为将更加有利于全面认识商事买卖行为的特殊性。

（一）分期付款买卖

分期付款买卖是目前比较普遍存在的一种买卖合同形式，在消费领域与商业领域都普遍存在。但是通常而言，商业领域的分期付款买卖所蕴含的风险比消费领域分期付款买卖所蕴含的风险更大。

《民法典》第 634 条保留了原《合同法》规定的分期付款买卖合同解除权。依据最高人民法院《关于审理买卖合同纠纷案件适用法律问题的解释》第 27 条的规定，分期付款是指买受人将应付的总价款在一定期限内至少分三次向出卖人支付。最高人民法院 2016 年 9 月发布的指导案例 67 号“汤长龙诉周士海股权转让纠纷案”中指出，原《合同法》第 167 条（对应《民法典》第 634 条）所规定的分期付款买卖主要特征包括三个：“一是买受人向出卖人支付总价款分三次以上，出卖人交付标的物之后买受人分两次以上向出卖人支付价款；二是多发、常见在经营者和消费者之间，一般是买受人作为消费者为满足生活消费而发生的交易；三是出卖人向买受人授予了一定信用，而作为授信人的出卖人在价款回收上存在一定风险，为保障出卖人剩余价款的回收，出卖人在一定条件下可以行使解除合同的权利。”在本案中,最高人民法院认为当事人之间买卖的标的物是股权,与以消费为目的的一般买卖不同;出让人因分期回收股权转让款而承担的风险,与一般以消费为目的分期付款买卖中出卖人收回价款的风险不相同。因此,对股权转让分期付款买卖不能简单适用原《合同法》第 167 条的规定。

最高人民法院将原《合同法》第 167 条的规定限制在以生活消费为目的的买卖中,体现了民商区分的理念。虽然该做法受到了学者的批判,认为原《合同法》第 167 条所要保护的是出让人的利益,而不是消费者的利益,没有必要区分消费者或非消费者。[①] 但是最高人民法院充分指出了以生活消费为目的与以营利为目的的分期付款买卖具有差别,该观点认同了营利目的的特殊性,这点值得肯定。具体来说,以营利为目的的分期付款买卖通常涉及金额较大,除了可能遭受买受人不能支付的风险,市场价格的波动也可能给出让人带来较大的损失。另外,不同于其他买卖,分期付款买卖通常会约定所有权保留规则,直到买方付清全部货款时,货物所有权才转移至买方。所以在分期付款买卖中,货物所有权和风险的转移采取的是分别转移原则,也就是说,货物的灭失、毁损等风险在货物交付时就转移至买方,但货物所有权直到最后一笔价款结清时才转移给买方。这就意味着,买方如果在最后一笔价款结清前出现违约或者其他行为导致合同无效或者被解除,同时又因为使用不当或者其他原因导致货物灭失、毁损,买方不仅要承担合同无效或被解除之后恢复原状的责任,还有可能需要承担致使他人所有物毁损、灭失的损害赔偿责任。

2020 年颁布的《民法典》对保留所有权买卖也作出了规定。《民法典》第 642 条规定,如果买受人未按照约定支付价款,经催告后在合理期限内仍未支付;或者未按照约定完成特定条件;或者将标的物出卖、出质或作出其他不当处分,给出卖人造成损害的,除当事人另有约定外,出卖人有权取回标的物。因此,在分期付款买卖中,如果当事人约定保留所有权,那么买受人将不得对标的物进行出卖、出质。在商业交

---

① 参见周江洪:《分期付款买卖合同的解除及其限制——“汤长龙诉周士海股权转让纠纷案”评释》,载《交大法学》2017 年第 4 期。

往中，就相当于企业因为分期付款获得了价金支付的期限利益，但是却取得了没有所有权的货物，同时还必须承担货物毁损、灭失的风险，再加上货物贬值的风险，因为一笔分期付款买卖而致使企业经营失败也不是不可能。所以，以营利为目的的分期付款买卖与以生活为目的的分期付款买卖所需要承担的风险并不相同。

（二）样品买卖

样品买卖是买卖双方同意根据样品进行磋商和成立合同，并以样品作为交货品质的依据，又称为“凭样品买卖”（sale by sample）。[①] 样品买卖包括凭买方样品买卖和凭卖方样品买卖。由于商业贸易通常涉及较大数量，所以样品买卖是商业交易的重要形式，对于工艺品、服装、轻工产品等难以标准化、规格化以及难以用文字说明其品质的商品，交易双方当事人通常会采用样品买卖的方式。中国《民法典》第 635 条、第 636 条规定，凭样品买卖的当事人应当封存样品，可以对样品质量予以说明，出卖人交付的标的物应当与样品及其说明的质量相同。买受人不知道样品有隐蔽瑕疵的，即使交付的标的物与样品相同，出卖人交付的标的物质量仍然应当符合同种物的通常标准。《英国商品买卖法》《美国统一商法典》《联合国国际货物销售合同公约》都对样品买卖作出了规定。

样品买卖必须与商店摆列商品的买卖相区别。样品买卖是典型的商事买卖行为，通常为双方商行为，即双方当事人都是商人。凭样品买卖体现了商事交易对效率的追求。样品买卖要求必须存在样品，且样品是在合同订立时就已经存在，当事人在买卖合同中应当约定以样品来确定标的物的品质，或者写明“凭样品买卖”等表明样品买卖的意思。假设出卖人向买受人提供了样品，但是双方合同订立时并没有明确表明是样品买卖，则双方不成立凭样品买卖。在普通商店中摆列商品的买卖多是为了满足生活消费目的，通常属于单方商行为，即卖方是商主体，买方是消费者。商店中摆列商品，通常不会明确是样品买卖，所以该行为不属于凭样品买卖。与作为单方商行为的商店摆列商品买卖相比，样品买卖中出卖人的责任被加重，负有担保交付的标的物与样品相

---

① 参见严云鸿主编：《国际贸易理论与实务》，清华大学出版社 2004 年版，第 127 页。

同品质的责任。

(三)试验买卖

试验买卖又称为试用买卖,是指当事人双方约定,于合同成立时,出卖人将标的物交付买受人试验或检验,并以买受人在约定期限内对标的物的认可为生效要件的买卖合同。[①] 试用买卖是附生效条件的合同。试用买卖的买受人在试用期间可以表示购买标的物,也可以无理由拒绝购买,《民法典》第 638 条对此作了明确规定。

试验买卖在现代商业中被广泛使用,在一些大型设备的购置、精密仪器的购买,尤其是在人工智能时代,对人工智能产品的购置,多采用试用买卖,试用买卖被认为是一种互利共赢的交易模式。在试用买卖中,关于试用期间标的物毁损、灭失的风险,中国采取的是交付主义。即以标的物的实际交付作为风险转移的标准,无论所有权是否转移,只要标的物交付,则标的物毁损或灭失的风险由标的物实际占有人承担风险。美国采取的也是相同的立场。交付主义有利于敦促试用方积极地保护标的物的安全,合理试用标的物。

值得注意的是,并不是所有交易都能采取试用买卖的方式,以再销售为目的的买卖就不能适用试用买卖,试用买卖也不适用于鲜活用品与一次性消费用品等,试用买卖主要是供用户或消费者直接对货物使用。以再销售为目的的买卖通常是试销买卖。试销买卖是由制造商出售给经销商,由经销商进行再销售,试销可以直接将试销售的货物买下,也可以设定试销售期间。试销与试用必须予以区分。试用买卖既可以被应用于以营利为目的的买卖之中,也可以被应用于以生活消费为目的的买卖之中;试销买卖则属于商事买卖特有的一类买卖,试销买卖的一方当事人必须是作为商主体的经销商。

(四)拍卖

拍卖是以公开竞价的形式,将特定物品或财产权利转让给最高应价者的买卖方式。拍卖的主体必须是依照《拍卖法》和《公司法》设立的从事拍卖活动的企业法人。主体的专属性决定了这一买卖行为的商

---

① 参见陈小君主编:《合同法学》,高等教育出版社 2009 年版,第 316 页。

法特性。拍卖交易法律关系的当事人包括委托人、竞买人、买受人以及拍卖师等。委托人是委托拍卖人拍卖物品或财产权利的主体;竞买人是参加拍卖的主体;买受人是以最高应价购得拍卖标的的主体;拍卖师是主持拍卖活动的主体。

传统拍卖多在拍卖所进行,但随着互联网技术的发展,网络拍卖正逐渐走向成熟。网络拍卖是一种新型的拍卖形式,网络司法拍卖是其典型代表,阿里拍卖、京东拍卖等都设置了司法拍卖的专栏。最高人民法院于2016年8月2日发布的《关于人民法院网络司法拍卖若干问题的规定》指出,网络司法拍卖是在互联网拍卖平台,通过网络电子竞价方式公开处置财产的行为。网络拍卖的经营者,同样必须符合《拍卖法》和《公司法》所规定的商主体身份要求。所以,网络拍卖也属于商事领域的特殊存在。

(五)招投标买卖

招投标买卖同样也是现代商业的重要方式,但是关于招投标的概念,学界并没有达成一致的认识。总的来说,招投标买卖是一种特殊的要约与承诺机制已经成为学者们的共识,但分歧在于要不要限制招投标的合同种类。有学者主张,“招投标是指由招标人向数人或公众发出招标通知或招标公告,在诸多投标中选择自己最满意的投标人并与之订立合同的方式”。[①] 该定义并未限制招投标合同的范围。另有学者认为,“招投标是在市场经济条件下进行大宗货物的买卖、工程建设项目的发包与承包,以及服务项目的采购与提供时,愿意成为卖方(提供方)者提出自己的条件,采购方选择条件最优者成为卖方(提供方)的一种交易方式”。[②] 该定义将招投标限制在大宗货物买卖、工程建设项目与政府采购之中,其定义的招投标合同范围最小。还有学者认为,“招投标的定义应采纳《合同法》(已废止)的规定,即招投标是招标人在工程、货物或服务的购买人依照一定的程序,将交易的条件公开,吸引满足条件的承包商、供货商或者服务提供者参与竞争性出价,购买人从中

---

① 崔建远主编:《合同法》,法律出版社2010年版,第53页。

② 何红锋:《招投标法研究》,南开大学出版社2004年版,第5页。

选择合适的对象签订相关契约的行为"。[1] 该定义未将招投标合同限制在大宗货物买卖、工程建设项目与政府采购之中,但也指出了招投标是在工程、货物或服务的购买之中存在的行为。言外之意就是工程、货物或服务之外不存在招投标。

随着商业的不断发展,招投标正逐渐成为现代商事交易的重要缔约方式,所以对招投标这类以竞争方式缔结的合同的定义不宜过于具体。

与一般买卖相比,招投标买卖合同必须经过招标(要约邀请)、投标(要约)、中标(承诺)三大基本程序。招投标买卖将竞争机制引入合同缔约过程中,严格遵守招标、投标、开标、评标、中标等程序,体现了商法的程序观、效率观、公开观与公平观。不过,虽然是竞争机制,但是招投标的结果并非以价格最低为优先考虑,而是综合各方面的情况进行判断,因为对招标人而言其所追求的是各方面的效益最大化,价格只是其中的一个考量因素。为了维持生活消费需要而进行的民事买卖通常不会以招投标的方式进行。

(六)商品房买卖

最高人民法院《关于审理商品房买卖合同纠纷案件适用法律若干问题的解释》第1条规定,商品房买卖合同是指房地产开发企业将尚未建成或者已经竣工的房屋向社会销售并转移房屋所有权给买受人,买受人支付价款的合同。也就是说,只有出卖人是房地产开发企业的,才属于商品房买卖合同,房屋所有人出卖的二手房不属于商品房买卖合同行为。商品房买卖通常属于单方商行为,由于房地产开发商在信息、资金等方面相对于买受人具有优势地位,所以有关商品房买卖合同的法律规则倾向于保护买受人的利益。

商品房买卖合同纠纷是司法实践中的高发案件,最高人民法院发布的指导案例和公报案例也刊登了很多与商品房买卖合同有关的纠纷。在最高人民法院指导案例72号"汤龙、刘新龙、马忠太、王洪刚诉新疆鄂尔多斯彦海房地产开发有限公司商品房买卖合同纠纷案"中,最高人民法院指出,借款合同双方当事人经协商一致终止借款合同关系,

---

[1] 李冬:《竞争性缔约契约研究》,吉林大学2012年博士学位论文,第61页。

建立商品房买卖合同关系,不违反物权法的规定,也不属于民间借贷合同的担保,只要不违反法律关于无效合同的规定,则商品房买卖合同有效。在是否涉及禁止流押方面,《最高人民法院公报》2014 年第 12 期"朱俊芳与山西嘉和泰房地产开发有限公司商品房买卖合同纠纷案"指明,当事人基于同一笔款项先后签订商品房买卖合同和借款协议,并约定如借款到期,偿还借款,商品房买卖合同不再履行;如不偿还借款,则履行商品房买卖合同。应当认定双方当事人之间同时成立了商品房买卖和民间借贷两个民事法律关系,如果借款人不偿还借款,对方当事人要求通过履行商品房买卖合同取得房屋所有权,不违反法律禁止流押的规定。在违约责任的认定方面,《最高人民法院公报》2016 年第 11 期"周显治、俞美芳与余姚众安房地产开发有限公司商品房销售合同纠纷案"指出,在商品房买卖合同中,合同分别约定了逾期交房与逾期办证违约责任,但同时又约定开发商承担了逾期交房的责任后,逾期办证的违约责任就不予承担的,应认定该约定属于免除开发商按时办证义务的无效格式条款,开发商仍然应当承担逾期交房、逾期办证的等多项违约责任。

商品房买卖合同的纠纷在实践中层出不穷,与商品房买卖有关的案件争议焦点也五花八门,但总的来说,由于商品房买卖合同是单方商行为,所以在责任的分配上,房地产开发商的责任要远大于买受人。

（七）融资租赁买卖

融资租赁买卖是商业领域特有的买卖形式。《民法典》合同编第十五章专章规定了融资租赁合同。融资租赁合同指的是出租人根据承租人对出卖人、租赁物的选择,向出卖人购买租赁物,提供给承租人使用,承租人支付租金的合同。《国际融资租赁公约》第 1 条第 4 款明确规定,本公约不适用于个人或以家庭使用为目的的交易。所以《民法典》所规定的融资租赁合同其实是商事合同。

融资租赁的本质是以租赁的方式达成融资的目的,《国际会计准则》又将融资租赁视为信贷租赁。在融资租赁中,出租人购买租赁物获得了租金,承租人虽然需要支付租金,但是通过租赁设备从事生产经营,其取得了利润,某种程度上是为自己的生产经营取得了融资。融资租赁是集租赁、买卖与融资为一体的合同,通常存在三方当事人,包括出租人、出卖人和承租人。出租人与出卖人存在买卖合同关系，出租人与承租人存在租赁合同关系，出卖人、承租物可以由承租人选择确定。《民法典》第735～760条已对融资租赁作出详细规定，此处不再一一展开。

（八）供应买卖

中国《澳门商法典》第581条规定了供应合同，所谓的供应合同指的是“当事人一方有义务定期或持续将货物供应予他方以取得价金之合同”。[①] 供应合同通常有较为固定的供应量。如果没有确定供应量，那么以合同订立时符合被供应者所需要的数量为供应量。如果当事人仅订立总供应量或个别供应量之上下限，那么由被供应者在订立的限度内指定应供应的量。如果供应量按需要而订立且设置了下限，那么被供应者须对符合其需要且超过该下限之供应量承担责任。

供应合同的双方当事人可以约定专属权，如果约定供应商有专属权，那么对方当事人将不得接受第三人之同类给付，也不可以自行生产合同标的物，除非另有约定。如果约定被供应者有专属权，那么供应商在约定的区域与合同期限内不得直接或间接向第三人作出与合同标的同类之给付，并且被供应者应承担在约定区域内促销其具有专属权之物的义务。与此同时，供应合同双方还可以约定优先权。不过中国《澳门商法典》明确限定了优先权的约定期间，即不得超过5年，也就是说，被供应者承诺就同一供应物订立新供应合同时给予供应商优先权的约定如果超过5年，也视为5年。另外，被供应者有义务就第三人向其提出的供应条件通知供应商；供应商应于指定期限或者依据交易习惯在一定期限内作出意思表示，否则丧失优先权。

在合同的解除、中止、终止方面，供应合同也具有特殊性。如果当事人一方不履行单一给付，对方当事人可以解除合同。如中止供应，除非意外或不可抗力，供应商应当作出适当的预先通知。如被供应者不履行合同，而该不履行行为无关紧要，则供应商中止履行合同前，须作出适当预先通知。如果供应合同是无期限合同，那么供应合同可以单方终止，但是应按约定或习惯作出预先通知；如果没有约定或习惯，要

---

① 赵秉志主编：《澳门商法典》，中国政法大学出版社1999年版，第184页。

按供应合同的种类作出适当的预先通知。

（九）交互计算买卖

交互计算存在于各国商法或买卖法之中，在国与国之间的贸易协定中是非常普遍的行为，它实际上是一种活期账户结算方法。其特征是合同双方当事人不对个别债权进行处理，仅在双方约定的期间终了时对债权债务关系进行总体结算。

各国对交互计算的规定并不一致，学者的翻译也不尽相同。《德国商法典》第355条规定了交互计算，也可以称为继续性计算，“某人与一个商人存在交易关系，致使需要计算由此种关系产生的双方的请求权和给付，包括利息，并且需要定期通过计算和确认一方或者双方所产生的盈余的方法进行结算的（继续性计算，交互计算），在结算时应当取得盈余的人，可以自结算之日起，请求该盈余的利息，即使在计算中已经包含利息，亦不例外。结算每年进行一次，但以无其他规定为限。继续性计算，在有疑义时，纵使在计算期进行期间，亦可以随时终止，并且具有使在计算后应当取得盈余的人，可以请求支付该盈余的效力”。[①]《日本商法典》第529条是对交互计算的规定，有学者认为应当将其翻译为“往来账”更为准确，同时也能符合中国实践的习惯用语，“往来账指的是存续持续交易关系的商人间或商人与非商人间，相互约定将一定期间内交易所生债权及债务的总额进行抵销，仅支付抵销后余额的具有约定效力的制度”。[②]《韩国商法》第72条规定了“抵销”，指的是“因商人之前或者商人与非商人在进行日常交易时，约定对在一定期间内因交易而发生的债权债务总额进行相互抵销并仅支付其差额而发生效力”。[③]《意大利民法典》第1823条也规定了交互计算，“指将由当事人相互存入钱款所生的债权，至计算的闭锁为止，作为不得请求不得处分负以一个计数记下义务的契约”。[④] 因此，我们可以明显看出，在有商法典的国家，交互计算必须有一方当事人是商人，在民商合一的国家则

① 《德国商法典》，杜景林、卢谌译，法律出版社2010年版，第213页。

② 《日本最新商法典译注》，刘成杰译注，中国政法大学出版社2012年版，第135页。

③ 《韩国商法》，吴日焕译，中国政法大学出版社1999年版，第17页。

④ 《意大利民法典》，陈国柱译，中国人民大学出版社2010年版，第316～317页。

没有此限制。本书采取民商分立国家对交互计算的定义,即交互计算指的商人或者商人与非商人之间约定,以其相互间之交易所生之债权、债务为定期计算,互相抵销,而仅支付其差额的契约关系。

中国《民法典》吸收了原《合同法》对抵销制度的规定,但是该规定与交互计算制度并不一样。交互计算制度是为了满足商事交易的安全与速效而催生的制度,在交互计算中,交易双方当事人并不需要考虑自己全部的债权是基于何种债务理由而成立,就算交易方式各不相同,债权债务性质也不一样,仍然能够相互抵销。其构成要件包括:第一,双方当事人有长期的业务往来。第二,双方当事人作了约定。第三,双方当事人中有一方是商人。其特殊规则包括:第一,所有债权债务打包为一个整体,债权人不再有单独支配或处分自己单项债权的权利,个别债权的时效也失去意义,在结算期未到之前,双方的债权债务都视为不可请求的债权债务。第二,结算直接导致债务清偿,结算差额须得到双方当事人的承认而确定,双方承认后形成一个新的、明确的法律关系。第三,交互计算的解除方式包括四种:依据约定解除;因双方业务来往结束而解除;因双方发生争议而解除;因一方当事人破产而解除。

(十)互联网买卖

互联网买卖是指利用互联网进行买卖的行为,在电商平台、社交平台、直播平台等进行的买卖都是互联网买卖。互联网买卖的范围十分广泛,也是未来商行为的主要发展方向。通常而言,由商人所进行的互联网买卖多在电商平台进行,但是由于本书所界定的商行为并不限于商人所实施,所以非商人利用互联网技术以营业方式进行以营利为目的的行为,或者法律规定的商行为,也能够被纳入商事互联网买卖之中。目前在社交平台或者直播平台广泛存在的由非商人实施的买卖行为也属于这里的互联网买卖。

电子商务行为将在本章第六节专门介绍,这里主要分析通过网络交易平台之外的社交平台、直播平台等进行的互联网买卖行为。这类行为的特征是,商行为的实施主体多未登记,且极度依赖个别自然人的影响力,目前在社交平台广泛存在的“直播经济”,就是其典型代表。在直播平台中,消费者是因为信赖直播推销员而购买产品,有些直播推销员是公司的员工,但也有大量的直播推销员并没有所属公司,且未登记为经营者。这类行为正在引起学者的关注。虽然通过直播平台进行买卖与传统的电视销售具有相似性，但由于其门槛较低，几乎所有人都可以进行直播，所以这类互联网买卖实质上改变了商业模式，降低了商业门槛。未来应当如何调整因为网络信息技术变革而催生的新型商事买卖行为，是理论界需要重点研究的方向。

第四节　商事中间行为

一、商事中间行为的概念

商事中间行为不是法律概念，是指在商人之间，或者商人与非商人之间从事与商事有直接联系的中间活动的行为，包括代理行为、居间行为、行纪行为等。商事中间行为可以由专门的商人从事，如代理商、居间商、行纪商；也包括商事雇佣人对企业的代理活动，如经理对公司的代理。

商事中间行为是现代商行为的重要组成部分。无论是专门从事中间行为的代理商、居间商等，还是辅助商主体实施经营行为的商事雇佣人，都在现代市场经济中发挥着重要的作用。因此，商事中间行为制度具有很高的制度价值，是保证社会主义市场经济高效运转的基础制度。然而，中国的商事中间行为制度仍然较为薄弱，《民法典》未能充分考虑到民商事中间行为的规则区分问题。所以，如何完善中国的商事中间行为制度仍然是一个需要解决的问题。

二、商事中间行为与民事中间行为的区别

商事中间行为包括代理行为、居间行为与行纪行为等，那么，讨论商事中间行为与民事中间行为的区别，是否需要在理论上分别比较商事代理与民事代理，商事居间与民事居间，商事行纪与民事行纪的区别？其实不然。商事中间行为与民事中间行为只在代理方面存在理论与制度上的差异，而居间行为和行纪行为在中国都属于典型的商行为。《民法典》将原《合同法》所规定的“居间合同”改为“中介合同”，但具体

内容并没有变动,居间合同依然被定性为有偿合同,即使双方当事人对佣金没有约定或约定不明确,居间人依然能够请求支付报酬。在民商分立的国家,如日本、韩国,其民法典也都未将居间作为合同的一种类型加以规范,而分别在其商法典中以专编或专章的方式加以集中规范。[①] 行纪行为同样如此。所以讨论商事中间行为与民事中间行为的区别,主要分析的是商事代理与民事代理之间的区别。

商事代理是最基本的商行为之一,有狭义和广义之分。狭义的商事代理是指具有商人身份的人以自己的名义或以委托人的名义,为委托人买卖或提供其他服务,并从中获取佣金的营业性活动;广义的商事代理还包括商事雇佣人对企业的代理活动,如经理或其他雇员的代理。[②] 从行为角度考察,商事代理指在商事交易中,代理人在代理权限内,以被代理人的名义实施法律行为,并由被代理人承担其结果的商事行为。[③] 商事代理以民事代理关系为其法律关系的构成基础,但在主体、客体和内容上与民事代理存在一定的差异。这种差异在大陆法系的不同国家或地区中又存在区别:以商主体为中心的国家与地区,强调代理商的资格;以商行为为中心的国家或地区,则强调行为的营利性。[④]

但归结而言,大陆法系国家或地区基本上都区分了代理商的代理行为和商业辅助人员及雇员的代理行为。通常而言,取得商人资格的代理商所从事的行为是商事代理行为,商业辅助人员及雇员等非以商人身份所从事的代理行为属于职务代理。由于商事雇佣人对企业的代理活动属于职务代理或者称为业务代理,其代理权限和职责由法律直接规定,并以企业主或由法定代理人以明示直接的方式授予代理权,[⑤] 在法律规则方面其与代理商实施的商事代理存在区别。所以为了表示区别,本书所讨论的商事代理将采取狭义的概念,仅指取得商人资格的代理商从事的代理行为。

---

① 参见范健、王建文:《商法基础理论专题研究》,高等教育出版社 2005 年版,第 451 页。

② 参见徐强胜:《商法导论》,法律出版社 2013 年版,第 350 页。

③ 参见范健主编:《商法》(第 4 版),高等教育出版社、北京大学出版社 2011 年版,第 61 页。

④ 参见范健主编:《商法》(第 4 版),高等教育出版社、北京大学出版社 2011 年版,第 61 页。

⑤ 参见范健、王建文:《商法基础理论专题研究》,高等教育出版社 2005 年版,第 401 页。

具体来说，商事代理和民事代理存在五大方面的区别。

（一）商主体与民事主体

由于本书采取的是狭义的商事代理概念，所以商事代理的行为主体是商主体。即专门从事各种商务代理活动的独立的职业代理商，主要是专门为生产商和其他商主体从事商品销售、货物采购、财产租赁的代理公司、拍卖行、保付商行、房地产经纪人、证券经纪人、保险经纪人、航运经纪人、财产管理人等代理商。商事代理人必须是以代理为职业的人。商事代理人具有独立性，是独立的商事经营者，而不受雇佣合同与劳动合同的拘束，需要区别于职务代理的商事雇佣人。具体而言，第一，商事代理人具有独立的经济利益，其行为以营利为目的，对代理经营活动实施独立的经济核算。第二，商事代理人享有独立的权利，不必严格按照商人赋予的职权与行为方式从事职务活动，可以自由进行其活动和决定其工作时间。① 第三，商事代理人有自己独立的商号、字号、经营场所、账簿，是完全独立的商人。第四，商事代理人是固定的、经常的职业代理人。

民事代理的主体可以是自然人也可以是法人，但都是民事主体而非商主体。

（二）允许非显名与必须显名

民事代理制度一般要求代理人在实施代理行为时应显示被代理人的名义，否则不发生代理的法律效力。而商事代理规则并无此要求，商事行为的代理人在实施代理行为时，即使不显示被代理人的名义，其行为的结果仍对被代理人发生代理的法律效力。因此，民事代理中被代理人显名是代理行为有效的必要要件，商事代理中被代理人显名是代理行为有效的选择要件。

（三）基于营业存续与基于本人存在

民事委托代理建立在本人与代理人之间的信赖关系基础之上，具有严格的人身属性，其代理权的存续以本人的存在为要件。但是商事行为的代理权与民法上的代理权不同，其实质是营业的代理，甚至是企

---

① 参见《德国商法典》第84条第1款第2句。

业营业的一部分,故而只要营业存续,代理权就不随本人的死亡而消灭,代理人在营业主死亡后当然地成为其继承人的代理人,不需要实施新的授权行为。① 授权行为的基础法律关系不局限于委托,还包括雇佣和合伙的情形。商事代理人既可以是商人(代理商为受托人的情形),也可以是非商人(代理商是营业辅助的情形)。② 但非商人委托商人实施商事行为的情形一般不适用于上述商事行为代理权存续。

(四)允许自己代理、双方代理与禁止自己代理、双方代理

民事代理原则上不允许自己代理或双方代理。《民法典》第168条规定:"代理人不得以被代理人的名义与自己实施民事法律行为,但是被代理人同意或者追认的除外。代理人不得以被代理人的名义与自己同时代理的其他人实施民事法律行为,但是被代理的双方同意或者追认的除外。"商事代理则原则上不受自己代理或双方代理的限制。英国1889年的《商业代理人法》规定,如果代理商经委托人同意掌握商品或商品凭证,只要不损害委托人的利益,代理人可以自己将委托的货物买下,也可以与自己代理的其他人交易。德国商事代理也有类似的规定。不过商事代理人在一些国家或地区需要受到竞业禁止的限制。例如,法国《商业代理法》规定,未经委托人许可,商业代理人不得接受与该委托人相竞争的企业的代理。③

(五)权限较大与授权范围内

民事代理人负有善良管理人的注意义务,以及按本人所授权的意思处理代理事项的义务。中国《民法典》第162条规定,"代理人在代理权限内,以被代理人名义实施的民事法律行为,对被代理人发生效力"。换言之,民事行为代理的权限仅在本人授权的范围之内。而对于商事行为代理权的权限、范围,多数国家或地区规定,商事代理人在不违背被代理人授权意思的范围内,可以实施未被委托的行为。据此,本书认为商事行为的代理人可以根据商事交易的变化而采取灵活的措施来行

---

① 参见[日]田边光政:《商法总则·商事行为法》,日本新世社1999年版,第175页。

② 参见[日]酒卷俊雄、庄子良男:《商事行为法》,青林书院,第43~44页;[日]服部荣三等:《商法通则·商事行为法》(第4版),日本评论社1997年版,第93页。

③ 参见范健、王建文:《商法基础理论专题研究》,高等教育出版社2005年版,第405页。

使其代理权。

三、商事代理行为

在商事代理与民事代理的比较中，本书已经对商事代理的概念与特征作了介绍，所以此处不再展开。这里主要分析商事代理与相关概念的区别，以及商事代理的内外部法律关系。

（一）商事代理与相关概念辨析

1. 商事代理与职务代理

职务代理由商事企业雇员实施，他们是为了佣金受雇在商事企业进行商事经营业服务的人。职务代理人根据劳动合同在企业从事由企业主所指派的商事经营服务工作，职务代理行为属于商事辅助行为，职务代理人与企业主之间的关系适用劳动法的规定。

2. 商事代理与商事居间

商事居间人又称为居间商，居间商在商品、有价证券及其他商事标的物的交易活动中，职业性地为他人促成有关此类业务之契约的订立，但是又不是根据某种契约关系接受固定委托而从事这种促成活动。居间商也是独立的商主体，与商事代理的区别在于，居间商仅仅提供交易机会，并不固定受托于某一企业，是一种独立的中介活动。

3. 商事代理与商事行纪

商事行纪人又称为行纪商，行纪商是以自己的名义为他人购买或销售货物、有价证券，并以其作为职业经营的人。行纪商也独立从事商事经营活动，其与代理商的区别在于，代理商是以代理人的名义从事商事经营活动，并且固定接受被代理人的委托而从事其商行为；而行纪商则是以自己的名义从事商事经营活动，同时也不是根据固定的委托，而是根据单独委托或个别委托而从事自己的商行为。

4. 商事代理与特许经销

特许经销商是指被授予特许经销权或优先经销权，并从事独立的商行为的主体。特许经销商的成立要件是特许契约，基于特许契约，特许经销商被授权使用特许权授予人的商号、机构以及银行业务账户进行交易活动。特许经销商与授予特许权的特许人所拥有的企业组织及市场体系有着密切的联系，并且在原材料的进购和产品的销售方面都受到来自特许人的一定的指标控制和监督。

(二)商事代理的内部法律关系

由于中国没有特别区分民事代理和商事代理,只在《民法典》第929条、第933条就无偿委托与有偿委托的损害赔偿责任与任意解除权作了区别规定,所以中国商事代理的法律规则与民事代理的法律规则基本相同。但是诚如前文所述,民事代理和商事代理存在诸多区别,民商不分的法律调整方式并不符合实践需求,相反造成了解决实际问题的规则困惑。

1. 任意解除限制问题

在《民法典》颁布之前,原《合同法》第410条规定的任意解除权没有区分商事委托和民事委托。由于原《合同法》没有专门规定商事代理,商事代理的规定主要适用的就是委托合同的规定。此外,原《合同法》也明确规定了行纪合同可以适用委托合同的规定,所以商事代理、商事居间、商事行纪都不加区分地适用委托合同任意解除权。

上述规定,因为无偿的民事委托与有偿的商事委托在理论基础上存在较大的差异。无偿的民事委托合同得以任意解除的理论基础在于民事委托合同大多为不要式合同,委托人信任受托人的人品及办事能力,受托人则是基于既有的甚至是先天就具有的人品及办事能力处理或管理委托人的事务。在很多场合下,受托人只是顺便帮助委托人完成其事项,不需要额外增加费用去培养自己完成委托事项的能力。所以在民事委托的情形下,不论是委托人还是受托人可以随时终止委托合同,委托人和受托人通常也不会遭受经济损失。原《合同法》第410条奉行的就是这种思路。① 然而,商事委托作为有偿委托,通常是要式合同,不论是商事代理、商事居间还是商事行纪,受托人都是具有专业知识的商人,是依法经过登记,以委托事务为业的法律主体,受托人需要投入大量的人力、物力来开拓市场、联系客户,而委托人所信任的也是受托人的商誉及经营能力。如果在商事委托的情况下也允许委托人任意解除合同,受托人将遭受重大损失,甚至可能走向经营失败从而面

① 参见崔建远、龙俊:《委托合同的任意解除权及其限制——“上海盘起诉盘起工业案”判决的评释》,载《法学研究》2008年第6期。

临破产。尤其是在委托事项即将完成的时候，委托人提出解除合同，受托人的利益将难以得到保护。因为在原《合同法》之中，受托人只能获得直接经济损失的赔付，合同履行后所能获得的经济利益无法得到赔偿，而且受因果关系理论的影响，即便是直接经济损失也可能因为证据不足等缘由无法得到完全的填补。所以，对民事委托和商事委托不加区分地适用任意解除权饱受批判。《民法典》对该条文进行了修改，虽然还是赋予了委托合同当事人任意解除权，但是其针对无偿委托合同和有偿委托合同任意解除的法律后果作出了不同规定，要求有偿委托合同的解除方应当赔偿对方的直接损失和合同履行后可以获得的利益。这一修改似乎解决了合同解除责任中的损失赔偿问题，但是留下了更多的法律适用困惑。在大量的单方商行为中，让普通的消费者与经营者承担同样严格的解除责任显然有失公允。尤其面对大量格式合同，这一规则严重削弱了对作为弱势群体的消费者的有效保护。

2. 信义义务缺失问题

信义义务包括忠实义务和勤勉义务，要求受托人在实施委托事项时应当为委托人的利益履行诚实守信、勤勉尽责的义务。我国《民法典》总则编第 7 条规定，民事主体从事民事活动应当遵循诚信原则，秉持诚实，恪守承诺。所以从体系解释的角度出发，可以认为法律规定了受托人的忠实义务。但是作为信义义务重要组成部分的勤勉义务并没有被引进《民法典》之中，而是存在于商事单行法之中。中国最早出现信义义务的规定是 2010 年中国证券监督管理委员会颁布的《证券投资顾问业务暂行规定》，该暂行规定第 4 条明确证券公司和证券投资咨询公司应当承担信义义务。在法律层面，虽然 2003 年《证券投资基金法》第 9 条提到诚信勤勉义务，但法律并未作进一步规定。直到 2015 年《证券投资基金法》修正时，才首次将信义义务全面引入金融法律之中。虽然商事金融法理论一直呼吁引进信义义务，但是信义义务被引入中国《证券法》却经历了一个较长的过程，《证券法》的几次修订中，信义义务一直未能成为法定义务，直到 2019 年颁布的《证券法》才正式引入信义义务。

信义义务没有被《民法典》所吸收，根本上还是因为民法典在代理制度的规定上奉行的是民法的基础理论。商事代理的信任基础是受托人的商誉与经营能力,委托事项通常是具有专业知识或需要专业信息的内容。因此,在商事代理中,受托人取得代理权限后,由于其具体处理委托事务,且是职业性的代理人,所以相对于委托人具有优势地位,而委托人受限于专业知识或专业信息,通常无法有效监督受托人。这与内容通常较为简单的民事委托不同,如果不对商事代理中的信义义务加以规定,商事委托人可能遭受的不利将远远多于民事委托人,尤其会在经济方面遭受较大损失。因此,为了更好地平衡商事代理中委托人与受托人的利益,应当将信义义务引进商事代理中,作为法定义务。

不过关于商事代理中信义义务的具体内容,各国与各地区的规定并不一致,通常来说信义义务具体可以细化为如下几方面内容:第一,代理商必须接受被代理企业的指示。第二,代理商针对被代理企业负有保守秘密的义务,特别是保守有关经营销售情况的秘密。第三,代理商必须按照正常程序和方法保管由被代理企业委托代管的货物或其他商事经营标的物,必要时应当为这些物品购买保险。第四,竞业禁止义务,即代理商未经被代理人的许可,不得从事涉及竞业禁止的商事经营活动。

(三)商事代理的外部法律关系

就外部法律关系而言,商事代理存在三大法律主体:一是代理商,二是委托人,三是顾客。代理商与委托人之间的代理关系是内部法律关系,代理商与顾客、委托人与顾客之间的关系才是外部法律关系。通常而言,代理商与顾客之间不存在直接的契约关系。虽然商事代理可以是显名代理也可以是非显名代理,但是不论代理人是否显示被代理人的名义,商事代理的法律后果都是由被代理人承担。所以只有被代理人与顾客之间才存在直接的契约关系和直接的法律责任关系。当然,如果代理人超越被代理人授权意思的范围,则代理人需要承担无权代理的责任。

四、商事居间行为

(一)商事居间行为概述

1. 商事居间行为的概念

居间是一种古老的行为方式,在西方,古希腊古罗马时期居间行为就已经孕育;中国西汉时期的“马目会”也是早期的居间行为。商事居间行为又称为商事中间行为,指的是居间人向委托人报告订立合同的机会或者提供订立合同的媒介服务,委托人支付报酬的行为。所谓的报告订立合同的机会,指的是受委托人的委托寻找并指示可能与委托人订立合同的相对人,从而为委托人订立合同提供机会。所谓提供订立合同的媒介服务,是指介绍双方当事人订立合同,并斡旋于交易双方之间,从而尽力促成双方订立合同。①

2. 商事居间行为的特征

商事居间行为具有五大特征。第一,商事居间行为以实现委托人与第三人订立合同为目的。商事居间行为的标的是居间人进行居间活动的结果,即通过居间人的服务,使委托人与第三人建立有效合同关系。居间人提供服务的对价是委托人支付相应的佣金。居间人提供的中介服务可以分为两类,一类是居间人向委托人提供订约机会,又被称为报告居间或指示居间;另一类是订约媒介服务,又被称为媒介居间。第二,居间人在其居间活动中处于中介人地位,并不直接介入委托人与第三人订立的合同关系之中。第三,商事居间行为是一种有偿行为。原《合同法》以及现《民法典》都没有规定居间人的性质。然而,居间活动如果处理不当往往会产生较为严重的消极作用,可能会有人乘机借中介、居间之名索取高额好处费,甚至会有人相互串通,通过居间行为中饱私囊。因此,法律应当对居间人的资格作出限制性规定。具体来说,一方面,凡是从事居间活动的居间人必须依法办理工商登记手续,领取营业执照;另一方面,还应当严格禁止机关法人、领导干部以及一定特殊职权部门的工作人员从事居间活动。第四,商事居间行为是诺成、不要式法律行为。居间合同的双方当事人意思表示一致,合同即成立。第五,商事居间行为是双务行为,双方当事人都负有一定的义务。居间人主要承担信义义务、报告义务以及促成合同成立义务,委托人则应当承担支付佣金的义务、不得擅自更改或者取消委托指示的义务等。

---

①　参见范健、王建文:《商法基础理论专题研究》,高等教育出版社2005年版,第451页。

(二)商事居间人的义务与权利

1.商事居间人的义务

(1)报告义务与促成合同成立义务

第一,中国《民法典》仅就居间人的报告义务作了简单规定,该法典第962条规定:"中介人应当就有关订立合同的事项向委托人如实报告。中介人故意隐瞒与订立合同有关的重要事实或者提供虚假情况,损害委托人利益的,不得请求支付报酬并应当承担赔偿责任。"在日本、韩国的商法典中,居间人的义务就较为详细。《日本商法典》第545~548条,《韩国商法》第95~98条都对居间人的义务作了细致规定,包括居间人货物样品保管义务、居间人从事居间商行为的主要资料记载与交付义务等。[①] 第二,商事居间的目的就是实现委托人与第三人订立合同,所以促成合同成立是商事居间的基本义务。

(2)信义义务

与商事代理相类似,《民法典》没有在居间合同中规定居间人的信义义务。信义义务在中国指的是忠实义务和勤勉义务。关于居间人是否应当承担信义义务,理论界有不同的观点。反对者认为,居间人不是委托人的代理人,无须负担维护其利益的义务,如果要求居间人承担信义义务,会损害居间人的公正性,维护了委托人的利益而损害了相对人的利益。此外,居间合同只有在居间目的实现的时候,才由委托人支付佣金,如果居间人不勤勉地促成委托人与第三人订立合同,那么居间合同的目的将不能实现,居间人也无法取得佣金,所以不需要规定信义义务。

但是,本书认为应当将信义义务上升为居间人的法定义务。首先是忠实义务。居间合同是一种基于当事人的信任而产生的合同,在这种合同中,提供居间服务的一方当事人具有较大的灵活性,委托人又难以全面监督,容易出现居间人为了自己利益而牺牲委托人利益的情形。虽然居间合同的双方当事人可以自行约定居间人承担忠实义务,但也难百密一疏。所以有必要对居间人施加忠实义务,使其在自身利益与

---

① 参见范健、王建文:《商法基础理论专题研究》,高等教育出版社2005年版,第457~458页。

委托人利益相冲突的情况下,以忠实维护委托人利益为原则。忠实义务只是处理居间服务中可能产生的居间人利益与委托人利益冲突的问题,并不会影响居间人的中立地位。其次是勤勉义务。勤勉义务要求居间人积极地处理居间事务,促成委托人与第三人订立合同。如果居间人消极处理居间事务,势必会对委托人的利益造成影响,使其期待利益落空。将居间人未促成合同成立而不得要求支付佣金的规则理解为居间人基于其对佣金的选择权而对是否履行以及如何履行其基本义务享有选择权是不合适的,也不符合立法目的。应当认为法律作出该规定是为了把合同目的无法实现的风险赋予居间人。更何况居间人消极处理居间事务所涉及的并非合同履行不能的问题,这属于怠于履行合同义务,所涉及的是违约的问题。所以法律应当将勤勉义务法定化,明确居间人具有信义义务。[①]

2. 商事居间人的权利

居间人享有两大权利,一是佣金请求权,二是居间费用偿还请求权。中国《民法典》第 963 条规定:“中介人促成合同成立的,委托人应当按照约定支付报酬。对中介人的报酬没有约定或者约定不明确,依据本法第五百一十条的规定仍不能确定的,根据中介人的劳务合理确定。因中介人提供订立合同的媒介服务而促成合同成立的,由该合同的当事人平均负担中介人的报酬。中介人促成合同成立的,中介活动的费用,由中介人负担。”第 964 条规定:“中介人未促成合同成立的,不得请求支付报酬;但是,可以按照约定请求委托人支付从事中介活动支出的必要费用。”第 965 条规定:“委托人在接受中介人的服务后,利用中介人提供的交易机会或者媒介服务,绕开中介人直接订立合同的,应当向中介人支付报酬。”

因此,在中国,居间人享有佣金请求权,即便合同没有约定,也可以向委托人请求支付佣金。不过,如果中介人没有促成合同成立,则无法要求委托人支付佣金。关于佣金的支付,报告居间或者指示居间和媒介居间存在差别。媒介居间由合同的当事人平均负担中介人的报酬。除了佣金请求权,依据中国法律,居间人还享有居间费用偿还请求权。

---

① 参见范健、王建文:《商法基础理论专题研究》,高等教育出版社 2005 年版,第 460 页。

需要注意的是,如果中介人促成了合同成立,则中介活动的费用由中介人负担。因为中国法律认为,在居间目的实现的情况下,居间人所获得的佣金包含了对中介活动费用的补偿。

(三)隐名居间

关于居间合同,比较特别的是隐名居间。隐名居间是居间人实施居间商行为过程中,当事人一方或双方指定居间人,不得将其姓名或商号告知对方当事人,居间人因此而负有隐名义务的居间。日本、韩国以及中国澳门地区都规定了隐名居间。中国《澳门商法典》第716条规定:"居间人如不将一方订立合同人之名称告知他方,则须对合同之履行承担责任;如已经履行合同,则代为取得隐名订立合同人因合同而生之权利。订立合同后,如隐名订立合同人向他方当事人表明身份或者由居间人指明其名称,任一订立合同人均得直接向对方行使权利,但居间人仍须承担其责任。"因此,在隐名居间中,居间人负有保密义务和介入义务。保密义务就是不得将隐名当事人的姓名或商号向对方公开。介入义务就是对于隐名当事人依据其与相对人签订的合同所应承担的义务,应由该居间人自负履行责任。但是中国内地并没有规定隐名居间,实践中对于这类合同通常参照居间合同与委托合同的规定处理。

五、商事行纪行为

(一)商事行纪行为的概念

《民法典》合同编第二十五章专章规定了行纪合同,行纪合同指的是行纪人以自己的名义为委托人从事贸易活动,委托人支付报酬的合同。在民商分立的国家与地区,行纪合同是商法的特别规则,行纪行为属于纯粹的商行为。在日本,行纪又被称为信托,中国的《信托法》将信托规定为委托人基于对受托人的信任,将其财产权委托给受托人,由受托人按委托人的意愿以自己的名义,为受益人的利益或者特定目的,进行管理或者处分的行为。所以在中国,行纪与信托不是同一概念,信托是一种特殊的财产管理制度,行纪是一种特殊的财产交易制度。

(二)商事行纪行为的历史发展

行纪在商事交易中经历了一个从地位不是很突出到日益重要的发

展过程。早期的行纪主要是货物行纪，只是以货物作为行纪交易的标的，其特点是标的物简单、规模小，所以当时的行纪在商事交易中并不凸显，其作用和价值没有得到很好的发挥。商事行纪之所以后来得到较大的发展，主要原因有三：一是随着近代涉外贸易的形成，出口贸易不断增加，国际贸易的规模不断扩大，从而促进了贸易分工的更加具体化和形式的多种多样化。二是随着贸易交往日渐频繁和规模日益扩大，传统的流动贸易方式逐渐被固定场所经营所取代。三是随着贸易的扩张，为了解决生产者与本地商人无法准确、全面地了解异地贸易的问题，也为了增加买卖的安全性，商事行纪得到了较大的发展。在18世纪末19世纪初，由于工业的发达，一大批新兴的资本主义企业迫切需要向海外推销产品和从海外购置原材料。当企业主在其他交易地进行买卖交易时，如果这种买卖活动以当地商人的名义从事，可以极大地使交易对方增强交易的安全感，还可以适用当地法律，使交易得到法律保护。在欧洲处于封建割据状态，奉行贸易保护政策的历史背景下，商事行纪对进出口贸易市场的开拓和巩固起了极大的作用。随着行纪的不断发展，独立的行纪营销体系逐渐成形，行纪的规模也不断扩大，欧洲大陆的商法典都相继规定了专门的行纪法律规则，并将行纪人作为区别于代理商的独立类型。

到了当代，行纪除了包括货物行纪还包括证券行纪、运输行纪等。如今物联网时代广为发展的第三方物流就是一种运输行纪。商事行纪已经从简单的促成交易并订立契约，发展为系统化的统销统购，提供专项或全面的行纪业务以及系统运营的服务。

(三)商事行纪人的义务与权利

中国《民法典》对行纪合同的规定较为简单，只有10个条文，其中第960条规定，“本章没有规定的，参照适用委托合同的有关规定”。在行纪合同部分，《民法典》完全照搬了原《合同法》的规定，仍有进一步完善的空间。由于《民法典》主要规定的是行纪人的权利与义务，委托人则主要适用委托合同的规则，所以为了集中凸显行纪合同的特殊性，下文将主要讨论行纪人的权利与义务。

1. 行纪人的义务

中国《民法典》第953条和第955条规定了行纪人的义务。该法典

第 953 条规定："行纪人占有委托物的，应当妥善保管委托物。"第 955 条规定："行纪人低于委托人指定的价格卖出或者高于委托人指定的价格买入的，应当经委托人同意；未经委托人同意，行纪人补偿其差额的，该买卖对委托人发生效力。行纪人高于委托人指定的价格卖出或者低于委托人指定的价格买入的，可以按照约定增加报酬；没有约定或者约定不明确，依据本法第五百一十条的规定仍不能确定的，该利益属于委托人。委托人对价格有特别指示的，行纪人不得违背该指示卖出或者买入。"该规定较为简单，依然没有规定行纪人的信义义务，也没有规定告知义务。

（1）信义义务

与商事代理一样，作为商行为，行纪人应当对委托人承担信义义务，具体包括三大方面。第一，勤勉尽责地完成委托人交办的任务。第二，维护委托人的利益。在与第三人的交易中，应当选择最有利于委托人的交易伙伴，对标的物进行及时检查，积极主动地防止标的物丢失或毁损，并将行纪交易中的有关情况及时通知委托人。第三，遵循委托人的指令从事行纪交易活动，即服从义务。《民法典》第 955 条第 3 款规定的就是服从义务。服从义务属于强制性规则，行纪人应当遵守。

（2）告知义务

在商事行纪交易中，告知义务也是非常重要的义务。行纪交易契约所规定的执行业务开始履行后，行纪人必须将业务履行的进展情况和结果及时告知委托人。此外，行纪人还有义务将其实施行纪行为过程中涉及的第三人的身份告知委托人。《德国商法典》第 384 条第 3 款就规定，行纪人未在通知实行行纪的同时，向委托人指明自己与之订立行为的第三人的，对于行为的履行，行纪人向委托人负责任。

2. 行纪人的权利

权利与义务相对等是私法的基本原则，行纪人负有义务，也就有相应的权利。具体来说，行纪人拥有如下几方面的权利：第一，佣金请求权。商事行纪是有偿行为，所以不论行纪双方当事人是否约定了佣金，行纪人都可以向委托人主张支付报酬。如果双方当事人有约定，则佣金请求权依据合同契约而成立；如果双方当事人没有约定，则佣金请求权依据法律的规定而成立。第二，费用补偿请求权。中国《民法典》第 952 条规定：

"行纪人处理委托事务支出的费用,由行纪人负担,但是当事人另有约定的除外。"第三,担保权。中国《民法典》第959条第2句规定:"委托人逾期不支付报酬的,行纪人对委托物享有留置权,但是当事人另有约定的除外。"第四,介入权。中国《民法典》第956条规定了介入权:"行纪人卖出或者买入具有市场定价的商品,除委托人有相反的意思表示外,行纪人自己可以作为买受人或者出卖人。行纪人有前款规定情形的,仍然可以请求委托人支付报酬。"第五,紧急变卖权。第954条规定了紧急变卖权:"委托物交付给行纪人时有瑕疵或者容易腐烂、变质的,经委托人同意,行纪人可以处分该物;不能与委托人及时取得联系的,行纪人可以合理处分。"第六,提存权。第957条规定了提存权:"行纪人按照约定买入委托物,委托人应当及时受领。经行纪人催告,委托人无正当理由拒绝受领的,行纪人依法可以提存委托物。委托物不能卖出或者委托人撤回出卖,经行纪人催告,委托人不取回或者不处分该物的,行纪人依法可以提存委托物。"

第五节　商事特许经营与连锁经营

一、特许经营的概念

我们使用的特许经营概念多源于经济学,其定义表述五花八门,总括而言,特许经营的定义所涉内容主要包括商业机会、商业模式或方法、特许经营机会、许可关系、持续关系等。[①] 最早对特许经营作出法律定义的是美国加利福尼亚州1971年的《特许经营投资法》(Franchise Investment Law)。[②]

① 参见李维华:《特许经营学——理论与实务全面精讲》,中国发展出版社2009年版,第5页。

② 该法将特许经营定义为:"两个人或多个人之间以明示或默示、口头或书面的形式而达成的合同或协议。"根据这一合同或协议,受许人被授权在特许人规定的与特许人有紧密性联系的市场计划或体系、商标、服务标记、商号、店牌字型、广告或其他的商业标志下从事经营。受许人须直接或间接地向特许人支付特许权使用费。参见任学青:《特许经营基本法律问题探析》,载《法学论坛》2002年第4期。

中国对特许经营的定义经历了一个演变过程。原国内贸易部在1997年发布的原《商业特许经营管理办法(试行)》(已失效)第2条规定:“特许经营是指特许者将自己所拥有的商标(包括服务商标)、商号、产品、专利和专有技术、经营模式等以特许经营合同的形式授予被特许者使用,被特许者按合同规定,在特许者统一的业务模式下从事经营活动,并向特许者支付相应的费用。”该定义是为了应付实践中不断涌现的特许经营问题而制定,较为仓促。2004年商务部颁布的《商业特许经营管理办法》(已失效)将特许经营定义为:“通过签订合同,特许人将有权授予他人使用的商标、商号、经营模式等经营资源,授予被特许人使用;被特许人按照合同约定在统一经营体系下从事经营活动,并向特许人支付特许经营费。”该定义与原《商业特许经营管理办法(试行)》相比较为进步,既明确了“经营资源”的说法,又阐明了特许经营统一经营体系的核心特征,还明确使用了“特许经营费”这一概念。2007年施行的《商业特许经营管理条例》将特许经营定义为:“拥有注册商标、企业标志、专利、专有技术等经营资源的企业(以下称特许人),以合同形式将其拥有的经营资源许可其他经营者(以下称被特许人)使用,被特许人按照合同约定在统一的经营模式下开展经营,并向特许人支付特许经营费用的经营活动。”该定义对特许经营法律内涵的界定趋于成熟,本书取该定义。

二、特许经营法律关系概述

在特许经营法律关系中,特许人与被特许人之间不是代理关系、雇佣关系、分销关系,也不是母公司与子公司的关系,尽管双方在外部责任承担时存在一定的争议,但两者依然具有相互独立的法律地位。整个特许经营体系从法律关系的架构上就是一种复合契约关系。首先,它是营业合作契约关系;其次,它是特许权授予契约关系;最后,它包含买卖、租赁、培训、开店、货物运输等商业契约关系。[①]

从分类来看,特许经营法律关系分为内部法律关系和外部法律关系。内部法律关系是特许人和被特许人之间基于特许经营权许可使用

① 参见《商法学》编写组编:《商法学》,高等教育出版社2019年版,第151页。

形成的关系。外部法律关系是特许人、被特许人基于共同利益与第三人，如竞争者、消费者、社会公众等形成的法律关系。作为复合契约关系，特许经营法律关系是特殊的商事行为，特许人与被特许人的特许权授予关系、特许人与被特许人的商标（商号）专用许可关系、特许人与被特许人各自与第三方发生的关系等共同构成特许经营法律关系的内容。

三、特许经营法律关系主体

特许经营作为一种商业模式，其主体应该符合商事主体的一般法律规定，如市场准入的登记注册等。其组织形态必须符合商主体严格法定原则，不能进行随意创设。在此基础上，商事特许经营作为一种独特的经营模式，对其主体的制度设计必须能够很好地符合特许经营的价值。在一般意义的特许经营关系中，法律主体包括特许人和被特许人，其中，被特许人也可称为受许人。从特许经营成立之初开始，大多数的特许经营法律或者组织章程都以特许人的法律地位构建为核心，着重对特许人的创设予以规制，并在很大程度上保护被特许人的权益，比如对特许人经营资源的要求、审计的要求、注册备案的要求等，都建立在防范特许人的欺诈行为上。

（一）特许人的主体规定

1. 特许人的一般主体要件

我国对特许人主体的要求历经三次变化，最终形成了 2007 年《商业特许经营管理条例》中的规定。条例对特许人的要求较为严格，总结起来有四点：第一，只有企业可以作为特许人从事特许经营活动，包括法人型企业与非法人型企业、国有企业与民营企业、上市企业与非上市企业等；其他单位和个人不得作为特许人从事特许经营活动；第二，要求特许人从事特许经营活动应当拥有成熟的经营模式，并具备向被特许人持续提供经营指导、技术支持和业务培训等服务的能力；第三，规定特许人从事特许经营活动应当拥有至少 2 个直营店，并且经营时间超过 1 年；第四，特许人应当自首次订立特许经营合同之日起 15 日内，依照该条例的规定向商务主管部门备案。

2. 特许人的程序主体要件

在特许人程序主体要件方面，特许人除必须履行一般企业的登记注册手续之外,还要对特许经营活动予以备案并公告。《商业特许经营管理条例》第 8 条第 1 款规定:"特许人应当自首次订立特许经营合同之日起 15 日内,依照本条例的规定向商务主管部门备案。在省、自治区、直辖市范围内从事特许经营活动的,应当向所在地省、自治区、直辖市人民政府商务主管部门备案;跨省、自治区、直辖市范围从事特许经营活动的,应当向国务院商务主管部门备案。"这样规定的主要原因在于,特许经营模式进入我国之初,我国没有对特许人作出任何的准入限制,任何企业都可以以特许经营的名义招募加盟商,企业为了销售设备、产品纷纷打着特许经营的旗号,但在设备、产品出售后没有任何的后续支持,丧失后续保障,所以对特许人进行备案审查有很好的预防作用。①

(二)被特许人的主体规定

根据 1997 年原国内贸易部《商业特许经营管理办法(试行)》(已失效)第 7 条的规定,被特许人应该具备以下条件:第一,应当是具有合法资格的法人或自然人。第二,应当拥有必要的经营资源,包括资金、场地、人才等。第三,具有一定的经营管理能力。在这一框架下,被特许人被限定为法人和自然人,非法人企业被排除在外。之所以对被特许人的组织形态进行限定,目的之一就是维护特许经营交易的秩序和安全。但是这种限制既不公平,也不是维护交易安全有效的手段。在市场经济条件下,无论是法人、自然人还是合伙组织都有作为市场主体从事商行为的权利,法律不应该剥夺它们进入市场的权利。同时,从特许经营管理的角度来讲,法律规制的核心应当在特许人主体上,因为在特许人与被特许人之间,特许人无疑更具有优势的经济地位和信息地位。

之后,在商务部 2004 年颁布的《商业特许经营管理办法》(已失效)中,对被特许人的规定有了一定程度的放宽。《商业特许经营管理办法》第 8 条规定:"被特许人应当具备下列条件:(一)依法设立的企业或者其他经济组织;(二)拥有与特许经营相适应的资金、固定场所、人员等。"此时,被特许人被允许以"其他经济组织"的形态出现,包括非法

---

① 参见余冬爱:《特许经营商事法律制度研究》,法律出版社 2010 年版,第 93 页。

人企业、个体工商户，但就其表述来看，自然人身份被排除在了被特许人之外。最终，在 2007 年颁布的《商业特许经营管理条例》中，取消了对被特许人进行规制的条款，只在普通表述中将其限定为“经营者”，既包括从事商事经营的组织，也包括从事商事经营的个人，自然人享有被特许人的资格。

四、特许经营法律关系客体——特许权与特许经营权

（一）特许权与特许经营权的关系

在对特许经营的介绍中，“特许权”与“特许经营权”经常作为同一概念进行论述。虽然“特许权”和“特许经营权”在使用上有替代关系，但是却明显存在具体着眼点的差别。在使用“特许权”进行论述的场合，特许权往往作为特许人的权利而授予或转让给被特许人，该特许权的原始主体是特许人。而在使用“特许经营权”的时候，则更多是从被特许人的角度出发，即被特许人基于特许经营合同从特许人处获得的对特许人经营资源的利用，以及在统一商业模式下开展商业经营的权利称为“特许经营权”。特许经营权的原始主体并非特许人，而是被特许人，即特许经营权是基于特许权的授予而形成的新型权利。

（二）特许权——特许人的权利

特许人行使特许权的目的在于授予被特许人利用其经营资源开展特许经营的权利，所以特许权的权能，本质上是一种“授权”行为，即它所授予的是一种经营上的“资格或者能力”。但是该授权行为区别于民法上的授权。民法意义上的授权行为多指代一种委托下的授权，强调责任承担上的代理归属性，即在民法体系下，授权多用于委托合同、代理合同，此时受托人多以委托人的名义为民事行为，其法律效果则归属于委托人，责任承担也归属于委托人，在该授权框架下，形成的是一种三角关系，主体包括委托人、受托人和第三人。受托人本质上获得的是一种资格，是代为表达或表意的资格，能够代表委托人独立与第三人交往。而在特许经营中的这一“授权”行为，并非主体间的“形式代表”，其效果是“特许经营权”的产生，被特许人将获得实体性权利。在民法对权利的分类基础上，该授权行为带有“形成权”的特征，同时该授权行

为所形成的法律关系更偏向内部性，即该授权行为所形成的法律关系限于特许人和被特许人，二者通过特许人特许权的行使，在特许经营合同的基础上互享权利、互负义务。可以说，特许权是特许人的意定行为，特许经营权是该意定行为在特许经营合同成立后的权利表现。总之，特许经营权与代理权存在本质区别，特许经营权是实体性权利，被特许人能够享有特许人所拥有的权利；代理权更多的是程序性权利，代理人只是依据委托人的授权享有代为处理特定事务的权利。

（三）特许经营权——被特许人的权利

特许经营权是多种权利的"集合"，是一种"权利束"，具体可以包括使用权、经营权、收益权等。该项权利不同于民法体系对权利的单向分类，是区别于民事权利的"商事权利"。该商事权利由商事主体享有，为营利的目的行使。同时，该权利的行使也表现出显著的"商行为"的特征，即营利、专业等。这种权利只有在商业领域中才可以创造出来。在一般民事领域中，自然人不可以把自己的名字给别人使用，由此形成一个或多个甚至众多个新的基于这个名字和个人身份的权利。社会公共组织也受这方面的权利制约。只有在商业领域中才会出现基于主体身份而延伸的权利再创造，这是由商主体权利的商业价值的特殊性质所决定的，更是商主体权利的特殊性和独特性所在。

特许经营权因其行使、内容上的特殊性形成了自己独有的法律特征。第一，特许经营权的行使具有不完全的排他性。被特许人依据授权从事特许经营的同时，特许人可以将同一经营资格或能力再授予他人。因为"权利人有权要求制止不正当竞争，亦即制止第三人以不正当手段从其商店'拉走'顾客的行为，却始终无法做到对顾客这种商业经营标的的真正专有"。特许经营权即是一种面向顾客的商业经营标的，顾客是否选择纯属顾客的权利。也就是说，特许经营权并不具有排他性，或者说仅具有有限的排他性，该排他性只体现在制止不正当竞争上，而并非在同一客体上排除任何他人享有同种权利的真正意义上的专有权。[1] 第二，特许经营

① 参见姚辉、周悦丽：《论特许经营权的法律属性》，载《山东警察学院学报》2008 年第 4 期。

权成立和保障的重要依据是特许经营合同。[①] 特许经营合同是特许经营权成立的重要条件。特许经营合同是规范商业特许经营活动的基础文件，不仅关系到特许经营权的具体内容，还是保护特许经营权和解决纠纷的根本依据。由于特许经营权是特许人将多种经营资源优化组合后的综合性权利，而不是单一的权利，不同的特许人所拥有的特许经营权内容也不尽相同。正因为如此，在特许经营关系成立之前，必须通过特许经营合同将特许经营权的内容予以明确，从而在发生纠纷时，也可以依据特许经营合同规定的方式予以解决或者救济。

关于特许经营权，还有另一个需要关注的问题，即特许经营权的价值化。特许经营权作为一种无形财产，其具有的财产价值是不言而喻的。但问题是，该价值是怎么在特许经营体系中发挥出来的。在无形资源的内容下，商标、商号等知识产权都蕴含着特许人一定的商业价值，其在很大程度上代表着整个市场的认可和消费者积极的选择。但最基本是，特许经营权的实现是否形成了当下无形财产的有机集合——"信用"。信用是当下商业社会最重要的无形财产，它不是一种简单的财产集合，这种集合必须要能够在商业体系中实现价值的最大化发挥。具体而言，就是以这种经营资源为基础开展的特许经营是否实现了"财产信用"和"资本价值"。这种"信用"既是开展商业特许经营的基础条件，又是维持商业特许经营的基础条件。

五、特许经营合同

（一）特许经营合同概述

特许经营合同规范的主要内容在于特许人向被特许人提供经营中所需的各种支持和服务，被特许人需对特许人授予的特许经营权和提供的服务支付相应的对价。特许经营权的内涵并不仅仅是商标和商号的使用权，而是一套已被验证的、完善的、可以成功运行的经营模式，包括产品种类、采购及存货管理、店铺经营技巧、人员培训、晋升制度、市场推广等。特许经营合同具有内容广泛、法律关系复杂、履行期限长等

---

① 参见尹冬生：《浅谈商业特许经营权》，中华全国律师协会知识产权专业委员会 2019 年年会论文。

特点。

特许经营合同是一种特殊的商事合同，具有格式合同和固有继续性合同性质，是诺成合同、要式合同、双务合同。基于特许经营合同的重要性，一些国家和地区将特许经营合同单独作为一类合同加以规范，如《俄罗斯联邦民法典》等。我国《民法典》尚未将特许经营合同纳入有名合同的范畴中。但是，现行《商业特许经营管理条例》对特许经营合同予以专门规定，建立了合同备案制度，加强了对特许经营合同的监督管理。此外，特许经营合同还受到《民法典》《商标法》《著作权法》《反不正当竞争法》《反垄断法》《外商投资法》《产品质量法》《消费者权益保护法》《公司法》《劳动法》《计算机软件保护条例》等法律法规的调整。

根据我国法律规定，特许经营合同必须采用书面形式。

在订立特许经营合同时，特别需要注意的是特许人和被特许人的法律义务的特殊性。特许人的主要义务有：特许经营权无瑕疵的义务，持续提供信息、货物或货物标准、技术指导服务、广告宣传的义务，特许权人独占许可的义务等。被特许人的主要义务有：支付特许经营权使用费的义务，实施经营并做出实质性投资的义务，维护特许经营声誉的义务，接受检查监督的义务，保护特许经营体系和商业秘密的义务等。我国在特许经营合同的订立方面，还设立了冷却期制度，允许被特许人在特许经营合同订立后的一定期限内，单方解除合同，并且该解除权的行使不需要任何理由，这是为减少被特许人投资风险而作出的一项制度设计。

特许经营的法律责任分担也是特许经营合同具有特殊性的一个问题。该法律责任从理论上可以分为两个部分：一是内部责任，即特许经营合同当事人之间的法律责任，法律性质上主要是违约责任，责任的划分问题完全可以依靠合同法以及相关法律予以确定；二是外部责任，即特许经营合同当事人与其他第三人之间的法律责任，法律性质上可能是违约责任或侵权责任。外部责任相对比较复杂，因为该责任涉及特许人、被特许人和与被特许人交易的第三人三方的利益关系，尤其对第三人的责任究竟由特许人还是被特许人承担，抑或二者连带承担，往往引发争议。不同学者对这种责任划分原则提出了不同观点，如以被特许人自己责任原则为主，特许人补充责任为辅；以特许人连带责任为补充等。这些观点对立法和司法实践都产生着不同的影响。[①]

（二）特许经营合同订立过程中特许人的先合同义务——信息披露义务

特许经营中具有明显优势的往往是特许人，在特许经营合同的签订过程中，极易发生欺诈现象。并且，在多数情况下，特许经营合同是由特许人预先制定的，内容、框架具有稳定性，常作为标准文本用于特许人与其他多个被特许人之间的关系中。特许经营在西方诞生的初期，一些投机商利用法律法规未对特许人的先合同义务作出明确规定的漏洞，假借特许经营"双赢"的神话，欺骗许多中小投资者签订合同，被特许人在支付加盟费、特许费后，经营亏损。[②] 特许经营先合同义务虽不是特许经营合同的基本义务，但其对特许经营合同的正常履行有重要的保障作用。特许人的先合同义务，是指当事人为订立特许经营合同而接触时，特许人基于诚实信用原则而产生的说明、告知、注意、保密、忠实及保护等义务。特许人的先合同义务是诚实信用原则的具体体现，并以信息披露义务为主要内容，即特许人将有关特许经营权及特许体系的信息对特许申请者进行明示的规则体系，其目的在于确保特许经营申请者能够在充分了解特许人的资质和经营状况后自主做出是否加盟的决定。包括美国在内的大部分国家或地区立法和司法都要求特许人承担信息披露义务。我国《商业特许经营管理条例》第 20 ~ 23 条对特许人的信息披露义务也作出了明确的规定。

（三）特许经营合同订立中的冷却期制度

冷却期制度是指特许经营合同签订后的法定期限或支付入门费的一段时间内可以暂时"冻结"协议的效力，被特许人在冷静思考之后有解除合同的权利，无需任何理由，也无需承担任何法律责任。[③] 这一制度设立的价值理念基于特许经营双方在合作前的信息不对称。尽管法律要求特许人对特许经营的信息进行披露，但任何法律都不能穷尽交

① 参见《商法学》编写组编：《商法学》，高等教育出版社 2019 年版，第 153 ~ 154 页。
② 参见余冬爱：《特许经营商事法律制度研究》，法律出版社 2010 年版，第 107 页。
③ 参见余冬爱：《特许经营商事法律制度研究》，法律出版社 2010 年版，第 110 页。

易中的所有信息,而且有的信息也确实不能在签订合同前公开,比如特许经营权中的知识产权。由于这种信息的不对称,使被特许人可能在接触了特许人提供的经营资源后对投资决策做出相反的判断,即认为签订特许经合同是错误的。如果此时不给予被特许人一定的救济途径,被特许人在之后相当长的时间内将持续违背意愿进行投资和管理,同时又没有利益增长的可能。所以,为了弥补被特许人之前的利益失衡,法律赋予处于弱势地位的被特许人"毁约"的权利,以保证其投资的安全撤出而不需要承担相应的违约责任。

我国《商业特许经营管理条例》第 12 条规定:"特许人和被特许人应当在特许经营合同中约定,被特许人在特许经营合同订立后一定期限内,可以单方解除合同。"与其他国家或地区的规定不同的是,我国将冷却期规定为"一定期限内",并且该条款应当作为必要条款在特许经营合同中予以规定。同时,具体的期限则尊重特许经营双方的意思自治,由双方在特许经营合同中予以约定。

六、连锁经营概述

(一)连锁经营的概念

连锁经营是指若干商事主体在商品销售营业中,通过共同取得同一特许经营权、使用统一商号等方式,经营同类商品、接受同一货源,进行统一管理、共享规模效益,但各自分散独立核算经营的一种现代商业经营模式。连锁经营是一种特殊的商事行为。连锁经营于 19 世纪中叶首创于美国,随后很快影响到欧洲、日本等地。20 世纪三四十年代,连锁经营已经在世界许多国家或地区得到较为普遍的发展。连锁经营在我国起步较晚,直至 20 世纪 80 年代中期,才伴随商业体制改革开放被引入我国。但此后发展迅速,至今已成为我国主要商业经营模式之一。[①]

我国并未对连锁经营进行专门的法律定义,只有原国内贸易部于 1997 年颁布的《连锁店经营管理规范意见》对连锁经营进行了定义,即连锁经营是指连锁店经营同类商品、使用同一商号的若干分店,在同一

---

① 参见《商法学》编写组编:《商法学》,高等教育出版社 2019 年版,第 147 页。

总部的管理下,采取统一采购或授予特许权等方式,实施规模效益的经营组织形式。[①] 此外,我国连锁经营协会也对连锁经营进行了界定,即经营同类商品或服务的若干个店铺,以一定的形式组合成一个联合体,在整体规划下进行专业化分工,并在分工的基础上实施集中化管理,使复杂的商业活动简单化,取得最大规模的经济效益。

(二)连锁经营的分类

不同国家或地区因不同商业习惯而对于连锁经营有不同的分类方式。在我国,实践中习惯依据经营权和所有权之间的集中程度作为标准,将连锁经营分为直营连锁、特许连锁和自由连锁三种类型。

直营连锁又称为正规连锁,指总公司直接经营管理各个连锁店,公司本部直接投资、经营和管理各零售店的经营模式。这种经营模式在管理、价格方面具有优势,此外,从业人员还可以得到总部的直接指导,以解决因廉价雇用素质相对较低的临时工、计时工能力不强等带来的问题。但直营连锁也存在不足之处,即各连锁店自主权小,资金、价格等都受控于总部,不仅从业人员的积极性、创造性和主动性都受到较大的制约,总部管理还容易产生官僚主义。直营连锁具有所有权和经营权高度集中、特许人与被特许人之间形成纵向产权关系等法律特点。

特许连锁又称为加盟连锁,指特许人将自己所拥有的商标、商号、产品、专利和专有技术、经营模式等授予被特许人使用,被特许人在授权范围内从事经营活动并支付相应的特许费用。特许连锁使各加盟店获得与公司直营连锁相同的效果,同时又避免了自由连锁相对较为分散的弊端。另外,特许连锁使一些历史悠久、有自己独特商品和服务的老字号企业,既能保持优秀的经营传统不失传,又可以在新的形势下获得较快的发展。特许连锁具有所有权集中和经营权分散、特许人与被特许人之间具有纵向合同关系而非产权关系等法律特点。

自由连锁指连锁公司的店铺均为独立法人,各自的资产所有权不变。自由连锁的优势是总部投资少、发展快、能迅速取得经营上的规模经济效益;各连锁店有很大的自主权,独立经营、自负盈亏、人事自主。

---

① 参见杨迪:《连锁经营管理的法律规制问题》,载《长春教育学院学报》2014 年第 20 期。

自由的连锁经营模式可以满足地区性的消费者的要求；同时各地的加盟店信息网络，把各种信息反馈给总部，从而有利于提高总部的决策能力和市场的应变能力。但是自由连锁中各连锁店的自主权也会带来一些负面的影响，主要体现在组织体系的不稳定性。由于总部对各加盟店缺乏约束力，想要形成统一的群体意识存在较大的难度。

（三）连锁经营的组织机制

连锁经营的组织机制由连锁总部、连锁分店、连锁配送中心组成。

连锁总部又称为总公司，是指以自己独立的财产发起或主导连锁企业开展连锁经营活动，并始终位于连锁经营活动组织或统领地位，独立承担责任的商人。连锁总部通常承担整个连锁经营企业的品牌建设、产品和市场开发、货物采购配送、质量管理、市场调研、分支机构经营指导、教育培训、财务核算与管理等职责。连锁总部均为独立的法人。

连锁分店又称连锁门店，是指连锁经营总部之下的不同产权形式的分支机构，是构成整个连锁体系的基本组织单位，其主要职能是根据连锁总部的经营方针和规范要求，开展日常的经营活动。[①] 连锁分店，按其在连锁系统中不同的连锁形式，即分店与总部所有权以及经营权集中程度的不同，其法律关系和法律地位有很大差别，它可以是总部之下有产权关系的分公司和子公司，也可以是没有产权关系、纯粹实行联营形式的分支机构。

连锁配送中心是指隶属或独立于连锁总部，承担各连锁分店所需商品的运输、仓储、加工、集配等任务的综合流通机构，其核心是销售代理和商品配送。隶属于连锁总部的配送中心为法人的分支机构，其经营活动必须得到部门的授权才能进行；独立于连锁总部的配送中心为独立的法人组织，其与连锁总部或连锁分店之间主要是契约关系，它们之间的合同主要属于物流行业合同，其经营活动可自主为之。[②]

（四）连锁经营的法律特征

连锁经营是一种具有现代管理特征的商事行为，一方面，它具有经

---

① 参见耿明：《我国连锁经营组织的法律思考》，载《经济问题探索》1998 年第 7 期。

② 参见《商法学》编写组编：《商法学》，高等教育出版社 2019 年版，第 97 ~ 99 页。

营管理的规范性、内部架构和运营的组织性、外部活动的统一性等重要法律特征；另一方面，它也具有限制竞争的潜在法律风险。

经营管理的规范性体现了连锁经营是具有高度规范化的商事行为。其规范性主要表现在三个方面：其一，经营组织形式的规范性；其二，经营手段、方式、行为的规范性；其三，经营管理程序和内容的规范性。连锁经营的规范化管理是连锁企业高效运转的保证。

内部架构和运营的组织性是连锁经营商事行为的又一重要特点。总部、配送中心和分店三部分组成的营运系统的组织性，按照总部的统一指示和要求集中采购与配送、质量管理、财务管理、市场调研、商品开发、促销策划、教育培训等具体行为的组织性，都充分表明这一商事行为的组织性特点。

外部活动的统一性体现了连锁经营能够充分实现资源利用的集中和高效。主要表现为：其一，资本的集中；其二，企业管理和决策权的集中；其三，连锁经营企业对市场资源的集中利用。

限制竞争的潜在法律风险是连锁经营在取得规模效益的同时，对市场自由、公平竞争秩序的挑战，也是连锁经营隐蔽的法律特征。主要表现为连锁经营一方对另一方进行价格限制、竞业限制、搭售限制等情形。不过，连锁经营的限制竞争获得允许，也要求限制竞争具有正当性。①

七、我国连锁经营的法律保护现状

我国目前关于连锁经营的法律法规主要有以下四项。第一，原国内贸易部于1997年印发的《连锁店经营管理规范意见》。首先，该管理意见虽然对连锁经营进行了界定，但是主要规定的对象是超级市场、便利店、专业店、综合商场，对于目前规模更大、问题更多的饮食业、服务业以及生产资料销售业并未作出规定，而是将规定的制定权给予了行业主管部门，因此，其规制对象的范围过于狭小。其次，虽然其对以上四种连锁经营的实现形态作出了相关规定，但是规定的事项范围过于狭小，仅笼统地规定了经营面积、经营范围、收款方式等事项，可操作性

① 参见《商法学》编写组编：《商法学》，高等教育出版社2019年版，第99页。

差，且并未涉及连锁经营在实际运转过程中出现的问题，对于规范市场经济中的连锁经营行为并无实际意义。

第二，1997年财政部发布了《〈企业连锁经营有关财务管理问题的暂行规定〉的通知》，对特许连锁、直营连锁以及自由连锁的财务管理进行了较详细的规定，包括直营连锁经营的货币资金管理、存货管理、固定资产以及成本费用等各方面的管理；并规定了特许连锁中加盟店的财务管理以及自愿连锁中的税后利润管理等，具有较强的针对性。

第三，2002年国务院办公厅转发了原国务院经济体制改革办公室、原国家经济贸易委员会《关于促进连锁经营发展若干意见》的通知。与原国内贸易部印发的《连锁店经营管理规范意见》相比，虽然该意见涉及了连锁经营的市场准入、税收等具有实际意义的问题，但存在相同的问题，即规定过于笼统、可操作性差。

第四，2004年商务部颁布的原《商业特许经营管理办法》以及2007年国务院颁布的《商业特许经营管理条例》，对特许人信息披露义务及特许人的法律责任作了规定。

由此可以看出，我国当前的连锁经营法律规定不甚完善，仅仅是针对连锁经营中出现的某一方面的问题进行规制且可操作性较差。

八、连锁经营法律制度的完善思路

（一）转换立法思路，完善连锁经营相关立法

完善连锁经营立法，我们首先需要改变的是立法思路。从前文内容我们可以看出，我国关于连锁经营的现有法律规范大部分具有显著的管理法特征，即立法者是从社会管理者的角度进行立法，对连锁经营进行了全面但是不细致的规定，从而作出的多为倡导性规定，可操作性差。

我国可以借鉴国外的相关立法成果，将立法的视角从管理者转换为连锁经营中的经营者，以此对连锁经营中的具体事项作出详细规定，从而维护市场经济秩序。连锁经营者作为连锁经营行业的主体，是最先感知到该行业突出问题的群体，也最清楚哪些问题市场已经无法调节，需要法律加以明确规定。因此，以经营者为视角，更有利于加强法律规范的可操作性和实用性。这就要求立法者从管理法的思路向权利法的思路转变，更多地明确连锁经营者的权利义务的性质、内容，明确

各方的法律责任承担，并且划清连锁经营与特许经营的界限。

（二）充分发挥行业协会的作用

连锁经营协会对于维护连锁经营主体的合法权益、制约政府权力以及维护市场经济秩序有重要的作用，国外亦是如此。一些国家的自律性商人团体或者社会中介组织为实现其自治，制定了一些自律性规范，这些自律性规范所包含的商业习惯和商业惯例对于解决连锁经营中出现的实际问题具有重要的意义。因此，在解决连锁经营的相关问题时，并不是必须诉诸法律，也可以通过行业协会加以解决，这样既可以提高效率，节约司法成本，同时也更加具有针对性。除了解决纠纷，行业协会还可以发挥重要的监督作用，即通过审查会员资格，对会员的行为进行有效的监督。从这个意义上来说，行业协会的自治规范可以作为连锁经营法律规范的补充。

（三）连锁经营规制需要遵循商法价值规律

连锁经营属于一种商行为，对其进行规制需要遵循商法的效益价值、安全价值和公平价值规律。连锁经营的效益价值主要体现在其规范化的运作模式以及扩张的高效化；安全价值和公平价值主要体现在连锁经营的规模化和统一化程度较高，从而为政府制定产业政策，提高商业竞争的公平性，维护市场秩序，创造安全稳定的市场交易环境提供了一个良好的前提。

第六节　电子商务行为

一、电子商务概况

（一）电子商务的概念及特征

电子商务是指以数据电文为交易手段进行的商务活动。中国商务部电子商务和信息化司发布的《中国电子商务报告（2018）》显示，中国电子商务交易规模持续扩大，稳居全球网络零售市场首位。2018 年全国电子商务交易额达到 31.63 万亿元，同比增长 8.5%，其中商品、服务类电子商务交易额达到30.61万亿元;电子商务从业人数达4700万人,同比增长10.6%。[①]《中国电子商务报告(2019)》显示全国电子商务交易额达34.81万亿元,电子商务从业人员达5125.65万人。农村电商进入规模化专业化发展阶段,全国农村网络零售额达1.7万亿元。[②]电子商务在中国不断发展,已然成为带动就业的新载体和推动经济增长的新动力,是新时代中国经济转型升级的新引擎。[③]

电子商务是一种节省交易费用的交易形式。首先,它有助于消费者在极短时间获得信息,完成购物活动,满足自身服务需求;其次,它也有助于企业全面节省经营成本(店面及人力成本、广告及信息沟通费用、促销费用、跨界业务差旅费用等),提升企业服务质量(例如,网络企业可以每周7天、每天24小时提供接待、订约甚至维护服务)。但电子商务因采取"非面对面"的交易形式,远程交易、陌生人交易、中介交易、匿名交易的频次均大大增加,由此也会提升交易风险,可能有碍于商事秩序的维持。因此,有必要予以专门立法。[④] 同时,电子商务是一种以营利为目的的商行为,电子商务经营主体也是以营利为目的的商人,但我国没有商法的传统,更缺乏商事基本法。电子商务行为及其法律规制如何符合商法的基本精神和原则,遵循商事行为发展的规律,需要在理论和实践中予以深入的探讨和创新。

(二)电子商务立法概况

电子商务法是指调整以数据电文为交易手段进行的商务活动中所产生的社会关系的法律规范的总称。而所谓数据电文,按照《联合国国际贸易法委员会电子商务示范法》的规定,是指"经由电子手段、光学手段或类似手段生成、储存或传递的信息,这些手段包括但不限于电子数

---

① 参见商务部电子商务和信息化司:《中国电子商务报告(2018)》,载商务部电子商务和信息化官网2019年5月30日,http://images.mofcom.gov.cn/dzsws/201905/20190530100539785.pdf。

② 参见商务部电子商务和信息化司:《中国电子商务报告(2019)》,载商务部电子商务和信息化官网2020年7月2日,http://images.mofcom.gov.cn/wzs2/202007/20200703162035768.pdf。

③ 参见聂林海:《"互联网+"时代的电子商务》,载《中国流通经济》2015年第6期。

④ 参见《商法学》编写组编:《商法学》,高等教育出版社2019年版,第155页。

据交换(EDI)、电子邮件、电报、电传或传真”。[①] 在中国颁布《电子商务法》之前,中国对电子商务行为的规范及调整主要依据最高人民法院、最高人民检察院《关于办理利用互联网、移动通讯终端、声讯台制作、复制、出版、贩卖、传播淫秽电子信息刑事案件具体应用法律若干问题的解释》、《互联网信息服务管理办法》、《网络交易监督管理办法》、《计算机信息网络国际联网安全保护管理办法》、《消费者权益保护法》以及原《侵权责任法》等法律法规。

彼时的电子商务立法存在三大问题。第一,规范的数目繁多,效力层级各异。不仅国务院、商务部等均制定了相应的规范,地方性法规、行业协会同样对相关内容进行了规定,因此就出现了内容冗杂、混乱,适用困难的局面。且法律责任的承担多集中于行政法责任或者多涉及行政管理方面的内容,因此在司法实务中的适用范围有限。第二,可操作性较差。例如,工商局发布的《网络交易监督管理办法》第三章详细规定了网络交易平台提供者的法定义务,但是并未规定违反这些义务需要承担的法律后果,缺乏可操作性。第三,未对电子商务平台经营者的法律地位进行认定,且对于其承担连带责任的规定也不够完善。例如,原《侵权责任法》第 36 条第 2 款规定,“网络服务提供者接到通知后未及时采取必要措施的,对损害的扩大部分与该网络用户承担连带责任”,但是并未对“及时”和“必要”这两个关键的要素作出解释。

2018 年 8 月 31 日十三届全国人大常委会第五次会议表决通过了《电子商务法》,于 2019 年 1 月 1 日正式施行。该法旨在保障电子商务各方主体的合法权益,规范电子商务行为,维护市场秩序,促进电子商务持续健康发展。《电子商务法》是中国电子商务领域首部综合性法律,该法对电子商务平台经营者、电子商务合同的订立与履行以及电子商务的法律责任作了全面的规定,有学者予以积极评价,称其是中国网络立法的里程碑。[②] 依据北京大学电子商务法研究中心的调查报告,《电子商务法》实施以来,“新经济企业因为违反《电子商务法》引发的

① 参见郭鹏主编:《电子商务法》,北京大学出版社 2013 年版,第 2 页。

② 参见北京大学电子商务法研究中心:《坚持法治　促进共治　实现善治——〈电子商务法〉实施一周年效果评估》(上),载《中国市场监管报》2019 年 12 月 31 日,第 8 版。

消费舆情事件发生率在2019年前三季度显著下降,表明《电子商务法》正在取得良好的社会效果”。[①] 不过,自《电子商务法》颁布至今,有关《电子商务法》个别条文的争议与批评也依然层出不穷。诸如应当如何理解《电子商务法》第38条第2款的“相应的责任”,如何统一公示信息的标准,“通知—删除”规则的模糊性问题等都亟待通过修改《电子商务法》或者制定配套司法解释给出确定的答案。

总的来说,目前中国的电子商务立法立足于中国实践,吸收了域外先进做法,为中国电子商务的健康发展提供了较为统一的法律依据,改变了电子商务领域立法层级低下,各法律法规之间存在冲突的情形,值得肯定。电子商务行为除了受到《电子商务法》的调整,还会受到《消费者权益保护法》《反不正当竞争法》《反垄断法》《民法典》等的调整。具体来说,有关电子商务行为的规则包括两大方面,一个是从公法角度调整电子商务行为所形成的纵向法律关系,另一个是从私法角度调整电子商务行为所形成的横向法律关系。下文将分别就电子商务行为的公法调整和私法规制展开分析。

二、电子商务行为的公法调整

(一)电子商务行为的准入与退出制度

电子商务行为的准入与退出制度主要是针对电子商务行为主体而言的。电子商务行为主体,是指通过电子商务方式进行交易的企业、个人和其他组织。根据电子商务主体在电子商务交易中的角色及功能的不同,可将其区分为电子商务交易的当事人、电子商务平台经营者及电子结算中介方等。交易主体受制于交易结构,电子商务主体也因电子商务交易形式的不同而有所差异。例如,在B2C[②] 的交易形式中,电子商务主体涉及电子商务企业、个人用户及电子商务平台经营者三类当事人。而在C2C[③] 的交易形式中,电子商务主体则涉及双方个人用户

---

① 北京大学电子商务法研究中心:《坚持法治　促进共治　实现善治——〈电子商务法〉实施一周年效果评估》(上),载《中国市场监管报》2019年12月31日,第8版。

② B2C,全称Business-to-Customer,指一方是商主体,一方是消费者的电子商务模式。

③ C2C,全称Customer-to-Customer,指消费者个人与个人之间的电子商务模式。

和网络服务提供商两类当事人。事实上,电子商务只是一种现代的交易技术工具,是一种高级形态的信息存储、处理、传递工具。只要有人接入互联网设备,就可以成为网络用户,就可能发生电子商务交易,从而成为电子商务行为主体。因此,所有网络用户,无论是企业、个人,还是其他组织,甚至是政府部门,都有可能成为电子商务行为主体。[①] 例如,美国统一州法委员会于 1999 年制定的《统一电子交易法》规定,该法所称的“人”是指“个人、公司、商业信托、地产、信托、合伙、有限责任公司、联合体、合资企业、政府部门、上市公司或者其他法律或商业实体”,范围极为广泛。[②]

《电子商务法》第二章专章规定了电子商务经营者,该法第 9 条规定:“本法所称电子商务经营者,是指通过互联网等信息网络从事销售商品或者提供服务的经营活动的自然人、法人和非法人组织,包括电子商务平台经营者、平台内经营者以及通过自建网站、其他网络服务销售商品或者提供服务的电子商务经营者。本法所称电子商务平台经营者,是指在电子商务中为交易双方或者多方提供网络经营场所、交易撮合、信息发布等服务,供交易双方或者多方独立开展交易活动的法人或者非法人组织。本法所称平台内经营者,是指通过电子商务平台销售商品或者提供服务的电子商务经营者。”因此,依据我国法律的规定,电子商务行为主体被称为电子商务经营者,主要包括电子商务平台经营者与平台内经营者两大类。

《电子商务法》第 10 条、第 12 条规定了电子商务经营者的一般准入制度和特别准入制度,第 27 条、第 28 条规定了电子商务平台经营者对平台内经营者的登记审核义务。依据《电子商务法》第 10 条的规定,电子商务经营者应当依法办理市场主体登记。但是,个人销售自产农副产品、家庭手工业产品,个人利用自己的技能从事依法无须取得许可的便民劳务活动和零星小额交易活动,以及依照法律、行政法规不需要进行登记的除外。该条规定的是电子商务经营者的一般准入制度。依据《电子商务法》第 12 条的规定,对于需要取得行政许可才可以从事的

---

① 参见郭鹏主编:《电子商务法》,北京大学出版社 2013 年版,第 24 页。

② 参见《商法学》编写组编:《商法学》,高等教育出版社 2019 年版,第 156 页。

电子商务行为,电子商务经营者必须依法取得行政许可,才能从事经营活动。这是电子商务经营者的特别准入制度。通常来说,电子商务经营者销售烟草、药品、特殊用途化妆品、酒类等,都需要取得行政许可才能从事经营活动。在准入制度上,《电子商务法》赋予了电子商务平台经营者特殊的义务。《电子商务法》第 27 条第 1 款规定,电子商务平台经营者应当要求申请进入平台销售商品或者提供服务的经营者提交身份、地址、联系方式、行政许可等真实信息,进行核验、登记,建立登记档案,并定期核验更新。与此同时,《电子商务法》第 28 条第 1 款规定,电子商务平台经营者应当按照规定向市场监督管理部门报送平台内经营者的身份信息,提示未办理市场主体登记的经营者依法办理登记,并配合市场监督管理部门,针对电子商务的特点,为应当办理市场主体登记的经营者办理登记提供便利。因此,在电子商务的准入方面,电子商务平台经营者负有核验和登记义务,未履行该义务将承担相应的法律责任。

有关电子商务经营者的退出机制,《电子商务法》只在第 16 条、第 32 条规定电子商务平台经营者具有公示义务应当明确退出平台的权利和义务,以及允许不接受平台修改服务协议和交易规则的平台内经营者退出的机制。所以,《电子商务法》的退出机制并不健全。不过电子商务经营者从事电子商务除了需要遵守《电子商务法》,还需要遵守《公司法》《合伙企业法》等,即如果电子商务经营者登记为公司,那么该经营者也需要遵守《公司法》的规定,进行注销登记。所以,电子商务经营者的退出规则主要来自《电子商务法》之外的《公司法》《市场主体登记管理条例》等。

(二)电子商务大数据规则

1. 个人信息保护

用户信息和行为数据是电子商务的基础性资源,利用大数据分析以精准获取市场信息,预测未来发展方向已成为电子商务企业的重要经营手段。在该背景下,《电子商务法》对数据的开放和利用也作了相应的规定。该法第 23 条规定:“电子商务经营者收集、使用其用户的个人信息,应当遵守法律、行政法规有关个人信息保护的规定。”第 24 条规定:“电子商务经营者应当明示用户信息查询、更正、删除以及用户注销的方式、程序，不得对用户信息查询、更正、删除以及用户注销设置不合理条件。电子商务经营者收到用户信息查询或者更正、删除的申请的，应当在核实身份后及时提供查询或者更正、删除用户信息。用户注销的，电子商务经营者应当立即删除该用户的信息；依照法律、行政法规的规定或者双方约定保存的，依照其规定。"第25条规定："有关主管部门依照法律、行政法规的规定要求电子商务经营者提供有关电子商务数据信息的，电子商务经营者应当提供。有关主管部门应当采取必要措施保护电子商务经营者提供的数据信息的安全，并对其中的个人信息、隐私和商业秘密严格保密，不得泄露、出售或者非法向他人提供。"

《电子商务法》第23条是对用户的个人信息保护的宣示性规定，第24条规定了用户查询、更正、删除信息的权利，第25条规定的是电子商务经营者提供信息的义务。《民法典》人格权编第六章对个人信息保护作出了规定。依据《民法典》第1034条第2款的规定，个人信息是以电子或者其他方式记录的能够单独或者与其他信息结合识别特定自然人的各种信息，包括自然人的姓名、出生日期、身份证件号码、生物识别信息、住址、电话号码、电子邮箱、健康信息、行踪信息等。违反《民法典》对个人信息保护规定的，将承担民事责任。此外，《网络安全法》也对个人信息的保护作了相应的规定，违反该法将承担行政责任。《个人信息保护法》《数据安全法》也有类似规定。因此，个人信息保护问题可能同时涉及私法责任和公法责任。

2. 制约大数据"杀熟"

比起《电子商务法》第23条、第24条、第25条，更加凸显大数据技术的规则是《电子商务法》第18条、第40条。第18条规定："电子商务经营者根据消费者的兴趣爱好、消费习惯等特征向其提供商品或者服务的搜索结果的，应当同时向该消费者提供不针对其个人特征的选项，尊重和平等保护消费者合法权益。电子商务经营者向消费者发送广告的，应当遵守《中华人民共和国广告法》的有关规定。"第40条规定："电子商务平台经营者应当根据商品或者服务的价格、销量、信用等以多种方式向消费者显示商品或者服务的搜索结果；对于竞价排名的商品或者服务，应当显著标明'广告'。"

电子商务经营者在从事生产经营的过程中可以大量收集用户信息

和交易记录,如果经营者利用大数据分析生成消费者的个人画像,将可以有目的地提供搜索结果,对消费者进行精准营销。[①] 所谓的大数据“杀熟”就是同样的商品或服务,电子商务经营者利用其所掌握的客户数据,对不同的客户提供不同的价格或服务。所以,大数据“杀熟”又被称为价格歧视,即把相同的服务和产品,以不同的价格卖给不同的客户。《电子商务法》第 18 条要求电子商务经营者提供的搜索结果附非个人特征选项,能够较好地制约大数据“杀熟”行为。

《电子商务法》第 40 条的规定也是针对大数据技术的,该条虽然并非明确针对价格歧视作出规定,但要求电子商务平台经营者以多种方式展示搜索结果,也是为了让消费者能够更好地货比三家,避免被大数据的搜索结果所制约。

(三)电子商务反垄断与反不正当竞争制度

1. 反垄断法律规则

(1)行政性垄断行为

《电子商务法》第 4 条规定了行政性垄断行为:“国家平等对待线上线下商务活动,促进线上线下融合发展,各级人民政府和有关部门不得采取歧视性的政策措施,不得滥用行政权力排除、限制市场竞争。”行政性垄断行为是行政机关或其授权的组织滥用行政权力,排除、限制竞争的行为,被《反垄断法》明确禁止。行政性垄断行为包括行政性市场垄断行为、行政强制交易行为、行政部门干涉企业经营行为、行政性公司滥用优势行为等。行政性垄断行为本质上也是一种经济垄断,是以经济为内容和目的的垄断,由于该类垄断行为是行使权力的结果,所以危害性较大,会减损政府的公信力,甚至会出现严重的社会隐患和政治危机,必须严格禁止。

(2)滥用市场支配地位行为:禁止“二选一”

滥用市场支配地位行为是电子商务中较为引人关注的行为。在《电子商务法》颁布之前,电子商务平台经营者要求平台内经营者的“二选一”事情屡禁不止。早在 2015 年“双 11”,京东就向原国家工商行政

---

① 中国消费者协会:《中消协观点:贯彻落实〈电子商务法〉切实保护消费者合法权益》,载中国消费者协会网 2018 年 9 月 25 日,http://www.cca.org.cn/zxsd/detail/28217.html。

管理总局实名举报阿里巴巴集团在“双11”促销活动中胁迫商家“二选一”。京东贸易公司、京东叁佰陆拾度公司同时起诉天猫网络公司、天猫技术公司、阿里巴巴公司，请求确认三被告具有市场支配地位，判令其停止滥用市场支配地位。阿里巴巴集团强迫商家“二选一”并不止针对京东，拼多多与阿里巴巴集团的“二选一”纠纷也接连不断。2019年5月，苏泊尔、美的、九阳等品牌都纷纷撤出拼多多旗舰店；10月，三只松鼠等品牌也通过官微发布声明，称自己未在拼多多开设官方旗舰店。①

“二选一”行为除了涉及反垄断的问题，还可能涉及不正当竞争的问题。2019年6月13日，“饿了么”平台被黑龙江加格达奇区市场监督管理局处罚，就是因为其利用口头要求、后台缩小配送范围、停止点餐服务等手段，使商家不得不从“美团”平台下线。“饿了么”平台利用技术等手段限制交易更是被安徽省市场监督管理局报送为典型案例，列入由长三角地区市场监督管理部门联合发布的“12起侵害消费者合法权益典型案例”中。安徽省市场监督管理局就是适用《反不正当竞争法》对“饿了么”进行了处罚。② 因此，在不满足市场支配地位的情况下，“二选一”行为也有可能因为违反《反不正当竞争法》而受到法律调整。不过，《电子商务法》第22条也明确规定，“电子商务经营者因其技术优势、用户数量、对相关行业的控制能力以及其他经营者对该电子商务经营者在交易上的依赖程度等因素而具有市场支配地位的，不得滥用市场支配地位，排除、限制竞争”。《反垄断法》规定的市场支配地位判断因素包括经营者的市场份额、相关市场的竞争状况、经营者控制销售市场或原材料采购市场的能力、经营者的财力和技术条件、其他经营者的依赖程度、其他经营者进入相关市场的难易程度等。《电子商务法》在判断因素上有所扩张，或者说更为具体化，如用户数量因素。另外，《电子商务法》第35条还明确规定，“电子商务平台经营者不得利用服务协议、交易规则以及技术等手段，对平台内经营者在平台内的交

---

① 参见任晓宁：《一文看懂电商二选一：阿里京东拼多多各执一词为哪般》，载微信公众号“经观商业”2019年10月23日，https://mp.weixin.qq.com/s/lsXP_6vf-riyoFBKByzX-w。

② 参见《长三角地区联合公布12起侵害消费者合法权益典型案例》，载微信公众号“上海发布”2020年3月20日，http://mp.weixin.qq.com/s/015nZcZvk358mXHouN3tw。

易、交易价格以及与其他经营者的交易等进行不合理限制或者附加不合理条件,或者向平台内经营者收取不合理费用”,从而明确禁止了“二选一”行为。

本质上为独家交易的“二选一”行为,原本是商事经营的重要方式,有利于提高企业效率;但是就电子商务平台经营者而言,由于中国基本形成了电商平台巨头,且平台之间的经营规模不平衡,所以“二选一”行为可能会损害商家的平台多归属、消费者的选择权、平台之间的公平竞争,扰乱市场秩序,必须对其进行适当的法律调整。[①] 2019 年 6 月,国家市场监督管理总局、国家发展和改革委员会、工业和信息化部、公安部、商务部、海关总署、网信办、国家邮政局等 8 部门联合开展的网络市场监管专项行动(“网剑行动”),就将电子商务平台经营者限制平台内经营者参与其他第三方电子商务平台经营活动的行为,即“二选一”行为列为重点任务,予以严厉打击。

除了“二选一”行为,《电子商务法》还吸收了《反垄断法》的其他规定。例如,《电子商务法》第 19 条规定,“电子商务经营者搭售商品或者服务,应当以显著方式提请消费者注意,不得将搭售商品或者服务作为默认同意的选项”。该条是对《反垄断法》的细化。《反垄断法》第 17 条第 1 款第 5 项规定,禁止具有市场支配地位的经营者没有正当理由搭售商品,或者在交易时附加其他不合理的交易条件。

2. 反不正当竞争法律规则

《电子商务法》第 17 条对电子商务经营者不正当竞争行为作出规定:“……电子商务经营者不得以虚构交易、编造用户评价等方式进行虚假或者引人误解的商业宣传,欺骗、误导消费者。”该条与《反不正当竞争法》第 8 条的规定相衔接,都是对虚假或者引人误解的商业宣传的禁止。

刷单行为是现代电子商务比较常见的行为,也属于虚假宣传行为中的一种。为了使商品或服务更有市场竞争力,电子商务经营者经常会选择刷销量、刷好评、删差评等欺骗消费者的行为,从而误导消费者,为自己获得交易机会。该行为严重扰乱市场秩序,是不正当竞争行为,

---

① 参见王晓晔:《论电商平台“二选一”行为的法律规制》,载《现代法学》2020 年第 3 期。

被《电子商务法》所禁止。除了《电子商务法》第 17 条，该法第 39 条还规定："电子商务平台经营者应当建立健全信用评价制度，公示信用评价规则，为消费者提供对平台内销售的商品或者提供的服务进行评价的途径。电子商务平台经营者不得删除消费者对其平台内销售的商品或者提供的服务的评价。"

值得注意的是，《反不正当竞争法》第 12 条特别针对经营者利用网络从事生产经营活动的行为作出了规定："经营者利用网络从事生产经营活动，应当遵守本法的各项规定。经营者不得利用技术手段，通过影响用户选择或者其他方式，实施下列妨碍、破坏其他经营者合法提供的网络产品或者服务正常运行的行为：（一）未经其他经营者同意，在其合法提供的网络产品或者服务中，插入链接、强制进行目标跳转；（二）误导、欺骗、强迫用户修改、关闭、卸载其他经营者合法提供的网络产品或者服务；（三）恶意对其他经营者合法提供的网络产品或者服务实施不兼容；（四）其他妨碍、破坏其他经营者合法提供的网络产品或者服务正常运行的行为。"

（四）电子商务行为的行政监管与促进

《电子商务法》有许多关于行政监管的规定，上文所提到的电子商务行为的准入与退出制度、大数据规则、反垄断与反不正当竞争制度等都有赖于行政机关行使相应的监管职责。《电子商务法》第 75～88 条是有关行政监管的条款。不过就纵向法律关系而言，《电子商务法》的最大亮点是第五章专章规定了"电子商务促进"。

《电子商务法》第五章将国家针对电子商务最重要、最关键的政策措施提炼了出来，以法律文本的方式加以固定，旨在形成促进电子商务发展的法律环境。其中，该法第 64 条规定了创新发展，第 65 条规定了绿色发展，第 66 条规定了产业发展基础建设，第 67 条、第 68 条规定了电子商务与各产业的融合发展，第 69 条规定了数据应用和共享，第 70 条规定了信用评价体系建设，第 71 条、第 72 条和第 73 条规定了跨境电子商务的国家政策。[①] 归结而言，电子商务的促进措施内容涵盖极广，

① 参见胡振：《［法律解读］电子商务法　第五章　电子商务促进》，载微信公众号"胡振"2019 年 5 月 9 日，https://mp.weixin.qq.com/s/bBTnmp7L5lQ0x2pl_MOoZQ。

包括物流网络建设、标准体系建设、产业政策制定、电商精准扶贫、电商数据自由流动、公共数据共享机制、电商信用评价、跨境电商监管优化、跨境电商争议解决机制等方面。《电子商务法》第五章的规定对支持、鼓励和促进电子商务的发展具有重要的作用，彰显了电子商务法立法的根本目的，体现了立法者平衡行政监管与国家鼓励的努力。

三、电子商务行为的私法规范

纵向法律关系是不平等主体之间的法律关系，调整的是行政机关与电子商务经营者之间的法律关系。横向法律关系是平等主体之间的法律关系，调整的是电子商务交易过程中平等主体之间的权利义务关系。横向法律关系主要由私法规范调整，是商法重点关注的内容。横向法律关系层面的电子商务行为本质上也是由中间行为、买卖行为、物流行为、担保行为等组成。与其他买卖行为、中间行为、物流行为等的区别在于，电子商务主要以电子合同的方式实施经营行为。所以有关电子商务行为私法规范的分析将就电子商务合同展开。对此，《电子商务法》第三章专门规定了“电子商务合同的订立与履行”。该法第 47 条规定：“电子商务当事人订立和履行合同，适用本章和《中华人民共和国民法总则》《中华人民共和国合同法》《中华人民共和国电子签名法》等法律的规定。”由于原《民法总则》和原《合同法》已于 2021 年 1 月 1 日《民法典》生效后废止，所以电子商务合同的订立与履行主要适用的是《电子商务法》《民法典》《电子签名法》等法律。

（一）电子商务合同的概念

电子商务以合同形式展开，因此，电子商务合同成为电子商务行为中的重要内容。电子商务合同是当事人之间通过信息网络以电子形式达成的设立、变更、终止民事权利义务关系的协议。

电子商务合同是运用于商务领域的电子合同，在理论上，电子合同可以运用于一切“可合同”之领域。但基于法律的特别规定以及电子化交易的特别风险，在非商务领域，尤其是涉及人身关系、政府审批领域或者涉及重大财产关系领域，基于谨慎原则和公共利益维护需求，电子合同的使用往往受到限制。例如，欧盟《关于内部市场中与电子商务有关的若干法律问题的指令(草案)》规定,电子合同不适用于以下合同:需经公证始得生效的合同;需经政府部门登记备案始得生效的合同;属于婚姻家庭法律范畴的合同;属于继承法律范畴的合同。我国《电子签名法》第3条第3款也规定,电子签名不适用于下列文书:涉及婚姻、收养、继承等人身关系的;涉及停止供水、供热、供气等公用事业服务的;法律、行政法规规定的不适用电子文书的其他情形。因此,理论上多将电子合同的适用范围限定为"财产关系"。然而,随着电子政务的开展,电子审批、电子登记、电子备案也开始出现,电子商务监管强化降低了电子化法律行为的风险,电子合同的应用范围应当会呈扩张趋势。[①] 2019年修订的《电子签名法》就将涉及土地、房屋等不动产权益转让的合同排除在禁止使用电子签名的规定之外,从而扩大了允许适用电子签名的范围。

(二)电子代理人

电子商务合同主体中最为特殊的角色是"电子代理人"。电子代理人,是指被用来独立地进行某一行为、对电子记录或履行独立作出反应,而在作出此种行为或反应时全部或部分地无须人为检查或行为的计算机程序或其他自动化装置。[②] 电子代理人并非通常意义上具有法律人格的主体,而是一种能执行人的意思的智能化交易工具——电子代理人能按照预设的意思表示模式,代理电子委托人,执行委托人意思,如发出或接受要约、发出修改合同条款的意思表示等。[③] 电子代理人所实施的行为对委托人发生效力。《电子商务法》第48条第1款就规定,"电子商务当事人使用自动信息系统订立或者履行合同的行为对使用该系统的当事人具有法律效力"。依据该规定,电子商务当事人通过自动信息系统发送或接收数据电文与对方的系统之间进行信息交换,进而订立或者履行合同的,即便无自然人或法人进行确认,该行为也有效。

---

① 参见《商法学》编写组编:《商法学》,高等教育出版社2019年版,第158页。

② 参见美国《国际与国内商务电子签章法》第106条"定义"第3项,载阚凯力、张楚主编:《外国电子商务法》,北京邮电大学出版社2000年版,第11页。

③ 参见《商法学》编写组编:《商法学》,高等教育出版社2019年版,第158页。

(三)电子商务合同的订立

1. 当事人行为能力的推定

非面对面交易是电子商务合同的基本特征。如果在电子商务中要求交易当事人逐一审核交易对方是否具有民事行为能力,将极大地增加交易成本,降低交易效率,与电子商务快捷、简便的交易诉求相背离。为了满足互联网经济对效率的追求,保护电子商务行为中善意相对人的利益,使不见面的当事人所缔结的电子合同也能得到充分的法律保障,《电子商务法》第48条第2款直接推定电子商务合同的当事人具有民事能力。当然,如果有相反的证据,则该推定将被推翻。该规定是对《民法典》的弥补,充分考虑了电子商务合同的特征,值得肯定。

2. 电子商务合同的成立与格式条款

合同的成立时间是电子商务合同非常重要的问题,直接决定了当事人发生纠纷后承担的是违约责任还是缔约过失责任。在《电子商务法》颁布之前,电子商务经营者通常会在其提供的格式条款中约定,其利用自动信息系统在网上发布的有关商品或服务的信息属于要约邀请,用户提交订单的行为属于向经营者发出要约,只有当经营者实际发货时,才构成对用户要约的承诺,电子商务合同自发货时成立。此类格式条款将电子商务合同成立与否的决定权交给了电子商务经营者,使消费者处于被动接受的地位。依据这类格式条款,如果电子商务经营者发布的商品或服务价格出错,由于经营者尚未对该价格作出承诺,所以电子商务合同不成立,电子商务经营者只需要承担相对人因为信赖而受到的损失,不涉及履行利益的赔偿。由于只有当电子商务经营者实际发货时,电子商务合同才成立,所以在这类格式条款下,电子商务经营者拥有了绝对的自由,电子商务经营者如果不想履行合同,只需要不发货即可逃脱责任。这一规定导致了诸多法律适用上的困惑。

(1)司法裁判中的同案异判

由于欠缺明确的法律依据,所以对于电子商务合同成立的案件,司法机关一度出现了同案不同判。中国电子商务研究中心发布的2011~2012年度典型案例与2013~2014年度的典型案例就出现了相同案件的不同判决。在同样约定只有网站发出发货确认的电子邮件,电子商务合同才成立的情况下,就“当当网撤销订单案”,法院判决合同不成立,但是就“亚马逊中国删除订单案”,法院判决合同成立。

中国电子商务研究中心发布的《2011－2012年度中国电子商务法律报告》中将“当当网撤销订单案”列为典型案例。2011年7月底8月初,当当网连续出现3起价格乌龙事件,从“1元阿迪鞋”“110元三星手机”到“儿童图书促销”事件,10天内,当当网3次违约,给出的原因却都是“操作失误”。事件发生后,对当当网提出的赔偿方案,下单订货的消费者并不买账,部分消费者把当当网告上法庭。2011年12月5日,北京市东城区人民法院认定“1元阿迪鞋”和“110元三星手机”的电子商务合同因为当当网缺货撤单而没有成立,但“儿童图书促销”的电子商务合同因为已经发货而成立。当当网不服提起了上诉,但二审法院维持了原判。① 在该案中,法院认可了当当网提供的格式条款的效力——“只有当我们向您发出商品出库的电子邮件,通知您我们已将商品发出时,我们和您之间的订购合同才成立”。理论上,该格式条款免除了己方责任,是可以被认定为无效的,但法院并未审查该格式条款,实际上不利于保护消费者的利益。该问题在“亚马逊中国删除订单案”中有了变化,这也是为什么该案又一次被选为典型案例的原因。

中国电子商务研究中心发布的《2013－2014年度中国电子商务法律报告》中,“亚马逊中国删除订单案”被列为中国十大电子商务领域典型法律案例之一。在该案中,夏某在亚马逊中国网站(以下简称亚马逊)举行的名表促销活动中以396元价格订购了2块依波表、1块海鸥表,亚马逊并未在网站中显示手表的库存情况。亚马逊要求供应商对本次促销的手表按库存的120%进行备货,在供应商承诺供货但实际无库存的情况下,亚马逊也允许消费者下单。但是亚马逊同时向消费者表明,如果通过本网站订购商品,消费者的订单是要约,只有收到亚马逊发出送货确认的电子邮件时,亚马逊才对消费者的订单作出承诺。

---

① 参见中国电子商务研究中心:《2011－2012年度中国电子商务法律报告》,载网经社2013年1月15日,http://www.100ec.cn/zt/upload－data/wenjian/2011－2012flbg.pdf。

2012年9月5日下单后亚马逊向夏某发送了订单确认邮件，表示海鸥表有货，依波表缺货，但表示一旦确认发货日期，将会向夏某发货。然而，到了9月8日，亚马逊又给夏某发邮件，称其购买的3块表均无法发货，同时在未通知夏某的情况下，直接将订单删除。夏某起诉亚马逊，要求亚马逊继续履行合同，亚马逊则辩称双方合同没有成立。2013年3月18日，北京市朝阳区人民法院认为，亚马逊使用格式条款未充分提请消费者注意，不应发生效力，且其在网上发布有关商品或服务的信息的行为属于要约，夏某下单后构成承诺，双方合同已经成立，因而判决亚马逊继续履行合同，向夏某交付手表。①

尽管北京市朝阳区人民法院依然没有将亚马逊提供的格式条款认定为免除了己方责任应属无效，但是，从“当当网撤销订单案”到“亚马逊删除订单案”，法院从前案驳回消费者请求，到后案支持消费者请求，也是有了一定的进步。只不过是依然没有从根本上解决消费者保护的问题。虽然，在此之后，逐渐有法院判决该类格式条款属于“排除或者限制消费者权利、减轻或者免除经营者责任、加重消费者责任等对消费者不公平、不合理的规定”，从而认定该条款无效；②但是，认可该类格式条款有效的法院也依然存在。所以，如何在电子商务合同成立的过程中平衡电子商务经营者和消费者的利益，成为《电子商务法》重点关注的内容。

（2）合同成立规则的重构

为了平衡电子商务经营者与消费者的利益，避免在电子商务合同的成立中，电子商务经营者利用“发布信息属于要约邀请＋电子商务合同自发货时成立”的格式条款完全掌握电子商务合同成立的主动权，使消费者处于完全被动的情形，《电子商务法》第49条明确规定：“电子商务经营者发布的商品或者服务信息符合要约条件的，用户选择该商品或者服务并提交订单成功，合同成立。当事人另有约定的，从其约定。电子商务经营者不得以格式条款等方式约定消费者支付价款后合同不

---

① 参见中国电子商务研究中心：《2013－2014年度中国电子商务法律报告》，载网经社2014年7月9日，http://www.100ec.cn/zt/upload_data/down/2013-2014flbg.pdf。

② 参见刘明：《〈电子商务法〉对于网购合同成立规则的影响》，载微信公众号“互联网mate”2018年9月23日，https://mp.weixin.qq.com/s/KCubcfk6rNViautYsab5gQ。

成立;格式条款等含有该内容的,其内容无效。"《民法典》第 491 条第 2 款与《电子商务法》第 49 条第 1 款作了相同的规定。

《电子商务法》的规定重构了电子商务合同订立过程中,电子商务经营者和用户之间的地位关系,倾斜性地保护了用户的利益,使电子商务经营者在事实上无法再通过"发布信息属于要约邀请"的方式获得相对于用户的优势地位,丧失了电子商务合同成立的决定权。即便电子商务经营者仍然与用户约定其在网站上发布的商品或服务信息属于要约邀请,但只要用户实际支付了价款,依据《电子商务法》第 49 条第 2 款的规定,电子商务合同也已经成立。所以,电子商务经营者将发布信息界定为要约邀请,并没有过多的实际意义。至于"电子商务合同自发货时成立"的格式条款则基本上被法律所排除。

结合现代电子商务经营模式的特点,《电子商务法》第 49 条的规定虽然倾斜性地保护了消费者利益,但是就电子商务经营者而言,该规则符合风险与利益平衡的法则,具有正当性。在电子商务中,适用"需求拉动　零库存"模式是电子商务区别于传统商业销售的重要特征,该模式是指先接受消费者订单,后依据订单需求向厂家订货。该模式虽然存在如果厂家备货不足,电子商务经营者将无法履行合同的弊端,但是也极大地降低了电子商务经营者的交易成本,提升了交易效率。所以,虽然依据《电子商务法》第 49 条的规定,电子商务经营者要承担因库存不足而无法履行合同的违约责任,但电子商务经营者在适用"需求拉动　零库存"模式的过程中,也降低了备货成本,达到了风险与收益相平衡。因此,片面地认为《电子商务法》的规定可能会对电子商务的发展产生负面影响、对电子商务的创新产生抑制作用,并不可取。正如本书第四章所指出的那样,平衡性是现代商行为的基本特征,鼓励商业创新也需要符合一定的限度。

3. 电子商务合同订立的义务

《电子商务法》第 50 条规定了电子商务经营者订立合同时应当履行的义务。"电子商务经营者应当清晰、全面、明确地告知用户订立合同的步骤、注意事项、下载方法等事项,并保证用户能够便利、完整地阅览和下载。电子商务经营者应当保证用户在提交订单前可以更正输入错误。"依据该规定,电子商务经营者具有保证信息透明的义务,同时还应当保证消费者的更正权。

4. 电子签名

签名是合同成立的重要依据。根据我国《电子签名法》第2条的规定，电子签名，又称电子签章，是指数据电文中以电子形式所含、所附用于识别签名人身份并表明签名人认可其中内容的数据；而数据电文，是指以电子、光学、磁或者类似手段生成、发送、接收或者储存的信息。新加坡等国家在立法上，将电子签名与数据签名予以区分规定。[①]

在我国，是否使用电子签名，是一种"私法自治"的安排。根据《电子签名法》第3条的规定，对民事活动中的合同或者其他文件、单证等文书，当事人可以约定使用或者不使用电子签名、数据电文。当事人约定使用电子签名、数据电文的文书，不得仅因其采用电子签名、数据电文的形式而否定其法律效力。但是，法律明确规定，以下民事行为所涉文书不适用电子签名、数据电文：①涉及婚姻、收养、继承等人身关系的；②涉及停止供水、供热、供气等公用事业服务的；③法律、行政法规规定的不适用电子文书的其他情形。这是因为这些交易形式对当事人利益影响较大，许可采用电子签名形式，可能使当事人遭遇较大风险，故法律基于慎重之考虑，暂时将其排除在许可电子签名的范围之外。

（1）电子签名的合法性

虽然电子签名与数据电文之使用乃私法自治事项，但一旦当事人决定使用，那么电子签名与数据电文在发送、原件表现形式、保存方式、证据审核等方面，仍须符合法律的强制性规定。

（2）电子签名的效力

电子签名乃签名之一种。《电子签名法》第14条规定，可靠的电子签名与手写签名或者盖章具有同等的法律效力。但在司法实务中，判断某项电子签名是否属于可靠的电子签名是一项比较棘手的技术工作。

《电子签名法》第13条规定，电子签名须同时符合下列条件，方可视为可靠的电子签名：①电子签名制作数据用于电子签名时，属于电子签名人专有；②签署时电子签名制作数据仅由电子签名人控制；③签署

---

① 参见万以娴：《电子签章法律问题研究》，人民法院出版社2001年版，第32页。

后对电子签名的任何改动能够被发现;④签署后对数据电文内容和形式的任何改动能够被发现。当然,电子签名的有效要件也可以由当事人自行约定——当事人可以选择使用符合其约定的可靠条件的电子签名。

(3)电子签名的认证

在开放网络环境下,数据电文的商业化应用,须辅之以电子认证制度,以补强数据电文的可靠性。电子认证是一种专业化的信用服务,是以特定机构对电子签名及其签名人的真实性进行验证的具有法律意义的服务。[①] 依据我国《电子签名法》第16条的规定,电子签名需要第三方认证的,应由依法设立的电子认证服务提供者提供认证服务。可见,电子认证服务是受到国家管制的信用服务行为。从未来发展来看,当私人认证机构信用提升后,应允许私人公司作为第三方,从事电子认证服务,减少对电子认证的强制管制。[②]

依据《电子签名法》第17条的规定,提供电子认证服务,应当具备下列条件:①取得企业法人资格;②具有与提供电子认证服务相适应的专业技术人员和管理人员;③具有与提供电子认证服务相适应的资金和经营场所;④具有符合国家安全标准的技术和设备;⑤具有国家密码管理机构同意使用密码的证明文件;⑥法律、行政法规规定的其他条件。《电子签名法》第28条同时规定,电子签名人或者电子签名依赖方因依据电子认证服务提供者提供的电子签名认证服务从事民事活动遭受损失,电子认证服务提供者不能证明自己无过错的,承担赔偿责任。

(四)电子商务合同的履行

1. 电子商务合同标的的交付

由于我国在合同风险转移制度上采取的是交付主义,即标的物毁损或灭失的风险自标的物交付之日起转移至买受人,所以如何认定合同的交付时间十分重要。对此,《电子商务法》第20条规定:"电子商务经营者应当按照承诺或者与消费者约定的方式、时限向消费者交付商

---

① 参见白锐主编:《电子商务法》,清华大学出版社、北京交通大学出版社2013年版,第82~83页。

② 参见《商法学》编写组编:《商法学》,高等教育出版社2019年版,第160页。

品或者服务,并承担商品运输中的风险和责任。但是,消费者另行选择快递物流服务提供者的除外。”此外,该法第 51 条规定:“合同标的为交付商品并采用快递物流方式交付的,收货人签收时间为交付时间。合同标的为提供服务的,生成的电子凭证或者实物凭证中载明的时间为交付时间;前述凭证没有载明时间或者载明时间与实际提供服务时间不一致的,实际提供服务的时间为交付时间。合同标的为采用在线传输方式交付的,合同标的进入对方当事人指定的特定系统并且能够检索识别的时间为交付时间。合同当事人对交付方式、交付时间另有约定的,从其约定。”《民法典》第 512 条作出了相同的规定。

不过《民法典》第 607 条第 2 款同时规定,“当事人没有约定交付地点或者约定不明确,依据本法第六百零三条第二款第一项的规定标的物需要运输的,出卖人将标的物交付给第一承运人后,标的物毁损、灭失的风险由买受人承担”。如此一来,便出现了《民法典》第 607 条第 2 款与《电子商务法》第 20 条之间的冲突。如果电子商务合同的双方当事人没有约定交付地点或约定不明确,那么依据《电子商务法》第 20 条的规定,商品运输中的风险和责任应当由电子商务经营者承担,但是依据《民法典》第 607 条第 2 款的规定,商品运输中的风险和责任自标的物交给第一承运人后由买受人承担。依据特别法优先于一般法的原则,应当认为在电子商务合同中,商品运输中的风险和责任规则优先适用《电子商务法》的规定。也就是说,如果电子商务合同双方当事人没有约定交付地点,或者约定不明确,电子商务经营者仍然应当承担商品运输中的风险和责任。

2. 快递物流服务提供者的义务

由于在电子商务交易模式之中,当事人之间通常没有协商与谈判的过程,交易过程十分简单,且交易量较大,涉及范围较广,所以在物流配送上,物流的选择通常由电子商务经营者完成。电子商务经营者也通常会与物流公司在一定时期内形成稳定的关系,在电子商务平台自营的场合下,电子商务平台更是有稳定的物流体系,如京东快递。在该背景下,除非买受人特别另行指定物流方式,否则一般无法参与到物流方式的选择之中。此时,如何平衡电子商务经营者、买受人与快递物流服务提供者的三方义务就特别重要。为此,《电子商务法》第 52 条特别规定了快递物流服务提供者的义务。“电子商务当事人可以约定采用快递物流方式交付商品。快递物流服务提供者为电子商务提供快递物流服务，应当遵守法律、行政法规，并应当符合承诺的服务规范和时限。快递物流服务提供者在交付商品时，应当提示收货人当面查验；交由他人代收的，应当经收货人同意。快递物流服务提供者应当按照规定使用环保包装材料，实现包装材料的减量化和再利用。快递物流服务提供者在提供快递物流服务的同时，可以接受电子商务经营者的委托提供代收货款服务。"

3. 电子支付

(1)电子支付的概念与特征

电子支付是电子交易的当事人，包括消费者、厂商和金融机构，使用电子手段进行的货币支付或资金流转。与传统支付方式相比较，电子支付具有以下特征：①

其一，所依托的支付载体不同。电子支付是采用先进技术，以数字化方式来完成信息传输，进而实现支付目的的支付行为。电子支付依赖数字流转实现货币或者资金流动，此与传统支付方式通过现金、票据、银行汇兑等物理实体来完成款项支付不同。

其二，所依托的支付媒介不同。电子支付是在一个开放的系统平台中，使用先进的通信手段完成，如互联网等。而传统支付，则多在较为封闭的银行体系内部，通过传统通信媒介完成。

其三，所涉主体不同。电子支付所涉法律关系较为复杂，一般涉及多方当事人，如消费者、商品或服务的提供者、金融机构及认证机构等。而传统支付所涉法律关系及主体则相对较为简单。

其四，支付效率不同。与传统支付方式相比较，电子支付运用先进的电子技术，大大提升了支付效率。而传统支付方式通常跨期较长，支付效率相对较低。②

(2)电子支付的类型

按照不同标准可对电子支付的类型做不同区分。例如，有人按照

---

① 参见白锐主编：《电子商务法》，清华大学出版社、北京交通大学出版社 2013 年版，第 169 页；郭鹏主编：《电子商务法》，北京大学出版社 2013 年版，第 94 页。

② 参见《商法学》编写组编：《商法学》，高等教育出版社 2019 年版，第 161～162 页。

电子支付指令发起方式之不同，将电子支付区分为自动柜员机交易、销售点（POS）终端交易、电话支付、移动支付和网上支付等不同类型。[①]也有人将其区分为智能卡、电子现金与电子钱包、电子支票、电子资金划拨等不同类型。[②] 按照《非金融机构支付服务管理办法》第2条的规定，非金融机构支付服务，是指非金融机构在收付款人之间作为中介机构提供下列部分或全部货币资金转移服务：网络支付；预付卡的发行与受理；银行卡收单；中国人民银行确定的其他支付服务。而所谓网络支付，是指依托公共网络或专用网络在收付款人之间转移货币资金的行为，包括货币汇兑、互联网支付、移动电话支付、固定电话支付、数字电视支付等。所谓预付卡，是指以营利为目的发行的、在发行机构之外购买商品或服务的预付价值，包括采取磁条、芯片等技术以卡片、密码等形式发行的预付卡。所谓银行卡收单，是指通过销售点（POS）终端等为银行卡特约商户代收货币资金的行为。

电子支付涉及电子货币发行和资金流转管制等法律问题。例如，比特币涉及货币发行，而微信红包的发放则涉及资金流转。因此，法律基于金融秩序维护的需要，必然会对运用电子技术进行的支付方式进行干预。其中，最容易引发争议的是非金融机构组织的第三方支付。电子支付（或电子资金划拨）执行过程与票据交易相似，具有无因性，即无论某笔资金交易的基础原因法律关系成立与否、合法与否，均不会否定电子支付行为本身的有效性。指令人不得以其指令有误或支付原因不合法为由要求银行撤销已完成的支付行为，而只能就错收的款项向与自己有直接法律关系（债权债务关系）的收款人主张不当得利之返还。[③]

（3）电子商务中的电子支付

《电子商务法》第53～57条就电子支付作了详细规定。该法第53条规定的是电子支付服务提供者的义务。“电子商务当事人可以约定采用电子支付方式支付价款。电子支付服务提供者为电子商务提供电

① 参见白锐主编：《电子商务法》，清华大学出版社、北京交通大学出版社2013年版，第172～173页。

② 参见郭鹏主编：《电子商务法》，北京大学出版社2013年版，第95页。

③ 参见郭鹏主编：《电子商务法》，北京大学出版社2013年版，第105页。

子支付服务，应当遵守国家规定，告知用户电子支付服务的功能、使用方法、注意事项、相关风险和收费标准等事项，不得附加不合理交易条件。电子支付服务提供者应当确保电子支付指令的完整性、一致性、可跟踪稽核和不可篡改。电子支付服务提供者应当向用户免费提供对账服务以及最近三年的交易记录。”

《电子商务法》第 54 条规定的是电子支付服务提供者支付安全管理的义务。电子支付服务提供者应当承担的支付安全管理义务主要来自《电子支付指引（第一号）》《非银行支付机构网络支付业务管理办法》《非金融机构支付服务管理办法》的规定。如果电子支付服务提供者提供的电子支付服务不符合国家规定，造成用户损失，则其应当承担赔偿责任。

《电子商务法》第 55 条规定了电子支付用户的义务和错误支付的问题。“用户在发出支付指令前，应当核对支付指令所包含的金额、收款人等完整信息。支付指令发生错误的，电子支付服务提供者应当及时查找原因，并采取相关措施予以纠正。造成用户损失的，电子支付服务提供者应当承担赔偿责任，但能够证明支付错误非自身原因造成的除外。”

为了保护用户的知情权，《电子商务法》第 56 条规定：“电子支付服务提供者完成电子支付后，应当及时准确地向用户提供符合约定方式的确认支付的信息。”对于非授权支付，《电子商务法》第 57 条规定：“用户应当妥善保管交易密码、电子签名数据等安全工具。用户发现安全工具遗失、被盗用或者未经授权的支付的，应当及时通知电子支付服务提供者。未经授权的支付造成的损失，由电子支付服务提供者承担；电子支付服务提供者能够证明未经授权的支付是因用户的过错造成的，不承担责任。电子支付服务提供者发现支付指令未经授权，或者收到用户支付指令未经授权的通知时，应当立即采取措施防止损失扩大。电子支付服务提供者未及时采取措施导致损失扩大的，对损失扩大部分承担责任。”因此，在未授权支付的情况下，法律采取的是过错推定责任，如果电子支付服务提供者不能证明未经授权的支付是用户的过错造成的，则应当对未授权支付所造成的损失承担责任。与此同时，电子支付服务提供者还负有尽力减少损失的义务，发现或者收到未授权支付的通知后,其应当及时采取有效措施防止损失扩大,否则应当承担损失扩大的责任。

第三方支付是电子支付的重要形式,鉴于第三方支付主要与金融行为相关,有关第三方支付的内容本书将在下一章重点介绍。

四、电子商务平台的行为规制

电子商务行为的公法规范与私法规范针对所有电子商务经营者。不过,就电子商务模式而言,相比平台内的电子商务经营者,电子商务平台作为提供电子商务交易场所的组织,不但能够对消费者的选择产生影响,还能对平台内的经营者产生影响,禁止"二选一"的行为就是专门为电子商务平台设计的。因此,有必要就电子商务平台的法律问题展开单独的分析。

(一)电子商务平台的私权力

虽然电子商务平台类似于集贸市场、出租柜台的大商场,但与传统市场组织不同,以互联网技术、大数据技术、算法技术为基础的电子商务平台并不只是纯粹的提供信息的居间服务商,而是新的生产力组织者,是数据这一重要生产要素的掌控者,是电子商务交易基础网络的提供者。[①] 在电子商务交易的过程中,电子商务平台具有"准立法权""准行政权""准司法权",既能够制定约束平台内经营者和用户的平台协议,又能够实施搜索降权、搜索屏蔽、商品下架、删除销量、店铺屏蔽、查封账户等管控措施,还拥有大众评审机制以自我解决在线纠纷等。在电子商务中,平台对平台内经营者和用户所享有的是单方管理权,具有支配属性,平台与平台内经营者和用户依据平台协议发展成了一定程度上的管理与被管理关系,平台基于平台协议而非宪法拥有了支配权,故多将其称之为私权力。然而,目前的法律依然将平台作为私主体,平台协议也被视为合同而受私法规制。

应当认为,在电子商务经营模式中,平台发挥着重要的作用,并且在很大程度上,平台作用得以充分彰显,也是依赖于平台所拥有的私权

---

① 参见刘权:《网络平台的公共性及其实现——以电商平台的法律规制为视角》,载《法学研究》2020 年第 2 期。

力。在私权力的作用下，平台可以最直接有效地减少电子商务经营者发布虚假广告、恶意刷单等欺骗消费者的行为；同时还能最便捷迅速地帮助用户锁定侵权对象，减少损害的进一步扩大，改善电子商务交易环境。更为重要的是，在平台模式下，平台作为独立于政府与用户之外的第三方，能够减轻政府压力，同时有利于用户利益的保护。

因此，平台享有私权力是具有合理性的，其问题主要在于法律未对这类权力建构配套的法律规则。目前，我国对于电子商务平台的法律规制主要来自《电子商务法》、《消费者权益保护法》、《反垄断法》、《反不正当竞争法》和《民法典》合同编，就平台的私权力而言，更直接的法律规范来自《民法典》合同编。《民法典》合同编采取的是严格责任原则，①也就是违约就必须承担责任，不考虑是否存在过错。然而，在平台集"立法、司法、执法"于一体的背景下，《民法典》的规则很容易被规避。所以，法律必须针对平台的私权力问题作出回应，构造符合其发展特征的法律规则体系，其中最为重要的就是责任制度的完善。

（二）电子商务平台的法律责任

在前文介绍电子商务纵向法律关系和横向法律关系的内容中，本书已经对《电子商务法》规定的平台义务有部分介绍，下文将结合《电子商务法》规定的平台责任展开分析，同时讨论理论上应当予以完善的平台责任。

"法律责任的概念是一个与法律义务相关联的概念。当我们说某人在法律上负责于某行为或是某人负担的法律责任时，我们的意思是说，如果他做相反的行为，他就有被制裁的可能。"②所以，下文将一并分析法律规定的电子商务平台义务与责任。

1. 信息责任

所谓的信息责任是法律要求电子商务平台经营者承担的与信息有关的义务及与之相对应的责任。《电子商务法》第27～29条、第31条、第37条、第39条和第40条规定了电子商务平台经营者应当承担的与

---

① 参见崔建远：《合同法》，法律出版社2010年版，第296～297页。

② ［奥］凯尔森：《法与国家的一般理论》，沈宗灵译，中国大百科全书出版社2003年版，第49页。

信息有关的义务,第 80 条、第 81 条分别规定了违反该义务应当承担的责任。

《电子商务法》第 80 条规定的行政责任分别对应第 27 ~ 29 条和第 31 条规定的法律义务。第 27 条规定了电子商务平台经营者对平台内经营者所提交的真实信息具有核验、登记的义务。第 28 条规定的是向市场监督管理部门、税务部门报送有关信息的义务。第 29 条规定的是报告发现违反限制经营与禁止经营的情况的义务,第 31 条规定的是商品和服务信息、交易信息保存义务。

《电子商务法》第 81 条规定的也是行政责任,该条规定了与服务协议、交易规则有关的责任,还规定了电子商务平台在信息方面的责任。与信息相关的责任主要体现在该条第 1 款第 3 项、第 4 项和第 2 款中,其对应的义务体现在该法第 37 条、第 39 条和第 40 条中。第 37 条规定的是显著标记自营业务与平台内经营者业务的信息义务,第 39 条规定的是提供商品或服务的评价信息的义务与不得擅自删除评价信息的义务,第 40 条规定的是显著标明“广告”信息的义务。

2. 协议责任

协议责任是《电子商务法》就电子商务平台经营者提供的服务协议和交易规则所规定的责任。平台提供的服务协议和交易规则依据中国现行法律框架,属于合同法调整的范畴,理论上服务协议和交易规则也应当是接受服务与参与交易的当事人双方共同磋商后的结果。但是前文已经指出,实践中电子商务平台经营者拥有单方制定服务协议与交易规则的权力,磋商机制事实上并不存在。服务协议与交易规则在电子商务中更像是政府制定的规章或国家制定的法律,是平台行使“准立法权”的结果。其合理性与危害性前文已有介绍,这里我们主要考察《电子商务法》对这类行为的责任设置情况。

《电子商务法》第 75 条、第 81 条、第 82 条规定了电子商务平台经营者的协议责任,第 32 ~ 36 条和第 46 条规定了与协议责任对应的义务。《电子商务法》第 76 条也规定了电子商务平台经营者的协议责任,不过该条同时表示对于电子商务平台经营者依照第 81 条第 1 款处罚,所以本书未予单列。

《电子商务法》第 75 条中规定了电子商务平台经营者违反限制交

易与禁止交易的法律责任,对应的是第 46 条规定的电子商务平台经营者不得从事集中竞价、做市商、标准化合约交易的禁止性义务。《电子商务法》第 81 条第 1 款第 1 项、第 2 项规定的行政责任分别对应第 33 条的服务协议与交易规则公开、公平、公正义务与公示义务,以及第 34 条的公开征求意见义务。《电子商务法》第 82 条规定的行政责任对应的是第 35 条规定的电子商务平台经营者不得对平台内经营者在平台内的交易、交易价格或者与其他经营者的交易等进行不合理限制或附加不合理条件,或者向平台内经营者收取不合理费用的义务。

值得注意的是,《电子商务法》第 36 条也是与平台服务协议和交易规则有关的条款。该条规定,电子商务平台经营者依据平台服务协议和交易规则作出的警示、暂停或终止服务等措施的,应当及时公示。但是,该法并没有就违反该公示义务应当承担的责任作出规定。

结合《电子商务法》的规则,我们可以清晰地发现,法律对电子商务平台提供服务协议与交易规则的行为设置了一定的程序规范与违反该规范的法律责任,这里面体现的是程序正义的理念。不论是要求电子商务平台经营者公开、公平、公正地制定平台服务协议与交易规则,还是要求电子商务平台经营者公示信息、公开征求意见,这些规则都充分体现了电子商务平台经营者所实施的商行为应当遵守程序,值得肯定。然而,除了公开、公平、公正原则及其具体化后的公示义务,法律并没有就电子商务平台经营者因服务协议与交易规则所享有的私权力作更进一步的规定。如何保障实体正义,如何更好地平衡电子商务平台经营者与平台内经营者、用户之间不平等的法律地位仍需法律作出更多努力,详细分析将在下文对权力责任的叙述中展开。

3. 安保责任

《消费者权益保护法》第 18 条第 2 款和《民法典》第 1198 条都规定了经营者具有安全保障义务。《电子商务法》第 30 条规定了电子商务平台经营者具有保障网络安全的义务,第 38 条规定了电子商务平台具有保障人身、财产安全的义务,第 79 条和第 83 条分别规定了违反网络安全义务与安全保障义务的法律责任。

网络安全义务主要与《网络安全法》相关,多涉及行政责任方面的问题,安全保障义务则通常被认为主要涉及民事责任。[①] 理论与实务中,与安全保障义务有关的争议较多,因此,本书将重点分析电子商务平台的安全保障义务问题。

首先是安全保障义务的内容。电子商务平台的安全保障义务的责任承担方式可以分为两大类型:一类是连带责任,另一类是相应责任。《电子商务法》第 38 条第 1 款规定的是连带责任。电子商务平台经营者如果知道或应当知道平台内经营者销售的商品或者提供的服务不符合保障人身、财产安全的要求,或者有其他侵害消费者合法权益的行为,未采取必要措施的,依法与该平台内经营者承担连带责任。依据该规定,电子商务平台经营者承担连带责任的前提是存在共同侵权行为,也就是电子商务平台经营者与平台内经营者存在共同的主观过错,属于直接侵权行为。该连带责任对应的安全保障义务是防止侵权行为继续发生的法定义务。《电子商务法》第 38 条第 2 款规定的是相应责任。对关系消费者生命健康的商品或者服务,电子商务平台经营者对平台内经营者的资质资格未尽到审核义务,或者对消费者未尽到安全保障义务,造成消费者损害的,依法承担相应的责任。与第 38 条第 1 款相比,第 38 条第 2 款规定的相应责任主要是针对间接侵权行为,所以在大多数情况下电子商务平台经营者承担的是补充责任。不过,如果电子商务平台经营者违反审核义务或者安全保障义务的行为与平台内经营者的侵权行为具有关联性,是侵权结果的共同原因,也就是存在客观的共同侵权行为,则电子商务平台经营者也有可能承担连带责任或按份责任。[②] 这就是《电子商务法》第 38 条第 2 款以"相应的责任"表示电子商务平台经营者违反安全保障义务应当承担的责任的理由。该相应的责任对应的安全保障义务是防止损害发生的法定义务。

其次是安全保障义务的性质。安全保障义务的性质问题主要是针对《电子商务法》的规定而言的,尤其是该法与《消费者权益保护法》《民法典》之间的关系。通常认为,《电子商务法》规定的安全保障义务来自《消费者权益保护法》和《民法典》侵权责任编。严格来说,《消费

① 参见王道发:《电子商务平台经营者安保责任研究》,载《中国法学》2019 年第 6 期。

② 参见王道发:《电子商务平台经营者安保责任研究》,载《中国法学》2019 年第 6 期。

者权益保护法》与《民法典》规定的安全保障义务应当主要是线下具体场景的安全保障义务,《电子商务法》规定的安全保障义务则主要是线上虚拟网络中的安全保障义务,两者在具体实施时存在差别。线上的安全保障义务包括保障网络安全的义务、保存信息的义务、信息审核义务等。线下的安全保障义务则主要是保护消费者在具体场景中人身和财产安全。

4."通知—删除"责任

所谓的"通知—删除"责任在其发展初期又可以称为避风港规则,是为保护平台而设置的制度,源自美国的《千禧年数字版权法》。在该制度下,电子商务平台经营者等网络服务提供者收到权利人的投诉后,依程序采取删除、屏蔽、断开链接、终止交易和服务等措施,并将权利人的投诉转达给被投诉人,再将被投诉人的反通知发回给投诉方,最后根据情况继续或终止所采取的措施。在这一过程中,平台不承担实质审查的义务,只要按规定的程序实施了相应的行为,即可免除责任。避风港规则的理论基础就是平台只是信息传播的中枢,具有独立性。① 如果平台实质上审查了投诉信息,并在此基础上采取了相应的措施,则平台不再具有消极、中立的地位,不能主张适用避风港责任,而须根据情况承担相应的法律责任。依据中国《民法典》第 1165 条所确定的过错归责原则,如果平台实质审查投诉信息,并作出了不予删除或断开链接等行为,则平台须承担过错责任。不过《民法典》第 1195 条规定的网络侵权责任突破了该规定,要求平台对其实质审查行为承担无过错责任。《电子商务法》第 42 条也作出了相同的规定。由于相比《民法典》第 1165 条,《民法典》第 1195 条是具体规定,而《电子商务法》又是特别法,《民法典》第 1166 条也规定,法律规定不论行为人有无过错都应当承担侵权责任的,依照其规定。所以,在中国,如果电子商务平台经营者因实质审查投诉信息,而不采取删除、屏蔽、断开链接、终止交易和服务等措施的,不论是否存在过错,都应当对损失扩大部分承担连带责任。②

---

① 参见刘文杰:《〈电子商务法〉"通知—删除"规则之检讨》,载《北京航空航天大学学报(社会科学版)》2019 年第 6 期。

② 参见《电子商务法》第 42 条。

除了无过错责任,《电子商务法》第41～45条规定的"通知—删除"义务,以及第84条规定的"通知—删除"责任还在适用范围上存在限制,即仅适用于知识产权权利人。不过其他民事权益因电子商务平台经营者而受到侵害的权利人也能得到保护,其法律依据是《民法典》第1195条。

《民法典》第1195条、第1196条、第1197条分别与《电子商务法》第42条、第43条、第45条相对应。相比《民法典》,除了适用范围上的限制问题,《电子商务法》还存在三个方面的不同。第一,恶意错误通知的加倍赔偿。《电子商务法》第42条第3款第2句规定:"恶意发出错误通知,造成平台内经营者损失的,加倍承担赔偿责任。"该规定体现了《电子商务法》平衡用户与平台内经营者利益的意图,能够较好地避免恶意错误通知对电子商务的负面影响。第二,明确终止措施的合理期限为15日。《民法典》第1196条第2款第2句规定:"网络服务提供者在转送声明到达权利人后的合理期限内,未收到权利人已经投诉或者提起诉讼通知的,应当及时终止所采取的措施。"何为"合理期限"有待进一步确认,司法机关对此具有裁量权。《电子商务法》第43条第2款第2句则直接将该期限确定为15日:"电子商务平台经营者在转送声明到达知识产权权利人后十五日内,未收到权利人已经投诉或者起诉通知的,应当及时终止所采取的措施。"将合理期限固定为15日,一方面有利于保持法律的严肃性与统一性,防止投诉人怠于及时行使权利从而损害平台内经营者的利益;但另一方面也可能存在法律规定过于僵化的弊端,使能够证明自己不存在侵权,或者愿意积极整改的平台内经营者无法及时要求平台终止删除或下架等措施。[①] 第三,公示义务。《电子商务法》第44条规定,电子商务平台经营者应当将该法第42条、第43条规定的通知、声明及处理结果予以公示。该规定有利于保障各方当事人的知情权,加强社会监督,值得肯定。

5. 权力责任

在协议责任中,本书已经指出,虽然在现行法律框架下,电子商务

---

① 参见范艳伟、王珏:《电商法来了,平台怎么办?——论〈电子商务法〉下电商平台"通知—删除"规则的适用》,载《北京航空航天大学学报(社会科学版)》2019年第6期。

平台经营者就平台服务协议与交易规则所享有的私权力有相应的行政责任,也有对应的私法责任,但是上述责任制度并不足以解决私权力所带来的法律问题。

首先是行政责任有限。《电子商务法》并没有将电子商务平台经营者作为"准行政机构",而是将其作为民事主体,其所设置的行政责任本质上主要涉及的只有公示义务的违反。虽然该法第 32 条规定了电子商务平台经营者应当遵循公开、公平、公正的原则制定平台服务协议和交易规则,明确进入和退出平台、商品和服务质量保障、消费者权益保护、个人信息保护等方面的权利和义务,但是对如何保障平台服务协议和交易规则的公平和公正,法律并没有给出具有可操作性的规则。用户如果想依据《消费者权益保护法》与《反垄断法》主张权益受到侵害,举证困难与经济地位的不平等等问题,都可能使法律的保护落空。

其次是私法责任的落空。理论上,在行政责任和私法责任双重作用下,电子商务平台经营者的私权力本应当得到很好的规制,行政责任保障程序正义,合同责任保障内容上的实质正义。然而,对于电子商务平台经营者,现行法不仅行政责任的适用范围较为有限,合同责任也难以保护具有"不平等"地位的当事人所签订的协议。电子商务平台经营者在提供服务协议与交易规则的过程中即便充分进行了公开征求意见的行为,最后是否采纳该意见也仍然由该平台决定,平台内经营者和用户不接受该内容,或者不接受内容的修改的,只能退出平台,平台拥有单方面最终决定平台服务协议与交易规则的权力。在平台寡头化的今天,该退出行为表面上给予了平台内经营者和用户选择权,然而在更多场合下,其本质上并没有给平台内经营者和用户带来更多的利益,反而为平台提供了法律上的保护伞,使平台内经营者和用户不得不以"自愿"放弃选择权的方式接受平台内容,且平台无须承担法律责任。更为重要的是,对于平台所提供的服务协议与交易规则,用户或平台内经营者基于格式条款无效的理论主张平台规则不合理,通常无法得到法律的支持。[①] 在《电子商务法》颁布之前,多数法院一直未认定电子商务

---

① 参见刘权:《网络平台的公共性及其实现——以电商平台的法律规制为视角》,载《法学研究》2020 年第 2 期。

平台经营者在“二选一”行为中提供的格式条款无效就是很好的证明。因此,在合同法框架下,平台服务协议和交易规则内容上的实体正义也无法被很好地保证,更多情况下是平台单方面决定内容,且相对人难以对抗。

归结而言,现行法就电子商务平台所享有的私权力所作出的规定,存在行政责任有限、私法责任落空的问题。而出现该问题的根本原因还是在于,法律将具有私权力的电子商务平台经营者所提供的平台服务协议和交易规则等同于经过平等、自由、协商后形成的合同,其所预设的场景依然是平等主体之间“一对一”的谈判结果。所以应当针对私权力的法律责任完善提供方案。

第一,应当以程序正义为标准,完善程序规则。除了公示义务、公开征求信息义务,还应当要求电子商务平台履行告知、说明理由、听取建议等程序,同时保障平台内经营者和用户寻求司法救济的途径。第二,保障实体正义,建立适当的司法审查机制。目前,对于平台所提供的服务协议与交易规则,因法律将其视为意思自治的结果,所以多不对合同内容进行审查,在格式条款的判断上持较为审慎的态度。鼓励商业创新必须与维护社会利益相平衡,过度地审查平台所提供的服务协议与交易规则,可能会损害平台经济的发展,但采取完全放任的态度也不利于各方利益的平衡。因此,法院应当在具体个案中,在尊重商业发展与创新的基础上,平衡司法的谦抑性与能动性,对平台所提供的服务协议与交易规则作出适当的审查。

第七节 商事物流行为

一、物流的概念及历史演进

(一)物流的概念

根据美国供应链管理专业协会的定义,物流是“供应链过程的一部分,它是对商品、服务及相关信息在起源地到消费地之间有效率和有效益的正向和反向移动与储存进行的计划、执行与控制，其目的是满足客户需求”。[①] 我国《物流术语》将物流定位为：“使物品从供应地向接收地进行实体流动的过程。根据实际需要，将运输、储存、装卸、搬运、包装、流通加工、配送、回收、信息处理等基本功能实施有机结合。”综合该两大观点，物流是在起源地到消费地之间的，由运输、储存、配送、信息处理等商事活动有机结合而成的实物流通过程。

（二）从物流到第三方物流的发展

有学者将物流的发展分为三大阶段，第一阶段是第二次世界大战后到20世纪80年代，第二阶段是20世纪80年代到20世纪90年代，第三个阶段是20世纪90年代之后。第一个阶段是起步期，第二个阶段是发展期，第三个阶段是成熟期。[②] 根据该学者的介绍，第二次世界大战后，美国将物流应用在汽车工业领域，用于原材料、产品的储存和配送；1964年日本引入物流概念，并广泛使用物流技术。20世纪80年代后，随着电子信息技术的发展，物流逐步实现产业化。互联网技术的普及使物流在1990年后从企业内部运作发展到外部委托第三方，第三方物流迅速崛起并发展。

第三方物流确实是传统物流的现代化发展，我国《物流术语》将之界定为“由独立于物流服务供需双方之外且以物流服务为主营业务的组织提供物流服务的模式”。不过，早在20世纪20年代，第三方物流就已经成熟于欧洲大陆，称之为货运行纪。[③] 货运行纪是以运输为交易标的，以行纪为交易方式的商事行为。货运行纪最早由德国实现法制化，在《德国商法典》中被称为运输行纪（Spediteur），[④]法国称之为运输行纪商，[⑤]《日本商法典》的货运行纪继受于德国的运输行纪。货运行纪通过行纪商在运输方面的专业知识减少了运输成本。第三方物流实

---

① 何明珂：《物流概念研究——概念、术语与定义》，中国物流学会、中国物流与采购联合会2002年年会论文。

② 参见孟于群：《第三方物流法律实务及案例》，中国商务出版社2010年版，第1页。

③ 参见《日本最新商法典译注》，刘成杰译注，中国政法大学出版社2012年版，第179页。

④ 参见［德］C. W. 卡纳里斯：《德国商法》，杨继译，法律出版社2006年版，第765页。

⑤ 参见《法国商法典》（下册），罗结珍译，北京大学出版社2015年版，第1164页。

际上就是货运行纪或者说运输行纪。[1] 当下理论探讨的第三方物流不过是运输行纪在现代信息技术下的发展。因此,第三方物流并非20世纪90年代后的产物,早在20世纪20年代第三方物流就已经如火如荼地适用于商事交往中。

二、第三方物流的法律保护现状

我国目前没有一部专门、统一的物流法,现行有关第三方物流活动的法律法规主要有:法律层面的《民法典》《海商法》《港口法》《道路交通安全法》《民用航空法》《邮政法》《铁路法》《对外贸易法》《海关法》等;法律之外的《海港管理暂行条例》《航道管理条例》《物流企业分类与评估指标》等;规范性文件层面的国务院办公厅《关于促进物流业健康发展政策措施的意见》、商务部《关于加快国际货运代理物流业健康发展的指导意见》、《铁路货物运输规程》等。

从规模和体量来看,我国关于第三方物流的规范性文件较多,呈现出显著的碎片化与滞后化缺陷。有关第三方物流的规则分散于多项法律法规之中,由于统一立法指导思想与立法理念的缺位,内容重叠、规则冲突的问题在第三方物流规则中十分突出。首先,关于第三方物流的工商、税务、海关等相关单证就彼此不配套,甚至出现重复计税的现象。[2] 其次,第三方物流以商事活动的有机结合为特色,但现行法律规则未对第三方物流经营者的复合性身份作出规定,使集承运人、代理人、保管人等多重身份于一身的第三方物流经营者只能依据不同的法律关系寻找法律的保护,常常出现同一主体不同责任的尴尬情形。再次,第三方物流跨地区、跨国境,除了内国法还涉及外国法以及国际法的内容,国内法与国际法尤其是国际条约的冲突时有发生,如何识别法律关系适用本国的冲突规范,如何进行外国法查明,尤其是在国内法与国际条约、国际贸易规则冲突的情况下如何进行法律适用都是法院不得不面临的难题。复次,第三方物流所涉及的保险问题突破了传统保

① 参见范健、王建文:《商法基础理论专题研究》,高等教育出版社2005年版,第465页。

② 参见彭建安:《第三方物流法律体系构建刍议》,载《中共中央党校学报》2013年第2期。

险的类别与规定,第三方物流经营者集投保人、被保险人、受益人身份于一身,投保人是否是适格的被保险人,投保人是否是真正的保险法律关系当事人,以及保险标的、保险利益的存在在物流保险案例中反复出现。最后,普通快递业务是第三方物流的重要组成部分,但是对于普通快递应当适用《邮政法》还是《民法典》合同编中关于服务合同的规定,实践中仍然存在争议。①

三、第三方物流法律制度的完善

我国关于第三方物流的法律规制仍然不尽如人意,第三方物流的法律关系定性、第三方物流经营者的责任、第三方物流的法律适用、第三方物流的保险问题等都亟须完善。由于第三方物流的法律适用和保险问题被包含于第三方物流的法律关系定性中,或者说属于第三方物流法律关系的后续问题,所以我们将重点解决第三方物流法律关系定性和第三方物流经营者的责任问题。

(一)第三方物流的法律关系

第三方物流的一个重要特点就是物流服务关系合同化,现阶段第三方物流的法律适用主要也是拆分为不同类型的合同,分别适用《民法典》合同编的不同规定。我国《民法典》合同编第二分编"典型合同"项下规定了19类有名合同,涉及第三方物流服务关系的主要有承揽合同、运输合同、保管合同、仓储合同、委托合同、行纪合同等。这种拆分适用的方式能够为第三方物流的法律调整提供具体的依据,但是作为一个有机的整体,这种拆分方式人为地割裂了同一的法律关系。尽管第三方物流合同多体现为运输合同、仓储合同,但是第三方物流合同又都会对包装修补,集装箱拼箱、装箱或者拆箱等加工承揽事项作出规定,所以拆分的方式无法解决所有问题。

具体而言,第三方物流涉及的法律关系主要有:第一,运输、仓储、加工等一般物流服务法律关系。当第三方物流企业接受客户的委托,自己进行运输、仓储、装卸、搬运等物流作业活动,完成物流合同所约定

---

① 参见南京中雪胶粘带制造有限公司诉江苏申通物流有限公司等服务合同案,江苏省南京市江宁区(县)人民法院(2010)江宁商初字第342号民事判决书。

的内容时，这种经营模式与传统运输业、仓储业等区别不大，当事人双方形成相应的法律关系，如运输法律关系、仓储法律关系等。第二，委托代理法律关系。物流企业不可能拥有履行物流合同的所有资源，因此不可避免地需要在第三方物流合同中约定，物流经营者在一定权限内可以物流需求者的名义委托他人完成物流业务。这时物流合同的当事人之间就形成了委托代理关系，即第三方物流经营者以物流需求者的名义同他人签订分合同，履行物流合同的部分内容，对该分合同的权利、义务物流需求者也应享有和承担，此他人又被称为第四方物流，限于篇幅本书对此不予讨论。第三，居间、行纪法律关系。在实际业务操作中，物流经营者可能提供与运输有关的信息、机会等服务，促成物流需求方与物流提供方（如货主与承运人、港口经营者等）之间的交易，从中收取一定的费用和报酬，并协调有关当事方的利益，而自己并没有同任何一方签订委托代理合同或向任何一方提供实体物流服务。此时，物流经营者处于居间人的法律地位。实践中，也有物流经营者在为货主提供运输代办服务时，由于没有运输工具，就以自己的名义与第三方签订运输合同或者租用第三方的运输工具；由于没有仓库，就以自己的名义与第三方签订仓储合同或者租用第三方的仓库，此时，物流经营者处于行纪人的法律地位。

仓储、运输、代理、居间、行纪都是商法领域中的重要商事行为，因此，即便在商法理论框架内，第三方物流也是涉及不同类型的、复合性的商事行为，属于特别的具体商事行为。不过，既然我们反对在民法框架内利用割裂的方式调整第三方物流，那么我们同样也不同意割裂地让第三方物流分别适用商事仓储、商事运输、商事代理等商法规定，第三方物流应当是新型的复合型商事行为。作为复合型商事行为，第三方物流的商法调整不是商事仓储、商事代理等商事法律规则的简单拼凑，而是商法规则的有机结合。突破传统保险理论的第三方物流保险规则是第三方物流作为新型商事行为的特殊性规则，第三方物流经营者基于物流服务所获得的委托代理权以及居间、行纪身份也是新型商事行为的特有规则。

第三方物流法律关系的定位就是新型特殊商事行为，其规则源于商事仓储、商事运输、商事代理、商事居间、商事行纪、保险等传统商事行为，又区别于上述商事行为的理论以及具体制度安排，是自成体系的规则设计。

（二）第三方物流经营者的责任

第三方物流经营者的概念存在广义说和狭义说两种立场。广义上的第三方物流经营者是指不管其从事哪一个阶段的物流，也不管其物流服务的深度和水平如何，只要其是作为供方和需方之外的第三方提供物流服务，即是第三方物流经营者。狭义上的第三方物流经营者则是指能够提供系统、现代化第三方物流服务的经营者。本书在狭义上使用第三方物流经营者的概念。

1. 责任分配

第三方物流经营者提供物流服务，通常涉及两大合同：一个是与货主企业签订的物流服务合同，约定物流服务的内容和实施的标准以及第三方物流经营者和货主企业之间的权利义务；另一个是分包合同，第三方物流经营者常常将物流具体作业的一部分或全部分包给其他物流企业运作。

第一个合同毫无疑问由第三方物流经营者承担责任，而且，尽管第二个合同涉及其他主体，但一般情况下第三方物流经营者仍然是直接责任人。货物损失发生之后，第三方物流经营者应根据物流合同的约定对货主企业承担全部责任，再根据与分包方订立的分包合同向分包方追偿。货主企业与分包方之间一般不存在合同关系，只有在第三方物流经营者充当货主企业商事代理人的情况下，货主企业才直接与分包方存在合同关系。而在第三方物流经营者以自己名义实施行为并自己承担行为后果的情况下，货主企业与分包方中受损的一方不能以违约为由提起诉讼或直接要求对方赔偿，只能由受损方先向第三方物流经营者提出赔偿要求，第三方物流经营者赔偿后再根据与责任方的合同进一步提出追偿要求。

2. 归责原则

第三方物流经营者提供的服务涉及商事仓储、商事运输、商事代理、商事居间等，作为复合性商事行为，第三方物流经营者的归责原则也具有复合性。

如果第三方物流经营者提供的是物流方案设计，那么第三方物流经营者需要遵循严格责任原则。[①] 如果第三方物流经营者提供的是商事代理服务，那么对第三方物流经营者适用过错责任原则。[②] 如果第三方物流经营者提供的是商事运输服务，于公路、汽车、铁路、水路运输时第三方物流经营者承担严格责任；[③]于海运时，第三方物流经营者承担不完全过失责任，即存在过失免责的情况；[④]于空运时，第三方物流经营者承担过错推定责任。[⑤]

因此，第三方物流经营者的责任需要根据不同的服务内容适用不同的归责原则。

第八节 商事担保行为

一、担保制度的基本概况

（一）担保制度的起源

汉语中的"担保"一词，经常在不同场合使用，表示对某种后果所做的确保、承诺、决心等。但这些担保均不含有法律上的含义。[⑥] 法律上的担保有着特殊的含义。在学理上，担保有着广义与狭义之分。从广义上讲，所有能保障债权人债权实现的法律措施，都可以称之为担保，它包括民法上的担保物权制度、保证制度、定金制度、违约金制度。但从狭义上讲，民法上的担保仅指担保物权制度、保证制度和定金制度，债的保全制度被排除在外。[⑦]

就担保的起源来看，担保制度的出现与经济的发展程度密切相关。

---

① 《民法典》第 884 条关于技术服务合同的规定采取的就是严格责任。

② 《民法典》第 929 条规定，有偿委托合同适用过错责任原则。

③ 《铁路法》《水路货物运输合同实施细则》均规定承运人就货物的毁损、灭失承担严格责任。

④ 我国《海商法》第 51 条规定了 12 种承运人免责的情形。

⑤ 《民用航空法》第 126 条规定，承运人对货物的延迟交付造成的损失承担过错推定责任，即当受害人受到侵害时，由法律推定加害人有过错并承担民事责任，免除了原告的举证责任，从而实现了举证责任的倒置，由加害人证明自己没有过错。

⑥ 参见孙鹏、肖厚国：《担保法律制度研究》，法律出版社 1998 年版，第 1 页。

⑦ 参见陈本寒主编：《担保法通论》，武汉大学出版社 1998 年版，第 1 ~ 2 页。

物权与债权是经济生活中两种重要的财产权。在经济不发达的情况下，人们主要依靠自己的人力、物力和财力进行生产，在这种条件下，所有权制度是能够保障生存和生产最基本的法律制度，成为整个财产制度的核心。但随着社会生产力的发展，社会生产关系发生变革，利用他人的财产进行生产活动已经成为普遍现象，而法律制度最明显的制度变化就是债的关系逐渐发达。但是，债权本身并不具有当然实现的特性，其仅仅是一种期待可能性。因此，为了担保债的履行，担保制度随即产生。担保制度从一开始的产生就与经济发展相联系。

（二）担保制度的历史演进

担保制度的发展，最早可以追溯到古罗马时期。在古罗马社会早期，商品经济不发达，人们文化水平低，迷信神灵，商品数量很少，并且主要集中在部落内部进行，所以当时实行用誓言约束债务人的制度。随着经济的发展，在市民法中逐渐产生了以债务人名誉或者人身作为债务履行担保的制度。到公元前 2 世纪前后，随着商品交换扩大和到古罗马经商外国人的增多，古罗马逐渐废除了人身担保制度，而产生了定金、担保物权、保证等一系列担保制度。①

1.“物的担保”发展演变

古罗马法将物权分为自物权和他物权。自物权即所有权，他物权依照设定目的不同又分为用益物权和担保物权两大类，担保物权是为保障债的履行而设定的物权。只要满足主债权存在、担保物为流通物、设定方式合法三个条件，担保物权即可设立。古罗马法对担保物权的规定初成体系，细致周到。② 后世对此大多予以继承和发展。

就抵押制度而言，抵押权并不是古罗马自创，而是引进古希腊法制的结果。③ 古罗马法最初引进抵押制度是针对佃农带进出租田的耕作工具的。这些耕作工具是对租金的担保，因其质押会影响耕作，因而仍由承租人占有。在罗马共和国末期，裁判官萨维尔向出租人发出令状，许可他们在承租人不交租金的情况下，对这些工具实行占有，并予以出

① 参见孙鹏、肖厚国：《担保法律制度研究》，法律出版社 1998 年版，第 57 页。
② 参见陈本寒主编：《担保法通论》，武汉大学出版社 1998 年版，第 22 页。
③ 参见陈本寒主编：《担保法通论》，武汉大学出版社 1998 年版，第 24 页。

卖以实现债权。[①] 古罗马法建立抵押制度之后，由于缺乏公示方法，运行效果并不好，后世为解决这一问题乃创立了登记制度。近代《法国民法典》《德国民法典》均在古罗马法基础上发展和完善了抵押制度。

就质押制度而言，在古罗马法上抵押与质押似乎是一个统一的担保制度，抵押是对质押的完善。二者的区别在于是否移转了占有，移转占有则为质权。近代德国民法在古罗马法基础上将质权分为动产质权与权利质权，而法国则将质权分为动产质权与不动产质权。

留置权起源则有所不同。留置权有民事留置权与商事留置权之分。民事留置权最早起源于古罗马法上的恶意抗辩，其仅仅是一种诉讼上的抗辩权，系对特定人的抗辩，不具有物权效力。而商事留置权则起源于中世纪意大利都市习惯法，其作用在于维护商人之间的信用。

2.“人的担保”发展演变

人的担保也是随着商品经济发展而逐渐完善的。古罗马法上，人的担保最初为“允诺保证”，仅适用于古罗马市民。后来，随着外国人不断增加，产生了适用于非市民的“诚意允诺保证”，这两种保证除了适用主体不同，在其他方面是完全相同的。允诺保证和诚意允诺保证均属于要式行为，并且必须采取口头的形式。值得一提的是，这两种保证契约担保的主债务也必须是口头的，要和主债务一并订立。订立之后，保证人对主债务承担与主债务人相同的责任。

到罗马共和国末期，又产生了万民法意义上的“诚意负责保证”，此种保证突破了口头契约的限制，同时改变了先前保证人与债务人负相同责任的方式，变更为只有债务人清偿不能时方可向保证人主张保证责任。后来古罗马法学家和法官又创立了“委任保证”和“简约保证”，它们都是诺成契约，不需要履行一定形式。近代法国和德国继承了罗马法规定，并且作出了不同的发展。《德国民法典》物权、债权分立，将保证规定于债编之中；而法国的保证却与其他担保统一规定于财产的取得方式中。

现代社会，随着商品交易的日益繁荣，商事领域的风险也逐渐增

① 费安玲主编：《比较担保法——以德国、法国、瑞士、意大利、英国和中国担保法为研究对象》，中国政法大学出版社2004年版，第154页。

加,为保障商事主体的合法权益,商事领域的担保也逐渐发展和完善起来,并且日益体现出与民事担保不同的独特品格。一方面,商事领域的担保注重的是财产的价值及其变现性,所以凡是具有交换价值的财产,无论是单个的还是整体的,无论是现在的还是将来的,都可以成为担保物,①从而出现了浮动抵押、最高额抵押等特殊的新型的担保制度。另一方面,商事担保强化了商事主体的责任,在此基础上形成了对保证人先诉抗辩权的突破,推进了整个担保制度理论和实践的创新。

从整个担保制度的演变过程来看,担保制度是与经济社会的发展相联系的。从诞生之日起,担保制度就与整个商品交易活动相联系。商品交易活动的发达产生了对担保制度的客观需求,担保制度的发展又推进了新一轮社会经济发展。而商事担保的产生便是新的经济条件决定的。正是因为传统的民事担保已经难以适应高度的商业化经营需要,商事担保才有了存在的可能性和必要性。因此,在商业高度繁荣和世界经济竞争白热化的当下,单纯以民法思维应对一切,忽视商事担保的独特性及其功能价值,很可能使我国丧失规则创新和发展的时代机遇,从而妨碍商业的现代化发展。如何以商法的视角审视民商事担保的区别并完善商事担保制度,便成了我们必须面对的问题。

二、我国商事担保的立法现状

(一)商事担保的概念探析

商事担保不是一个法定概念,我国立法未予以明确定义,学理上也没有形成统一的解释。有学者认为,商事担保是指商人以营利为目的提供的或为商行为提供的担保,法律另有规定的除外。② 也有学者认为,商法典中所规定的商事担保,主要是对商业经营过程中所发生的以具体商事债务为基础所确立起来的特定的人(特定的债务人或第三人)以特定的财产(动产或不动产、有价证券以及信誉)并以特定的方式(如抵押、质押、留置、信托让与等)向特定的债权人所作的担保,其目的就

① 徐强胜:《商法导论》,法律出版社2013年版,第344页。
② 周林彬、王爽:《商事担保概念初探》,载《法学》2013年第3期。

在于使特定的债权得以顺利实现。[①] 还有学者在范畴上将商事担保分解为以下三项:(1)以营利为目的的担保,如公司有偿为他人提供的担保;(2)商人在营业活动中提供的担保,主要是各类以担保为营业范围的金融担保公司或金融机构,如中小企业信用融资公司,专业担保公司与银行、信用社等提供的担保;(3)为商行为(基础关系)提供的担保,不论担保本身是否有偿。[②]

营利性是商事担保的一个重要特征,也是界定商事担保范畴的关键。本书认为商事担保是商主体以营利为目的提供的或为商行为提供的担保。

(二)中国商事担保立法概况

我国《民法典》虽然更多的是法律法规汇编,但在担保制度上统一了原《担保法》《物权法》等规定,初步构建了体系化的担保制度。《民法典》物权编第四分编专编规定了担保物权,包括四章,分别是一般规定、抵押权、质权和留置权,共72条。此外,《民法典》合同编中的保证合同、定金规则,以及其他具有担保功能的非典型担保合同也都是与担保有关的法律条文。

在具体内容上,《民法典》也作出了许多重要调整。例如,保证方式默认为一般保证;保证期间默认为主债务履行期限届满前6个月;删除连带责任保证人之间可互相追偿的规定;肯定了非典型担保合同的效力,不再将担保合同的范围限于抵押合同、质押合同等,债务人就特定物享有的具有担保功能的合同权利,如果符合法律规定的公示要求,可以发生对抗效力,包括保兑仓、让与担保等;允许抵押人转移抵押财产;明确在先设立的租赁关系不受抵押权影响的前提为租赁物已转移占有;取消对流质/流押条款的禁止性规定;扩大可质押财产范围,取消了质押登记机关的规定;等等。

总的来说,《民法典》的颁布对中国担保制度的发展具有重要的积极意义,结束了长期以来中国担保领域法律规范较为分散,不同规范之

---

① 参见任先行:《商法原论》(下),知识产权出版社2015年版,第956~957页。

② 参见杨祥:《论我国商事担保制度的困境及建构思路》,载《金陵法律评论》2015年第2期。

间甚至还存在冲突的尴尬局面。但是，就我国目前的规定来看，奉行民商合一的《民法典》没有就民事担保和商事担保作出区分。非但没有规定商事担保的概念和原则，也没有建立体系化的、有效的商事担保规则。纵观各国立法例，无论是英美法系国家还是大陆法系国家均将民事担保与商事担保进行区分并加以规制。因此，我国目前的规定是不合理的，商事担保的规定仍有较大的完善空间，而对非商事担保的义务和责任设置过重，不利于建立和谐互助的社会。

三、商事担保与民事担保区分的现实必要

（一）民商事担保混同弊端初现

1. 民商事担保原则混同，法律调整规则冲突

民商事担保的原则存在巨大的差异，但当下我国并未对商事担保作出特别规定，这使二者的原则在很大程度上存在混同，其导致的后果非常令人忧虑。

一方面，民事担保强调公平，而商事担保则注重营利，更加追求商业利润，强调商业判断和风险自担。有学者曾指出："企业是物，是庞然大物，是唯利是图的庞然大物。"①尽管其言辞激烈，但却一定程度上指出了商主体的特征。商主体注重营利这是无可厚非的，但是当民事主体也试图营利时，就会产生社会问题。在民商事担保原则混同的条件下，商法上的营利性将不可避免地影响普通自然人的价值选择，尤其是商事主体利润的刺激，可能使这种倾向进一步强化。但是普通民事主体的商业判断能力和风险抵抗能力却是远远低于商事主体的。普通民事主体追求利润带来的就是自身风险的提高，而此时是运用民法公平原则保护弱者，还是运用商法规则风险自担？这很难抉择，并且稍有不慎就会引发社会混乱，无形中增加了法律调整的障碍。

另一方面，商事担保以交易简便为基本原则。"商品流转客观上要求法律应充分保证商品交易之简便、迅捷。各国立法都将交易简便、迅

---

① 陈醇：《商法原理重述》，法律出版社 2010 年版，第 275 页。

捷作为商事立法的一个重要原则。"[①]商事担保强调便捷性,但是民事担保则没有这样的要求。我国当下忽视商事担保的特性,单纯以民法的规则解决商事担保中的所有问题,并未对商事担保作出特别安排。这不仅脱离了我国当下的实际情况,从长远看还会阻碍经济的发展,同时更间接增加了法律之间的矛盾和冲突。

2. 商事担保制度性缺失,社会风险上升

不管是民事担保还是商事担保,在整个担保过程中都伴随风险。但是相较民事担保而言,世界范围内商事担保的风险控制更为规范和严格。其通过一系列实体和程序的规定,使担保过程中的风险控制在一个合理的范围内。

首先,商事担保在实体上进行控制。商事担保对主体的要求比一般民事担保对主体的要求更为严格,商事质权、动产浮动抵押等特殊的担保类型往往有着主体上的要求。这便是基于民商主体的差异而作出的制度性安排,将一般民事主体排除在商事担保之外,其背后蕴含着风险控制的理论。

其次,商事担保在程序上进行控制。就担保制度而言,民事担保与商事担保均有一定的程序安排,但是在商事担保中,这种安排更为突出。程序性是现代商行为的基本特征,商行为都是通过一定的方式、步骤和程序展开的,法律也是通过对程序的控制实现对商行为的监管的。商法对风险较大的商行为均进行了程序控制。[②] 商事担保作为商行为的一种,也往往通过程序上的控制达到预防功能。而传统的民事担保则不具有类似的功能。

因此,商事担保制度的缺位使商行为控制难以真正实现,而整个社会风险却上升了。如果我们不能在更高层面区分民商事担保背后的巨大差异,进而系统构建商事担保风险控制制度,不能从主体、程序等方面综合判断,而是仅仅试图通过零散的规定来防范风险,那么我们仅从整体和局部关系的基本哲学观点判断,也不难得出其注定会失败的结

---

① 范健主编:《商法学》(第4版),高等教育出版社、北京大学出版社2011年版,第11页。

② 参见陈醇:《商法原理重述》,法律出版社2010年版,第176~179页。

论。仅仅小修小补,而忽视关键,忽视整体安排,并不能起到风险预防的作用。而长期忽视商事担保对整个社会带来的风险将是巨大的。我国司法实践中大量出现的不具有经营能力的家庭成员及亲友为企业经营活动形成的巨额债务承担连带担保责任,导致大量家庭破裂、无数个人唯一居住房产及个人生活财产被清偿,就是一种典型现象。

3. 责任承担不合理,自然人与商主体责任失衡

现代民事责任制度以财产责任为重心,并且在财产责任的执行上,还必须保留被执行人的生活或生产基本用品,民事责任具有惩戒、补偿和预防功能。从理论上来看,民事责任的承担往往是从公平衡量的角度出发,平衡双方权利,维持债务人最基本的生存权利。但是在商业责任领域,一个商事主体所承担的责任一般更为严格。以破产制度为例,在特定情况下,可以消灭公司人格,使其承担责任。虽然这仅是商主体严格责任的一个反映,但也体现出了一种理念上的区分。

在商事担保领域,民商事主体的责任承担也是不一样的。世界范围内很多国家与地区均加重了商事担保中相关保证人、抵押人等相关责任人的责任。以德国为例,《德国商法典》规定,保证人为商行为的,其不享有先诉抗辩权。这便属于加重商事主体责任的体现,因为,在一般的民事担保中,保证人是享有先诉抗辩权的。但是,我国目前对商主体和自然人是同等看待的,并未剥夺商主体的先诉抗辩权,从二者主体特征来看,商主体责任偏轻。此外,2020 年颁布的《民法典》修改了《担保法》有关保证方式的规则,规定在当事人没有约定或约定不明确的情形下,按照一般保证承担保证责任。该规则的修订体现了民法的保护性思维,从而可能导致商人责任减轻。与民事担保不同,商人是长期从业者,其有着较强的判断能力、操作能力与抗风险能力,所以在没有约定或约定不明确的情况下,商事领域通常推定为连带责任。《民法典》的修订虽然保护了民事主体,但却可能减轻商主体的责任。

因此,我国没有区分民商事担保,已经导致事实上责任失衡。不同类型的责任人,其责任能力本身是不同的,应当区别看待。而我国目前的状况却是用民事担保规则对待商事担保,或者用商事担保规则对待民事担保,这使责任人的责任严重失衡,不仅有违公平原则,也对整个担保制度的构建是非常不利的。

（二）民商事担保区分的制度意义

1. 社会经济发展的客观性

一方面，在当下的经济竞争中，规模化已经成为经济发展的一个显著特征，商事主体大多试图通过扩大生产规模，提高行业占有率，以在竞争中取胜。要扩大规模，就必须寻求大量的资金，因此，担保的融资属性逐渐被商业主体挖掘。传统的民事担保则往往注重担保债权的实现，对于如何通过担保物便捷融资缺乏应有的关注，而商事担保的诸多制度却在融资方面实现了突破，财团抵押等制度对商业的繁荣发挥了重要的作用。

另一方面，自20世纪80年代起，世界金融经济发生了重要变化，资本自由流动并带动世界经济、贸易和金融进一步开放发展，金融创新更加密集，新的金融工具不断被创造出来，证券交易量猛增。① 商事担保物的流通性也进一步被发掘。基于商事担保关系和商事担保标的物的流通特质，以及其技术性的不断加强，商事担保促进了担保物的流通，推动了经济的发展。

因此，在商业竞争日新月异的今天，必须正视民商事担保的区别，并充分发挥商事担保的制度价值，利用商事担保的制度创新来推进社会经济的新发展。这不仅是发展本国经济的需要，更是在国际竞争中取胜的关键。

2. 重铸商业文化的必然性

由于历代均奉行抑商政策，社会传统观念对商人、商事大多持否定态度，对商人唯利是图的认知观念深入人心，加之商人从事货物买卖，与传统儒家奉行的义理多有相悖，商人的经商行为一直饱受批评。直到今天，尽管出现了全民经商的热潮，但对商人、商事的误解却依然存在。正是由于这样的误解存在，我国长期以来并未形成客观的商业文化。

反映到立法上，就是立法对于商事交易缺乏应有的关注。在商事领域，我国目前大多以民法思维简单应对，对于特别制度则以单行法的形式作出规定。而对于商事主体、商行为却并未有明确的商法通则出

---

① 参见周林彬、王爽：《商事担保概念初探》，载《法学》2013年第3期。

台。这也影响到了商事担保制度领域,社会大众和法学界大多对商事担保特殊性缺乏必要的关注。很明显,这对我国经济的长远发展是不利的。因此,必须重铸我国的商业文化,形成客观理性的商事态度,区分民商事担保则为商事文化的重铸提供了一个契机。通过商事担保制度的完善,引导社会关注商事的特殊性,形成客观理性的社会商业文化,未尝不是一个好的选择。

四、商事担保的独特品格探析

(一)民商事担保的理论区分

商事担保作为一种独特的担保制度,其不仅在具体制度上与民事制度相区分,在理论上也与民事担保存在重大的区别。

1. 民商事担保立法理念不同

民法上的人,呈现的是"弱而愚"的人的形象。民事担保制度对于债权人之保护具有一种法律家长主义的色彩。而商法上的人是"强有力的智者",那是模仿"始终追求利润的商人"形象而创造出来的概念,是"受利益引导的""利己的、理性的、运动着的""自由而平等"的人。所以,商事担保制度对于债权人之保护体现出一种法律自由主义的色彩。①

民事担保是以保护债权人实现债权为中心,辅之以维护实质公平的原则,故应侧重审查当事人的真实意思,同时应防止担保人承担过重的责任,因为民事担保多为无偿提供。而商事担保以促进资金融通与商事活动开展为目的,故应侧重审查外观程序,平衡担保人、担保权人与债务人等各方当事人之间的利益,在遵守法律秩序的同时追求便捷安全的效益价值。只要当事人履行了法律规定的设立与公示程序,则担保依法成立并生效。

2. 民商事担保主体不同

与民事担保不同,商事担保的主体一般是商人。商人与一般民事主体分属不同的法律范畴,各自的法律性质也不相同。对于商人,各国各地区商法通常要求其具有营业的特征,而一般的民事主体则没有特

① 参见曾大鹏:《商事担保立法理念的重塑》,载《法学》2013 年第 3 期。

殊的标准。[1] 任何民事主体都可以成为民事担保的主体,但并非每个民事主体都能成为商事担保的主体。商事担保的主体具有自身的独特性。

商事担保人以“从事担保营业的特殊商人”为典型,各类以担保经营为主业的担保公司是此类主体的主要形式。此外,商事担保人也可以是提供担保的“一般商人”。按照德国法的有关规定,如果被担保债权的债权人和债务人都是商人,可以认定该担保为商事担保。[2] 因此,尽管商事担保的主体并未限定为特定的商主体,但商事担保主体的特殊性却是显而易见的。

近年来学术界提出的“人资区分”理论为区分民商事担保主体提供了理论支持。“人生而平等”等是近代启蒙运动以来深入人心的观点。从人权保障的角度看,这些观念无疑是进步的,推动了整个人类社会的进步和解放。但是,在商法领域,大量的商人并非自然人,而是以公司、合伙等为代表的法律拟制主体,尤其是在很多人承认这些拟制主体为物的情况下,依然提倡一律平等对待实已矫枉过正。“人资区分”理论便是这在这样的背景下提出的。民法是调整平等主体之间财产关系与人身关系的法。在民法中人是广义的,它既指自然人,也指法人。罗马法时期创造的法人是一个团体人格概念,其本质依然是自然人人格的结合体。然而,在有限责任制度创立之后,法人人格的本质发生了根本性的变化。法人的性质从自然人的团体性转向了财产的集合性。当自然人与企业平等之时,私法上的平等就成为“人资平等”。有学者比喻,从人本主义角度出发,一只狗和一沓钱都属于物的范围,与人是不同的。如果说人狗平等,准会招致义愤。但是,民法上的人资平等,却让听者心如平水,波澜不惊。[3] 我们习以为常的“人资平等”理论背后其实并不那么理所应当。民法将自然人与企业等商事主体同等看待在理论上是存在巨大的障碍的,民法上的平等理论,并不能当然适用于商事领域,这是二者主体差异所决定的,不区分民商事主体的差异必将带来

① 参见任先行、周林彬编著:《比较商法导论》,北京大学出版社 2000 年版,第 217 页。

② 参见周林彬、王爽:《商事担保概念初探》,载《法学》2013 年第 3 期。

③ 参见陈醇:《商法原理重述》,法律出版社 2010 年版,第 260 页。

极高的社会风险。具体到担保领域,民事担保与商事担保的主体是不同的,前者以自然人为代表,后者则以公司等企业组织形式为代表,二者的能力在实质上是存在差异的,不能简单将适用于自然人的规则直接适用于商事担保主体。正是由于民商事担保主体存在着巨大的差异,民商事担保的区分才显得水到渠成。

3. 民商事担保行为不同

商事担保作为商行为的一种类型,具有商行为的相关特征。首先,从营利性特点看,不同于民事担保的无偿性,商事担保大多是有偿的,追求一定的利润,相对人一般要支付一定金额的对价,而传统的民事担保一般是无偿的。其次,从营业性特点看,商事担保往往是长期多次的行为,这与民事担保偶然进行一次的属性也有着鲜明的对比。因此,以营利为目的的"有偿担保"是商事担保行为属于商行为的典型特征。

4. 民商事担保责任承担不同

商事担保具有商行为的属性。相比传统民事担保,商事担保有偿性、营业性的特点,导致商事担保中担保人的责任更为严格。在担保责任的承担上,营业性商事担保主体理应承担较一般民事担保主体更为严格的担保责任,当然这种严格程度还可因商事担保人自身的差异而有所不同。① 究其原因,在商事担保中,担保人职业性从事担保业务,对担保的风险等相关状况往往有着更为专业的把握,加之商事担保是有偿的,按照权、责、利相平衡的法律基本理念和商法稳定交易秩序的理念,理应使其承担更为严格的责任。

在加重商事担保人担保责任的理念下,主合同无效时的民商事担保处理方案截然不同。由于商事担保本身的营利性,在责任承担上,无论主合同是否有效,都由担保商承担独立的连带担保责任。因为担保商作为职业化的专业担保人,其必须履行商主体在商事活动中的审慎义务和严格责任。此外,在保证方式无约定或约定不明时,民商事担保的处理方案也不相同,在当事人没有约定或约定不明确时,商事担保往往推定为连带保证,而民事担保则一般推定为一般保证。例如,《日本商法典》规定:"存在保证人时,若该债务产生于主债务人的商行为或者

---

① 参见范健:《商事担保的构成与责任特殊性》,载《法学》2013 年第 3 期。

保证为商行为，则即使主债务人及保证人以各自的行为负担了债务，仍应对该债务负连带责任。”①上述民商事担保处理方案的差异都是加重商事担保责任的体现。

（二）商事担保具体制度上的独特品格

1. 商事担保中抵押制度的独特性

抵押分为一般抵押与商事抵押，商事抵押主要包括各种动产财产抵押、一般无形财产抵押、证券抵押、船舶抵押、民用航空器抵押等。在市场经济条件下，商事抵押在商业银行与商人之间的借贷中使用最广泛。②

与民事抵押相比，商事抵押出现了为企业或其他经营者而设定的特殊抵押制度。这些特殊抵押制度的设定往往是为了便于企业的融资或经营，实现了对传统抵押制度的突破。动产抵押制度就是一个范例。动产一般主要用于质押而不能用于抵押。但考虑到企业的生产经营的特点，如果进行质押，很可能使企业的生产难以进行，但不进行质押，则无法获得融资，难以在竞争中取胜。因此，法律创设了动产抵押制度，允许企业以其生产设备等抵押担保。

最高额抵押是另一个范例。最高额抵押避免了企业在商业经营中反复办理抵押登记手续，使商事交易得以高效便捷地进行，是商法交易迅捷理念的一个反映。我国物权法也规定了这一制度。一定期限内连续发生的债权在最高额限度内都可以获得担保，使抵押手续得以简化，大大节省了交易成本。中国《民法典》第 420 条规定：“为担保债务的履行，债务人或者第三人对一定期间内将要连续发生的债权提供担保财产的，债务人不履行到期债务或者发生当事人约定的实现抵押权的情形，抵押人有权在最高债权额限度内就该担保财产优先受偿。最高额抵押权设立前已经存在的债权，经当事人同意，可以转入最高额抵押担保的债权范围。”通过最高额抵押的设立，当事人避免了反复登记的情况，同时又使债权获得了担保，达到了既提高交易效率又维护交易安全的目的。而在一般民事担保中，被担保行为一般不具有反复性、营业性

---

① 《日本最新商法典译注》，刘成杰译注，中国政法大学出版社 2012 年版，第 101 页。

② 参见任先行：《商法原论》（下），知识产权出版社 2015 年版，第 963 页。

特点,所以设定最高额担保的积极意义不大。相反,民事担保更需要具体明确的法律责任设定,尤其需要在每一个民事行为中都能确定民事主体的责任范围,尽可能减轻或缩小民事主体的责任承担,这样的制度设计更有利于市民生活的稳定与安全。

2. 商事担保中质押制度的独特性

商事质押与民事质押同样存在不同之处,对待流质条款截然相反的态度就是二者最大的区别。为了保护出质人的利益,民事留置中一般禁止流质条款,出质人和质权人不得在合同中约定质权人未受清偿时,质物的所有权转为质权人所有,这是民法法律家长主义下的产物。但是在商事交易中,商人都是精明的主体,对于本身利益往往能够做出最有利的判断,因此,众多国家与地区的商法在商事质押中都对流质条款予以了放开。《韩国商法》第 59 条规定:“为了担保商行为所发生的债权而设定的质权,不适用民法第 339 条的规定。”《日本商法典》第 515 条规定,当为因商行为发生的债权提供担保而设立质权时,可以约定流质。① 这些都是商事质押中允许流质条款存在的力证。在商事质押中允许流质条款,除了因为商主体本身的特质之外,推动商事交易的效率提高也是另一个重要的原因。中国《民法典》取消对流质的禁止性规定,就是受到商业交易发展的影响。不过中国并没有完全放开流质,而是规定“质权人在债务履行期限届满前,与出质人约定债务人不履行到期债务时质押财产归债权人所有的,只能依法就质押财产优先受偿”。因此,虽然流质条款不再无效,但债权人并不能取得质押财产的所有权,而只能就担保财产优先受偿。

3. 商事担保中留置制度的独特性

商事留置是双方均为商事主体的商事行为中,债权人为实现其债权,占有债务人的标的物,在其不履行义务时,变卖或对标的物折价以优先受偿的权利。② 民事留置与商事留置在众多方面都有不同。第一,二者的标的存在较大差异。中国《民法典》第 447 条规定,民事留置的标的物只限于行为人的动产。而在商事留置中,其标的物不仅包括动

---

① 参见徐强胜:《商法导论》,法律出版社 2013 年版,第 347 页。

② 参见徐强胜:《商法导论》,法律出版社 2013 年版,第 348 页。

产,不动产和有价证券也包含在内。例如,根据《德国商法典》第 369 条的规定,一商人对另一商人因双方商行为已归于其占有的动产、有价证券,特别是海运中的提单、仓单,有权留置。《日本商法典》第 521 条也有类似的规定。

第二,民事留置权的行使必须具有牵连关系,而商事留置权则对牵连关系没有特别要求。中国《民法典》第 448 条明确规定:"债权人留置的动产,应当与债权属于同一法律关系,但是企业之间留置的除外。"也就是说,企业之间的留置权不以债权与动产之间具有牵连关系为成立条件。但是对于何为企业,个体工商户、农村经营承包户、商个人是否为企业,法律界定并不清晰。《韩国商法》第 58 条规定,商人之间的商行为引起的债权,可以通过约定排除牵连性。基于商人之间交易的持续性特点,商法并不要求主债权与留置权之间的牵连性。有学者认为,商事留置权不受"同一法律关系"限制的意义在于扩大留置权的适用范围,从而有助于保障企业之间债权的实现和债务的及时清结,促进资金的快速流转。因为企业之间的相互交易非常频繁且常常维持相当长的一段时间,债权人其实难以逐一证明留置物与债权之间的法律关系。商事留置权不要求牵连关系,能够强化商业交易中的信用,确保交易的安全。①

第三,根据民法的一般规定,民法中所规定的留置权的权限仅为拒绝给付权。但是商法中留置权的权限,除此之外,还包括类似质权的优先清偿权。例如在日本,破产清算时,商事留置权人享有特别先取特权、别除权,这就大大强化了留置担保的效力,适应了商事交易的需求。②

第四,民事留置要求,只有在债权到期时,债权人才能对占有物进行留置,债权不到期不允许留置。但是在商事留置中的某些特定情况下,即便债权未到期,债权人也可以行使留置权。例如,德国商法规定,在债务人财产已破产或债务人停止支付时,索偿强制执行无果的,可以在债务未到期的情况下留置。但我国学者对此的态度不尽相同。有学

① 参见胡康生主编:《中华人民共和国物权法释义》,法律出版社 2007 年版,第 499 页。
② 参见徐强胜:《商法导论》,法律出版社 2013 年版,第 349 页。

者认为，如债务人无支付能力，即便债权未届清偿期，债权人也可享有紧急留置权，否则对于债权人的保护有失周到。[①] 也有学者对此持反对看法，原因有二：一是对于紧急留置权中的无支付能力问题，债权人难以作出准确的判断；二是中国《民法典》规定的不安抗辩权和预期违约制度等救济手段，足以保护债权人的债权在未来得到清偿。[②]

4. 商事担保中保证制度的特殊性

基于商事保证的特点，与民事保证相比，商事保证存在一系列独特之处。一是商事保证并非必须采取书面形式。考虑到保证对普通民众的影响，很多国家和地区对于民事保证要求必须采取书面的形式。但在商事保证中，鉴于商事行为的特殊性，有些国家规定担保形式是自由的，而无须为书面形式。例如德国规定，对于商事保证不适用民法关于保证形式的规定。不规定商事保证的特定形式，很大程度上是为了适应快速的商业交易要求。

二是保证责任的特别推定也是另一项重要的区别。其一，连带责任保证的推定，即除当事人另有约定外，对于商事保证应推定为连带责任保证。域外立法多有此规定，如《日本商法典》第511条第2款规定："于有保证人情形，债务由主债务人的商行为产生时，或保证系商行为时，即使主债务人与保证人以不同的行为负担债务，其债务也由主债务人及保证人连带负担。"其二，共同连带保证的推定，即除当事人明确约定保证份额外，多个保证人应对债权人承担连带责任。[③] 中国《民法典》颁布之前，原《担保法》及相关司法解释规定，在当事人没有约定或约定不明确，以及共同保证中没有约定份额时，均推定保证人承担连带责任，这显然是不恰当的。中国《民法典》规定民事保证以一般保证为原则，值得肯定。但在商事担保中应以连带责任为原则，这是商事担保的特殊性决定的，却成为立法缺失。

三是在商事保证中，保证人无先诉抗辩权。保证分为一般保证和连带保证两种形式。在民事保证的一般保证中保证人享有先诉抗辩

---

① 参见梁慧星、陈华彬编著：《物权法》，法律出版社2007年版，第375页。

② 参见王利明：《物权法研究》（下卷），中国人民大学出版社2007年版，第657页。

③ 参见谢晓松：《略论商事担保及其制度建构》，载《研究生法学》2013年第2期。

权,但是在商事保证中保证人则不享有先诉抗辩权。例如,《德国商法典》第 349 条规定,“保证对于保证人构成商行为的,保证人不享有先诉抗辩的权利”。这也是商事保证中加重保证人责任的体现。

此外,票据保证之中的特殊之处,也能在一定程度上体现出民商事保证的区别。民事保证关系的成立必须要载明被保证人,否则保证关系不能成立;而商事保证则无此要求,如票据保证中,即使未载明被保证人的姓名或名称,该票据保证亦有效。根据《票据法》第 47 条的规定,保证人在汇票或者粘单上未记载被保证人名称的,已承兑的汇票,承兑人为保证人,未承兑的汇票,出票人为保证人。一方面,这是由票据保证的特殊性决定的。由于在汇票中,出票人、承兑人都属于债务人,因此都可以成为保证人。另一方面,这也是维护商事交易安全的需要,商事交易的便捷性要求在商事保证中必须注重维护外观主义原则。

五、国际商事担保的新动态

(一)国际商事交易中的担保工具简述

与传统国内交易不同,国际商事交易由于其具有跨国境、交易额度大等特点,国内担保的相关制度往往难以满足国际商事交易的现实需要,因此,国际商事交易实践中逐渐演变出了信用证、国际保理、独立担保等综合性担保工具。这些新型的担保模式往往集融资、担保等功能于一身,从某种意义上讲,也是对传统担保理论的新发展。

1. 信用证

信用证是国际贸易中最主要、最常用的支付方式。信用证作为国际贸易中重要的信用支付工具,目前已经被各国各地区银行和绝大多数商人在国际贸易结算中普遍使用。通过信用证结算可以有效地消除处于不同国家与地区的买卖双方对彼此信用的不信任感,支持国际贸易的顺利进行。①

信用证有多种类型,根据是否附有货运单据,信用证分为跟单信用证和光票信用证;根据是否可以撤销,信用证分为可撤销信用证和不可

① 参见徐冬根:《信用证软条款问题研究》,载《政治与法律》2004 年第 1 期。

撤销信用证。值得注意的是，这仅仅是理论上的分类，实践中信用证付款需要审核单证是否一致，因此，跟单信用证才是信用证的主流。就是否可撤销而言，由于撤销会导致交易秩序陷入不稳定状态，原则上信用证一经开出便不得撤销。除了上述两种分类，根据有无另外一家银行保兑，信用证可以分为保兑信用证和不保兑信用证；根据付款期限，信用证可以分为即期信用证和远期信用证。

在国际商事交易中，信用证一般被认为是一种支付手段，但是不可否认，信用证具有极强的担保色彩。开证银行开立信用证，向第三方做出承诺，在单证一致的情况下便承担付款义务，具有很强的保证色彩。如何提升担保的效率一直是国际商事担保领域的热点，适用信用证作为支付工具，不仅使付款条件得以简化，更通过商业银行对可能出现的风险进行了担保，因此，信用证是国际商事担保的一个重要工具。

2. 国际保理

国际保理是一项集贸易融资、商业资信调查、应收账款管理及信用风险担保于一体的新兴综合性金融服务。因其能够很好地解决赊销中出口商面临的资金占压和进口商信用风险的问题，近年来在国际市场上得到了迅猛的发展。就国际保理的概念而言，国际保理又叫国际付款保理或保付代理。它是指保理商通过收购债权而向出口商提供信用保险或坏账担保、应收账款的代收或管理、贸易融资中至少两种业务的综合性金融服务业务，其核心内容是通过收购债权方式提供出口融资。[①] 国际保理是一项综合性金融服务，从严格意义上讲，并不属于单纯商事担保的范畴。但由于其在国际商事贸易中被广泛采用，并且担保的色彩日益浓厚，因此本书也对其予以简要介绍。

国际保理有单保理和双保理之分。其中，单保理是指整个保理服务只涉及一方保理商，而双保理是指涉及进出口双方保理商。双保理是国际商事贸易中主要采用的一种方式，具体包括四方当事人：出口商，即买卖合同中的出让方；出口保理商，即出口商所在地的金融机构，出口保理商按照与出口商达成的协议，为其提供保理服务；进口商，即

---

① 参见李金泽：《商业银行开展国际保理业务面临的法律风险及其防范》，载《金融论坛》2002 年第 8 期。

买卖合同的受让方；进口保理商，即进口商所在国的金融机构，是同意代收出口商以发票表示并转让给出口保理商之应收账款的一方，也是对受让的应收账款承担信用风险的一方，直接与进口商接触，以核准信用额度、提供坏账担保并负责债款回收。

国际保理业务是国际商事交易发展的产物，集融资功能和担保功能于一体，实现了手续简化、成本降低的目的。它综合考虑了进出口双方的利益，适应了买方市场的要求，已经越来越被商事交易双方所采纳。

3. 独立担保

独立担保是国际商事交易中被广泛使用的交易工具，但是迄今为止，关于独立担保的定义却始终没有一个定论，各种理论莫衷一是。

我国有学者认为，从担保与主债务之间的关系分析，即从独立担保与传统担保最本质的区别出发，我们认为应将独立担保定义为：担保人应申请人（债务人）的委托（或申请），为保障受益人（债权人）对债务人所享有债权的实现，明确承诺放弃基于基础合同的一切抗辩，只要受益人按照约定的条件提出的书面索赔或符合担保条款规定要求的单据，担保人就必须履行担保责任、支付担保款项的新型信用担保。[①] 德国学术界的观点比较一致，大多数人倾向于认为，独立担保是担保人向债务人保证，即便债务人的债务没有成立或者其后不存在，担保人对债务人所承担的给付义务都将得到履行。我国也有学者认为，独立担保是一种担保人应申请人的申请向受益人开出的、独立于基础合同的担保方式；其一旦出具，便不再从属于基础合同，担保人的付款责任只是以独立担保条款自身为准的承诺。[②]

根据独立担保在国际惯例中的使用方式，独立担保的表现形式有两种：一种是见索即付保函，另一种是备用信用证。[③] 关于见索即付保函，国际商会出版的《国际商会见索即付保函统一规则》对其作出了如下定义："无论其如何命名或描述，指根据提交的相符索赔进行付款的

---

① 参见左海聪主编：《国际商法》，法律出版社2013年版，第336页。

② 参见郭德香：《国际商事交易中独立担保法律问题研究》，武汉大学2011年博士学位论文，第18页。

③ 参见吴枫：《独立担保及其在我国的法律效力》，载《现代商业》2007年第23期。

任何签署的承诺。”对于备用信用证,国际商会出版的《国际备用证惯例》,对其性质作出了如下规定:只要备用信用证开立成功,即具备不可撤销性、独立性和单据性,其在条款中所约定的承诺,对开证人或担保人的履约和生效就作了强制性的约束。

从学者和国际相关规则的观点来看,独立担保的核心就在于担保本身独立于基础合同,一经开出便只根据自身担保条款决定,而不再关注基础关系。此外,独立担保是一种信用担保,本质上是对债务的一种保证,仅存在于人的保证之中。

(二)国际商事交易中担保工具的相似点探析

1. 主体多样

与传统的担保相比,国际商事担保中往往出现了多个担保主体。以国际保理中的双保理为例,双保理模式是国际保理中普遍采用的方式。在欧美国家开展的国际保理业务中,大多数都采用双保理模式。在双保理模式中,涉及的当事人总共有四方:出口商、出口保理商、进口商和进口保理商。出口保理商是对出口商的应收账款做国际保理业务的一方,负责向出口商提供包括融资在内的全部国际保理服务。而进口保理商是同意代收出口商以发票表示并转让给出口保理商之应收账款的一方。在这样的运作模式中,出口保理商和进口保理商均承担了一定的担保义务,但这与传统意义上的共同担保显然不属于同一种范畴,二者的担保义务既存在共同之处,又存在各自的分工,两个主体共同完成了保理目的的实现。

在信用证和独立担保中也存在类似的情况。在信用证中,开证行需要借助议付行完成相关的购买单据行为,存在多主体担保的情况。此外,在独立担保中存在一种特殊的间接独立担保形式,具有多主体的特征。间接独立担保是独立担保的另一种表现形式,与直接担保合同相比,间接担保合同关系要复杂得多。具体表现在间接独立担保有四方当事人,即申请人、指示人、担保人、收益人。间接担保合同也是一个更为复杂的合同群,四个合同组成了间接独立担保合同这样一个“大合同”。[①]

---

① 参见郭德香:《国际商事交易中独立担保法律问题研究》,武汉大学 2011 年博士学位论文,第 73 页。

在国际商事担保中,由于跨越国境,位于一个国家境内的金融机构往往无法清晰掌握交易方的资信状况,需要借助对方所在国金融机构的协助,而整个商事担保的制度的安排便基于此而设计,呈现出多主体的状态。

2. 权利实现简便

传统担保主要有物的担保和人的担保两种形式。物的担保往往非常复杂。以抵押为例,在设定抵押时,需要移转占有并履行登记手续;在实现担保物权时,又需要通过变卖、拍卖、折价等方式进行。这样烦琐的权利实现方式是很难应对高效便捷的现代商事交易的。人的担保相对简便一些,但是,个人的资信能力往往有限,难以适应大规模的商事交易。

此外,在传统担保方式中,受益人行使担保权时,可能会遇到担保物所造成的许多问题或担保人提出的先诉抗辩、时效抗辩等种种抗辩,这对于权利人来说往往非常不便。传统担保的行使期间过长,很难适应商事流转快节奏的需求。

因此,现今国际商事担保均在权利实现上作出了简化安排。以信用证为例,只要经审查相关单证一致,开证行就应当履行付款义务,极大地简化了权利的行使程序。国际保理同样如此,只要出口商将相关单据转让给保理商,保理商就应支付一部分价款,而没有其他过多的要求。简化权利实现步骤,以适应高效快捷的商事交易要求,成为现代国际商事担保制度的共同价值选择。

3. 设立后不可撤销

在商事交易中,交易的安全受到各方当事人的极大关注,其直接影响着各方是否敢于信赖对方并开展商事交易,因此,国家在商事担保中对整个交易安全的维护显得非常重要。各国常常通过各种制度加强对受益人的利益保护,并以此来实现对交易安全的有力保障。

在独立担保中,不管是见索即付保函还是备用信用证,其一经开出便不得撤销。独立担保合同一经生效,担保人不得随意撤销,其付款的义务是绝对的。只要受益人提出的索款要求符合相关合同约定,那么担保人就必须承担责任。与此类似的还有信用证。根据《跟单信用证统一惯例》的规定,可撤销的信用证没有再被规定,这种担保合同实际上对债权人起不了太强的担保作用，是任何受益人都不愿意接受的。这种规定说明这种形式已经失去存在的价值和必要，应该被废弃。可见，相关国际公约和国际惯例都对独立担保的不可撤销性作了详细和类似的规定。①

被广泛使用的国际商事担保工具，几乎均强调了其不可撤销性。这并不是一种习惯，而是鉴于国际商事交易的现实作出的安排。如果允许国际商事担保工具撤销，会使整个交易过程的不稳定性大大增加，影响交易人的相关风险判断，进而威胁到商事交易秩序安全，因此，一经设立不可撤销也基本上成为了各类担保工具的共同点。

（三）国际商事交易中担保工具的发展态势

1. 担保关系独立性逐步强化

在传统民事担保中，担保关系是从属于基础关系的，担保本身并不存在独立性。但是由于商事交易对安全的客观需要，商事担保关系逐步脱离基础关系，并且独立发展起来。这是追求商业交易效率的结果。商事交易往往交易标的大，周期短。如果每一次担保都需要审查担保关系和基础关系，将会使交易的周期提高，从短期来看，会导致双方交易成本上升；从长期来看，则会导致整个社会资源难以充分流转，经济发展动力不足。因此，商事担保往往允许基础关系和担保关系相分离，不再过分坚持担保的从属性。

这种独立性在国际商事交易中显得更为明显。国际贸易相比国内贸易，其标的额往往更大，加上需要跨越国境，任何一个环节的延误都很可能导致预期目标难以实现，因此，其对效率的要求更为显著。以信用证为例，国际贸易的信用证项下付款条件仅仅是审查是否单证一致，并不作出实质性审查。这便是出于效率的考量。另外，独立担保也是一个力证，独立担保的特征便是独立于担保的基础合同。这些都体现出商事担保日益独立于基础关系发展的态势。

2. 担保的融资功能进一步强化

从担保制度的发展轨迹来看，担保是与借贷相伴而生的。人类社

---

① 参见郭德香：《国际商事交易中独立担保法律问题研究》，武汉大学 2011 年博士学位论文，第 36 页。

会走过了一个从以自己财产进行生产到借用他人财产发展生产的历程,为了弥补借用他人财产生产给他人带来的社会风险,便创立了担保制度。进入现代社会,当借用他人财产已经规模化体系化时,担保的融资功能便被开发了出来。相比传统担保只是为了确保债务得以实现,现代社会已经逐步挖掘出担保的融资功能,利用担保制度获得相应的资金支持。在国际商事担保中,这种融资功能更是非常突出。资金的流通对于企业的生存来说是非常关键的,如果短期内无法获得价款,一方面会使企业资金效率运用较低,难以在竞争中取胜;另一方面也很可能导致企业资金链断裂,引发风险。

以国际保理为例,保理商收到应收账款的销售发票之后,出口商提出融资要求,保理商便应立即以预付款方式提供不超过发票净额的无追索权的融资给出口商,而该融资无须出口商提供担保或抵押,便可以获得资金。这便是担保融资功能的一个体现,信用证从某种意义上讲也具有类似的功能。这种担保融资功能也是出于国际商事交易的需要。

3. 金融机构主体功能日益凸显

在传统担保中,担保的主体多样化,有自然人、金融机构,也有非金融机构企业。但是,在国际商事交易中,担保主体几乎都是金融机构,商业银行更是国际商事担保的主体。究其原因,大致有两个:首先,国际商事交易的风险性。与国内交易相比,国际商事交易距离远、跨国境、规模大,更容易受到各种政策影响,风险较高,对风险的防范成为各方共同的选择。而以商业银行为代表的金融机构,相比普通公司,其资金更为雄厚,信誉更高,当然成为普遍接受的担保主体。其次,国际商事交易的规模。由于国际商事交易规模较大,普通的担保主体难以有充分的资金去对其进行担保业务。基于上述原因,以商业银行为代表的金融机构成为了国际商事担保的主体。国际保理、信用证、独立担保等商业活动基本都是以商业银行为主体进行的。无论是信用证项下的付款,还是保理商提供的综合服务都是由以商业银行为代表的金融机构完成的。由此,以商业银行为主导的金融机构必将在国际商事担保中扮演越来越重要的角色,发挥主体作用。

（四）国际商事担保对我国担保制度完善的启迪

1. 破除僵化思路，更新担保理念

国际商事交易中担保制度不断发展，我国目前的担保理念却处于一种滞后的状态，难以应对经济发展的现实需要。归结而言，我国的问题主要集中在两个方面：一是民商区分思路不清；二是国际化思路不足。就民商区分思路而言，我国长期受民法思维影响，在解决商事担保的问题时往往把维护弱者利益放在首位，难以应对商事交易的灵活性特点，使整个市场的活力难以得到释放。我国《民法典》迄今仍在坚持担保的从属性原则，但是在商事担保风起云涌的今天，这样的规定对商事担保发展的弊端已经不言而喻。

就国际化思路而言，我们一直以来就有将国内市场与国际市场区分看待的倾向，始终难以用国际化视野来应对国内问题。例如，我国长期坚持独立担保合同只能适用于涉外经济、贸易、金融等国际经济活动中，而不能适用于国内经济活动。相关司法解释也采纳了这种意见，将独立担保合同的适用限制在国际经济活动中。[①] 这样的规定，理论上是为了维护国内市场稳定，但事实上在国内大量发生独立担保的情况下，回避这一问题，反而加重了国内市场的不稳定性，更不利于我国企业更好地参与国际竞争。归根结底，这与我国当下商事经营及民商立法缺乏国际思维是分不开的。

因此，为了更好地符合社会发展需要，促进经济进步和社会发展，我们有必要更新担保的思路，破除长期以来的僵化思维，注重民商区分思路和国际化理念的培养，并将这样的理念运用到立法、司法中去，使我国的担保制度建立在符合现代商业发展需求的科学理性的理念之上。

2. 开发担保制度的多重功能

在传统思维中，担保主要是为了保障债权得以实现，但随着商事交易的不断发展，担保的各项功能被逐步开发起来，尤其在国际商事担保中，担保的融资、信用等功能更是逐渐发展成熟，值得国内借鉴和参考。

---

① 参见高祥：《论国内独立保函与备用信用证在我国的法律地位——兼评最高人民法院独立保函司法解释征求意见稿》，载《比较法研究》2014 年第 6 期。

现代保理、信用证付款等工具均是一项综合性系统服务，集融资、支付、信用调查等为一体，最大可能利用现有资源，实现最佳的担保目标。这些除担保之外的功能均值得我们关注和借鉴。

以支付功能为例，担保银行在承担担保责任的同时，对本应由委托人即基础合同中的债务人承担的付款责任进行了承接，对受益人应得的款项进行了支付，使基础合同中的债权债务得以清偿，资金可以迅速流通，提高了整个商事交易的效率。

另外，在国际商事实践中，很多公司、企业由于知名度不高，信用不强，经常遇到贷款困难，但是，采用独立担保合同项下的见索即付保函或备用信用证可为其提供融资手段。因此，现采用银行独立信用担保业务项下的见索即付保函或备用信用证作为融资手段，已成为很多公司、企业在国际商事交易中经常采用的方法。

总之，如何更好地挖掘担保制度隐藏的其他功能，发挥其风险防范、信用评估、担保融资的多重功效，更好地促进商业流转和经济发展，值得我国金融经营者、相关决策者，尤其立法机构思考研究。

3. 做好风险防控，构建信用体系

国际商事担保制度在很多方面都发挥了进步作用，促进了金融制度的创新和交易效率的提高。我们需要学习其中的先进理念和思路，用以发展我国国内担保。但是，在引进的同时，对风险的防范我们不能不关注，尤其是在经济全球化的今天，如果不构建系统的风险防范措施，可能引发的风险灾难是巨大的。

以信用证为例，信用证在整个交易支付的过程中，银行除了要面对资信调查不准确的风险，还面临着交易中的欺诈风险以及自身管理操作等一系列风险，类似的风险在独立担保中也大量存在，滥用索赔权、欺诈索赔等问题的出现我们不能忽视。因此，在发展我国担保制度时，必须考量风险防控问题，在合理解决欺诈等问题的同时，强化对银行等金融机构的管理和监管，系统降低商业风险和社会风险，应当成为制度设计的前瞻性理念。

但是，风险控制并不意味着机械管制，在处理此类问题时，不可矫枉过正。当下金融产品创新层出不穷，有的应当予以规制，有的则应当予以尊重和引导。当担保与金融产品交织在一起时，更需要我们谨慎判断,把握风险控制和金融创新的平衡点,既保护创新,又防范风险。

民事担保和商事担保,原本就存在一系列差别,适用于不同的对象。但在民法思维的长期影响下,我们忽视了这种差别,简单地用民法规则应对商事担保中的各项问题,其导致的弊端日益凸显。尤其是随着国际商事交易的发展、互联网金融的兴起,用原有的民法担保思路应对这些新兴的事物已经显得捉襟见肘。因此,面对现实社会经济状态,重新审视民商事担保之间的差异具有现实意义,商事担保的构建将成为未来担保制度完善的重要内容。

第六章　金融商行为

第一节　金融商行为概述

一、金融商行为的概念与发展史

本书第四章在阐述商行为的特征与分类时已经对金融商行为的概念与发展史作了详细的介绍。所谓金融商行为,是指提供金融工具的商行为和以金融产品为交易标的的商行为。在商业发展的历史长河中,商行为自始与金融商行为结伴而生,结伴而行。货币因商而生,票据因商而生,银行因商而生,可以说没有金融就没有现代商业的发展空间,人类只能停留在以物易物的原始贸易时代。传统商法中已经蕴含了金融商行为,只不过在传统商法中金融商行为主要是附属性商行为,表现为金融工具,而在现代商法中,金融除了是金融工具,还成为交易对象,出现了金融产品化。这是商行为的历史性转折,更是商法的历史性转折。进入数字社会,金融与科技紧密结合,金融科技的出现,使金融出现了新的特征,自动化交易、第三方支付、网络融资等改变了金融的业态,所有这些急需商法理论与商事立法的关注,更催生了现代商行为的商法制度需求。

商行为制度作为商法的核心,随着商法历史的演变而变化。传统商行为以交易和生产为核心,现代商行为除了生产和交易外,还以金融为焦点,大体来说,商行为经历了从贸易到贸易与生产再到贸易、生产、金融、数字交易并重的几个阶段。

中世纪商法因“农业革命”和农场经济的发展以及城市的兴起等因素而产生，彼时的商行为主要是交易剩余农产品、手工业品等，并且是交易他人生产的农产品、手工业品。15 世纪后，随着中世纪后期资本主义经济的兴起和商品贸易的繁荣，以贸易为中心的商行为成为各近代民族国家商事立法的焦点，不论是《法国商法典》还是《德国商法典》，贸易都是商事立法的主要内容，商主体制度围绕贸易主体展开设计，商行为制度也是关于货物、商品买卖的规则体系。简言之，在中世纪商法和近代商法时期，商行为主要是流通领域的经营行为，它归属于贸易活动，商行为制度以贸易为中心。

随着工业革命的开始及其在世界范围内的传播，18 世纪到 19 世纪工业化大生产对商事活动产生了重大影响，生产逐渐成为商事活动的重要领域。到了 20 世纪，农、林、渔、矿业等贩卖自己生产的产品的传统行业主体更是纷纷由原先被商行为和商主体排斥的状态转为被各国商法通过立法技术“补入”商法的状况。《德国商法典》第 3 条第 2 款规定了农业和林业的任意商人，认为传统产业的经营者通常不是商人，但并没有排除其营业经营者的特征，其可通过登记成为商人。[①]《日本商法典》通过拟制商人的设置也将该类主体归入商法的调整范围。[②] 由此，生产领域和流通领域的经营行为都被视为商行为的调整范围，商行为从中世纪和近代商法时期的重贸易，发展成 19 世纪到 20 世纪的贸易与生产并重。

现代商法，于英美法系国家而言，商行为依然以贸易与生产为中心。英国商法的骨干是《货物买卖法》(后更名为《英国商品买卖法》)，美国商法的核心——《美国统一商法典》更是一部“买卖法律大全”。[③] 大陆法系国家的商法典也延续了近代商法时期的商法典，仍以贸易交

① 参见［德］C. W. 卡纳里斯：《德国商法》，杨继译，法律出版社 2006 年版，第 54 ~ 55 页。

② 参见［日］近藤光男：《日本商法总则 · 商行为法》，梁爽译，法律出版社 2016 年版，第 14 ~ 16 页。

③ 参见任先行：《商法原论》(下)，知识产权出版社 2015 年版，第 868 页。

易为商事立法中心。[1] 然而,随着市场经济的发展,金融资本和智力劳动逐渐成为商事活动的主要部分,虽然大陆法系国家的商法典未关注金融资本和智力劳动,但《美国统一商法典》仍或多或少涉猎了金融商行为,“投资证券”一编就是金融规则的设计。如今,商业的发展正在迫使各国正视金融资本、智力劳动与互联网信息产业,一系列金融规则也逐渐在各国以单行法的形式出台,商法重心在世界范围内出现了向金融倾斜的趋势。

与德国、法国、英国乃至美国等拥有深远的商法历史传统的国家不同,中国长期以来商法缺位,因为商法传统的缺失,以生产和贸易为重心的商事立法传统在中国并未延续太久,应该说在中国商法形成时期,随着商行为的重心由商品贸易向资本投资倾斜,中国商法很快就进入了以资本投资为主的规制状态,金融资本、智力劳动、互联网信息产业、电子商务、数字交易等成为中国商法关注的对象。因此,区别于大陆法系和英美法系国家的商行为制度先重贸易、生产行为后关注金融交易的历史发展,中国商法的商行为制度从一开始就关注货物、商品买卖,并重视金融资本、智力劳动、电子商务、人工智能,形成了独具特色的商行为制度。所以,现阶段中国应当构建生产、贸易、金融及数字交易行为并重的商行为制度体系。

二、金融商行为的独特性

明确生产、贸易、金融和数字行为应当作为商行为仅仅完成了商事立法的第一步,即确定范畴的问题。中国商事立法还需要尤其关注生产、贸易、金融、数字交易行为之间的差异。

(一)传统商行为与金融商行为

与生产和交易关注产品或服务的价值取向不同,金融商行为可以依托实体经济或者说实体产品或服务,也可以脱离实体经济只存于虚拟经济领域,因此,理解金融商行为的特性,需要区分传统商事金融行为和现代商事金融行为。传统商事金融行为将金融理解为资金的融通手段,以服务于实体经营为目的。早在中世纪时期,随着商品贸易的繁

---

① 参见陈醇:《商法原理重述》,法律出版社2010年版,第2页。

荣,商人通过自治机制就创造了一系列商事信用制度。彼时的金融行为依附于实体产业,货币以社会实有资产为基础,金融手段主要是民间借贷或银行融资。现代金融依然具有资金融通的功能,只不过随着虚拟经济的发展,现代商事金融行为表现出四个新特征,第一,相对独立性。现代商事金融在一定程度上获得了脱离实体经济而独立存在的空间,虚拟经济的活跃使货币在某种程度上也直接成为交易的对象。第二,金融创新性。现代商事金融行为具有金融手段多样化、金融产品多元化、金融行为技术化等特征,大量的金融衍生品、融资方式以五花八门的形式出现。第三,金融风险性。期货、期权等具有对赌性质的金融产品相继出现,以追求利润最大化为目标,金融领域出现了大量的风险性规则。第四,金融商行为主体的广泛性。除了金融企业,大量民事主体也成为金融商行为的实施主体。因此,现代商事金融商行为除了为实体产业融通资金,其本身还可以在虚拟市场中独立发展;现代商事金融行为不仅主体广泛,还以创新和风险为本质特征。

将现代商事金融行为与生产和贸易商行为进行比较我们可以发现,首先,在主体上,生产和贸易行为的实施主体是商主体,金融商行为则可以由民事主体实施。其次,在市场上,生产和贸易行为主要依托于实体市场,而金融商行为则还存在于虚拟市场。再者,在交易规则上,为了维护交易安全,现代商事金融行为存在大量的技术性规则。此外,具有创新性和风险性的金融商行为在交易规则方面比起生产和贸易行为具有更强的自治性,同时也有更严的监管性。因为风险,所以金融商行为重契约保护、强调自治;但又因为创新,使金融商行为时常游走于法律既有规则之外,导致金融商行为重行政监管。

因此,生产、贸易行为与金融商行为相区分,后者以虚拟经济为依托偏重投机与对赌,前者以实体经济为载体关注产品与服务,经济价值系统的分离使得两者的行为规则产生差异。中国构建商行为制度体系时,既要同时吸收生产、贸易行为和金融行为规范,也要对两者作出区分,引入对赌性金融行为规则以激活虚拟市场的同时,坚持生产与贸易规则的"传统性"以保障实体生产经营的稳定。

(二)数字商行为与金融商行为

从定义来说,数字商行为与金融商行为存在一定的交叉关系。科技金融依托数字技术,在此,数字商行为与金融商行为存在重叠。但是金融商行为除了自动化交易、高频交易、程序化交易等内容,还包括作为金融工具的内容。数字商行为除了金融领域的交易,还包括数据交易,以算法为对象的交易,以及数字化产品与服务,在这些内容中,数字商行为与金融商行为又彼此独立。

就数字商行为与金融商行为的区别而言,第一,两者的发展轨迹不同。数字商行为映射的是数字社会带来的商业模式变革以及由此产生的商行为规则变革,数字商行为是新时代的产物,是信息革命的结果。金融商行为则有着悠久的历史,从人类开始适用货币之日起,金融就出现在商业社会中并扮演了重要的角色,威廉・N. 戈兹曼的《千年金融史》一书充分昭示了金融悠久的历史渊源。只不过金融随着社会的发展与变革,其作用与内容也在不断地扩张,在工业时代成为投机对象,在数字时代又助力社会变迁。第二,两者的法律规制重点不同。数字商行为的法律规制重点是围绕数据和算法产生的监控资本主义所引发的社会不公问题,金融商行为的法律规制重点则是金融可能引发的风险。第三,两者对法律所造成的冲击力也不同。数字商行为从权利理论、行为理论、监管理论到税收理论都颠覆了传统法学理论和法律体系,金融商行为作为一直助力生产与贸易商行为的存在,则长期受到法律的调整,与法律保持着共同发展的关系,虽然"监管沙盒"等也具有一定的颠覆性,但与数字商行为相比,金融商行为整体上还都在法律的框架内运行。

总之,金融商行为是独立于生产与贸易的商行为,也是独立于数字商行为的法律存在,研究并分析金融商行为是构建商行为规则体系不可或缺的重要使命。

三、中国金融商行为的概况

如前所述,在世界商法的历史上,商行为经历了从以买卖为主,到买卖与生产并存,再到商品买卖及生产与金融产品创造及交易共同生长的演变过程,中国也不例外。然而,就改革开放以来的历史而言,以买卖法为中心的商事立法传统并未持续太久,或者说在中国商法形成时期,生产以及金融产品交易就已经进入了商法的视野当中。虽然商法在中国历史上长期处于缺位状态,商法传统也一直缺失,但是中国商业复兴后,货物、商品贸易、生产、金融齐头并进,金融资本、智力劳动、互联网信息产业、电子商务与商品买卖共同成为商法关注的对象。中国当下的商行为制度,既重视买卖交易,关注产品生产,更侧重金融产品与服务,其中金融创新规则与金融监管规范成为中国商行为制度的重要创新,行政监管、法律监管与商人自律的平衡及价值取向成为金融商行为制度构建的重点与难点。

2008 年国际金融危机之后,曾以进出口为主的中国经济,在全球萧条的环境中,开始转向内生性增长阶段。内生性增长的核心就是能够不依赖外力推动而由内需来驱动经济增长。正是从这一时期开始,中国资本市场中出现了诸多浪潮。自 2006 年、2007 年的股票大牛市之后,私募股权浪潮、创业板浪潮等,都在过去的 10 年里陆续爆发。在这个阶段里,资本市场浪潮涉及范围之广泛,资本积聚速度之快捷,远远超过了以往任何时期。因此,后来也有很多人将这个阶段称为中国金融自由化的阶段。

2012 年是中国经济和金融制度改革的"分水岭"。2012 年之后,我国加快了金融自由化的改革进程,希望通过金融自由化逐步放开金融来缓解实体企业"融资难、融资贵"的矛盾,但却引发了一系列问题,影子银行无序扩张、杠杆交易风靡一时、网络借贷井喷式增长等乱象丛生。在此过程中,大量资本从实体经济投向虚拟经济,催生了很大的资产泡沫,很多资产价格大幅上涨,远远超出其实际价值,导致金融市场出现波动,加剧金融系统性风险。同时,制度尤其是商事金融制度的不健全也对资本市场有所影响。

自 2016 年起,我国开启金融系统监管,核心就是对于过往金融自由化下所产生的各种问题纠偏。2017 年,全国金融工作会议提出要深化金融改革,提高金融资源配置效率,让金融加快回归本源,服务于实体经济。党的十九大报告也多次提及金融,涉及的词汇有"现代金融""金融体制改革""金融服务实体经济""金融监管""绿色金融"等。同年 11 月,国务院金融稳定发展委员会成立,负责统筹和协调金融监管,确保金融安全与稳定发展。上述种种已足以看出商事金融在我国经济体系中的重要地位以及国家对商事金融的高度重视。

金融自由化和金融创新的初衷在于让商事金融更好地服务实体经济,但由于我们自始缺乏对金融商行为与金融非商行为的区分,缺乏对金融领域商人自律、法律监管、权力监管之间制度性差异的充分认识,更缺乏对商事金融制度价值的科学认知,简单地用权力监管取代法律监管和商人自律,导致了金融领域一放就滥、一抓就死的恶性循环格局。商事金融法律制度供给不足和金融机构及其他投资者对巨额商事利润的追求,使商事金融行为已偏离了正常的发展轨迹,脱实向虚,成为自我成长、自我繁荣的套利工具,潜藏着巨大的金融风险和隐患,商行为营利性本质特征展现出了其对社会公平和安全的巨大的负能量。如何在法律规制缺失、商人自律缺失、权力监管泛滥的情形下,重新认识商事金融法的价值,运用金融商行为规则规范商事金融创新,抑制食利商人的贪婪本性,引导并促使其步入正常的发展轨迹,这对商法提出了新的挑战。鉴于金融商行为不仅包括提供金融工具的行为,还包括以金融产品为交易标的的行为,且金融科技是未来金融发展的重要方向,所以下文将从金融创新产品的法律监管、金融创新工具的法律制度、金融科技的法律挑战三个角度讨论金融商行为的法律完善问题。

第二节 商事金融创新产品的法律监管

法律监管是现代金融商行为制度构建的一个重要组成部分。传统商行为存在的模式是商主体彼此之间,商主体与消费者之间,其主体身份及其行为可以被充分地了解和认知而形成的交易行为,融入或构成商行为的规范主要是彼此之间长期形成的、已经充分知晓的习惯和惯例。尽管也存在法律监管,但商人自律始终是商行为的基本特征。现代金融商行为与传统商行为的最大差异在于,金融商行为的实施者,其主体的复杂性和行为的复杂性导致了交易对方难以充分了解其内在的结构,从而难以实现在对交易主体及其行为充分认知基础之上做出正确的交易判断。由此对商行为经营者的合法性经营判断和监督更多地转交由提供交易环境的社会来承担。社会以何种方式实现对商事金融的监管?如何使权力监管变成法律监管?如何在推行社会监管的同时，依然强化对经营者自律的约束？这是商事金融监管和金融商行为制度构建的难点和重点。在此，我们以商事金融产品信托为例予以分析。

在场外配资的体系中，信托公司扮演着极其重要的角色，其设计的新型金融产品——伞形信托不仅为证券公司、信托公司、配资公司、银行等金融机构提供了合作的平台，同时也为二级市场的投资者提供了可以根据风险偏好进行自主选择的投融资服务。作为一种仅在我国发行的金融创新产品，伞形信托是信托公司设计的一种结构化证券投资信托，其通过受益者分级的结构设计满足了不同风险偏好者的投资需求，因此，在二级市场运行平稳且走势向好的时候，信托公司的伞形信托业务非常火爆。但是该结构化金融创新产品设置的虚拟子账号、运用的第三方接入系统、产生的杠杆效应以及产品本身混业经营的特点给我国现有的行为规则和法律监管制度带来了前所未有的挑战。股市异常波动后，为防范系统性风险的发生，监管层针对伞形信托和场外配资采取了一系列措施。2015 年 2 月，证监会要求证券公司严格执行《证券公司融资融券业务管理办法》，禁止以代销伞形信托、P2P 及其他自主开发的融资服务形式，为客户与客户、客户与他人之间的融资融券活动提供任何便利和服务。2015 年 6 月，证监会下发《关于加强证券公司信息系统外部接入管理的通知》，要求证券公司对信息系统外部接入管理开展自查。2015 年 7 月，证监会发布《关于清理整顿违法从事证券业务活动的意见》，严禁账户持有人通过证券账户下设子账户、分账户、虚拟账户等方式违规进行证券交易。2015 年 9 月，证监会表示，拟决定对为不具有经营证券业务资质客户提供多种证券业务属性功能系统的恒生公司、铭创公司、同花顺公司及相关责任人员作出行政处罚，通过软件介入的伞形信托配资账户则被要求限期清理关闭。在一波“禁伞”政策后，伞形信托业务基本无法继续开展，短期火爆的金融产品走向了终结。信托公司设计的伞形信托是一种典型的商事金融创新产品。商事金融创新产品以重组金融要素、突破传统交易模式为特征，这与基于固有模型而设计的法律监管制度之间总是存在着一种紧张关系。金融法律监管制度的改革似乎总是落后于金融在商业竞争中的创新，其中虽然有商事金融产品为监管套利而进行创新的原因，但更主要的原因还是现有金融法律监管制度对创新产品的应对力不足。以伞形信托从兴盛到受到全面限制的过程为代表,以下问题值得思考:伞形信托的运行原理是什么?以伞形信托为代表的现代商事金融创新产品是如何突破我国现有法律监管体系的?面对商事金融创新产品,我国金融监管制度为何应对力不足?如何提高我国商事金融法律制度对商事金融创新产品的应对力?

一、新型金融产品对商事金融法制体系的冲击——以伞形信托为例

(一)伞形信托的运作原理

2010 年,原银监会颁布了《关于加强信托公司结构化信托业务监管有关问题的通知》,该通知第 1 条对结构化信托业务作了界定:结构化信托业务是指信托公司根据投资者不同的风险偏好对信托受益权进行分层配置,按照分层配置中的优先与劣后安排进行收益分配,使具有不同风险承担能力和意愿的投资者通过投资不同层级的受益权来获取不同的收益并承担相应风险的集合资金信托业务。相对于单一账号结构化资金集合信托而言,伞形信托具有以下特征:第一,作为一种典型的结构化信托产品,伞形信托的信托受益权划分为优先级受益权和劣后级受益权。信托受托人利用信托财产进行投资管理取得的收益首先应分配给持有优先级受益权的受益人,在优先受益人足额获得信托合同约定的利益和本金后,劣后受益人取得扣除受托人报酬和管理费用后的剩余信托利益。伞形信托为自益信托,委托人(投资人)与受益人重合。结构化信托产品最大的魅力在于满足了不同风险偏好、不同风险识别能力和不同风险承受能力的投资者需求;优先受益人的收益水平虽然通过约定而固定,但其优先于劣后受益人就信托财产优先分配的顺位将受托人投资失败的风险转移至劣后受益人,另外加上其他配套风控措施,优先受益人的投资风险基本可以控制在一定的范围内;劣后受益人虽然在信托产品亏损时更先面临本金受损的风险,劣后资金起着优先资金的安全垫作用,但在信托产品收益超出优先受益人约定利益的情形下,劣后受益人可以获得剩余全部利益,因此劣后受益人的投资回报在理论上可以远远超过优先受益人。在实践中,优先受益人一般为具有资金规模优势但对收益安全兑付有较高要求的银行等投资

机构,而劣后受益人一般由有高回报追求同时具有较高风险承受能力的投资者担任,如私募机构及合格个人投资者。伞形信托中优先受益人以其投资资金为劣后受益人进行杠杆配资。为更直观地理解结构化信托的原理,可以代入数据进行阐述:假设优先级资金与劣后级资金配比为2∶1,优先级资金1000万元,预期收益以8%计算为80万元,劣后投资者可认购的劣后受益权份额为500万元。当信托终止受托人向受益人分配利益时可能会出现以下几种情况:(1)信托财产最终净值低于1000万元,则劣后受益人本金全部亏损,剩余亏损由优先受益人承担,信托财产剩余价值全部分配给优先受益人。(2)若信托财产最终净值大于1000万元而小于等于1080万元,信托剩余价值完全分配给优先受益人,信托财产投资损失及优先受益人的收益由劣后受益人承担。(3)若信托最终净值大于1080万元,受托人则从信托剩余价值中分配1080万元给优先受益人,其余分配给劣后受益人,至于劣后受益人能否有收益,则要看除去1080万元后信托财产剩余价值是否超过500万元。第二,伞形信托中优先资金(优先委托人在信托成立之初转移给信托公司的信托财产)为劣后资金(劣后委托人在信托成立之后转移给信托公司的信托财产)提供资金配比。信托公司在不同的时期会根据业务的具体情况设定不同的资金配比比例,较为普遍的杠杆比为1∶2至1∶3,股市行情较好时有的信托公司曾一度放宽到1∶4。伞形信托中优先级资金可以为劣后级资金提供的杠杆比例事关优先委托人的本金安全,也影响着劣后委托人认购的积极性,可谓伞形信托业务中最为关键且决定产品竞争优势的一环,因此,信托公司在决定伞形信托资金杠杆比例时往往会科学制定风险防范措施(主要表现为预警线与止损线的设置、强制平仓的运用)并在此基础上最大限度地满足市场的需求。第三,伞形信托是通过母信托与子信托单元的设置形成结构化证券投资信托,其中子单元信托可以分为不同的类型(如根据杠杆比例的不同进行划分),满足不同投资者的需求。母信托对应一个证券账户,伞形信托通过该账户在证券公司证券交易系统中实现股票交易;子信托单元对应的是虚拟账号,投资者可以利用该虚拟账号在信托公司运用的第三方交易系统中下达指令,实现独立的操作,该指令最终将在母信托对应的证券账户中完成。尽管多个子信托单元共用了一个母信托账户，但每个子信托单元由优先委托者与劣后委托者构成，且在第三方交易系统的技术支持下，子信托单元完全可以对劣后委托者根据自己意愿买进或卖出股票的行为进行独立结算和分配，因此，每个子信托单位实质是一个完全独立的结构化信托。第四，伞形信托配有一套较为成熟的风险控制措施，旨在保障优先级资金的安全退出。由于信托单位净值在信托存续期间处于实时变动中，该机制下，信托计划会将某一数值设定为止损线，在信托存续期内任何一个工作日收盘后，信托单位净值若低于信托计划设定的止损线，则投资者应追加资金，追加金额至少不低于使信托单位净值回升到止损线之上的金额。如以优先委托人本金与预期收益之和与信托单位总份数的商数定位保本保收益线，止损线一般会为保本保收益线预留一到两个跌停板的下跌空间，这是为了在对信托项下的资产组合全部止损变现时，预留应对冲击成本的余量，防止因市场波动致使变现完成后的信托财产净值无法兑付优先级委托人的本金和收益。在信托单位价值触碰止损线且受托人向投资者履行告知义务后，投资者若未及时追加资金，受托人将采取强制平仓的措施平抑系统性风险发生的可能，以此保障优先资金的安全退出。

（二）伞形信托产品的优势

首先，伞形信托产品更好地满足了投资者融资需求。在伞形信托产品推出前，融资融券作为我国资本市场重要交易制度为投资者融资提供了途径，其允许证券公司进行“向投资者出借资金供其买入上市证券或者出借上市公司证券供其卖出，并收取担保物的经营活动”。关于出借比例，《上海证券交易所融资融券交易实施细则》和《深圳证券交易所融资融券交易实施细则》规定，投资者融资买入证券时，融资保证金比例不得低于50%。换言之，投资者通过融资融券的方式只能融入1倍资金，例如投资者出资1万元，其可以购买2万元股票。然而，与伞形信托产品资金配比杠杆率相比，融资融券业务并不具有吸引力。投资者若认购伞形信托中劣后受益权份额，其可以支配的是购买资金2倍、3倍甚至是4倍的杠杆资金进行股票投资。因此，相较于融资融券的方式，伞形信托能够为持有有限资金的投资者带来更多融入资金。另外，融资融券的门槛较高，且程序较为繁杂，这也导致投资者更加青睐伞形信托业务。

其次,伞形信托为银行资金入市提供了低风险渠道。银行资金入市有券商两融受益权质押、委托贷款、伞形信托三种方式。相较于前两种方式,伞形信托止损线、外部信用增级、强制平仓制度合理地控制了股市波动给银行资金特别是理财资金所带来的风险,使风险转移至劣后投资者,这无疑满足了银行对资金稳定性和安全兑付的需求。

再次,伞形信托投资范围更为灵活。原银监会规定,结构化信托中投资单个股票的比例不得超过信托计划资产净值的20%。原银监会针对单一账户结构化信托的投资比例限制规则缺乏弹性,而伞形信托因分组交易系统设置的子单元信托可以有更灵活的投资范围。因为,子单元信托对应的是虚拟账号,其并不受投资限制比例规则的限制,只要母信托对应的证券账号投资单只股票没有超过20%即可。

最后,伞形信托可以免去投资者开立证券账户的时间成本。投资者可以通过第三方交易系统的运用在独立的子单元信托中实现独立的买入或卖出股票、结算等操作,因此,投资者通过伞形信托投资股票完全无需开户,这也给投资者带来了便利。

(三)伞形信托对资本市场的影响

1. 证券二级市场面临的风险

从整个证券市场的层面分析,当股市出现大幅震荡时,由于伞形信托的杠杆效应,子单位信托的净值极易触及警戒线和止损线。投资者若不能及时追加投资,其将会被交易系统强制平仓。强制平仓导致的大量卖单又会进一步加剧股票价格的下降,引发新一轮的强制平仓,形成多米诺效应。实践中,伞形信托子单元信托中的劣后委托人往往又由配资公司担任,配资公司利用第三方交易系统将子单元信托再进行结构化,其担任次级子单元信托的优先投资者,向大量的个人投资者进行配资,形成“伞中伞”的结构。在配资公司充当优先委托人的次级子信托中,资金配比比例更高,可以达到1∶4甚至是1∶5,这导致止损线设置随之升高,强制平仓更容易发生。次级子信托的强制平仓导致子信托的平仓,最终导致银行优先级资金的撤离,加剧了股市的波动。因此,伞形信托的杠杆效应可能给证券市场带来系统性风险。

2. 商业银行面临的风险

在伞形信托中，即便商业银行提供的优先级资金在严格的风险控制措施下可以将风险保持在较小的范围内，但风险也不能完全被避免。由于股票在跌停时无法卖出，这导致强制平仓在股市连续暴跌时在技术上无法实现。因此，子单位信托的净值在股市连续暴跌的情况下是有可能突破信托公司设定的止损线的，优先级受益人也可能受到损失。优先级资金一般为银行的理财资金，其受损又必然给购买银行理财产品的金融消费者带来损失。另外，作为金融创新，在给银行带来丰厚收益的同时，由于没有严格的资本充足率的要求，从而使银行在从事金融创新业务中的风险无法得到及时的反映，使银行面临巨大风险。

3. 投资者面临的风险

证券投资本身就蕴含了较大的风险，投资者很可能对股市未来的走向作出错误预判，但这种错误预判的代价会因为投资者参与伞形信托业务而加倍放大。因为强制平仓机制的存在，无法追加出资的投资者会在较短的时间内输掉所有筹码，因此也将失去持有股票而待其重新上涨以减少损失的机会。另外，在伞形信托中，由于不存在第三方资金托管及监管机构，投资者资金也有被配资公司挪作他用的风险。

由此提出的问题是商事金融基本法缺失，伞形信托行为作为一种资本时代出现的具有更大风险性的新型商行为，其构建的制度基础和规范不足，以监管为导向的制度构建难以适应失去自律性意识的创新主体逐利行为的滥用。

二、中国商事金融法制对金融创新产品应对力不足的成因分析

金融是一种工具。为实现不同的目的，工具的功能和价值展现出不一样的特点。以支付功能为目的和以营利为目的，金融事实上构成了非商事金融和商事金融。在市场经济体制下，金融除了具有支付功能，更是以营利为目的的一种经营性行为，从而构成了商事金融。商事金融具有商事行为的基本特征和基本功能，即以营利为目的。为了实现营利目的，它常常打破行业的界限，只要具有营利的可能，每一种金融业务都可以独立或共同成为商事金融直接或间接交易的领域，因此，仅仅按照非商事金融体制下的业务划分作出的分类行政监管，与金融

商行为打破业务划分而实现的利益最大化追求之间产生了实质性的冲突。分业监管模式难以实现商事金融法律监管的目的。尤其面对金融创新,在缺乏商事金融基本法的状态下,这种分业监管模式的不足更加明显。

金融创新给中国金融分业监管模式带来了巨大的挑战。长期以来,中国一直推行分业监管模式,原银监会、证监会、原保监会形成了一行三会"三驾马车"的监管格局,分别对银行信托业、证券业、保险业实现分业监管。2018 年国务院将银监会和保监会合并为银保监会,即中国银行保险监督管理委员会,自此"一行三会"变为"一行两会";2023 年,国家金融监管机构进一步改革,组建国家金融监督管理总局,证监会调整为国务院直属机构,"一行两会"变为"一行一局一会",但分业经营模式还是没有改变。伴随着金融工具与产品的不断创新,新型交易方式及混业经营趋势对我国分业经营模式形成了冲击。这种冲击直接暴露出我国金融监管制度应对金融创新产品的能力不足问题,具体有以下四方面的原因:第一,金融创新产品具有"混业"经营的特点,多方机构的参与和复杂的产品内部设计增大了监管的难度。由于融资渠道的拓宽,非银行金融机构,如信托公司在金融市场中扮演的角色的重要性日益增大,这直接导致商业银行在金融市场中的份额不断下降。为保持市场竞争力,实现商业利益最大化和商事风险最充分的分散或转移,商业银行不得不尝试改革传统的业务以适应市场的发展需求,使其资金能够更为灵活运用。通过与其他金融机构或非金融机构的合作无疑是突破传统业务受限的有效途径。银行理财资金在伞形信托业务中充当优先级资金即是一种典型的银信合作。金融机构之间的合作以及金融创新产品跨市、跨行业的特点势必导致传统分业监管模式技术上和机构上的不足。第二,创新金融产品在一定程度上是逃避金融监管的产物,为获取更大的利润,监管套利有时正是金融创新产品所追求的。因此,某种意义上,金融监管制度总是落后于金融产品的创新。监管套利主要表现为:在监管分工合作的框架下,被监管的金融机构利用"分业多头监管"的缺陷,设计跨部门、跨行业的创新产品实施监管套利,通过监管主体的转变、市场主体身份的转化(例如从保险经营者转化为期货经营者)、业务形式的转换(最为明显的就是金融衍生工具的创造)以及核算制度的转入等手段,达到监管套利的目的。第三,分业监管模式下监管机构之间的协作不足。以伞形信托为例,监管层下发的“禁伞令”起初在信托公司与证券公司并没有得到彻底执行,究其原因,是伞形信托背后错综复杂的利益链以及各参与主体对应的监管机构之间未达成共识。在伞形信托业务中,主要的参与方为证券公司、信托公司和商业银行三类机构。证券公司是伞形信托业务的发起方,其将有杠杆投资需求的客户介绍给信托公司,其利益诉求是赚取交易佣金;信托公司是伞形信托产品发行方,收取信托财产一定比例的管理费。由于信托资金规模较大,因此信托公司同样能收取非常可观的费用;作为优先级的银行理财资金也能在伞形信托中为银行带来较低风险的投资回报。三方参与者中,银行与信托公司对应的监管部门是原银监会,而证券公司的业务则由证监会监管。不同监管部门之间的协调不足,导致了对伞形信托产品的监管真空地带。伞形信托借机进行监管套利,借助由信息系统为客户开立的虚拟证券账户突破了《证券法》《证券公司监督管理条例》关于证券账户实名制、未经许可不得从事证券业务的规定,实质上形成了一个完整的互联网券商结构,打破了证券公司和中国证券登记结算有限公司对证券投资账户开户权限的垄断,更让传统金融方法失灵的是伞形信托子单元信托的二级虚拟账号具有隐藏投资人的功能,投资人的操作将被掩盖在母信托证券账号之下,且投资者的操作记录、交易记录将随着资金清算、虚拟账号的注销而消失,即“阅后即焚”,监管者无法追查到任何信息。伞形信托证券投资业务的监管套利主要在信托公司内部完成,而信托公司由原银监会而非证监会监管,原银监会又可能只对主体监管而不对证券投资业务监管,因此最终导致对伞形信托的监管不力。第四,分业监管模式无法对金融创新产品进行全面监管,这降低了对某一金融创新产品监管的效率。2015 年之后,监管层开始“禁伞”并清理场外配资,但回顾整个过程,对伞形信托的限制政策基本由证监会作出,而开展伞形信托的信托公司并没有收到其对应监管部门——原银监会的任何通知。在清理的过程中,证监会要求证券公司禁止代销、禁止为伞形信托业务提供任何便利等监管措施。另外,由于证券公司和信托公司之间签订协议在先,证券公司单方面不提供端口的行为可能构成违约,而证券公司违约则又将造成信托公司对投资者违约。可见,分业监管模式在面对有多方参与的金融产品时,其监管措施的执行力可能较低。

三、完善我国金融创新产品商法规制(监管)的对策

(一)金融监管模式的改进

在我国现行分业监管框架下,金融创新产品有更大的监管套利空间。为应对混业经营带来的挑战,这些年来我国分业监管机构也采取了一系列措施,如原银监会、证监会和原保监会共同签署了《在金融监管方面分工合作的备忘录》,建立了监管联系会议机制和"经常联系机制",旨在明确三会在金融监管方面的职责,加强三家机构的协调配合,避免监管真空和重复监管,以提高监督效率,促进金融创新。2008 年金融危机爆发后,为控制金融风险的蔓延,国务院要求央行会同原银监会、证监会、原保监会共同建立金融监管协调机制,金融监管协调部级联席会议重启。2013 年国务院再次发文批复同意建立金融监督协调部级联席会议制度,确定了央行的牵头地位。2018 年 3 月,第十三届全国人民代表大会第一次会议表决通过了关于国务院机构改革方案的决定,设立中国银行保险监督管理委员会,4 月 8 日中国银行保险监督管理委员会正式挂牌,银监会和保监会成为历史,银保监会负责依照法律法规统一监督管理银行业和保险业。2023 年 3 月,第十四届全国人民代表大会第一次会议通过关于国务院机构改革方案的决定,"一行两会"时代落幕,组建国家金融监督管理总局,证监会调整为国务院直属机构,"一行一局一会"时代来临。但是证券分业监管的模式还是没有改变。因此,强调监管机构之间的协作监管、信息共享是在当前框架内克服分业监管模式弊端的可行途径。金融发达国家在金融危机爆发后同样采取了一系列促进协作监管的措施。总结这些国家的监管协调机制,主要有以下经验值得借鉴:首先,借助立法直接规定各监管机构的协调合作框架,并就各自职能作出明确的规定,使监管协调合作有法可依;其次,通过签署监管各方谅解备忘录,规定监管协调的实施细则和相应的制度安排;最后,依法成立协调委员会或类似的机构进行多边合作及负责具体的协调运作,如英国通过金融服务监管局(FSA)来进行金融监管的协调。

我国监管部门面对以财富管理为代表的金融产品时,应在协调合作的基础上制定统一的监管标准,这不仅可以促使金融机构在提升产品竞争力、扩展客户资源的同时遵循公平竞争原则,也能限制和减少金融机构基于监管主体与制度的差异而进行的监管套利的行为。在我国现有分业监管的框架下,如何实现机构监管向功能监管和协调监管的转化是实现防范系统性风险监管目的的关键。功能型监管的核心在于通过分析商事金融机构商行为的本质特征,将金融机构的商行为予以类型化,在坚持商主体身份独立、地位平等、法律框架下的行为自由这些商法的基本原则的基础上对同质的、具有相同功能的、产生同种风险的金融产品推断其适用相同的法律法规并制定相应的监管政策,避免同质的金融产品因发行主体的不同而受到不等强度的监管,防止因监管主体的差异导致的监管套利行为。

(二)完善金融消费者保护制度

金融机构具有逐利的本性,其创新的金融产品本身就为追求更高的利益而设计。但利益越大风险也就越大,投资者也因此可能付出更高的成本和代价。另外,创新与监管套利经常伴随发生,这也就意味着创新金融产品的稳定性将受到监管主体监管执行力度的影响。监管的放松可能会使某一产品一度盛行,但一旦风险发生,监管层管控措施的推出也可能直接决定某一产品或业务的存废。这次伞形信托产品从兴盛到将要成为历史就是最好的例证。监管政策的"嬗变"决定了金融产品能在多大范围内进行创新,更为重要的是其严重影响投资者对于自己投资行为预期利益的判断。投资者在我国尚不健全的资本市场中会因为金融机构的套利行为和监管层监管力度的变化而遭受利益上的损失,因此,如何有效保护金融消费者的权利是我国金融监管改革中必须考虑的事项。金融消费者保护的"双峰理论"认为,金融目标是金融监管的关键和起点,金融监管不应仅围绕审慎监管一个目标,为了追求金融机构发展和市场稳定,金融消费者权利的保护应该作为金融监管的目标来实施,而且应该与审慎监管同时进行。美国次贷危机爆发后,国际金融监管改革的方向之一即为将金融消费者的权益保护纳入金融监管的目标体系。我国对金融消费者保护的意识正逐渐加强,但具体制度的构建还处于起步阶段。

在民商分立的大陆法系国家,消费者保护法是商法的一个重要组成部分,消费者保护规则已经融入了商法规则中,商法规范的构建,商行为的构建,必须以社会责任为导向,将消费者保护作为行为合法性的重要标准。我国现行体制下,金融领域的消费者保护与金融商行为构成之间常常是脱节的,还没有能够将消费者保护的社会责任规范纳入金融商行为的构成要件之中。

我国可以从以下三方面完善金融消费者保护制度:

第一,完善法律体系,设立专门保护金融消费者的法律。目前,我国金融消费者维护自身权利的法律依据为《消费者权益保护法》《民法典》以及其他法律法规中零散的规定。《民法典》和《消费者权益保护法》可以为金融消费者提供一般性权利保护,但不具有针对性。金融消费者能否认定为《消费者权益保护法》中的消费者本身就是一个问题。《民法典》合同编调整的是平等主体之间的权利义务关系,然而金融消费者在购买金融产品时,与金融机构并不具有平等性和互换性,法律应当对金融消费者提供倾斜性保护,所以《民法典》合同编也无法保护金融消费者。虽然法律法规中的一些零散规定可以保护金融消费者的权益,如《商业银行法》第29条有关存款人保密原则的规定,又如中国人民银行2011年发布的《关于银行业金融机构做好个人金融信息保护工作的通知》关于银行业金融机构收集个人金融信息时应遵守相应原则、方式的规定,但是这些零散规定存在体系性不强、立法层级较低等问题,无法肩负起保护金融消费者的重任。因此,从商事一般法角度设立专门的法律和系统性的法律制度是我国未来保护金融消费者的必然选择。依据本书第二章对金融消费者行为的界定,即金融消费者的行为应当属于商行为范畴,所以中国可以考虑制定专门的"金融消费者保护法",通过单行法方式保护金融消费者,也可以在"商法通则"中对金融消费者的特殊规则作出规定。

第二,成立保护金融消费者的专门机构。2008年国际金融危机爆发后,金融消费者保护与监管机构对金融机构审慎监管之间的关系开始得到重视。由于金融消费者与金融机构之间的利益时常存在某种对立,同时承担金融消费者保护与审慎监管金融机构职能的监管机构必然会因监管目标的差异而导致顾此失彼。因此,在后危机时代金融消费者保护与金融审慎监管的职能分离是金融监管的发展趋势。美国《多德—弗兰克华尔街改革与消费者保护法》与英国《2012 年金融服务法案》都通过设立独立的金融消费者保护机构实现这一功能的转化,随着金融消费者数量及消费规模的不断扩大,我国可以借鉴国外经验,前瞻性地设立专门保护金融消费者的机构,以保护本身就处于弱势的金融消费者。

第三,完善金融创新产品法律责任制度。具有强专业能力及谈判优势的金融机构并非普通的民事主体,而是应承担更严格商事责任的商主体。因此,金融创新产品的责任主体、责任模式、归责原则都应有别于传统的民事责任的有关规则。

(三)加强对金融创新产品的准入监管与前置管理

英国金融监管体制改革中,金融行为局(FCA)被赋予了更大的产品管理和干预权力,通过金融产品管理前置、禁止误导性的金融产品和服务在市场上推广等措施,确保实现产品的销售范围与目标客户相一致、产品的功能与预期相符等目标。① 金融创新产品,其追求高回报的本质导致其可能向金融产品消费者隐瞒重要信息、仅披露有利于消费者做出购买决策的信息、选择性地披露信息甚至欺诈消费者。金融产品购买者本身因专业技能的有限就很难完全掌握极其复杂的产品信息,金融机构如果再不完全披露信息或披露误导性信息,那么,金融消费者的信息搜寻成本将进一步加大甚至直接对产品作出误判。另外,金融创新产品可能就为逃避监管而设计,因其往往具有跨市场、跨行业的特点,加之计算机技术的应用,其逃避监管的行为更具有隐蔽性,监管机构并不容易发现。考虑到金融创新产品所带来的系统性风险和对广大金融消费者可能造成的利益损害,加强对金融创新产品的准入监管和前置管理实为必要。在具体制度构建和制度安排中,金融创新产品的准入监管和前置管理的规则应具有一定的前瞻性和弹性,以应对未来创新的产品,同时相关措施应尽可能地具有可操作性,以事先防范金融创新产品给市场及消费者带来的风险。而这种监管应该成为金融商行为构成的必要要件,并通过商事基本法予以确立。

---

① 参见高田甜、陈晨:《基于金融消费者保护视角的英国金融监管改革研究》,载《经济社会体制比较》2013 年第 3 期。

第三节　金融创新工具的法律制度

一、第三方支付的私法责任

第三方支付自诞生以来彻底变革了金融工具的使用方式，实现了货币无纸化改革。这是一场颠覆性革命，使货币的使用成为一串数据。作为颠覆货币存在形式的金融工具，有关第三方支付的行为规则与法律监管问题成为理论与实践共同关注的内容。私法层面的规则与公法层面的监管是保障第三方支付朝着有利于社会公共利益方向发展的前提，但现阶段我国对第三方支付的立法主要集中在监管层面，如何认定第三方支付服务提供商或称经营者与使用者之间的单方商行为法律关系，如何界定第三方支付服务提供商的私法责任，立法并没有作出详细的规定。目前对于第三方支付的私法责任基本上遵照的是《民法典》合同编的调整思路。然而，第三方支付属于商法范畴，第三方支付服务提供商与使用者之间也并不具有平等性和互换性，实务中与第三方支付有关的案例表明，用户与第三方支付服务提供商有着不平等的地位，那么究竟应当如何定位第三方支付的法律关系并界定第三方支付服务提供商的私法责任，即商事法律责任呢？

（一）与第三方支付有关的司法案例概况

对与第三方支付有关的司法案例进行不完全归纳，实践中的案例大致可以分为两大类，十小类。两大类包括：第一，担保交易类，即当第三方支付处于保证交易安全时，发生的有关争议；第二，即时到账类，即当用户采用即时支付（快捷支付）时产生的纷争。其中，第一种类型，主要是电子商务中的资金移转问题，第二种类型则包括非基于电子商务的转账行为以及电子商务中资金移转问题。十小类包括：(1)“原告主张支付宝公司将其资金转错对象”；(2)“支付宝公司违法冻结原告（网络商户）的账户”；(3)“支付宝公司未履行注意义务，使得原告的账户资金被骗、被盗”；(4)“原告并未收到货物请求退款”；(5)“对团购型商家单独设限”；(6)“支付宝公司未给原告（用户）充值”；(7)“支付宝公司违约给买家退款”;(8)“原告发货后买方申请退款,支付宝公司予以退款”;(9)“原告买到假货申请退款,支付宝公司仍转移货款给卖家”;(10)“买卖过程中被骗,要求支付宝公司先行赔付”。针对这些不同类型的案件,理论研究的价值在于,就同一问题进行裁判,不同法院之间裁判结果的对立和冲突体现在了不同的方面。

1.“即时到账交易”案件

在有关用户采取即时支付引发的纠纷中,法院的对立观点体现在用户采取即时支付是否与支付宝建立了合同关系。存在否定说、肯定说和中立说三种立场。首先是否定说,在杨某英案①和张甲案②中,法院认为原告和支付宝公司没有形成合同关系。原因是快捷支付方式并不包含在《支付宝服务协议》内,支付宝公司仅在向支付宝用户提供支付宝担保交易及货到付款服务时,与支付宝用户构成中介服务合同关系。其次是肯定说,在杨某林案③和王某铭上诉案④中,法官认为原告创建了支付宝账户,即与支付宝公司在网上订立了《支付宝服务协议》,产生了支付宝服务合同关系。理由如下:《支付宝服务协议》不仅包括担保交易,为电子商务过程中的买卖双方提供一个担保账户以保障购物安全,还包括代付服务,即支付宝将用户款项代为支付给客户指定的第三方,即时到账交易即属于代付服务的内容。最后是中立说,朱某某案⑤同样属于快捷支付的案例,然而法院没有对原告和支付宝公司之间是否形成合同关系作出认定。本书暂且勉强将其认定为中立观点。之所以出现这方面的争议,是因为我们将支付宝签订合同的行为仅仅视为普通民事行为,没有认识到这是一种商行为,是一个设定了供应商特

---

① 杨某英诉支付宝(中国)网络技术有限公司合同纠纷案(2011)杭西民初字第1497号。

② 张甲诉支付宝(中国)网络技术有限公司网络服务合同纠纷案(2012)杭西民初字第392号。

③ 杨某林与中国农业银行股份有限公司广州站西路支行、支付宝(中国)网络技术有限公司合同纠纷案(2013)穗越法民二初字第4981号。

④ 王某铭与浙江淘宝网络有限公司、支付宝(中国)网络技术有限公司网络购物合同纠纷案(2015)浙杭商终字第308号。

⑤ 朱某某诉支付宝(中国)网络技术有限公司网络侵权责任纠纷案(2012)杭西民初字第658号。

定义务的法定行为。

2. 担保交易案件

在担保交易案件中,由于用户与支付宝签订了《支付宝服务协议》以及相关系列协议,因此,案件的纠纷集中体现在用户与支付宝签订的协议上,与此同时,对于支付宝的定位问题法院也作出了自己的理解。

关于格式条款的问题,在张某鹏案①中,争议的条款是“乙方(支付宝)依照甲方指令进行操作的一切风险及转账失败的责任由甲方承担”。法院认为《支付宝服务协议》是支付宝提供的不可协商的格式合同,对于被告免责的条款属于免除支付宝责任的无效条款。在刘某文上诉案②中原告主张整个《支付宝服务协议》都是支付宝公司提供的,支付宝既是执法者又是守法者同时还是裁判者,然而法院认为原告接受服务就是接受了协议,该协议是双方真实意思表示,协议合法有效。刘某文上诉案的观点在刘某某案③、范某一审案④和上诉案⑤,以及唐某良案⑥中都得到了体现。

关于支付宝的法律地位定性,法院并不存在对立冲突的观点,都较为一致地将支付宝认定为信用中介,是提供代收代付的中介服务组织,并且支付宝作为第三方支付机构是向买卖双方提供担保支付服务的中立支付服务,担保的是交易支付,而不是交易本身,其中担保交易中的“担保”不具有法律意义上的担保含义,即并非“担保法”含义下的担保。

综上所述,司法实践中第三方支付的纠纷主要集中于网络用户与

---

① 张某鹏诉支付宝(中国)网络技术有限公司等网络服务合同纠纷案(2014)凉民初字第 2986 号。

② 刘某文与支付宝(中国)网络技术有限公司网络服务合同纠纷上诉案(2014)浙杭民终字第 291 号。

③ 刘某某诉支付宝(中国)网络技术有限公司服务合同纠纷案(2010)杭西民初字第 2316 号。

④ 范某与支付宝网络技术有限公司网络服务合同纠纷案(2013)杭西商初字第 1943 号。

⑤ 范某与支付宝(中国)网络技术有限公司网络服务合同纠纷上诉案(2014)浙杭商终字第 129 号。

⑥ 唐某良与明某生、佛山顺丰速运有限公司、支付宝(中国)网络技术有限公司买卖合同纠纷案(2013)佛南法罗民二初字第 57 号。

第三方支付服务商之间,其中即时支付的情况下网络用户是否与第三方支付商形成合同关系以及如何判断格式条款的效力等问题存在较大的争议,第三方支付的法律关系问题在第三方支付保护中较为突出。

(二)第三方支付法律关系定性的理论争议

分析第三方支付的法律关系性质,首先必须明确第三方支付涉及的法律主体。就此,第三方支付从电子商务的角度来看,涉及三方主体之间的法律关系:一是网络用户与第三方支付服务商之间;二是网络商家与第三方支付服务商之间;三是网络用户与网络商家之间。从整体来看,第三方支付还涉及第三方支付服务商与银行之间的关系。

1. 理论界关于第三方支付法律关系定性的分歧与评析

(1)信托关系说

有学者认为在第三方支付中,第三方支付机构依据买方(委托人)的意愿,以自己的名义向商家完成货款的支付,与信托的本质相符合,应当定性为信托法律关系。①

然而,在第三方支付过程中第三方支付机构除接受委托人转移货款的指示外,并不对货款享有任何自主处分权,并且第三方支付平台也不概括享有委托人的权利,所以,用信托关系来解读买方与第三方支付服务商之间的法律关系并不妥当。

(2)委托保管关系说

该学说的学者认为,买方与第三方支付服务商之间形成委托关系和保管关系。首先,买方将货款转移至第三方支付服务商,由第三方支付服务商代为保管,双方形成保管关系。其次,买方还与第三方支付服务商之间形成委托关系,买方委托第三方支付服务商将货款转移给卖方。②

该学说同样不能恰当地解释网络用户、网络商户与第三方支付服务商之间的法律关系。首先,针对保管关系而言,买方从自有账户向第

---

① 参见张军建、余蒙:《第三方支付的信托法研究——兼论央行〈非金融机构支付服务管理办法〉对支付机构的法律定性》,载《河南财经政法大学学报》2015 年第 5 期。

② 参见李燕:《由支付宝看我国第三方支付平台》,载《广西质量监督导报》2008 年第 2 期。

三方支付服务商转移货币资金本身，依据货币“占有即所有”的理论，就是财产所有权的转移，而非保管，根据保管合同的基本原理，保管人并不享有标的物的所有权，标的物的所有权归属于被保管人，因此，保管关系并不能合理解释第三方支付服务商享有货币所有权这一现象。其次，在保管合同中，保管合同的目的是保管人保管寄存人交付的保管物，并返还保管物，然而，在第三方支付中，第三方支付服务商接受买方的货款并非为了日后的返还，在这点上，保管关系说并不能圆满地给出解释。再者，针对委托关系，委托合同是委托人和受托人之间的合同关系，在一定程度上具有劳务性质，尽管可能与第三人之间存在关联，但是合同并不会涉及第三方当事人，这明显不同于第三方支付中三方当事人之间的法律关系。最后，在委托关系下，买方仅委托第三方支付服务商向卖方支付货款，然而，在第三方支付法律关系中，当第三方支付服务商拒不向卖方支付货款，或者随意处置该笔货款造成损失时，依照法律规定，买方有权向第三方支付服务商主张损失赔偿，此时，买方对第三方支付服务商享有的是债权请求权，而这显然区别于委托关系下，委托人直接基于委托合同向受托人主张的权利的性质。

(3)担保说

担保说认为，第三方支付服务商构成对买方向卖方支付货款的担保。买方向第三方支付服务商转移货款，由此，第三方支付服务商向卖方承担当买方收到货物时，向卖方支付货款的担保责任。①

该说的缺陷是毋庸置疑的。首先，担保合同具有从属性，若将买卖双方形成的买卖合同视为主合同，则担保合同担保的是该合同中买方义务的履行，依附于买卖合同；担保合同的效力从属于主合同，若主合同无效或有瑕疵，则担保合同也会无效或效力待定。然而，在第三方支付中，第三方支付服务商与买方之间形成的法律关系并不依附于买卖双方形成的买卖合同。其次，若将第三方支付合同视为担保合同，则依据我国《担保法》的规定，担保有保证、抵押、质押、留置和定金五种形式，从这个角度来看，第三方支付合同比较可能涉及的是保证，然而，在保证合同中，是保证人在债务人不能履行债务的情况下，保证人以自己

---

① 参见李蕾：《论第三方支付法律关系的构成性质》，载《北方经贸》2014 年第 6 期。

所有的财产向债权人履行债务，而在第三方支付中，第三方支付服务商并不以自己的财产向债权人履行义务。

(4)居间说

有学者主张，第三方支付服务商是居间商。第三方支付服务商，通过自己的支付平台，为买卖双方提供订约机会与交易媒介，符合居间合同的法律关系。①

我们认为，居间说同样存在解释上的困难。首先，根据我国法律规定，居间合同的居间人在居间活动中处于中介人的地位，不参与委托人与第三人之间的合同关系，对于委托人与第三人订立的合同既不享有权利，也不承担义务。而第三方支付服务商虽然提供了订约机会与交易媒介，但是，作为货币转移的中介，其参与了民事法律关系，并在其中扮演重要角色，因此，从这个角度出发，居间商的定位并不能圆满解释第三方支付服务商的法律地位。其次，从法律行为的定性上来看，居间人所从事的行为并不是法律行为，因此，若将第三方支付服务商定位为居间商，则其仅需扮演收钱以及付钱的桥梁，对于其他的法律关系则可以完全忽略，而这显然与第三方支付服务商提供的服务相背离。

(5)虚拟银行说

该学说将第三方支付服务商界定为虚拟银行，由此认为第三方支付服务商与买方建立的是一种不支付利息的借贷法律关系。②

我们并不赞同该学说。首先，根据中国人民银行2010年6月发布的《非金融机构支付服务管理办法》(已被修改)，第三方支付服务商被明确界定为非金融机构，因此，将第三方支付服务商界定为虚拟银行并不合适，进而也就更无所谓第三方支付服务商与买方建立了不支付利息的借贷法律关系的问题了。

(6)"Escrow"(托付)说

"Escrow"在我国国内的翻译并没有形成通识，有学者翻译为"代管"，有学者译为"托付"，还有学者用"转交付支付"的称谓，本书采用

① 参见王静：《论第三方支付中的法律关系》，载《湖北函授大学学报》2015年第15期。

② 参见陶华强：《论第三方支付中的信托法律关系》，载《重庆交通大学学报(社会科学版)》2012年第6期。

托付的翻译。“Escrow”制度是域外的一项法律制度,《布莱克法律词典》将其解释为,承诺人将法律文件或财产交由第三人保管,待特定期限结束、或在约定条件成就时,由该第三人将其保管之法律文件或财产交给受诺人,此种法律关系为托付关系。《大英法律注释》将托付定义为由第三方保管至受让人履行约定条件时才交付的契约。其中,第三人为受托付人,由第三人保管的财产为托付物。① 托付制度在英美普通法法系中已有五百多年的历史,是履约保障机制,适用于各种规模的交易中。在托付合同中,第三人的信用起着核心作用,第三人在合同中所付出的对价就是自身的信用,第三人被视为信用机构,通过信用置换来保障合同的安全。因此,英美普通法对托付的规制主要存在于两方面,一是托付合同,二是对从事托付行业的第三人的各项相关法律规定,通过法律强制力确保第三人所提供的信用的可靠性,通常情况下,第三人必须是一个独立、中立的并且与买卖关系无关的第三人,往往由银行、信托公司、产权保险公司、律师事务所等信用度较高的机构担任。②

有学者基于对上述托付制度的阐述,认为第三方支付运作实际上是一个信用置换过程,是第三方支付服务商以信用参与资本交易,保障无法向对方证明自己信用的对方当事人之间的缔约以及合同履行,所以第三方支付就是托付关系。③

我们认为托付关系确实能够较为合理地解释第三方支付中涉及的相关法律关系,并且有别于之前学者都将第三方支付中涉及的三方主体分裂开来定性其中的法律关系,该学说将第三方支付中涉及的三方法律主体通过同一法律关系进行定性,具有一定程度上的优越性。不过,该学说同样存在一些问题。首先,如上所述,该学说在域外国家中,属于较为完整、全面的法律制度,并不局限于对第三方支付法律关系的界定,而是内容十分广泛的一项托付制度。因此,在我国尚未充分论证

---

① 参见于颖:《第三方支付之定性——试论托付法律关系》,载《法律适用》2012 年第 6 期。

② 参见于颖:《第三方支付之定性——试论托付法律关系》,载《法律适用》2012 年第 6 期。

③ 参见于颖:《第三方支付之定性——试论托付法律关系》,载《法律适用》2012 年第 6 期。

该制度的引入是否具有合理性和正当性，对我国的经济社会发展是否存在风险时，随意地引入该制度无疑会引发系列问题。其次，有别于域外国家，我国的第三方支付起步晚，目前为止第三方支付机构并非完全独立的第三方，并且信用度也难以达到托付制度对第三方的信用要求，从这个角度出发，托付制度与我国的第三方支付也并非完全相符。最后，托付制度在英美普通法中往往涉及大额交易，而我国的第三方支付设计思路就是针对小额商品买卖，因此，托付制度的设计思路与我国第三方支付相对应也会存在矛盾和冲突之处。

2. 本书的第三方支付法律关系定性

信托关系说依据的是《信托法》，债权转让说、委托保管说、居间说依据的是《合同法》，担保说依据《担保法》，而如上所述，这些学说都存在一定程度上的缺陷，因此我们会发现，依据我国现有的法律并不能圆满地解决第三方支付法律关系，而依据有学者提出的托付制度，由于该制度并没有被完美地论证引入的合理性和正当性，所以也存在一定的瑕疵。

相比较而言，托付制度是目前用于解释我国第三方支付法律关系性质较为自圆其说的理论。首先，第三方支付的一大特性便是第三方支付服务商的信用性，在买方转移货款的过程中，第三方支付服务商交付的对价就是信用。其次，第三方支付在民事法律关系中处于独立地位，尽管其转移货款的行为是通过买方的指令，但是发生争议时，其具有独立的判断空间。最后，在第三方支付法律关系中，第三方支付服务商属于合同中的一方当事人，独立承担自己的行为所引发的民事责任。

在笔者看来，与其说第三方支付的法律关系是托付关系，不如说第三方支付的法律关系是一种新型法律关系。因为，在传统民法理论无法对第三方支付涉及的法律关系进行完满解释的背景下，根据学界目前既有的理论，托付关系的解说最为合理。不过，由于域外托付制度本身是一项适用于大额交易且内容广泛的特殊制度，我国第三方支付行为难以简单对应该制度，需要在吸收该制度基本原理的基础之上对其进行限定和重构。就此，为了区别于域外的托付法律关系，更妥当的做法是将我国的第三方支付制度解释为一种新型法律关系，并在商法中对其作出明确规定，使得我国对第三方支付有关法律关系的界定能在借鉴域外经验的同时，突破传统民法理论的局限。

（三）第三方支付商行为的法律制度完善

明确了第三方支付的法律关系，我们依然回到第三方支付的法律制度完善上。司法实践所显示的两大问题，其实都与交易安全相关。对于第三方支付过程中可能出现的交易安全，主要集中于支付出错的问题上，对此我国应当参考美国和欧盟的立法。首先，应充分认识到第三方支付行为不是一种简单的民事法律行为，而是一种商行为。不能将与交易安全相关的支付错误问题完全交给由第三方支付机构提供的格式合同解决，而应当在立法上作出一定的安排，将其融入商行为的构成之中。其次，可以对司法实践的案例进行统计，将支付出错的案件归类，进行不同的规制。最后，在支付出错的救济上，规定相应的补救措施。

1. 支付错误的类型

对于支付错误的类型，可以借鉴美国的分类：（1）未经授权支付；（2）不正确支付；（3）所披露的支付信息或相关信息存在错误或缺漏。在发生错误后，用户应当及时通知第三方支付机构，由第三方支付机构展开调查。在这方面，虽然我国立法没有作出规定，但事实上，在以支付宝为首的第三方支付机构协议中，已经不同程度地作出了相应的约定，协议中往往赋予了第三方支付机构一定程度上的争议解决权。

2. 支付错误调查程序

针对支付错误的调查，应由第三方支付机构进行；在调查程序上，应当视情况规定不同的时限，并根据调查结果，确立不同的告知解释义务。例如，若调查认定不存在错误，则应当及时通知用户，若用户存在异议，可以自行提供证据证明；若调查认定存在错误，则同样要通知用户，并对相关错误采取补救措施。

3. 支付错误责任承担

根据我国目前司法的实践，支付错误的责任都由用户承担，理由在于用户与第三方支付机构签订的协议中对此作出了约定。显然，这种解释违背了公平原则。我国立法应当对错误情形进行分类。例如，对于用户引起的错误，由用户承担，但当用户主观上无重大过失时，应当对其责任的承担限定额度，其余部分由第三方支付机构所投保的保险公司负责。至于第三方支付机构引发的错误支付,则由第三方支付机构承担责任。

4. 支付错误下的诉权

支付错误的情形下,寻求司法救济应当以第三方支付机构的调查为前置程序,第三方支付机构的不作为或者作为不当,都可以成为诉讼程序启动的缘由。至于第三方支付机构对争议处理结果不承担责任的格式条款,则应当将该条款视为无效条款,在第三方支付机构对争议结果处理不当的情况下,第三方支付机构也应承担由其行为引发的责任。

具体到立法方案与路径的实现上,可以考虑将第三方支付作为新型商行为,将其有名化,不过由于中国《民法典》已经颁布,短期内大幅度修订《民法典》的概率较小,所以可以考虑就第三方支付这类新型商行为以"商法通则"加商事单行法的方式进行调整,可以颁布"平台商行为法"就社交平台、电商平台、金融平台等实施的新型商行为作统一规定。

二、离岸金融中心的金融商行为法律监管

离岸金融是现代商事金融的一个重要组成部分。离岸金融在促进现代商事金融创新方面具有积极的作用,同时也构成了现代商事金融的巨大风险。从商法的历史考察,金融行为伴随着商业交往的兴起至今已经有着悠久的历史。自古希腊雅典以来,虽然不同的民族和国家都有过不同形式的金融行为,但直至近代票据提单、仓单、信用证等一系列商行为的形成,人类的金融行为才逐渐通过商行为走向规范化,才构建了现代金融秩序的基础。离岸金融形成的历史短暂,不同国家或地区根据各自的特点创设了适合于自己的离岸金融模式,至今国际社会还缺乏此类统一的行为标准。传统商行为以货物的流转、货物的集中保管、货物交付中的支付为主要内容,不仅流通过程和交易地点以及商户的建立成为商行为关注的重点,对此类交易的规范和管理同样成为商行为关注的重点。现代离岸金融商行为同样具有此类行为的特点,不仅行为交易的主体、交易的场所地点、交易物的种类等是商行为关注的焦点,对此类交易活动的监管更成为商行为关注的重点。通过对现行离岸金融国际交易行为的分析,有助于我们更加充分全面地了

解离岸金融商事交易的特点。在此基础上探寻金融商行为的法律特点和构成要件,不仅有利于推动中国离岸金融制度的创新,更有利于促进国际离岸金融商行为统一规则的建立。

传统金融商行为是金融交易者相互博弈的产物,现代金融商行为则是金融交易者与金融业监管者相互博弈的结果。金融商行为研究的视角,不仅仅要从行为的自由与行为自治着眼,更要从行为他律与行为监管规则考虑。

(一)离岸金融中心的形成与发展

离岸金融起源于欧洲美元市场的形成与发展,是指在高度自由化和国际化的金融管理体制和优惠的税收制度下,在一国金融体系之外,由非居民参与的资金融通。[①] 离岸金融中心作为新型金融工具或金融行为,从20世纪60年代起逐渐发展起来,离岸金融中心在成立之初,其主要功能在于由一国境内或某一区域内的金融机构向非本国或非本地区居民提供非本币的存贷款服务。其成立的初衷是以自由兑换货币为交易媒介,以非居民为主要服务对象,提供借贷、资本结算、保险、证券、信托及衍生工具交易等金融服务,并借助其非居民化和非本币性,跳出市场所在国和货币发行国一般金融法规和法律的限制。[②] 其法律意义在于,在一国特定的主权范围以内为特定的交易者创设了一种新型的金融商行为。随着经济发展对金融服务的要求逐步提高,离岸金融中心的内涵愈加广泛,并与传统意义上的在岸金融中心的业务出现融合,在离岸金融中心业务的现代化拓展中,金融机构既可提供非本币,也可提供本币金融服务,离岸金融机构的资金来源也不再仅限于非居民,居民也可参与到离岸金融业务中来,本国或本地区居民也能享受某些离岸金融服务。随着经济全球化程度的纵深化发展,离岸金融中心在国际经济与金融交往中的作用越来越大。目前,各主要离岸金融中心大致可以分为以下三种类型:

1. 混合型离岸金融中心。混合型离岸金融中心的主要特点是金融

---

① 参见梁艳、李爽、杨乾坤:《建立离岸金融中心的影响因素分析——基于大连的视角》,载《北方经济》2012年第6期。

② 参见陶硕:《亚洲离岸金融中心成功案例比较与分析》,载《北方经济》2006年第2期。

机构所从事的业务并不区分非居民业务和居民业务，该类离岸金融中心的形成往往带有自发性质，多是依照经济发展需要，由市场因素推动形成，离岸业务无须政府批准。在欧洲美元市场形成后的离岸金融市场业务的发展初期，这些市场的形成多是自发式的，以适应当时经济发展的实际需要。混合型离岸金融管理模式的特点是金融离岸业务不设单独的账户，而是与在岸金融业务并账操作，非居民的存贷款业务与居民存贷款业务在同一账户上运作，资金的出入境不受限制。在这种模式下，离岸金融市场与在岸金融市场在制度设计与规则监管上是予以一体化管理的，并不严格区分两种业务的区别。如混合型离岸金融业务的典型代表——中国香港，对离岸业务在法律上没有特殊的监管要求，其相关法律规定居民与非居民在金融业务上地位平等、准入平等、公平参与，居民与非居民都可以参加本地与境外的各种金融活动，实现了金融离岸业务与金融在岸业务的混合。混合型离岸金融模式在便利离岸业务与在岸业务的相互转换，实现两种业务的补充与相互促进时，其弊端也显而易见：因为在混合型离岸金融模式下，其内在的机构与组织安排决定了在其提供金融业务服务时，并不严格区分离岸业务与在岸业务，这种模式极可能造成相关法律对金融机构与业务对象的双重监管缺失，一方面会使得开展离岸金融业务的相关金融机构可以利用两种业务的混合，随意进行两种账目资金的挪用以逃避金融监管，同时也弱化了对服务对象的监管，离岸金融与境内金融体系之间本来基于不同适用主体与使用范围而产生的风险隔离功能被打破了，使得国际金融市场的风险与动荡能够快速传导至境内市场，增加了境内金融体系的不稳定性与不安全性。因此，只有金融市场发达、经济实力雄厚的国家或地区才会采用该类型的离岸金融服务，但同时也都采取一系列措施以最大限度地保证离岸业务和在岸业务的区分。比如英国政府规定，离岸英镑业务不能在伦敦进行，而只能通过英属海峡群岛的离岸金融中心达成，同时该国尽管允许非居民经营在岸业务，但规定必须缴纳存款准备金和有关税款，而且严格控制“全面业务”执照的发放量。[①]

---

① 参见罗国强：《离岸金融监管法制构建中的基本原则与模式》，载《广东金融学院学报》2010 年第 2 期。

2. 分离型离岸金融中心。该类型离岸金融中心的相关金融机构在从事金融业务时,对非居民业务和居民业务加以严格区分,对不同主体实施内外有别的金融管理机制,与混合型离岸金融中心在其产生之初的自发形成不同,该类型金融中心的形成与发展多是得益于政府的推动与支持,是基于现代金融的产业化需求与现代金融国际业务发展的需要而产生,是针对非居民之间的产业化金融现代服务而专门创设的。在分离型离岸金融中心的制度创设与规则设计中,为了获得更多的境外客户与资金资源,往往通过制定内外有别的金融策略为非居民间的金融交易提供更多的优惠待遇,对境外资金的流入采取宽松的政策,不实行针对本币的种种金融活动与交易的限制,但是上述诸多优惠措施与特殊金融机制仅仅针对离岸业务,实施分离型离岸金融业务的各国的金融监管当局通常会要求非居民的金融交易必须与国内账户严格分离,并禁止非居民从事在岸业务。目前,以纽约、东京为代表的国际性金融中心在离岸金融业务的发展上,多倾向采用分离型离岸金融中心模式,究其原因在于离岸型金融中心的构建,既能够保障离岸金融业务的发展,又能够实现离岸金融市场和国内金融市场的风险隔离,有效防范金融风险的产生与放大,加大对开展离岸金融业务的相关机构的监管。在分离型离岸金融中心的发展过程中,为了最大限度地利用外资以及实现国际收支平衡,在此基础上发展出严格型与渗透型离岸金融中心。严格的内外业务分离型市场模式主要被发达国家的离岸金融市场所采用,这一模式要求离岸账户与在岸账户实施隔离,离岸交易与在岸交易分开,严禁资金在离岸账户与在岸账户间流动。而发展中国家为了更好地吸引和利用本国经济建设所急需的资金,可以也有必要做一些变通。因为对于发展中国家来说,离岸市场本可以成为利用外资的一条很直接的渠道,故而过分严格的内外分离会使创建离岸金融市场的意义打折扣,因此这些国家又创设出存在一定内外业务渗透的分离型离岸金融市场模式。在这一模式之下,尽管离岸账户与在岸账户分立,居民交易和非居民交易基本分开运作,但法律允许两个账户之间有一定程度的渗透。很多建立了离岸金融市场的亚洲国家都采取了这一模式,这样既可以避免过大的风险,又可以充分利用资金。

3. 虚拟业务型离岸金融中心。该类离岸金融中心的建立,主要是利用其地理和税收优势发展离岸金融业务，对该类离岸金融中心进行类型化分析，可以发现该类离岸中心多集中于海岛或港口型城市，并且具有较为稳定的政治环境和较为宽松的经济环境，通过税收优惠和低烈度的金融监管制度安排，吸引投资者的进入。在虚拟型离岸金融中心的设立与发展中，这些离岸中心的业务主要体现为登记地与记账中心功能，在这些地区往往并不开展实际的金融业务，仅是通过设立在离岸中心所在地的账户完成金融交易。虚拟型离岸金融中心在近年发展迅速，其典型代表包括百慕大群岛、巴哈马群岛、维尔京群岛、开曼群岛等海岛。这些离岸金融中心所在国往往缺乏像伦敦、东京那样的金融中心地位，也缺少开展实际离岸金融业务的金融基本设施与配套服务，但是为了增加财政收入、创造经济收益，这些地区往往在设立离岸中心后，通过取消外汇管制、降低税率、放宽监管等举措，为其离岸金融业务创造吸引非居民投资者的宽松环境，吸引大量从事离岸金融业务的金融机构在此落户，并进一步带动金融、会计、法律、咨询、信息、旅游、商业等行业的市场需求。对于虚拟型离岸金融中心而言，其在给这些缺少资源优势的海岛带来发展机遇的同时，也满足了其他国家或地区对金融服务的要求，增强了资产跨国流动的选择性与灵活性。因此，虚拟型离岸金融中心对于自然资源匮乏、经济发展滞后的海岛型区域是非常具有吸引力的。

（二）离岸金融中心的功能解构与特点剖析

在对离岸金融中心的类型进行分析的基础上，需要进一步对离岸金融中心的功能与特点加以解构，了解离岸金融中心发展的原因与优势。离岸金融中心本质上虽然是为实现资本自由流动而自发形成或经政府推动而产生的金融工具或金融商行为，但是相对于传统的金融市场，其又具备以下几个特征：

1. 金融市场形成与运行的非本地化。离岸金融中心在其业务活动中使用非本币进行交易，交易对象为金融市场所在地的非居民，无论是从运营主体还是交易标的来看都具有较为明显的非本地化特点。离岸金融市场与传统的在岸金融中心具有明显的区别，其并不依赖非本币所在国的金融机构作为金融业务开展的媒介，而是借助金融机构往来机制实现金融业务的跨境结算，并实现离岸金融业务所需的资金融通。

同时,离岸金融活动通常是非居民间的货币融通与资金流转活动,货币资金的供给者和需求者都是离岸金融市场所在地以外的居民,仅仅是借助离岸金融中心的平台实现相关金融活动,这一特点使得离岸金融中心与在岸金融市场区别明显。

2. 离岸金融中心的地域覆盖广泛。离岸金融中心所处的地理位置在很大程度上决定了其能在多大的范围内实现其离岸金融业务。因此,世界各主要离岸金融中心多具备较为便利的交通优势,使得离岸金融中心具有极强的辐射功能,同时,借助离岸金融中心所具备的相对较为完善的基础设施条件,使得离岸金融交易更加便捷、高效。

3. 离岸金融中心具有特殊的利率结构。离岸金融交易的特点决定了其业务活动往往并不涉及现代金融业务中的主要盈利点——金融中间业务,离岸金融中心的营业收入来源主要依靠金融业务的存贷款利差实现,这也是各类型离岸金融中心的主营业务。在离岸金融中心的业务活动中,其存款利率多略高于国内金融市场,贷款利率又多略低于国内金融市场,由此使得其存贷款利差较之在岸市场存贷款利差小,使其金融活动更加具有竞争力,更容易受到国际投资者的青睐。

4. 离岸金融中心营运机制的灵活性。在岸金融中心在涉及贷款等资金业务时,都有关于存款准备金的强制性要求,但是离岸金融中心在开展其资金融通与流转业务时一般都不作这方面的强制性规定,使得离岸金融中心能够更加便利地开展业务。同时,对离岸金融中心的金融监管与财税政策措施比对在岸金融业务的宽松,在银行活动的金融监管、财政税收政策的优惠等方面,离岸金融中心都能够享受更为优厚的条件,增加了其业务开展的灵活性,这也是离岸金融业务迅速发展的重要基础条件。

5. 离岸金融中心监管机制更为宽松。离岸金融中心的发展,需要非本币的自由兑换与跨境和资本的自由流通,要求离岸金融中心在金融业务上的管理与监督应当相对宽松,以区别于在岸金融业务的政策与规则机制。通过适合于离岸金融中心业务发展需要的金融法规的制定与适用,可以通过法律的规范指引功能,明确离岸金融中心业务发展界限,将离岸金融业务活动的准则与规则予以法律确定。在给予离岸金融中心充分政策优惠、宽松经营环境、合理发展空间的同时,又通过法律的规则设定，最大限度地保证离岸金融业务健康有序地展开。

（三）中国离岸金融中心建构模式选择

在中国离岸金融中心构建模式的选择中，首先必须针对中国离岸金融中心的内涵与特征，对离岸金融中心的模式进行比较研究。在厘清各类型离岸金融中心特点与适用的基础上，结合中国离岸金融中心的地域特征与经济发展现状，选择最为合适的离岸金融中心模式，并依此进行有效的制度设计与规则制定。

1. 离岸金融中心的模式比较

近现代所发展起来的经济大国多采用业务分离型的离岸金融市场设计，究其原因主要有如下几点：首先，业务分离型的离岸金融中心的建立，在很大程度上是国家基于发展经济、拓展金融服务的愿望而由国家直接推动的。这种政府推动型的金融中心构建模式能够在较短的时间内发挥出离岸金融业务的功能与效果，同时也能够通过政府的决策与政策指引，实现离岸金融业务与现有金融体系和金融规则的协调，降低离岸金融业务对在岸金融业务的冲击；其次，分离型离岸金融中心模式在其制度设计上，严格区分在岸金融业务与离岸金融业务，通过隔离在岸资金与离岸资金的流动，最大限度地降低内外金融业务混合而导致的风险，最大程度地预防金融风险发生的可能性，起到保护国家金融秩序的作用；再次，业务分离型离岸金融中心的构建可以最大程度地减轻金融体制变动和金融法律法规变动造成的政策冲击与市场波动。在业务分离型离岸金融市场运行中，因为对于离岸业务采取特殊的币种、汇率和市场安排，因此其必然要求特殊的制度设定和规则安排，内外业务分离型离岸金融中心所采用的内外有别的制度设计有效解决了这一问题；最后，在业务分离型离岸金融中心的构建中，可以通过账户管理、资金保证及资金流动的单向性要求等实现离岸金融业务与在岸金融业务的可控渗透，在实现风险规制的同时，增加离岸金融业务的灵活性，特别是为外资进入提供渠道，实现创设离岸金融中心的根本目的。

但是，对于虚拟型离岸金融中心而言，是否严格区分在岸与离岸业务并不是其关注的重点，因为在虚拟型离岸金融中心的金融业务活动中，主要是通过税收优惠、监管便利和货币流通自由等种种特殊措施来吸引外资，实现经济的增长。以加勒比地区的海岛为代表的离岸金融中心之所以能够吸引众多公司前来注册，是因为虚拟型离岸金融市场具有以下几个方面的优势：

第一，通过在虚拟型离岸金融中心的登记注册，以利于公司跨国经营业务的开展。随着国际经济一体化进程的推进和贸易的全球化发展趋势，拓展国际市场、发展跨国经营成为企业发展壮大的必经阶段，但在现有法律框架下企业开展跨国经营往往要受到所在国政府和法律制度的种种限制，对于其他发展中国家及中国而言，这种限制更为突出和普遍。为了实现跨国发展的需要，很多公司与机构都采取了注册海外离岸公司的方式，来满足企业跨国业务的需求。

第二，通过设立离岸型公司，有效规避贸易壁垒限制。由于发展中国家和新兴经济体在参与世界贸易、加入 WTO 的进程中，为了尽快实现其对世界贸易的最大参与，多采取承认或接受不平等贸易条件的方法来获得最终的参与机会，这就使得新兴经济体在向欧美发达国家出口产品、进行加工贸易时，往往受到更多的贸易壁垒限制或承担更多的单方义务，增加了贸易成本，降低了出口竞争力。因此，包括中国在内的广大发展中国家或地区的公司普遍采取设立海外离岸公司以向发达经济体出口的形式来绕开针对发展中国家的原产地规则要求，规避关税壁垒和出口配额限制等。

第三，通过虚拟型离岸金融中心，减轻税收成本与国际税收负担。由于虚拟型离岸金融中心往往并不开展实际的金融业务，因此巴哈马等典型的虚拟型离岸金融中心对离岸公司的税负极为轻微，企业在该类离岸金融中心设立运营的成本较低。同时，几乎所有典型的虚拟型离岸金融中心都与世界主要经济大国签署了税收减免协定，有效降低了国际税收负担。例如，百慕大对收入、利润和岛内分配不征税；英属维尔京群岛规定，非居民只需就来自本岛的收入纳税，没有资本利得税，国际商业公司可享受包括预提税在内的税收豁免；开曼群岛规定，不征收所得税、资本利得税、公司税和遗产税。

第四，在虚拟型离岸金融中心，公司注册简单、管理便利。在虚拟型离岸金融中心设立离岸公司的程序简单、注册周期较短，同时注册费用和每年的管理维护费用也低于一般地区。此外，虚拟型离岸金融中心针对公司设立与管理的法律环境较为宽松，在信息披露上的强制性要求极少,但是对公司的财务和客户信息却有着非常严格的保密规定。

第五,虚拟型离岸金融中心,可以弱化外汇管理限制。虚拟型离岸金融中心市场基本不对外汇进行管制,为货币在不同国家和地区的流动提供了便利,在虚拟型离岸金融中心注册的公司在资金转移上不受限制,有利于企业开展资本运作,对外汇管制严格的国家和地区的企业具有很大的吸引力。

2. 中国离岸金融中心的模式选择

讨论中国离岸金融中心模式选择,首要解决的问题是中国离岸金融中心的地理范畴问题。三沙市作为南海经济发展的主导者,如何实现有效的经济增长、开发具有持续发展前景的经济运营模式,对改变南海现状具有重要意义。因此,围绕三沙市建立离岸金融市场,成为我国构建离岸金融中心的最佳选择。就世界各地的离岸金融中心来说,离岸金融中心的模式可以分为四种:第一种是以英国伦敦和中国香港为代表的自然形成的内外混合型离岸金融中心,其特点是离岸机构无严格申请程序,不设单独离岸账户,与在岸账户并账运作,资金出入无限制。第二种是以美国和日本为代表的由人为创设、政府推进而形成的业务分离型离岸金融中心,其特点是离岸机构设立须经当局审核批准,离岸业务只能在专门账户中进行,离岸交易与在岸交易分开,严禁离岸资金与在岸资金相互渗透。第三种是以开曼、巴哈马、巴林和百慕大为代表的由人为创设、政府推进的虚拟业务型离岸金融中心,其特点是以簿记型业务为主,税赋较低,基本无金融管制,强调金融监管自治。第四种是以雅加达、曼谷、新加坡为代表的由人为创设、政府推进的渗透分离型离岸金融中心,其特点是可以分为三种,包括离岸向在岸渗透型、在岸向离岸渗透型、离岸与在岸相互渗透型。[①]

就上述四种类型而言,我们可以发现,在离岸金融中心模式选择与功能设定上,都需结合本国或本地区的地理实际与特点来选择其发展国际离岸金融中心的途径。以三沙市为离岸金融市场载体的前提设定,决定了在南海离岸金融中心的模式选择上应更加倾向于加勒比沿

---

① 参见许明朝、高中良:《论中国离岸金融模式的选择》,载《国际金融研究》2007 年第 12 期。

岸海岛型离岸金融中心的成熟模式与经验,借助其运行理念与金融实践,寻找适合于南海离岸金融中心构建与发展的模式。无论是混合型还是分离型或者是渗透分离型模式,都不适合南海离岸金融中心的构建之需。

首先,南海离岸金融中心并不具备混合型离岸金融中心发展的土壤和历史沉淀。无论是英国伦敦还是中国香港,作为重要的区域性甚或全球性金融中心,都有一个历经百年的渐进式过程,在由小到大的发展过程中,其自发性的形成特征决定了采取混合型离岸金融中心的地区在具备完整金融服务体系的同时,也具备了完善的金融风险防范与化解机制。同时,其不断演进的金融体系和政策法规,使得居民和非居民能够平等地参与离岸和在岸金融业务。因此,对于混合型离岸金融中心而言,其难以通过政府的主导或政策的强制推进而形成,作为南海离岸金融中心所在地的三沙市更是难担此重任,因为其并不具备任何悠久的金融发展背景,也缺乏完善的金融服务机构与配套措施,难以开展全方位的实体性金融业务,也难以抵御因为离岸金融业务与在岸金融业务混合而产生的巨大金融风险。

其次,严格的内外业务分离型离岸金融中心模式同样不适用于南海离岸金融中心的构建。内外业务分离型的离岸金融中心将金融服务主体限定为非居民,将流动货币限定为非本币,境外金融市场与境内金融市场严格分离,其最大的好处便是有效隔绝了离岸金融业务风险可能导致的对境内金融市场业务的冲击。从内外业务分离型离岸金融中心的设立条件与形式条件分析,这种模式非常适合我国目前实行的严格的资本项目管理与外汇管理的金融现状,[①]在境内金融体系尚不健全、经济和金融实力还不足以制衡国际投机资金,抵御金融风险的能力还很薄弱的情况下,严格的内外业务分离型离岸金融模式很好地起到了金融防火墙的功能。但是这一金融中心的形成与发展,同样需要借助于完整的现代金融服务体系,通过更为细化的金融服务分类与金融监管实现内外业务的隔离。这就要求依此条件设立的离岸金融中心必须具备更为

① 参见焦克、俞红玫:《建立离岸金融中心推动人民币国际化进程》,载《大连海事大学学报(社会科学版)》2012 年第 4 期。

复杂的金融服务机构和更为专业的金融从业者队伍。但是,三沙市作为南海离岸金融中心的所在地,也不具备这样的先决条件。

最后,南海离岸金融中心难以采用渗透分离型金融中心模式。渗透分离型模式在内外业务分离的基础上有条件地实行内外金融业务的相互渗透,这种模式虽然便利了内外金融业务的互补,方便外资的进入与使用,但是这种模式的适用需要金融市场具有高度的经营自由性,并以本币的自由兑换与利率市场化为基础,这无论对于三沙市还是中国现有的金融体系而言,都是一个难题。

因此,虚拟业务型离岸金融中心模式成为南海离岸金融中心构建的首选,而上文所述及的虚拟型离岸金融的几大特点正好可以与三沙市的地理优势相结合,在弥补因为中国金融管制而导致的金融业务短板的同时,最大程度地发挥其应有之义。同时,虚拟型离岸金融市场的建立对金融基础设施、金融配套服务和金融专业人员的要求具有灵活性,可以在短时间内形成规模,开展业务,非常符合我国构建南海离岸金融中心的战略需要。开曼群岛、巴哈马、维尔京群岛等作为成熟的离岸金融市场,多是借助政府推力以超常规的发展态势在短期内形成并快速成长的,政府推动已经成为虚拟型离岸金融中心的重要特点之一,但是对于其他三种形式的离岸金融中心,如果缺少相关的金融机构与配套设施支撑,是很难仅凭政府一己之力建设起来的。南海离岸金融中心在较短时间内的建立与运行,同样需要依靠政府的大力推动,采用虚拟型的模式才有可能实现,加勒比地区国家发展虚拟型离岸金融中心的经验表明,南海完全可以依托本国强大的经济实力和国内金融中心的基础条件成功设立国际离岸金融中心,并取得飞速的发展。[①] 同时,在南海离岸金融中心的构建与完善过程中,虚拟业务型金融中心的构建也能够通过其自身的不断发展完善,实现其功能与定位的不断改进,逐步实现从"虚拟型离岸金融中心"发展到"分离型离岸金融中心"直至"整合型离岸金融中心"的渐进式离岸金融中心发展模式,这种模式既符合南海要发展成为国际金融中心的目标,又可以有效规避金融风险。

---

① 参见段军文:《离岸金融业务的国际经验借鉴》,载《经济导刊》2010 年第 11 期。

（四）中国离岸金融中心的法律监管完善

1. 中国离岸金融市场法律监管现状

离岸金融市场自由与管制理念的两难选择。离岸金融市场设立的本意即是通过离岸金融业务的特殊政策配套实现吸引外资、拓宽金融业务、弥补金融服务短板的目的。为了实现上述目标，在离岸金融业务的发展中必然会通过宽松的制度设计与法律规则实现有别于在岸金融严格管制特征的金融环境要求，满足资金融通、投资准入、货币兑换与税收安排的特殊需要。这种相对于在岸金融业务更为自由、更为灵活的法律机制设计，是以离岸金融市场的开放与自由为前提的，但是过度的开放和无约束的放任必然导致监管的缺失，增加离岸金融市场的风险与违法可能性。如果选择对离岸金融中心进行监管，是否会回到国内金融市场监管过严的老路，消减离岸金融市场的功能，是立法者与监管者必须面对的难题。对于南海离岸金融中心构建中以虚拟型业务为主的运营特征，自由的金融市场环境显得尤为重要，但是现有关于离岸金融市场的法律监管规定模糊了自由与管制的界限，难以形成适度宽松与合理管制的法律监管模式。

离岸金融市场监管法律体系不完善，监管法律法规条款不一。目前我国涉及离岸金融市场业务与市场监管的法律主要包括：《商业银行法》《离岸银行业务管理办法》《中资商业银行行政许可事项实施办法》《离岸银行业务管理办法实施细则》等，这些法律规范构成了我国离岸市场法律监管机制的基本框架。但是这些法律规范极不完善，存在诸多政策漏洞，特别是对于我国应当建立何种形式的离岸金融市场并未作出明确的规定，难以系统构建关于离岸金融中心的法律法规，为金融业务的投机活动留下了较大的空间。例如，无论是《离岸银行业务管理办法》还是《离岸银行业务管理办法实施细则》，两份法律文件中的相关规定均涉及外资银行主体，而《离岸银行业务管理办法实施细则》中也并未对外资银行可从事的银行业务进行程序性的规定。① 在这样的情况下，当外资银行业务运行存在问题时，监管部门所采取的监管措施即

① 参见蔡福恩：《我国离岸金融监管法律制度存在的问题与对策》，载《现代商业》2011年第7期。

缺少法律条文的支持，具有极大的非确定性与随意性，对离岸金融中心的运行程序产生冲击。同时，分散性和非系统性的立法模式极易出现法律规范适用上的自相矛盾。例如在《离岸银行业务管理办法》中规定，对于离岸银行的外汇存贷款利率可参照国际金融市场的利率制定，而《商业银行法》却对存款利率作了上下限规定，同时对于银行开展离岸金融业务的准据法未作出明确的规定，使得两部法律的规定自相矛盾，增加了我国离岸金融市场的监管难度。

离岸金融市场监管部门缺乏专业性。我国现有法律规范对于离岸金融监管部门的规定，主要体现在《离岸银行业务管理办法》之中，该办法规定国家外汇管理局是我国离岸银行业务的合法监管机构，但是这一机构对离岸金融业务的监管仅仅只限于与离岸金融相关的外汇管理事务。反观境外离岸金融监管机构，无论针对何种类型，都是通过独立设立的专职部门行使综合监管职能。因此，在我国南海离岸金融市场的构建中，应当建立专职部门对离岸金融市场及其业务进行统一管理，一方面有利于适度宽松与合理监管理念的立法协调，另一方面也可以消除多部门分割执法所带来的监管混乱问题。①

2. 中国离岸金融中心的法律监管体系构建

(1)适度宽松与合理监管理念的确立

离岸金融中心的形成及其业务的开展，是建立在金融市场所在国家或地区宽松型金融政策基础之上的。宽松的金融政策环境是离岸金融中心建立与发展的前提，也是离岸金融中心创新和发展的最大动因。如果对于离岸金融中心予以与在岸金融市场业务无差别的同等法律规制与政策约束，将使得离岸金融中心失去存在的价值，减损其国际竞争力与投融资功能。在金融监管模式与金融管制机制上将离岸金融与在岸金融同质化的法律设定与政策取向，都违背了离岸金融中心构建的本意，脱离了离岸金融市场的实际，过多的规则与规制，不但不能降低离岸金融发生的风险，反而会加大市场及交易主体规避法律规则的冲动，增加市场的无序性与违法可能，使得现有的离岸金融市场名存实

---

① 参见刘钊：《我国离岸金融市场存在的问题及对策建议》，载《产业与科技论坛》2010年第3期。

亡,进一步放大离岸金融市场的负面效应。因此,较之各国、各地区针对在岸金融业务在主体资格、准入标准、业务类型、税费管理等方面的严格管制,应当通过法律的特殊规范形成监管规则相对较为宽松的离岸金融中心运营规则。

在南海离岸金融中心的构建中,同样应当确立适度宽松与合理监管的法律规则理念。建立南海离岸金融中心的初衷是通过制定特殊金融政策,建立一个有别于现有金融市场体系、具有高度流动性的自由金融市场,通过适度宽松原则的应用,在南海离岸金融市场中实现对严格市场准入的限制,放松利率与信贷管制,实现非本币的汇兑自由,减轻和免除税收负担。同时,对金融市场创新予以政策扶持与特殊审批制度,放宽离岸金融机构的产品创新,根据离岸金融服务主体的需要设计金融服务、创新金融产品。由于在南海离岸金融中心的构建中采取虚拟业务型的金融市场模式,就更加需要提供资金流通、汇率结算、利率协商、税收优惠、治理结构、日常管理等方面的监管便利。除了登记程序、资格审查、存续核定等方面的必要法律设定外,在南海离岸金融中心的监管上应当尽量尊重其市场化的自由特性,坚持适度宽松的监管政策。同时,适度宽松的法律监管策略在充分满足离岸金融市场发展需要的同时,也决定了必须通过有效法律规范的合理监管控制离岸金融市场的风险。以加勒比海沿岸地区为典型代表的虚拟型离岸金融中心之所以受到 IMF 和国际反洗钱机构的指责,重要的原因在于上述地区离岸金融业务在发展过程中过于强调宽松与自由,放弃了离岸金融市场的合理监管职责,使其成为规避法律监管的工具,洗钱活动与金融违法行为盛行,削弱了虚拟业务型离岸金融中心在金融创新服务上的积极意义。对于虚拟业务型离岸金融中心,由于离岸金融市场成本较低、资金流动快、利润收益较高,各种资金与市场主体的进入也加大了其市场风险。离岸金融中心,特别是虚拟业务型离岸金融中心对于国际贸易的深度参与,使得其在国际经济一体化的进程中更易发生重大的金融风险。由于虚拟型离岸金融中心偏重公司登记注册、账簿管理等离岸公司的形式业务,所以其在追求公司注册登记最大化时,往往一味追求高额利润而忽视对离岸公司的监督管理与风险控制。一旦因为离岸公司的债务危机或资金异常流动而导致金融风险,将快速传导至整个离岸中心金融体系，对整个金融体系乃至国际金融体系产生冲击。因此，在南海离岸金融中心法律监管体系设立之初，就必须充分考虑适度宽松金融政策与合理法律监管的协调问题，既防止过严金融管制政策对离岸金融中心功能的冲抵，也要防范过度忽视监管给市场及其主体带来的巨大风险。在南海离岸金融中心的构建过程中，必须对离岸金融业务进行适度的控制和监管。具体而言，对于公司设立标准、公司组织设置与治理结构、货币汇兑自由、汇率管制、税收优惠等方面可以进行较为宽松的制度设计，对于主体资格、资金规模、资金来源与流向、金融衍生产品运营等方面应加以合理的法律监管。在此，由离岸金融商行为所展现的金融创新与金融监管的特定需求很大程度反映了现代商行为的制度特点，日益增多的法律强制性条款已经成为特殊或新型商行为构成不可或缺的要素。

（2）中国离岸金融中心法律监管机制创新

第一，需要从根本上完善离岸金融市场监管法律制度，需要充分考虑离岸金融主体及其行为的商法属性，在健全商事基本法、充分尊重商事金融主体的经营自主权基础之上，构建与金融行为相适应和相配套的监管制度。在对我国现有离岸金融监管法律法规的梳理中，可以发现虽然我国有多个涉及离岸金融市场的法律文件，但是并不完善，特别是针对南海离岸金融中心所选择的虚拟型模式缺少有效的法律监管制度。因此，在南海离岸金融中心构建的法律监管机制设定上，应当按照适度宽松与合理监管相结合的基本原则，以金融市场经营主体资格和业务范围为标准，系统构建法律监管体系，促使金融市场经营主体依法从事离岸金融活动，为离岸金融市场的正常运行提供法律保障。以健全的法律法规代替政府监管与干预，提高离岸金融市场的自由化与市场化程度，在具体的法律条文设计中，增大服务范围、降低市场准入限制以拓展离岸金融市场，确保其功能发挥与意义实现。在具体的法律创设中，应当通过《离岸银行法》的创设，更加明确经营主体的商事法律地位及其行为的商事法律依据，对离岸金融中心银行存贷款业务、银行信用风险管理、不良贷款管理、准备金管理、内外资金关联交易等行为进行管制；通过《离岸公司法》对离岸金融中心公司设立登记、持续经营、公司托管、公司审计等事项进行管理，特别强调在离岸金融中心设立公司的较低注册资本要求和较低的公司年检与管理费用;通过《离岸金融中心税收管理法》对离岸金融中心主体与营业收入的税收优惠加以系统规定,重点涉及税收减免、避免国际双重征税等问题;通过《离岸保险法》对离岸金融业务保险、离岸保险公司行为指引、保险资金流动等内容加以规范与监督;通过《离岸金融法》对离岸金融中心的信托、基金、融资租赁、货币经纪等金融业务进行管理。通过以上一系列部门法的制定,形成系统、完备的离岸金融监管法律体系,从法律制度上将虚拟型离岸金融中心所涉及的业务都纳入法律监管范围,通过法律条文的设定与法律条款的适用,督促离岸金融业务市场经营主体规范地开展业务活动,通过其依法经营活动获得法律所确立的宽松金融市场环境。

第二,设立专门的南海离岸金融监管机构。因为南海离岸金融中心的构建将采用虚拟业务型金融市场模式,这种模式的选择会对金融制度的自由度与灵活性提出更高的要求,这就对专门性的法律监管机构提出了更高的要求,其必须能够严格依据不同业务种类、业务范围、资金流动和货币融通程度进行金融法律监管。我国现有针对离岸金融中心的监管机构主要集中于银行业和外汇领域,包括中国人民银行、原中国银保监会、国家外汇管理局等。多头监管机关的出现,一方面使得监管分散,难以系统化地进行制度安排,另一方面导致金融监管的局限性,容易出现法律监管漏洞。因此,基于以上原因考虑,应当在南海离岸金融中心的体系结构中,设立一个专职性离岸金融监管委员会,将与南海虚拟型离岸金融业务相关的所有监管工作都归入其职责范围内,由其独立行使监管工作。这种机构设置的优点在于既保证了法律法规适用的适度宽松与合理监管相统一,又解决了跨部门监管的制度障碍。

第三,离岸金融监管上的国际协作与国际义务承担。南海离岸金融中心所提供的虚拟业务型金融服务,最吸引投资者之处除了宽松的金融市场环境与简便的公司登记管理之外,还在于其所实施的国际税收优惠和自由的货币汇兑与资金流动便利,但是上述三项优势的实现都必须依托于虚拟型离岸金融中心与世界各主要国家或地区和金融市场的双向协作。因为国家间税收减免优惠的实现必须依靠离岸金融中心与其他国家的双边税收协定实现,而汇兑自由与资金流动自由同样必须依靠离岸金融中心和其他国家的协作才能实现。同时,虚拟型离岸金融中心发展到今天,其在发挥对国际经济与金融发展的巨大作用的同时,也产生了诸如洗钱犯罪、逃税等大量不法行为。宽松的离岸金融税收优惠政策和财务管理制度在为离岸公司创造金融便利的同时,也给机构投机者创造了机会,产生大量的资本外逃问题。针对上述问题,以经济合作与发展组织为代表的国际社会对虚拟型离岸金融中心提出了在信息披露、国际税收标准等方面的合作要求,明确要求各离岸金融中心必须予以合作,否则将联合 G20 等世界各主要经济体对其实施制裁。[①] 因此,目前"反洗钱""反逃汇"已经成为虚拟型离岸金融中心必须承担的一项国际义务。南海离岸金融中心在其法律监管中也应明确这一国际义务与热点法律问题。在保证离岸金融中心金融业务信息保密的同时,满足反洗钱、反逃汇的要求,将离岸金融市场对"洗钱""逃汇"等违法行为的监管,纳入离岸金融监管的法律体系之中,通过国际义务的履行,树立南海离岸金融中心的法制化形象,争取国际合作的最大化,促进其健康发展。具体而言,可以从以下几方面强化对离岸金融中心的监管:一是进行更为严格的信息披露制度的法律机制创设。除了必需的金融信息保密事项之外,应对相关主体的资金流入、资金流向等信息予以披露,以便于国际合作监管。二是引入国际中间机构的法律监管,在南海离岸金融中心的监管机制构建上,应当强化国际合作,发挥国际中间机构的公正监管职能。三是制定合理的税收法律制度,在为离岸金融中心注册企业提供税收优惠的同时,也应通过法律规制,进行合理的纳税机制安排,扭转虚拟型离岸金融中心"逃税天堂"的负面形象,更好地发挥其优势。

以虚拟型离岸金融市场为模式的中国离岸金融中心的构建,无论是对于三沙市的经济发展还是对于中国借助南海综合经济开发实现南海问题和平解决都有着重要的意义,加勒比及环太平洋地区虚拟型离岸金融中心的发展也为南海离岸金融中心的构建与完善提供了借鉴与范本。在具体的金融模式构建上,南海离岸金融中心应当更加注重国际规范与国际经济义务的承担,在提供便利、自由、宽松的金融环境时,

---

① 参见邓珊:《马来西亚纳闽(LABUAN)离岸金融中心法律制度初探》,载《广西政法管理干部学院学报》2009 年第 4 期。

更应通过适时、适度的法律监管有效解决洗钱、逃税、逃汇等国际热点问题，正确引导与规范南海离岸金融中心的发展。

第四节　金融科技的法律挑战

一、金融科技概述

(一)金融科技的概念

金融科技(Finance Technology,FinTech)被金融稳定理事会界定为金融服务中的技术创新，能够形成对金融服务提供产生重要影响的新的业务模式、应用、流程或产品。① 金融科技的实质就是通过科技手段革新传统金融行业的产品与服务，是金融与科学技术的融合。② 与金融科技类似的概念还有"科技金融"(Technology Financial,TechFin),2011年《国家"十二五"科学和技术发展规划》指出"科技金融是指通过创新财政科技投入方式，引导和促进银行业、证券业、保险业金融机构及创业投资等各类资本，创新金融产品，改进服务模式，搭建服务平台，实现科技创新链条与金融资本链条的有机结合，为初创期到成熟期各发展阶段的科技企业提供融资支持和金融服务的一系列政策和制度的系统安排"。根据该定义，科技金融是服务于科技企业的金融，可以称之为科技企业的金融，服务于实体经济。相较之下，金融科技是传统金融的现代发展，谈论的是金融业本身的变革。因此，金融科技与科技金融不是简单地排序问题，而是两个出发点与落脚点均不相同的概念。

(二)金融科技的特征

1. 风险泛化

人工智能技术、区块链技术等为金融科技带来了业务的革新，使大

---

① See Financial Stability Board, *Financial Stability Implication from FinTech, Supervisory and Regulatory Issues that Merit Authorities' Attention*, Financial Stability Board(Jun. 27, 2017), https://www.fsb.org/wp-content/uploads/R270617.pdf[2019/11/24].

② 参见陆璐:《"FinTech"赋能:科技金融法律规制的范式转移》,载《政法论丛》2020年第1期。

众金融、普惠金融得以成为可能,让金融产品的销售突破了时空限制,极大地降低了成本并提高了交易效率。但是在金融业务给社会各行各业带来效益的同时,金融风险也在泛化。风险泛化如今已经成为了金融科技的基本特征。首先,金融科技使得金融从业门槛降低,互联网的普及使大量的非金融机构和个人也能够参与提供金融产品,开展金融服务业务,在一些场合下,消费者甚至在不知情的情况下就购买了金融产品和服务,长租公寓"爆雷"后许多租户才知道自己向金融机构贷款这一典型案件就是例证。金融门槛的降低使金融风险网状化,加大了系统性风险的可能性,同时使金融风险可能危及的面迅速扩张。其次是金融科技还新增了技术风险的问题。金融科技的应用场景以信息技术为基础,技术可能存在"黑箱"或者缺陷的问题。技术"黑箱"主要是对监管而言,对于金融科技,金融监管机构由于技术的问题可能无法实施有效的监管,这就会导致金融风险的控制缺乏外部监管。技术缺陷问题可能引发的风险是面向全社会的。技术缺陷可能导致系统无法运行,或者导致数据泄露,2011 年全球最大的比特币交易商 Mt. Gox 遭受黑客的大规模攻击,不仅泄露了用户数据,还发生比特币失窃。因此,金融科技对技术的依赖本身也以风险的泛化为附赠内容,风险泛化是金融科技的另一面。

2. 去中心化的信任机制

传统金融的信任机制是中心化的,金融机构或其他授信主体提供信用,为交易双方提供信任。在这种模式下,提供信用的机构是否被信任是金融顺利运行的关键。一旦提供信用的机构出现了信任危机,融资链条就可能断崖式崩裂。金融科技利用区块链技术实现了信任的去中心化。区块链技术是去中心化、分布式、网络化的存储技术,通过加密算法创设了以节点为单位的信任机制,从而使每一笔交易都不可篡改、公开透明、可以追溯,无须第三方机构提供信用担保,解决了信任问题。区块链技术一方面建立了不依赖于第三方机构的信任制度,另一方面,有效地解决了金融领域信息披露的问题,有助于金融交易主体发现虚假交易,有效解决信息缺失、信息虚假等欺诈问题。在区块链技术的支持下,金融科技就形成了去中心化的信任机制的特征。

3. 智能化

智能化是金融科技的另一重要特征。具体表现为金融科技的交易由自动化程序或智能投顾等完成,极大地减少了人工作业。就内容来说,智能化包括数据化和技术化,数据是金融科技的重要内容,技术是金融科技赖以存在的基础,没有数据的金融科技是无源之水,没有技术的金融科技是无本之木,数据和技术是发展金融科技不可或缺的两大关键因素。在数据和技术的支撑下,金融科技实现了跨界联动,百度、腾讯、阿里巴巴、京东纷纷加入金融领域,打破了传统金融市场的格局。依赖于深度学习、人工智能等创新性科技,"互联网技术 + 金融""区块链技术 + 金融""人工智能技术 + 金融"实现了金融科技的智能化。在金融科技的发展图景中,未来社会将由智能支付、智能理财、智能银行、智能证券、智能保险等一系列智能化的金融产品与服务构成,并影响每个人的生活,使金融在更深更广的层面实现普惠与共享。

二、金融科技的监管制度

金融科技在赋能社会的同时,也因为其对传统金融模式的颠覆给法律监管带来了极大的挑战。金融是商业的一部分,从历史发展来看,商行为对人类社会具有建构史也具有破坏史,积极面与消极面同时并存是商行为的基本特征。所以作为商行为组成部分的金融也兼具积极作用与消极作用。金融科技的基本特征包括了由风险泛化所昭示的金融科技可能存在的消极面。如何有效地降低金融科技消极面的影响,更大地发挥金融科技积极面的作用必须是未来金融科技监管制度构建的核心问题。

(一)金融科技的监管挑战

1. 突破传统监管理论与规则

传统金融监管规则与传统金融业务模式相适应。传统金融监管的规则设计是针对中心化的传统金融业务的,是一种中心化的监管,并且是分业的中心化监管。然而金融科技的基本特征是去中心化、跨行业与智能化。去中心化给监管带来的挑战有两大方面,第一,不同于传统金融的业务模式,金融科技的交易呈现为网状化,每一毫秒都有无数的交易在进行,风险也是指数级扩散,这种去中心化的快速交易模式使得事后监管往往无法及时挽回损失。第二,去中心化使得参与提供金融产品和服务的主体增多,中心化的监管机构无法顾及所有金融主体和金融行为,从而可能无法较好地评估金融风险,及时控制大面积的金融损害发生。

金融科技跨行业的特征挑战了既有的分业监管框架,使得提供了金融服务或产品的部分企业逃脱了金融监管体系,形成了制度套利空间。金融科技的实现有赖于金融科技企业的参与,金融科技企业在金融科技中所扮演的角色是向金融服务机构提供技术支持或产品的主体,这类公司正是目前金融风险的主要制造者,但是他们并不持有金融牌照不属于金融机构,所以不在法律监管范围内。此外,目前的金融机构所提供的金融服务也都是综合类的,其业务范围渗透到了传统金融的各个领域,混业经营凸显,这就给传统监管制度所使用的分业监管带来了挑战。①

在社会监督方面,传统金融中投资者的监督是金融监管的一个重要补充,投资者在受到损害的情况下可以寻求金融监管机构的帮助,从而形成有效的社会监督。然而,在金融科技中,投资者往往无法有效地对金融科技公司实施监督,主要就是受限于技术水平与知识。这就使得传统金融监管制度的效用在应对金融科技上面临限制,社会监督失去了发挥的空间。

2. 挑战监管方式与模式

金融科技依赖技术,以程序作业为主,与依赖人工作业的传统金融机构不同,金融科技降低了金融业信息不对称和交易成本,但增加了金融监管的信息不对称和监管成本,对监管方式和模式发起了挑战。在传统金融模式下,金融机构的监管主要是对金融机构资本充足率、资产质量、盈利水平进行监管,并关注系统重要性金融机构监管。② 然而在金融科技中,金融监管的重点变成技术,此时如果仅由法律专业人士对金融进行监管,可能会出现执法人员因为无法识别或认识技术而无法

---

① 参见杨松、张永亮:《金融科技监管的路径转换与中国选择》,载《法学》2017 年第 8 期。

② 参见杨东:《监管科技:金融科技的监管挑战与维度建构》,载《中国社会科学》2018 年第 5 期。

准确评估金融风险的局面。随着金融业自动化、智能化和信息化的不断发展，坚守传统金融监管依靠人工，尤其是法律专业人员的监管方式将严重滞后于金融业的发展。总之，金融科技公司与金融监管机构之间的有关技术知识与水平的鸿沟，极大地提升了金融监管的成本，使得信息不对称问题从金融服务机构与金融消费者之间转移到金融科技公司与金融监管机构之间，该信息不对称主要就来自金融监管机构对技术的不了解。对于金融科技中的创新，究竟某一金融产品与服务是"真创新"还是"伪创新"，受限于技术知识与水平及其他信息差，金融监管机构往往无法及时地准确辨别。

3. 颠覆监管理念

传统的监管是审慎监管，该监管以"风险为本"作为核心理念，强调对金融机构的经营活动必须采取极为审慎的态度，实施比一般工商企业更为严格、更为审慎的监管。在该理念的指导下，传统金融监管制度较为严格。然而，金融科技以创新为保有生命力的源泉，新的金融交易方式、新的金融产品层出不穷。坚持审慎的态度将抑制金融科技的前进步伐，放任金融科技又会导致金融风险失去控制。所以金融科技所需要的监管理念与传统监管理念并不相同。

（二）金融科技的监管完善

就金融科技所引发的法律挑战来说，金融科技的监管完善需要从两方面入手，一方面应当创新监管理念，另一方面应当创新监管制度。

1. 创新监管理念

在监管理念方面，对于金融科技既要避免"一刀切"的僵化思想，也要避免放任自由的过度宽松。既要避免"先发展后规范"的被动式监管，也要避免"只要安全不要效益"的主动式监管。从商行为的本质特征来说，在金融科技中应当强调平衡的理念。平衡创新与规制之间的关系，平衡金融科技效益与金融安全之间的关系，平衡社会经济与社会稳定之间的关系。以平衡为理念，设置金融科技监管制度。坚守法律稳定性与确定性以确保可预见性的同时，在可能的范围内遵守金融创新规则，保有金融创新的法律空间。

2. 创新监管制度

在具体的监管制度方面，可以考虑建设监管沙盒和监管科技制度。

(1)监管沙盒

监管沙盒制度源于英国,指的是“从事金融创新的机构在确保消费者权益的前提下,按 FCA 特定简化的审批程序,提交申请并取得有限授权后,允许金融科技创新机构在适用范围内测试,FCA 对测试过程进行监控,并对情况进行评估,以判定是否基于正式的监管授权,在沙盒之外予以推广”。[①] 作为监管制度的创新,监管沙盒制度奉行的是先试点后推广的逻辑,这种允许试错的操作,既允许金融科技公司为了创新而从事与现有法律法规相冲突的业务,又让政府参与了金融创新的监控,是一种“双赢”的制度设计。充分体现了金融科技所应当奉行的平衡理念,能够保有金融科技的生命力,又能合理控制金融科技的金融风险。

(2)监管科技

另一大制度创新是监管科技。监管科技要求监管机构通过科技手段构建现代金融监管框架。监管科技是监管与科技的结合,是科技治理手段。传统的金融监管机构并不重视数据和技术问题,然而,在数据和技术成为金融科技发展支柱的背景下,缺乏数据使得金融监管者往往无法及时识别风险,评估风险,制定危机应对方案。利用新的科技作为监管手段应当是未来金融监管制度建设的基本方向。具体来说,自动化合法性审查与监管应是监管科技的基本制度,可以将法律写入智能合约代码中,结合区块链技术执行法律,以实现即时救济。

三、金融科技的私法责任

金融科技的法律完善除了公法层面的监管制度,还有私法层面的责任问题。如果说传统监管制度应对金融科技主要是落后的问题,那么私法责任方面应对金融科技则主要是法律空白的问题。

(一)金融科技的私法责任现状

1. 科技公司的私法责任

在私法方面,我们主要讨论的是发布金融产品或提供金融服务的

---

① 李俊:《技术和法律:区块链金融发展的双轨》,载《上海立信会计金融学院学报》2017年第3期。

主体的责任,这类主体主要是金融服务机构与科技公司。目前,在既有法律框架下,对金融产品与金融服务承担责任的主体是金融服务机构,即商事金融的经营者。科技公司虽然可以直接接触用户,但是却不承担直接的合同责任。对于科技公司提供的股票自动交易系统、高频交易、智能合约、智能投资顾问等,金融服务机构购买后用于其所提供的金融服务中,在私法上依据合同的相对性理论,金融消费者依然只能找金融服务机构追究责任。金融服务机构赔偿后能否找科技公司追偿,追偿的请求权依据是什么,法律并不明确。目前较多理论主张类推适用产品责任,但是金融服务机构能否获得完全的赔偿仍然是个问题。因为就产品责任法上的举证责任而言,金融服务机构需要承担因果关系证明,而该因果关系的证明在全世界各国都被视为难题。所以,在私法层面,尽管有着系统的制度,科技公司仍然可以轻易地实现“不负责任”的目标,而这恰恰是其所希望实现的,在当前的金融科技中,往往越是无法确定责任归属的产品越是受到追捧。

2. 金融服务机构的私法责任

在现有法律框架下,金融服务机构负担的是一种基于信义义务的完全赔偿责任。在中国现有的法律框架下,金融服务机构向科技公司购买人工智能产品或服务后,将该产品或服务运用于其所提供的金融服务,作为金融消费者或者投资者的受托人,其与金融消费者或者投资者成立委托关系,应当向金融消费者或者投资者承担信义义务,也就是诚实守信、勤勉尽责的义务。信义义务起源于英美法系,是为了平衡双方当事人的地位而产生的制度,[①]防止受托人因为授权取得优势地位或影响力后,利用授权为自身牟取利益或者在处理事务时疏忽大意,而委托人因为专业知识或信息的缺乏又难以对受托人进行有效监督,导致其利益处于易受到损害的境地。[②] 该制度被逐渐引入中国。2010 年中国证券监督管理委员会颁布的《证券投资顾问业务暂行规定》(已被修改)第 4 条明确了证券公司和证券投资咨询机构应当承担信义义务。

---

① See D. Gordon Smith, *The Critical Resource Theory of Fiduciary Duty*, Vanderbilt Law Review 55, p. 1400(2002).

② See Tamar Frankel, *Toward Universal Fiduciary Principles*, Queen's Law Journal 39, p. 398(2014).

2015年中国颁布的《证券投资基金法》首次在金融法律中引入信义义务。[①] 2018年中国人民银行、中国银行保险监督管理委员会、中国证券监督管理委员会、国家外汇管理局发布的《关于规范金融机构资产管理业务的指导意见》明确指出金融机构应当为委托人利益履行诚实信用、勤勉尽责义务。将信义义务引入中国金融法一直被理论界所倡导，在学者的努力和社会各界的推动下，2019年中国颁布的《证券法》第10条、第92条、第130条、第142条、第160条、第163条、第213条明确规定了证券公司、证券服务机构的信义义务，即应当遵守诚实守信、勤勉尽责义务。所以，在中国现行法下，可以认为金融服务机构具有信义义务，其应当对金融消费者或投资者承担诚实守信、勤勉尽责的义务。

在科技公司所提供的技术产品尚不具有独立的法律地位的前提下，现行法这种简化责任归属的金融服务机构问责制，体现了立法对金融消费者或投资者的倾斜性保护。其结果是金融服务机构往往承担了金融科技产品的完全赔偿责任。该完全赔偿责任的理解需要与传统投资顾问模式进行对比。在传统的投资顾问模式下，作为自然人的投资顾问既是金融服务机构的员工，又是金融消费者或投资者的受托人。[②] 自然人投资顾问是法律上独立的主体，其对金融消费者或投资者负有谨慎义务和忠实义务。虽然法律未明确规定自然人投资顾问违反谨慎义务和忠实义务的后果，但是如果金融消费者或投资者要求金融服务机构承担责任，金融服务机构可以直接向自然人追责。在这种情况下，由于自然人从属于金融服务机构，所以金融服务机构的追责具有一定程度上的便捷性。另外，金融服务机构对于自然人投资顾问的活动较为了解，所以具备举证自然人违反信义义务的能力。但是，在智能投资顾问模式下，科技公司提供的智能投资顾问产品不具有独立的法律地位。虽然金融服务机构是智能投资顾问的使用者，但对于智能投资顾问所使用的人工智能技术，一方面金融服务机构并没有真正意义上的

---

① 参见邢会强：《金融机构的信义义务与适合性原则》，载《人大法律评论》2016年第3期。

② 参见高丝敏：《智能投资顾问模式中的主体识别和义务设定》，载《法学研究》2018年第5期。

控制力,另一方面也可能因为算法黑箱等问题面临举证困难的问题。[①] 最后的结果可能导致追责的失败,金融服务机构独自承担所有责任。该做法保护了金融消费者或投资者,却具有抑制金融创新的风险。因此,需要重新设计金融科技的私法责任制度。

(二)金融科技私法责任的法律完善

具体来说,金融科技私法责任的法律完善,主要需要设计的是科技公司的私法责任问题。对于科技公司的私法责任,可以考虑设计风险责任。

依据目前的法律体系,对于科技公司在金融科技中提供技术服务与技术产品致人损害的情形,金融服务机构作为技术服务与技术产品的使用者在向第三人承担责任后,如何向提供了服务或产品的科技公司追偿是个问题。由于技术服务与技术产品通常较难证明过错,所以要求科技公司承担无过错责任是金融服务机构比较希望看到的结果。也是基于同样的法律效果追求,而且技术服务或产品又具有一定的客体性,因此,有较多的学者都主张对于科技公司的技术服务或产品应当适用产品责任,联合国教科文组织会同世界科学知识与技术伦理委员会发布的报告也持该观点。[②] 然而,依据《产品质量法》第 2 条的规定,产品是指经过加工、制作,用于销售的产品。这就要求产品必须是有形物,如果是技术服务就不属于产品,以 0 和 1 的代码为表现形式的技术产品也不满足《产品质量法》的定义。所以,适用《产品质量法》的规定虽然能够达到让科技公司承担无过错责任的目的,但是在理论上并不能自圆其说。

比起产品责任,风险责任应当更适合作为科技公司私法责任的理论基础。风险责任的理论基础是风险领域理论。风险领域理论是关于非因任何人的过错发生了损害时如何分配责任的理论。当前《民法典》中的危险责任、雇主责任、动物饲养人责任、产品责任等都能依据风险

---

① See Ian H. Witten et al., *Data Mining: Practical Machine Learning Tools and Techniques*, Morgan Kaufmann, 2016, p. 468 – 478.

② 参见吴汉东:《人工智能时代的制度安排与法律规制》,载《法律科学(西北政法大学学报)》2017 年第 5 期。

领域理论证成。风险领域理论确定主体责任的标准就是以损害所在的风险领域进行判断，而划定风险领域具体需要考虑的因素包括利益获取、损害分散的可能性、风险的开启与维持、风险控制的可能性、合理信赖、受害人自我保护的可能性、行为的正面意义、当事人的财产状况、遭受损害权利的位阶等。[①] 将风险领域理论作为科技公司责任的追究依据符合科技公司作为现代商主体的法律规制需求。

首先，科技公司作为商主体本身就是追求风险的存在，正如金融制度是风险的制度化，商主体也是风险的制度化产物。以商业伦理为导向的商人只关注营利，冒险是其基本品质，于商人而言，利润本身就是其承担风险和责任的收入。[②] 也就是说，商主体本身就是追求与制造风险的存在。因此，以风险领域的划定来确定科技公司的责任，既符合商主体的特性，也能反面证成科技公司获利的正当性，还具有可操作性。其次，风险领域理论在确定责任的时候关注的是风险，包括风险的开启与维持、风险控制的可能性，如此一来，科技公司企图在制造风险后转移风险成本的做法就会变得困难。最终科技公司在只能承担风险成本的情况下就会产生控制风险成本的动力，从而在源头上实现风险的最优控制。因此，将风险责任适用于科技公司的追责，能够有效地实现风险控制。最后也是最重要的，风险责任具有一定的包容性与开放性，与发展金融科技需要法律为其创新提供空间的要求相符合。并且，风险责任并不考虑主观过错，与当前主流理论认为应当对科技公司适用无过错责任的观点在法律效果上相契合。总的来说，在私法上以风险责任确定科技公司的责任，符合科技公司的商事特性，能够避免科技公司外化企业内部风险成本，还能符合金融科技的弹性立法需求。

---

① 参见叶金强：《风险领域理论与侵权法二元归责体系》，载《法学研究》2009 年第 2 期。

② 参见[美]弗兰克·H. 奈特：《风险、不确定性与利润》，安佳译，商务印书馆 2010 年版，第 40～43 页。

第五节　金融商行为制度的体系化建构

一、调整金融商行为的商法原则

(一)监管与自由的平衡原则

仔细分析中国的商事立法和司法实践我们会发现,在金融领域存在这样一种错误认识:商法维护金融安全主要应当采取政府干预的方式,而政府干预应当强调监管部门加大监管力度,通过行政手段实现商法功能。其实,这是对商法功能的误解。商法的功能尽管体现了国家对市场的干预,但这种干预未必一定要通过行政手段来解决,在很多情况下完全可以通过经济手段和社会手段来实现,通过立法和执法活动,积极引导社会公众发挥监管作用,减少金融违法行为,引导金融市场主体建立起符合市场规律的优胜劣汰机制,强化生存危机感,促使其加强自我防范和控制,从而实现金融安全。

金融监管与金融自由相辅相成,现代商法已经从对自由的绝对保护发展为自由与监管的有机统一。自中世纪产生近代商法以来,城市法、商人同业行会自治规则、商事和海事判例、商事习惯等便开始服务于逐利的商业活动和海上贸易。15 世纪之后,伴随着中世纪后期资本主义经济的兴起和商品贸易的繁荣,商法逐渐成文,商事活动的营利性特征在成文商法中得以彰显。19 世纪初以来,与日益发达的商事活动紧密联系的现代商法体系逐渐形成并得以迅速发展,商法的发达为平等、权利、自由、民主原则在尘世的落实奠定和提供了经济上的制度基础和法律依据,并进一步推动了商事活动的发达。在商法的形成与发展历程中,商法充分重视商事活动的营利性特征,不断为商人捕捉商事交易机会,放任商事活动的创新,努力为商事活动的便捷和效益创造优良的制度环境。也正是传统商法对商行为的放任,才使得金融及与金融相关的一系列现代经济行为模式得以创新和发展,进而推动了近一个世纪以来全球经济的突飞猛进。20 世纪以来,整个资本主义社会在政治、经济、社会乃至文化领域都发生了深刻的变化,西方资本主义由分散条件下的竞争走向集中条件下的竞争,国家对经济的监管和干预得到空前加强,这种变化不可避免地渗透到商法领域。整个20世纪,商法的时代精神应当说得到了前所未有的彰显,新的商事活动层出不穷,相应的新的商法规范也不断涌现。在此过程中,金融作为新兴经济的动力源泉,在推动社会经济变革的同时,也不断引发金融危机,作为调整金融商行为的商法,也开始发生重大变化,商法规范中体现出来的政府干预和监管色彩也日益浓烈。总而言之,现代商法在调整金融商行为时,既需要站在金融自由创造者和维护者的立场,还需要站在金融市场监管者的立场,实现金融监管与金融自由的平衡。

(二)金融商行为的公示原则

所谓公示,即将金融活动中的相关事实公布于众,从而成为现实或潜在的金融交易相对人判断法律状态和利害关系的根据。由于金融活动具有很强的专业性和复杂性,加之越来越多的金融产品实际是脱离实体经济的,在人们对虚拟经济的认识和判断能力尚十分有限的情况下,对金融产品的认识和判断能力将更弱。金融交易的一个核心要素便是定价,与实体商品不同,金融产品看不见摸不着,多由权利义务条款组成,而大多数权利义务又往往与未来的某些特定或不特定事项联系起来,这些未来事项是否会发生又充满了很大的不确定性,往往与意外事件、经济形势、市场供求、市场能力、国家政策有关。此时,某一金融产品是否具有价值以及价值的高低,就需要交易双方对未来事项做预测,同时结合金融产品本身的权利义务内容,来决定是否有必要开展此项交易及交易价格。交易主体赖以认识某一金融产品的依据来自"公示",又称为"信息披露"。信息披露不仅是证券法的核心和基石,更是所有金融活动必须遵守的原则。缺乏信息披露或者信息披露不真实、不充分的金融交易是极其危险的,甚至根本谈不上金融稳定和投资者利益保护。金融活动的公示主义原则是商法调整金融商行为的首要原则。从公示内容来看,包括金融产品的结构、质量、风险、价值评估、前景预测以及未来相关因素等;从公示主体来看,包括有公信力的公示和无公信力的公示两种,"有公信力的公示是指某种法律事实一经公示就具有使社会公众信其为真实的法律效力。无公信力的公示是指由商主体进行的信息披露,并不当然产生公信的效力,国家对其真实性并不提供担保,只是由提供信息的机构为该信息的真实性担保"。[①] 商法要保障金融安全,就必须给金融商行为的相关主体设定严格的信息披露义务,确保交易主体在较为透明和公开环境下开展某项金融交易,从而对交易的后果产生一定的预期。尽管这种预期并不必然与最终结果完全一致,但至少结果与预期不一致并非双方的信息不对称所导致。商法设定信息披露义务的标准和目标为:如果交易结果偏离交易预期,只能归咎于交易发生时对交易各方而言都无法确定的未知事项。由于种种原因,这一立法目标是很难实现的,但却可以无限接近。

(三)金融商行为的要式原则

所谓要式,即法律要求金融商行为必须遵照一定的方式来开展,如果不符合这种法定方式,则不发生法律效力。由于金融商行为活动专业性很强,涉及的法律关系众多、复杂,且牵扯面广,很多情况下直接影响社会不特定对象的利益,如果放任商主体随意开展金融商行为,不仅导致交易对象无所适从,扰乱金融秩序,威胁金融稳定,更为金融犯罪活动提供可乘之机,损害社会不特定主体的利益。因此,相比其他市场交易活动,金融活动的要式性尤为明显,技术性较强,一般的商主体并不十分清楚金融商行为的交易流程,甚至某种金融商行为的参与者也并不清楚另一种金融商行为的交易方式。商法的要式要求体现在金融商行为的各个环节,包括金融产品的市场准入、交易主体的资格、金融合同的条款、金融合同的订立、金融合同的审批、交易的具体规则、交易地点、交易方式、特定中介机构的强制性介入、金融产品的退市、金融主体的退市等。似乎在金融商行为领域,商主体的自治空间极小,绝大部分的金融商行为规则已由商事法律法规或者经其授权的某些金融组织机构的章程、规则、条例、办法予以限定,所有希望参加某项金融商行为的主体必须遵守这些要求,否则将丧失参与权。商法之所以要在金融活动领域牺牲自己本来的私法自治特性,不仅是出于维护金融稳定和保护社会公众投资者利益的考虑,更是商行为标准化格式化的行为构成特性在金融领域的具体落实,这与近代贸易普及过程中票据、信用证、提单、保险等商行为的标准化格式化过程一样。金融商行为融入了

---

① 何勤华、魏琼主编:《西方商法史》,北京大学出版社 2007 年版,第 601～602 页。

更多的强制性规范要求,这一现象更展现出商行为与一般民事行为的差异,商事合同与普通民事合同的差异,展现出商事领域私法的特殊性。面对金融安全这一关乎社会整体利益的社会责任,商法一改往日宽容的自治本性,转变为严格的大管家。但这不影响商法依然保护私法自治,尊重金融自由的基本理念。

(四)金融商行为的严格责任原则

所谓严格责任,就是不问金融商行为主体主观上是否存在过错,只要其违法行为导致了损害结果的发生,就要承担相应的法律责任。金融商行为的对象在很多情况下是不特定的社会公众,数量众多,牵涉的利益关系复杂,即便是针对特定对象的金融商行为,也往往因为数额巨大,可能危及该种金融商行为的有序和持续发展。某个金融商行为主体在一定条件下和一定时间内实施的某一项金融违法行为,很可能通过与金融市场某种不确定的经济变量相结合,从而引发金融风险。历史表明,众多影响广泛的金融风波或者金融动荡甚至金融危机,就是由一些细微的金融违法行为导致的,这些细微的违法行为没有得到及时的引导和调节,随着时间或数量的积累,从而导致巨大的社会危害。这正是金融风险的"蝴蝶效应",一项细微的金融违法行为完全可以引发一场金融风暴。以基金管理人为例,其所实施的不当行为不仅手段诡秘,而且变化多端,竞相通过违法创新来规避监管。他们通过操纵净值、对倒、轧空、合谋买卖、连续交易、拉托、内幕交易、不当关联、基金销售中的互惠交易、盘后交易、短线交易等方式来追逐利润。他们在实施某些不当行为时,主观上未必是出于损害社会公众投资者利益、破坏证券市场秩序的考虑,而仅仅是通过一定的交易手段来谋求基金效益的提高,在某种程度上完全属于市场逐利动机,但是由于基金具有集合投资的属性,基金效益维系众多份额持有人的财产利益,一项不经意的不当行为可能给基金投资人带来巨大的财产损失,从而使普通投资者对基金这种金融商行为产生不信任,引发诚信危机,扭曲基金的直接融资功能;此外,基金作为机构投资者具有较强的资金实力,其所实施的某项投资行为往往会对整个证券市场产生推波助澜的重大影响,危害金融秩序的稳定,进而降低金融市场的运行效率,妨碍金融发展。基于此,商法针对金融商行为设定了严格法律责任。严格责任是实现商法维护金融安全之社会责任的后盾，如果缺少这个原则，金融商行为的公示原则和要式原则都会很难得到落实。具体来说，严格责任的标准可以设定为：该金融主体违反了商法设定的某项关于金融安全的义务，包括实施某一危害金融安全的行为，也包括可能危害金融安全的某项不作为。

二、制定“金融基本法”

确立金融商行为的基本原则是理论准备也是立法准备，具体到商行为的立法实现上，中国可以考虑制定“金融基本法”。金融已经成为当代社会除军事以外最重要的竞争手段，当代世界的金融竞争主要是金融制度的竞争。中国当前正在经历内部金融转换和国际金融转换，在此重要的时机中，中国必须认真思考如何建立金融，如何通过金融制度的建立获得国际竞争力，唯有此，中国才能在内外部金融转换中寻找到出路。一切历史都是当代史，当前的中国需要一部“金融基本法”来自历史的告诫。从世界历史出发，中国需要“金融基本法”的理由大概有三：第一，金融在世界历史上呈现为三大依赖，其中最重要的就是依赖于法律制度。第二，世界几大代表性国家的金融发展史表明，简单套用美国的金融模式常常会水土不服，中国发展金融需要考虑自身的金融特点。第三，不论是大陆法系国家还是以美国为代表的英美法系国家，商业的成功都源于配套完善的商业规则，商事金融也不例外。上述三点共同指出，中国要走出金融困境需要一个宏观的以调整营利性金融组织和金融商行为为主要内容的金融基本法。

第一个理由，金融的三大依赖。第一，金融依赖于消费市场和商业市场的规模，特别是商业市场的规模。如果一个国家没有庞大的商业市场规模，该国的金融是不可能强盛的。从古代的雅典、希腊到罗马，以及后来的所有国家，他们金融的发达都依赖于商业的规模。第二，金融的维持和强大主要依赖于军事的强大。如果没有军事的强大作为后盾就不可能有一个国家金融的强大。第三，金融的稳定性和持续性最主要依赖于法律规则与制度。如果没有法律规则与制度，在国际金融合作中，各方当事人就无法形成金融共识，相应地也就无法形成统一的金融市场，国家之间相互无法认可，其结果只能是金融的矛盾与冲突。在国内市场上，金融最重要的也是以法律规则与制度制约金融的经营者与投资者及其行为。所以,金融的有序发展依赖于法律规则与制度的完备。

第二个理由,中国金融的发展需要考虑自身特点,单纯仿照美国的金融模式是无法超越美国的。欧盟、中东、南美洲以及非洲的大多数国家都以美国的金融模式为蓝本发展本国金融,无一例外,上述国家都在与美国的国际经济竞争中失败。欧盟统一货币后,美国就对其进行干预,如今欧盟状况百出;俄罗斯衰退的核心也是美国与其在金融方面的竞争;非洲许多仿照美国金融模式的小国家,更是走向了国家市场的迅速崩盘。美国的强大最重要的并不仅仅是金融的强大,而是美国占有了商品市场,尤其是对高科技市场的绝对垄断地位。要想摆脱中国金融发展的困境,单纯仿照美国是无法取得成功的,我们必须重新思考美国金融的特点,正视美国金融体系与制度的特征。由于美国是世界超级大国,与前述国家一样,我们从理论到实务的研究都尤其青睐美国的金融制度,试图仿制美国金融制度。然而,中国与美国的金融特点并不一致。美国的金融特点一方面是创新力,另一方面是具有社会承受力。如果对比大陆法系和英美法系的商事制度究竟哪个更有竞争力,我们会发现从大陆法系的情况来看,它的法律制度有利于社会的稳定;从英美法系的情况来看,它的法律制度有利于社会的创新。这就是为什么美国的金融能有那么多的创新。美国的金融创新是否违法完全取决于法官的自由裁量,该制度设计为金融的创新留下了足够的空间。所有的法官依照社会的商业伦理标准进行裁量。对于法官自由裁量的结果,美国通过制度构建使社会具有承受力,即社会保障体系。社会保障体系的构建使美国金融获得了社会承受力。中国金融的特点与美国不一致,照搬套用美国的做法会出现较大的问题。

第三个理由,商业的成功需要有配套完善的商业规则。从世界历史出发,在过去的几千年里为什么商业只在欧洲发展起来?根本原因在于欧洲建立了一整套商业的规则,《海商法》维持了海上贸易秩序;信用证制度满足了大规模、跨区域的大宗远洋贸易需求;最主要的还是商法典,商法典的出台营造了健康有序的商业环境。从美国经验来看,美国也以法典化的方式促进了美国商业的扩张和稳定,即颁布《美国统一商法典》。另外,中国澳门、美国拉斯维加斯的赌场能够发展也取决于其内部规则的建构。中世纪相当一段时间内都是禁商的，主要是因为商业带来了金融，金融带来了高利贷，高利贷使人贪得无厌，所以中世纪的宗教明确禁商。中世纪的宗教不允许放高利贷，借贷也不允许收取利息。受该教义的影响，人们在立法的时候就提出"赌债不是债"。在此背景下，赌场之所以还能够存续，一方面是国家特殊政策的关照，另一方面也是更主要的还是赌场形成了内部规则，以一定的规则进行赌博。所以，任何商业的发展都离不开商事制度的构建。

中国是世界大国，中国的金融产品如何创造，哪些机构可以创造金融产品，都是值得思考的问题。当前我们绝大多数的金融产品并不产生真正的社会效益，所谓的金融产品更多的只是在把一个简单的交易行为复杂化，从而以该方式实现资本向少数人集中。人类历史表明，金融既能实现社会的繁荣，也会带来社会灾难。当前中国要走出现在的金融困境需要有一个宏观的基本法，这个基本法应当包括货币发行规则、金融产品类型、金融监管机构组成、金融的创新空间等。"金融基本法"的颁布能够让中国产生制度竞争力。如果中国能够制定一部适应于现代金融发展的"金融基本法"，那么在"一带一路"倡议的背景下，中国的世界影响力以及规则话语权都将获得极大的提升，"一带一路"建设也才有可能取得成功。只有精准定位中国的金融，提供金融发展的中国版本，中国才能在内外部金融转换的过程中实现中华民族的伟大复兴，建设成社会主义强国。

三、金融商行为的具体制度

在"金融基本法"中，对金融商行为的法律规制可以重点从如下四方面展开：第一，金融市场准入制度；第二，金融商行为的监管制度；第三，金融风险预警与处理制度；第四，金融市场退出制度。

（一）金融市场准入制度

金融市场的准入是商法实现金融安全的事先预防性制度，通过准入制度可以考察金融机构的专业水平、风险防范水平、抗风险能力、责任承受能力等；可以考察各种金融产品的质量与风险，决定其是否适合进入市场；可以考察投资者对金融产品的认识水平、投资能力和风险承受能力。具体来说，金融市场的准入制度包括金融机构准入、金融产品准入、合格投资者准入。

金融机构准入不仅包括金融机构设立审批监管,还包括其所开展的金融业务的核准或备案监管。金融机构的风险防范与承受能力集中体现在人格特征和财产特征两个方面。就人格特征而言,主要包括金融机构的组织形式、商号、章程、符合条件的股东、具有一定任职资格的管理人员、具有相应业务资格的从业人员、健全的组织机构、业务操作规则、风险控制制度、符合条件的营业场所和相关设施等方面。相比其他国家和地区,我国商法对金融机构人格特征表现形式的规定远不够细致,在执法过程中常流于形式。就财产特征而言,主要是指金融机构的注册资本和其他相关的财物指标,相比人格特征,金融监管主体对财产特征的审查相对比较严格,但存在过度重视财产特征的错误倾向。无论是人格特征还是财产特征,本质上都是为了保障金融机构具有相应的市场风险能力。然而,在金融机构设立时对其市场风险能力的考察只能是静态的,并不能保证其今后能够适应市场风险的要求,而且金融市场本身就是一个变化多端、风险起伏的市场,“金融基本法”设定相对固定的准入条件并不能与不同时期高低不等的市场风险相匹配,加之金融监管部门也可能不具有预测今后金融风险高低的能力,因此“金融基本法”不能将市场风险能力的考察完全寄托在设立监管的环节。“金融基本法”应当更多地关注金融机构设立后所表现出来的动态市场风险能力,关注金融机构在经营过程中的治理结构、风险控制水平以及人员构成等方面,强调金融机构的资本规模与经营过程中风险资产的增加相适应,并通过净资产、资本充足率、资产负债率、收益率、流动比率、现金流量、利润率等一系列财务指标来监测金融机构的安全。

金融产品准入是一个比较宽泛的概念,既包括某项金融创新产品(或业务)的准入监管,也包括常规性金融产品的入市监管;既包括作为整体的新型金融业务,也包括作为个体的具体金融产品。这里的“准入”概念不是严格意义上的“审核”或者“核准”,而是包括“审核”“核准”和“注册”“备案”在内的宽泛概念。就宏观概念上的新型金融业务推出而言,涉及金融自由和金融管制的关系问题,在金融相对自由的国家,商主体在金融创新上具有较高的积极性,新型金融产品层出不穷地推出,促进了该国的金融发展和经济增长;而在金融管制较为严格的国家,商主体所能开展的金融业务是限定的,监管部门往往通过试点的方式逐步推行新型金融业务,这有利于防范金融创新过程中遭遇的种种风险,维护金融安全。之前,中国对金融产品的入市采取的是核准制,核准制强调政府的干预,有更多的条件限制,有利于排斥不良金融产品进入金融市场,从而保护金融市场秩序,保护投资者利益。但核准制也存在问题,可能导致权力寻租,引发道德风险,导致金融市场混乱。2019 年 12 月 28 日,十三届全国人大常委会第十五次会议审议通过了新修订的《证券法》,该法于 2020 年 3 月 1 日实施,正式将中国的核准制改为了注册制,将金融产品的价值判断交给投资者。

投资者准入制度是"金融基本法"保护投资者利益的直接体现。虽然现在政策提倡"普惠金融",但是金融市场仍是一个专业性极强且充满风险的市场,并非所有的社会公众都有认识、理解相关金融产品以及胜任投资的能力,因此"金融基本法"基于社会责任之考虑,应对特定金融市场或者金融产品的投资资格作出限制。不过,投资者准入制度面临一个法律调整,即投资权、经营权是商行为主体的固有权利,甚至在有些国家被规定为宪法权利,基于投资和经营后果自负的原则,"金融基本法"理应充分尊重投资者的投资权和经营权,但是金融除了自由还有安全问题,所以对投资者进行一定的限制是基于社会公共利益的需求,具有正当性。当然,必须将这种限定维持在合理的限度内,例如限制必须由"金融基本法"作出,准入标准的确定,需要设定准入制度的市场和产品等问题也应当由法律作出规定。

（二）金融商行为的监管制度

金融法又被认为是监管法,金融商行为最多的制度就是监管制度,包括具体的交易制度、信息披露制度、风险评级和控制制度、信用评级制度、资产管理制度等。针对不同类型的金融商行为,法律的监管内容也存在差异。限于篇幅,这里不对具体的监管制度展开介绍。与监管制度有关的是相关主体因实施违法的金融商行为所应承担的法律责任。长期以来,在我国的金融监管中,存在一种错误的认识:对于违法的金融商行为应当主动采取行政处罚或者追究刑事责任的方式来处理,要求违法者承担民事责任的意识还不强烈,重行政处罚轻民事赔偿仍是我国金融监管的主流思想。这导致了投资者的利益往往很难得到切实的保护。尤其是在金融科技、智慧金融时代，在现行金融框架下，参与了金融商行为的科技公司基本上既不需要承担金融监管的公法责任，又能基于合同相对性逃脱私法责任。因此，如何建立金融商行为的私法责任是“金融基本法”的重要任务。

(三)金融风险预警与处理制度

金融风险预警制度是对金融市场早期风险的监测机制，这一制度的建立有利于将金融风险抑制在萌芽状态，防止金融风险扩散，对于预防风险危机具有十分重要的作用。然而，由于这一机制的建立并非纯粹的法律问题，除须通过商法制度明确这一制度的重要性之外，还须辅之以财务、金融、数学、计算机、软件等方面的专业知识与技术。目前，监管机关已经认识到了风险预警的重要性，“金融基本法”可以考虑规定一定的风险预警制度。

金融风险处理制度是与金融风险预警制度相匹配的一项制度，是在监测到风险超标时所采取的一系列补救和治理措施，通过采取处置措施，及时解决暴露出来的风险问题，弥补损失，防止风险的进一步扩大。《证券法》第 143 条与第 144 条的规定，其中除行政重组(被指定托管、接管或清算)和撤销以外的三种处置方式均属于金融风险处理制度。

(四)金融市场退出制度

金融市场退出制度对应于金融市场准入制度，主要解决的是金融机构或金融产品如何有序退出金融市场的问题，保护投资者合法权益，防止金融动荡是该制度需要面对的现实。相比金融产品的退出，例如某股票终止上市，某融资计划结束等，金融机构的退出问题是金融市场退出制度的重点。

我国的金融业一直以国家信用为后盾，政府充当金融机构的保护者。因此，在 20 世纪 90 年代中期之前，我国金融机构基本不存在市场退出问题，依托于计划经济进入市场的各金融机构，长期生存于竞争和淘汰压力不足的舒适环境中。随着市场经济体制的逐步建立，金融机构经营体制和经营方式的缺陷不断暴露，致使金融风险迅速积累并逐步显现。自 1997 年亚洲金融危机以来，我国已有 700 余家金融机构被关闭和清算。为了解决金融机构退出市场时的种种问题,2001 年国务院通过了《金融机构撤销条例》,完全采取行政手段解决金融机构的退市问题。然而,金融机构的退出机制,除了行政手段,还存在并购重组、破产清算、解散等多种方式。我国目前对于出现问题的金融机构一般都采取撤销或行政重组的方式来强制其退出市场,重行政手段虽然能够起到稳定金融秩序的作用,但不利于我国金融机构的发展和参与国际竞争。"金融基本法"在构建金融市场退出制度时可以综合考虑世界先进立法,结合本国国情重构金融市场退出制度。

第七章　数字商行为

第一节　数字商行为概述

一、数字商行为的概念

网络时代、数据时代、数字时代，网络社会、虚拟社会、数字社会等层出不穷的术语与概念揭示的都是当代人类社会变迁与发展的特征。数字商行为对应的是数字社会的数字交易活动。数字社会以数字化为基本特征，依托网络互联解决人们社会生活中的各种问题。具体来说，数字社会的本质特征包括四个方面，分别是全天候与跨域链接、自主行动与深入互动、数据流通与资源整合、智能运营与万物互联。在数字社会中，商行为也出现了新的形态——数字商行为。

数字商行为是一个广义的概念，本书第四章"商行为的特征与分类"中介绍了数字商行为的具体含义，指出数字商行为指的是利用互联网、云计算、人工智能等技术实施的，以提供数字产品或服务与数字化产品或服务为标的的商行为。与此同时，本书还强调理解数字商行为的关键在于认识数字产品与数字化产品。

因此，数字商行为并不是简单地指在商行为的实施中使用互联网、云计算、人工智能等技术，而是交易数字化产品或服务与数字产品或服务。当然，作为商行为范畴下的概念，数字商行为也必须是以营利为目的的行为,即商主体和非商主体的营业行为,以及法律规定的非商主体的营利行为。另外,需要注意的是,理论上数字化的金融商行为也属于数字商行为的范畴,但是为了更集中地展示金融商行为的内容,本书将数字金融商行为的内容放在了第六章统一介绍。本章节所介绍的数字商行为,主要是数字交易型商行为,重点包括数据交易与算法交易类的数字商行为。

二、数字行为与数字商行为

数字商行为并不等同于数字行为,因为数字商行为首先是商行为,必须满足营利要件,而数字行为则不限于以营利为目的的行为。正如法律体系中的行为可以划分为民事行为、商事行为、行政行为等一样,数字行为也包括数字民事行为、数字商事行为与数字行政行为。数字民事行为与数字生活相关,数字行政行为与数字政府相关。数字生活是在现代计算机、网络通信、人工智能等技术的支撑下,人们的消费、居住等在智能化、数字化、网络化的环境下进行的一种生活方式。数字政府是在现代计算机、网络通信、人工智能等技术的支撑下,政府日常办公,履行职能等在智能化、数字化、网络化的环境下进行的国家行政管理形式。数字生活包括多个方面的内容,例如网上购物、智能家居、网络社交等。数字政府包括政府自动化办公、政府信息网上公开、网络数据统计等。数字民事行为、数字行政行为与数字商事行为有较大的区别。

(一)数字民事行为与数字商行为

数字民事行为不以营利为目的,虽然大部分数字民事行为都是以数字商行为为基础,即由提供数字产品或服务或者数字化产品或服务为依托而进行的行为。但是在数字民事行为中,双方当事人都是非商主体,所涉及的问题多为婚姻家庭、人身权益等,重在互助性、平等性、诚实信用。数字民事行为以追求主体人格独立与被尊重为价值目标,具有鲜明的道德性即伦理色彩,在对主体的调整过程中注重公平,注重对人身关系和与人身关系有关的财产归属的调整,强调人格的独立,立足个体权利,以权利为本位,数字民事行为常常具有一定的公益性和公共服务性;数字商行为追求的价值目标在于社会生产效率的大幅提高,其具有极强的功利性,更强调安全、效率和利益。概括之,数字民事行为调整的对象是平等主体之间的社会关系,其中既包括财产关系,也包括人身关系;既包括等价有偿的经济关系,也包括无偿的社会关系,其范围和内容较为广泛。而数字商行为确切地说调整的是基于营利形成的利益关系。数字民事行为规则原则上遵循过错责任原则,而数字商行为同时普遍适用无过错责任原则。较之于民法规范,商法规范更具有技术性,这些技术性规范通常从交易习惯和利益衡量出发,而不是简单地从伦理道德出发去判断数字商行为的效果。

(二)数字行政行为与数字商行为

数字行政行为的落脚点是行政行为,所以数字行政行为本质上是行政主体行使行政职权、进行行政管理的行为。与行政行为的特征一样,数字行政行为的特征也包括公益性、职权性、程序性与主体的不平等性,只不过数字行政行为又多了一个数字化的特征。就数字行政行为与数字商行为的区别而言,两者的差异和行政行为与商行为的区别是基本相同的,但是增加了数字化特征后,数字行政行为与数字商行为还是在数字化的目的上存在差异。数字商行为数字化的目的是营利的更大化,始终服务于商行为主体的营利目的;数字行政行为数字化的目的则是行政机关更好地提供行政服务,履行政府职能,具有公益性,这是两者的根本区别。

三、数字商行为的研究意义

(一)"监视资本主义"要求新的行为规则

哈佛商学院教授肖沙娜·朱伯夫(Shoshana Zuboff)提出数字化让我们进入了"监视资本主义"时代,大型科技公司依靠人工智能、大数据、算法等工具正在重构权力体系,作为用户的人们正在成为资本的获利方式。我们正在经历的是一场新型的"解析—解体",借助于网络APP、线下传感器等各种软件与硬件,用户源源不断地将自己的数据传输给以谷歌和脸书为代表的科技公司,这些公司利用这些数据监视用户,获取用户经历进行算法分析,然后用算法预测甚至调整用户的行为。在这过程中,科技公司提供免费的网络、技术服务给用户,作为代价用户贡献的是自己的数据，包括个人信息、隐私等，进而被科技公司解析。“监视资本主义”描述的是“一个数据驱动的过程，在这一过程中出售的商品是你的个人数据，而数据的获取和产生依赖于互联网的大规模监控”。[①] 在“监视资本主义”时代，用户面临被全方位的数据捕获的风险，用户的数据替代森林、河流和煤炭成为了新的开采能源，从面部特征、地理位置到健康数据，从驾驶、跑步到购物，资本家在通常没有征得用户同意的情况下，通过技术单方面渗透人们的生活，大量挖掘用户的各种数据，形成了一整套对用户行为判断与干预的逻辑，进而单方面用于自身的盈利。更糟糕的是狡猾的资本家通过将用户的注意力往效率和功能上转移，让用户一方面理所当然地贡献个人数据，[②]另一方面无法退出这场剥削。

“抖音读取通讯录案”清晰地向我们展示了科技公司对我们生活的全方位渗透与监督。用户在并没有注册抖音账户的情况下，也在抖音拥有了网络上的虚拟画像，一旦用户下载抖音 APP，抖音立马能够精准地将用户可能想关注的对象，与可能感兴趣的内容推送给用户。从有利的角度来说，抖音的推荐功能方便了人们的生活，仿佛用户的“所思皆可被所感”。但是从权利保护的角度来说，很难不怀疑用户的隐私与个人信息是否受到了侵犯。这个案件的背后所提出的问题是，在数字化时代，即便个人小心翼翼地保护了自己的个人信息，但是由于目前科技公司在获取个人信息的时候通常都以读取通讯录、读取好友列表为附加内容，所以，即便个人从未下载并使用某软件，也可能已经受到了科技公司一定程度上的监视。因此，在数字社会中，用户很难退出由科技公司发起的以“监视资本主义”为特征的剥削。要么退出后，因为脱离了社交软件、购物软件、新闻软件而无法与他人保持联系、即时购买商品、即时了解各种信息从而自绝于现代社会；要么甚至都没有进入数字社会，却因为亲戚朋友的信息暴露而被动暴露了个人信息。在科技公司为数据获取行为付费的场合下，个别用户更是争相贡献自己的个

---

① Donell Holloway, *Surveillance Capitalism and Children's Data: The Internet of Toys and Things for Children*, Media International Australia 170, p. 27(2019).

② 参见陈本皓：《大数据与监视型资本主义》，载《开放时代》2020 年第 1 期。

人信息,并在这过程中暴露自己亲朋好友的信息。例如为了推广 APP,拼多多、携程等软件都推出了“砍一刀”“好友助力”等活动,以鼓励用户积极同意 APP 获取其个人信息同时引导其向亲朋好友推广。因此,用户几乎无法逃脱这场资本剥削。

从表面上看,在用户与科技公司之间,由于科技公司并没有向用户收费,所以科技公司提供数字服务的行为并不属于商行为。这恰恰是科技公司在数字社会中为自己的暴利打造的糖果外衣。很多人对于科技公司的营利方式都感到困惑,因为在数字商行为中,科技公司的商业模式发生了变革,主要通过广告获取利润。在早期的互联网时代,科技公司的获利方式是网页弹窗广告,但是在“监视资本主义”时代,得益于用户数据的获取与挖掘,科技公司能够实现个性化推荐和精准广告投放,从而使广告需求者的广告转化率得到了质的提升,相应地科技公司也得到了巨大的回报。数字服务是为了实现巨额的广告利润,所以科技公司的行为非但属于商行为,还是新兴的依托用户参与、依赖用户数据型的新型商行为模式。在这一模式中,科技公司实现了双向剥削,通过提供数字服务剥削用户所创造的数据价值占为己有,通过提供广告服务剥削产品与服务生产者的利润,成了最大的吸金器。因此,如何调整这类商行为是摆在我们面前的现实难题。

诸如如何避免大型科技公司排挤竞争,保护中小型企业的利益;如何避免大型科技公司侵害消费者的利益,保护用户的权益;如何确定科技公司的责任,避免其在制造了大面积的社会风险的同时,无须负担任何法律责任等,都要求我们在“监控资本主义时代”出台有关数字商行为的行为规则。因此,研究数字商行为不论是从科技公司、用户、传统企业的角度来说,还是从社会公共利益的角度来说,都具有重要的实践意义。

(二)商业模式变革急需理论体系的更新

“监视资本主义”时代的到来,昭示的是商业模式的根本变革。传统的商行为是商品与服务的生产与销售,其利润来源于产品与服务,所以这类商行为尤其重视企业的商誉、产品与服务的质量与水平,由此吸引顾客,实现利润的转化。其后金融时代发展起来的投机买卖行为,其利润来源于投资者对市场(既包括对实体市场也包括对金融市场)的判断,所以其利润来源于投机。如今的“监控资本主义”时代,数据经营者并不直接生产商品,对市场的判断也不依赖于自己的个人经验,而是通过获取与控制数据,准确地进行个性化推荐,进行大数据分析,这一过程中,其利润来源于对用户的监控。这就使得商法的基础理论发生了重大变化。商誉对科技王国固然也重要,但是在逐渐寡头化的科技企业版图中,用户几乎丧失了选择权,这个时候简单通过商誉制约科技企业的效果有限。

我们现在所处的是差异革命、智能革命与控制革命同时进行的新世界。“监视资本主义”通过解析每个人,使得我们每个人的差异正在凸显,个性化带来的是差异化,一场有关于平等问题的危机正在被掀起。在数据被视为用户劳动的理论中,用户被比喻成了科技奴隶(technoserf),用户所提供的数据类似于奴隶在奴隶社会为奴隶主从事的农业劳动,两者都无法获得报酬。从这个角度理解数字社会与数字商行为,这次平等危机不仅可能侵害我们的个人信息权利,还在改变我们的工作环境。智能革命带来的智能机器将导致知识、技术和经济机会的重新分配,机器越智能,经济上的不平等可能越严重,随着我们的行为被精确预测,不平等的问题有可能导致整个社会遭受灾难。① 如今最富有的100人所拥有的财富,已经超越了最贫穷的40亿人的财富,全球1%的人拥有着全球一半的财富,②为了避免数字商行为的发展让大多数人类不再拥有经济价值和政治力量,使不平等从经济不平等走向生物上的不平等,我们急需全面地了解并研究数字商行为的理论,让社会朝着以人为本的方向前进,而不是向以富人为本的方向转变。

我们需要商行为理论的革新来应对数字商行为所掀起的变革,这对并不完全掌握科学技术的法学家而言是一场挑战,所以这场理论革新运动应当由法学家、社会学家、经济学家、数学家、技术专家一起参与并共同完成。总之,研究数字商行为是实践的需求,也是历史赋予当代法学家的使命。

---

① 参见[德]克里斯多夫·库克里克:《微粒社会:数字化时代的社会模式》,黄昆、夏柯译,中信出版集团2017年版,第7~8页。

② 参见[以色列]尤瓦尔·赫拉利:《今日简史:人类命运大议题》,林俊宏译,中信出版集团2018年版,第71页。

四、数字商行为的特征

需要说明的是,本书第四章已经对商行为的特征作了统一的分析与说明,认为现代商行为的特征包括以营利为目的,具有风险性、社会性、平衡性、程序性、行为资产化、行为网状化与内容丰富化。作为商行为的共同特征,数字商行为也具有上述特征。下文即将描述的数字商行为特征是商行为在数字社会所凸显的其他特征。

分别从经济学、社会学、计算机学等学科入手分析数字商行为的特征,我们能得到各种不同的结论,但是基本上都离不开两个术语:一为"数据",二为"算法"。具体到法学领域的数字商行为,其显著特征同样围绕在数据与算法之间。第一,数字商行为具有规模性;第二,数字商行为具有监视性与特权性;第三,数字商行为具有毁灭性。

(一)规模性

数字商行为具有规模性体现在数字商行为对数据的利用是大数据分析,大数据的四个基本特点是数据规模海量、数据流转快速、数据类型多样和数据价值巨大,这就要求以大数据分析为基础的数字商行为必须具备一定的规模性,包括基础设备的规模性,例如提供数据储存和运行的设备等。数字商行为所依赖的算法也彰显了数字商行为的规模性。虽然我们说数字时代强调个性化,但是个性化的前提也是算法对一定规模的大众进行了一定程度上的筛选后的结果,所以从这个角度来说,算法也是规模化的。数字商行为的规模化结合其实施主体可以得到一个更好的理解。目前实施数字商行为的主体主要是谷歌、腾讯、阿里巴巴、脸书等这类大型科技公司,这类科技公司不仅经济规模庞大,利润规模化,而且其公司也都是规模化运营的公司。

(二)监视性与特权性

数字商行为的监视性在前文讨论数字商行为的研究意义时已经有所介绍。也就是说在数字商行为中,数字商行为的利润来源于对用户各种数据的监视。为了避免重复,此处不再赘述。与监视性相伴而生的是数字商行为的特权性。依托于对数据与算法的掌控,数字商行为的实施主体为自己创造了特权。这个权可以理解为权利,也可以理解为权力。这个特权的内容就是数字商行为的实施主体拥有规训他人行为的权利(力)。如果说监视性源于数字商行为主体对数据的控制,那么特权性则源于数字商行为主体控制的算法。

每件事物都有两面性,从数字社会的诸多现实中我们可以有深刻的感受,一方面我们感受到了越来越便捷的生活,另一方面却也是数字商行为主体越来越大的特权。举个例子,当外卖刚出现在我们生活里的时候,因为其带来了用餐方式的改变,得到了人们的追捧,这背后有着科技公司的运作,更离不开骑手的参与。但随着外卖市场的激烈竞争与科技公司希望获得更多利润的欲望的不断增加,控制了配送算法的科技公司开始运用其特权。2016 年,对骑手而言,3 公里送餐距离的最长时限有 1 小时,2017 年变成了 45 分钟,2018 年变成了 38 分钟,2019 年压缩成了 30 分钟。① 如果说该变化是技术发展的结果,那是我们乐于见到的局面,当然这确实也是技术发展的结果,即算法的发展,但是,算法再怎么发展也不能直接代替外卖员送餐,而只能通过科学合理的路线规划节省路上可能被浪费的时间。真正实现配送时间压缩的人是骑手,在算法的支配下,骑手被迫用加速去避免超时。骑手为了避免超时而违反交通规则的行为本质是骑手们长期在系统算法的控制与规训下作出的不得已的行为。这就是典型的特权规训行为。其中,掌握了算法的外卖平台,因为拥有算法而控制了骑手的行为,获得了支配骑手的特权,骑手要么服从要么离职。表面上骑手也有选择权,但实质上对于第一种选择骑手面对的是交通的风险,对于第二种选择骑手面对的是失业的压力,他们不过是在糟糕与更糟之间抉择。

这种因为掌握算法或数据而拥有区别于他人的特权,在社交平台中也十分突出。在数字商行为的实施过程中,行为主体通过《用户服务协议》等"私立规则"②的设立,为自己创设集准立法、准司法、准执法于

---

① 参见赖祐萱:《外卖骑手,困在系统里》,载微信公众号"人物"2020 年 9 月 8 日,https://mp.weixin.qq.com/s/Mes1RqIOdp48CMw4pXTwXw。

② 吕炳斌:《论网络用户对"数据"的权利——兼论网络法中的产业政策和利益衡量》,载《法律科学(西北政法大学学报)》2018 年第 6 期。

一身的权利(力)。[1] 准立法权几乎所有 APP 都享有,即通过单方面提供《用户服务协议》规定用户的行为规则。准司法权也很容易理解,中国的新浪微博通过《微博社区公约》《新浪微博社区委员会制度》发展了从“微博法庭”、微博社区委员会到新浪人民调解委员会的自律纠纷解决机制,[2]就体现了准司法权。准执法权则体现在,科技公司依据协议为自己创设的权利(力),具有强制执行力,只要用户不遵守,科技公司就可以采取删除、驱逐用户、封号等措施。

数字商行为主体所具有的特权从“监视资本主义”理论的角度来说,源于其数据科技经营者的地位,从科技封建主义的理论来说则源于其奴隶主的地位,这是一种不平等的权利(力),但是受到了私法的保护,是私法意思自治的结果。这是数字商行为最特别之处。在现行法律框架下,数字商行为主体所享有的特权并不会受到法律的否定评价,相反,在合同法的相关理论中,它是自由意志的产物。需要特别注意的是,特权性之所以是数字商行为的特性而不是商主体的特性,主要在于该特权的取得与享有依赖于数字商行为的实施,从商主体的角度来说,主体的登记等创设行为并不当然带来特权,只有实施了数字商行为,商主体的特权才能得到彰显,所以特权性是数字商行为的特征。

(三)毁灭性

算法被美国著名数学家凯西·奥尼尔称为杀伤性武器,所以在算法助力社会发展,助力数字商行为获利的同时,也使数字商行为潜在地具有毁灭性。算法黑箱、算法歧视、算法偏见是我们常见的算法破坏力。此外,数据同样具有毁灭的威力,在人们的一般认知中,可能很难将数据与毁灭相挂钩,但是在“数据投毒”(加入伪装数据、恶意样本等)、“数据异常”(算法运行阶段出现数据错乱)、“数据泄露”(数据被非法盗用、篡改、售卖)等诸如此类的数据安全风险事件中,数据的毁灭威力也是无穷的。这个毁灭可以是毁灭公平,毁灭权利;还可以是毁灭

---

① 参见许可:《网络平台规制的双重逻辑及其反思》,载《网络信息法学研究》2018 年第 1 期。

② 参见夏燕:《网络社区自治规则探究——以“新浪微博”规则考察为基础》,载《重庆邮电大学学报(社会科学版)》2017 年第 4 期。

一个人的生活，毁灭集体社会，威力之大难以想象。

数字商行为中因为算法或数据而毁灭一个人的生活的例子十分常见。由于现在的数字商行为越来越依赖于系统程序，而系统程序作出决策的过程又是不透明的，所以在数字商行为中，不具有抗衡力量的个人很容易遭受损害，这种损害有时候是毁灭性的。掠夺性广告就是一种代表。掠夺性广告所聚焦的是社会中最绝望的人群，当你缺钱的时候，你刚好就看到了低息贷款；当你发现自己电脑运作缓慢，那么掠夺性广告商就会向你兜售修理服务；当你上不了公立学校时，掠夺性广告商就会向你推荐营利性大学。美国科林斯大学的营销目标群体是“孤立”“缺乏耐心”“低自尊”的人，翡特罗特学院的招收手册更是将目标锁定在“以社会救济为生的带着孩子的单亲妈妈，怀孕的妇女，刚刚遭遇离婚，低自尊，从事低收入的工作……从事没前途的工作——用一句话概括，就是没有未来的人”。对营利性大学来说，“脆弱的价值好比黄金”。[①] 由于这些大学的学费通常十分高昂，科林斯大学的学费就高达66,800 美元，而全美大部分传统大学的学费才不到 1 万美元，所以为了让被锁定的人群来就读，这些大学针对性地就个人的“痛点”发起“攻击”，让他们相信营利性大学比公立大学更好，从而自愿拿出所有积蓄，甚至不惜债台高筑，最终让这部分本就绝望的人走向了贫穷的深渊，摧毁他们的生活。这就是数字商行为的摧毁力，在数据商行为的规模性下，这种摧毁力正在逐渐发展出其大面积的摧毁力量，随着这股力量的不断发展，受到损害的首先是穷人，中等收入群体也难逃一劫。为了避免富人被圈养在数字商行为主体所提供的广告世界里，穷人的生活不断被摧毁，我们需要正面认识数字商行为的摧毁性，并对其作出相应的制度安排，使数字商行为真正造福社会。

总的来说，从数字商行为的特征中我们可以发现，数字商行为兼具积极作用与消极作用，消极作用是数字商行为需要被规制的理由，也是建构数字商行为理论需要重点关注的问题。这里强调数字商行为的双向作用，是想重申本书第一章所提的商行为在人类历史上一方面对人

---

① ［美］凯西・奥尼尔：《算法霸权：数学杀伤性武器的威胁》，马青玲译，中信出版集团 2018 年版，第 74～75 页。

类社会的建构发挥着积极作用,另一方面也对人类社会的发展起着破坏作用。同时也呼应了本书第四章所提出的商行为具有风险性的本质特征。简单来说,商行为是追求风险同时控制风险的行为,对于数字商行为来说,虽然数字商行为潜在地具有毁灭性的特征,但是对这类行为的法律控制也必须符合一定的度。只有在尊重数字商行为的基本规律的前提下,法律制度的设计才能避免矫枉过正,避免成为抑制数字社会发展的桎梏。

五、数字商行为的分类

依据不同的分类标准,数字商行为划分为不同的类型。依据实施数字商行为的主体,可以将数字商行为分为商主体与商主体之间的商行为(B2B),商主体与消费者之间的商行为(B2C),机器代理人与机器代理人之间的商行为(M2M);依据数字商行为的不同客体,可以将数字商行为分为提供数字产品与服务的数字商行为,提供数字化产品与服务的数字商行为。

(一)以主体为划分依据

1. 商主体与商主体之间(B2B)的数字商行为

传统商法理念认为商主体是具有专业的商业技能和水平的人,具有平等的地位,对其所从事的商行为,法律应当采取平等保护。在商主体利润来源于商品与服务,来源于直接交易的时代,该理论的合理性难以质疑。但是,当商主体利润来源于投机,以及如今科技公司的利润来源于监视之后,商主体与商主体之间的数字商行为依然坚守的商主体一律平等保护的理念,则受到挑战,这种商行为并不是在任何时候都能坚守公平原则,尤其是在一方掌握数据与算法,另一方是数据与算法服务的需求方的商行为之中,需求方或者因为技术限制或者因为数据限制,并不与供应方处于平等地位。更有甚者,在数字商行为时代,收购是保有监视利润的一个重要手段,在很多时候同样都是商主体,但经济实力和企业规模较为弱小的一方,不得不接受被收购的命运。扎克伯格曾公开宣称,即使作为全球最大的社交网络,脸书(Facebook)也没法垄断所有用户,也不能期望永远保持“世界第一”的地位,因此他制定了一项政策,即收购有前途的竞争对手,并将他们整合进 Facebook“家族”。2009 年创立的 WhatsApp 月活跃用户达 4.2 亿后 Facebook 就将其收购,[①]抖音海外版 TikTok 向全球扩展也与成功收购 Flipagram, News Republic 和 Musical.ly 有关,抖音的全球化是在收购基础上完成的。由此我们可以发现,平台企业控制数据,占有大部分市场,你依赖他的数据就必须依附于他,如果他看上了你的数据,你只能把公司拱手相让。这是数字商行为中的一种不公平现象,并且正在愈演愈烈。

所谓的数字商行为特权性,所描述的是掌控数据和算法的一方商主体所享有的规训力。在这种场景下,尤其是在算法被一方商主体宣称为商业秘密而不予公开的情况下,另一方商主体只能被动接受科技公司的许多规则,甚至作为算法使用者或数据处理人还不得不承担比科技公司更加重的法律责任,因为通常情况下,购买了算法服务的公司才是对外直接与第三人签订合同的公司,依据合同的相对性,用户只能要求该公司承担责任。所以,如果在数字商行为中“一刀切”地将平等保护理念贯穿其中,可能产生的是不平等的保护结果。中小企业、非科技公司等的利益保护问题在数字商行为中必须重新认识与思考。这是提出商主体与商主体之间的数字商行为这一分类最重要的意义之所在。

2. 商主体与消费者之间(B2C)的数字商行为

商主体与消费者之间的数字商行为属于单方商行为,在这类商行为中,一般认为双方主体之间存在平等性与互换性丧失的问题,所以需要对消费者进行倾斜性保护,实施单方商行为的主体不仅需要遵守商法,还需要遵守消费者保护法。但是在数字商行为的场合下,谁是消费者,如何确定消费者是个问题。在用户通过广告购买商品或服务的场合下,用户消费者的身份较好认定。但是这是用户与广告主之间的法律关系,在用户与科技公司之间,由于在目前的商业模式下科技公司为用户提供的是免费的服务,所以能否认定用户是消费者则成为存疑的问题。依据《消费者权益保护法》第 2 条规定,“消费者为生活消费需要购买、使用商品或者接受服务”;第 20 条规定“经营者提供商品或者服

---

① 侯继勇:《Facebook 收购 Whatsapp:“白菜价”的 190 亿美元,买到什么?》,载微信公众号:21 世纪经济报道 2014 年 2 月 21 日,https://mp.wenxin.qq.com/s/YLQa4fFO-zKlqfScLr-ayg。

务应当明码标价”。基于这部法律的界定数字商行为中享受免费服务的用户能否被解释为《消费者权益保护法》下的消费者,这是数字商行为需要解决的问题之一。

此外,关于不平等问题,在数字商行为中不平等比一般商行为更为严重,其根本原因是数字商行为实施主体的利润来源于监视。有学者曾总结认为“在监视资本主义下有四大问题:第一,大数据收集具有单向性,使用这些数据的公司没有征得数据生产者的同意,单方面地用于自身营利;第二,大数据的使用实际上处于法律的守护范围之外,即便侵犯了他人的利益;第三,互联网公司将用户的注意力往效率和功能上转移,让他们理所当然地放弃私隐;第四,高度的竞争使人们不得不使用那些公司提供的最新软件,而在使用这些软件的同时便不自觉地加入了监视型资本主义”。① 该总结系统地说明了在数字商行为中,实施商行为的公司对用户权利的无偿占用,使用户既没有获得利益,又失去了隐私,加入了被监控项目,成为监视者获利工具,这种不公平问题如何解决,是数字商行为的重要问题。

3. 数据交易及算法交易类(M2M)数字商行为

数据交易及算法交易类数字商行为简称为M2M。在这类数字商行为中,具体行为的实施主体不是某一自然人或组织,而是机器。“由于云计算、物联网以及数据时效性的原因,数据市场的交易将越来越明显地呈现实时性、高频率以及高频次。数据市场的交易时间按毫秒计算,每次交易从发起到完成在秒级计算。同时,交易发起的频次非常高,每秒钟可能有高达几千次的交易发起。更为显著的是,交易参与方不再是人类,而更多的是智能代理。买卖双方都是机器,数据市场的大多数交易都是M2M(Machine to Machine)的。就如同当今的证券市场,超过80%的交易都是由算法驱动的程序或Robo完成的。一份研究报告指出,比特币市场上超过90%的交易都是Robo完成的。这些Robo交易者的策略以及交易行为,将显著地影响市场的价格和波动。”②当越来

① 陈本皓:《大数据与监视型资本主义》,载《开放时代》2020年第1期。

② 张家林:《数据有价:数据资产定价研究初探》,载数据派THU2019年9月24日,https://mp.weixin.qq.com/slbLSafOOalW2ytG2Q8OvSkg。

越多的数字商行为由更多拥有自主 AI 算法的机器人来完成的时候，如何确定数字商行为的规则，是这类数字商行为对商行为理论提出的挑战。

（二）以客体为划分依据

数字产品与服务以及数字化产品与服务在前文介绍数字商行为的概念时已经详细说明。这里强调的是区分这两类产品与服务的意义。这两类产品与服务的区别可以大致概括为新兴产品与旧产品的新改造。数字产品与服务是人工智能、大数据等技术出现后才出现的，而数字化产品与服务则本身在新技术出台前就已经具有现实存在，成为数字化产品或服务不过是将新技术引入旧产品。因此，数字化产品与服务通常具有物理形态，而新技术下诞生的数字产品与服务则通常没有物理形态，在商行为规则的建构方面，两者存在一定的区别。就产品责任来说，数字化产品与服务更符合法律规定的产品类型，其责任规制有一定的法律依据；无形的数字产品与服务则因为没有物理形态而在法律“产品”定义的范畴之外，其行为责任的设置存在一定程度的空白。

第二节　数字商行为的法律颠覆

本章第一节在介绍数字商行为的时候多次提到了数字商行为所引发的法律挑战，为了更清晰地展示数字商行为所面临的法律难题，从而为数字商行为理论与法律制度的体系化建构奠定基础，本节将系统性地就数字商行为对法律的颠覆展开讨论。

一、数字商行为的立法概况

在探讨数字商行为的法律颠覆之前，有必要先对当前中国数字商行为的立法概况做一个简单的梳理。数字商行为是一个学理概念，目前还没有针对数字商行为的法律概念，有关数字商行为的规则分散在不同的法律之中。又由于中国是没有形式意义上的独立商法典的国家，所以有关数字商行为的调整规则除了在商事单行法之中存在，还主要存在于民事法律之中,例如《民法典》。

《民法典》是当前中国调整数字商行为的主要依据之一。《民法典》中的总则编、物权编、合同编、人格权编、侵权责任编为数字商行为的实施和当事人的权利义务提供了基本的规则。此外《反不正当竞争法》《反垄断法》《消费者权益保护法》等被认为是经济法领域的法律也都是数字商行为的调整规范。由于数字商行为的特权性使其超出了私法的范畴,所以原先通说认为属于经济法范畴的法律是调整这类行为的重要依据。当然,因为算法是数字商行为的重要支柱之一,所以可能与广告推荐算法相挂钩的《著作权法》《广告法》也属于调整数字商行为的法律。另外,与互联网、数据、计算机相关的立法也都是数字商行为必须遵守的法律法规,例如《计算机信息系统安全保护条例》《计算机信息网络国际联网安全保护管理办法》《计算机软件保护条例》《网络安全法》《儿童个人信息网络保护规定》《电子商务法》《电信条例》《电信和互联网用户个人信息保护规定》《网络安全审查办法》《个人信息出境安全评估办法(征求意见稿)》《云计算服务安全评估办法》等。随着数据安全问题得到重视,我国已经出台了《数据安全法》《个人信息保护法》,这些法律也是数字商行为实施主体必须遵守的法律规范。值得注意的是,各个地方也出台了一系列影响数字商行为的规则,例如 2021 年深圳公布的《深圳经济特区数据条例》;2019 年贵州省人大常委会通过的《贵州省大数据安全保障条例》;2018 年天津市人大常委会通过的《天津市促进大数据发展应用条例》;2017 年贵阳市人大常委会通过的《贵阳市政府数据共享开放条例》(2021 修正);2019 年上海制定的《上海市公共数据开放暂行办法》等。

就中国目前的立法情况而言,并没有专门的规范调整数字商行为,数字商行为仍然沿用的是营业性或金融性商行为的调整思路。其后果就是法律并没有解决当前数字商行为因为监视利润的根本性变化所带来的不平等问题。就法律制度而言,当代的数字商行为挑战了传统商法理论,也可以说挑战了传统法学理论中的权利理论、行为理论、监管理论与税收理论。

二、数字商行为对权利理论的挑战

（一）财产权的颠覆

数字商行为对权利理论的挑战，主要是从数字商行为的主体是否享有财产权利，尤其是对数据产品是否具有财产权利以及各行为主体的数据权利如何分配的角度提出的。对于数据赋权，人格权问题争议较小，比较有争议的是财产权问题。因为无论是赋予具有商主体身份的企业财产权还是赋予用户财产权，都存在颠覆理论的问题，具体的颠覆体现在如下几方面：

第一，数据不是民法上的客体，不具有确定性、独立性、稀缺性，也不属于"无形物"，不创造民事权利。依据民法理论，数据具有非客体性：首先，数据无法被特定民事主体独占或控制，而且数据具有流通和可分享的特性，长期处于流动状态，不具有确定性。其次，数据无法脱离载体独立存在，即便行为人控制了数据载体，也还是无法控制数据不在网上流通，或者不被他人复制，所以不具有独立性。再者，由于数据可以无限复制，并且他人的使用并不会导致数据的总量发生减少，所以数据不具有稀缺性，不是民法上的"无形物"。最后，民法上的客体是界定权利内容和界限的附着对象，具有权利表彰功能，然而数据并不创造新的权利义务关系，本身不具有任何意义，所以不能成为民法上的客体，并形成民法上的权利。① 因此，从这个角度来说，如果赋予数字商行为实施主体以数据权利将会挑战民法的权利理论。

第二，个人数据具有人身依附性和不可让与性，无法设立财产权；企业所谓的对数据进行加工，其实也都能识别到个人，数据具有附身性。如果在数字商行为中承认个人数据财产权的存在，由于个人数据无论怎么清洗，最后要实现个性化推荐都是要精准到个人的，所以数据具有人身依附性，很难让与，而民法理论认为财产权是不具有人身依附性的，且必须具有可让与性，这就使得个人数据财产权的存在挑战了现有财产权基础理论。另外，如果承认企业享有数据财产权，如前所述，由于数据最终都是精确到个人的，所以在人身依附性方面，企业的数据

---

① 参见梅夏英：《数据的法律属性及其民法定位》，载《中国社会科学》2016 年第 9 期。

财产权也会存在问题。

第三,个人数据不具有使用和转让价值,无法获得市场认可。如果承认个人享有数据财产权,面临的一大理论挑战是,现有理论普遍认为个人数据并没有使用价值和转让价值,必须是大数据,或者经过算法分析后的数据集合才具有使用和转让价值。如果在数字商行为中承认个人数据财产权,并对其进行法律上的保护,会与传统的财产理论产生冲突。在传统财产法理论中,具有使用价值和转让价值是财产的基本特征。

第四,企业通过数据加工获得了数据的财产权利,承认用户也有数据财产权利挑战了"一物一权"原则。有一派学者将数据分为原始数据和衍生数据,并分别主张不同的数据权利,认为原始数据的权利属于个人,而衍生数据属于企业劳动的成果,属于企业。该理论使数字商行为的事实主体控制数据的行为合法化。这对权利理论而言,其所带来的挑战是改变物权法上"一物一权"的基本原则。就算不论数据是否是物权法上的物,就一个数据设立两大权利,并且分属于不同的主体,如何确定权利主体的权利边界也将成为难题。什么是"加工",必须达到什么标准才能认定原始数据转化为衍生数据,这本身就存在疑问。因此建构分别属于两大主体的权利,既可能动摇了法学的基础理论,在实践层面也可能存在适用难题。

(二)控制权的丧失

涉及权利理论的挑战,数字商行为还在使个人丧失对自己身份、健康、财产等控制权方面存在法律颠覆。在传统权利理论中,拥有权利的主体是权利所保护的利益的控制者,但是在数字商行为中权利主体正在丧失这样的控制权。这个主体主要是在单方数字商行为类型中的用户,他们正在失去权利。个人正在丧失对自己身份、健康、财产等数据、权利的控制权,或者说是不得不放弃自己的权利,从而使权利形同虚设。在公司提出优惠服务或者雇主鼓励求职者披露个人数据的情形下,用户常常担心拒绝披露会使其遭受价格歧视或者被解雇,美国的许多公司例如安森保险,就要求员工参加健康计划,该计划要求员工积累"健康积分",每年看病一次可以获得 1000 积分,每个人都需要给自己制定每个月的健康计划,在这个过程中员工需要上传自己身体状况的数据,包括每天的步数、睡眠模式、移动轨迹,也包括体脂、血糖、血压、胆固醇等数据。[①] 不参与该计划的员工必须每月支付50美元的额外保费,这就迫使用户为了不被区别对待而不得不放弃权利。毕竟当"选择"是在交出自己的数据与社会排斥甚至失业之间时,用户并没有真正的选择权,此时所谓的"同意"也是毫无意义的。公司的技术设计也会影响用户权利的实现。在被法国处罚前,谷歌的《隐私权政策》和《服务条款》都是默认勾选了同意框;中国的抖音也默认设置为"同意将我推荐给可能认识的人""允许他人查看我的喜欢列表";微信提供了限制隐私收集和个性化推荐的选项但需要用户每6个月进行一次勾选,这就使得用户常常被默认放弃权利。

数字商行为中个人丧失对自己财产的控制权体现在优步、爱彼迎等平台的商业模式中。优步与爱彼迎这两家公司依靠外包劳动力来收取不带物业的租金,在这一数字商行为中,个人的汽车被用来赚钱,个人的房屋也被用来出租,优步和爱彼迎在不提供任何汽车与房屋的情况下,利用个人的汽车和房屋实现了资本与数据的积累,拥有了一定程度上调配和控制他人财产的权利。[②] 这是数字商行为对传统权利理论发起的另一大挑战。

不过,需要说明的是,虽然数字商行为挑战了权利理论,但是数字商行为合法和正当的前提就是数据确权,所以如何解决这个问题也是调整数字商行为十分重要的内容。

三、数字商行为对行为理论的挑战

数字商行为对行为理论的挑战也主要是主体地位的不平等问题。在传统法律行为理论中,主体具有平等性和互换性,合同是意思自治的体现。格式合同属于例外。但是在数字商行为中,无法谈判的格式合同是原则,合同的意思自治演变成了一方意志对另一方的单方面通知,小企业与用户只有一个同意与不同意的选项。而在数字经济的洪流

① 参见[美]凯西·奥尼尔:《算法霸权:数学杀伤性武器的威胁》,马青玲译,中信出版集团2018年版,第203～204页。

② See Jodi Dean, *Neofeudalism: The End of Capitalism?*, Los Angeles Review of Books (May 12, 2020), https://lareviewofbooks.org/article/neofeudalism-the-end-of-capitalism, Last visited 2020-08-08.

中,不同意的选择无非是让用户自绝于现代社会,如果是小企业,不同意的选择则无非是剥夺营业的机会。所以数字商行为挑战了传统法律行为理论中的自由意志问题。欧盟通用数据保护条例采取了个人数据赋权的保护模式,在该模式下,用户点击同意是企业进行数据处理的合法前提。在这过程中,用户点击同意的行为表面上也体现了用户的自由意志,但是实质上用户并没有真正的选择权。一方面是前文不断提及的除非用户想自绝于现代社会,否则用户根本无法选择;另一方面是由于企业所提供的法律文本通常既冗长又复杂,且充满了专业术语,用户存在"决策厌恶"(decision averse)的倾向。① 复杂且冗长的隐私政策往往依赖专业的法律语言进行表达,即使公司充分披露了信息,用户也往往难以理解或者想象可能的后果,②所以实践中的大部分人都具有"决策厌恶"的倾向,比起查阅复杂的隐私保护政策,用户多选择"一键同意"。在这一模式下,如果依照传统的行为理论,用户应当为自己的同意负责,在监视资本主义时代,这无疑将企业的行为完全合法化,使用户被迫参与以自己为对象的剥削项目。所以如何突破传统行为理论的桎梏,为单方数字商行为的不平等问题提供解决之道,事实上是迫在眉睫的问题。

四、数字商行为对监管理论的挑战

对监管的挑战主要表现在,当前的数字商行为有着合法的法律外衣,那就是私法自治规则,也就是《用户服务协议》《隐私保护指引》等。在这一背景下,数字商行为对监管理论发起的挑战有两大方面。第一个方面是主动干预可能存在公权干预私权的问题,第二个方面是技术问题。首先是公权干预私权的问题。以欧盟《通用数据保护条例》(GDPR)的实施来看,GDPR 实施后,监管机构的权力发生了扩张,开始积极主动地介入数字商行为的实施过程中,配合"警告、申诫、要求改正、要求删除"等矫正权的实施,政府极大地介入了企业经营的深度和

---

① 参见许可:《欧盟〈一般数据保护条例〉的周年回顾与反思》,载《电子知识产权》2019年第6期。

② See Ignacio N. Cofone & Adriana Z. Robertson, *Consumer Privacy in a Behavioral World*, 69 Hastings L. J. 1471, p. 1491 – 1497 (2018).

广度。[①] 政府介入的初衷是保护用户的合法权益,保护社会公共利益,这并没有错。但是数字商行为的基本特征是,或者说合法性依据是用户和企业之间达成了私法上的行为协议,从法律的角度来说,这是私人自治的范畴。此时公权力干预该自治领域,挑战了传统理论中的公法领域对纯属于私法领域的事项不予干涉的基本理念。如何为公权力的介入提供合法的理论依据,是数字商行为时代向法学家布置的"法学作业"。至于技术问题,则比较好理解。也就是数字商行为依托的是大数据、人工智能与云计算等各种专业技术,这背后有数学知识、计算机知识、经济学知识等,这对监管机构履行监管职能发起了巨大的挑战。过去通常认为监管机构的监管人员主要从具有法学背景的专业人才中选出,由于数字商行为的监管涉及其他学科,此时如何配置监管人员,在欠缺跨领域人才的情况下如何履行监管职能等实践层面的现实问题,都使数字商行为的监管面临挑战。

五、数字商行为对税收理论的挑战

至于税收理论,目前征收数字税是一个比较火的话题,但是数字税也挑战了税收理论。按照税法设计的一般原理,为了税收负担之预测可能性,有关税法的规定应当体系化与系统化,致力于税法体系的建立,以避免课税杂乱无章导致无法事先进行经济活动之规划安排。但是"数字税"与现有税收框架不一致。

2020 年以来,多个国家宣布征收数字服务税(Digital Service Tax, DST),早在 2013 年 1 月法国政府就发布过针对数字经济征税的报告。[②] 除了一直致力于推动数字服务税的法国,目前,英国、意大利、奥地利、西班牙、匈牙利、捷克、波兰、土耳其、印度、印度尼西亚、肯尼亚、尼日利亚等国都已经实施或者正在实施数字服务税。由于美国的谷歌、苹果、脸书、亚马逊是各国一致的重点征税对象,所以数字服务税又

---

① 参见许可:《欧盟〈一般数据保护条例〉的周年回顾与反思》,载《电子知识产权》2019 年第 6 期。

② 参见毕马威:《应对数字化税收挑战的最新全球动态》,载 KPMG 网,https://assets.kpmg/content/dam/kpmg/cn/pdf/zh/2018/10/global-trends-tax-challenges-arising-from-digitalisation.pdf, Last visited 2020-08-08。

被称为“GAFA 税”。[①] 2018 年经济合作与发展组织（OECD）发布的《数字化带来的税收挑战：中期报告》指出数字经济的发展使越来越多的企业具有共同特征，包括跨辖区无实体规模（cross jurisdictional scale without mass），高度依赖无形资产（heavy reliance on intangible assets, including IP），数据及用户参与非常重要（the importance of data, user participation）。[②] 这给原先依据联结度和利润分配规则建构的国际税收规则带来了挑战，2019 年 2 月 13 日 OECD 发布的《应对经济数字化带来的税收挑战（公众咨询文件）》分两个支柱提出了四项税收解决方案：支柱一是修订利润分配及联结度规则，包括用户参与方案、营销型无形资产方案、显著经济存在方案。支柱二是全球防税基侵蚀解决方案：通过收入归股东规则和对税基侵蚀支出征税应对企业的利润转移。但是当前各国确定税收依然还是依据联结度和利润分配规制，在这一背景下引入数字税，可能会产生税收的不确定性问题，使企业守法成本上升，与税收的基本原理相背离。

总的来说，数字商行为不仅在概念上和特性上有着区别于传统商行为的独特性，还彻底颠覆了当前法律体系中的诸多理论，包括权利理论、行为理论、监管理论和税收理论。但当前中国对数字商行为的法律调整框架极其薄弱，没有专门的法律，也没有专门的条款，有关思路依然延续的是传统法学理论的理念。当然，也正是因为数字商行为与传统权利理论、行为理论、监管理论和税收理论存在诸多的根本性差异，所以数字商行为理论的研究与立法才进展缓慢。数字商行为的飞速发展与理论研究的滞后存在巨大的张力，但该问题也不是一夕之间，仅凭几人之力即可解决。本书对数字商行为理论的建构只是“抛砖引玉”。限于篇幅，下文将仅就数字商行为中数据交易行为和算法交易行为这两大数字商行为中的核心问题展开分析。

---

① 参见陆忠伟：《法国数字税非同凡“想”》，载《人民政协报》2019 年 8 月 6 日，第 5 版。

② 跨辖区无实体规模指的是数字化使得很多高度数字化的企业可以在没有实体或没有显著实体存在的前提下，在不同管辖区的经济生活中进行实质性商业活动，从而在本地实现没有量的规模运作。参见 OECD，Tax Challenges Arising from Digitalisation—Interim Report 2018，OECD，https://www.oecd-ilibrary.org/sites/9789264293083-en/1/2/2/index.html?itemId=/content/publication/9789264293083-en&_csp_=0d16492941d380c27775cc35b124ce6b&itemIGO=oecd&itemContentType=book，2020－08－16 visited。

第三节　数据交易行为

一、数据概述

（一）数据的概念

1. 数据与信息的概念区分

在数据与信息的关系上，有的学者认为个人数据等同于个人信息，在个人层面上，数据就是信息，无论表述为个人信息还是个人数据，其实质都是个人信息，以0和1的二进制单元定义的数据不具有法律意义。[①] 但也有学者提出，数据就是在计算机及网络上流通的在二进制的基础上以0和1的组合而表现出来的比特形式，并且数据与信息存在区别。第一，信息的外延大于数据，数据只是信息的一种表达形式，除数据之外，信息还可以通过其他方式表达，例如以文学、图像等其他形式显示的信息。第二，数据兼具信息本体和媒介的双重属性，既是信息的数字化媒介又可以直接显现为信息本身。第三，数据也能产生信息，网络行为数据就是用户的网络行为信息，网络中的虚拟设备、电子邮箱、网店等信息也是网络数据产生的，是基于数据而显示为信息，并且这些信息只能在网络中存在，在现实生活中没有对应的表达形式。[②] 正是由于数据本身也产生信息，所以另有一些学者认为应当从信息层面、符号层面以及实体层面分别理解数据，信息层面的数据是指数据承载的信息，符号层面就是以0和1的二进制单元表现的比特形式，实体层面的数据就是实体储存载体，并主张数据除了信息，符号也具有法律意义，数据符号与信息日益彼此独立，更准确地说是数据、信息、实体储存载体之间日趋独立。对于数据符号而言，是否承载信息以及承载了何种信息已不重要。“机器在运行过程中自动产生或收集的应用数据也只能通过机器识别并在机器之间相互传输，而无法也无

---

① 参见［荷］玛农·奥斯特芬：《数据的边界——隐私与个人数据保护》，曹博译，上海人民出版社2020年版，第9页。

② 参见梅夏英：《数据的法律属性及其民法定位》，载《中国社会科学》2016年第9期。

须被人类所直接感知和识别。其往往只作为后续大数据分析的‘原材料’而存在。”①

根据国际标准化组织（ISO）的界定，数据是以适合通信、解释或处理的形式表现的可复译的信息。因此，可以认为将数据等同于信息是大多数人的认知。本书认为，数据是以0和1的二进制代码组成的符号，是信息的载体，也是能够被识别和复译的信息。首先，数据并不能直接等同于信息，更准确地说是数据符号不等同于信息内容，但是数据符号可以被翻译为特定的信息内容。当然，信息并不限于使用数据表示，所以信息的范畴大于数据。其次，在数字商行为中，数据在算法利用与大数据分析中使用的是数据符号，在这个层面上，数据符号具有独立的意义。总的来说，数据不是信息的依附品，具有独立性，在符号意义上，数据可以完全独立于信息。并且数据也不限于个人信息。中国《民法典》也是单独规定了个人信息（第1034～1039条）和数据（第127条），并没有将数据等同于个人信息，这点不能混淆。

2. 数据与隐私的概念区分

依据中国《民法典》第1032条第2款的规定“隐私是自然人的私人生活安宁和不愿为他人知晓的私密空间、私密活动、私密信息”。与此同时，该法典第1034条第3款规定“个人信息中的私密信息，适用有关隐私权的规定；没有规定的，适用有关个人信息保护的规定”。所以在中国法律语境下，隐私和信息存在交叉关系，在私密信息方面个人信息与隐私重合。由于数据是信息的一种表现形式，所以在私密信息方面，数据也是承载着隐私。值得注意的是，在网络中，个人某种程度上也存在私密空间和私密活动，对于私密空间，例如将自己的照片等内容上传到网盘中，或者QQ空间等可以设置为仅自己可访问的空间可以考虑认定为私密空间。对于私密活动，例如不愿为人知晓的阅读数据，网站浏览数据，这些也可以认为属于私密活动的范畴。所以，虽然互联网是万物互通互联，并且具有公开性的特征，但是也有隐私存在的场合，在

① 王镭：《“拷问”数据财产权——以信息与数据的层面划分为视角》，载《华中科技大学学报》2019年第4期。

这些场合下数据是隐私的表现形式。当然,与信息和数据的关系一样,隐私的范围要大于数据,数据只是隐私的一种载体。

3. 数据与大数据的概念区分

大数据有多重解释面向。严格来说,大数据并不是一个确切的概念。最先经历信息爆炸的天文学、基因学等学科创造了“大数据”这一概念。最初这个概念指的是“需要处理的信息量过大,已经超出了一般电脑在处理数据时所能适用的内存量,因此工程师们必须改进数据处理的工具。”如今大数据在日常语义中更多地被理解为大规模的数据。[①]从数据与大数据的关系来说,另有学者认为大数据由数据汇集而成,包括结构化数据和非结构化数据。结构化数据是具有严整结构的数据。非结构化数据是不具有严整结构的数据。在数字社会中,全世界的数据大约75%都是非结构化数据。每个用户发的微博、图片、视频的大小和结构都不完全一样,这就是非结构化数据。[②] 总的来说,对大数据的理解虽然观点各有不同,但其实只是切入的角度不同而已,或者是从特征角度,或者是从功能角度。大数据与数据的区别也很好理解,一个是数据集,一个是构成数据集的子集。不过大数据并不是数据的简单集合,而是一个流程,是一个动态数据集。并非仅海量信息内容便可构成大数据。在通信和信息技术不发达的时候,其实这些海量信息也都存在,但那时人们无法对之进行快速的加工和处理,它们也就不构成大数据。

综上所述,数据是符号也是信息还是实体载体。在内容上,数据是信息和隐私的表现形式,但是信息的范畴大于数据,隐私的范畴也大于数据;在符号上,数据具有独立于信息和隐私的存在意义,能够被识别运用,是大数据分析的重要工具与基础。大数据不仅是大量数据的集合,更是数据收集和分析的流程,能够在大量数据中迅速获取信息。通常来说对于大数据而言,这里的数据指向的是数据符号。

---

① 参见[英]维克托·迈尔-舍恩伯格、肯尼思·库克耶:《大数据时代——生活、工作与思维的大变革》,盛杨燕、周涛译,浙江人民出版社2013年版,第21~22页。

② 参见徐子沛:《数据之巅——大数据革命,历史、现实与未来》,中信出版集团2019年版,第308~309页。

（二）数据的特征

1. 非竞争性

通常认为数据是非竞争性物品，同一数据，一个人使用与多个人使用都不会影响数据的总量。非竞争性是制度经济学的概念，指的是“多人共同使用不会要求增加物品的量，准确地说是额外使用者的边际成本为零”。[①] 由于数据可以被无限复制，并且复制成本非常低，某些情况下复制并不产生成本，数据所承载的信息一旦被创造出来后，更多的人共同使用该数据，并不会要求增加数据的量，也不会对数据的使用造成妨碍，所以通说认为数据具有非竞争性。

2. 非排他性

数据还有一个特征就是具有非排他性，非排他性就是无法禁止别人使用。数据具有“所见即所得”的特点。如果一个物品无法禁止他人使用，就容易成为公用品，这也是数据被很多理论解释为公用品的理由，尤其是提倡将数据国有化的学者，都认为数据是公用品。不过随着技术的发展，数据的非排他性特征正在发生改变。安全多方计算（Secure Muti-party Computation，MPC/SMC/SMPC）可以在保证数据不被泄露的情况下，使数据在加密且隐藏的环境下被访问和使用。这就使数据具有了排他性，能够禁止别人获得数据，分离数据的使用权和所有权。MPC 是 1982 年计算机科学家、图灵奖获得者姚期智提出的，是为了解决百万富翁的问题，也就是如何在不公开两个百万富翁的真实财产的情况下，比较出哪个富翁更有钱。MPC 的特点是重视拥有数据的主体的数据安全，计算时不泄露任何本地数据。其应用场景包括金融业、制造业、医疗业、电子政务等。

3. 附身性

主张企业对数据进行清洗后拥有数据所有权的理论认为数据经过匿名化后就与个人隔离。从逻辑上来说，这没什么问题。但是从商业模式来说，数据的匿名化并不会使数据离开用户本身。个性化广告是针对个人的推荐，其背后是要将广告与用户进行精准的匹配；大数据“杀熟”也是对不同用户收取不同的费用，其背后是将价格与用户的消

---

① 纪海龙：《数据的私法定位与保护》，载《法学研究》2018 年第 6 期。

费能力进行匹配。[1] 无论是何种商业模式,在单方数据商行为这类行为中,数据都会回归到个人,都会识别到个人,只不过可能是以某种符号进行了个人信息的替代。只要数字社会的发展方向是差异化、个性化,那么数据的附身性在本质上并不会发生改变,改变的只是信息的表现形式。所谓的匿名化不过是外界的不可识别,但是对拥有这些数据的公司来说,数据仍是对应到用户的。所以数据具有一定的附身性。

4. 动态性

数据不是一成不变的,而是不断变化的。对用户个人而言,由用户产生的数据是动态变化的,用户的行为数据反映的是用户的性格特征、兴趣偏好,而这些本身就是变化的。用户每天的数据都在发生改变,可能因为心情改变,可能因为事件改变,比如今天出远门,所以步行数据增加。总之用户每天都在创造新数据,包括新的行为数据、位置信息等。对企业而言,企业也每天有新的营业数据、生产数据,企业收集的数据也都是动态变化的。因此,数据不是静止的,也不是一成不变的,有价值的数据,或者说不断创造价值的数据就是源于数据具有动态性。

(三)数据的分类

1. 原始数据和衍生数据

依据数据是否经过处理加工,可以将数据分为原始数据和衍生数据。原始数据指的是由用户直接产生的数据,例如用户的个人姓名、出生日期、家庭住址等信息。衍生数据是原始数据被记录、储存后,经过算法加工、计算、聚合而成的系统的、可读取的、具有价值的数据。[2] 用户的浏览偏好数据、购物偏好数据等则属于衍生数据。必须注意的是,单纯的记录与储存并不会使原始数据演化为衍生数据,必须是经过算法加工与分析后的数据才是衍生数据。

2. 个人数据、企业数据、政府数据、社会数据

依据数据所属的主体不同,数据可以分为个人数据、企业数据、政府数据和社会数据。个人数据就是个人信息,包括姓名、年龄、民族等。

---

① 参见陈本皓:《大数据与监视型资本主义》,载《开放时代》2020 年第 1 期。

② 参见杨立新、陈小江:《衍生数据是数据专有权的客体》,载《中国社会科学报》2016 年 7 月 13 日,第 5 版。

2020年7月15日深圳司法局发布的《深圳经济特区数据条例(征求意见稿)》第101条将个人数据界定为包括个人信息数据和隐私数据的数据。其中“个人信息数据是指通过自动化等手段记录的能够单独或者与其他数据结合识别自然人个人身份的数据;隐私数据是指与自然人私人生活安宁和不愿为他人知晓的私密空间、私密活动、私密信息密切相关的数据及其衍生数据”。企业数据是指“企业开展经营活动过程中,合法制作或获取的,通过自动化等手段记录的各类数据及其衍生数据”。实际上,所有与企业经营相关的信息都可以被列入企业数据范畴,包括公司概况、产品信息、经营数据等。社会数据指的是“行业协会、学会、商会等组织在开展活动中依法收集的各类数据及其衍生数据”。社会团体的内部资料,包括团体概况等也应当属于社会数据范畴。《深圳经济特区数据条例(征求意见稿)》没有采用“政府数据”的表述,比较接近的是“公共数据”,所谓的公共数据指的是“各级行政机关和依法授权行使行政职能的组织以及具有公共管理和服务职能的企事业单位在依法履职或提供公共管理和服务过程中收集或产生的,以一定形式记录、保存的各类数据及其衍生数据”。这里《深圳经济特区数据条例(征求意见稿)》将国有企业拥有的数据也列入了公共数据范畴。不过一般政府数据指的是各级行政机关和依法授权行使行政职能的组织在依法履行职能或提供公共管理和服务过程中收集或产生的数据。值得注意的是,2021年公布的《深圳经济特区数据条例》放弃了原征求意见稿的分类,不再使用“企业数据”“社会数据”等表达,“个人数据”也不再分为“个人信息”与“个人隐私”,而是区分“个人数据”“敏感个人数据”“生物识别数据”与“公共数据”。

3. 敏感数据与非敏感数据

敏感数据一般指的是个人敏感数据,是承载着重要人格利益,关于个人基本权利与自由的数据。欧盟独具特色地将数据分为敏感数据与一般数据,敏感数据是特殊类型的数据,依据1995年的《欧盟个人数据保护指令》,敏感数据是“揭露或表明数据主体种族血缘、政治观点、宗教信仰或健康、性生活的细节性数据信息以及与违反和确认犯罪有关的信息”。对于这类数据《欧盟个人数据保护指令》规定了比非敏感数据更高的保护标准,要求未经明示同意不得擅自收集、存储、处理这类信息。[①]

二、数据交易的概述

（一）数据交易的概念

数据交易（data trading）有广义和狭义的概念区分。不过首先需要明确的是数据交易行为与售卖公民个人信息的行为必须加以区别。由于个人信息并不都以数据为载体，所以售卖公民个人信息的行为不一定是数据交易行为。又由于各国都严厉打击个人隐私泄露，所以售卖公民个人信息的行为通常不会出现在合法的数据交易之中，而是广泛存在于黑市之中。在数据交易所交易或者以法律保护的其他方式进行的数据交易中，数据通常可以对应到一类人，但不会直接锁定到某个个体。

数据交易的定义：广义上的数据交易与数据共享基本同义，科研数据共享、政府数据开放等都被视为数据交易的范畴。[②] 狭义的数据交易是指以营利为目的，以货币及其他等价物为媒介的数据交换。本书研究的是数字商行为，所以本书的数字交易采取的是狭义说，指的是买卖双方或一方以营利为目的、以货币或其他等价物为媒介对数据进行互通有无的行为。

（二）数据交易的研究意义

数据交易的研究既具有理论意义也具有实践意义。2015 年，中国建立了世界上首家大数据交易中心，即贵阳大数据交易中心，此后全国各地各类数据交易机构不断涌现，如武汉东湖大数据交易中心、上海数据交易中心等。因为数据交易理论研究的滞后，这些数据交易中心的交易模式各异，交易规则“百花齐放”。数据究竟能否交易，如何交易等问题都急需数据法学理论提供指引，以便构建数据法律框架和数据法律新秩序。

就实践意义而言，数据交易的研究有助于改变数据交易的市场乱

---

① 参见鞠晔、王平：《云计算背景下欧盟消费者个人敏感数据的法律保护》，载《法学杂志》2014 年第 8 期。

② 参见周涛：《为数据而生：大数据创新实践》，北京联合出版公司 2016 年版，第 159 ~ 173 页。

象,助力数字经济的发展。在数据交易领域,当前中国的数据交易市场呈现为:一是被黑市垄断,数据质量参差不齐。在正规的数据交易中,数据往往较为昂贵。据有关报道,一条数据(例如一辆车的信息)需要一元到三元不等。那如果要知道全国整个市场的数据,就可能需要几百万元甚至是几千万元。这就导致了数据黑市的发达。在数据黑市中,数据只需要一角、两角甚至是五分钱。[①] 2020 年新浪微博的 5.38 亿用户数据被泄露,在黑市上,这 5.38 亿微博用户的数据,有 1.72 亿包括了账号基本信息,内容包括手机号、账号和密码、微博数、粉丝数、关注数、性别、地理位置等,但他们在黑市上的售价仅为 0.177 比特币,[②] 约合 1900 美元。[③] 从这个角度来说,目前的数据交易市场仍处于一个野蛮的时期,要促使数据交易从野蛮过渡到文明,就需要对数据交易规则展开研究,建构数据交易的法律秩序。当前的数据交易现状表明,自由放任的数据交易市场只能是神话中的存在,无法形成自生自发的自然秩序。如果没有国家对数据市场与数据权利的保障,数据黑市的霸道横行将无法避免,不可能实现真正的数据自由流通。[④] 二是大多数公司不愿意交易数据。在数字社会中,由于科技数据公司的利润来源于监视,也就是对用户数据的监视,所以数据在这个意义上是非常重要的企业资产,可以直接转化为现实的利润。可以毫不夸张地说,如今的商业创新都建立在数据分析的基础上,数据甚至使企业能够影响消费者的消费行为。也正是因为如此,很多公司都不愿意交易数据。越是经济生态链完整的企业,越不愿意交易或共享数据。当然,这也与数据本身的特性有关,即非竞争性与非独占性。一旦进行一次数据交易,数据控制者将无法避免数据被他人控制,也无法完全避免数据被他人使用,从而使"商业机密"被他人窃取。所以如何设计数据交易规则与法律责任来引导数据流通,打破"数据孤岛"是数据交易研究的重要任务。

---

① 参见《陈金保:"数据黑市"让数据质量变差》,载网易科技报道,http://tech.163.com/16/1118/12/C65DUF8E00097U7R.html。

② 参见《微博 5.38 亿隐私数据泄露,国际暗网交易普通查询约 10 元一次》,载搜狐网 2020 年 3 月 20 日,https://www.sohu.com/a/381597416_505818。

③ 参见吴雨欣:《5 亿微博用户数据泄露? 暗网无人交易,专家建议用户勤改密码》,载澎湃新闻 2020 年 3 月 24 日,https://www.thepaper.cn/newsDetail_forward_6664125。

④ 参见何渊主编:《数据法学》,北京大学出版社 2020 年版,第 5 页。

数据流通可以促进数据全方位开发与利用,研究数据交易的理论与制度建构,有助于规范和促进数据合法有序的流动,使中国在日益激烈的国际竞争中率先取得制度优势,并促进中国经济的发展。2019 年党的十九届四中全会提出将数据作为市场化的生产要素之一,2020 年《中共中央、国务院关于构建更加完善的要素市场化配置体制机制的意见》进一步指明了数据市场化配置体制机制改革方向。强调加快培育数据要素市场。因此,研究数据交易问题与国家的政策方针相一致。归结而言,对企业来说,数据交易规则与理论的确立,为其提供了数据流通的规则,使其数据交易行为具有可预测性,极大地减少了企业的合规成本和违法风险。对用户来说,数据交易规则的建构也有利于保障其所享有的数据权利,引导企业依法维护用户的数据利益。对国家来说,数据交易规则的确立能够提升一国的国际竞争力,发展数字经济。因此,无论是从企业交易,用户权利保护还是国家利益层面来看,数据交易都是数字时代的重要内容,具有重要意义。

(三)数据交易的特征

1.“客体”特殊

我们姑且不讨论数据能否成为法律上的“客体”,但就数据交易来说,数据确实是数据交易行为的客体,并且由于数据本身具有特殊性,导致了现阶段的数据交易也存在诸多特殊性。一是产品标准化困难。前文在分析大数据时提出了结构化数据和非结构化数据,并且指出非结构化数据是数据的常态,这就导致了数据交易过程中数据缺乏标准化,难以成为集中化、大规模交易的产品。交易对方也会担心数据是否符合要求,从而抑制交易需求。二是产品易于复制难于定价,容易侵权。数据非竞争性与非排他性的天然属性使得数据容易被复制,数据主体可以将数据反复卖给多人,进而降低其交易价值。为了避免卖方仍然拥有数据支配权并对数据进行“一物多卖”的情形,在没有前文提到的 MPC 技术之前,数据买卖双方通常通过砸毁硬盘等方式割断数据卖方的数据支配权。通常情况下双方在交易完成后,会对包含源数据的硬盘进行格式化删除,并当着对方的面对该硬盘进行物理损坏,从而相互见证拷贝出的数据仅一次性使用,卖方不可再卖。但是一旦卖方事先对数据进行备份,买方对硬盘的物理损坏也无法完全保证卖方不再拥有数据。除了易于复制,数据还存在定价困难的问题,数据价值因人而异,若数据卖方发现买方特别需要该数据,就会“坐地涨价”。目前,数据定价主要有三种模式:协议定价、拍卖定价和集合竞价。在数据交易所中,买卖双方可以自行决定采取何种方式定价,但决定价格仍然存在一定的随意性与主观性。

产品标准化困难与产品易于复制难于定价是数据交易客观存在的问题,也是现阶段数据交易的特征。在传统交易中,无论是商品交易还是证券交易,标准化、不可复制、市场定价都是交易的基本前提。但是数据交易则不同,即便产品存在标准化困难问题,非结构性数据依然是完成某种数据分析的基础,这类数据会始终存在。不过,严格来说,将产品标准化困难等问题确定为数据交易的特征并不准确,“客体”特殊应当才是数据交易的特征。只是现阶段的数据交易体现为产品标准化困难等特征,但这是阶段性的,该阶段性是由数据学或者说数据技术所决定的。1965 年,英特尔的创始人之一戈登·摩尔(Gordon Moore)提出了摩尔定律,该定律认为同一芯片上可容纳的晶体管数量,一到两年将增长一倍。这句话的意思是,计算机硬件的处理速度、存储能力等主要性能每一到两年将提升一倍。[①] 这就可能使数据交易的特征发生变化,例如可标准化等。MPC 技术发展之前,数据具有非排他性,而无法实现所有权和使用权的转移。如今有了这项技术后,数据交易可以实现在不实际获取数据的情况下使用数据,从而突破了数据的非排他性,也是一种例证。因此,将产品标准化困难与产品易于复制难于定价确定为数据交易的特征,可能在两年内就会被质疑,所以应当更抽象地看待数据交易在这方面的特殊性,那就是数据交易的“客体”具有特殊性。该特殊性随着技术的发展可能发生变化,但无论如何与传统交易相比,其特殊性十分明显。

2. 主体一对一或一对多

在自由市场中,尤其在销售环节,通常同一产品都会有多个卖方或买方,即便只有一个产品出售商,也会有类似产品或替代产品等可供选

---

① 参见徐子沛:《数据之巅:大数据革命,历史、现实与未来》,中信出版集团 2019 年版,第 301～302 页。

择,所以在主体上一般是多对多的关系。但是在数据交易中,由于数据的收集并不容易,没有用户流量的企业,想通过用户收集数据几乎不可能,只能通过购买的方式。再加上数字社会以个性化与差异化为特征,在数据交易平台上,数据出让方多出售"定制化服务"。这些客观情况导致数据的交易多为一对一或者一对多的形态,这个"一"是一个数据出让方,"多"是多个数据需求方。卖方市场是数据交易的常态,也是数据交易的特征之所在。

(四)数据交易的分类

1. 依据数据所属主体分类

(1)个人数据交易

个人数据交易顾名思义就是针对个人数据的数据交换,这类数据交易尤其需要注意与贩卖公民个人信息相区别,只有采取数据形式记录的个人信息交易才是个人数据交易。目前在实践中,存在用户自己在数据平台中上传个人数据进行交易的个人数据交易,也存在由数据拥有者将收集的个人数据进行交易的情形。当然,个人不通过数据平台,而直接将自己的数据卖给数据需求者也是一种数据交易。个人数据交易的主要问题是如何指导个人进行数据定价。

(2)企业数据交易

企业数据交易就是企业将自己的企业数据或者将其合法收集的企业数据进行交易的类型。企业数据交易是数据交易的主要类型,大量数据交易都是企业数据交易。目前的数据交易中心和数据交易平台主要都是企业数据交易,数据交易规则的建构也以企业数据交易为中心。因为有一派理论始终主张,单个的个人数据交易没有价值。

(3)政府数据交易和社会数据交易

严格来说,根据本书的定义,政府数据交易和社会数据交易并不属于数据交易的范畴,因为这类交易不以营利为目的。但是由于有研究在介绍政府数据和社会数据的交换时使用的也是"交易"的术语,所以本书在依据数据交易主体的分类中,也将政府数据交易和社会数据交易纳入了讨论。但是政府是国家公权力机关,社会团体是非营利组织,所以政府数据交易和社会数据交易表述为数据共享更合适。不过,从概念定义的角度来说,依据《民法典》对营利的规定,营利的构成要件包括取得利润以及分配给股东。所以社会团体的数据交易也可能取得利润，只不过不分配利润。但是通常来说，政府数据和社会数据主要是以无偿共享的方式公开。根据复旦大学数字与移动治理实验室出品的《2019 中国地方政府数据开放报告》，截至 2019 年上半年，中国已经有 82 个省级、副省级、地级政府上线了数据开放平台，2019 年全国政府开放数据集总量达到了 62, 801 个。①

2. 依据数据属性分类

（1）单个数据交易

在前文提到数字商行为对法律理论的颠覆时，本书曾提到有学者认为单个数据不具有使用和转让价值，其主张“来源于个体的信息/数据是零散和碎片化的，能够产生价值的是‘数据池’，而非少量数据。尽管特定数据对个体而言很重要，但对互联网公司而言，规模化的使用才有意义，这意味着个体信息作为财产基本单位和衡量尺度的不完备性”。② 其实这样的说法并不准确。在数据交易中，单个数据交易同样存在，并且具有巨大的使用价值和转让价值。所谓单个数据交易就是有关某个人或某个单独数据的交易。曾经有一家著名的制药公司就花了上百万英镑购买一个罕见的癌症患者的医疗数据。这位患者患了 6 种癌症，他的数据极具研究价值。③ 因此，主张单个数据不具有使用和转让价值的观点是片面的。美国学者艾宁德亚 · 高斯（《点击》的作者）就认为越来越多的人会将个人数据当成货币去交换和使用，并且两三年内就可能会出现个人数据交易所。实践中目前已经有个人数据交易公司，Opiria 就是一家致力于个人数据安全处理的公司，通过该公司企业可以直接从卖方手中购买个人数据。④ 2011 年在中国成立的数据堂也支持个人上传自己的数据并进行公开售卖。⑤

---

① 参见何渊主编：《数据法学》，北京大学出版社 2020 年版，第 7 页。

② 何渊主编：《数据法学》，北京大学出版社 2020 年版，第 28 页。

③ 参见何渊主编：《数据法学》，北京大学出版社 2020 年版，第 6 页。

④ 参见《PDATA – 智能个人数据交易》，载微信公众号“Prophtam 先知”2018 年 1 月 14 日，https://mp. weixin. qq. com/s/pqs_EO_amWqZXYrr7q4Zuw。

⑤ 参见周涛：《为数据而生：大数据创新实践》，北京联合出版公司 2016 年版，第 161 页。

（2）大数据交易

大数据交易就是以大数据为对象的交易。由于本书认为大数据并不是数据的简单集合，而是经过加工、处理后的数据，所以按照该理解，这里的大数据交易通常是企业衍生数据的交易。不过，在数据交易市场中，并不是所有数据都会经过加工和处理，原始数据也是数据交易中的热门产品。只不过原始数据的交易因为可能涉及违反个人信息保护法或者侵犯隐私的问题，所以通常不在正规的数据交易所出现。仅从实践已有的大数据交易情况来说，未经过加工、处理的原始大数据交易也是存在的，某种程度上还很受青睐。这点必须予以特别说明，以免引起误解。为了保持概念的一致性，在本书中如果没有特别说明，大数据交易指的是经过加工、处理后的数据集交易。

3. 依据数据交易场所分类

（1）政府类数据交易中心的数据交易

大数据交易所或者大数据交易中心是中国大数据交易的主流建设模式，政府类数据交易所由政府发起，采取的是“国有控股、政府指导、企业参与、市场运营”的原则。据统计，中国这类数据交易所（中心）包括贵阳大数据交易所、西咸新区大数据交易所、华东江苏大数据交易中心、哈尔滨数据交易中心、上海数据交易中心、中国香港大数据交易所、华中大数据交易所、武汉东湖大数据交易中心、重庆大数据交易市场、浙江大数据交易中心等。这些大数据交易所的交易模式各不相同，例如，上海数据交易中心采取的是数据掮客模式，也就是自身不拥有数据也不购买数据，而是从数据交易的买卖双方中收取一定比例的佣金；贵阳大数据交易所采取的则是增值式交易模式，即先从数据拥有方处买入数据，再将数据卖给其他买方，赚取其中的价格差。

（2）平台类数据交易中心的数据交易

平台类的数据交易中心以营利为目的，具有强烈的数据变现需求。目前中国的平台类数据交易中心有京东万象、聚合数据、数据宝、百度智能云云市场、数粮、阿凡达数据、HaoService、发源地、IDataAPI、天元数据、中原大数据交易中心、环境云、天眼查、企查查、杭州钱塘大数据交易中心、中关村数海大数据交易平台、大数据挖掘模型交易平台、APIX、中国数据商城、数据星河、数据堂、百度 APIStore、美林数据、爱数据等。这些数据交易中心的数据交易也存在差异,以数据堂、美林数据和爱数据等为代表的数据企业采取的是增值式交易模式,在这一类交易模式中,企业兼具数据供应商、代理商、需求商、服务商等多重身份,从数据拥有方处获得数据后对数据进行加工处理,提供增值服务。京东万象这类数据交易平台则是由互联网科技巨头派生的。京东万象是京东的组成部分,目前主推金融行业相关数据,还包括征信、电商、质检、海关、运营商等其他数据。①

(五)中国数据交易现状

1. 大数据平台众多且性质与功能不一

纵观世界,中国的数据交易平台包括政府类和平台类,数量众多,但是他们性质各不相同,功能也存在差异,最重要的是彼此之间缺乏行业共识。与众多的平台相对应的是规模较小、价格无序、低频次的交易,规模化、产业化的数据交易平台并没有发展起来。政府类数据平台更是存在定位重复的问题,仅在湖北省境内就存在华中大数据交易所、长江大数据交易中心、东湖大数据交易中心三大交易平台,它们无论在发展定位还是功能上都存在重叠之处,极大地限制了彼此的发展。

2. 缺乏统一的交易规则

当下中国虽然已经创建了一大批大数据交易中心、大数据交易所、数据交易平台,无论是政府类的还是平台类的数据交易场所都呈现各自为政的状态,数据市场之间缺乏流动性,各数据平台自行建构交易规则,且自成体系,缺乏有效的监管;统一的交易规则、交易标准、数据交易概念并没有形成。数据交易与传统交易存在差异,传统交易通常是多对多的关系,有多个产品供应者和多个产品需求者大家相互竞争,而数据交易则不同,是一对一或者一对多的交易,拥有数据的一方有较大的决定权。对于这类交易如何形成标准化的统一规则是个难题。

3. 数据交易仍处于简单阶段

从目前的数据交易情况来看,中国的数据交易大部分都是数据原材料的交易,数据算法与数据模型等高端数据产品的交易有待进一步

---

① 参见京东万象网:https://wx.jdcloud.com/。

发展。此外,中国数据交易仍处于简单阶段的一个重要体现是数据交易价格的混乱,缺乏统一的数据定价标准,数据的价值无法得到精准的衡量。虽然数据难以定价是数据交易的特点,但是放任数据自主定价只会阻碍数据交易的推广,不利于形成自由交易的市场。中国数据交易仍处于简单阶段的另一个重要体现是在数据的质量方面,非结构性数据较多,优质数据较少;非法获取的数据较多。数据的质量标准问题是非常严重的问题,其直接决定了数据交易的发展前景。如果无法保障数据的真实性与客观性,加大优质数据的供给,数据交易将失去发展的土壤。当前中国的大数据交易在这一点上做得远远不够,在真实数据中掺入假数据的现象并不少见。总的来说,中国当前的数据交易还处于简单的撮合交易阶段,也可以说是混乱阶段,如何引导数据交易有序化发展是法学研究的重要任务。

三、数据交易的法律基础与法律性质

(一)数据交易的法律基础

由于本书认为数据交易是当事人以货币或其他等价物为媒介对数据进行互通有无的行为,必须满足营利性要件,所以本书的数据交易主要是个人数据交易和企业数据交易等以营利为目的的数据交易行为。而这类数据交易的法律前提就是确权,清晰的产权归属是数据交易的前提。

1. 个人数据权利

个人对数据享有什么权利是一个争议较大的话题,欧盟《通用数据保护条例》规定了诸多个人对其数据享有的权利,包括通知权、删除权、被遗忘权、可携带权、拒绝权等。中国《民法典》也规定了查阅权、复制权、更正权、删除权等,但由于中国《民法典》并没有将个人信息规定为一项权利,所以严格来说在中国现行法律框架下个人对承载个人信息的个人数据还尚未形成权利,可以理解为法律保护的利益。这些权利、利益的共同特征是基本上都不涉及财产问题,可以认为法律所规定的都是具有附身性的人格性权利。在现有法律框架下,公司只要充分保护了个人数据的隐私,就可以收集、挖掘并占有个人数据创造的价值。只有美国加利福尼亚州的《消费者隐私法案》(California Consumer

Protection Act,CCPA)在规定了知情权、拒绝权、访问权、平等的服务与价格的权利、披露权、删除权、选择退出权、诉讼权等具有附身性的人格性权利的同时,规定企业可以提供经济激励,向消费者支付、出售个人信息或删除个人信息的补偿,并指出企业不得使用不公正、不合理、强制性或高利贷性质的经济激励措施。

个人数据的个人信息保护、隐私保护等问题关系到数据交易的合法性问题,是数据交易的前置性问题,但是这些问题对数据交易法律关系而言属于关联性问题。个人是否享有数据财产权益才是直接关系数据交易法律关系的问题。尤其是在交易个人数据的场合下,个人数据财产权问题直接决定数据交易的权利义务。因此,在数据交易中本书讨论个人数据权利主要讨论的是个人数据财产权的问题。个人是否对数据享有财产利益,直接决定了公司是否应当对收集个人数据的行为付费。这个"应当"是法律层面的讨论,公司为了鼓励个人提供优质数据而自愿付费的行为,并不以个人享有数据财产权益为前提。认为个人享有数据财产权益的法律效果将是使公司必须为数据收集行为付费,使付费成为一项法定义务,而不是可以自主选择的行为。

个人是否享有数据财产权益对中国等国家而言,面临着赋予数据财产权会冲击财产权法律理论与框架制度的问题,但是在强调实用性的英美法系国家并不存在这样的问题。个人数据财产权问题的另一个表述方式是数据应当免费还是付费,美国模式是"自由数据"(Free Our Data),也就是数据免费。英国政府的立场则是推行数据付费,英国的政治领袖和技术精英都主张"免费"是低质量数据的代名词,只有付费才能产生高质量的数据。他们主张成立公共数据公司,这些数据公司专门负责公共数据的加工和整理,确保数据质量,而后以收费的形式向社会发布。[①] 在个人数据方面,他们也鼓励成立数据信托公司,由公民将数据权利委托给数据信托公司,由他们为个人争取数据财产权益。

赋予个人数据财产权确实是一个极具挑战性的问题,承认数据财产权挑战现行法律理念和原理,不承认个人享有数据财产权又会造成严重的价值错位,使创造价值的个人无法获得相对应的经济利益,强化

---

① 参见徐子沛:《大数据》,广西师范大学出版社2015年版,第272页。

了用户与数据收集者、控制者之间不平等的地位。本书认为否认个人具有数据财产权,本质上使人成为了工具。为了解决这个问题,目前学术界有学者提出将数据视为劳动的观点,使用户可以通过主张劳动权益的方式获得经济补偿。这也是一种方式,但如果说是因为制定法的法律体系问题无法适应现代社会的发展,而不能赋予个人数据财产权益,那我们究竟应当反思的是法律体系,还是反思个人数据财产权益的必要性。在这个"监视资本主义"时代,如果我们放任个人正在沦为工具的这个现实继续演变,那最后我们可能不得不面临的是守着传统法律体系,失去人的主体性。应该说任何一门新兴学科的发展都是艰难的。知识产权法是几经探索与磨炼才形成了自己的体系。即便民法,一开始也不认为民法中的物包括无形物。法律是与时俱进的,不应以过去的原理来拒绝回应现代社会的创新。虽然从当前的法律体系来说,数据并不符合民法上的客体标准,无法成为法律上的财产,但是在未来,可以考虑将数据视为特别的财产,并用特别法予以调整。事实上,中国《民法典》的立法也有这种倾向。《民法典》第 127 条使用了数据的概念,将其单独规定在了各种主要的财产权类型之后,①而不是归入人身权部分,某种程度这也是一种信号。但是,由于我国《民法典》采取民商合一的立法模式,哪些数据可以基于财产权用于交易并产生财产利益,哪些数据不得基于财产权用于交易产生财产利益,立法的概念是不清晰的。从实践情况看,商行为之下数据财产权的财产利益与社会公益行为、政府行为下数据财产权的财产利益存在着实质性的区别。本书探讨的数据财产权的财产利益更多是从商行为角度所做出的思考。

一旦承认个人享有数据财产权,则个人将能够合法地要求企业为收集个人数据的行为付费。个人的数据财产权将有极大特殊性,在数据交易的商行为框架下,可以将其视为商事财产权,类比商法学者提出的商事人格权,该商事财产权也兼具人身性和财产性。由于数据具有附身性,所以个人的数据财产权也具有附身性,在这类数据的数据交易中,个人一方面具有要求企业对获取数据的行为支付费用的权利,另一

---

① 参见吕炳斌:《论网络用户对"数据"的权利——兼论网络法中的产业政策和利益衡量》,载《法律科学(西北政法大学学报)》2018 年第 6 期。

方面还具有要求企业保护个人信息与隐私的权利,两者并行不悖。企业在未付费的情况下自行收集用户数据,用户可以同时主张侵犯财产权和个人信息、隐私权利。企业付费后,在数据的收集和使用中发生了其他侵犯个人信息与隐私权的行为,用户依然可以主张有关个人信息和隐私的权利。也就是说,用户将财产权益转让给公司并获得对价的行为,并不会影响用户对数据依然享有人身权利。数据财产权只是保障用户在法律上还享有要求企业数据付费的权利。至于该财产权利的具体实现方式,可以是企业单独向用户逐一付费,也可以通过权利信托的方式,由企业与数据信托公司协商付费,还可以通过企业向国家或社会付费的方式,例如设定特定的税收、基金的方式。总之,无论哪种方式,都应当承认用户具有数据财产权益。

2. 企业数据权利

数据交易中的确权,包括个人的数据权益,也包括企业的数据权益。首先,企业对自己的销售数据、生产数据等自己在营业过程中产生的数据当然享有数据权利。由于法学理论认为企业不可能发生精神层面的损害,所以企业的数据权利主要是财产权利。将数据作为企业的资产也逐渐成为一种共识。与个人数据权利不同,有关企业数据权利的争议并不关心数据人格权问题,而主要集中在企业数据财产权的问题上;尤其是企业对收集到的个人数据是否享有财产权利的问题。对于企业的数据权利,有观点认为,企业所享有的数据权利在现行法律中属于对数据库或汇编作品的权利,应当采取邻接权的保护方式。也有观点认为,企业的数据权利属于物权,企业通过对数据进行加工使数据产生了价值,企业享有财产权。还有学者主张基于反不正当竞争法从商业秘密的角度理解企业的数据权利。[①] 之所以出现各种有关企业数据权利的理论学说,一方面是因为法律并未对企业享有的数据权利进行定性,另一方面也是因为与个人数据权利的问题一样,企业数据权利问题由于数据本身的特殊性,也对法律体系发起了一定的挑战。仔细分析各种学者的观点和立场,我们都能梳理出其观点所存在的不足之

---

① 参见李扬、李晓宇:《大数据时代企业数据权益的性质界定及其保护模式建构》,载《学海》2019年第4期。

处。数据库或汇编作品等邻接权说保护的是传播者的权益，对于企业自身在营业过程中产生的数据权益，邻接权说并不能为我们提供解释；物权说无法克服数据不符合法律的“物”的标准问题；数据库、汇编作品说还有一个问题就是数据的独创性问题，只有满足独创性标准才能得到法律的保护，但是并不是所有的企业数据都具有独创性；商业秘密说的问题是公开性问题，企业的很多数据信息，包括自己产生的也包括从用户身上收集的，都不符合秘密性标准，所以采取商业秘密说可能会不当地限制企业所能主张的数据权利范围。

撇开具体的法律保护路径，就企业所享有的财产权是绝对财产权还是相对财产权，理论界与实务界的看法存在一定的差异。实务界主张数据控制者，也就是收集和利用数据的主体对数据享有绝对的所有权。绝对的所有权就是权利主体可以根据自己的意志自由决定数据的使用、交易、转移等，他人包括产生数据的个人都不能对享有绝对所有权的数据主体进行限制。[①] 理论界倾向于认为企业的数据所有权是相对的财产权，这种财产权需要受到一定程度的限制，例如，受到个人信息权利、隐私权等人格权的限制，也包括数据利益目的的限制，利用程度的限制等，归结而言可以包括个人人格权利限制、比例原则限制等。

结合本书对个人数据权利的界定，本书认为，企业的数据财产权应当是相对的财产权利。企业通过付费等方式从用户手中获得数据后，应当对数据进行匿名化处理，以保护用户的个人信息和隐私。企业对其所收集的原始数据进行加工、处理、分析后所得到的衍生数据是一种相对的财产权利。因为，第一，数据具有附身性，匿名化的数据还是可以被识别的，尽管企业对数据进行了加工，衍生数据还是无法完全与个人脱钩，所以企业在行使财产权时，还是应当让位于个人信息权益和隐私权利，从而使其权利受到限制。第二，企业在向用户购买数据时必须说明数据的使用目的，这是为了保护用户的知情权，同时也是为了保护用户的个人信息不被滥用。目的限制原则是数据交易的基本原则，一旦企业对数据的处理、适用、交易超出了收集数据时向用户承诺的目

① 参见王融：《关于大数据交易核心法律问题——数据所有权的探讨》，载《大数据》2015 年第 2 期。

的，企业应当得到用户的授权同意。美国加州的《消费者隐私法案》就有规定：一旦企业掌握超过5万名消费者数据，就应当告知消费者收集了哪些数据、收集目的以及可能获取这些数据的第三方。消费者有权要求企业删除自己的个人数据或拒绝企业出售数据。所以企业数据权利是相对的财产权，而不是绝对的财产权。

总的来说，在数据交易的确权中，应当认为个人对数据享有财产权益，企业应当为获取用户数据的行为付费，对于企业付费后拥有的数据，企业对其享有财产权利，但是该财产权利是相对的，受到限制的，企业对用户数据财产权的行使需要以保护个人信息、隐私，符合数据收集目的的方式行使。

（二）数据交易的法律性质

确权保障了数据交易能够以产权明晰的方式进行，避免纠纷，促进数据交易的发展。但是在法律上，如何确定数据交易的具体规则，还涉及的一个问题是数据交易到底在法律上属于什么性质的行为。

1.解释论下的数据交易性质

从解释论角度来说，数据交易的法律性质主要有三种理论立场，分别是买卖合同、服务合同、许可协议。本书提出立法论说，认为数据交易的法律性质应当是新型商行为，下文将先分别分析三种解释论立场存在的问题。

观点一：数据交易是买卖合同

将数据交易合同视为买卖合同会存在的问题与将数据视为民法上的客体可能引发的问题较为类似。首先，数据不符合民法买卖合同要求标的物具有排他性、特定性的特征。其次，数据易于复制的特点使得“一物二卖”的场景在数据交易中较为常见，基于权属清晰与“一物一权”的原则，“一物二卖”是被禁止的，在法律上最终能合法享有物权的人只能有一个。但是在数据交易中，“一物二卖”并不被完全禁止，尤其是个人数据交易的场合，个人数据的“二卖”“三卖”“N卖”都是可能的。即便是大数据交易，由于数据需求方对数据的利用目的可能各不相同，数据被多次交易也不一定会对他方产生影响，所以数据交易的多卖也不一定都会受到否定评价。除非双方约定了不可再卖。一个传统保险公司在进行数据驱动革新的时候，向数据控制者购买用户数据以进行数据分析,通常并不会禁止数据控制者将数据卖给汽车销售公司、电视生产公司等,更何况买断数据权的费用往往十分高昂,其成本甚至可能大于数据交易可能带来的利润增加,所以在数据交易实践中,同一数据的多次买卖并不少见。而这恰恰与整个买卖合同的基本原则相背离。再次,在具体的买卖合同规则上,将数据交易视为买卖合同也没有太大意义,主要是买卖合同的规则可能都无法使用在数据交易之中。例如宣布数据交易无效的情形,依据买卖合同规则,此时应当发生恢复原状的法律效果,然而数据"所见即所得",恢复原状并没有太大的意义,相对人只能通过赔偿损失等其他替代方式来获得救济。① 所以,不宜将数据交易理解为现行民法上的买卖合同。

观点二:数据交易是服务合同

将数据交易合同归入服务合同的观点认为数据交易是提供服务的行为,数据不是法律关系中的标的,服务才是数据交易的标的。该观点进一步认为数据服务合同在现有法律框架下不是合同法的有名合同,而与劳务合同更为接近,是数据提供服务,这种服务以服务方控制数据为前提,须遵守《民法典》合同编通则的规定。② 将数据交易视为数据服务合同的观点有一定的创新性,起码该观点认识到了数据交易超出了合同法有名合同的范畴,看到了数据交易的特殊性。只不过,该立场以否认数据的客体性为前提,忽视了本书前面论述的对个人和企业所享有的数据权利的界定这一数据规制的核心问题。

观点三:数据交易是许可协议

将数据交易合同认为是许可协议的理论,或是认为数据是知识产权的一种,或是认为可以比照知识产权的法律规则认识数据交易。这种理论主张数据交易是数据使用权许可。将数据交易理解为数据使用许可协议可以解决数据"一物多卖"的问题,但是在个人数据交易的场合,这种理论无法解决被许可人获得数据并对其进行加工处理后产生的数据权利问题。尽管被许可人的数据财产权是相对的,但是也只是在使用目的、保护个人信息和隐私等场合受到限制,客观上被许可人不

---

① 参见梅夏英:《数据的法律属性及其民法定位》,载《中国社会科学》2016 年第 9 期。

② 参见梅夏英:《数据的法律属性及其民法定位》,载《中国社会科学》2016 年第 9 期。

仅“占有”了数据,享受数据带来的“收益”,还有一定的“处分”权限,而不只是“使用权”,所以将数据交易理解为数据使用权许可协议也存在问题。

2. 立法论下的数据交易性质

从立法论角度讨论数据交易的性质,就是将数据交易认定为新型的交易行为,也即主张数据交易行为应当被单独有名化,有名化的方式可以在《民法典》合同编中成为有名合同,也可以通过颁布数据交易特别法予以特别调整,本书认为最好的方式应当是颁布单行法。基于本书对数据和数据主体所享有的数据权利的认识,本书认为数据交易在法律上应当属于新型商行为,适用商法调整,必要的话可以通过颁布《数据法》之单行法的方式对数据交易作出特别规定。从而可以避免在民法的框架下,陷入数据究竟是否满足民法的客体性,数据交易的规则是否动摇了民法合同理论的基本原则等困境。至于应当如何设置具体的数据交易特别规则,将在数据交易行为制度建构中讨论。

四、数据交易行为制度建构

数据交易行为制度的建构本身是可以成为一个单独的话题展开系统叙述的,但限于篇幅,也考虑到本书的章节体例问题,本书只能简要介绍数据交易行为制度的建构,下文将分别从交易所、交易平台,个人和企业等交易主体,监管机关三个角度分析中国数据交易行为制度的建构方案。

(一)交易平台制度

无论是政府主导的数据交易所还是私法主体主导的数据交易平台,数据交易行为制度的建构,首先需要调整的是这类平台。由于目前的数据交易所和数据交易平台性质各不相同,数据掮客模式和增值式交易模式都有存在的意义,所以在设立数据交易平台的规则制度时,不能片面化地一刀切,应当分别讨论各自的责任问题。在数据掮客模式的数据交易中,数据交易所或者数据交易平台并不直接接触数据也不提供数据,所以其法律责任可以采取与网络服务提供商类似的“避风港”责任,也就是中立责任。在增值式交易模式中,数据交易所或数据交易平台自身是数据的卖方或者买方,如果与电子商务平台进行类比,这种就属于“自营”平台，这类平台直接参与了数据交易，所以其法律责任不能是中立责任，而必须对数据负责。

有关数据交易所与数据交易平台的规则建构，平台责任是其核心，在平台责任方面，除了根据交易模式确定数据平台到底是中立责任还是直接责任，还应当考虑平台的安全责任问题。当前的数据交易“黑市”盛行的现象一个很大的原因就是违规成本较低，且数据安全漏洞较多。在此背景下，通过法定责任的设置鼓励平台提供安全可靠的交易系统，将能极大地推动合规数据交易的发展。要求平台提供安全可靠的交易系统就是要求平台必须承担场所安全责任。场所安全责任在中国《民法典》的侵权责任编和《消费者权益保护法》中都有规定。只不过对于数据交易而言，这个场所安全应当具体化为交易系统安全。因为数据交易都是在系统上进行的，要求数据交易所和数据交易平台提供安全可靠的系统才能吸引客户到交易所进行交易。具体来说，场所安全责任可以要求数据交易所和数据交易平台提供安全的订单管理服务，全天候系统漏洞检测与修补服务，数据交易过程可追溯服务等。

（二）交易主体的统一数据交易规则

交易主体的数据交易规则是数据交易的指路灯。完善数据交易系统为数据交易的发展提供了“硬件”支持，统一数据交易规则为数据交易的发展提供了坚实的“软件”基础。① 统一数据交易规则是发展数据交易的前提，使数据交易有章可循。具体来说，数据交易规则的确立应当考虑不同类型的数据交易，分别构建不同的规则，且必须在保护数据交易创新与使数据交易规则有章可循之间进行妥善的平衡。抑制数据交易创新的法律规则并不是发展数据交易的规则，反而会成为阻碍数据交易发展的桎梏。因为创新既是商行为的本质，又是数字社会的生命力，所以统一数据交易规则的建构必须为数据交易的创新预留足够的空间。本书认为从数据交易主体的角度来说，数据交易行为规则的建构可以包括三大方面：一是建立数据交易分级分类规则；二是确立目的限制规则与诚实信用原则；三是以平衡理念作为调整数据交易的基

---

① 参见贵阳大数据交易所：《中国大数据交易的三要素：交易系统，交易规则，交易监管》，载搜狐网 2016 年 10 月 17 日，https://www.sohu.com/a/116363957_398084。

本法律理念。

1. 数据交易分级分类规则

不仅数据平台有模式的分类,前文在介绍数据交易的类别时也提到了数据交易依据交易主体的不同可以分为个人数据交易、企业数据交易、政府数据交易和社会数据交易;依据交易的数据属性可以分为单个数据交易和大数据交易等。这些分类对于确定数据交易规则是具有意义的,因为不同类型的数据交易存在差异,对于不同类别的数据交易应当确立分级分类规则。数据分级分类是当前数据治理中的共识,即应当对数据进行分类和等级划分,对关键数据进行重点防护。借鉴该思路,数据交易分级分类行为规则可以考虑对不同类型的数据交易适用不同的规则。

对于个人数据交易,尤其是用户将自己的数据进行出售的数据交易类型,由于用户天然具有信息地位的弱势,所以对于这类数据交易,在设计具体制度时可以考虑对用户进行倾斜性保护。例如,引导数据平台或数据交易所建立个人顾问系统,指导用户进行选择和定价等。对于企业数据交易,应当区分企业交易的是自己产生的生产数据、销售数据等,还是其所收集的用户数据,对于前者企业的数据权利是绝对权,企业可以自由决定数据的处分而不受到其他人的限制;对于后者,企业的数据权利是相对的,受到用户个人信息权和隐私权等的限制,交易这类数据时,企业应当提供用户同意出售等表明企业数据交易合法合规的证明。还有一类需要特别区分的是专门从事数据买卖的数据商人的数据交易行为。这类数据商人又被称为数据经纪商,美国法律将其界定为"有意收集并向第三方出售与该企业没有直接关系的消费者的个人信息的企业"。这类数据交易目前在实践中也较为普遍,如美国的 DataCoup 公司就曾以 8 美元每月的价格购买用户的信用卡消费信息以及 Twitter、Facebook 等社交网站中的信息,然后将个人的数据进行整合并让用户选择出售的数据。对于数据经纪商的数据交易行为,一方面也应当要求其提供数据来源合法性证明,另一方面应当从商人的角度对其进行规制,打击数据的囤积居奇行为。

2. 目的限制规则与诚实信用原则

前文已经对目的限制规则有所分析,归结而言,目的限制规则主要是针对企业数据交易的行为规则。要求企业在进行有关个人信息的数据交易时,必须遵守其当初收集数据时向用户承诺的数据使用目的。如果最初的目的并没有出售数据的内容,企业进行数据交易前必须取得用户出售个人数据的同意。

诚实信用原则可以说是数据交易规则与现行法律体系最契合的地方。诚实信用原则是私法领域的"帝王条款",在数据交易中,确立诚实信用原则尤为重要。由于数据具有"所见即所得"的特点,所以在完成数据交易之前,通常数据买方并不能看到所有数据,此时如何对数据的真实性和数据质量进行判断就会成为问题。从技术的层面来说,可以发展技术以实现数据的可验证。实践中这类技术也已经出现。从法律层面来说,诚实信用原则是确保数据真实的重要原则。依据诚实信用原则,法律将追究提供虚假数据或者加入虚假数据的数据卖方的法律责任。在配套制度方面,可以构建交易主体的信用评估机制,由此打击违反诚实信用的行为。

3. 平衡理念

平衡是我们在确立数据交易规则时应当尤其注意的法律理念,既然是法律理念,就需要在每一条规则的制定中贯彻。这里的平衡包括前文所提及的维护商行为创新与法律规则制定之间的平衡,还包括保护数据主体权利尤其是个人信息权、隐私权与数据交易之间的平衡。虽然本书认为企业的数据权利是有限制的权利,但是该限制也必须符合平衡理念。个人权利保护与数据流动之间的平衡被欧盟《通用数据保护条例》直接列为立法目的,中国个人信息保护法和数据交易行为规则的建构也必须妥善处理好两者之间的关系,寻找两者的平衡点。

(三)监管机关的交易监管体系

数字商行为挑战了传统的监管理论,依赖数据交易平台或数据交易所交易的数据交易行为属于数字商行为,这些平台也有大量的私立规则,监管机构对其进行监管也会存在公权力干预私法意识自治领域的问题。但是对数据交易进行监管以提供公开、公平、公正的数据交易市场又是发展数据交易的基本要求。所以如何构建数据交易监管体系十分重要。

对于监管机关而言,健全数据交易监管体系可以从如下几方面入手：第一，跨部门合作，强化技术监管水平。随着数据交易的普及，机器与机器之间的交易有可能会盛行，并且依据数据的特性，数据交易不断创新与发展也是根本趋势。所以监管机关构建交易监管体系，要使监管成为可能，应当发展监管技术，强化专业知识和技能。第二，可以完善数据交易登记等制度，增加数据交易公示效力，保障数据交易安全的同时，监管数据交易的合法合规。第三，完善数据交易从业人员的监管制度。监督数据交易管理人员承担信义义务，对违反信义义务的行为（例如窃取数据，篡改交易数据等行为）进行惩罚。

总的来说，数据交易是个全新又晦涩难懂的行为类型，数据交易行为规则的建构无法由法学家单独完成，只有借助各领域专家的力量，更全面地认识数据交易的理论与实践，才能对数据交易的行为规则建构提出更为细致的方案。但是就数据交易可能涉及的不同主体而言，以数据交易所与数据交易平台、数据交易主体、监管主体三个角度为出发点，分别探讨数据交易行为规则，的确是建构体系化的数据交易行为规则的一个可行路径。

第四节　算法交易行为

一、算法概述

数字社会中最重要的两大要素是数据和算法，算法交易引发的问题已经成为了当下社会的热点问题。"同房不同价"的大数据杀熟，体现了算法的价格歧视。"精准营销"体现了算法对人们生活的全方位捕获。算法的法律规制问题亟待解决。

（一）算法的概念

算法是数字经济的核心引擎，构成了虚拟空间的规则基础。莱斯格在《代码：塑造网络空间的法律》一书中指出，代码是互联网体系的基石，它有能力通过技术手段规范个人行为。从技术层面来定义，算法指的是"一种计算机软件技术规则，是为完成某项任务在设计软件时所嵌入的数字化流程或规则，通过路径、机制的设定，运算出相应的结果”。[①] 理解算法的概念，需要与人工智能的概念进行一定的比对分析。数字社会的快速发展，使我们在短时间内获取了各种新名词，一时之间技术革命仿佛成了“概念革命”，但是一味地炒作概念是没有意义的，尤其是对科学的法学研究来说更是起到阻碍交流的作用。算法与人工智能这两个概念在某种程度上存在混用。但是严格来说，算法只是人工智能的组成部分。从技术层面来说，人工智能不是某一项具体的技术，20 世纪 50 年代中期就出现了“人工智能”这一概念，指的是“一种跨学科技术，旨在使用大数据集（大数据）、合适的计算能力以及特定的分析决策程序，使计算机能够在特定领域内完成近似甚至超越人类能力的任务”。[②] 决策算法、机器学习、深度学习等都是人工智能的组成部分，尤其是机器学习技术和深度学习技术，深度学习技术通过使用神经网络能够自己学习如何增强人类创建的数字程序，从而独立于人类编程进行进化。在这过程中数据是人工智能不可或缺的质料，人工智能无时无刻不在获取数据并分析数据。所以混同算法和人工智能两个概念是不严谨的。虽然数据对算法也是重要的，没有数据的算法是空洞的，并且算法也需要数据不断地进行修正，但是在算法形成后，在算法的运行中，算法在一定程度上也是可以独立于产生算法的数据而存在的，例如，可以在单独接收指令的情况下输出结果。更何况人工智能还能独立对算法进行优化。因此，在概念的范围上，人工智能比算法的外延更为广泛。人工智能和算法在内涵和外延方面都不相同。

（二）算法的分类

依据算法的不同目的或者说功能，算法有多种分类，根据不完全归纳，典型的算法可分为五种类型：其一，算法规制，是指“以算法决策为手段的规制治理体系”。[③] 算法规制是为了达到预定目标而通过算法有

---

① ［英］凯伦·杨、马丁·洛奇：《驯服算法：数字歧视与算法规制》，林少伟、唐林垚译，上海人民出版社 2020 年版，第 4 页。

② ［德］托马斯·威施迈耶、蒂莫·拉德马赫：《人工智能与法律的对话》，上海人民出版社 2020 年版，第 2 页。

③ ［英］凯伦·杨、马丁·洛奇：《驯服算法：数字歧视与算法规制》，林少伟、唐林垚译，上海人民出版社 2020 年版，第 5 页。

意实施的矫正他人行为的活动，实质是规制某一领域行为的决策系统。微博、谷歌、脸书的监视资本主义，就是算法规制，通过算法决策系统监视用户的发布和浏览行为，提高公司收益。其二，算法决策，是指“利用算法生成的知识系统来执行或作出相关决定”。① 算法决策可以找出最适合你的电影，甚至告诉你连你都还未意识到的同性取向。② 与算法决策类似的还有算法预测，就是利用算法对未来事件、行为进行预测，天气预报等软件就依赖算法预测。其三，算法搜索，是指提供可供搜索相关、可信赖的信息的算法。“谷歌一下”“百度一下”等都是算法搜索。算法搜索现在几乎成了我们生活必不可少的工具，如遵照百度地图的指示，听从百度经验的分析，失去算法搜索，我们将完全手足无措，这是数字社会的现状。其四，算法排序，是指通过算法对内容进行排序，轰动一时的“魏则西”事件就是百度的竞价排名导致的。微博热搜榜也是算法排序的产物。其五，算法交易，是指以算法代替人进行自动交易。算法交易按照给定的算法进行严谨的计算与交易，IMC、DRW、ALLston、Spot、金刚狼交易公司、GETCO 等都是算法交易公司，作为算法交易公司这里的员工并不是交易员，而主要都是研究算法程序设计的程序员。③ 进入 21 世纪，美国芝加哥证券交易所的交易 90% 都变成了算法交易。

（三）算法的本质

理论界和实务界对算法本质的认识存在不同的看法，包括言论说、商业秘密说、正当程序说等。将算法视为言论或商业秘密是美国司法实践中的做法，言论自由已经成为算法反对法律干预与介入的万能牌。④ 在 2003 年搜索王诉谷歌案中，美国俄克拉荷马州的地区法院支持了谷歌将算法作为其言论自由的主张，法院认为“网络排名是一

---

① ［英］凯伦·杨、马丁·洛奇：《驯服算法：数字歧视与算法规制》，林少伟、唐林垚译，上海人民出版社 2020 年版，第 5 页。

② 参见［以色列］尤瓦尔·赫拉利：《今日简史：人类命运大议题》，林俊宏译，中信出版集团 2018 年版，第 47 ~ 48 页。

③ 参见［韩］权容祺：《算法交易员：会赚钱的人工智能》，何佩佩译，中国工信出版集团、人民邮电出版社 2019 年版，第 87 页。

④ See Frank Pasquale, *The Black Box Society: The Secret Algorithms That Control Money and Information*, Harvard University Press, 2016, p. 165 – 168.

种意见，这种意见关乎一个特定网站对某一检索指令响应的意义。……由于每种搜索引擎确定检索结果意义的方法都不同，其他搜索引擎也都在表达各自不同的意见”。[①] 在2006年的兰登诉谷歌案中，美国特拉华州地区的法院也支持了谷歌算法是言论自由的主张。此后，法律到底是否需要规制算法的问题，演变为了算法究竟是不是言论自由的问题。有了搜索王诉谷歌案和兰登诉谷歌案这两个先例，美国的法官多支持算法是言论自由。但是该观点也受到了较多的反对。反对者认为将算法视为言论自由的体现是反直觉的，因为算法不是人，不能享有人的言论自由权利。不过言论自由的支持者也对此进行了反驳，认为算法是人通过算法进行表达，算法是人的工具，算法生成的结果属于人的言论。[②]

除了言论说，还有观点认为算法是商业秘密，2016年美国威斯康星州的法官在State诉Loomis案中将关于量刑的特定算法看作商业秘密。[③] 商业秘密说对算法采取的是知识产权保护，在商业秘密说下，算法是非公开、非透明的。另有观点将算法视为正当程序。持该理论的学者认为算法“黑箱”使算法拥有者享有准国家权力，算法操纵的负面结果来自算法权力，基于算法权力，法律具有介入算法的正当性与合理性，算法是“与正当程序有关的事情”。[④]

算法的法律本质究竟应当如何看待，从不同的视角出发所得出的结论必定会存在一定的差异。认为算法是言论与商业秘密的观点是从算法拥有者与控制者的角度来认识算法的，认为算法是正当程序的观点是从算法拥有者、控制者与用户之间的关系来认识算法的。算法是算法控制者的言论的观点是由谷歌提出的，正当程序的观点是为了解决法律介入算法的正当性与合理性而提出的，也能证明上述不同理论

---

① Search King, Inc. v. Google Tech., Inc., No. 02－1457, 2003 WL 21464568 (W. D. Okla. May 27, 2003), p. 9.

② 参见左亦鲁：《算法与言论——美国的理论与实践》，载《环球法律评论》2018年第5期。

③ 参见陈景辉：《算法的法律性质：言论、商业秘密还是正当程序？》，载《比较法研究》2020年第2期。

④ 参见陈景辉：《算法的法律性质：言论、商业秘密还是正当程序？》，载《比较法研究》2020年第2期。

所采取的不同视角。就本书而言,本书所要论述的是算法交易的问题,依据算法是作为客体还是作为主体的不同,算法交易存在不同的类型,包括将算法作为客体的交易,还包括由算法所操控的交易。将算法作为客体的交易发生在算法研发者与算法需求者之前,此时认为算法是言论、商业秘密、正当程序都不合适,反而将算法的本质理解为可以交易的法律客体更为妥当。在由算法操控的交易中,算法是交易的实施者,此时理解该算法,可能从算法与算法控制者之间的关系,算法与交易相对方之间的关系等主体问题切入更合适。例如算法是否为谷歌等算法控制者的商事代理人,还是算法能够具有独立的法律主体地位,属于独立的法律主体。因此,究竟算法属于什么,不适合“一刀切”地下结论。

二、算法交易概述

(一)算法交易的概念与分类

算法交易(Algorithmic trading)包括利用算法进行交易的行为,还包括将算法作为交易对象的行为。利用算法进行交易的行为可以细分为手工业产品交易、金融交易和数据交易。手工业产品交易就是以手工业产品为交易对象,金融交易以金融产品为交易对象,数据交易以数据产品为交易对象。金融交易是目前算法交易应用最为广泛的地方,股票自动交易系统、高频交易、程序化交易、智能投资顾问、智能合约、自动结算等都是金融算法交易。数据算法交易在未来数据交易市场中也会较为常见。

算法交易依据算法的交易方式还可以分为集中交易方式和个别交易方式。集中交易方式由公司或团队成员共同管理并完成算法,团队成员各有分工,例如开发人员负责提高算法速度,证券分析师负责分析数据或交易以变化算法运行方式或参数,数据分析师管理不断出现的数据,交易员负责分析市场结构和竞争对手的交易动态,所有人各司其职提高算法收益,目前投资银行等采取的都是集中交易方式。这类交易方式的优点是专业性强、算法规模大、交易量多、收益巨大。缺点是容易产生收益分配不公的问题。个别交易方式由算法开发者自己开展数据加工、交易分析,开发者承担所有开发成本,算法交易所得的所有利润也全部归其所有,所以这类交易方式不会产生收益分配不公的问题。但是由于这类算法交易方式由一人包办,缺乏合作,所以往往欠缺效率和专业性。[①]

(二)算法交易的研究意义

算法交易产生的风险较大,在算法交易被大规模运用之时,研究算法交易的法律规则建构具有极其重大的意义。依托于快速自动交易算法的高频交易能够在短时间内产生较大的价格和交易量的波动性,从而制造自我实现的涨跌,加剧市场波动,甚至导致市场"闪崩"。[②] 此外,高频交易还衍生了包括"幌骗"(spoofing)和"塞单"(quote stuffing)在内的新型市场操纵形态。[③] 智能投资顾问使金融消费者或投资者依赖于完全相同或类似的算法,可能出现"羊群行为",即大量金融消费者或投资者都作出相同的投资决策,进而加剧市场波动。具有不可篡改与自动执行特点的智能合约虽然有利于保障交易安全、降低交易成本,但也存在执行欠缺灵活性、[④]编程漏洞、合约条款解释困境[⑤]等技术与法律风险。程序化交易与股票自动交易系统则都可能会出现交易系统故障的风险。以去中心化为特征的区块链金融挑战了以中心化为监管对象的法律体系,存在制度失灵风险。[⑥]

---

① 参见[韩]权容禛:《算法交易员:会赚钱的人工智能》,何佩佩译,中国工信出版集团、人民邮电出版社 2019 年版,第 117~118 页。

② 参见周仲飞、李敬伟:《金融科技背景下金融监管范式的转变》,载《法学研究》2018 年第 5 期。

③ "幌骗"指的是一个交易商为了提高价格而在一开始就不打算实际购买的情况下,下达一个较大的买单,从而形成有很多买方的印象,一旦价格上涨,该交易者就会取消它原来的买单,并挂出卖单以一个更高的价格卖给被引诱进场的投资者。"塞单"指的是在极短的时间内,突然向市场抛下巨量买单或卖单,然后迅速撤单。这会导致交易系统"塞车",从而迷惑其他投资者,使塞单者能够隐藏其真正的投资策略。参见邢会强:《证券期货市场高频交易的法律监管框架研究》,载《中国法学》2016 年第 5 期。

④ See Jeremy M. Sklaroff, *Smart Contracts and the Cost of Inflexibility*, University of Pennsylvania Law Review, 2017, 166 (1), p. 264.

⑤ See Philip Boucher, *How Blockchain Technology Could Change Our Lives*, Science and Technology Options Assessment, 2017, p. 15.

⑥ See Carla L. Reyes, *Moving Beyond Bitcion to an Endogenous Theory of Decentralized Ledger Technology Regulation: An Initial Proposal*, Villanova Law Review, Vol. 61:1, p. 211 (2016).

归结而言,算法交易存在四大风险,第一,技术失灵风险。算法交易本身也依赖于人为设计,只要有人为因素存在,就无法完全避免技术出现破绽,编程本身存在漏洞而遭受黑客的恶意攻击的情况无论是现在还是未来都不会罕见。第二,算法“黑箱”、歧视等风险。算法是底层技术,其所运用的是社会公众往往无法理解的专业化的计算机语言,因程序员或科技公司的偏好而产生价格歧视、性别歧视、种族歧视等问题是算法交易的一个重要风险。第三,数据安全风险。数据是算法交易的基础设施,算法自动交易的实施依赖于其通过数据分析而得出的市场预测,然而“数据投毒”(加入伪装数据、恶意样本等)、“数据异常”(算法运行阶段出现数据错乱)、“数据泄露”(数据被非法盗用、篡改、售卖)等诸如此类的数据安全风险经常发生,其对算法交易所带来的危害可能是毁灭性的,在高频交易中可能导致整个市场的混乱。第四,系统性风险。在大规模的算法交易中,尤其是高频交易等算法中,一旦发生算法错误或者其他算法问题,可能导致无法弥补的损害后果。著名的光大证券乌龙指事件就是一个典型的例证。

如何防控这些由算法交易引发的新型风险是算法交易向现代法律制度提出的挑战。算法交易能够促进社会的发展,降低人力成本,对经济发展来说具有积极意义,但算法交易更可能因其商事利用而引发更大的社会性风险。因此,借鉴人类商事发展的规律,总结其经验和教训,正确认识算法交易并科学合理设置算法交易规则十分重要。

(三)算法交易的特征

结合上述有关算法交易的概念和研究意义的分析,我们可以发现,算法交易具有如下几大方面的特征:

第一,自动化。算法交易是全自动化的,买卖双方依照自己的意志设定好程序后,交易由算法自动进行。这种自动化的交易是去意志化的,或者说是可量化的,以先进的数学模型替代了人为的主观判断,一旦交易方启动了算法,交易将不可撤销或变更。智能合约是这类算法交易的典型代表。智能合约与区块链技术相结合,使交易公开透明又不可篡改,是全自动化的算法交易(程序设定人员的价值观、商业伦理和道德,他们对商法规则的理解直接决定了程序设定在商业利用中的价值导向,决定了商行为的品质及合法性程度)。

第二,规模化。无论是集中式算法交易方式还是个别式算法交易方式,在算法交易具体实施的过程中,算法交易都呈现为规模化的特征,就是大规模、高频次、高频率地开展算法交易。集中式算法交易由于采取的是公司、团队合作的方式,所以其规模化较好理解。个别式的算法交易通过高频交易来理解,也能较为直观地感受到其规模化。高频交易是个别算法交易方式的代表。高频交易的特点是利润小,但收益稳定,高频交易的收益每次只有几美分,[1]需要进行数万次交易才能保障收益的可观。因此高频交易也是规模化的,是交易次数的规模化。

三、算法交易的应用场景及其法律风险

(一)高频交易

目前并没有关于高频交易(high frequency trading,HFT)的统一定义,通常来说,高频交易指的是高频次的自动化证券交易方法。高频交易目前主要被应用在证券交易中。高频交易的特点是快,在低频交易中,秒已经是非常小的时间单位,但在高频交易中,几微秒就可以改变整个交易结果,而一秒等于一百万微秒。所以高频交易的速度是超乎想象的。在高频交易中,通常交易方不会长时间地持有股票,一旦买入便会立即卖出,一天之内买卖上千次同一只股票都是正常现象。

关于高频交易与算法交易之间的关系,学者的认识并不一致,有观点认为算法交易包括高频交易,也有观点认为算法交易不包括高频交易。区别就在于对算法交易的认识。前者采取的是广义的算法交易说,后者采取的是狭义的算法交易说。狭义的算法交易说只包括"使用计算机来确定订单最佳的执行路径、执行时间、执行价格及执行数量的交易方法,一般是将大单指令分割成众多小单指令的交易模式。养老基金、对冲基金等机构投资者通常使用算法交易对大单指令进行分拆,寻找最佳路由和最有利的执行价格,以降低市场的冲击成本,提高执行效率和订单执行的隐蔽性"。[2] 本书采取的是广义的算法交易说,所以

---

① 参见[韩]权容楨:《算法交易员:会赚钱的人工智能》,何佩佩译,中国工信出版集团、人民邮电出版社2019年版,第113页。

② 吴伟央:《高频交易及其监管政策探析》,载《证券法苑》2019年第3期。

高频交易在算法交易的范畴之中。

高频交易所引发的法律风险主要有，第一，技术故障导致交易系统瘫痪产生重大影响。由于高频交易以快为基本特征，这就极大地增加了市场交易量，对作为基础设施的交易系统有很高的要求，一旦交易系统无法处理高频次的高频交易，可能会发生瘫痪，进而产生价格异常，市场流动异常等问题。对此，加快推进市场基础设施建设势在必行。第二，人为制造价格波动加大金融风险。如前文所述，高频交易出现了“幌骗”（spoofing）和“塞单”（quote stuffing）在内的新型市场操纵形态。这类市场操纵十分隐蔽，危害性较强，扰乱了市场秩序。应当将这类交易行为视为市场操纵行为予以禁止。

（二）智能投资顾问

美国证监会将智能投顾界定为“通过基于网络算法的程序、利用创新技术为用户提供全权委托的账户管理服务的注册投资顾问”。[①] 依据该定义，智能投顾既提供投资建议，又根据客户的委托管理客户的账户，包括买卖证券等交易。学者对智能投顾的定义不完全一致，但基本认为智能投资顾问是自动化、数字化投资建议算法，为投资者提供投资建议。不过，在智能投资顾问的功能方面，智能投资顾问具有管理并运营投资者资产的功能已达成共识。因此，虽然智能投资顾问是提供投资建议的存在，但是也是受托管理投资人资产的存在，在委托管理投资人账户的期间，智能投顾属于算法交易的范畴。

智能投顾最大的问题在于智能投顾的法律性质及其法律责任。在传统的投资顾问服务中，投资顾问是自然人，投资顾问通常是投资顾问企业的员工。投资顾问合同在投资顾问企业和投资人之间成立，在投资顾问违反信义义务的情况下，由投资顾问企业向投资人承担违约责任，企业承担责任后向作为员工的投资顾问追责。然而在智能投顾中，存在金融服务企业和研发投资顾问的科技公司两个主体，委托合同在使用智能投顾的金融服务企业和投资人之间成立，金融服务企业虽然是智能投顾的使用者，但是对智能投顾并没有真正意义上的控制力，科技公司才是智能投顾算法的实际控制者。但是，科技公司不是智能投

① 李文莉、杨玥捷：《智能投顾的法律风险及监管建议》，载《法学》2017 年第 8 期。

顾委托合同的主体,所以其并不需要负担合同责任。于是科技公司实现了"不负责任",这一格局导致的客观效果是无法有效驱使科技公司主动控制算法"黑箱"、算法歧视,进而加剧了算法交易的风险。另外,智能投顾到底是独立的法律主体还是法律客体,这是另一个问题。客体说主张智能投顾只是智能化工具,其行为结果归于使用人;主体说主张智能投顾是法律上的主体能够享有拟制的或者有限的人格,自己承担自己行为的结果。在目前的法律框架下,依据解释论智能投顾并不具有独立承担责任的可能,所以智能投顾的法律责任只能归于使用人即金融服务机构。这极大地增加了金融服务机构的责任负担,使不具有实际控制智能投顾能力的主体基本上承担了所有的责任,具有实际控制智能投顾能力的科技公司则逃脱了责任,让金融服务机构负担科技发展的不利后果,这并不是一种公平的安排,也不利于推动"科技向善",可能会抑制金融服务机构参与科技创新的动力。因此,在未来,需要打破传统民法权利理论相对性的格局,从商事权利义务和责任具有特殊性角度,基于商行为的特点,对智能投顾的法律性质作出重新认定,从商法制度创新上设定金融服务机构承担有限责任的可能。当然该问题涉及整个法律体系和法学基础理论的变动,是一个重大的课题研究,所以限于篇幅此处不展开。

四、算法交易行为规则的建构

结合算法交易的概念、特征和法律风险,在算法交易行为规则的建构中需要区分设置三类:以算法和数据产品为交易对象的算法交易行为属于第一类;以手工业产品为交易对象的算法交易行为属于第二类;以金融产品为交易对象的算法交易行为属于第三类。之所以这样区分是因为这三类算法交易行为的规制重点不同。

以算法和数据产品为交易对象的算法交易需要特别规制的是由于算法和数据产品的特殊性所产生的交易规则的特殊性,例如算法和数据产品的定价、产品的交付规则、风险的分配规则等。以手工业产品为交易对象的算法交易需要特别规制的是智能合约的执行问题。以金融产品为交易对象的算法交易行为最为复杂,因为金融产品本身所具有的风险性,使得这类交易行为除了需要考虑产品本身的特殊性,例如产品的交付与风险的分配等规则,还需要特别关注行为的公法责任,避免金融产品的算法交易行为引发系统性金融风险。

不过,虽然不同的算法交易行为在制度建构方面的侧重点不同,但是在行为规制原则与理念方面,它们具有共通性。第一强调的是平衡性,第二强调的是一定的开放性。平衡是现代商行为的基本特质。算法交易行为的平衡要求平衡各方主体之间的利益与风险,还要求算法交易的行为符合比例原则,即目的与手段相平衡。平衡是促使算法交易行为朝着有利于社会整体方向发展的根本保证。开放性是算法交易行为不断发展与创新的根本。算法更新换代的速度决定了算法交易的行为规则必须保持一定的开放性。所谓的开放性是在算法交易的行为规则设置上采取动态体系化的立法方式,通过设置要素而非僵化的构成要件的方式为算法交易行为提供法律指引,同时为法官预留一定的裁量空间,使其根据具体案件的情况作出裁判。当然,为了避免法官恣意裁判,使得法律的后果呈现为多样性,法律必须确定法官据以衡量的要素,并且就各要素之间的权重提供一定的指引。总之,这种开放性立法既保证了法律的稳定性又给算法交易行为提供了创新的空间,应当成为未来算法交易行为的主要立法方式。

第八章　商行为立法

第一节　商行为立法模式的选择

一、商行为立法模式的理论研究动态

商行为立法模式的选择由民商事立法模式选择所决定，即中国应采取民商合一还是民商分立的立法模式。欧洲中世纪商人的活跃不仅使商人习惯法上升为成文法，更在近代民族国家独立后，推动了商法典的问世，从11世纪海商法的诞生到18世纪末，当时世俗社会关于商事立法的追求普遍主张商法独立。18世纪末之后，伴随着社会民权思想的胜利，在民法思潮形成之后，欧洲社会普遍主张民商分立，肯定商法典的制定。19世纪中叶之后，随着商业的发展，社会开始出现商人泛化和商事交易习惯多样和复杂化，于是，早期民商分立的观点开始遭受质疑，较早的有意大利学者摩坦尼利（Motanelli）于1847年提出并倡导民商合一学说，瑞士学者孟辛格（Munzinger）与之持相同观点并将该观点付诸实践，率先在立法实践层面带领瑞士走向民商合一；后有德国学者里赛尔（Riesser）主张“商法已经逐渐成为民事法律制度的一部分”。此后，域外关于民商事立法的争论便呈现民商合一与民商分立两大立场的分离。尤其在意大利学者那塔利诺·伊尔蒂（Natalino Irti）于1978年发表论文《解法典的时代》之后，民商合一的观

点一度在世界范围内的法学界产生重大影响。不过，尽管《法国商法典》和《德国商法典》都出现不同程度的"解法典化"现象，但商事领域法律规范再法典化呼吁也愈发高涨，1993 年法国学者 Michel Rufin 就极力倡导对商法典进行法典化更新，从而推动了上世纪末和本世纪初《法国商法典》的重大修订，并对发展中国家产生了重大影响，促成了《非洲统一商法典》《越南商法通则》等国家或地区商法的法典化。时至今日，域外法学家关于商事立法问题仍然争论不休。

我国商事立法体系问题一直伴随着我国《民法典》的制定而备受关注。20 世纪 80 年代末 90 年代初关于商事立法体系的研究主要围绕民法、商法、经济法三者之间的关系展开，代表性观点有四种：其一，商法附属于民法（王利明 1986）；其二，商法附属于经济法，并以"商业交易法"为核心（张金鹏 1988）；其三，民法、商法、经济法应各自独立，但不应急于划定我国的商事立法体系（车丕照 1989）；其四，我国应当制定"商法通则"，并形成由规定一般性内容的"商法通则"加商事单行法规两大结构组成的商事立法体系（赵新华 1991）。

20 世纪 90 年代末以来，关于商事立法体系的研究主要围绕民法和商法的关系展开，近年重点围绕在编纂民法典时如何安排商法体系与商法规范，主要探讨我国民商事立法体例与民商规范划分与协调问题，代表性观点分为三种：其一，我国应当采取民商分立的立法体例，制定"商法典"（徐学鹿 1995，蒋大兴 2015）或直接以商事单行法实现商法独立（施天涛 2015）；其二，我国应当采取民商合一的立法体例，在《民法典》中采取独立成编（周林彬 2015）、成章（薛波 2016）或分解式融合（王利明 2008）方式安排商法规则；其三，我国应当采取超越民商合一、民商分立的立法体例，在《民法典》之外制定"商法通则"，形成"商法通则"与商事特别法并行的商事立法体系（江平 1997，石少侠 2003，雷兴虎 2004，任尔昕 2004，王瑞龙、林蕾 2004，王保树 2005，杨继 2006，范健 2007，赵旭东 2007，陈醇 2007，郑曙光 2007，李政辉 2007，樊涛 2008，苗延波 2008，宁金成 2008，王建文 2009，曾大鹏 2010，李建伟 2015）。近年来，第二种立场为民法学者的普遍观点，支持者的理由多集中于如下方面：第一，随着"民法商法化"，市场经济活动由民法调整，全民皆可从商（徐强胜 2015，柳经纬 2016）；第二，民商同质，商法缺乏独特性且有关概念不清,无法提炼共同规则(王利明 2015,王涌 2015);第三,世界范围内的商法都在解法典化,民商合一是趋势(梁慧星 2007,史广龙 2014)。

然而,目前围绕《民法典》编纂下的商法体系构建,我国商法学界基本达成了以《民法典》作为私法的基本法这一前提,由"商法通则"与商事单行法相结合构建我国商事立法体系的共识,值得肯定。本书认可该观点,认为中国的民商事立法模式应当选择分立的模式。

其实我们纵观整个人类发展的历史,首先,正是商业的特殊性构建了法律权利义务的规则体系。整个法律制度的核心内容权利与义务就是建立在商品交易的逻辑基础之上的。没有交易就没有独立的权利义务可言,甚至没有独立的权利义务的必要。家族成员之间、社会部落之间、国家之间、君臣之间等彼此形成的社会关系在许多民族的历史上最初并不是与现代法律所确立的权利义务和责任同等的概念。正是商品交易中的权利义务概念的发达使其被逐渐引入社会治理之中,从而形成了社会法律中的民法、行政法、经济法及以权利义务为核心的一系列法律,这些法律最根本的目的和作用还是调整社会商品交易中的财产分配关系。因为财产取得与财产分配中的权利义务关系是所有其他财产关系的基础和核心。其次,人类社会历史形成的习惯与法律具有极强的传承性、稳固性和保守性,固有的法律常常是妨碍社会变革、进步乃至跨越式发展的最大障碍,唯有商业法律基于科学技术进步、商业创新、生产力变革实现了商法创造,最终推动了法律革命,以近代私法变革为例,正是从 11 世纪之后商事法律和法典的发展最终推动了 19 世纪和 20 世纪民法典的创造。再次,商法规则的自我突破、自我革命甚至自我破坏是推动社会法治进步的另一个重要标志,合法与违法及其法律责任的认定及其构成,商事法律所应采取的态度及所遵循的原则与其他法律都存在极大的差异。违反现行商法规定的行为并非一定是造成社会破坏或危害的行为,更有可能是对社会具有积极意义的创新行为,公司有限责任制度、有限合伙制度、个人信息财产化制度等,都是对现行法律基本规则的一种背叛,但它们又是推动社会进步的一次次创新。最后,纵观历史,民商法、行政法、经济法都是围绕着商事法律规则而建立的,都是商事法律规则的配套法规,都是为了实现商事法律规则设立的规则目标。可以说,正是商法一次又一次历史性的创新与变革推动了整个社会法制的变革与发展,推动了法律理论的创新和人们法制观念的进步。对这样一种法律关系演变的历史缘由,以往几乎没有学者予以充分的认识,这也是导致现代商法基础理论不发达的一个重要的原因。本书所持的观点,只是想寻找和回归商业规则发展的历史逻辑。

二、民商分立模式的合理性

(一)民法典对社会关系分类调整功能与民法规范制度设计的相对性

通说认为,民法是调整平等主体之间人身关系和财产关系的法律。[①] 并且,就调整对象的关系而言,民法所调整的各种社会关系彼此之间相互联系又各自独立。在有民法典的大陆法系国家,以德国为例,《德国民法典》根据潘德克顿体系,采用统分的结构,将《德国民法典》分为总则、债的关系法、物权法、亲属法、继承法五编,其中除总则之外的四编彼此之间相互独立,分别调整与之相关的社会关系,但又在《德国民法典》总则编的引领下完成统一,总则部分对人法和物法所共有的规则进行规定,例如主体、客体、法律行为等,分则部分则调整具体的社会关系。因此,民法对社会关系的调整是在社会关系分类的基础上进行的,民法规范的适用应当满足争议法律关系属于民法社会关系所辐射的范围这一基本前提。

对此,虽然各国民法典对民法社会关系的分类不尽相同,但是在理论界,“民法调整的是市民社会生活关系,包括亲属关系、继承关系、物权关系和债权关系”。这一基本认识则得到广泛的认同。[②] 因此,民法对社会关系的分类调整功能,落实到具体的社会关系,体现为亲属、继承、物权和债权四类。此时,如果我国《民法典》的编纂选择民商合一的价值理念,则商事关系必然需要在民法对社会关系的四种分类中找到

---

① 参见魏振瀛主编:《民法》(第4版),北京大学出版社、高等教育出版社2010年版,第9页。

② 参见徐国栋:《民法调整对象理论比较研究——兼论〈民法通则〉第2条的理论坐标和修改方向》,载《厦门大学学报(哲学社会科学版)》2008年第1期。

栖息地，对此，可能涉及商事关系的只有债权关系部分，然而，民法对债权关系的调整主要集中在合同领域，对其他商事关系，例如票据行为、股份行为、决议行为、附属商行为、金融商行为、数据商行为等则超出了民法所能回应的范围。因此，民商合一的立法模式，在既有的民法社会关系分类下，是无法实现的。

当然，民商合一的实现有多种方式，根据学者的总结，民法对商事关系的包容可以选择独立成编、独立成章、独立成条、完全融合四种模式。[①] 其中，独立成章、成条、完全融合都要求商事关系能在既有的民事关系分类下获得归属地，从而没有独立探讨的必要。需要考虑的是独立成编模式，然而，选择该模式则需要重构整个民法体系，因为将商事关系独立成编，则商事关系将获得与亲属、继承、物权、债权等相同的独立地位，这意味着采取统分结构的《民法典》，其总则部分也应当全部适用于商事关系，因此，根据该逻辑推演，则《民法典》总则编关于主体的规定，应当适用于商主体，关于法律行为的规定，也应当被适用于商行为领域。而这显然是不切实际，因为，以商主体为例，商法出于限权理念，对商事主体设置了较高的义务标准，用民事主体替代商事主体，要么使商主体的义务减轻，导致实质不公，要么使民事主体义务加重，导致普遍违法。所以，独立成编模式虽然解决了民法对社会关系分类调整背景下，商事关系无法分类的尴尬，但却面临重整民法体系，乃至商法体系的困境，从法编纂效率来看，完全不足取。因此，基于民法的分类调整功能，我国应当选择民商分立的价值理念。

不过，民法对社会关系进行分类调整只是直观表现，从根本上来说，民法调整的是人与人之间的关系。亲属、继承、物权和债权都涉及民法对人和物的确认，但民法最终还是以调整人与人之间的关系为目的，人本性是民法的核心价值。作为民法典的代表性国家，不论是德国还是法国，其民法典都崇尚“理性、自由、尊严、人人平等”等伦理价值观，即便是财产关系，民法的最终落脚也是处理人的关系，人格尊严、人格平等被贯彻在所有民事领域中。而商法对社会关系的调整，则落脚

---

① 参见雷兴虎、薛波：《〈民法总则〉包容商事关系模式研究》，中国商法学研究会2016年年会论文。

于财产关系,"人格"在商事领域被淡化,商人以营利为最终目的,在该价值理性下,人格利益让位于财产利益,更有甚者,人格利益在不具有商业价值的背景下,是可以被忽视的,这点从企业作为商主体,既可以是主体,也可以是客体就可以得出。因此,表面上民商分立价值理念的选择是民法对社会关系的分类调整功能决定的,事实上,该价值理念是民法的人本性与商法营利性之间冲突所导致的。

此外,当我们强调民法对社会关系的分类调整功能时,所谓的"民法帝国主义"、民法万能论的观点也就失去了科学性。民法不等于私法,民法仅涉及私法的一部分平等关系,其内在制度逻辑决定了,民法规范制度设计必然具有相对性,只能调整相应的私法关系。因此,从民法的调整手段到民法的具体规范设计,都指明民法无法包容商事关系,民商分立的价值理念才是科学选择。

(二)民法的社会伦理导向功能与商法功能的差异

法律在古代社会以诸法合体为特征,随着历史的演进,才逐步分化出不同部门,不过关于公私法的划分,早自罗马法时期,就由法学家提出,其中,私法被认为是涉及个人利益的法律,是任意的,对当事人而言,协议就是法律。[①] 私法是调整平等主体社会关系的法律,民法和商法同属私法范畴,但两者在理论基础上具有显著性差异,民法以社会伦理为导向,商法以商业伦理为基础。

民法作为私法的支柱,主要关注于人的本体,罗马私法最大的贡献就是将人的伦理精神通过民法形式上升为成文法制度。而罗马私法基于自然伦理法则所构建的私法体系,也成为后人制定民法典的精髓。[②] 因此,起源于古罗马法的成文民法,以伦理为精髓。中世纪罗马法复兴后相继出台的《法国民法典》以及《德国民法典》,也都是在人类自然伦理理性的基础上编纂的。对此,现代民法学者也普遍认为民法是社会文明的产物,民法体现一国的文明程度,以维持社会的伦理秩序为己

① 参见胡骏:《论公私法划分起源于古希腊法》,载《法学杂志》2014 年第 6 期。

② 参见范健:《中国需要一部什么样的民法典》,载《南京大学学报(哲学·人文科学·社会科学)》2016 年第 1 期。

任。[1] 因此，民法对于伦理的维护，既是其具有部门法地位的基础，也是其本身赖以存在的根本。民法具有伦理性，从民法诞生之际就已经确认。

那么民法所崇尚的是什么伦理精神呢？通常认为“伦理”是人与人相处应当遵守的道德准则。[2] 而民法的伦理精神源于人人平等的自然伦理法则，罗马法在此基础上提炼的人格概念，包含“理性、自由、尊严”等为自然伦理法则所倡导的伦理价值观。因此，民法所遵循的伦理应当是以人的平等、自由、尊严为核心的伦理精神，其中，人人平等所延伸的抽象法律人格是民法的理论基础。

与民法的伦理观相对应，商法也有自身的伦理导向，不过两者具有不同的内涵。商法调整的是人格独立基础之上的经营行为，以推动经济发展获得经济效益为导向，营利是商业伦理的精髓，私人利益的追求在商事领域得到最大程度的释放，营利目的优位于人人平等，在极端的商业扩张中，人甚至可以成为交易对象，因此，商事领域中的伦理追求的是经济效益，主体之间以是否能营利为相处准则。

历史经验表明，民法的社会伦理和商法的商业伦理一直处于动态的对立统一状态，商业伦理对社会的发展有积极意义也有消极作用。当商业伦理的扩张严重冲击社会伦理时，民法需要发挥调整功能，消除商法的负面性，此情形主要发生于商事规范空白的情况下；而当商业伦理成为社会公众的普遍认知时，民法应当予以确认并吸收。不过，无论是前者还是后者，民法对商业领域的介入，仍然以社会伦理导向为基础。民法在社会中，始终以调整伦理秩序为己任，民法对市场经济中相关社会关系的调整，客观上可以推动经济建设的发展，但是主观上国家的经济建设任务不可能成为民法的任务，以社会伦理为导向的民法，反映的是一国的道德思想水平，是一国经济社会生活条件的抽象化表达。[3] 将商业伦理导入民法，不仅会导致整体社会伦理道德水平的下

---

① 参见屈茂辉、栗瑜：《论民法的社会功能》，载《湖南师范大学社会科学学报》2006 年第 5 期。

② 参见何新主编：《中外文化知识辞典》，黑龙江人民出版社 1989 年版，第 49 页。

③ 参见范健：《中国需要一部什么样的民法典》，载《南京大学学报（哲学·人文科学·社会科学）》2016 年第 1 期。

降，也会使国家的文明走向倒退，出现“全民争利”的局面，使人与人之间的关系陷入紧张与不信任的状态中。对此，我国原最高人民法院《关于适用〈中华人民共和国婚姻法〉若干问题的解释（三）》就错误地以商业伦理来取代民法伦理，背离了传统的家庭伦理情感。[①] 我国一些营利性教育、营利性医疗产生的社会负面作用其根本原因是商事权力滥用、民法商法化观念。

因此，民法和商法的伦理观存在根本性差异，以民法的社会伦理导向为精髓，则商事交易推动经济发展的先锋作用将受到抑制；以商法的商业伦理导向为核心，则社会的整体文明将不断倒退，引发灾难。在同一部法典中兼容两种伦理观，将会使私法失去应有的秩序。所以，民商分立的价值理念是民法和商法不同功能以及伦理价值观的必然逻辑结果。

（三）商事立法的国际趋同性与独立性

以史为鉴，商法在一国内的统一，有政治因素，也有商人推动的社会因素。不过，近代欧洲大陆法系国家和美国商法的统一，只是涉及商法在一国发展中的积极作用，仍然是商法在国内法层面的特性所延伸的商法独立性。事实上，商法的统一，可以在一国领域内实现，也可以在地区乃至世界范围内达成，商法不仅具有国内性，也具有国际趋同性。而该趋同性不仅是现代国家发展的核心问题，也是现代商法独立性之价值所在。

就商法的国际趋同性而言，该结果是商法历史发展所导致的，也是国家努力的方向。法律的趋同，以国内法律的创立和运作过程越来越多地涵纳国际社会的普遍实践与国家惯例，并积极参与国家法律统一活动为表现；指的是不同国家的法律，随着社会发展的需要，在国家交往日益发展的基础上，逐渐互相吸收、渗透，从而趋于接近甚至一致的现象。[②]

---

① 参见童列春：《民商分立：民法典总则制定体例的理性选择》，中国商法学研究会 2016 年年会论文。

② 参见李双元：《中国与当代国际社会法律的趋同化问题》，载李双元：《走向 21 世纪的国际私法：国际私法与法律的趋同化（中国法学家自选集）》，法律出版社 1999 年版。

从商法的发展历程来看，商法经历了“国际法—国内法—国际法”的发展圈子，[①]世界商法目前正处于再次国际化的阶段。在近代商法形成之前，欧洲早期的商事立法呈现为国际法性质的商人习惯法。11～12 世纪近代城市的兴起，农业改造、城市经济的发展等因素，使商人阶级迅速壮大。由于当时的欧洲城邦林立，政治上封建割据，路上交通不便，城市间的贸易主要通过海上运输，从而促成了海上贸易的迅速发展，使商业活动通过海上运输完成，超越一个地区、城市，甚至国家，形成了共同的海商习惯准则。[②] 此外，商人阶级之间联系密切，共同利益促使其自发地组建了商人基尔特等商人团体，用于协调共同利益，进一步促成了商业以及商人习惯法的发展和完善。15～17 世纪的一系列地理大发现，某种程度上就是商业扩张的结果。随着欧洲商人将贸易活动从地中海沿岸扩展到大西洋、太平洋及世界各地，世界掀起了海外贸易发展的又一轮狂潮，原本适用于欧洲地中海沿岸的海上贸易习惯法，被欧洲带向了世界，彼时的商法虽然主要是商人习惯法，但在世界范围内具有一定程度上的共通性，有国际法的性质。

不过，到了近代民族国家形成时期，自然经济瓦解、资本主义发展、宗教势力衰弱，原先分散于自治城邦和商业团体的立法权逐渐归集于中央集权的统一国家，为了促进贸易的进一步发展，统一后的国家纷纷基于本国国情，制定了商事成文法，商法进入国内法化阶段。19 世纪初到第一次世界大战，是近代商法的形成与发展时期，也是商法的国内法化时期。这一时期创造了世界三大商法体系，分别是以客观主义为特征的法国商法法系，以主观主义为特征的德国商法法系，以及以习惯法、判例法、成文法并存为特征的英美商法法系。然而，即便在这个时期，商法的国际性痕迹依然存在，商人对商业扩张的需求并没有减弱，对国际性商法的渴望只增不减。国际经济法、国际商法、海商法也都在这个时期出现并迅速成长。

因此，商法虽然随着近代民族国家的兴起而走向国内化，但 20 世

① 参见［英］施米托夫：《国际贸易法文选》，赵秀文译，中国大百科全书出版社 1993 年版，第 10～11 页。

② 参见范健、王建文：《商法基础理论专题研究》，高等教育出版社 2005 年版，第 34 页。

纪尤其是第二次世界大战结束后,经济全球化迅猛发展,许多国际组织出现并开始关注私法尤其是商法的统一,商法又走向了国际趋同。正如学者指出的那样:“这一阶段是旧的商人习惯法特征的国际主义概念的复归,我们正在开始重新发现商法的国际性,‘国际法—国内法—国际法’这个发展圈子已经完成,各地商法发展的总趋势是摆脱国内法的限制,朝着国际贸易这个普遍和国际性的概念发展。”[①]现代商法的国际性是商法发展历程的必然走向,也是各国、各地区组织、国际组织推动的结果。

当今社会,以联合国国际贸易法委员会(UNCITRAL)、国际商会(ICC)、国际海事组织(IMO)、国际统一私法协会(UNIDROIT)、国际法律协会(ILA)等为代表的,与商法有关的国际组织日趋增多。与商事贸易有关的国际公约涉及国际货物买卖、国际贸易术语、国际票据、跨国公司、国际技术转让、国际融资、国际私人投资、国际工程承包等诸多领域。世界商业贸易的发展,使商法进入了新的历史发展阶段,原本服务于本国商业贸易的国内商法不得不吸收国际商事贸易实践所发展的规则,以使本国的企业在走向国际的道路上保有商业竞争力。现代社会商事立法的国际趋同,不仅是国际组织积极参与的结果,更是各国积极努力的方向。具有超国家性质组织体的欧盟,以实现区域内经济共同发展为目标之一,在该背景下推动商法的区域性趋同一直是欧盟努力的方向。欧盟2009年推出的《欧洲私法的原则、定义与示范规则:共同参考框架草案》以建立内部共同市场和保护消费者为目标,只调整财产关系,而不涉及人身关系,就具体制度构建而言,事实上就是一部商事法律。此外,非洲各国也积极推动商法的统一,非洲商法协调组织(OHADA)就以创立一套能增进商事交易的可预见性的法律制度为唯一目标,该组织现已通过9部统一商法,内容涉及商业交易,以及商业组织从其成立至解散的全面规定;亚洲各国目前也在积极推进“统一商法”。可以说,商事立法的国际趋同性、区域性趋同是现在世界各国、地区、组织的共同目标。

---

① 参见[英]施米托夫:《国际贸易法文选》,赵秀文译,中国大百科全书出版社1993年版,第10~11页。

因此,在该背景下,我国未来的商事立法若背离商法的国际趋同性,不但可能会出现我国商法规则脱离世界立法的情形,还会极大地削弱我国商人在国际交往中的竞争力。而民商合一的立法体例,虽然表面上看只是民商事立法的一种形式选择,但在民法典以民族性、伦理性为根基的背景下,民商合一的体例,要么会使民法的民族性要求侵蚀商法的国际性,要么会使商法的国际性削弱民法维系民族伦理的功能。而两者都会使立法设计背离我们的初衷。事实上,在民法坚持民族性,商法要求国际立法趋同的背景下,通过同一部法典的形式整合实现私法立法的统一,根本上就不可能,因为民商法不同的理念,势必会在规则的具体设计上产生冲突。所以,我国的民商事立法,不必追求民事规则与商事规则的统一,而应当在顺应商事立法国际趋同的背景下,尊重商法的独立。

三、中国民商事立法现状

理论上中国应当采取民商分立的立法模式,但是在实践中,中国已经颁布的《民法典》采取的却是民商合一的立法模式,这就产生了一系列问题。

(一)对商主体规则过于详细地吸收

虽然本书讨论的是商行为,但商主体也是民商事立法的重要内容,所以这里一并对其作简要分析。《民法典》总则编第三章第二节规定的营利法人,虽然肯定了商事主体中商法人的民事主体地位,但是一定程度上脱离了民法理论自身的逻辑基础和理论根基。

《民法典》总则编第 83 条吸收的是《公司法》中的法人人格否认条款,然而法人人格否认在《公司法》中本身就是商主体规则的例外,属于特别条款的范畴,《民法典》总则编以全部吸收的方式引入了该规则,已经不只是对商法规则的过度吸收,更准确的应当是以民法商法化的方式将商事规则转化为民法的一般性规则。《民法典》总则编第 84 条对关联交易的规制也同样如此。此外,《民法典》总则编第 85 条所规定的保护善意相对人规则也是极大地破坏了现阶段民法的逻辑性。根据《民法典》总则编第 155 条的规定,被撤销的民事法律行为自始没有法律约束力,因此,第 85 条的规定是对第 155 条的突破,然而,该突破并非依据民法理论中的基本原理，而是根据《公司法》中公司行为对内对外效力区分理论，该理论同样也是商法领域中商事组织的特殊规定，是基于商事组织体特殊的意思形成规则而设置的条款，在现代民法尚未充分融入团体法理论前，也就是民法的商法化在团体规则这块尚未完成转化前，商事组织决议无效不影响组织体与善意相对人的法律关系的规则依然是商法的特殊规则，《民法典》总则编对该规则的设置背离了民法的基本理念和原则。所以，《民法典》总则编对商主体规则的设计总体上存在一定缺陷。

（二）对商行为规则过于简略地安排

与商主体规则在《民法典》总则编中的规定存在过详之不足相反，商行为规则在《民法典》总则编中的规定十分简略。《民法典》总则编第六章民事法律行为仅第一节第 134 条第 2 款规定“法人、非法人组织依照法律或者章程规定的议事方式和表决程序作出决议的，该决议行为成立”。有关商行为的意思表示规则诸如外观主义以及意思表示瑕疵的法律后果等均未受到《民法典》总则编的关注。

《民法典》总则编对商行为规则吸收的不足，不仅体现在“民事法律行为”一章只设置一条商事行为的指引性规范，还表现为在“代理”一章只字未提商事代理。商事代理是商行为的重要规则，《民法典》总则编对代理制度的规定完全忽视商事代理的做法虽然为商事代理留下了特别规则的立法空间，但也使商事代理的民法性地位受到忽视。①

除了民法总则，《民法典》的其他分编在安排商行为规则方面也存在过于简略的问题。《民法典》的合同编依然采取了民商不分的模式，商事合同的特殊性并没有被充分地重视。数据交易、算法交易等新型商行为均未被考虑。传统领域中，例如商事委托的特殊规则也没有凸显。因此，民法对商事规则过于详细或过于简略的吸收方式都不足取，前者会使民法规则产生体系性矛盾，后者会导致商事规则的特殊性得不到立法应有的肯定。这一立法格局会给商事实践带来极大的不确定性，并形成一定的制度性风险。

---

① 参见蒋大兴、王首杰：《论民法总则对商事代理的调整——比较法与规范分析的逻辑》，载《广东社会科学》2016 年第 1 期。

四、中国商行为立法模式的变革路径

在《民法典》的颁布与实施已成既定事实的背景下，短期内重构刚颁布的《民法典》无疑难以实现，而且也不利于维护法律的稳定性与权威性。所以中国商行为的立法应当另辟蹊径，通过“商法通则”和商事单行法构建体系化的商法体系，进而实现民商分立。首先，以民事法律行为与商行为区分为例，可以在“商法通则”中单独列商行为概念条款，明确界定商行为的内涵及外延，从而确立民商行为区分的概念及制度基础。其次，以商行为中最为重要的合同为例，可以在尊重《民法典》规定的基础上，将《民法典》未抽象的，但是商事合同所共通的规则抽象到“商法通则”之中，并可以考虑在“商法通则”的分编中或者以制定“商事合同”单行法的方式，将《民法典》基于民事立法理念和理论所无法容纳或者说没有规定的商事合同予以统一规定。

对作为商行为基础的商事合同进行民商分立模式的改造十分重要。第一，公司是由一系列合同打造的大厦。公司法的规则构建与实施方式不是传统民事合同的缔造与履行，公司法首先是借助了合同工具创造的一种新制度，新的经济组织体制度，这个制度源于合同，但超越合同，更别于合同。其次，公司法借助传统合同方法，构建了一种新型合同，即商事合同。它是特权与限权的统一，是扩张与让与的统一，是自由与约束的统一，是任意与强制的统一；是为符合商事交易本质而对传统民事合同作出的一种特殊安排。体现在公司行为中的商事合同已经越来越显现其与传统民事合同的差异。商事合同是以营利为目的而由商事经营者所缔结的合同，其合同目的、实施方式、合同后果都与民事合同不一样。以股东间协议为例，凝聚在公司构建和公司运营中的股东间协议，首先，其主体表现了营利者的身份特征，是意图获取更大利益的投资或投机者；其次，合同的目的不是简单的合意，而是要构建营利载体，“制造一台发财的机器”；再次，合同的内容是享有法律赋予公司这一特殊组织所具有的经营与营利的特权，包括风险免责之特权。由此，合同构造了一个在社会利益争夺中的冒险载体。此外，这一合同的结果，已经不再局限于双方当事人的关系，它直接影响或维系着第三人和社会公共的利益。合同所确立的合同主体与第三人或社会之间关系的利益平衡已经成为评判合同有效性的根本依据。基于商事合同理念,对于这类合同的价值评价,不是基于私法自治,而是基于社会公共利益平衡,否则,公司则成为股东们套取社会利益,规避法律风险的天堂。第二,虽然在公司法制度上商事合同与民事合同存在差异,但是受限于我国民商事立法采取民商合同不分的现实,法院在对股东间协议纠纷的处理上,并没有严格遵守民商区分的理念从公司法制度上为商事合同的适用寻找规则或者原则,而是以忽视商法一般原则在商事合同中的适用的方式广泛适用民法原则,在商事公司纠纷中不合理地适用公平原则、意思自治原则等民法基本原则。这种适用混乱带来的是公司股东间协议自由与强制之间的理念错位,是对公司的独立法人人格以及主体地位的忽视。因此,尽管我国《公司法》中凝聚了商事合同规则的特殊性,但实际上我们长期以来都对凝聚在《公司法》中的商事合同本质特征存在严重的认识不足。该不足一方面导致了我国《公司法》之后制定的原《合同法》因民商不分而饱受诟病,另一方面使商事实践纠纷的解决因民商事理念混同而产生息诉难题。

为了使司法实践在商事纠纷解决中坚持的错位理念得到纠正,中国未来商行为的立法应当明确区分民事合同与商事合同,将两者列为合同的两大类,以商事主体的参与作为区分的要素之一,赋予两类合同不同的制度理念与处断原则。不过限于路径依赖,可以保留《民法典》的规定,同时依靠制定“商法通则”对商事合同作一般性和特殊性规定,只有这样,才能对现实中存在的各种商事合同作最为合适的解释和处理。

总之,民商规范区分是当代民商立法之必然需求,区分的理念应当贯彻在中国未来的民商事立法之中。颁布“商法通则”或“商法典”以充分遵守商事规则的特殊性,形成商事立法体系是助力中国经济进一步发展的重要保障。

第二节　商行为立法技术的探讨

在民商分立的理念下,商行为的独立性与统一性要通过自身的体系和架构得到主张。商行为立法技术所讨论的问题就是商法体系的建构应当采取法典化的立法技术,还是采取《美国统一商法典》的实用主义立法,或是其他路径。商行为立法的背后是整个中国商法体系立法的问题,所以下文有关商行为立法技术的探讨将从中国商事立法技术的角度进行分析,全面地研究中国商法体系的立法技术问题。

一、商事立法技术的历史回应——“法典化”的上升趋势

考察以“民商分立”为导向的商事立法模式,多数国家何以走上了“法典化”的道路,制定了统一的商法典? 这里面,既有历史的偶然性,也有特定背景下的必然性。《德国商法典》、《法国商法典》抑或《日本商法典》在法典化时期都很好地完成了国家经济的复苏,商业的流通使得区域联系更加频繁,进一步促进了内部市场的统一。

以大陆法系的德国商事立法过程为例,商事立法历经了“习惯法—成文法—法典化”的阶段。早期的商人和商业活动受到抑制,商业的生存空间狭窄,商业的“营利”伦理与教会倡导的“保守、奉献”等精神相冲突,遭到了教廷的不断打压。此时,商人的活动难以受到成文法的调整和规范,所以形成了诸多行业的商业习惯。但是随着中世纪海外贸易的拓展,商人的经营范围从国内领域逐渐延伸到海外。传统教廷的约束越来越难以发挥作用。商业经营带来的巨额利润也使得宗教国家认识到商业存在的必要性和重要性,此时,“抑商主义”逐渐被“重商主义”所取代,商人阶层不但获得商事习惯的汇编法,而且通过自身的奋斗获得自己的司法裁判权,成立了专门的商事法庭。这些规则开始仅包括商业习惯,后来慢慢将行业公会、不同城市的城市法、法律汇编、案例汇编中的一些规则吸收其中。[①] 商业业态的不断发展,商人对商事规则的统一存在急切的渴求,呼唤商事成文法的出现。同时,为了消除法律分裂对商事领域造成的障碍,尤其是经历了多年战争的德意志亟须通过商业的繁荣来恢复经济,所以在这一阶段制定了一些商事独立的单行法,包括商标法、票据法、保险法以及海商法等。1794 年的《普鲁

---

① 参见赵守政:《19 世纪德国商法法典化历史考察》,中国商法学研究会 2016 年年会论文。

士普通邦法》是德意志土地上第一部含有经整理的商法和营业法规范的法律。① 但是,《普鲁士普通邦法》因为德意志分裂的政治格局并没有得到很好的贯彻与实施,这更加刺激了商人阶层的神经,国家的政治层面也认识到法律统一的重要性。法律的统一不但在于促进经济,而且对于稳定德意志联邦的政治局面,形成商人团体的团结具有极大的积极作用。再加上此时有关制定《德国民法典》的声音处于争议的局面,相关工作难以开展,所以,德国商法领域率先迈出历史的脚步,于1857年至1861年制定出了《普通德国商法典》(草案),这可以认为是德国商法"法典化"的初期尝试。自此,德国商法在"法典化"的道路上一直前进,并最终形成了我们熟知的1900年《德国商法典》。可以说,德国商法的发展历程从"习惯"到"成文法",最终形成法典,这里面的历史因素和政治因素发挥了重要的作用,这是一个特定商事法发展阶段的历史选择问题。简言之,在法律分裂、政治不稳的德国商法时期,"法典化"并非法律统一的唯一路径,但确实是当时最佳的途径。

而对于法国来说,虽然其商事法典化的进程早于德国,但是相同的历史和政治背景使得二者遵循了几乎同源的商事统一路径。"古代法兰西王国南北不同地区并无统一的制定法。16世纪,商事领域的立法活动在习惯法规则的基础上开始启动",②如1563年"海商敕令",这部敕令规定在若干商业城市设立"商事裁判所",负责处理普通商事案件;1673年的陆上商事法令等。及至1807年《法国商法典》的颁布,法国成为大陆法系国家第一个在民商分立模式下采取商法法典的先锋。在这一法典化过程中,受到资产阶级革命思想的极大影响,"理性主义"成为法典编纂重要的思想支撑。"法国,理性法也是现代国家及其法秩序的精神依据。然而,尽管自然法在18世纪已对法国私法产生重大影响,但直至法国大革命后的法典化运动,理性主义才真正取得胜利。"③

自法国、德国在商事领域走上法典化的道路之后,在商事领域制定

---

① 参见[德]C. W. 卡纳里斯:《德国商法》,杨继译,法律出版社2006年版,第24页。

② [美]哈罗德·J. 伯尔曼:《法律与革命——西方法律传统的形成》,张志铭等译,法律出版社2008年版,第334页。

③ 王建文:《法国商法:法典化、去法典化与再法典化》,载《西部法学评论》2008年第2期。

商法典便成为大多数国家进行商事法律统一的理想追求,史实告诉我们这一观念有着相当的市场。自《法国商法典》颁布之后,除了原法国在非洲的殖民地国家以外,比利时、荷兰、希腊、土耳其等国家的商法典都是以其为蓝本,[①]而《德国商法典》也深刻地影响了《日本商法典》《韩国商法》的制定。这些实行商法典的国家,除了外生因素的影响之外,商法典与国家政治、法律情况的结合成为商法典能延续下去并持续发挥作用的重要基础。传统的大陆法系国家,遵循"形式理性"的理念指引,在思维上崇尚"演绎推理",立法哲学更注重概念、逻辑、推理,法律适用上的"三段论"成为司法裁判抑或法律应用的基本公式。这一系列特征使得大陆法系国家在选择立法模式时常采用同样的"理想主义"立场,追求法律体系的严谨与完整,在法律制定和法律适用时尽可能地周延和细化,杜绝了立法机关之外的法官造法。

反观英美法系的早期商事立法,则又呈现出不一样的模式。以"判例法"为司法传统的普通法系决定了英美商法体系表现为商事习惯法、判例法以及少量的商事成文法并存的局面。英美商法以一般商事习惯和判例为基础,同时受到普通法和衡平法的支配。[②] 随着商事活动的不断发展,法律传统的不断融合,英美法也相继出现以制定法为形式的商事法。比如英国 1882 年《票据法》、1890 年《合伙法》以及 1907 年的《有限责任公司法》等。而美国因为各州独立的商事立法权,造成了商事立法内容的不统一,极大地影响了区域间的商事交往。自 19 世纪末,美国开始着手制定统一的商事法规,如 1896 年《统一流通票据法》、1906 年《统一买卖法》等。之后美国于 1952 年在众多商事成文的基础上制定了《美国统一商法典》,从而也使本国的商事立法呈现"法典化"的特征,但是《美国统一商法典》是以商事交易为主的统一法,并非严格意义上的商法典,在统一商法典之外,商事活动中的行为也由独立的单行法进行调整。

与大陆法系国家存在的商法典不同的是,《美国统一商法典》并非严格按照德国"主观主义"或者法国"客观主义"抑或日本"折中主义"制定的法典。因为,《美国统一商法典》是在没有大陆法系那样的民法

---

① 参见《法国商法典》(上册),罗结珍译,北京大学出版社 2015 年版,第 7 页。

② 参见范健、王建文:《商法基础理论专题研究》,高等教育出版社 2005 年版,第 40 页。

典的背景下编纂的，所以其中包含了大量大陆法系国家民法典尤其是合同法中的内容，并非纯粹意义上的商法典。[①] 法典起草者卢埃林是“实用主义”思潮的领导者，在卢埃林领导编纂下的商法典并没有固守传统商法典的稳定性、保守型特征，他认为，“法律只是实现社会目的的手段，其功能在于引导人们的行为。由于社会变化快于法律的变化，因此，为了实现指引和再指引功能，同时维持对社会转向做出反应所必需的灵活性，成文法有必要留有充分的余地以便能适应人们日益变化的关于正义的观念”，[②]所以卢埃林反对在法典中制定过多的严格规则，而且也不相信这种规则在实际生活中会产生人们所预想的结果。

二、商事立法技术的现实回应——“法典化”的困境解读

纵横两个多世纪的商法典进程在当代面临着诸多的挑战，这些现实的问题被逐渐提起并成为否定商事法律法典化的理由。商法典在商事法统一方面的功能逐渐被“实用主义”或“现实主义”思潮下的商事法“形式破局”所掩盖，商法典在一片唏嘘声中走入衰落。本书对商法典的困境并不持否定态度，本书的质疑在于这是否能成为我们抛弃“法典化”的理由？

历史上，商法典发挥的作用并不局限于法律统一，从法国、德国的商法典进程中可以发现，“法典化”不仅被作为法律统一的选择，更承载着联系民族国家、稳定商人阶层、恢复国民经济的重要使命。换言之，大陆法系的法典化传统是近代民族国家从政治统一走向法律统一，[③]进而巩固政治统一的产物。美国学者艾伦·沃森指出，“既然这些法典是官方所需要的，那么，他们势必要取得相应的政治上的支持，或至少要取得政治上的允可。因此，对于法典编纂而言，政治因素是重要的，并且当法典问世之时，也必定有适当的政治环境”。[④] 而现代意义上的商

---

① 参见范健、王建文：《商法基础理论专题研究》，高等教育出版社2005年版，第40页。

② 孙新强：《论美国〈统一商法典〉的立法特点》，载《比较法研究》2007年第1期。

③ 参见董茂云：《法典法，判例法与中国的法典化道路》，载《比较法研究》1997年第4期。

④ ［美］艾伦·沃森：《民法法系的演变及形成》，李静冰、姚新华译，中国政法大学出版社1992年版，第130页。转引自董茂云：《法典法，判例法与中国的法典化道路》，载《比较法研究》1997年第4期。

事立法，在面临"解法典化"的侵蚀时，人们不再关注法典化带来的制度价值，而把眼光局限在了简单的法律适用上，简言之，现代的商事立法，人们看不到法律制定与政治、经济之间的联系，而是固守在了狭隘的法律领域。但是即便是对于单纯的商事立法来讲，法典化目前面临的困境并不能抽象成公理一般的绝对性，这是因为我们对商法典的困境并没有一个清晰的认识。

法国、德国制定的商法典创立于资产阶级革命成功之后，可以说，此时的现代商业才刚刚起步，它所规定的内容不可避免地呈现出范围狭窄的特征。商事基本法律范畴并没有形成，所以商法典只能是在现存和能预见到的范围内进行规定。随着商业贸易和商事业态的不断发展，商事法的调整范围理应得到扩张。分别在 1807 年和 1900 年制定的《法国商法典》和《德国商法典》尽管相差了一个世纪，但是对于当时现存的商业来讲，虽然有所进步，却并没有真正遇到科技革命和资本金融带给商业的彻底变革，所以对于法典的内容来讲，稳定的内容与扩张的内容之间存在着诸多可以预知的联系。但是当商业步入 20 世纪，商事领域的范围朝着人们难以预计的领域拓展，商事创新日新月异，商事交易规则的可预见性日渐模糊，商法典的体系及规则的完善愈益艰难，商法典的作用日渐式微，基于简便与及时实用之需，便出现了诸多的商事单行法，传统商法典的内在结构受到了破坏。许多学者由此否定商法典的价值，但是这种割裂性的认知一样是有缺陷的。商事法与商业的完美契合是不存在的，商业基础是物质经济条件，商事法应当以商业为基础反映商事活动的调整，并在一定范围内对未来商业事实进行理性概括。但是，希望商事法的内容无限超前是不切实际的，商法典理应具有相对稳定性和适当变动性的特征。现代商事立法多在商法典之外制定单行法，而并没有将其内容纳入到原有法典中，一个很重要的原因在于既存的商法典已经在长达一个多世纪的历史中沉淀了商事法的精神与理念，商事单行立法的"和"或"散"已经不再影响这个商事法的统一。商事单行法在没有稳定之前仓促地纳入法典之中也会带来内部结构的不协调，换言之，目前的商事单行立法模式或许会长时间的存在，但是这种存在性会在一定的时间节点积累出当代商事法的稳定性，这种稳定性将作为"再法典化"的前提。

三、商事立法技术的中国式探索——“法典化”与法律汇编

法典化的系统编纂，是商法最高形态的形式理性。[①] 商事立法并非要排斥法典化，关键在于寻找法典化的恰当时机。正如前文所言，目前的商业社会处在不断发展的阶段，现有的商事部门正在更新，并没有形成稳定的结构。这些特点决定了如果现在采取商事法的法典编纂，那么将会重蹈《法国商法典》和《德国商法典》在后期的历史覆辙。但是，商事法的统一又在不断地呼唤商事法体系的构建，现实的矛盾与理想的追求之间存在着很远的距离，这要求我们必须要在目前这个阶段寻找出一条中间路径，过渡商事单行法模式和商法典模式。同时，这条中间路径的立法模式，既要兼顾商法共同原则又要能够覆盖商事具体规范。本书的建议是建立以“商法通则”为核心的商事法律汇编。

本书之所以将“商事法律汇编”作为商事单行法向商法典过渡的形式，理由基于以下几点。第一，商法的统一需要两个“理性基点”，分别为“最高程度的形式理性”和“最低限度的实质理性”，具体含义为：商法典应该是商法统一的高端表现形式，在此之外，商事单行法抑或欧美法系的判例法、普通法等都不能有效地建构起商事法部门之间的密切联系。对于追求形式统一的商事法体系来讲，商法典应该是“最高程度”的，但是这种“最高程度的形式理性”在短期是难以达到的，具体表现为商事单行法的扩张与修补；由于在一段相当长的阶段不具备制定商法典的条件，那么商事法内部之间应当具有“最低限度的实质理性”，实质理性是对商事法基本概念、基本原则、基本调整范畴的整合，这些应当作为商事法体系的最基本内容，商事法的发展与扩张最终应该回归到这些基本内容上。可以说，“最高程度的形式理性”指向未来，“最低限度的实质理性”指向现在。而“最低限度”的落脚点应该放在制定“商法通则”上。“商法通则”内容的构建也要承担起这个使命，在“商法通则”引领下的商事法律汇编则在形式层面为“形式理性”作广泛且深厚的制度积累。第二，商法典作为一个整体的法律文件，应该避免规

---

① 参见范健：《论我国商事立法的体系化——制定〈商法通则〉之理论思考》，载《清华法学》2008 年第 4 期。

范之间的冲突。规避冲突的方法要么进行规范之间的整合对比,要么进行法律的重构。后者极易造成商事立法成本的浪费,并且在相当程度上会造成立法理念和立法内容上的规范脱节。前者作为系统的法规整理与研读,能够尽可能发现冲突,解释冲突,为单行法的修订提供理论和实践的指引,商事单行法的完善则成为商法典制定的有利准备。而这一步骤要能够很好地纳入商事法律汇编中,关键在于对商事法律汇编的理念进行重构,改变简单堆砌式的模式。第三,商事法的统一不仅取决于商法典的制定,而且取决于民法与商法的关系。这种关系不仅表现在立法上,更应该表现在司法上。法律形式上的民商分立如果不触及到法律思维上的分离,商法思维如果不能独立于民法思维,那么商事法律的统一也只是成为“无源之水”。形成商法思维的一个重要条件就是促进商事法理念的统一,推动商事法的实践运用。然而,商事法之间的冲突以及商法附着于民法的传统观念影响着诸多法律从业人员。进行商事法律汇编就是在解决冲突,发现商事法的独立价值,推动商事法的真正运用。

（一）商事法律汇编的基本范畴

商事法律汇编是指在遵循一般法律汇编原则的基础上,对商事法律的体系和规范进行有条理的整合与汇总,形成商事法律的统一文本。它是商事单行法与商法典之间有效的过渡。同时,商事法律汇编又应该脱离原有法律汇编理论机械的堆砌和叠加模式,进行一定意义上的重构,这包括:(1)“商法通则”的制定;(2)商事单行法的逻辑汇编;(3)商事汇编的系统解释;(4)商事法律汇编的实践等。现阶段,法律汇编具有几个明显特征:第一,法律汇编不改变原有法律文件的实质性内容。这一特征也是法律汇编的基础性规定,因为汇编并不等同于法典编纂,编纂的过程必然涉及对旧有规范的更新以及对现有规范的发展。第二,法律汇编的基本功能在于整合法律,发现矛盾,消解冲突,减少不确定性。第三,法律汇编处于不断变化和补充中。法律汇编区别于法典的一个重要特征就是它能够适应实体法的不断修订和变化,而不需要顾虑因法典化而需要的稳定性。但是,法律汇编应该具有相对稳定性,这种“相对性”是针对实体部分法的修订和完善而言的。

商事法律汇编应该抛弃原有的“集中式、堆砌式”内涵理念,进行重新命题;商事法律汇编应该是在以“商法通则”为核心及统领下的商事特别法的有机组合。所以,它应该具有两个不同层次的含义。第一层是通过“商法通则”的制定,对商事法理论的基本构成因子进行抽象,概括出一般准则,包括商主体归类、商事法律行为归类、商事共同原则归类、商事统一概念归类、商事统一适用行为归类等。第二层是通过“商法通则”的涵摄,对现有的商事特别法按照一定原则进行汇编。从整体上,它依然是汇编下的商事法统一,只不过它为汇编预设了一个重要前提,即进行“商法通则”的制定。商事法律汇编在承担起商法统一责任的基础上,更具有实践导向性。这种导向体现在:商事法律汇编应该成为商事法律学习的模范文本,因而具有准确性和明晰性;商事法律汇编应该成为商法应用实践的规范来源,因而具有综合性;商事法律汇编应该是商事规范的有机组合,因而具有层次性。

本书认为,在我国进行商事法律汇编应当体现“权威性”的特点。汇编主体应当由立法机关主持,具体来讲应当由全国人大常委会成立专门的商事法律汇编委员会,形成以立法机关为主导,商法学者、司法机关、商事法律实践从业人员深入参加的形式。另外,中国式的商事法律汇编要承担的一个重要的使命就是解释法律。在学术组织的组织下开展的法律汇编,天生带有学理性,其法律解释并不具有法律效力,也难以得到广泛认同,更难以达到商法统一的目标。德国学者德恩指出,“商法是一切法律中最为自由的,同时也是最为严格的”。[①] 在商事法律汇编委员会的组织下,一项重要的工作便是对汇编文本进行必要和适当的法律解释,而法律解释也要尊重商事法律既自由又严格的精神。从解释的效力和权威上分析,商事法律汇编委员会作为立法组织,其对于商事法律汇编文本进行的解释应该属于“立法解释”,这在一定程度上可以弥补我国法律实施中“立法解释缺位”的现状。所以,针对一个部门法的汇编,会存在“重复解释”的问题。以《公司法》为例,目前尚未有针对公司法实施的立法解释,存在 5 个司法解释,学理解释因不具有法律效力,所以不在考虑之列。法律汇编委员会在对《公司法》及其

---

① 参见周林彬、官欣荣:《我国商法总则理论与实践的再思考——法律适用的视角》,法律出版社 2015 年版,第 83 页。

相关法律规范、司法解释进行整合的基础上,会根据法律实施情况对公司法进行相关条文的解释。所以会出现“立法解释”和“司法解释”并存的情况。“人民法院同时引用法律和司法解释作为裁判依据的,应当先援引法律,后援引司法解释。”根据该规定的精神,法律在法律效力上高于司法解释,又因为立法解释在效力上等同于法律,所以立法解释应当优先于司法解释得到适用。

(二)商事法律汇编的结构体例——商法通则与具体规范

在商事法律汇编中分别安排“商法通则”和具体规范汇编两部分是为了在规范的基础上体现商事法的理念与取向,达到商事立法“理想主义”和“现实主义”的有效衔接。“商法通则”作为商法理论的表达与重述,在汇编文本中起到基础性作用,它是指导商事立法、解释商事立法、完善商事立法的理论来源。具体的法律文件虽然在汇编文本中不改变实质内容,但是应当根据“商法通则”确立的商法原则和思维进行解释和适用。就商事法律汇编的功能来讲,它应该是“现实主义”导向的。

商事法律汇编的第一个部分是“商法通则”的制定,它牵涉到许多理论问题,本书放在下文讨论,这里主要研究商事法律汇编的具体规范安排。

1.商事法律汇编的汇编基础需要得到考量

商事法律汇编规范基础的确定应该有不同层面的考量。第一,商事法律汇编是否是单纯的商事主体法和商事行为法汇编,商事监管法以及商事竞争法可否纳入其中?第二,商事法律汇编是否应当纳入原属其他部门法的内容,比如知识产权法的内容?第三,商事法律汇编如何处理与民法规范的关系,是否将原《合同法》《担保法》等既具有民事法律一般性特征又能体现商事活动特殊性的法律纳入其中?

以上几个疑问,本书认为,应当作具体的利益衡量。首先,商事法律汇编的导向是实用性的,它不必体现商法典的纯“商事规范”特征,商事主体依据商事法律汇编的规范指引进行商事活动,应当明确经营自由的范围与界限,商事监管法和商事竞争法提供的框架性限制能够指导商事主体在不触犯法律规定的基础上合理开展商事活动,所以商事监管法和商事竞争法纳入商事法律汇编中有很重要的意义和功能。其次,传统知识产权法是以“无形财产”为基础的财产部门法,它的关注点在于诸如商标权、著作权、专利权等知识产权的权利特征、权利属性以及权利的合理使用等，并不突出反映权利人的属性区别，但随着商业化的不断扩张，商标权和专利权的权利人属性越来越趋向具有实体组织性的企业，这些权利也成为商事主体重要的财产权利，这些权利成为商事主体参与商事活动、开展商事竞争的重要基础凭借。所以，商标权和专利权纳入商事法律汇编中也具有相当合理性，同时也会和“商法通则”的“商事权利”一章进行呼应。至于著作权，其人身属性强，虽然目前商事主体可以通过协议转让、授权等获得或使用著作权的权利内容，但是这种归属关系毕竟具有间接性，所以著作权法不需要纳入商事法律汇编中。最后，商事法律汇编不能回避商法与民法之间的关系问题，因为商事法律汇编的一个重要功能就是通过实体法的整合与研究推动民商分立，但是这并不意味着商法规范就盲目地排斥民法规范。具体而言，担保法作为民事担保和商事担保的集合规范，则具有民商混合性。如前文所述，有关商事担保的规定，可以放在“商法通则”中作一定的安排，而无需将担保法放在商事汇编文本中。其他的可以继续作此种利益的衡量。

2. 商事法律汇编的结构安排

传统的商事部门法种类可以追溯到《法国商法典》和《德国商法典》规范时期。1807 年的《法国商法典》共分为 4 卷，包含商人、商人会计、公司、商事注册、商品交易所、证券交易所和居间商、质押和行纪商、商事行为的证据、汇票和本票、海商、破产和破产欺诈罪、商事法院等章节。至 2009 年《法国商法典》修订再次推出，已变成 9 卷，包含商事总则，公司及经济利益组织，特定形式的买卖与排他性条款、价格与竞争、商业票据与担保、企业困境、商事组织、有规范的职业、适用海外省与海外领土的规定。可以看出，法典化下的部门法安排依然可以寻找出“商事主体—商事行为—商事监管和裁判”的逻辑，但是企业、证券、票据等内容一直存在，只不过在结构安排上发生变化。1900 年的《德国商法典》共 4 编，包含商事总则、商事公司及隐名合伙、商行为和海商法。颁布至今，已被频繁修改并分立出多个单行法规。现行《德国商法典》共 5 编，包含商事总则、公司和隐名合伙、商事账簿、商行为、海商法。伴随着修改，商事单行法的种类在逐步增加，商事法律调整的范围也在不断扩张。两部“商法典”虽然在编纂理念和结构安排上不同,但是基础的商事单行法种类却具有一致性:公司及合伙组织、票据、海商、商事运输等成为商事法不可分割的部分。

我国目前的商事部门法发展态势良好,新型的商事法也不断出现。传统上的商事部门法领域可以大体分为商事主体法和商事行为法。[①]商事主体法包括公司、合伙企业、“三资”企业、个体工商户、独资企业、证券公司、保险公司、商业银行等各种商事主体法;商事行为法包括商事运输、特许经营、连锁经营、信托、保险、证券、票据、海商等。随着商事法理论的纵深发展,破产、商事登记、商事账簿等成为商事法的重要组成部分,另外新型的商事模式的出现,也出现新的商事部门法要求,比如电子商务、数字商行为、金融商行为等。所以,需要对商事部门法的内容进行重新界定和安排。

本书认为,商事法律应当包括三个部分:商事主体法、商事行为法、商事监管及争议解决法。商事主体法应当包括商事主体的组织法和商事主体的财产法,具体为:(1)商事主体的组织法:商事企业法,商事登记法、商事账簿法、商事破产法等与商事主体的成立、存续以及终止有关的法律。(2)商事主体的财产法:商标法、商誉权法、专利法等具有商事财产属性的法律。商事行为法包括商事行为的一般法和商事行为的特别法,具体为:(1)商事行为的一般法:合同法、商事代理、商事担保、特许经营、连锁经营等具有商事活动一般特征的法律。(2)商事行为的特别法:信托法、保险法、商业银行等金融法、证券法、期货法、投资基金法、商事运输法、票据法、信托法、电子商务法、电子支付法、数据法等具有行业性、专业性的商事行为特别法。商事监管法及商事争议解决法包括商事监管的一般法和商事争议的特别解决法,具体为:(1)商事监管的一般法:反不正当竞争法、反垄断法等具有商事监管性质的法律。(2)商事争议的解决法:商事仲裁法、商事法院法等具有商事争议解决机制的法律。

3. 商事法律汇编的特殊问题

以上的三大部分的分类,是商事法律汇编遵循的一般结构体例,在

---

① 本书在下文对部门法进行叙述时,采用的诸如商事账簿法、商事登记法等具有“法”字后缀的用语,并不代表在该商事活动或商事主体领域存在狭义意义上的法律。

这个基础上，还应当注意几个问题：(1)商事领域中，商事监管法的内容大多穿插在商事行为法或商事主体法之中，诸如证券法律体系中的监管内容、商业银行法律体系中的监管内容等。本书认为在具体文本整理中，不宜将其抽取而统一放在商事监管法的体系中，原因在于这些法律中的监管内容与特殊主体和特殊商事活动具有密切联系，强行分割不但破坏商事特别法的结构内恰，而且对于整个商事法律的理解和适用也会造成障碍。(2)上文提出的商事法律汇编是以国内法为基础进行的，但无论是商事活动还是商事法律都带有越来越明显的国际化趋势，传统的诸多商事规则也是由国际商事贸易规则发展和借鉴而来，所以，在保证国内法律完整和科学的整理汇编的基础上，将对我国发生效力的商事国际条约、公约等具有普遍约束力的商事国际规则纳入商事法律汇编中也是必要和应当的。(3)不同商事领域的部门法发展阶段不一，这里面呈现“多层次、不均衡”特点。“多层次”体现为各个领域的商事法体系从“法律”到“行政法规”再到“部门规章”，数量不一；“不均衡”体现为并非每个商事领域都存在“法律”，有的部门只存在国务院临时或者暂行的“条例”或者“部门规章”，没有最高层级的“法律”。这一特点也决定了商事法律汇编在文本整理中会出现部门与部门之间的差异，所以要求汇编的参与者根据不同商事部门的特点进行合理安排与调整。

第三节　商行为立法的具体方案

一、商行为的立法思维

（一）商事思维的内涵和外延

根据汉语大辞典和《辞海》的解释，思维是指客观存在反映在人的意识中经过主观活动而产生的结果。理念是指看法、思想、思维活动的成果。商事思维与商事理念含义相近，思维是一种认识的结果，也是一个过程，理念更注重结果。商事思维是一种商事思想以及运用商事思想处理商事活动的方法统称，因此商事思维较商事理念而言，对于商事主体在商事活动中的规范调整作用更加灵活,更能适应不断出现的新型商事活动。

对于商事思维的外延,学者的观点并不一致。王保树教授认为,商事思维应当包括“关注商人和商事交易特殊性”“尊重商人的自治”“促进交易和方便交易”“注意外观主义的适用”“企业的促成与企业的维持”。[①] 很多学者并没有明确区分商事思维和商事理念,从他们对商事理念的梳理中也可以反映出商事思维的外延边界。顾肖荣认为,商法的基本理念包括“确保交易公平”“鼓励交易迅捷”“倡导交易确定”“维护交易安全”。[②] 凤建军认为,现代商法理念应当包括“营利理念”“法治理念”“诚信理念”“国际化理念”“社会责任理念”五大方面。[③] 陈淑华认为,我国的商事理念应当包括“崇尚营利”“权利互惠”“契约自由”“诚实信用”“效率优先”“开放统一”六个方面。[④]

从商法的特殊性来说,商事思维应理解为效益与安全,在“效益”这一商事思维的指引下,商法遵循商事自由和商事便捷的原则,运用大量的任意性规范来激发商行为的创造力;在“安全”这一商事思维的指引下,商法遵循法定强制和外观公示的原则。此外,从商事立法的角度来说,商事思维还应当包括平衡,在“平衡”这一思维的指引下,商法遵循维护商业秩序与保护创新平衡的原则。

(二)商行为立法思维的价值

商行为立法思维作为调整商行为的出发点和落脚点,是构建和实现商行为制度重要的理论基础。具体来说,商行为立法思维的价值主要在于指引我国“商法通则”和商事单行法的修订和完善。我国从提出建立市场经济体制至今,在商事领域已经制定了《公司法》《证券法》《保险法》《票据法》等一系列与商行为有关的单行法,但是如此众多的

---

① 参见王保树:《尊重商法的特殊思维》,载《扬州大学学报(人文社会科学版)》2011 年第 2 期。

② 参见顾肖荣等:《商法的理念与运作》,上海人民出版社 2005 年版,第 4 ~ 10 页。

③ 参见凤建军:《中西方商人观念形成之诸视角考察——现代商法理念的价值来源》,载《法学杂志》2010 年第 8 期。

④ 参见陈淑华:《论我国商法的基本理念》,载王保树主编:《中国商法年刊》,吉林大学出版社 2002 年版,第 80 页。

商法规范却缺少一种体系化的联系，导致彼此之间相互孤立、界限明显，甚至出现矛盾之处。此时将商行为的立法思维运用到商事单行法领域，指引我国商事单行法的修订和完善，就具有重要的意义和价值。

二、商行为的立法方向

商法具有时代性，商行为的立法也应当体现时代性。商法的价值在于商法的时代性，时代性是商法的基本品格，时代性使商法区别于民法，更使商法成为推动商业繁荣的助力器。法的时代性是法的基本特征，更是衡量法制进步的标志。当社会变革到来时，法的前瞻性可以推动历史进程的加速，而法的滞后性常常成为妨碍时代进步的障碍，所以，我们常常以法律对时代进步的作用评价法的正义与非正义、善法与恶法。从原始社会的商业习惯和惯例到现代商事制度，商法是推动人类法制进步的先行者，更是文明法制的开创者。每一次社会制度的重大变革都是以法制变革为标志，而每一次法制变革都是以商事创新和商法变革为先导。商法是最具有时代敏锐度的法律。

法律本身具有时代性，但商法的时代性与法律的时代性有一定的区别，商法的时代性尤其鲜明。法律的时代性往往在比较大的时间跨度内才能够得以体现，在社会基本生产关系不变的情况下，法律一般不会发生根本性变化。因为除了时代性，法律还具有连续性、持久性与稳定性等特点。稳定性要求法律在较大的时间跨度内基本保持不变，所以在时代性与稳定性的张力之间，只有基本生产关系发生重大变革，时代性才能突破稳定性，使法律发生重大的转变。东西方社会的历史发展过程充分展示了法律时代性与稳定性之间的关系。从奴隶社会进入封建社会后，由于生产关系稳定，中国的封建法律制度延续了几千年，直到封建生产关系被打破，封建法律制度才发生变更。西方社会当前延续了几百年的资本主义法律制度，在宗教统治下的生产关系发生变革之前，也一直都是宗教法律制度占统治地位。商法的时代性虽然也根植于社会生产关系，但就部门法而言，商法的时代性取决于社会商业的存在与发展，其时代性随着社会商业发展模式的变化而变化。只要社会商业发展的模式发生变化，商法就会发生变化。社会商业发展模式是社会生产关系的一部分，与社会生产关系的相对稳定相比，社会商业发展模式在不同时期，乃至同一社会生产关系中也经常发生变化，这是由商事行为的竞争与创新本质特征决定的。以中国为例，封建社会的早期是自然经济，剩余物品的交换对应的是简单的商事交换惯例。唐朝还是封建社会，但处于自然经济向商品经济变革的时期，由于商品交易的发展，唐朝的商业法律发生了明显的变化，“飞钱制度”就是因为货币经营而出现的商法制度。[①] 可以说，商法是推动历史进步的重要阶梯，商法的时代性不是法学家的美妙构想，而是商事创新的必然结果。

从法的存在与发展规律来看，法律是调整社会关系的规则，一部法律如果不能够反映社会的真实需求，那么该法律就不能很好地调整社会关系。商法如果没有反映真实的社会需求，其功能就会大受质疑。只有符合社会客观规律，反映社会真实生产状况，满足社会商业客观需求，商法才能彰显其价值，才能在社会变革中存续和发展。因此，作为回应商业发展需求的商法，具有与其他法律相区别的鲜明的时代性。时代性要求商法根据商业活动的变化而不断更新，以适应商业发展的需求。商法必须保持时代性品格。

商法具有时代性，所以商行为的立法也应当具有时代性。具体来说，就中国当前的国情来看，体现时代性的中国商行为立法方向应当集中在如下几大方面。

（一）回应数字时代的商业模式创新

在介绍数字商行为的时候，本书对数字商行为所引发的法律颠覆性变革作了系统的阐述。归结而言，数字时代下高科技、大数据的运用使商业模式发生了巨大的变化，商行为等已经成为制度不稳定的主要载体。[②] 除了数字商行为，营业商行为、金融商行为也都在发生变革，这些在新时代产生的新的法律关系亟待法律制度的解决。如何通过商行为法的制定，使我们传统的实体产业有一个健康发展的空间，同时让金融产业、高科技产业及大数据的运用，能够保持社会商业生态的平衡，而不至于因出现一个新的技术或者手段工具的发明，以及金融工具、信

① 参见任先行：《商法原论》（上），知识产权出版社 2015 年版，第 442 页。

② See Julie E. Cohen, *Law for the Platform Economy*, 51 U. C. D. L. Rev. 133 (2017), p. 204.

息工具或者技术工具的发明就导致整个商业发生动荡,是当前商行为立法的重要方向。与此同时,如何在数字时代通过商行为的立法,克服资本主义商业自由导致的规律性经济危机,在有效防止不断发生的经济危机的同时,促进社会商业和金融的高速发展,也是中国商行为立法的重要方向。

（二）关注民法调整的历史局限性

改革开放40多年,我们一直推崇民法的思维,2020年中国颁布的《民法典》引起世界瞩目。然而,无论《民法典》立不立,《民法通则》以来的现行民事制度已在那里,民法的成就已在那里,民法思维下的商事秩序现状也已在那里。因此,中国商行为的立法应当解决《民法典》在制定过程中从理论到具体制度上的混乱。中国的商行为立法,例如"商法通则"应当抽象商行为的一般规则,以突破《民法典》总则编的局限性;建立商行为特别规则体系,以克服《民法典》各分编的局限性。

（三）形成中国国际制度竞争优势

如果不能解决当前中国经济和社会面临的问题,商行为立法将成为法学家自己的游戏。不过,除了国内问题,商行为立法还需要具有世界性的战略目光。中国商行为立法的时代方向应当考虑中国大力推行的"一带一路"倡议,在"一带一路"的建设中形成中国国际制度竞争优势。

"一带一路"倡议如果仅仅是简单的经济贸易交往,非但很难保持长久的稳定,还可能造成大规模的社会冲突。如果要避免这种冲突,就要考虑制度的融合,在制度体系内进行经济贸易的交往,使双方遵守一致的规则。那么中国应当用什么制度与"一带一路"沿线国家进行融合？与经济贸易直接相关的商事法律可能是最优,也是最被需要的选择。在商事规则上达成共识,可以避免大量的经济冲突。如何在商行为法律的制定中结合"一带一路"倡议下中国提出的人类命运共同体目标,使中国商行为法律的制定符合中国经济国际化的制度需求,是当前中国商事立法交给商法学者的时代任务。为了实现商事法律的制度融合,中国商行为的立法研究需要完成几项工作。第一,考察世界主要国家或地区的商事法律体系,既包括"一带一路"沿线国家的商事法律制度，也包括世界经济大国的商事法律体系，为中国商事法律的制定提供制度蓝本。第二，研究与国际贸易有关的国际交易规则、习惯等，充分发挥商法的国际性，突破中国商事法律的民族局限性，结合国际视野与国内情势制定中国商行为法律。第三，提出以中国商行为立法实现制度融合推动"一带一路"倡议的方法论，完成中国商行为法律的制定与中国经济国际化的衔接。

要以中国商行为法律实现制度融合，并以制度融合的方式化解中国"一带一路"经贸合作的冲突，前提是中国的商行为法律具有制度竞争优势。在日益激烈的国际竞争中，如果中国制定的商行为法律缺乏吸引力，那么制度融合将无从谈起，甚至使中国商事制度融合于他国的制度，其结果是规则话语权的丧失。在当今时代，中国商行为的制度竞争优势将取决于其风险分配是否合理。进入 21 世纪后，现代化的发展使社会步入了风险社会，除了自然灾害，新近的风险诸如核污染、化学污染、食品污染、文明疾病等都"完全脱离了人的直接感知能力"，[①]在全球范围内增长的财富伴随着系统性风险的增加。过去我们关心财富的分配，现在风险的分配已经成为不容忽视的问题。风险的分配有许多方式，最应当引起重视的是制度对风险的分配。中国商行为立法不能忽视现代社会的风险问题，是否对风险进行了合理的分配将直接决定中国商行为法律能否形成制度竞争优势。从权利规则，到义务设定，再到责任安排，中国商行为法律应当充分考虑风险分配规则，在符合社会公平正义理念的基础上，完善中国的营商环境。通过中国商行为法律的制定使中国从法律到社会环境都成为主动吸引资本投资和引起域外立法重视的对象，以域外国家主动学习与借鉴中国商事法律的方式实现制度融合。

三、商法的基本原则

虽然本节讨论的是商行为立法，但基本原则是商法理念与商法精神的集中体现，对商事法律关系具有普遍适用意义与司法指导意义，是

---

① 参见[德]乌尔里希·贝克：《风险社会：新的现代性之路》，张文杰、何博闻译，译林出版社 2018 年版，第 14 页。

商事法律关系必须遵循的行为准则。[①] 所以商行为的立法必须遵循商法的基本原则。尽管商法的基本原则中有一些是就商主体而言的,但是在商法中,商主体和商行为紧密关联,有关商主体的规则也会影响商行为。总之,在商行为的立法中,就基本原则来说,商法的基本原则就是商行为的基本原则。

虽然德国、法国、日本、韩国等有商法典的国家都没有在其法典中对商法基本原则作出规定,但是与我国民法开创性地规定民法基本原则的理由相同,作为商事活动的出发点与归宿,商法基本原则能够为商事立法、商事活动、法律适用、司法裁判提供基本规范,在法律缺乏明确规定的情况下,能够作为直接依据支撑法官的创造性司法活动。因此作为商法具体规则与抽象商法价值的交汇点,[②]商法基本原则在我国司法和立法实践中都具有重要意义。

(一)理论界关于商法基本原则的不同看法

关于商法基本原则的内容,学者存在不同的观点:

二原则说,认为商法基本原则有两种,分别是规范原则和外观原则。[③] 该主张将保障交易效率和维护交易安全原则归入了规范原则之中,同时强调了商法对意思自治的限制性,可以认为是对原则的再抽象,但是该抽象的意义极其有限。首先,规范原则作为部门法原则难以展示商法独特的价值和理念,更像是法学的基本原则。其次,该原则的抽象程度超出了基本原则作为法律规范的指引性限度,在指导法官适用法律上无法发挥应有的作用。外观原则倒是突出了商法的特殊性。

三原则说,认为商法基本原则有三种的学者在内容上也存在不同观点。一种以徐学鹿为代表,认为商法基本原则包括三种:交易自由、交易诚信、交易公平原则。[④] 一种以赵中孚为代表,认为商法基本原则

---

① 参见范健:《我国〈商法通则〉立法中的几个问题》,载《南京大学学报(哲学·人文科学·社会科学版)》2009 年第 1 期。

② 参见徐学鹿:《论现代商法的基本原则》,载《法学杂志》2003 年第 1 期。

③ 参见张保红:《商法思维下商法基本原则的确立》,载《中国商法年刊》2013 年第 00 期。

④ 参见徐学鹿主编:《商法学》,中国人民大学出版社 2015 年版,第 28 ~ 34 页。

包括鼓励交易原则、保障交易便捷原则、维护交易安全原则。[①] 两种立场的观点都对商法的理念和价值作了回应，但都未能凸显出现代商法特征的变化。

四原则说，认为商法基本原则有四种，其中一种观点认为商法的四种基本原则是经商自由原则、企业维持原则、商事交易便捷原则以及商事交易安全性原则。[②] 另一种观点认为商法的基本原则是保障营业自由、强化商事组织、促进交易便捷、维护交易安全。[③] 四原则说关注了商事组织的根本性规定，弥补了三原则说仅关注商事行为的缺憾，但是也未能全面概括商事领域的基本原则。

六原则说，认为商法基本原则有六种，包括依法自由行使权利原则、维持交易安全原则、商事主体意思自治原则、诚实信用原则、促进交易便捷原则、维护交易公平原则。[④] 该说对商法基本原则的判断有过重的民法痕迹。

八原则说，主张商法基本原则包括经商自由原则、方式便捷原则、交易安全原则、公平竞争原则、商业信用原则、严格责任原则、最大效益原则、遵循习惯原则。[⑤] 该说对商法基本原则的判断较为全面，也凸显了现代商法的基本特征。

（二）商法基本原则的确定

虽然学术界对商法基本原则内容的判断各持己见，但还是基本达成了共识，即认为维护诚实信用原则，维护交易简便、快捷原则，维护交易安全原则是商法的基本原则。维护诚实信用原则，是对商业伦理维护的回应，也是商事主体和一般民事主体从事商事行为的基本要求，该原则既包括主体从事商事行为遵守信用的传统信用原则内容，也包括主体对信用等金融工具的使用遵循信用。维护交易简便、快捷原则包括三方面的内容：交易便捷、短期时效、定型化交易规则。其中交易便

---

① 参见赵中孚主编：《商法通论》，中国人民大学出版社 2017 年版，第 23 页。

② 参见张民安：《商法总则制度研究》，法律出版社 2007 年版，第 43 页。

③ 参见李长兵：《商法理念研究》，法律出版社 2015 年版，第 243 页。

④ 参见夏雅丽、丁学军：《论商法的特征及基本原则》，载《西北大学学报（哲学社会科学版）》2002 年第 2 期。

⑤ 参见任先行：《商法原论》（上），知识产权出版社 2015 年版，第 111 页。

捷原则要求商事行为采取要式行为和书面行为，并通过强制性规定预先确定内容；[①]短期时效既允许商事主体放弃诉讼时效利益还将商事行为所产生的请求权时效期间缩短；定型化交易是商法通过强制性规定将商事行为方式预先划分为若干类型，以减少商事行为的不确定性，包括权利证券化和权利义务格式化。维护交易安全原则是商法最核心、最具特色的法律原则，包括公示主义、外观主义和严格责任原则，公示主义原则要求当事人将交易活动的重要事项向社会公开；外观主义规定商事行为的效果以商事主体行为的外观和所公示的信息为准，外观主义原则是商法特有的基本原则，是对民事法律行为意思自治原则的突破和限制；严格责任原则也是商法的特别原则，该原则要求商法直接赋予商事行为的实施主体以较高的注意义务和严格的法律责任。

值得一提的是维护交易公平原则，该原则基本也是学者的共识，但是我们认为应当以维护主体地位平等原则来替代该表述。传统观点认为维护交易公平原则包括维护主体地位平等和诚实信用原则，既然当下的信用经济要求凸显诚实信用原则的地位而单列该原则，那么维护交易公平原则的另一内容也应当与诚实信用原则并列为商法的基本原则。此外，将维护主体地位平等原则在商法基本原则中凸显也是对中国特色社会主义商事实践的回应。中国改革开放以来形成了以肯定公主体投资商事经营的资格和赋予私主体在商事主体中的地位并存的特色主体制度。主体地位平等原则是公主体和私主体的平等，商法作为私法应确保两者在商事活动中享有平等地位，公主体和私主体在商事领域中的共生是中国社会主义商法的创造性成果，商法对该原则的承认与确认具有重要的实践意义。

除上述具有共识性的基本原则之外，以现代商法特征为基础，我们认为商法还应当将主体法定、主体维持原则，商事特权与限权平衡原则，行为自由与规制原则，营利保护与风险自负原则，市场竞争与反垄断原则以及社会责任与消费者保护原则作为商法的基本原则。具体而言，商法基本原则应包括 8 个条文：一是主体法定、主体平等、主体维持原则；二是行为自由与规制原则；三是特权与限权平衡原则；四是营利

---

① 参见范健、王建文：《商法基础理论专题研究》，高等教育出版社 2005 年版，第 75 页。

保护与风险自负原则;五是交易便捷与交易安全原则;六是诚实信用与外观主义原则;七是竞争与反垄断原则;八是社会责任与消费者保护原则。

(三)商法基本原则的法条建议

1. 主体法定、主体平等、主体维持原则

建议条文表述为:商事主体的类型、财产、组织关系和公示程序由法律规定,其法律地位一律平等。商事主体的存续、稳定、协调和发展受法律保护,应尽力维持商事主体。

(1)主体法定原则

主体法定原则是对商事主体资格强制登记取得主义的贯彻,利于维护交易安全、节省交易费用、鼓励投资。[①] 有学者主张主体法定原则在20世纪60年代以来随着两大法系商人范围的扩张已经在事实上被废除。[②] 该观点难以成立。至今,虽然没有明确表达为商事主体法定原则,但登记依然是德国、法国、日本等其他国家取得商事主体资格的前提,《德国商法典》第15条、《日本商法典》第9条、《韩国商法》第37条所规定的登记对抗主义只在表见商人的情况下适用于主体登记,且属于例外情形,主体法定原则并没有被废除。若是因为经济繁荣导致商人队伍扩大,则主体法定原则更不能废除。因为该原则非但不会破坏市场活力,反而是市场有序经营的保证。虽然商法是私法,但相比于民事主体,商事主体承担着更加严格的法律责任,废除主体法定原则,允许商事经营者自由创设主体,一方面可能使大量的民事主体成为商事主体而增加负累,另一方面也会弱化商事经营的特殊性,导致商业伦理过度渗透甚至取缔市民规则引发社会文明的倒退。所以经济的繁荣不是商事主体法定原则废除的理由,反而是确立该原则的重要原因。

具体而言,主体法定原则包括商事主体类型法定、内容法定和公示法定三方面内容。类型法定要求行为主体根据法律规定的类型创设商

---

① 参见王利明:《深化对"市场主体法定原则"的认识》,载《北京日报》2014年6月9日,第17版。

② 参见张民安:《商法总则制度研究》,法律出版社2007年版,第43页。

事主体;内容法定要求行为主体设立商事主体时遵守法律对不同主体类型所作出的财产关系和组织关系的规定;公示法定要求行为主体遵守法律规定的公示程序。因此,主体法定原则需要一整套完整的登记制度以及主体规则予以支撑,但我国目前的法律在这方面仍有所欠缺,所以如何健全登记制度以及构建类型分明、体系科学的主体制度将是中国商事立法的重要任务。

(2)主体平等原则

主体平等原则是维护交易公平原则在中国"商法通则"中的表达,该原则是对中国改革开放以来制度创新成果的肯定,鉴于前文已有论述,此处不再赘言。

(3)主体维持原则

主体维持原则也是企业维持原则,指的是"现代商法通过各种法律制度确保企业组织得以稳定、协调和健康发展,尤其是通过各种制度安排尽力维持其存续"。[①] 伴随着非物质劳动的发展,组织化已在现代社会中逐渐成为商事主体的主要形态。目前我国实践中出现的商事主体包括独资企业、合伙、公司及其他企业形式都采取了组织形态,只是组织程度存在差异,个体工商户与独资企业就属于组织程度较低的企业组织形式。

企业维持原则在经济、政治、文化等方面都具有重要的意义。就经济意义而言,企业整合了社会资源,是国家经济发展的中流砥柱,营造健康的企业生存环境关系已成为当前各国高度关注的问题。在政治意义上,企业是国家重要的纳税主体,在我国公有制背景下国有企业还是中国特色社会主义的重要物质基础和政治基础,是中国特色社会主义经济的"顶梁柱"。在文化意义层面,企业解决国家大量的就业,企业文化直接影响职工的精神风貌,是中华文明的重要传播者。企业维持原则以维持企业存续、稳定、协调和健康发展为内容,在具体内容上包括企业人格维持和企业财产维持。

企业人格维持在企业设立阶段、企业运营阶段、企业消灭阶段分别

① 范健:《我国〈商法通则〉立法中的几个问题》,载《南京大学学报(哲学·人文科学·社会科学版)》2009 年第 1 期。

有不同的具体内容。第一,在企业设立阶段,企业人格维持原则允许企业设立存在瑕疵的企业继续保留法律人格,鼓励企业采取积极的措施补正瑕疵。依据传统的法学理论和法律规定,企业设立存在瑕疵将导致公司设立无效,企业法律人格自始不存在,然而由于该规定造成了大量的资源浪费,同时违背了交易安全与交易效率理念,现都被各国抛弃或者严格限制在一定的范围内。英美法系国家就采取原则上承认瑕疵设立企业有法律人格的模式。[①] 以德国、法国为代表的大陆法系国家也都为企业瑕疵设立提供了补正空间,贯彻了企业人格维持的原则。如《德国股份法》第 276 条规定:“关于企业经营范围规定的瑕疵可以遵照法律和章程关于章程变更的规定进行补正。”[②]《法国商法典》第 2 卷第 3 编第 5 章第 4 条第 1 款就规定“受理无效之诉的商事法院得依职权确定对无效事由采取补救措施的期限”。[③] 我国《公司法》第 198 条对瑕疵设立法律责任的规定,也为承认瑕疵设立公司法律人格留下了空间,值得肯定。[④] 第二,企业运营阶段的企业人格维持有两部分内容:一个是保持企业的独立性,另一个是严格限制法人格否认规则的适用。保持企业的独立性指企业有独立于股东的人格,独立享有权利、承担义务,有权以自己的名义起诉和应诉。至于严格限制法人格否认规则的适用则是企业人格维持原则的应有之义。法人格否认规则虽然能够让滥用企业独立人格的投资者承担责任以保护债权人的利益,但是该规则直接刺破了企业的面纱,摧毁式地“破坏”了企业的人格,因此只能是例外规则,且需要谨慎对待。即便是在法人格否认制度的起源地——英美法系国家,其对待法人格否认也是十分谨慎,仅作为例外情形适用。[⑤] 第三,企业消灭阶段的企业人格维持要求对于企业的破产和解体应当持谨慎态度,健全企业破产重整和破产和解制度以救助濒临倒闭的企业。正如自然人的生老病死,在激烈的市场竞争中,企业也会经历

---

① 参见李瑞钦:《公司设立瑕疵的法人人格问题研究》,载《法律适用》2009 年第 8 期。

② 《德国商事公司法》,胡晓静、杨代雄译,法律出版社 2014 年版,第 198 页。

③ 《法国商法典》(上册),罗结珍译,北京大学出版社 2015 年版,第 421 页。

④ 参见范健:《“商法通则”关于商法基本原则的界定及其立法安排》,载《中国商法年刊》2007 年第 00 期。

⑤ 参见张民安:《商法总则制度研究》,法律出版社 2007 年版,第 57 页。

优胜劣汰,这属于市场秩序的“自然法则”。然而,企业设立并运行后,与社会紧密关联,企业解体或破产不仅是自身的消灭,更会引起一系列连锁反应。企业的债权人可能会因此遭受财产损失,企业的员工可能会因此成为社会闲置人员而构成不稳定因素,企业的投资者可能会面临血本无归,企业的消费者也可能会遭受利益损害等。因此,为了稳定社会关系,法律在设置企业破产规则时,应当同时建立健全企业重整、破产和解等制度;在规定企业解体时应当设计限制性规则。我国《公司法》在赋予股东请求法院解散公司的权利的同时,设置了严格的实体和程序限制,就贯彻了企业维持原则。

自然人的人格与财产无关,但企业的人格离不开财产。企业维持原则除了需要维持企业的人格还需要维持企业的财产。企业财产的维持包括财产的积极维持和财产的消极维持。第一,企业财产的积极维持。企业财产的积极维持包括禁止性规定和授权性规定。以禁止性规定贯彻企业财产的积极维持要求投资者恪守企业财产的独立性,如实履行出资义务,在企业运营期间维持企业资本的充实,不得随意抽逃出资,也不得侵占或非法转移企业资产,对企业进行减资必须严格遵守法律程序,企业利润的分配也要依据法律规定进行。此外,企业投资者的个人债权人也不得对企业财产主张权利,投资者的债权人不得以其债权抵消其对企业的债务。以授权性规定贯彻企业财产的积极维持主要是允许企业在法律规定的范围内增加资本或筹集资金等。第二,企业财产的消极维持。企业财产的消极维持主要是对企业债务的清偿。为了确保企业人格的维持,企业债务也应当优先由企业资产进行清偿,公司股东仅在出资范围内承担责任,独资或合伙企业投资者也仅在企业资产不足清偿债务时承担连带责任。

企业维持原则作为商法的基本原则,其在保障市场经营主体、维护市场交易的稳定方面有重要的意义。该原则应该成为商法的重要原则,并用于指导商事经营、商事审判等商事实践。

2. 行为自由与规制原则

建议法条表述为:商事主体的营业自由受法律保护,营业活动受法律、行政法规监管,除法律、行政法规规定外,商事主体的营业自由不受限制。

行为自由是商事活动的灵魂，在商事主体创设之前，每一个行为主体都有权自由选择是否成为商事主体，有权自由选择商事主体的形式，还有权自由选择经营范围及经营地点等；在商事主体成功创设后，每一个商事主体都能够自由决定商事业务的经营与管理，决定商事营业的扩大与缩小，商事主体的合并、分立、解散也都属于商事主体自治的范畴。与此同时，行为自由原则还要求法官处理商事案件时应当尊重商事主体的商业判断，商事主体有权根据自己所掌握的信息作出商业判断，司法机关不得介入和干涉。

不过，行为自由也不是绝对的自由，在中国社会主义市场经济体制下，虽然市场在资源配置中起决定性作用，但国家对国民经济总体活动进行调节和控制。[①] 党的十九大报告在强调市场作用的同时也要求更好地发挥政府的作用。因此，与自由相对的规制也是商事活动的核心。如果说行为自由原则彰显的是商法的私法属性，那么行为规制则体现了商法一定程度上的公法因素。行为主体虽然能在商事主体创设前自由选择商事主体的类型、经营范围等，但是商事主体类型的选择在商事主体法定的原则下，被严格限制在既有法律设定的主体类型中，经营范围也不得违反法律的禁止性规定。商事主体在经营阶段的合并、分立、解散更是需要履行相应的登记手续。

3. 特权与限权平衡原则

建议法条表述为：商事主体享有营业权，但法律、行政法规可以对其作出限制。

商事特权与限权原则是商法引入国家利益和社会公共利益的重要体现，也是现代商法的特征之所在，虽然商法是私法，但是随着现代商业活动的扩张，商事交易不仅关系到私人利益，还会对社会乃至国家产生影响，商事立法既要肯定商事主体从事交易的营业权，更要平衡利益冲突，将营业权的限制作为基本原则，并以此为原则确立财产相对保护制度。因此，这里的特权指的就是商事主体所享有的商事营业权，限权则是为了防止营业权的滥用。

---

① 参见杨紫烜、徐杰主编：《经济法学》（第6版），北京大学出版社2012年版，第417～418页。

（1）特权：商事营业权

需要注意区别的是商事特权原则与行为自由原则。主体上，行为自由原则是营业自由，其主体包括尚未取得商事主体资格的行为人，商事特权是商事营业权，其主体仅局限于取得商事主体资格的人。内容上，营业权是一种财产权益，保护企业的财产权益不受侵害，其实质是"主体对营业过程中动态运营的财产、价值和财富所享有的一系列权利，是动态财产权"。[①] 行为自由保护的核心则是主体的意思自由、经营自由。

准确来说，将商事主体所享有的特权表述为营业权并不妥当。因为营业是现代商法的基石，其内涵包括主观意义上的营业（经营）和客观意义上的营业（企业），前者是以营利为目的而进行的连续的、有计划的、同种类的活动[②]；后者是为实现一定的营利目的而运用全部财产的组织体，[③]包括积极财产和消极财产[④]。所以，在理论上营业权应当包括经营权和企业权，相应地，行为自由所昭示的经营自由也应当属于营业权的一部分。然而，经营权与企业权毕竟是营业权的两面，两者虽然统一于"营业"概念之下，却有着不同的具体内容和规则体系。主观意义上的营业以商事行为为重心，关注交易行为，客观意义上的营业重营业资产，关注交易客体。将主观意义上的营业与客观意义上的营业分开规制也是各国商事法律的一贯做法。所以，本书选择以行为自由表示主观状态下的营业，以营业权表示客观状态下的营业。

（2）限权原则

认识商法的限权原则可以从两个角度出发，一个是具有商法独特性的限权与民法作为冲突解决机制的权利限制规则的区别，另一个是商事限权是否就是商事义务扩张。

对于第一个角度，应当明确的是，商法的限权，是商法赋予商人特权过程中的限权，即在赋予商人权利的过程中，对权利进行限制。这是

---

① 肖海军：《营业权的提出与理论意义》，载《岳麓法学评论》2012 年第 00 期，第 72 页。

② 参见谢怀栻：《外国民商法精要》，法律出版社 2006 年版，第 257 页。

③ 参见王保树：《寻求规制营业的"根"与"本"》，载《中国商法年刊》2007 年第 00 期，第 206 页。

④ 参见江平、王家福主编：《民商法学大辞书》，南京大学出版社 1998 年版，第 858 页。

权利限制的内在理论,[①]即权利本身仅有一个确定、唯一的内容,权利限制确定权利的外延,限制是权利本身的内容。这与民法的限权作为权利冲突解决机制,从权利对立角度出发,认为权利本身不具有限制因素,只有权利冲突产生才有权利的限制的理论基础不一样。所以商法的限权是立法指导原则,需要在立法时探索权利的具体内容,民法的限权则是司法纠纷解决原则,是权利冲突解决机制。

对于第二个角度,需要厘清所谓义务承担的扩张,首先,"扩张"一词本身蕴含着比较的思想,是在比较下产生的结果。如果从民法思维出发,将限权理解为权利的行使具有影响他人权利以及社会公共利益的可能性,而需要加以限制,即在商法中表现为具体规则下的限权,那么此时的限权是权利冲突解决机制,权利的内容是预先确定的,探索的是权利的边界问题,由于权利被限制,即边界被划定在某一范围内,依据权利与义务相一致的民法基本原则,某一权利主体的权利缩小,则对应另一主体权利某种程度上的扩张,而另一主体权利的扩张,则不可避免地反映为某一权利主体义务承担的扩张,则可以得出限权会导致义务承担的扩张的结论。然而,这仅是具体规则层面上的限权所导致的义务扩张,具有商法独特性的商法限权是抽象意义上的,在确定商人权利内容时依据限权思想进行权利的最终确认,限权是针对权利的内容本身,是抽象意义上的先于法律存在的立法指导思想,因此,既然商法的限权体现在权利内容的确定上,那么在权利内容未被明确界定前,就无所谓义务扩张问题,法律所确认于文本上的权利内容,已然是商法限权思想指导下的立法结果,此时权利被固定后才有与之相对应的义务问题,所以,商法对商人权利的限制在抽象意义上不必然是商人义务承担的扩张,但在具体层面上,作为权利冲突解决机制的限权则可能更多地体现为商人义务承担的扩张。

商事特权与限权平衡在现代商法中具有普遍性,彰显商法正义价值追求的基本原则,它贯穿于商法规则设计的始终,也渗透在商事主体

---

① 外在理论认为权利的限制是对权利外部设置限制,权利本身完全是以无限制的状态存在的,限制与权利没有必然的联系,内部理论认为权利依法有一个确定、唯一的内容,权利限制是确定权利的外延,限制是权利本身的内容。参见张平华:《私法视野里的权利限制》,载《烟台大学学报(哲学社会科学版)》2006 年第 3 期,第 274 页。

和商事行为规则的方方面面，中国商法应将其作为基本原则并通过各种制度安排贯彻该原则。

4. 营利保护与风险自负原则

建议法条表述为：商事主体依法从事商事活动取得的收益受法律保护，营业的风险自行承担。

我国《宪法》第13条第1款明确规定："公民的合法的私有财产不受侵犯。"中国商法规定营利保护原则是商事部门法对宪法的贯彻落实。该原则在商业迅猛发展，商事经营手段日新月异，商事交易风云变幻的当下具有重大的经济和社会意义。创新是商事活动的灵魂，但其带来经济收益的同时，也蕴含巨大的法律风险，因为法律的滞后所形成的空白使新型交易行为时常陷入合法性困境。创新在法律上的不确定性产生了一系列连锁反应，商事主体缺乏安全感使商事交易发展疲软，进而引发国民经济的衰退。所以如何减少商事创新与商法滞后之间的矛盾是中国商法应当解决的问题，营利保护原则正是该问题的钥匙。营利保护原则对商事活动收益的肯定解决了新型交易行为结果的合法性问题，从根本上为商事主体的创新提供了保护。

因此，以营利保护为商法的基本原则，是中国肯定商事经营的告示，也是中国保护商人的承诺，有利于增强商事主体的财产安全感，为企业家营造良好的健康成长环境。2016～2017年中共中央和国务院就在反复提出产权保护的基础上相继发布了《关于完善产权保护制度依法保护产权的意见》《关于营造企业家健康成长环境弘扬优秀企业家精神更好发挥企业家作用的意见》，以顶层设计文件表明了国家对产权保护的决心，中国商法应当在行动上落实，规定营利保护原则。

不过，营利保护原则还伴随着风险自负原则，两者相生相克，需要同时兼顾。虽然商事创新的风险性需要营利保护原则的护航，但是以利为求的商事交易在理论上不存在世俗伦理观的束缚。所以，为了激励创新我们需要肯定营利保护原则，为了引导创新朝正确的轨迹发展，我们也需要风险自负原则，两者既对立又统一，是保证创新推动经济而不是摧毁经济的屏障。

5. 交易便捷与交易安全原则

建议法条表述为：商事活动遵循交易便捷原则与交易安全原则，应保障交易效益，增强交易确定性。

交易便捷原则以减少交易手续、降低交易成本为核心，其内容包括短期时效、标准化交易与交易简便。短期时效体现在商事特别法所规定的，短于《民法典》总则编中的时效。标准化交易包括商事主体之间所自发形成的格式化习惯，也包括法律所规定的票据、提单等要式文件。

与交易便捷原则相生相伴的原则是交易安全原则，效率和安全是商法的两大基本价值追求。交易安全原则主要包括公示主义和严格责任。公示是整个商事交易的血液，商事主体的设立、变更、消灭需要登记，上市公司需要遵循信息披露规则，公司债券募集需要公布等，涉及利害关系人利益的客观事实都属于公示事项。严格责任指法律规定商事主体承担责任不以主观上具有过错为要件。

6. 诚实信用与外观主义原则

建议法条表述为：商事主体从事商事活动应当遵循诚信原则，商事交易一方基于对方的行为外观产生的信赖利益受法律保护，法律、行政法规另有规定的除外。

诚实信用原则是指商事主体从事商事活动应当恪守信用。外观主义原则在英美法系国家也称禁止反言原则，[①]是指交易行为的效果以交易当事人行为的外观为准。外观主义的法理基础是信赖利益保护，包括商事主体外观、商事行为外观、商事法律关系外观、商事法律事实外观。[②]商事法律原则上承认权利外观在权利认定上的优先效力，以解决在商事交易中大量存在的权利外观与权利真实状态分离的纠纷，提高商事交易的效率，增强商事交易的安全性。

7. 竞争与反垄断原则

建议法条表述为：商事主体从事商事活动应当遵循公平竞争原则，不得侵害其他商人合法权益，不得损害社会公共利益。

竞争与反垄断原则旨在维持公平、正当的市场竞争秩序，制止不正当竞争行为和垄断行为。该原则响应了党的十九大报告提出的建立竞

① 参见赵中孚主编：《商法通论》，中国人民大学出版社 2017 年版，第 30 页。

② 参见刘胜军：《论商事外观主义》，载《河北法学》2016 年第 8 期。

争公平有序的社会主义市场经济体制,深化商事制度改革,打破行政性垄断,防止市场垄断的新发展理念。自20世纪90年代我国经济法兴起以来,理论界一直偏向于将反不正当竞争法与反垄断法归入公法范畴,社会法概念出现后,又有学者主张将反不正当竞争法与反垄断法归入社会法。其实,反不正当竞争法与反垄断法真正意义上的部门法归属应当是商法。依据行为自由与营利保护原则,商事主体的优胜劣汰应当由市场竞争完成,交易相对人会主动选择最物美价廉的商品与服务,所以保护营业自由是商法的任务。然而,这只不过是一个理论上的空想。绝对的自由竞争往往会导致混乱与不公正,垄断就形成于一次次的淘汰。交易相对人也可能因为信息不对称、消费心理等因素的干扰而失去理性决断。

所以,一个健康的市场需要以营业保护为原则,更离不开保护竞争与规范竞争的规则,它们是商法一个硬币的两面,相辅相成。《法国商法典》第4卷"价格与竞争"就是关于竞争与反垄断的规定。因此,我们建议将竞争与反垄断原则体现在商法基本原则当中。

8. 社会责任与消费者保护原则

建议法条表述为:商事主体从事商事活动应当遵守法律、行政法规,遵守商业道德,承担社会责任,保护消费者的合法权益。

社会责任和消费者保护原则要求商事主体承担社会责任,并在商事营业中保护消费者的合法利益。该原则对于营造良好的营商环境,促进中国经济的健康发展具有重要意义,同时也符合习近平总书记在党的十九大报告中指出的增强国内消费对经济发展的基础性作用的要求。

尽管消费者不是商事主体,消费环节也不是商事行为关注的范畴,但是作为商事交易中的一方,随着市场经济的深入发展,消费者的利益日益成为保障社会主义市场经济健康发展不可或缺的一环。早在1993年我国就颁布了《消费者权益保护法》,彼时我国社会主义市场经济也才正起步,可见消费者利益在商事实践发展中占据着重要地位。尤其是在商事交易复杂化的当下,消费者的利益更容易受到侵害,无论从维护个人利益还是维护社会稳定的角度出发,社会责任和消费者保护都应当成为商法的基本原则。

社会责任和消费者保护原则体现了现代商法关注社会公共利益和

国家利益的价值取向与立法指导思想,为商法中的强制性规范的设置提供了基本思路。因此,为了彰显中国商法基本原则以现代商法特征为基础,体现立法的时代性与实践性,中国商法在确立基本原则时必须将该原则纳入其中。

四、"商法通则"立法

商行为立法最重要的实现路径就是创制"商法通则"。"商法通则"加商事部门法形成的商法汇编体系也是我国现阶段实现商法体系化的最佳模式。而实现该体系化最核心的部分就是"商法通则"的制定。然而,就立法模式而言,我国制定"商法通则"可谓无先例可寻,因此,要出台一部科学的"商法通则",我们需要自己探寻正确的方法,并在此基础上展开法律的制定。

(一)"商法通则"制定的理性基础

就我国形成商法汇编体系而言,"商法通则"作为商事领域的基本法律,必须具备三大属性,分别是抽象性、互动性以及优先性。首先,作为商事领域的基本法律,"商法通则"本身需要具有一定程度上的抽象性,其抽象程度应当满足商事法律规范能够基本覆盖商事活动各个领域的基本条件。这是我国形成商法汇编体系所要求的、一个具有体系的形式商法所应当具备的条件。其次,"商法通则"的核心在于统一商法精神和价值,以基本原则为基础建立整个商法规范体系,它与商事单行法之间是指导与被指导、补充与被补充的关系,因此,"商法通则"与商事单行法之间必须存在互动性,在规定商事关系调整的共同性规则的同时,统率商事单行法的实施,消除法律的冲突与不协调,并弥补商事单行法存在的漏洞。[①] 最后,"商法通则"作为商事规范的基本性法律,在法律适用上,必须回答民法与商法的关系问题,明确商法对商事事项法律适用的优先性以及民法的兜底性。

就"商法通则"立法的技术而言,我国制定"商法通则"应当注意几大问题:首先是类型化的思想。类型在商法体系的建构中具有重要的意义,建立商法类型可以直接从现实生活的商事活动中抽象,也可以在

① 参见王保树:《商法经济法的动与静》,法律出版社2015年版,第13页。

裁剪或整合商事活动的基础上进行，还可以通过学者创设的逻辑构建，以及参考域外商事法律类型进行建构。[①] 类型是抽象商事规则的基础，也是实现“商法通则”对商事活动各个领域基本覆盖的前提，不过类型化思想无法穷尽所有类型，其克服商事立法体系封闭化的方式是“趋近调整”，但在法律因类型不全而产生完全空白的情况下，我们也需要寻求商法基本原则等基础性规范的指导。其次是商法概念的建构。长期以来，我国无法形成系统的商法体系与商事领域缺乏基本性法律有关，也与商事单行法对商法术语概念使用的混乱有关。因此，要实现商法的体系化，要求我们在建构“商法通则”时注意整合概念，我们既需要确定抽象概念，例如商主体、商行为、商事人格权等概念的具体含义，形成“商法通则”乃至我国整个商事法律汇编体系的基本框架，也需要确定商事领域的功能性概念，[②]例如票据法上的“无因性”概念，实现商法的理念和价值。在商法思维下，以商法概念的体系化推动商法规范体系化的实现。

就“商法通则”的立法体系而言，尽管“商法通则”立法是一项开创性工作，但在立法体系上我们仍然可以借鉴世界主要国家的做法。世界主要商法典的立法体例包括主观主义立法体系、客观主义立法体系与折中主义立法体系。表面上看，三大体系各有利弊、难以抉择，但实际上三者并无本质差别。因为采取主观主义立法体系的国家，虽然以商人为商行为的唯一主体，但是司法机关往往会扩大解释商人的范围，从而扩大商法的适用领域；而客观主义立法体系的国家，虽然将商行为视为适用商法的前提，但是对商行为的限定又十分宽松；折中主义立法体系综合了以上两大立法体系的做法，兼以商人与商行为为中心加以规制，解决了主观主义立法例下应当适用商法的行为因为主体不适格而难以适用商法的尴尬，也解决了客观主义难以界定商行为的弊端。[③]

---

① 参见范健：《论我国商事立法的体系化——制定〈商法通则〉之理论思考》，载《清华法学》2008 年第 4 期。

② 功能性概念是取向规范的目的，实现规范的价值，直接依附于法律原则的概念。参见范健：《论我国商事立法的体系化——制定〈商法通则〉之理论思考》，载《清华法学》2008 年第 4 期。

③ 参见范健：《我国〈商法通则〉立法中的几个问题》，载《南京大学学报（哲学・人文科学・社会科学版）》2009 年第 1 期。

世界上较晚制定商法的国家多采用折中主义的立法体系，对此，我国也应当采取折中主义的立法体系。因为，商法的立法体系与商法的调整对象相关，而商法应当以商事法律关系为调整对象，商事法律关系是商主体及其他主体所从事的商行为而形成的法律关系，其主体既包括商主体，也包括商主体的商事交易相对人但其行为非属商行为的一般民事主体，还包括从事了商行为的一般民事主体。① 所以，商行为的实施者并非限于商主体，商法亦需要调整某些民事主体实施的行为，我国“商法通则”应当采取折中主义的立法体系。

不过，我国“商法通则”的折中主义立法体系与传统的折中主义立法体系并不相同。② 传统的折中主义立法体系多以类型化商行为的方式，使非商主体的行为纳入商行为范畴，在综合主观主义和客观主义立法体系的程度上，仍然较为保守和谨慎。事实上，在现代商法中商主体已经以商事组织体为主，商自然人的形态已经逐渐弱化，基于对自然人的民事和商事分类所延伸的商主体，在现代商法中已经不具有重要的意义，现代商法是以企业为中心的法律。在此背景下，自然人在商事领域从事的行为，在自然人不具备商人身份并无法通过类型化的商行为纳入商法时，将无法获得商法的保护，因此，为了顺应现代商人以商组织体为核心的特征，我国“商法通则”的折中主义也应当对传统理论有所发展。具体而言，“商法通则”应当以商行为为中心，商事法律关系变动的商法意义上的原因只能是商行为，商行为的实施主体可以是商主体，也可以是一般的民事主体，主体不是行为是否适用商法的前提，应当以商行为为标准，确定“商法通则”的调整范围。不过，“商法通则”仍然需要确定商主体的范畴，因为不管商人是体现为商事组织体还是商自然人，商人存在的意义除了获得经营上的特权之外，还包括对商人加强义务、责任的需要，以商行为为中心确定商法的适用范围，只是将自然人的商行为纳入商法的调整范围，并非就此否认商法对商主体所应当设置的特殊规则。因此，现代商法下，我国“商法

① 参见范健、王建文：《商法基础理论专题研究》，高等教育出版社2005年版，第29页。

② 参见范健：《我国〈商法通则〉立法中的几个问题》，载《南京大学学报（哲学·人文科学·社会科学版）》2009年第1期。

通则”所采取的折中主义立法体系是将商行为确定为商法的调整对象,但法律仍然就商主体的特殊性规则展开组织法意义上的规定,是一种全新的立法体系。

就“商法通则”的调整对象而言,承上所述“商法通则”调整商事法律关系。商事法律关系是通过商法规则对商事关系的调整形成的一个结构,具体包括权利、权能、义务和责任等多种要素。虽然本书认为“商法通则”应当以商行为为中心,但是商事法律关系仍然贯穿着两条主线,分别是以商事法律关系的主体、客体和内容建立的静态的商事法律关系体系,以及以商事法律关系变动和商事法律事实建立的动态的商事法律关系体系,两条主线相融形成了完整的商法体系。静态的商事法律关系体系主要是商主体法,“商法通则”需要对商主体的法律人格要素、资格条件、内部组织结构及相应的责任、商事人格权,商主体的注册登记、账簿等作出规定;[①]动态的商事法律关系体系主要是商行为法部分,对此,“商法通则”应当规定抽象商行为的构成要素、性质、特征以及相应的法律后果,对商事物权、债券、交互计算、代理行为等内容作出规定,具体的商行为内容和法律后果则由商事单行法调整。

(二)“商法通则”的理论构建

在确定了“商法通则”制定的基础理论性问题后,就是如何构建“商法通则”的问题了。对此,本书认为我国的“商法通则”虽然不必追求商法典完整的体例结构,但是在法律的制定过程中也应当遵循一定程度的体系性,以商主体和商行为为两大阵营,再抽象商主体和商行为的共同规则作为“商法通则”的总则,辅之以商事责任和商事诉讼的基本规定,形成总则、商主体、商行为、商事责任、商事诉讼与商事仲裁五编。

第一编:总则,规定“商法通则”的立法目的、调整对象、法律原则、法律渊源以及法律冲突或法律空白下的法律适用问题。

“商法通则”的立法目的是保障商主体的合法权益,正确调整商事关系,维护社会主义市场经济秩序,总结商事活动的实践经验。调整对象为因商主体及其他主体所从事的商行为而形成的法律关系。

---

① 参见范健:《论我国商事立法的体系化——制定〈商法通则〉之理论思考》,载《清华法学》2008 年第 4 期。

“商法通则”的基本原则前文已有介绍并提出了具体的法条建议，此处不再赘言。商法的法律渊源应当是：商事制定法、商事判例法、商事习惯法、商事自治法。商事自治法是商法领域特有的法律渊源，在传统商法中，商事组织形式较为单一，商自然人通过个人意思所形成的约定，无法上升到与法律具有同等效力的法律渊源，没有形成体系化的商事自治法。随着经济的发展，商人从传统的贸易领域走向生产，逐渐形成大资本结构，资本和金融向商组织体集中，形成了以商组织体为主的商人群体，伴随着商组织体规模的扩大，经济组织内部制度日益健全，商人对内对外交易手段也日趋多样化，商事自治法逐渐走向体系化，演变成为商法重要的法律渊源。

法律空白下的法律适用：对于“商法通则”和商事单行法都未规定的事项，应当优先适用商人的章程、合伙协议等商人自治规则；章程、协议没有规定的，在遵循商法基本原则的背景下，适用商事习惯法；不存在商事习惯法的，适用与商法理念、精神、原则不相抵触的民法规范；商法、民法均无规定的，适用最高人民法院颁布的商事判例；不存在判例的，由法官根据商法的理念、精神、原则作出裁判。法律冲突下的法律适用：“商法通则”与商事单行法冲突的，在不违背“商法通则”基本原理的背景下，属于商事单行法的特殊规定的适用商事单行法；“商法通则”与民事法律相冲突的，适用“商法通则”。

第二编：商主体，其中商事登记、商号、商事账簿、雇员、代理商等与商人有关的制度，都属于本编的内容。

商主体一编需要具体分为两章，第一章是关于商主体的一般规定，包括商主体的含义，商主体资格的取得、变更与消灭。第二章是与商主体有关的制度，分为五节。

第一章关于商主体的一般规定，明确商主体是指能够依据商法规定以自己名义直接从事商行为，享受权利与承担义务的主体。这里会涉及商主体类型的划分，就此我们需要对现有的商事组织进行抽象，明确可以成为商人的主体以及禁止成为商人的主体，例如党机关、政府官员应当被排除在商主体的范畴之外。关于商人资格的取得、变更、消灭要求必须经过商事登记程序。

第二章第一节商事登记，商事登记是商人身份取得和丧失的重要程序，是国家机关对商人实行管理的重要手段，与此同时，根据信息披露原则，商事登记也是交易者获取信息作出决策的重要依据。商事登记包括设立登记、变更登记、注销登记以及登记与公告的效力。[①] 具体而言，商事登记一节应当对商事登记的主体、内容、程序、效力作出详细规定：明确需要登记的主体范围以及商事登记的管理机关；确定商事需要登记的事项包括名称登记、出资人登记、住所登记、法定代表人登记、注册资金登记、经营范围登记、变更登记以及注销登记等；具体程序为申请、受理、审查、核准发照以及公告。商事登记对第三人的效力以及监督管理，包括登记并公告后对商主体以及第三人的保护；应登记而未登记或者应登记但是未公告等特殊情况下如何实现善意第三人的信赖利益保护需要进行明确规定。除此之外，商事登记的监督也需要"商法通则"予以规定，立法应当规定公民有查阅商事登记相关资料与信息的权利，同时登记主管机关对商事登记有权进行监督管理，对于违反商事登记有关规定的主体有权进行处罚。

第二章第二节商事人格权，商事人格权是商人重要的权利，指的是"商主体所特有的经法律确认而以商事人格利益为客体的商主体之商事法律人格所必备的基本权利"。[②] 商事人格权的种类主要包括商号权、商誉权、商业秘密权等。关于商号权，"商法通则"需要规定商号的取得，包括选定以及选定商号的限制条件、商号的登记以及废止；商号权的内容，包括商号使用权、商号转让权、商号独占权、商号变更权以及商号出借权；商号权冲突解决机制，包括商号权之间的冲突、商号权与商标权的冲突、商号权与域名的冲突以及商号权与通用网址的冲突等。关于商誉权，"商法通则"需要确定商誉以及商誉权的法律概念，着重于商誉侵权救济规则的设计，包括商誉侵权行为的认定、违法损害赔偿等。至于商业秘密权，由于商业秘密往往关涉商主体的生死存亡，具有极大的经济利益，所以"商法通则"需要对有关商业秘密的问题作出细致规定，保护商主体的合法权益。

第二章第三节商事账簿，世界上采取商法典制定模式的国家，都无

---

① 参见王保树：《商事通则：超越民商合一与民商分立》，载《法学研究》2005 年第 1 期。

② 范健、王建文：《商法基础理论专题研究》，高等教育出版社 2005 年版，第 236 页。

一例外地规定了商事账簿。[1] 而我国关于该问题,并没有明确的规定,因此,作为具有普遍适用意义的问题,应当在“商法通则”中一并确认。对此,立法应当将商事账簿的制作明确规定为商主体的法定义务,要求商主体客观、真实、及时制作商事账簿,并详细规定商事账簿的种类、制作时间、方式,商事账簿的形式、内容、保管,以及利害关系人查看商事账簿的有关规定,同时明确规定没有编制商事账簿的商主体应该承担的法律责任和法律后果。

第二章第四节营业转让与营业租赁。营业转让是将作为企业财产有机组合体的营业资产作为标的物的转让行为,而营业租赁则是将作为企业财产有机组合体的营业资产作为标的物的租赁行为。大多数国家的商法典都对营业转让、租赁作出了规定,营业转让和租赁与商主体的存续相关联,需要设置相应的特殊规则。对此,我国“商法通则”应当对营业转让和租赁予以肯定性评价,明确营业转让和租赁的立法概念与实现方式,对转让、租赁合同的一般规定作出立法安排,对转让人的权利义务与受让人的权利义务作框架性规定,并对出租人和承租人的权利义务设置相应的规则。

第二章第五节商事中间人与商事辅助人。商中间人是指商事登记中明确规定为从事中介商行为的商主体,即中间商。商中间人制度主要包含了代理商、居间商以及行纪商等,“商法通则”应当对商中间人的权利与义务分配进行明确的规定。商辅助人是指在商事交易过程中,从属于商主体,受商主体委任或支配,辅助商主体开展商事经营活动的人,[2]商辅助人主要包括了经理人、代办人、雇员等主体,“商法通则”需要对这类主体的权利义务进行一般性的规定。

第三编:商行为,商行为部分也需要分为两章:第一章为一般规定,规定商行为的概念、分类等。第二章则对具有特殊性的商行为作出规定,不过,这里不需要将商事单行法已经作出详细规定的商行为也纳入在内,只需要对不同于一般民事行为,又无特殊规制的商行为进行规定,例如商事物权行为、代理行为、交互计算行为等。尤其还需要对新

① 参见杨继:《商法通则统一立法的必要性和可行性》,载《法学》2006 年第 4 期。

② 参见范健、王建文:《商法学》,法律出版社 2015 年版,第 41 页。

型商事行为作出规定，例如数据交易行为、算法交易行为等。

第一章商行为的一般规定，包括要约是否承诺的通知义务、对要约附送货物的保管义务、严格的注意义务、商主体的报酬请求权、商事法定利率、商事保证的连带责任、往来账规则。

第二章则对具体商行为的内容以及权利义务分配进行具体规定，包括商事买卖、商事支付、商事代理、商事行纪、商事居间、商事物流、商事担保、数据交易、算法交易等。

第四编：商事责任，商事责任是对违法行为人所应当承担的法律后果的具体规定。本编也需要分为两章，第一章是商事责任的一般规定，即商事责任的承担主体，商事责任的承担情形以及无需承担商事责任的情形，除此之外还应当包括商事责任向刑事法律责任的转换的规定，即行为人的商行为违反了刑法的规定，则需要承担刑事责任。

第二章主要规定商事责任的种类以及相应的归责原则。正如原《民法通则》中规定了停止侵害、返还财产、恢复原状、赔偿损失、消除影响等责任形式，"商法通则"在商事责任一章同样需要规定商事责任的责任形式。需要注意的是，商事责任应当遵循加重责任以及外观主义。加重责任在商事责任中最重要的体现是举证责任的加重。民事侵权行为中，行为人的过错需要交易相对人进行举证，因此行为人的举证责任较轻，但是商事交易中，商主体想要免责，则需要承担更重的举证责任。外观主义的内容包括外观事实的存在、相对人的合理信赖、本人的可归责性，因此责任人承担相应的商事责任时不探究行为人的真实意思，而只是根据其行为的外观判断其意思表示，从而提高交易效率。

第五编：商事诉讼与商事仲裁，商事诉讼、商事仲裁与民事诉讼、行政诉讼、劳动仲裁、行政仲裁等存在显著的区别，本编应当对商事审判的司法管辖、商事法庭、商事仲裁庭等作出详细规定。商事审判不仅应当实行单独的司法管辖，还需要在法院系统中设立独立的商事法庭，确保商事纠纷能够在商事理念、精神、原则的指导下，依据商法规则得到公正判决。此外，商事领域的简便、快捷原则，也要求商事纠纷的审理程序、诉讼时效等与诉讼程序有关的规则区别于民事规则，对此，"商法通则"作为商事领域的基本法律应当赋予商事单行法，就诉讼时效作出特别规定的权限。

第四节　商行为具体制度的建构：严格责任制度

本书在介绍营业商行为、数字商行为与金融商行为时，对这三大类商行为的规则建构都已分别论述，所以此处不再赘述。关于商行为具体制度的建构需要特别讨论的内容是责任制度的问题。严格责任是商法的基本理念，但关于如何在商事立法中贯彻该理念的理论成果仍十分有限。当前的中国乃至整个世界都正在经受信息时代带来的法律冲击，一场由科技创新带来的法律革命正在悄然展开，[①]制度竞争将成为大国角逐的重心。商事制度作为影响一国经济盛衰的舵手，是世界制度竞争的主要领域。因此，究竟是在接连爆发的制度性风险中衰退，还是在迎合时代的制度革新中领先，一国完善商事制度的态度与决心将是关键。由于，"有组织的不负责"[②]问题在当前商业创新中表现尤甚，并且有向系统化典型商事制度风险发展的趋势，所以，反思商事责任制度，尤其是严格责任理念在信息时代商业发展中的作用及其立法安排刻不容缓。

一、商事严格责任的含义及其立法表现

（一）商事严格责任的理论含义

商事领域中的严格责任指的是"让交易行为当事人承担较为严格的责任"。[③] 商事严格责任又被称为商事加重责任，[④]不同于民法中的

---

① See Julie E. Cohen, *Law for the Platform Economy*, U. C. Davis Law Review, Vol. 51: 1, p. 204(2017).

② 社会学家贝克系统提出了风险社会理论，他指出风险社会正在出现追责的异化，其表现是有组织的不负责任现象。参见张道许：《风险社会的刑法危机及其应对》，知识产权出版社2016年版，第17页。

③ 施天涛：《商事关系的重新发现与当今商法的使命》，载《清华法学》2017年第6期。

④ 参见王建文：《中国商法的理论重构与立法构想》，中国人民大学出版社2018年版，第169页。

严格责任原则,[①]商法中的严格责任只是对商主体设定更为严格的责任制度,不是简单的归责原则。[②] 在归责原则上,由于民法强调“无过错即无责任”[③]的过错归责原则,所以不以过错为归责原则的无过错责任、过错推定责任作为民法的例外性规定,属于商事严格责任。在责任形式上,由于民法强调个人责任和补充责任并且采取连带关系不得推定的立场,[④]所以连带责任尤其是推定的连带责任也属于商事严格责任的范畴。在责任证明上,由于民法强调“谁主张,谁举证”的原则,所以举证责任倒置的规定也是商事严格责任的体现。在责任推定上,由于民法强调无偿性,所以将保证推定为连带保证责任,将借款推定为有利息等规则都是商事严格责任。

商事严格责任或被认为是商法特有的调整方法,[⑤]或被认为是商法的理念,[⑥]大多数学者认为商事严格责任是商事交易安全原则的基本内容之一,[⑦]属于立法原则范畴。因此,即便对于商事严格责任的具体表述或者说具体内容,商法学者亦存在不同认识,但是将商事严格责任视为商法独特性之所在,并作为商法理念甚至是立法原则已成为理论上的基本共识。限于篇幅,本书对商事严格责任的讨论将只限于商事归责原则,即在无过错和过错推定含义上分析商事严格责任的立法问题,探讨将无过错和过错推定上升为商法归责基本原则地位的可能性。[⑧]

(二)商事严格责任的立法表现

当前中国商事立法中规定的严格责任较为零散,皆属于法律的例

---

① 民法上的严格责任属于归责原则,分为广义说和狭义说,广义说认为严格责任原则包括无过错责任和过错推定,狭义说认为严格责任原则只包括无过错责任。参见王军:《侵权法上严格责任的原理和实践》,法律出版社 2006 年版,第 12 页。

② 参见范健、王建文:《商法的价值、源流及本体》,中国人民大学出版社 2007 年版,第 43 页。

③ 王卫国:《改革时代的法学探索》,法律出版社 2003 年版,第 166 页。

④ 参见樊涛:《我国商事责任制度的缺陷及重构》,载《法商研究》2009 年第 4 期。

⑤ 参见施天涛:《商事关系的重新发现与当今商法的使命》,载《清华法学》2017 年第 6 期。

⑥ 参见王建文:《中国商法的理论重构与立法构想》,中国人民大学出版社 2018 年版,第 283 页。

⑦ 参见李春:《商事责任研究》,吉林大学 2010 年博士学位论文,第 129 页。

⑧ 如无特别说明,本书的商事严格责任指的都是无过错责任和过错推定责任。

外规定。关于无过错责任的规定主要有:《民法典》第1198条规定的安全保障义务;《产品质量法》第41条规定的产品责任;《保险法》第25条规定的先行赔付责任;《公司法》第147~149条规定的董事、监事、高级管理人员责任;《海商法》第66条规定的托运人责任;《票据法》第61、68条分别规定的汇票到期无过错连带责任;《产品质量法》第43条规定的销售者无过错连带责任;《食品安全法》第122、123、130、131、138、139条规定的各类违反食品安全的无过错连带责任等。过错推定责任主要有《证券法》第24条规定的保荐人、发行人、董事、监事等主体的过错推定连带责任;《公司法》第207条规定的资产评估、验资机构责任等。

从制定法层面来看,虽然从《公司法》《证券法》到《保险法》《海商法》等都有商事严格责任的规定,但严格责任尚未受到重视,不是商事法律的主要调整手段,更不能认为是商事归责的基本原则。当前立法的商事归责制度遵循民事责任制度的基本思路,即以过错责任为原则,无过错和过错推定为例外。在商事归责制度中确定过错责任的原则性地位值得肯定,每个肇事者都应当为自己的行为负责。但在现代化发展使社会步入风险社会后,仍在商事领域对严格责任作"边缘化"处理,除法律的公平与正义难以维系外,社会所要负担的成本也将比想象的更高昂。事实上,民法也意识到了其自身理论在应对社会变迁上的局限,尽管作出了许多突破,但也只是在民法大厦的根基上添砖补瓦,应对商业发展所引发的制度风险需要回归到商法制度本身寻找根源。当前的商法归责制度应当在承认过错归责为基本原则的基础上,将严格责任上升为商事责任的一般性规定,使受害人在没有法律特别规定的情况下,也可以依据商事一般法,要求商主体承担无过错或过错推定责任。该做法既有立法基础,也有理论支撑。

二、商事严格责任原则的立法基础

商事严格责任原则的立法基础包括两方面:一是解决民事归责原则体系在现代商业社会中调整商事关系的失灵;二是平衡既有商事法律制度依据减轻责任理念所创设的商主体特权,以及商主体所享有的超值获利保护特权。

(一)民事法律责任的立法缺陷与制度风险

当前多数商法学者认为商事法律责任制度不存在独立性,理由主要有三:第一,当前中国法律奉行民商合一,商事责任只是民事责任的一类;[①]第二,商事责任只不过是其他法律部门的全盘照抄;[②]第三,商事责任的承担方式并未超出民事责任的方式。[③] 因此,不需要在总纲性商法规范中规定商事责任。[④] 从实然的制定法来看,通说观点具有较强的说服力。但是从应然的层面来看,照搬民事法律责任制度处理商事责任的方式值得商榷,更何况当前的民事法律责任制度本身也存在立法缺陷与制度风险。

民法责任的归责原则体系,在我国已取得共识,其中过错责任原则为基本归责原则,无过错责任和过错推定原则是辅助性的特殊归责原则。[⑤] 该归责原则体系最早可以追溯到古罗马的阿奎利亚法律责任,由以法国和德国为代表的近代民法典所确立,近代民法确立以过错为原则的归责体系主要是源于"经济辅助理论"和"公共政策理论",两大理论都从道德的角度分析认为不能以严格责任打击人们创造的积极性进而危害社会公共利益。[⑥] 该理论的形成深受启蒙运动和工业革命的影响,体现的是个人自由主义观,商主体在该理论下与民事主体并没有显著的区别,都是平等的私法主体,商主体和民事主体具有互换性。从道德伦理来看,由近代民法继承而来的现代过错责任归责体系具有天然的正当性,[⑦]然而该体系对商主体所作出的假设已被实践所证伪,且在该体系下,商业的发展系统地伴随着过度投机和冒险行为。

---

① 参见赵万一主编:《商法学》,中国法制出版社 2002 年版,第 456 页。

② 参见高在敏等:《商法》,法律出版社 2006 年版,第 50 页。转引自邹海林、张辉:《商法基础理论研究的新发展》,中国社会科学出版社 2013 年版,第 214 页。

③ 参见宁金成:《〈商法通则〉的立法体系与基本原则》,载《国家检察官学院学报》2008 年第 1 期。

④ 参见王建文:《中国商法的理论重构与立法构想》,中国人民大学出版社 2018 年版,第 283 页。

⑤ 参见杨立新:《〈民法总则〉民事责任规定之得失与调整》,载《比较法研究》2018 年第 5 期。

⑥ 参见张民安:《过错侵权责任制度研究》,中国社会科学院研究生院 2002 年博士学位论文,第 5 页。

⑦ 参见张辉、叶林:《论商法的体系化》,载《国家检察官学院学报》2004 年第 5 期。

民法对商主体的认识停留在自然人的派生人格，但现代经营主体以组织为基本形态，且大量的商事交易以非人格化交易进行，[①]“讨价还价”的充分协商基本被商事交易所抛弃，[②]组织与个人之间的平等性和互换性，在信息时代已基本丧失。此时，坚持民法的过错归责原则，无非就是直接宣告受害人无法证明商主体存在过错进而驳回诉讼请求。与其相对应的是商主体在大规模的履行差错[③]中获益。这就意味着，虽然法律规定了商主体的责任，但是事实上，商主体能够基于其在经济交易过程中享有的优势地位承担较少的，甚至是不承担责任。如此一来，民法所规定的归责制度注定是缺乏效率的。商主体能够获得利润最大化，预期责任又只限于较少的赔偿金，商主体就会选择低水平的质量管理，[④]最终结果就是过度投机和冒险行为充斥整个市场，损害公共利益。有分析就认为美国次级贷款危机的爆发就是法律责任制度不合理安排所导致的。[⑤]

因此，民法为了辅助经济以及公共利益而设计的归责原则，虽然保护了企业的积极性，使具有风险因素的企业更具有吸引力，但以过错为原则，严格责任为例外的规定并不适应商业发展的需要，反而会成为商主体外化风险内化收益的保护伞，背离其辅助经济与公共利益保护的初衷。如今证券虚假陈述民事案件，受科学技术发展的影响，投资者几乎无法证明因果关系、损失数额等都是民事归责制度在商事领域失灵的直接表现。[⑥] 虽然，也有民法学者主张“严格责任的适用范围有逐渐

---

① 参见施天涛：《商事关系的重新发现与当今商法的使命》，载《清华法学》2017 年第 6 期。

② 参见童列春：《商事责任的法理分析》，载《理论与改革》2017 年第 5 期。

③ 履行差错是经济学的概念，指的是一种现象，即受害人获得的赔偿不完全，加害人未完全承担应尽的赔偿责任。引起该现象的原因包括受害人未提起赔偿，或者提出赔偿无法在民法体系中证明过错，以及受害人胜诉但司法赔偿计算方式存在差错等。参见韩孟：《从法经济学角度谈侵权损害赔偿制度》，载《东南大学学报（哲学社会科学版）》2008 年第 S2 期。

④ 参见［美］罗伯特·D. 考特、托马斯·S. 尤伦：《法和经济学》，施少华、姜建强等译，上海财经大学出版社 2002 年版，第 301 页。

⑤ 参见岳彩申、楚建会：《论金融创新领域法律责任制度的改革与完善——美国次级贷款危机的教训与启示》，载《法学论坛》2009 年第 3 期。

⑥ 参见施天涛：《商事关系的重新发现与当今商法的使命》，载《清华法学》2017 年第 6 期。

扩大的趋势"[①]"过错责任和无过错责任逐渐形成侵权法上的双轨体系"[②]，以及民事归责原则应当采取"过错责任、危险责任和组织责任并存的三元模式"[③]等，但是上述观点并没有被《民法典》采纳，短期内《民法典》也没有修订的可能性，因此，在民事归责制度以过错为原则的体系无法适应现代商法调整需求的背景下，依据严格责任理念设计商事严格责任归责体系是当前控制商业风险的较优选择。对于以民法归责体系调整商事关系的弊端，下文在关于民商事责任理论差异的部分将重点论证。

（二）商事减轻责任制度与超值获利保护的平衡机制

除了从民法归责体系失灵角度去认识商事严格责任原则的必要性外，从商法既有的减轻责任制度以及超值获利保护制度出发，商事严格责任原则的确立也具有正当性基础。严格责任是商法的基本理念，减轻责任也是商法的立法精神，为了维护公平，两者在指导商法规则制定上理应达成动态平衡。然而，长久以来受法律家长主义以及谨慎态度的影响，法学理论在商事制度的构建上都只关注了减轻责任制度的构建，对于严格责任则一贯是"如临大敌"的架势，完全忽视了严格责任与减轻责任之间的平衡，保护了商业却也增加了社会风险与负担。至于超值获利保护，由于利润是"承担者承担风险和责任的收入"，[④]所以超值获利以风险与责任的共存为前提，从这个角度出发，超值获利对应的也应是严格责任。

1. 商事减轻责任制度的平衡

与严格责任一样，减轻责任也不是一种归责原则，而是让商主体承担较轻的责任，典型的商事减轻责任制度包括公司有限责任制度和破产制度等。有限责任制度突破了"自己行为自己负责""权利与义务统一"的基本法理，意味着投资者让收益持续性地最大化以及损失可预见性地最小化，使收益与损失呈反比例关系的目标得到了法律的保护。

---

① 王利明：《侵权行为法归责原则研究》，中国政法大学出版社2004年版，第102页。

② 王泽鉴：《侵权行为》，北京大学出版社2009年版，第542页。

③ 朱岩：《风险社会与现代侵权责任法体系》，载《法学研究》2009年第5期。

④ ［美］弗兰克·H. 奈特：《风险、不确定性与利润》，安佳译，商务印书馆2010年版，第40～43页。

破产制度是有限责任制度的应然结果,该制度为商主体从失败的营业中解脱提供了途径,属于一种营业退出机制,让投资者得以在有限的责任财产范围内大胆进行商业冒险与投机。

尽管商事减轻责任制度具有减少商业风险、促进商业发展的积极作用,但是减轻责任制度的确使商主体因为营业行为获得了收益最大、责任有限,经营失败、全身退出的特殊权利,背离了私法主体权利平等的基本原则。如果从这个角度理解严格责任原则立法的必要性,则严格责任原则属于平衡商主体特权,控制减轻责任制度负功能的法律存在。在严格责任原则下,尽管存在有限责任制度和破产制度等减轻责任制度,但商主体出于避免承担责任的动机也会自发、主动并且创新式地寻找将法律风险降到最低的方法,进而以制度激励的方式实现营业外部风险内部化。严格责任一方面为商事主体施加了法律压力,迫使其更好地经营营业,避免滥用法律特权制造社会风险,另一方面通过较重的责任负担,来平衡商主体因责任减轻制度所享有的特权,维护法律正义。

2. 超值获利保护制度的平衡

超值获利保护制度根植于商法的经营自由和保护营利理念。[①] 该制度保护商主体在合法冒险性营业中所取得的收益,主要体现在投资制度、佣金请求权与高额利息等制度上。投资制度主要是证券交易制度,证券交易制度公开允许投资者利用优势倒买倒卖,并且实行"买者自负"原则,该制度设计使买空卖空的行为合法化,从被视为投机倒把犯罪到现在证券交易合法化来看,该制度的存在使超值获利取得了法律的保护。佣金请求权以及高额利息制度同样是超值获利保护制度。以高额利息制度为例,2015 年 8 月 6 日最高人民法院发布的《关于审理民间借贷案件适用法律若干问题的规定》第 26 条突破了 1991 年《关于人民法院审理借贷案件的若干意见》关于"不得超过银行同类贷款利率的四倍"的规定,设置了 24% 与 36% 两条高利息线,该司法解释容忍了高利存在,其实质就是允许商业获得超值利润。

---

① 经营自由与保护营利理念参见王建文:《中国商法的理论重构与立法构想》,中国人民大学出版社 2018 年版,第 165 ~ 167 页。

超值获利保护制度的超值获利源于商主体经受的巨大风险，如果说商事主体对风险的追求都能以成本内化来实现，那么关于超值获利保护制度的平衡就是一个假命题。然而，现实是商主体追求风险所获得的超值获利往往系统地伴随着成本的外部化，这是商人理性的自然结果。所以对于超值获利的合法保护，除了对商主体冒风险进行保护，还应当包括责任的安排。风险与责任两者共同构成超值获利保护的正当性基础。如果只有风险与利润，那么法律会成为鼓励所有人冒险的制度，只有将责任确定下来，以严格责任作为超值获利的平衡，才能实现公平的维护。

总之，无论是从当前民事归责制度出发，还是从既有的商事责任减轻制度与超值获利保护制度角度入手，在商事立法中确立商事严格责任原则都具有正当性。前者是因为在商事领域适用民事归责制度非但无法实现制度目的，还会引发主体责任逃脱的风险；后者是因为商事责任减轻制度与超值获利保护制度属于法律为商主体创造的特权，从权利平等角度出发，需要商事严格责任作为平衡机制予以限制。除了立法基础，民事责任和商事责任的理论基础其实也并不一致，商事严格责任原则的确立在民商事法律责任理论基础的差异上也能得到证成。

三、民商事法律责任理论基础之差异

由于主流观点认为商事责任不存在区别于民事责任的特殊性，只是对民事、行政、刑事责任的照搬，所以对于民商事法律责任理论基础的探索鲜有理论深入阐述。肯定商事责任存在特殊性的代表性理由主要有五点：第一，商主体人格是由法律创制的营业人格，与民法伦理人格存在差异，[①]前者无法获得精神赔偿；第二，商法规范的逻辑起点是整体主义，商法规范要求商主体有更高的注意义务；[②]第三，民事责任是以资能抵债为前提的事后问责制度，商事责任包括事前预防和事后处理两种制度，其中资不能抵债的责任制度是商法特有的；另外，除了侵权

---

① 参见王延川：《商事严格责任的法理探析》，载《黄河水利职业技术学院学报》2007年第3期。

② 参见刘道远：《商事责任法律制度的反思与重构》，载《北京工商大学学报（社会科学版）》2010年第5期。

和违约责任,商法还有决议责任;[1]第四,商事责任制度追求的是与民法不同的价值——交易安全保护和便捷等;[2]第五,民法排除妨碍、消除危险和赔礼道歉三种方式被排除在商事责任之外。[3]

肯定说虽然对商事责任的特殊性进行了较多的列举,但是系统比较民商事责任理论差异的成果甚是罕见。当前关于商事责任讨论的成果也都在2010年以前,未能揭示现代商业发展,尤其是信息时代所带来的商事责任理论变化。因此,分析民商事责任理论差异,对于证成商事严格责任原则,对于现代商事责任制度的具体设计都具有重要意义。具体而言,现代民商事责任理论基础有三大差别:一是"谁过错,谁负责"与"谁受益,谁担险";二是矫正错误与合理分配损失;三是权利与权力的差异。

(一)民事肇事者理论与商事营业理论

民法依托于市民社会。依据黑格尔的现代市民社会理论,市民是"以自己为目的,以他人为手段的人"。[4] 受该理论的影响,近代民法带上了浓厚的个人主义色彩,侧重的是市民生活中的自然人。而自资产阶级工业革命开始,市民道德由公民人文主义转向商业人文主义,[5]民法所假设的市民也从"道德人"转型为"经济理性人"。[6] 在该假设下,每个人都是完全理性和自由的个人,为了"惩恶扬善、扶正祛邪",[7]使每个人在参与社会生活的时候免受损害。[8] 在民事责任制度上,民法强调有过错的人需要对自己的行为负责,也就是所谓的肇事者理论,即过错是加害人承担民事责任的基础。[9] 德国民法学家耶林就指出"使人负

---

① 参见陈醇:《商法原理重述》,法律出版社2010年版,第240~257页。

② 参见曾大鹏:《从法理到法条的转换:评苗延波先生的〈商法通则〉草案建议稿》,载《河北法学》2010年第7期。

③ 参见苗延波:《商法通则立法研究》,知识产权出版社2008年版,第197页。

④ 徐国栋:《论市民——兼论公民》,载《政治与法律》2002年第4期。

⑤ 参见谢鸿飞:《民法典与人的美德》,载《中国法律评论》2015年第4期。

⑥ 刘云生:《民法与人性》,中国检察出版社2005年版,第159~160页。

⑦ 周永坤:《论严格责任原则的合理性基础》,载《安徽行政学院学报》2012年第2期。

⑧ 参见朱岩:《风险社会与现代侵权责任法体系》,载《法学研究》2009年第5期。

⑨ 参见张新宝:《侵权责任法原理》,中国人民大学出版社2005年版,第31页。

损害赔偿的，不是因为有损害，而是因为有过失”。[①]

与民法关注个人，在个人主义、理性主义与自由主义的基础上主张“谁做错，谁负责”不同，商法更关注营业，如何平衡风险与收益，实现外部风险的内部化是商法的重心。由商主体所控制的营业是社会财富增加的主要来源，同时也是社会风险加剧的重要因素，虽然商法所假定的运行环境是营业自由与营利保护，但是公平与效率也是商法追求的价值，所以与营利保护并存的还有成本内部化与分担，在该理论的要求下，商法所关注的是营业责任。每个营业行业都有与其营业行为密切相关，且无法完全避免或者无法完全避免成本高于收益的事故，例如工业产品可能无法完全避免致人损害，食品可能致人中毒，爆破作业可能伤及邻人。[②] 对于营业事故，商主体一方面是营业的直接控制人，同时也是营业的受益者，另一方面也能通过提价、保险等方式实现风险转移。所以，商主体是减少营业事故最优秀的专家，他们既有能力也有动力减少营业事故。[③] 因此，营业行为难以避免的损失由受益人承担能够实现最佳的公平与效率平衡。

商法营业责任理论导向的是严格责任原则，该理论是美国 20 世纪中叶最有影响力的侵权法理论核心内容之一。该理论起源于 19 世纪中叶人们对竞争和市场信任的危机，“营业行为应该为其对他人造成的损害承担赔偿责任，不管造成损害的营业行为是否存在过错”。[④] 营业责任理论强调市场的作用，同时也关注政府对市场的适当干预，与民法所追求自由有较大的差距。在信息时代下，继续沿用民法责任理论下的过错责任制度，在某种程度上将反向激励商主体忽视甚至制造营业事故。滴滴打车软件的出现，开通了私人从事公共运输行业的通道，对于滴滴平台而言，营利大于安全，在过错责任制度下，其只需要履行合

---

① 张民安：《过错侵权责任制度研究》，中国社会科学院研究生院 2002 年博士学位论文，第 7 页。

② 参见周中举：《美国侵权法严格责任的历史演变》，西南政法大学 2011 年博士学位论文，第 126 ~ 127 页。

③ See Guido Calabresi & Jon T. Hirschoff, *Toward a Test for Strict Liability in Torts*, Yale Law Journal, Vol. 81 : 6 , p. 1055 – 1085 (1972).

④ 周中举：《美国侵权法严格责任的历史演变》，西南政法大学 2011 年博士学位论文，第 126 页。

同约定的注意义务，于是作为公共运输行业本应承担的责任被弱化，营业事故的风险被忽视，乘客被害事件发生。因此，面对商主体利用创新实现的责任“逃脱”，民法肇事者理论导向的可能是无责任，只有营业责任理论能够防止商主体实现的风险与收益脱钩，民事责任和商事责任在理论基础上的差距对应的是截然不同的社会风险。

（二）民事矫正正义与商事分配正义

博登海默强调：“一个法律制度若不能满足正义的要求，那么从长远的角度来看，它就无力为政治实体提供秩序与和平。”[①]除了肇事者责任和营业责任的不同，民事责任和商事责任都关注正义，不过，两者所追求的正义并不完全一样。亚里士多德将正义分为矫正正义和分配正义，民法责任制度所追求的是矫正正义，商法责任制度追求的是分配正义。

矫正正义认为的正义是伤害者必须补偿受害者，该正义涉及对被侵害的财富和权利的恢复和补偿，[②]旨在恢复权利和财富圆满的状态。矫正正义下的责任理论主张每个人都是平等的，主观上有过错的人在道德上具有可谴责性，行为人主观上的过错是对他人权利和财富利益的漠视。分配正义关注的是在两个及其以上的个人或群体之间合理地分配利益或负担。[③] 分配正义强调的是损害的合理分配，需要综合考虑行为人的地位、能力等因素。[④] 在信息时代下，商事责任为了实现正义，由矫正正义走向了分配正义。信息时代使科技成为商业利润的增长点，商主体可以区分为大商人、小商人，商事法律关系主体也有商主体与民事主体之分，正如前文所述，交易主体地位的互换性在现代商业社会已经难以保证。于是在传统商事违约与侵权领域，在主体地位失衡的情况下遵循过错归责的矫正正义，其理想结果虽然是能够让受害人的权利和财富恢复到圆满的状态。但现实往往是主体地位的悬殊，使

---

① ［美］博登海默：《法理学：法律哲学与法律方法》，邓正来译，中国政法大学出版社2004年版，第330页。

② 参见周永坤：《论严格责任原则的合理性基础》，载《安徽行政学院学报》2012年第2期。

③ 参见谢鹏程：《基本法律价值》，山东人民出版社2000年版，第88页。

④ 参见周永坤：《论严格责任原则的合理性基础》，载《安徽行政学院学报》2012年第2期。

民事主体或因为损害过于轻微、诉讼成本与收益不成正比而放弃追诉;或因为无法收集、没有能力收集算法错误等加害证据而无法获得救济。以个人信息侵害为例,个人信息未经告知同意即被滥用被认为是“大规模的微型侵害”,虽然受害人众多,但由于受害人被侵害的是知情权,损害后果轻微,赔偿极其有限,所以受害人寻求司法救济的动力不足,该现象使得企业通过大量的信息收集可以在几乎没有违法成本的情况下谋取利润。①

因此,以过错分配责任实现正义的矫正正义在商事领域只是一种理想的正义追求。只有承认主体地位不平等并以此为逻辑起点,强调“谁受益,谁担险”的严格责任原则才能够实现矫正正义的理想结果,改变为了追求公平而造成的社会利益分配不公现象,在商业领域实现公平的分配,减少主体因地位不平等所遭受的社会落差。严格责任原则是分配正义下商法责任的构建基础。

(三)民事私权利与商事私权力

民商事责任理论的分野还重点体现在民商事私主体权利构造的区别上。传统理论认为,私法主体享有权利,公法主体享有权力,然而,在现代社会中,商业模式的创新以及主体地位的不平等,使商主体逐渐在商事关系中发展出控制和管理他人的能力。② 这类私权力突破了民法的整个理论体系,属于私主体通过协议自我创设的权力,以意思自治为依托实现权利衍生权力。

商主体的私权力以网络平台的自律监管权为典型代表,Facebook、Google、微信等平台都有自律监管机制,中国的新浪微博通过《微博社区公约》《新浪微博社区委员会制度》更是发展了从“微博法庭”、微博社区委员会到新浪人民调解委员会的自律纠纷解决机制。③ 在当前的法律框架下,网络平台的自律监管虽然有一定的规范性文件赋权,但该

---

① 参见杜换涛:《论大数据时代的强制告知义务》,载《法治研究》2018 年第 6 期。

② 有关私权力的理论参见 Robert L. Hale, *Law Making by Unofficial Minorities*, Columbia Law Review 20, p. 451 – 456(1920). 转引自许可:《网络平台规制的双重逻辑及其反思》,载《网络信息法学研究》2018 年第 1 期。

③ 参见夏燕:《网络社区自治规则探究——以“新浪微博”规则考察为基础》,载《重庆邮电大学学报(社会科学版)》2017 年第 4 期。

规范性文件基本上都违反了法律保留或者行政保留原则，所以，网络平台自律监管并不能解释为行政性义务，而只是平台依据协议为自己创设的权力，并且还具有强制执行力，因为只要用户不遵守，平台就可以采取删除、驱逐用户等措施。网络平台作为私权力主体有准立法权、执法权和司法权。[①] 代码成为了网络平台自律监管事实上的法律。[②]

对于这类主体民法可能的归责空间就是合同法，依据通说，我国合同法采取的是严格责任原则，[③]也就是违约就必须承担责任，不考虑是否存在过错。如此似乎能够体现对网络用户弱势地位的保护。然而，让网络平台就自己的自律监管承担违约责任基本上就是个假命题。从合同规则来看，平台拥有"警察权"来自平台协议，而平台协议属于平台提供的格式合同，虽然用户有选择不使用该平台的权利从而拥有拒绝该平台协议的自由，但是在平台垄断地位以及规模效应日渐形成的当下，用户并不享有真正意义上的自由选择权。[④] 该现实使平台具有恣意为自己创设权利的能力，使服务于私人目的的执行标准上升为用户的行为准则，甚至出现丛林法则之治。[⑤] 因此，要使平台因为该协议而承担违约的概率几乎微乎其微。

应对商事领域出现的私权力，传统的民事肇事者理论与矫正正义都无法实现损害的合理分配，要在私权力中保证规则正义、程序正义和结果正义，防止平台规则恣意创设，程序执行无透明，[⑥]执法结果无救

---

① 参见许可：《网络平台规制的双重逻辑及其反思》，载《网络信息法学研究》2018 年第 1 期。

② 参见周辉：《变革与选择——私权力视角下的网络治理》，北京大学出版社 2016 年版，第 55 ~ 65 页。

③ 参见崔建远主编：《合同法》，法律出版社 2010 年版，第 296 ~ 297 页。

④ 例如，现在人们的交友基本以交换微信名片为主流，用户选择不接受微信协议的结果就是在某种程度上成为"失联"或者说"非主流"人士，可能会对日常生活产生诸多影响。因此，尽管微信在人类历史长河中也有被替代的可能性，但在其称霸的时期里，用户既没有协商空间也无实际上的选择空间，平台协议就是一种"单方面"提供的规则，其规则正义难以保障。

⑤ 参见周汉华：《探索激励相容的个人数据治理之道——中国个人信息保护法的立法方向》，载《法学研究》2018 年第 2 期。

⑥ 依靠信息过滤发觉违法信息的过程意味着正当程序和权利保护由算法执行，但平台往往不会提供过滤技术的细节，也就是程序执行无透明度。See Giancarlo F. Frosio, *Reforming Intermediary Liability in the Platform Economy: A European Digital Single Market Strategy*, Northwestern University Law Review Online, Vol. 112, p. 45 (2017 – 2018).

济，应当遵循营业责任理论与分配正义，使私法主体在权利之上获得权力的同时，承担过错之上的严格责任。

因此，民事责任制度与商事责任制度从逻辑起点到具体理论都存在差异，忽视民事归责体系在现代商法中的不适应性将导致制度风险的扩大，区分民事归责体系与商事归责体系，构建以严格责任为原则的商事责任制度顺应时代发展的需求，也有商法理论的支撑。当前商法制度仅将严格责任作为例外制度的做法不适合商业发展需求，作为原则，应当以一般法的方式明确严格责任的商事法律地位。

四、商事严格责任原则的“商法通则”立法

尽管《民法典》被认为是秉持了中国民商合一的立法传统，具有革命性的创新意义，[①]但是分别从不同的角度切入认为《民法典》是“民商合一的失败尝试”的批判声音也广泛存在。[②] 由于民商事责任从理论基础到归责原则都存在差异，所以企图在《民法典》上发现商事责任规则，或者安排商事责任原则注定只能徒劳无功。对商事严格责任的一般性立法只能通过“商法通则”或“商法典”的总纲性立法实现。鉴于当前理论通说都是制定“商法通则”，所以本书对商事严格责任的一般性立法，将通过“商法通则”立法展开。

（一）商事严格责任原则的立法精神

将商事严格责任确定为“商法通则”的规定，首先需要讨论的是商事严格责任的立法精神。由于商事严格责任是平衡商事减轻责任的产物，所以尽管表述为商事严格责任，但是商事严格责任的立法精神最重要的应当是“平衡”。

第一，商主体与非商主体平衡。将商事严格责任确定为商事归责

---

① 参见许中缘：《我国〈民法总则〉对民商合一体例的立法创新》，载《法学》2017 年第 7 期。

② 参见施天涛：《商事关系的重新发现与当今商法的使命》，载《清华法学》2017 年第 6 期；李建伟：《民法典编纂背景下商个人制度结构的立法表达》，载《政法论坛》2018 年第 6 期；蒋大兴：《〈商法通则〉/〈商法典〉的可能空间？——再论商法与民法规范内容的差异性》，载《比较法研究》2018 年第 5 期；范健：《民法体例中商法规则的编内与编外安排》，载《环球法律评论》2016 年第 6 期等。

体系的基本原则,必须平衡商主体与非商主体的利益,虽然商事严格责任从结果来看是对商主体责任的加重,但该加重并不以忽视商主体利益为代价,法律规则的设计,尤其是关于商事严格责任的具体条文必须以商主体和非商主体动态平衡为限度,在营业责任理论下,该限度应当是在商主体受益的范围内加重。第二,商主体特权与限权的平衡。该平衡要求对商主体的责任加重不能超过其减轻责任的范畴,否则将使减轻责任的规则设计失去意义,例如不得随意突破法律设置的有限责任制度以及破产制度等。作为减轻责任的同生物,严格责任原则的设计不可夺取减轻制度的空间使商主体的特权失去实际意义。第三,商业创新与市场秩序平衡。严格责任以实现分配正义,维持市场秩序,矫正社会利益分配不公为理论逻辑起点。然而,严格责任可能抑制商业创新与吸引力。因此,某种程度上基于国家干预主义而强化的严格责任原则需要平衡商业创新与市场秩序维持之间的关系,以牺牲商业活力为代价的严格责任设计虽然实现了社会公正的维持,但其妨碍社会财富增加的结果也是不可接受的。所以,除非基于营业理论,超出商主体受益范围的严格责任并不可取。

(二)商事严格责任原则的立法界限

将商事严格责任原则确定为"商法通则"的规定,还需要分析的是商事严格责任的立法界限。也就是如何实现商事严格责任原则的平衡问题,以防止过度加重商事主体责任,导致商主体与非商主体的利益失去平衡,抑制商业创新的反向立法运动出现。诚如前文所述,商事严格责任包括无过错责任和过错推定责任,对于商事责任中严格责任原则的立法界限需要区分下列两者进行讨论。

首先是无过错责任。无过错责任完全不考虑过错,也就是从要件来看,无过错责任的构成是"行为—损害—因果关系"。因此,无过错责任是最重的归责,美国的营业责任理论主要就是用于证成无过错责任。从营业责任理论出发,无过错责任应当适用于行业事故,也就是采取了一切合理的预防措施,企业在长期实践中仍然无法避免的事故。虽然无过错责任的理论基础是"谁受益,谁担险",但是作为对私法一般法也就是民法肇事者原理的突破,在商主体不具有道德可谴责性的情况下,要求其承担责任,满足了分配正义却加重了其负担。所以无过错责任应当严格依照行业事故进行判断,必须是某种行业无法完全避免的事故,例如爆破、采矿等作业,以及雇主责任等现代企业提升营业效率发展的科学管理制度产物,才能要求商主体承担该类责任。至于何为行业事故,可以交给行业协会以及专家进行认定,法院将其作为证据采信。

其次是过错推定责任。由于过错推定的构成要件还是“行为—过错—损害—因果关系”,只是将过错的举证责任交给商主体,因此虽然是严格责任,但是该严格责任并不会对商主体造成太大的影响。商主体仍然可以通过证明不存在过错的方式免除责任的承担。所以过错推定既可以避免新型商事交易以非面对面方式进行,防止受害人无法举证进而无法获得赔偿的情形出现,同时还能为商主体提供一定的保护,直接将其上升为归责原则更符合平衡的立法精神。

(三)商事严格责任原则的立法条文

在“商法通则”中规定商事严格责任原则的最终落脚点是条文建议,就此,有两个问题需要展开分析:第一个问题是商事严格责任原则在“商法通则”中的章节安排;第二个问题是商事严格责任原则在“商法通则”中的具体表达。

1. 章节建议

尽管认同商事责任具有独立性的学者并不少,但是真正在立法上给出具体建议的只有一位学者。当前理论界存在的商法通则建议稿总共有五稿,[①]只有苗延波学者提出的建议稿明确规定了商事责任,并将其作为单独一章。[②] 将商事严格责任原则安置在“商法通则”的总则部分,并专门设置商事责任一编对其进行系统规定。涉及商事责任除了在归责原则体系上与民法存在区别,在责任形式、责任证明以及与责任制度相关的其他问题上是否也存在特殊性,鉴于本书并没有对上述问题展开讨论,所以对于商事严格责任原则的章节建议本书给出的是几种可能的选择。

---

① 分别是《深圳经济特区商事条例》(已废止),王保树、樊涛、苗延波、赵旭东课题组提出的五大《商法通则》草案建议稿。

② 参见苗延波:《商法通则立法研究》,知识产权出版社 2008 年版,第 258 ~ 260 页。

其一,如果商事责任除了归责原则,与民法的责任形式、责任证明等制度也都存在差异,则对商事严格责任原则的规定可以放在商事责任一章。其二,如果商事责任与民法的责任制度相比不存在根本的差异,则对商事严格责任原则的安排需要在"商法通则"的其他章节进行设置。可能的选择是在"商法通则"总则部分设置,不过该设置并非最合适。因为,首先,商事严格责任原则并非所有商事活动的基本原则,除了严格责任商事活动还有减轻责任,如果将商事严格责任原则设置在"商法通则"总论部分,则还需要考虑如何对减轻责任进行法条表述。然而,减轻责任通常直接以具体的制度展现,该做法存在一定的立法障碍。其次,将商事严格责任规定在"商法通则"的总论部分,容易让人形成商法以重责抑制商业创新的抵触情感,从心理学的角度来说,也不是一个较优的选项。那么还可以如何安排商事严格责任原则的位置呢?

或许,在商主体一章安排商事严格责任原则是一个不错的选择。因为,从主体来看,商事严格责任是商事主体的责任;从行为来看,商事严格责任是商主体营业产生的责任。所以将商事严格责任安排在商主体一章,可以明确地显示出该归责原则的适用主体,防止该责任被不当地扩充到所有商行为之中,同时也符合严格责任加重商主体责任之目的,值得考虑。

2. 具体规范表达

在具体条文的表达上,借鉴民法的规定,本书建议表达为:

第×条(归责原则)

商主体因违反义务造成他人损害,推定行为人有过错,行为人不能证明自己没有过错的,应当承担责任。

商主体在由行会或专家所认定的营业事故中,损害他人权益,无论行为人有无过错,都应当承担责任。法律规定商主体应当承担无过错责任的,依照其规定。